Cours
réseaux
et
télécoms

Avec exercices corrigés

Guy Pujolle

Cours réseaux et télécoms

Avec exercices corrigés

Avec la contribution de Olivier Salvatori

3e édition

EYROLLES

ÉDITIONS EYROLLES
61, bd Saint-Germain
75240 Paris Cedex 05
www.editions-eyrolles.com

© Groupe Eyrolles, 2000, 2004, 2008, ISBN : 978-2-212-12414-9

Sommaire

Cours 4   Les techniques de transfert • 67

Cours 5   Le modèle de référence • 85

Cours 6   Les architectures logiques • 103

Cours 7 — Les fonctionnalités de base des réseaux • 121

Cours 8 — La transmission • 147

Cours 9 — Les protocoles de niveau trame • 171

Cours 10 — Les protocoles de niveau paquet • 195

Cours 11 — Les protocoles de niveau message • 221

Cours 12 — Exemples d'applications • 237

Cours 13 — Les réseaux IP • 259

Cours 14 — Les réseaux Ethernet • 299

Cours 15 — Les réseaux télécoms : FR, ATM et MPLS • 333

Cours 16 — Les réseaux de mobiles • 369

Avant-propos

L'objectif d'*Initiation aux réseaux* est simple : donner, en moins de six cents pages, des bases solides et claires à tous ceux qui souhaitent se faire une idée des caractéristiques techniques des réseaux de transport de l'information, de leur fonctionnement, ainsi que de leur évolution à l'orée du IIIe millénaire.

L'ouvrage convient aussi bien aux étudiants d'IUT, de Miage, d'IUP, de magistère, de licence ou de master qu'aux ingénieurs souhaitant compléter leur formation dans le domaine des réseaux.

■ Structure de l'ouvrage

L'ouvrage est divisé en dix-neuf *cours* concis et clairs.

Précédé d'un court résumé, chaque cours est constitué de *leçons*, elles-mêmes enrichies de définitions de *glossaire*, disposées dans les marges. En fin de volume, un *glossaire général* récapitule l'ensemble des définitions apparues au fil des leçons.

La plupart des leçons se concluent par un jeu de *questions-réponses* commentées, qui en prolonge la réflexion.

Des *encadrés* viennent ponctuer le propos de temps à autre. Destinés à approfondir le cours de base, ils peuvent être sautés au cours d'une première lecture.

Des *exercices* sont proposés à la fin de chaque cours. Les *corrigés* de ces exercices ainsi que des exercices complémentaires sont fournis en fin d'ouvrage.

Un *QCM*, ou questionnaire à choix multiple, est également proposé en fin d'ouvrage afin de permettre au lecteur de tester ses connaissances.

■ Parcours de lecture

- Le premier cours introduit les moyens à mettre en œuvre pour transporter de l'information d'une machine terminale à une autre.

- Les cours 2 et 3 présentent les différentes catégories de réseaux et les architectures physiques sous-jacentes. Ils font comprendre les besoins à satisfaire ainsi que les contraintes à respecter et détaillent les mécanismes de transport de l'information.

- Le cours 4 introduit aux techniques de transfert, la commutation et le routage. Le cours 5 présente le modèle OSI, qui sert de référence aux architectures de réseau. Les grandes architectures de réseau sont détaillées et comparées au cours 6. On y trouve les architectures TCP/IP d'Internet, celles en provenance des opérateurs de télécommunications, mais aussi le modèle de référence des années 90 et l'architecture MPLS, de plus en plus utilisée.

- Le cours 7 introduit les principales fonctionnalités des réseaux, telles que le routage, le contrôle de flux ou l'adressage. Les problèmes posés par la transmission des informations sur les supports physiques sont abordés au cours 8. Les cours 9, 10 et 11 présentent les protocoles des niveaux trame, paquet et message.

- Le cours 12 passe en revue quelques applications de base permettant de mieux comprendre les diverses utilisations des réseaux.

- Les principaux réseaux installés dans le monde sont décrits aux cours suivants : réseaux IP (cours 13), dont l'exemple le plus célèbre est Internet, réseaux Ethernet (cours 14), enfin réseaux télécoms et à base d'ATM et de MPLS (cours 15).

- Trois catégories de réseaux à la montée en puissance irrésistible concluent l'ouvrage : les réseaux de mobiles (cours 16), les réseaux sans fil (cours 17) et les réseaux d'accès (cours 18).

À l'issue de ces dix-huit cours, le lecteur se fera une idée plus concrète de ce qui se joue au cœur des équipements de communication, des câbles et supports hertziens, ainsi que des PC qui supportent les applications.

Introduction aux réseaux

Les réseaux permettent le transport d'informations d'un équipement terminal à un autre équipement terminal. Pour réaliser ce transport, l'information est découpée en blocs, appelés paquets. Les paquets sont acheminés sur des lignes de communication et transitent de nœud en nœud jusqu'à arriver au destinataire. Ce premier cours décrit les différents types de transferts de paquets dans un réseau et en détaille les propriétés. Internet est un réseau de transfert particulier, dans lequel les paquets ont un format spécifique contenant l'adresse du destinataire. Le transfert des paquets dans un nœud s'effectue grâce à cette adresse.

■ Les transferts de paquets

■ Propriétés du transfert de paquets

■ Internet

■ Les transferts de paquets

Les réseaux naissent du besoin de transporter des informations d'un individu à un autre situé à une distance supérieure à la portée de la voix. Pour cela, il faut concevoir un moyen de transporter un signal *analogique* sur une ligne physique puis sur une voie hertzienne.

Une autre solution, développée en parallèle, consiste à établir des codes pouvant traduire les lettres et les chiffres en des éléments simples, compréhensibles par le destinataire. Grâce à l'apparition de la logique binaire, les codes donnent lieu à des tables permettant de passer d'une lettre ou d'un signe à une suite d'éléments binaires, ou *bits*.

Historiquement, les premiers réseaux de télécommunications sont le télex et le téléphone. Ils consistent en un *circuit* formé d'une suite de supports physiques capables de mettre en relation un émetteur et un récepteur pendant toute la durée de la communication.

Cette technique s'améliore rapidement avec l'introduction de la *commutation de circuits*, qui permet aux circuits de se faire et se défaire à la demande des utilisateurs qui veulent communiquer.

Au départ, les circuits sont mis en place par des opérateurs capables de mettre bout à bout des morceaux de circuits. Cette implantation manuelle des circuits est ensuite remplacée par une mise en place automatique grâce à des commutateurs automatiques.

Dans les réseaux à commutation de circuits, il faut une *signalisation*.

La signalisation correspond à un passage de commandes, comme celles nécessaires à la mise en place d'un circuit à la demande d'un utilisateur. Les commandes de signalisation sont transportées dans des paquets spécifiques portant l'adresse du destinataire, comme l'illustre la figure 1-1. Au fur et à mesure de l'avancement de ces paquets sur le réseau, on met en place le circuit, qui achemine ensuite les données jusqu'au récepteur.

analogique.– Qui représente, traite ou transmet des données sous la forme de variations continues d'une grandeur physique.

bit.– (contraction de *binary digit*). Quantité d'information valant 0 ou 1. Également unité binaire de quantité d'information.

circuit.– Ensemble de ressources mettant en relation un émetteur et un récepteur. Ces ressources n'appartiennent qu'au couple émetteur-récepteur.

commutation de circuits.– Type de commutation dans lequel un circuit joignant deux interlocuteurs est établi à leur demande par la mise bout à bout des circuits partiels. Le circuit est désassemblé à la fin de la transmission.

signalisation.– Ensemble des éléments à mettre en œuvre dans un réseau de façon à assurer l'ouverture, la fermeture et le maintien des circuits.

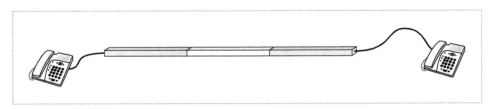

Figure 1-1. *Mise en place d'un circuit entre deux téléphones.*

L'inconvénient majeur de la commutation de circuits est la mauvaise utilisation des circuits mis en place pour la durée de la communication. Dans une communication téléphonique, par exemple, il est rare d'avoir deux paroles simultanément dans chaque sens de la communication, les interlocuteurs parlant généralement l'un après l'autre. Le circuit est donc utilisé, au plus, la moitié du temps. Si on enlève les blancs dans le cours de la parole, l'utilisation réelle du circuit est encore plus faible.

On pourrait améliorer la commutation de circuits en ne mettant en place le circuit que durant les moments où les signaux doivent être effectivement transmis. Cette solution demanderait toutefois un système de signalisation trop important et complexe en comparaison du gain réalisé.

Un autre exemple classique des limites de la commutation de circuits est la connexion d'un ordinateur à un serveur distant par l'intermédiaire d'un circuit. Quand l'ordinateur émet les informations contenues dans sa mémoire, le circuit est bien utilisé. Entre ces émissions, en revanche, le support physique reste inutilisé. Le taux d'utilisation du circuit devient alors encore plus faible que dans le cas du circuit de parole téléphonique.

Nous verrons un peu plus loin dans ce cours que le *transfert de paquets* permet de réaliser une meilleure utilisation du circuit.

paquet.– Entité de base acheminée par les réseaux. Un paquet contient un nombre variable ou fixe d'éléments binaires. Longtemps assez courts, de façon à éviter les erreurs, les paquets se sont allongés à mesure que les taux d'erreur diminuaient. Ils peuvent atteindre aujourd'hui plusieurs milliers d'octets.

transfert de paquets.– Technique générique consistant à transporter des blocs d'information de nœud en nœud pour les acheminer à un récepteur.

Questions-réponses

Question 1.– *Pourquoi la commutation de circuits demande-t-elle l'utilisation d'un réseau de signalisation ?*

Réponse.– Parce que le circuit n'est pas permanent. Il est mis en place à chaque demande de communication téléphonique. En d'autres termes, un même circuit entre deux nœuds est utilisé par différents clients au cours d'une même journée. À chaque nouvelle demande de communication téléphonique, le circuit allant de l'utilisateur émetteur à l'utilisateur destinataire doit être mis en place. Il l'est grâce au réseau de signalisation.

Question 2.– *Pourquoi la commutation de circuits est-elle peu à peu remplacée par la commutation de paquets ?*

Réponse.– La commutation de circuits est une bonne solution pour les applications à débit constant durant une longue période. Avec l'arrivée d'applications de nature très diverse, notamment d'applications fortement asynchrones, la commutation de paquets garantit une meilleure utilisation des ressources du réseau.

Question 3.– *La commutation de paquets permet-elle une bonne utilisation d'une liaison entre deux nœuds ?*

Réponse.– Oui, et c'est tout l'avantage de la commutation de paquets. Il suffit qu'il y ait toujours dans le nœud de départ un paquet prêt à être émis dès que la ligne devient libre. Dans ce cas, le taux d'occupation de la ligne peut atteindre 100 p. 100.

Les réseaux numériques

La deuxième révolution des réseaux a été celle de la *numérisation*, qui transforme un signal analogique en une suite d'éléments binaires (0 et 1).

Le réseau Internet, que nous examinons en fin de cours, est un réseau numérique. Cela signifie que les informations y sont transformées en suites de 0 et de 1, et ce quel que soit le type d'information, voix, *donnée informatique* ou vidéo.

Jusqu'à une période récente, les réseaux étaient caractérisés par l'information qu'ils transportaient : réseaux des opérateurs de télécommunications pour la parole téléphonique, réseaux informatiques Internet pour relier les ordinateurs à des serveurs, réseau de diffusion vidéo pour la télévision.

Par le biais de la numérisation, on assiste aujourd'hui à l'intégration de tous ces services voix, données, vidéo sur chacun de ces réseaux, qui deviennent ainsi de plus en plus multimédias, même s'ils restent encore souvent cantonnés dans le transport d'un seul type d'information.

L'objectif du réseau Internet, ainsi que des réseaux de type Internet que l'on appelle réseaux IP *(Internet Protocol)*, est de permettre cette superposition et de devenir de ce fait des réseaux multimédias, même si jusqu'à une période récente Internet était essentiellement vu comme une solution d'interconnexion de machines terminales avec des serveurs distants.

Pour réaliser ces réseaux IP, il faut des règles du jeu, que l'on appelle des *protocoles*, à respecter aux deux extrémités communicantes du réseau.

numérisation.– Opération consistant à transformer un signal analogique, comme la parole, en une suite d'éléments binaires (0 et 1). Ce processus consiste à prendre des points dans le temps, appelés échantillons, et à envoyer leur valeur numérique vers le récepteur.

donnée informatique.– Élément d'information simple composé de texte, par opposition aux données multimédias complexes.

protocole.– Ensemble de règles à respecter aux deux extrémités communicantes d'un réseau pour qu'un transport d'information soit possible. La méthode de transfert de données définie par un protocole constitue le moyen d'acheminer les informations sur le réseau.

Questions-réponses

Question 4.– *Puisque les réseaux numériques ne transportent que des 0 et des 1, comment est-il possible de reconnaître ce qui est transporté ?*

Réponse.– La suite d'éléments binaires, ou bits, est en fait une suite d'octets (ensemble de 8 bits). À chaque ensemble de 8 bits correspond une valeur ou une lettre. Cela permet d'indiquer dans l'en-tête du paquet ce qui est transporté. La suite d'éléments binaires peut être regroupée en mots, dont la longueur n'est pas nécessairement de 1 octet mais d'une valeur quelconque de bits, 7, 8, 10, 16, etc.

Question 5.– *Pourquoi plusieurs protocoles sont-ils nécessaires pour réaliser une communication ?*

Réponse.– Pour réaliser une communication, les deux extrémités doivent se mettre d'accord sur un très grand nombre de règles, telles que les suivantes : quelle forme doit prendre le signal pour indiquer un 0 et un 1 ? Comment déterminer la longueur du paquet ? Comment s'effectuent les reprises sur erreur ? Comment les paquets sont-ils aiguillés dans les nœuds ? Comment les flots sont-ils contrôlés pour qu'il n'y ait pas de débordement ? Etc.

Le transport des données

Comme nous l'avons vu, l'inconvénient du circuit provient des piètres performances obtenues lorsque l'information à transporter n'arrive pas de façon régulière. La plupart des grands réseaux utilisent la technique de transport consistant à paquétiser l'information, c'est-à-dire à regrouper en paquets le flot des bits à transporter. Une information de contrôle est ajoutée au paquet pour indiquer à qui appartient le paquet et à qui il est destiné.

Le paquet peut être défini comme une entité de base acheminée par les réseaux. Un paquet contient un nombre variable ou fixe d'éléments binaires. Longtemps assez courts, de façon à éviter les erreurs, les paquets se sont allongés à mesure que les taux d'erreur diminuaient, et ils peuvent atteindre aujourd'hui plusieurs milliers d'octets.

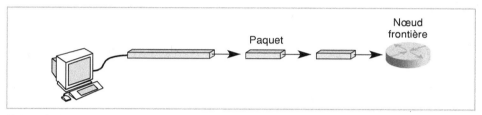

Figure 1-2. *Terminal émettant des paquets sur un circuit.*

Une fois les paquets prêts, ils sont envoyés vers un premier nœud, le nœud frontière, ou *edge node*. Ce nœud permet aux paquets d'entrer dans le réseau de l'opérateur. Ils traversent ensuite un *réseau maillé*, passant de nœud en nœud jusqu'à atteindre le destinataire.

La *capacité* des lignes qui desservent les nœuds s'exprime en bit par seconde (bit/s). Comme les nœuds actuels permettent de traiter un grand nombre de paquets à la seconde, les capacités des lignes s'expriment en Kbit/s, Mbit/s et Gbit/s.

Un transfert de parole téléphonique par paquets est représenté à la figure 1-3. Du téléphone sortent des octets les uns derrière les autres grâce à un codeur-décodeur, appelé *codec*. Les octets sont mis dans un paquet jusqu'à ce que le paquet soit plein ou que l'on ne puisse attendre plus longtemps. En effet, la parole téléphonique est une application dite *temps réel*. Cela implique qu'entre le moment du départ de la voix et l'arrivée de cette voix à l'oreille du destinataire ne s'écoulent pas plus de 100 ms. C'est le temps maximal pour obtenir une bonne qualité de la communication.

Il n'est donc pas possible de placer beaucoup d'octets dans un paquet. Si nous prenons l'exemple d'un débit de parole à 8 Kbit/s, ce que l'on trouve approximativement dans le GSM, le codec génère un octet toutes les 1 ms. En règle

réseau maillé.– Ensemble de nœuds reliés par des lignes de communication permettant le choix entre plusieurs routes d'une entrée du réseau vers une sortie.

capacité.– Quantité d'information qu'un ordinateur ou un périphérique peut stocker ou traiter.

codec (acronyme de codeur-décodeur).– Appareil qui effectue le codage numérique d'un signal analogique lors de son émission ou qui restitue (décodage) un signal analogique lors de la réception d'un signal numérique.

temps réel (en anglais *real time*).– Mode dans lequel le temps qui s'écoule entre l'émission et la réception est limité à une valeur faible dépendant de l'application.

générale, on limite la taille du paquet à 16 octets de données, ce qui représente déjà 16 ms de perdu par le seul remplissage du paquet.

Un transfert de voix téléphonique par paquet correspond à la génération d'un grand nombre de tout petits paquets peu espacés *(voir la figure 1-3)*. Si le paquet avec ses en-têtes atteint 64 octets, sur une ligne à 512 000 bit/s, il faut 1 ms pour l'envoyer, avec un temps d'écoulement entre deux paquets de 16 ms. Si la ligne était de 5 120 000 bit/s, il faudrait 0,1 ms pour l'émettre, avec toujours 16 ms entre deux paquets. Cet exemple montre bien que lorsque la parole passe par un circuit, ce dernier est particulièrement mal utilisé.

Figure 1-3. *Transfert de parole téléphonique par paquet.*

Il est possible de comparer la commutation de circuits et le transfert de paquets en regardant ce qui se passe sur les supports physiques.

La figure 1-4 décrit le cheminement de paquets dans un réseau à commutation de circuits.

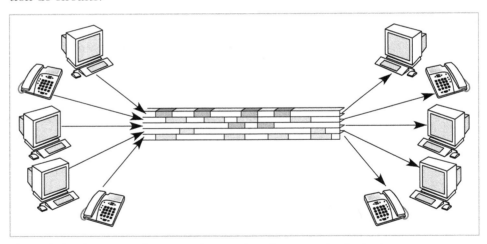

Figure 1-4. *Cheminement des paquets dans un réseau à commutation de circuits.*

bande passante.– Plage des fréquences qui peuvent être transmises correctement sur un support. S'exprime en Hertz (Hz).

Si l'on utilise la même liaison physique pour effectuer un transfert de paquets, on obtient le schéma de la figure 1-5. Chaque paquet est émis dans un très court laps de temps puisque l'ensemble de la *bande passante* lui est fourni. À un instant donné, il n'y a qu'un seul paquet qui passe sur la ligne et qui prend donc l'ensemble de la ressource physique de transmission disponible.

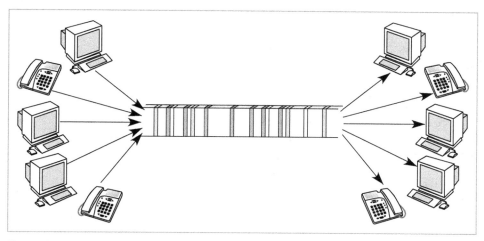

Figure 1-5. *Cheminement des paquets dans un réseau à transfert de paquets.*

On voit tout de suite qu'il n'est pas possible d'augmenter le nombre de connexions en commutation de circuits, une fois que l'ensemble des circuits est utilisé. À l'inverse, avec le transfert de paquets illustré à la figure 1-5, le support physique est loin d'être saturé, et il est possible de faire passer beaucoup plus de paquets en augmentant le nombre de machines terminales. C'est ce que montre la figure 1-6.

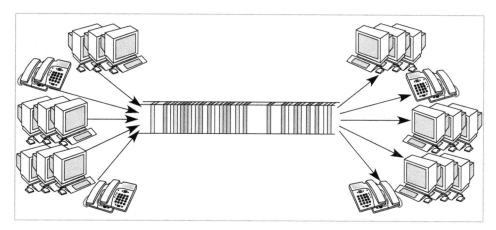

Figure 1-6. *Augmentation du nombre de machines terminales dans un réseau à transfert de paquets.*

Les figures 1-5 et 1-6 illustrent bien l'avantage apporté par un transfert global de paquets du fait de la meilleure utilisation des ressources du support physique. En revanche, la difficulté entraînée par cette technique est également très apparente : les paquets doivent parfois attendre à l'entrée du réseau.

Si plusieurs paquets se présentent simultanément à l'entrée de la ligne, il faut les sérialiser, c'est-à-dire les faire passer les uns derrière les autres. Pour cela, il faut une mémoire qui soit capable de les stocker avant leur entrée dans le réseau. La difficulté qui s'ensuit est la *synchronisation* des paquets à la sortie du réseau.

synchronisation.– Action consistant à déterminer des instants où des événements doivent se produire.

Dans le cas de la figure 1-6, la liaison prend en charge des paroles téléphoniques. Pour que la parole téléphonique arrive correctement à l'oreille du destinataire, il faut que les petits paquets arrivent au récepteur téléphonique dans un laps de temps limité. Si l'attente est trop longue dans la mémoire d'entrée, les temps à respecter peuvent ne pas être satisfaits à la sortie.

resynchronisation.– Obligation de transmettre au récepteur différents flots à des instants synchronisés.

Nous détaillons ce cas particulier de *resynchronisation* des paquets ultérieurement dans ce cours.

Questions-réponses

Question 6.– *Pourquoi divise-t-on les messages des utilisateurs en paquets plutôt que d'envoyer directement tout le message ?*

Réponse.– L'avantage de la division des messages des utilisateurs en paquets est qu'elle permet de bien répartir l'utilisation des ressources entre tous les utilisateurs. Si un message long était émis, il pourrait monopoliser une liaison et donc mettre en attente les autres applications. En découpant les messages en paquets, on peut partager plus efficacement les ressources.

Question 7.– *Si l'on veut transporter un flot d'information de type télévision, un paquet peut-il contenir toute une image ?*

Réponse.– Une image de télévision contient approximativement 250 000 points à transporter. Si chaque point est codé sur un octet, cela fait 2 000 000 de bits. C'est beaucoup plus important que la taille d'un paquet, qui varie généralement entre 125 et 1 500 octets. Une image doit donc être découpée en morceaux pour être transportée. Même si les images sont compressées avant d'être transportées, ce qui réduit leur taille à une valeur très inférieure à 2 000 000 de bits, elles restent le plus souvent découpées en morceaux pour être acheminées dans des paquets.

Question 8.– *Le transport d'applications multimédias (voix, vidéo, données informatiques) pose-t-il des problèmes particuliers par rapport au transport de données informatiques entre ordinateurs ?*

Réponse.– Le multimédia pose de nombreux problèmes, qui n'étaient pas traités à l'origine par les réseaux de transport de données reliant les ordinateurs. Par exemple, le transport de la parole téléphonique nécessite de découper la parole en bribes puis d'envoyer ces dernières dans des paquets, qui doivent être restitués à des instants précis pour récupérer le caractère continu de la parole. Le transport de données multimédias pose bien d'autres problèmes, notamment la resynchronisation des médias, le multipoint (le fait d'envoyer de l'information vers plusieurs points simultanément) ou la sécurité nécessaire à certaines informations.

Routage et contrôle de flux

Les caractéristiques des protocoles permettant d'acheminer les paquets d'un émetteur vers un récepteur varient considérablement.

Il peut être décidé, par exemple, que tous les paquets passent par un même chemin. À l'inverse, chaque paquet peut être livré à lui-même dans le réseau. Dans ce cas, le paquet porte simplement l'adresse du destinataire et choisit sa route à chaque nœud jouant le rôle de carrefour. Comme plusieurs chemins permettent d'atteindre le destinataire, à l'entrée du nœud, le paquet examine les directions acceptables et choisit en fonction des embouteillages qu'il aperçoit.

La figure 1-7 illustre une situation dans laquelle, pour aller d'un émetteur vers un récepteur, au moins deux routes différentes sont disponibles.

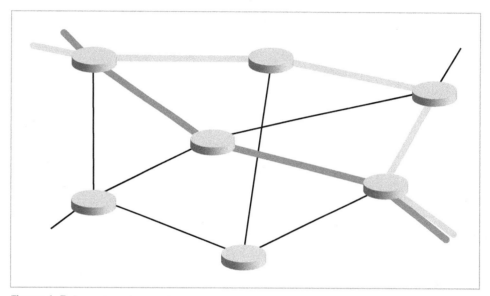

Figure 1-7. *Le routage de paquets.*

Cette situation ne va pas sans inconvénients. Le message d'un utilisateur étant souvent décomposé en plusieurs paquets, ce que l'on nomme un *flot*, ces derniers peuvent arriver d'une façon désordonnée. De plus, les nœuds de transfert deviennent complexes, puisqu'ils doivent décider dans quelle direction envoyer les paquets.

En contrepartie, la souplesse augmente. Si une route se trouve coupée ou fortement congestionnée, le paquet peut prendre une autre direction. Dans le cas d'un *routage fixe*, une coupure peut avoir des conséquences fâcheuses, puisqu'il faut ouvrir une nouvelle route, ce qui peut se révéler difficile. En dépit de ce manque de flexibilité, le routage fixe reste une solution simple et performante.

Une autre difficulté importante du routage des paquets provient de la nécessité d'un contrôle de flux dans le réseau. La figure 1-8 illustre un nœud cen-

routage.– Détermination du chemin emprunté dans un réseau maillé par un message ou un paquet de données.

flot.– Ensemble des paquets provenant d'une même source et allant vers un même destinataire.

routage fixe.– Technique de routage particulièrement simple dans laquelle la table de routage ne varie pas dans le temps. Chaque fois qu'un paquet entre dans un nœud, il est envoyé dans la même direction, qui correspond, dans presque tous les cas, à la route la plus courte.

tral du réseau recevant des paquets d'information de toute part. Cela risque de le surcharger rapidement s'il ne parvient pas à réémettre les paquets aussi vite qu'il les reçoit.

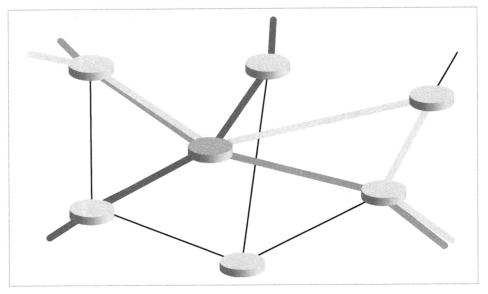

Figure 1-8. *Le risque de saturation du nœud central.*

Pour résoudre les problèmes de congestion potentiels, il faut être capable de gérer les flots de paquets en leur interdisant d'entrer dans le réseau ou en les faisant passer par des chemins détournés lorsque les nœuds les plus utilisés sont saturés.

De très nombreuses possibilités de contrôle ont été déterminées et testées. Nous verrons dans le cours de cet ouvrage celles qui sont mises en œuvre le plus couramment dans les réseaux.

Questions-réponses

Question 9.– *Combien existe-t-il de possibilités d'échange de données dans les réseaux maillés destinés à acheminer les paquets ? Peut-on mélanger ces différentes manières de fonctionner ?*

Réponse.– Il existe deux possibilités principales de transfert de données, le routage de paquets et la commutation de paquets, qui peuvent à leur tour engendrer d'autres solutions particulières. Dans le routage de paquets, le nœud choisit la meilleure ligne de sortie grâce à l'adresse du destinataire. Dans la commutation de paquets, le paquet est toujours expédié vers la même ligne de sortie, décidée une fois pour toute lorsque les deux utilisateurs ont accepté de s'échanger l'information. Le mélange des deux solutions n'est pas acceptable. Dans le premier cas, le paquet doit contenir l'adresse complète du destinataire, alors que ce n'est pas le cas dans la commutation *(pour en savoir plus, voir le cours 4, Les techniques de transfert).*

Question 10.– *Dans quel cas un réseau peut-il devenir embouteillé ?*

Réponse.– Il suffit de prendre un nœud auquel peuvent se connecter dix clients à 1 Mbit/s et une ligne de sortie d'une capacité de 5 Mbit/s. Si les dix clients émettent à une vitesse proche de leur valeur maximale et que les paquets doivent passer par cette ligne de sortie, un embouteillage peut se créer sur le nœud.

Question 11.– *Laquelle des deux techniques décrites à la question 9, routage ou commutation, vous paraît-elle la plus apte à éviter la congestion des nœuds ?*

Réponse. – Le routage prend mieux en compte les phénomènes de congestion puisque le nœud est capable de diriger les paquets vers des routes libres. Dans la commutation, en revanche, si une route passe par un point de congestion, il n'existe pas de moyen simple de modifier son trajet. Il faut commencer par ouvrir une nouvelle route, et cela peut demander un temps assez long.

Question 12.– *À votre avis, quelle application (voix, vidéo ou données informatiques) utilisait le plus de capacité au 1er janvier 2000 ? Et quelles sont celles qui en utiliseront le plus en 2005 et en 2010 ?*

Réponse.– Au début de l'année 2000, la parole téléphonique représentait la capacité la plus grande, chaque communication étant comptabilisée à 64 Kbit/s. En 2005, les données précéderont très largement la parole téléphonique à l'échelon mondial. En 2000, les données sont déjà bien plus importantes que la parole à transiter sous l'Atlantique. En 2010, il y a de fortes chances que l'arrivée massive de la vidéo, et notamment de la vidéo à la demande, en fasse l'application la plus consommatrice de bande passante.

■ Propriétés du transfert de paquets

Les réseaux que nous connaissons aujourd'hui ont des origines diverses. Les premiers d'entre eux ont été créés par les opérateurs de télécommunications. Ils sont spécialisés dans le transport de la parole téléphonique. Cette application de transfert de la parole téléphonique, qui nous paraît si naturelle, possède en réalité des caractéristiques complexes et pose de nombreux problèmes, que nous développerons ultérieurement dans ce cours.

Les réseaux téléphoniques des opérateurs de télécommunications, appelés *réseaux téléphoniques commutés*, sont de type commuté parce qu'ils mettent en œuvre une commutation, c'est-à-dire un moyen permettant à une entrée dans un nœud de faire correspondre toujours la même sortie du nœud.

La deuxième catégorie de réseaux est fournie par les réseaux qui ont été développés beaucoup plus récemment pour interconnecter les ordinateurs. Dans cette catégorie se trouvent les réseaux utilisant le protocole IP *(Internet Protocol)* pour transférer les paquets dans le réseau Internet. C'est ce même protocole qui permet aux réseaux des fournisseurs de services Internet, qu'on pourrait appeler les opérateurs Internet, d'accéder au réseau.

réseau téléphonique commuté (RTC).– Correspond à l'environnement téléphonique, constitué de lignes de communication travaillant en mode circuit.

isochrone (applica-
tion).– Se dit d'une
application caractéri-
sée par de fortes con-
traintes temporelles de
réception. Par exem-
ple, la parole télépho-
nique classique
demande que le
récepteur reçoive
un octet toutes les
125 microsecondes
(μs).

La spécificité de ces réseaux par rapport à ceux des opérateurs de télécommunications tend à diminuer. Comme nous le verrons, si la philosophie des deux architectures demeure différente, les architectures elles-mêmes ne sont pas si éloignées. En s'adjoignant de nouveaux protocoles adaptés au transport des informations *isochrones*, comme la parole téléphonique, les architectures de ces réseaux se sont rapprochées de celles des réseaux des opérateurs de télécommunications.

Propriétés de base

Au début des années 70, les industriels de l'informatique ont lancé leurs propres réseaux pour l'acheminement et le traitement à distance des données. Il s'agissait au départ d'interconnecter des ordinateurs entre eux ainsi que des terminaux passifs sur ces ordinateurs.

paquétisation.–
Action de regrouper
en paquets le flot de
bits à transporter. Une
information de
contrôle est ajoutée
pour indiquer à qui
appartient le paquet et
à qui il est destiné.

dépaquétisation.–
Action de retirer la
zone de données d'un
paquet pour la trans-
former en un flot de
données.

Avec l'apparition des PC, on a commencé à relier les stations de travail aux sites centraux et aux serveurs. Ces infrastructures se sont ensuite complexifiées pour prendre des formes très diverses. La technique de base est cependant restée la même : elle s'appuie sur le transfert de paquets, qui consiste, comme expliqué précédemment, à placer l'information dans des blocs de données de format prédéfini — c'est la *paquétisation* —, et à les faire transiter de nœud en nœud jusqu'au destinataire. Ce dernier effectue la *dépaquétisation* de l'information pour la restituer à l'utilisateur final, c'est-à-dire enlever la zone de données du paquet pour la transformer en un flot de données.

De nombreuses variantes de cette méthode ont été proposées, qui consistent à adapter le format des paquets au type d'application à transporter. Par exemple, si l'on devait inventer un réseau de transfert de paquets pour la parole téléphonique, il faudrait concevoir des paquets de taille extrêmement réduite de façon à ne pas perdre de temps en paquétisation des données. En effet, en prenant comme exemple le GSM, le flux est d'un octet toutes les millisecondes. Pour remplir un paquet de 1 000 octets, il faudrait 1 000 ms, c'est-à-dire une seconde, ce qui est beaucoup trop lent. Il faut donc de tout petits paquets.

Pour le transfert de fichiers, au contraire, la tendance est à adopter de très longs paquets puisque les données sont disponibles sur un disque.

On regroupe toutes ces méthodes, correspondant à des formats de paquets spécifiques, sous le vocable générique de transfert de paquets, qui consiste, comme on l'a vu, à transporter des blocs d'information de nœud en nœud pour les acheminer vers un récepteur.

La difficulté de ce type de transfert réside dans la récupération de la synchronisation. En effet, le temps de traversée d'un paquet dépend du nombre de paquets en attente dans les nœuds de transfert et du nombre de retransmissions consécutives à des erreurs en ligne.

Le transport d'applications à forte synchronisation et à contraintes temporelles importantes, comme la parole téléphonique, pose des problèmes complexes, qui ne peuvent être résolus que dans certains cas. En supposant qu'une conversation téléphonique entre deux individus accepte un retard de 150 ms (300 ms aller-retour), il est possible de resynchroniser les octets si le temps total nécessaire à la paquétisation-dépaquétisation et à la traversée du réseau est inférieur à 150 ms. Les fonctions intelligentes nécessaires pour effectuer ces contrôles temporels sont implantées dans les terminaux informatiques, en général des PC mais aussi des téléphones IP.

La figure 1-9 illustre le processus de resynchronisation, avec l'arrivée régulière des paquets 1, 2, 3, 4 et 5 au récepteur, un temps de traversée du réseau aléatoire et une attente plus ou moins longue au récepteur pour resynchroniser les paquets à la sortie. La resynchronisation s'effectue grâce à un temporisateur unique, qui se déclenche lors de l'émission de chaque paquet.

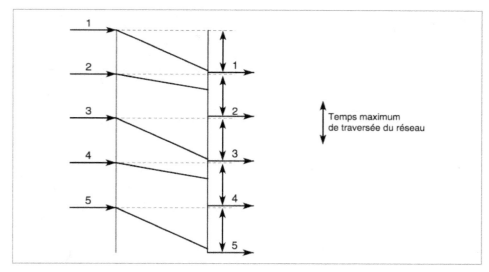

Figure 1-9. *Resynchronisation dune application isochrone.*

Avec un terminal non intelligent, analogique et sans dispositif de suppression d'écho, comme un combiné téléphonique standard, la reconstruction du flux synchrone est quasiment impossible après la traversée d'un réseau de transfert de paquets un tant soit peu complexe. Le réseau Internet, par exemple, ne comporte pas de technique de transfert de paquets ni de protocoles associés suffisants pour toujours satisfaire à ces conditions, en particulier la contrainte temporelle.

Le deuxième facteur d'évolution des réseaux informatiques concerne le traitement de l'information. Le nombre croissant d'applications transitant sur les réseaux rend le transfert plus complexe. Le mélange des médias que cela occasionne implique des traitements plus lourds et réclame la mise au point d'équipements terminaux de plus en plus intelligents.

Question 13.– *Soit un codeur permettant de transformer la parole analogique en un flot d'octets à 64 Kbit/s. Quel est le temps de paquétisation nécessaire à un paquet de 48 octets de données ?*

Réponse.– Comme le temps qui s'écoule entre deux octets, que l'on appelle échantillons, est de 125 µs, (64 Kbit/s = 8 Ko/s = 1 octet toutes les 125 µs), le temps de remplissage d'un paquet de 48 octets est de 48 fois 125 µs, ce qui donne 6 ms. Chaque paquet transporte donc 6 ms de parole.

Question 14.– *En conservant l'exemple de paquet précédent, donner le temps maximal de traversée d'un réseau ayant une contrainte temporelle d'écho (traversée du réseau en moins de 28 ms).*

Réponse.– On a vu que le temps de paquétisation était de 6 ms. Le temps de dépaquétisation est donc également de 6 ms. Cela signifie que le dernier octet est remis au récepteur 6 ms après le premier. Entre la paquétisation et la dépaquétisation, il existe un parallélisme qui fait que le premier octet du flot attend 6 ms avant que le paquet soit émis mais n'attend rien au niveau du récepteur (puisqu'il est le premier), tandis que le dernier octet du paquet n'attend rien au niveau de l'émetteur mais attend 6 ms à celui du récepteur avant d'être remis. Au temps de 28 ms, correspondant au délai maximal acceptable pour que l'écho ne soit pas gênant, il faut donc ôter 6 ms, ce qui donne 22 ms de temps de traversée maximal.

Question 15.– *Si le nombre d'octets transportés dans un paquet standard est de 32, quelle est la distance maximale entre les deux points les plus éloignés du réseau, sachant que la vitesse moyenne de propagation du signal sur un support métallique est de 200 000 km/s ?*

Réponse.– Si le nombre d'octets transportés par un paquet est de 32, il faut 4 ms pour le remplir avec un flux composé d'un octet toutes les 125 µs. En raison du parallélisme décrit à la question 10, le temps total pour traverser le réseau est de 28 – 4 = 24 ms. La distance maximale est donc de 4 800 km.

Question 16.– *Calculer la probabilité qu'un élément binaire soit en erreur lorsque le paquet a une longueur de 1 000 bits puis de 1 million de bits, sachant que le taux d'erreur est de 10^{-3} puis de 10^{-6} et enfin de 10^{-9}. Qu'en déduire ?*

Réponse.– Si le taux d'erreur est de 10^{-x}, la probabilité qu'il n'y ait pas d'erreur est de $(1 - 10^{-x}) \times 1\,000$ dans le premier cas et de $(1 - 10^{-x}) \times 1\,000\,000$ dans le second. Pour trouver la probabilité qu'il y ait une erreur, il suffit de retrancher de 1 le résultat obtenu précédemment. On obtient le tableau de résultat suivant :

	$x = 3$	$x = 6$	$x = 9$
1 000 bits	0,63	0,001	10^{-6}
1 000 000 bits	1	0,63	0,001

Ce tableau montre que lorsque le taux d'erreur est important et que le paquet est long, la probabilité que le paquet soit en erreur est élevée. Cela se traduit par l'obligation de mettre en place des algorithmes pour détecter les erreurs et les corriger et de réduire la taille des paquets dès que le taux d'erreur devient important.

écho.– Phénomène susceptible d'affecter un circuit de transmission, qui consiste en une répercussion du signal vers son émetteur avec une puissance suffisante pour qu'il soit décelable.

Question 17.– *Supposons qu'un paquet ait une longueur de 128 octets et que, sur ces 128 octets, 40 soient dévolus à la* supervision *(contrôle de la communication et* contrôle d'erreur*). Si l'on encapsule ce paquet dans un autre paquet ayant également 40 octets de supervision, calculer le pourcentage de données de supervision qui sont transportées dans le flot ? Qu'en déduire ?*

Réponse.– Si 40 octets forment la longueur des données de supervision contenues dans l'*en-tête d'un paquet,* cela indique qu'il reste 88 octets de données. Dans le cadre de l'encapsulation, on ajoute 40 octets de supervision supplémentaires. Pour transporter 88 octets, il y a donc 2 × 40 = 80 octets de supervision. Le pourcentage recherché est de 80/168, soit un peu moins de 50 p. 100 de données de supervision. Cela signifie qu'un peu plus de la moitié du flux représente les données de l'utilisateur. On peut en déduire que l'encapsulation n'économise pas la capacité de transport. La figure 1-10 illustre l'*encapsulation* et la *décapsulation* d'un paquet IP *(Internet Protocol).*

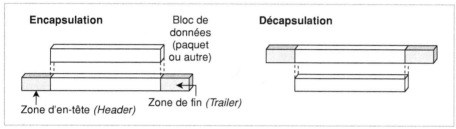

Figure 1-10. *Encapsulation-décapsulation d'un paquet IP.*

■ Internet

Le mot Internet vient d'*InterNetwork*, que l'on peut traduire par interconnexion de réseaux. Internet est donc un réseau de réseaux, comme le montre la figure 1-11.

Au début des années 1970, les nombreux réseaux qui commençaient à apparaître avaient une structure de paquet disparate, qui rendait leur interconnexion particulièrement complexe. L'idée à l'origine d'Internet a consisté à réclamer de chacun de ces réseaux d'encapsuler dans leurs paquets spécifiques un autre paquet à la structure unique, autrement dit un paquet commun : le paquet IP.

Pour aller d'une machine à une autre, il faut aller de sous-réseau en sous-réseau. Par exemple, à la figure 1-11, une communication entre les machines terminales A et B implique une encapsulation des paquets IP partant de A dans le paquet du sous-réseau 1. Une fois le paquet du sous-réseau 1 arrivé à la passerelle X, celui-ci est décapsulé et réintroduit dans le paquet du sous-réseau 2. Le sous-réseau 2 achemine le paquet jusqu'à la passerelle Y, où, de nouveau, le paquet IP est décapsulé du paquet du sous-réseau 2 et réencapsulé dans le paquet du sous-réseau 3. À son arrivée en B, le paquet du sous-réseau 3 est décapsulé, et le paquet IP est livré à la station terminale B.

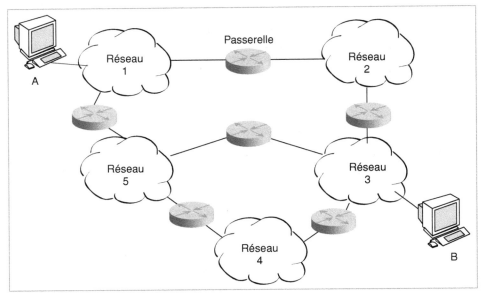

Figure 1-11. *Structure du réseau Internet.*

Un réseau Internet est donc formé d'un ensemble de sous-réseaux, aussi appelés LIS *(Logical IP Subnet)*. L'acheminement dans chaque sous-réseau est un problème spécifique du sous-réseau et est transparent pour le réseau Internet proprement dit.

Les passerelles sont des organes qui décapsulent l'entité qui leur arrive pour retrouver le paquet IP puis réencapsulent ce paquet IP dans l'entité du réseau suivant. En fait, ces passerelles sont des routeurs. Leur objectif est de router les paquets IP dans la bonne direction en se servant de l'adresse IP qui se trouve dans le paquet IP lui-même.

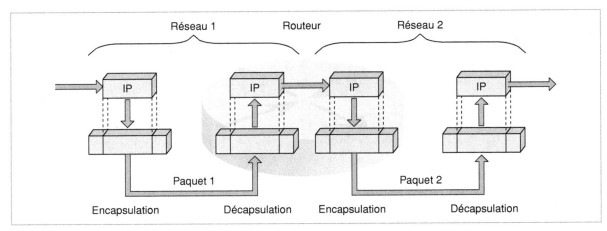

Figure 1-12. *Encapsulation-décapsulation d'un paquet IP dans un réseau Internet.*

L'encapsulation-décapsulation d'un paquet IP dans un réseau Internet est illustrée à la figure 1-12. Le paquet IP part de l'équipement terminal encapsulé dans l'entité du réseau 1 et utilise un protocole de niveau physique pour aller au premier routeur. Ce dernier récupère les bits et retrouve l'entité du sous-réseau 1, puis décapsule cette entité pour retrouver le paquet IP. Une fois le routage décidé grâce à l'adresse IP située dans le paquet, ce paquet IP est encapsulé dans l'entité du sous-réseau 2, et ainsi de suite.

Questions-réponses

Question 18.– *Déterminer les encapsulations et décapsulations des paquets IP provenant d'un flot allant d'un PC vers un autre PC en transitant par deux sous-réseaux intermédiaires. Les PC possèdent une carte coupleur Ethernet, c'est-à-dire une carte que l'on insère dans l'ordinateur pour lui permettre de se connecter à un réseau local Ethernet. À la sortie du réseau Ethernet se trouve un équipement jouant le rôle de routeur et possédant deux cartes réseau : une carte Ethernet et une carte se connectant à un réseau A, utilisant une structure de paquet A. Le PC de destination possède également une carte coupleur se connectant au réseau A.*

Réponse.– Les encapsulations et décapsulations sont illustrées à la figure 1-13.

coupleur (ou carte réseau).– Équipement que l'on ajoute à une station de travail pour accéder à un réseau.

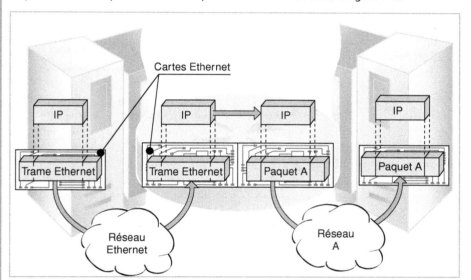

Figure 1-13. *Traversée de deux sous-réseaux par un paquet IP.*

Question 19. *Dans un réseau Internet, un routeur doit posséder une table, appelée* table de routage, *de façon à diriger les paquets vers l'ensemble des destinations possibles. S'il existe 200 millions d'utilisateurs, cela pose-t-il problème ? Proposer une solution à ce problème.*

Réponse.– Comme le paquet IP doit porter l'adresse complète du destinataire, il est nécessaire que le routeur soit capable de déterminer la bonne ligne de sortie pour aller vers n'importe quel destinataire. Si le nombre d'utilisateurs du réseau augmente de façon importante, comme c'est le cas avec Internet, les tables de routage deviennent très importantes et difficiles à manipuler, que ce soit pour aller rechercher l'information de routage ou pour la mettre à jour. Une solution consiste à hiérarchiser les adresses. Par exemple, tous les paquets portant l'une des adresses appartenant à un même *domaine*, un pays, par exemple, sont envoyés sur une même ligne de sortie. Dans ce cas, on agrège sur une même ligne l'ensemble des adresses de ce domaine.

table de routage.– Table contenant des informations relatives à la connexion d'un élément d'un réseau à d'autres nœuds et contrôlant les décisions de routage.

domaine.– Sous-ensemble d'adresses résultant du découpage d'une adresse hiérarchique en plusieurs sous-adresses.

Question 20.– *Un paquet IP est constitué d'un ensemble de données provenant d'un utilisateur, complété par un en-tête possédant les informations de contrôle. Montrer que, lors du transport d'une parole téléphonique compressée, la quantité d'information de l'utilisateur peut être relativement faible en comparaison de la taille totale du paquet IP. Proposer une solution à ce problème.*

Réponse. La parole téléphonique génère un flot d'un octet toutes les 125 µs. Si la parole est compressée, le flot a un débit encore plus bas. Aujourd'hui on compresse jusqu'à des valeurs de 4 Kbit/s sans perte de qualité ou presque, ce qui donne, dans ce dernier cas, une moyenne d'un octet toutes les 2 ms. Comme la parole téléphonique possède une contrainte temporelle forte, il n'est pas possible d'attendre plus d'une cinquantaine de millisecondes, ce qui correspond à l'émission de seulement 25 octets. On en déduit que le nombre d'octets transportés risque d'être faible par rapport au nombre d'octets de contrôle. L'infrastructure du réseau est mal utilisée dans ce cas. Une solution pourrait consister à transporter plusieurs paroles téléphoniques simultanément dans le même paquet de sorte à atteindre un ensemble de données à transporter plus long que les zones de supervision et à permettre d'émettre le paquet rapidement, sans perte de temps pour le remplir.

Le paquet IP

Chaque paquet de chaque réseau transporte en son sein un paquet commun, le paquet IP *(Internet Protocol)*.

Comme expliqué précédemment, l'encapsulation consiste à insérer un paquet IP à l'intérieur d'un bloc possédant une structure spécifique. En fait, comme la taille du paquet IP est fortement variable, cette taille peut ne pas être adaptée en étant, par exemple, trop grande. Dans ces circonstances, on commence par découper le paquet IP en fragments, et l'on encapsule chaque fragment dans un paquet spécifique.

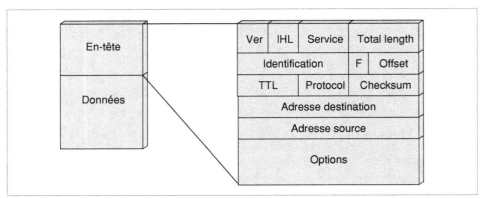

Figure 1-14. *Format du paquet IP.*

routeur.– Équipement permettant d'effectuer un transfert de paquets, qui utilise l'adresse se trouvant dans l'en-tête du paquet pour déterminer la meilleure route à suivre pour acheminer le paquet vers son destinataire.

Les nœuds intermédiaires où transitent les paquets s'appellent des *routeurs*. Ce système s'adapte parfaitement aux applications informatiques, qui acceptent généralement des contraintes temporelles lâches. En revanche, la qualité nécessaire pour l'acheminement de la parole téléphonique ou de la vidéo est le plus souvent impossible à obtenir dans l'état actuel de la technologie.

L'une des raisons à cela tient au traitement premier arrivé-premier servi des paquets IP dans les nœuds de transfert, un petit paquet urgent qui se trouve derrière un gros paquet non urgent étant obligé d'attendre. De plus, Internet, en tant que réseau de réseaux, ne possède pas d'administrateur ayant une vision globale ni d'opérateur unique ayant une connaissance complète du réseau et étant capable de le gérer ou d'adapter ses infrastructures en fonction du nombre d'utilisateurs. Il est évident qu'une telle direction irait à l'encontre des raisons mêmes du succès d'Internet.

Il existe cependant des solutions pour réaliser un réseau Internet contrôlé. L'une d'elles consiste à utiliser le protocole IP dans un environnement privé. Nous obtenons alors un réseau *intranet*, conçu pour traiter l'information à l'intérieur d'une entreprise ou d'une organisation. La deuxième génération de réseaux IP, que nous étudions dans la suite de cet ouvrage, introduit des contrôles internes au réseau autorisant le support de la qualité de service, c'est-à-dire la possibilité pour un utilisateur de demander au réseau le transport de ses paquets avec une garantie déterminée.

intranet.– Réseau conçu pour traiter l'information à l'intérieur d'une entreprise ou d'une organisation et utilisant le protocole IP de façon privée.

La compatibilité d'un réseau avec la structure d'Internet demande une condition préalable : l'installation par tous les utilisateurs du même logiciel de communication IP, depuis la station de travail jusqu'aux machines centrales. L'intelligence permettant de contrôler les paquets qui transitent dans le réseau se trouve dans les équipements terminaux. Ces éléments situés aux extrémités du réseau doivent adapter leurs applications à l'état du réseau par une *compression* plus ou moins importante.

compression.– Réduction par codage de la taille d'un ensemble de données, en vue de limiter les besoins en capacité.

Questions-réponses

Question 21.– *On indique dans la structure du paquet IP un temps de vie du paquet, ou TTL (Time to Live), qui correspond à un temps maximal avant que le paquet ne soit détruit ; pourquoi ?*

Réponse.– Si un paquet possède une erreur dans l'adresse de destination, il risque de tourner en rond sans que personne ne le détruise. La raison d'être du champ TTL est de détruire les paquets qui sont perdus.

Question 22.– *Pourquoi un réseau intranet est-il plus facile à contrôler que le réseau Internet ?*

Réponse.– Un réseau intranet est plus facile à contrôler que le réseau Internet parce qu'il est privé et que l'on en connaît beaucoup mieux les utilisateurs.

1

On considère un réseau à transfert de paquets.

[a] Montrer que les deux méthodes de transfert décrites ci-après sont très différentes :
1. Lorsqu'un paquet arrive dans un nœud, il est mis en attente jusqu'à ce que tout le paquet soit mémorisé dans le nœud puis transféré vers la ligne de sortie. Cette méthode s'appelle *store-and-forward*. **2.** Le paquet est transféré petit à petit vers la ligne de sortie au fur et à mesure de l'arrivée des octets, avec tout de même un peu de retard pour obtenir l'adresse du récepteur avant de commencer le transfert mais sans attendre l'arrivée de la fin du paquet. Cette méthode s'appelle *cut-through*.

[b] Quel est l'avantage du *store-and-forward* ?

[c] Quel est l'avantage du *cut-through* ?

2

On veut comparer un réseau à commutation de circuits et un réseau à transfert de paquets.

[a] Un paquet envoyé sur un circuit a-t-il le choix de sa destination ?

[b] Un paquet envoyé en transfert de paquets a-t-il le choix de sa destination ?

[c] Un nœud peut-il être saturé en commutation de circuits ? Et en transfert de paquets ?

[d] Pourquoi est-ce plus facile d'acheminer de la parole téléphonique sur un circuit que dans un transfert de paquets ?

3

On considère un réseau à transfert de paquets composé de trois nœuds en série, A, B et C. Supposons que le temps de transfert à l'intérieur d'un nœud, c'est-à-dire le temps entre le moment où le paquet est complètement arrivé dans le nœud et le moment où il est dans la ligne de sortie, prêt à être émis vers le nœud suivant, soit nul.

[a] Montrer que le temps de réponse du réseau est la somme des temps de propagation et des temps d'attente dans les lignes de sortie du nœud.

[b] Pourquoi le temps de transit d'un paquet est-il variable ?

[c] Le flux de paquets va du nœud A au nœud C. Si le nœud C est congestionné, que se passe-t-il ?

[d] Le réseau Internet possède une technique de transfert de paquets appelée routage, qui consiste à router les paquets en relation avec une table de routage. En d'autres termes, lorsqu'un paquet arrive dans un nœud, on examine son adresse de destination et l'on détermine la ligne de sortie du nœud. Montrer que cette solution utilise des chemins fixes si la table de routage n'est pas dynamique. Montrer que le fait de rendre la table de routage dynamique complexifie les problèmes de routage.

2

Les grandes catégories de réseaux

Destinés à transporter de l'information, les réseaux peuvent être classés en trois catégories principales, selon le type et l'origine de cette information : réseaux téléphoniques des opérateurs de télécommunications, réseaux informatiques nés du besoin de communiquer des ordinateurs, réseaux de diffusion acheminant les programmes audiovisuels. Chacune de ces catégories présente des caractéristiques particulières, liées aux applications de téléphonie, d'informatique et de vidéo transportées. Ce cours décrit les propriétés de base de ces réseaux.

■ Les réseaux de transfert

■ Les catégories de réseaux

■ Les opérateurs de télécommunications

■ Les opérateurs Internet

■ Les opérateurs TV

■ Internet

■ Les réseaux ATM

■ Les réseaux Ethernet

■ Les réseaux de transfert

Les réseaux sont nés du besoin de transporter une information d'une personne à une autre. Pendant longtemps, cette communication s'est faite directement par l'homme, comme dans le réseau postal, ou par des moyens sonores ou visuels. Il y a un peu plus d'un siècle, avec l'apparition du télex puis du téléphone, le concept de réseau est né.

Empruntant d'abord des lignes terrestres de télécommunications, essentiellement composées de fils de cuivre, l'information s'est ensuite également propagée par le biais des ondes hertziennes et de la fibre optique. Il convient d'ajouter à ces lignes de communication le *réseau d'accès*, aussi appelé *boucle locale*, qui permet d'atteindre l'ensemble des utilisateurs potentiels.

Un réseau est donc composé d'un *réseau cœur* et d'un réseau d'accès. Aujourd'hui, on peut dire qu'un réseau est un ensemble d'équipements et de liaisons de télécommunications autorisant le transport d'une information, quelle qu'elle soit, d'un point à un autre, où qu'il soit.

Nous avons présenté au cours 1 les caractéristiques des différentes technologies de *transfert de paquets*. Nous examinons cette fois les caractéristiques des topologies et des équipements nécessaires à la réalisation de tels réseaux.

Dans un réseau à transfert de paquets, deux technologies s'opposent : le *routage* et la *commutation*. Ces deux technologies, décrites sommairement au cours précédent, sont détaillées au cours 4. Nous nous contentons ici d'introduire leur contexte opérationnel.

Les réseaux sont généralement de type *maillé*, c'est-à-dire qu'il existe toujours au moins deux chemins distincts pour aller d'un point à un autre. En cas de coupure d'une liaison, il y a toujours moyen de permettre la communication. La figure 2-1 illustre un réseau maillé à transfert de paquets.

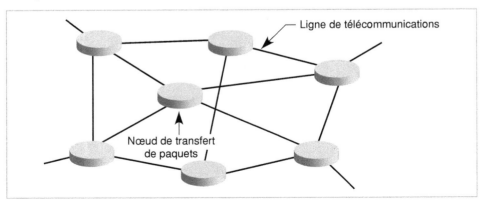

Figure 2-1. *Réseau maillé à transfert de paquets.*

Il existe d'autres topologies de réseau que les réseaux maillés, par exemple les réseaux en boucle ou en *bus*. Ces topologies sont généralement adaptées à des situations particulières.

Les réseaux peuvent utiliser des paquets de longueur constante ou variable. La longueur constante permet de déterminer aisément où se trouvent les différents champs et facilite le transfert d'un paquet de l'entrée du nœud à sa sortie. En contrepartie, la fragmentation des données à transporter en petits morceaux demande davantage de puissance. De plus, si les données à acheminer se limitent à quelques octets, il faut remplir le paquet artificiellement avec des octets dits de remplissage pour qu'il atteigne sa longueur constante.

Les paquets de taille variable s'adaptent bien au contexte applicatif puisqu'ils peuvent être plus ou moins longs suivant la taille du message à transporter. Si le message est très grand, comme dans un transfert de fichier de plusieurs millions d'octets, le paquet a une taille maximale. Si le message est très court, il peut ne donner naissance qu'à un seul paquet, très court également.

Le traitement d'un paquet de longueur variable demande plus de temps que celui d'un paquet de longueur constante, car il faut déterminer les emplacements des champs. Quant au transfert lui-même, il ne peut s'appuyer sur une structure physique simple du nœud.

Les techniques de transfert de paquets

ATM *(Asynchronous Transfer Mode)* est une technique de transfert de paquets dans laquelle les trames sont très petites et de longueur fixe. L'ATM correspond à une *commutation de trames*.

Internet utilise la technique de transfert IP *(Internet Protocol)*, dans laquelle les paquets sont de longueur variable. Les paquets IP peuvent éventuellement changer de taille lors de la traversée du réseau. La technologie IP fait référence à un *routage de paquets*.

Ethernet utilise des trames de longueur variable mais selon une technique différente des deux précédentes. Le transfert Ethernet peut être soit un routage, soit une commutation.

Les différentes techniques de transfert de paquets ou de trames *(voir encadré)* ont leur origine dans des communautés au départ complètement séparées. L'ATM provient de la communauté des opérateurs de télécommunications et des industriels associés. Les protocoles IP et Ethernet sont nés du besoin des informaticiens de relier leurs machines les unes aux autres pour transférer des fichiers informatiques.

Ces techniques s'appliquent aux différentes catégories de réseaux depuis les réseaux étendus, appelés *WAN*, jusqu'aux réseaux domestiques, ou *PAN*, en passant par les *RAN*, *MAN* et *LAN*, en fonction de la distance qui sépare les points les plus éloignés de ces réseaux. La figure 2-2 illustre ces différentes catégories.

réseau maillé.–Ensemble de nœuds reliés par des lignes de communication offrant le choix entre plusieurs routes d'une entrée du réseau vers une sortie.

bus.– 1. Topologie d'un réseau dans lequel les stations sont raccordées à une liaison physique commune. **2.** Ensemble de conducteurs électriques montés en parallèle permettant la transmission d'informations.

ATM *(Asynchronous Transfer Mode).*– Technique de transfert de petits paquets de taille fixe (53 octets), appelés cellules, utilisant une commutation et un mode avec connexion.

commutation de trames *(Frame Switching).*– Méthode de transfert consistant à commuter des trames dans le nœud, ce qui a pour effet de les transmettre directement sur la ligne, juste après les avoir aiguillées vers la bonne porte de sortie. Le relais de trames et la commutation Ethernet en sont des exemples.

routage de paquets.– Technique de transfert de paquets utilisée lorsque la méthode pour déterminer le chemin à suivre est un routage.

WAN *(Wide Area Network).*– Réseaux étendus sur plusieurs centaines voire milliers de kilomètres.

RAN *(Regional Area Network)*.– Réseaux pouvant recouvrir une région entière.

MAN *(Metropolitan Area Network)*.– Réseaux atteignant la taille de métropoles.

LAN *(Local Area Network)*.– Regroupe les réseaux adaptés à la taille d'un site d'entreprise et dont les deux points les plus éloignés ne dépassent pas quelques kilomètres de distance. On les appelle parfois réseaux locaux d'entreprise.

PAN *(Personal Area Network)*.– Tout petits réseaux, de quelques mètres d'étendue, permettant d'interconnecter des machines personnelles : PC portable, mobile téléphonique, agenda électronique, etc.

contrôle de flux.– Fonctionnalité majeure des réseaux de transfert, qui permet de gérer les trames, les paquets ou les messages de façon qu'ils arrivent au récepteur dans des temps acceptables pour l'application tout en évitant les pertes. Le contrôle de flux s'effectue sur les trames si le transfert est de niveau 2 et sur les paquets s'il est de niveau 3.

congestion.– État dans lequel les ressources du réseau (mémoire, liaison) sont pratiquement toutes occupées.

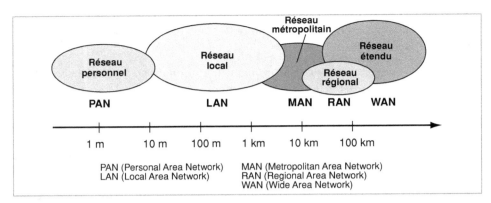

Figure 2-2. *Taille des différentes catégories de réseaux numériques.*

Les réseaux de transfert possèdent d'autres propriétés, qui permettent également de les classifier, comme les *contrôles de flux* et de *congestion*.

Le contrôle de flux consiste à réguler les flux dans le réseau de façon que le réseau reste fluide et qu'il n'y ait pas de perte de paquets. Le contrôle de congestion s'effectue au moyen d'algorithmes capables de faire sortir le réseau d'un état de congestion. En règle générale, lorsque ces contrôles sont réalisés par l'équipement terminal, il s'agit d'un réseau informatique, puisque les algorithmes de contrôle se trouvent dans une machine informatique située à la périphérie du réseau. Lorsque ces contrôles sont effectués dans le cœur du réseau, il s'agit d'un réseau de télécommunications.

Questions-réponses

Question 1.– *Un réseau à transfert de paquets a pour objectif de transférer des paquets d'une extrémité à l'autre d'un réseau. Pourquoi met-on des nœuds de transfert intermédiaires ?*

Réponse. –S'il n'y avait pas de nœuds intermédiaires, il faudrait tirer autant de lignes qu'il y a de couples émetteur-récepteur, et les ressources du réseau ne pourraient être partagées.

Question 2.– *Pourquoi les réseaux à transfert de paquets permettent-ils de faire des économies en comparaison des réseaux à commutation de circuits, comme le réseau téléphonique ?*

Réponse.– Les réseaux à transfert de paquets réalisent un gain statistique en utilisant beaucoup mieux les ressources du réseau qui sont partagées entre tous les utilisateurs à tout moment.

Question 3.– *Lorsqu'un paquet arrive dans un nœud, il est examiné. Comme nous le verrons au cours 6, il est possible de détecter si une erreur de transmission s'est produite, c'est-à-dire si un 0 s'est transformé en 1 ou vice versa. Lorsqu'un paquet est détecté en erreur, le nœud récepteur demande une retransmission du paquet au nœud émetteur. Montrer que cette fonction implique une taille optimale du paquet.*

Réponse.– Si le paquet tend vers une taille infinie, c'est qu'il comporte au moins une erreur, et il faut le retransmettre. Si la taille du paquet est minuscule, la probabilité d'avoir une erreur de transmission est très faible, mais comme il faut transporter l'ensemble des en-têtes du paquet, la liaison ne fait plus qu'émettre de l'information de supervision. La taille optimale d'un paquet dépend donc du taux d'erreur de transmission. Au cours des années 80, elle était de l'ordre de 2 000 bits, le taux d'erreur étant alors relativement élevé. Elle est aujourd'hui au moins 10 fois plus grande, de l'ordre de 20 000 bits.

Question 4.– *Pourquoi les contrôles de flux et les contrôles de congestion sont-ils très différents ?*

Réponse.– Les contrôles de flux ont un objectif très différent des contrôles de congestion, bien que les méthodes employées soient parfois similaires. Dans un contrôle de flux, il faut essayer de stopper les flux avant qu'ils entrent dans le réseau pour qu'il n'y ait pas de congestion. Dans le contrôle de congestion, il faut généralement détruire des paquets pour fluidifier le réseau.

Question 5.– *Si un réseau est fluide mais que le gestionnaire du réseau estime que le débit augmente dangereusement et qu'une congestion est à craindre, que peut-il faire ?*

Réponse.– Il peut commencer à perdre des paquets pour que le trafic reste fluide. Le problème est que les clients qui ont perdu des paquets les retransmettent, provoquant une nouvelle augmentation du volume de paquets dans le réseau. L'autre solution à la disposition du gestionnaire du réseau consiste à stocker les paquets dans des mémoires intermédiaires en attendant que le réseau soit plus fluide. Le risque est alors de voir ces mémoires elles-mêmes congestionnées. Les contrôles de flux doivent donc être des algorithmes assez astucieux pour permettre une continuité de la fluidité.

■ Les catégories de réseaux

Les réseaux proviennent de divers horizons : téléphonie, transport de données et télévision. Chacune de ces catégories d'application tend aujourd'hui à intégrer les autres. Par exemple, les opérateurs de téléphonie se sont intéressés au début des années 80 à l'intégration des données et aujourd'hui à l'intégration de la vidéo. Les réseaux d'interconnexion d'ordinateurs, qui ont donné naissance à Internet, s'intéressent depuis quelque temps à l'intégration de la parole et de la vidéo. De même, les opérateurs de télévision sur câble souhaitent faire transiter de la parole et proposer des connexions à Internet.

Les sections qui suivent détaillent les caractéristiques de ces grandes catégories de réseaux et analysent le rôle que chacune d'elles espère jouer dans les routes et autoroutes de l'information de demain.

■ Les opérateurs de télécommunications

Les industriels des télécommunications n'ont pas la même vision des architectures de réseau que les opérateurs informatiques ou les câblo-opérateurs. Cela tient aux exigences de leur application de base, la parole téléphonique, auxquelles il est difficile de satisfaire.

La parole téléphonique

temps réel (en anglais *real time*).– Mode dans lequel le temps qui s'écoule entre l'émission et la réception est limité à une valeur faible dépendant de l'application.

synchronisation.– Action consistant à déterminer des instants où des événements doivent se produire.

numérisation.– Opération consistant à transformer un signal analogique, comme la parole, en une suite d'éléments binaires (0 et 1). Ce processus consiste à prendre des points dans le temps, appelés échantillons, et à envoyer leur valeur numérique vers le récepteur.

théorème d'échantillonnage.– Détermine le nombre minimal d'échantillons nécessaires à une reproduction correcte d'un signal analogique sur un support donné. Ce nombre doit être au moins égal au double de la bande passante.

échantillonnage.– Technique consistant à ne prélever sur un signal donné que des échantillons d'information à des intervalles de temps réguliers et suffisamment proches pour conserver une image fidèle du signal d'origine.

Les contraintes de la parole téléphonique sont celles d'une application *temps réel* : l'acheminement de la parole ne doit pas dépasser 300 millisecondes (ms). De ce fait, les signaux doivent être remis au destinataire à des instants précis. Le nom d'application isochrone qui est donné à la parole téléphonique précise bien cette demande forte de *synchronisation*.

La *numérisation* de la parole utilise le *théorème d'échantillonnage*. Ce théorème détermine le nombre d'échantillons nécessaires à une reproduction correcte de la parole sur un support donné. Il doit être au moins égal au double de la bande passante.

Comme la parole téléphonique possède une *bande passante* de 3 200 Hz, ce sont au moins 6 400 échantillons par seconde qui doivent être acheminés au récepteur. La normalisation appelée *MIC* s'appuie sur 8 000 échantillons par seconde, soit un échantillon toutes les 125 microsecondes (µs). Chaque échantillon est ensuite codé, c'est-à-dire qu'une valeur numérique est donnée à la valeur de fréquence de l'échantillon. La figure 2-3, p. 30, illustre ce processus. Le codage est effectué sur 8 bits en Europe et sur 7 bits en Amérique du Nord, ce qui donne des débits respectifs de 64 et 56 Kbit/s.

En réception, l'appareil qui effectue le décodage, le *codec*, doit recevoir les échantillons, composés d'un octet en Europe (7 bits en Amérique du Nord, comme nous venons de le voir), à des instants précis. La perte d'un échantillon de temps en temps n'est pas catastrophique. Il suffit de remplacer l'octet manquant par un octet estimé à partir du précédent et du suivant. Cependant, il ne faut pas que ce processus se répète trop souvent, faute de quoi la qualité de la parole se détériore.

Une autre contrainte des applications de téléphonie concerne le temps de transit à l'intérieur du réseau. Il s'agit en réalité de deux contraintes distinctes mais parallèles : la *contrainte d'interactivité* et la contrainte due aux *échos*.

Les contraintes du transit de la parole téléphonique

La contrainte d'interactivité évalue à 300 ms le retard maximal que peut prendre un signal pour qu'on ait l'impression que deux utilisateurs se parlent dans une même pièce. Si cette limite est dépassée, l'application devient du talkie-walkie.

Dans un réseau symétrique, cette contrainte est de 600 ms aller-retour. Cette limite se réduit cependant à une valeur de moins de 60 ms aller-retour si un phénomène d'écho se produit. Dans les fils métalliques, qui convoient jusqu'au terminal le signal téléphonique, ce dernier est rarement numérisé mais plutôt transporté de façon analogique. Les équipements traversés provoquent des échos qui font repartir le signal en sens inverse.

Les échos ne sont pas perceptibles à l'oreille si le signal revient en moins de 56 ms. Au-delà de cette valeur, en revanche, un effet sonore indésirable rend la conversation pénible. Il existe des appareils qui suppriment l'écho, mais leur utilisation est limitée par leur coût d'installation relativement élevé.

La valeur maximale du temps de transit autorisé dans le réseau pour respecter la contrainte d'interactivité (300 ms) est plus de dix fois supérieure à celle liée à la contrainte d'écho (28 ms). Il en résulte que les réseaux sujets aux échos, comme le sont la plupart des réseaux des opérateurs de télécommunications, doivent mettre en œuvre une technique de transfert particulièrement efficace. Dans les réseaux des opérateurs informatiques, dotés de terminaux de type PC, qui annulent les échos, la contrainte de temps de traversée du réseau se situe à 300 ms.

Questions-réponses

Question 6.– *Quel est le débit minimal exigé pour acheminer une parole de meilleure qualité que la parole téléphonique (codage des échantillons sur 10 bits au lieu de 8 bits) sur un réseau de bande passante égale à 10 kHz ?*

Réponse.– Comme le nombre d'échantillons doit être au moins égal à deux fois la bande passante, soit 20 000 points par seconde, et que chaque échantillon est codé sur 10 bits, il faut un débit de 200 Kbit/s.

Question 7.– *Quel moyen existe-t-il pour compresser le flot de données ?*

Réponse.– Le *codage différentiel* permet de compresser le flot de données. Au lieu de coder la valeur complète de l'échantillon, on ne transmet que la différence avec l'échantillon précédent. Comme le nombre d'échantillons est important toutes les secondes, la différence entre deux échantillons est généralement très petite *(voir figure 2-3)*. De ce fait, le codage de cette différence demande moins d"éléments binaires que le codage complet d'un échantillon. Chaque fois qu'une différence est transmise, on effectue une approximation puisque la valeur d'un échantillon est codée par la meilleure valeur possible, mais qui n'est pas exacte. De ce fait, on accumule les approximations. Au bout de quelques dizaines d'échantillons, la valeur peut devenir fortement erronée. C'est la raison pour laquelle il faut envoyer à intervalle régulier une valeur complète d'un échantillon pour continuer la transmission. On peut en conclure que la compression génère un flot variable dans le temps : de temps en temps, on a un codage complet de l'échantillon (sur 8 bits pour la parole téléphonique), puis, entre deux échantillons complets, les échantillons ne demandent plus que 3 ou 4 bits de codage, ce qui permet au débit de baisser.

Question 8.– *Montrer que la parole téléphonique sur IP (Internet) possède des contraintes très différentes de la simple parole sur IP.*

Réponse.– La téléphonie implique une interactivité entre deux interlocuteurs et donc une contrainte temporelle de 600 ms (300 ms aller-retour). La simple parole sur IP n'implique pas d'interactivité et accepte en conséquence un retard beaucoup plus important. Le flot doit certes être synchronisé en sortie, mais il n'y a pas de contrainte à respecter sur le retard. Un retard de plusieurs secondes, voire de plusieurs dizaines de secondes, ne pose aucun problème dans certains types d'applications utilisant la parole numérique. Par exemple, un message de répondeur téléphonique peut parvenir à l'oreille du demandeur avec 5 s de retard sans occasionner de gêne.

bande passante.– Plage des fréquences qui peuvent être transmises correctement sur un support. S'exprime en Hertz (Hz). Par exemple, la parole utilise les fréquences de 300 à 3 400 Hz, et sa bande passante est de 3 100 Hz.

MIC (modulation par impulsion et codage).– Technique utilisée par les opérateurs de télécommunications consistant à transformer la parole téléphonique analogique en signal numérique par le biais d'un codec.

codec (acronyme de codeur-décodeur).– Appareil qui effectue le codage numérique d'un signal analogique lors de son émission ou qui restitue (décodage) un signal analogique lors de la réception d'un signal numérique.

contrainte dinteractivité.– Pour la parole téléphonique, retard maximal, évalué à 300 ms, que peut prendre un signal pour que deux utilisateurs aient l'impression de se parler dans une même pièce.

écho.– Phénomène susceptible d'affecter un circuit de transmission, qui consiste en une répercussion du signal vers son émetteur avec une puissance suffisante pour qu'il soit décelable.

codage différentiel.– Technique de codage dans laquelle, au lieu de coder la valeur complète de l'échantillon, on ne transmet que la différence avec l'échantillon précédent.

circuit.– Ensemble de ressources mettant en relation un émetteur et un récepteur. Ces ressources n'appartiennent qu'au couple émetteur-récepteur.

commutation de circuits (*Circuit Switching*).– Type de commutation dans lequel un circuit joignant deux interlocuteurs est établi à leur demande par la mise bout à bout des circuits partiels. Le circuit est désassemblé à la fin de la transmission.

modem (acronyme de modulateur-démodulateur).– Appareil qui transforme les signaux binaires produits par les ordinateurs ou les équipements terminaux en des signaux également binaires, mais dotés d'une forme sinusoïdale, qui leur offre une propagation de meilleure qualité.

RNIS (Réseau numérique à intégration de services).– Réseau développé au début des années 80 pour permettre le transport d'applications intégrant au moins la voix et les données en utilisant une interface unique avec tous les réseaux disponibles chez les opérateurs de télécommunications.

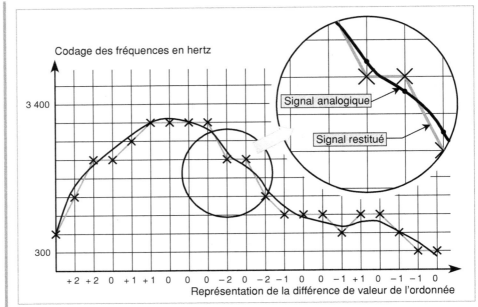

Figure 2-3. *Codage différentiel de la parole téléphonique.*

Les choix technologiques des réseaux de télécommunications

Étant donné les contraintes très fortes de l'application de téléphonie, les opérateurs de télécommunications se sont dirigés vers des technologies *circuit*. Ces dernières consistent à mettre en place un chemin dans le réseau avant d'envoyer les informations de l'utilisateur, chemin qui sera suivi par l'ensemble des informations.

La première génération de technologie circuit a été la *commutation de circuits*, toujours présente dans les réseaux téléphoniques actuels. On établit le circuit, après quoi la parole peut y transiter. L'avantage apporté par cette technique est bien évidemment le confort dans lequel l'application se déroule, puisque les ressources du circuit lui sont totalement dédiées. Dans la première génération, le signal reste analogique de bout en bout.

La deuxième génération de technologie circuit conserve la commutation de circuits mais passe au numérique : la parole est numérisée, et ce sont des octets qui transitent. La numérisation s'effectue le plus souvent à l'entrée du réseau, la boucle locale restant encore fortement analogique.

Cette génération, que l'on utilise toujours aujourd'hui, a été améliorée par une meilleure utilisation de la boucle locale. Sur le fil métallique qui sert à faire passer la parole analogique, on est capable, grâce à des *modems*, de faire transiter des flux de plus en plus puissants, pouvant atteindre 2 Mbit/s sur des distances de plusieurs kilomètres.

De ce fait, les opérateurs de télécommunications ont pu intégrer les données en même temps que la parole téléphonique. Ce passage n'a pas été aussi immédiat et a connu un stade intermédiaire, le *RNIS (réseau numérique à intégration de services)*, consistant à fournir deux lignes simultanées, l'une pour le téléphone, l'autre pour les données.

Avec la troisième génération, on travaille directement en mode paquet. Le terminal place toutes les informations, quelles soient téléphoniques, vidéo ou de données, dans des paquets et émet ces paquets sur la boucle locale vers le réseau cœur.

Cette technologie porte l'intégration à son paroxysme puisqu'il n'est plus possible de distinguer les applications entre elles au moment de leur transport. Les besoins actuels de *qualité de service* impliquent toutefois d'en revenir à une classification permettant d'identifier les paquets prioritaires et de leur octroyer une gestion différenciée.

Le futur des réseaux de télécommunications

Les opérateurs de télécommunications reconnaissent que l'avenir appartient à une troisième génération de réseau utilisant le paquet IP. À la différence des opérateurs informatiques, ils souhaitent toujours mettre en place un chemin puis faire transiter les paquets IP d'une façon sécurisée et dans l'ordre. Pour cela, ils ont besoin d'un réseau de signalisation capable de tracer le chemin. La révolution en cours dans les télécoms réside finalement dans la découverte que le meilleur réseau de signalisation est... le réseau IP.

Le futur des réseaux de télécommunications verra associés un réseau à commutation de paquets et des chemins qui seront ouverts par un réseau de type Internet. Ce dernier sera alors considéré comme un réseau de signalisation, avec pour objectif d'indiquer la meilleure route numérique à prendre.

Les technologies sous-jacentes sont la commutation de circuits, avec une signalisation nommée *CCITT n°7*, puis le passage à des techniques de *circuit virtuel*, avec les protocoles *X.25*, *relais de trames*, ATM *(Asynchronous Tranfer Mode)*, qui utilisent des signalisations spécifiques, avant de converger vers *MPLS (MultiProtocol Label Switching)*, qui utilise une signalisation IP.

qualité de service (QoS, pour *Quality of Service*).– **1.** Critère indiquant de façon plus ou moins subjective la qualité avec laquelle un service est rendu. **2.** Possibilité pour l'utilisateur de demander au réseau le transport de ses paquets avec une garantie de qualité déterminée.

CCITT n° 7 (en anglais *SS7*, pour *Signalling System n° 7*).– Recommandation promulguée par le CCITT (Comité consultatif international des télégraphes et des téléphones) précisant l'architecture et le mode de transfert d'un réseau de signalisation de type sémaphore.

circuit virtuel commuté.– Circuit virtuel ouvert pour la durée du flot d'un utilisateur.

X.25.– Protocole définissant l'interface locale entre un équipement informatique connecté au réseau et le réseau lui-même pour la transmission de paquets.

relais de trames (en anglais *Frame Relay*).– Technologie réseau utilisant une commutation de trames, qui permet de minimiser les fonctionnalités à prendre en compte dans les nœuds intermédiaires.

MPLS (*MultiProtocol Label Switching*).– Protocole promu par l'IETF pour normaliser les solutions multiprotocoles de routage-commutation. Cette norme s'applique essentiellement au transport de paquets IP au-dessus d'ATM ou d'Ethernet.

référence.– Suite de chiffres exprimée en binaire accompagnant un bloc (trame, paquet, etc.) et permettant à celui-ci de choisir une porte de sortie suivant la table de commutation. Par exemple, 23 est une référence, et tous les paquets qui portent la valeur 23 sont toujours dirigés vers la même ligne de sortie.

niveau trame
(couche 2).– Fournit les fonctions nécessaires pour transporter un bloc d'information, appelé trame, d'un nœud de transfert vers un autre nœud de transfert. La fonction de base concerne la reconnaissance du début et de la fin du bloc d'information.

trame.– 1. Bloc d'éléments binaires dans un protocole de liaison dont on sait reconnaître le début et la fin.
2. Ensemble d'intervalles de temps consécutifs alloués à des sous-voies dans un multiplexage temporel.

réseau de signalisation.– Réseau qui transporte des informations de supervision.

ISP (Internet Service Provider).– Opérateur proposant la connexion au réseau Internet.

IP (Internet Protocol).– Protocole Internet correspondant au niveau 3 de l'architecture du modèle de référence mais ne prenant que partiellement en compte les fonctions de ce niveau paquet. Le protocole IP a été conçu comme une protocole d'interconnexion, c'est-à-dire déterminant un bloc de données, d'un format bien défini, contenant une adresse, mais sans autre fonctionnalité.

Question 9.– *Pourquoi les opérateurs de télécommunications préfèrent-ils les réseaux à commutation de paquets plutôt que les réseaux à routage de paquets ?*

Réponse.– Les réseaux à commutation de paquets utilisent une signalisation qui trace des chemins dans le réseau. Dans le même temps, la signalisation peut réaliser des réservations de ressources permettant d'affecter des qualités de service.

Question 10.– *Peut-on commuter des paquets IP ?*

Réponse. Non, car le paquet IP ne possède pas de champ pouvant porter une *référence*. Mais aussi oui, car la prochaine génération IPv6 porte une référence.

Question 11.– *Pourquoi les commutations se situent-elles généralement au niveau trame ?*

Réponse.– Les *trames* ont pour rôle de transporter des paquets, aujourd'hui essentiellement des paquets IP. Le plus souvent, la structure de la trame comporte non pas un champ d'adresse mais un champ capable de transporter une référence. S'il y a une référence, c'est qu'on peut effectuer une commutation.

Question 12.– *Pourquoi le réseau Internet est-il un excellent réseau de signalisation ?*

Réponse. Un réseau de signalisation sert à tracer un chemin dans un réseau. Pour ouvrir le chemin, le paquet de signalisation utilise l'adresse du destinataire, ce qui implique un réseau utilisant une technique de routage. Internet étant un réseau de routage, et les adresses IP étant les plus communément utilisées, puisqu'on les trouve même sur les cartes de visite, il remplit parfaitement les conditions pour être un réseau de signalisation.

■ Les opérateurs Internet

Les opérateurs Internet correspondent en grande partie aux *ISP (Internet Service Provider)*. Développée pour le monde Internet, la technologie qu'ils utilisent consiste à encapsuler l'information dans des paquets dits *IP (Internet Protocol)*, dont nous avons présenté le format au cours 1.

Les paquets IP comportent l'adresse complète du destinataire. Le paquet n'est donc jamais perdu dans le réseau puisqu'il connaît sa destination. Dans la commutation, à l'inverse, la trame ou le paquet ne sont munis que d'une référence, laquelle ne donne aucune information sur la destination. En cas de problème, il faut demander à la signalisation d'ouvrir un nouveau chemin.

Dans les réseaux informatiques, il n'y a pas besoin de signalisation. Cela allège considérablement le coût du réseau. À chaque nœud, il suffit de remonter à la couche IP pour retrouver l'adresse complète du destinataire et aller consulter la *table de routage*, qui indique la meilleure porte de sortie du nœud en direction du destinataire.

L'avantage évident des technologies informatiques réside dans la grande simplicité du réseau. Ce dernier est construit autour d'équipements, appelés *routeurs*, dont la seule fonction est de router les paquets vers la meilleure porte de sortie possible. Cette porte pouvant varier en fonction du trafic, la table de routage doit être mise à jour régulièrement.

Une autre caractéristique des réseaux informatiques consiste en un contrôle effectué uniquement par les équipements terminaux, sans aucune participation des routeurs internes au réseau. Les *algorithmes de contrôle* se trouvent dans les PC et autres machines terminales.

Les algorithmes de contrôle sont le plus souvent fondés sur des *fenêtres de contrôle*, c'est-à-dire des valeurs maximales du nombre de paquets qui peuvent être envoyés sans *acquittement*. L'équipement terminal doit détecter d'après le temps de retour de l'acquittement si le réseau est congestionné ou non et augmenter ou diminuer sa fenêtre de contrôle.

Questions-réponses

Question 13.– *Quelle est la taille d'une table de routage ?*

Réponse.– La taille d'une table de routage est proportionnelle au nombre de destinations possibles. Beaucoup de techniques permettent de réduire cette taille, qui doit rester raisonnablement petite pour que le routeur puisse effectuer son travail dans des laps de temps courts. Par exemple, au lieu de regarder l'adresse complète du destinataire, on peut se limiter à examiner la partie de l'adresse indiquant le réseau auquel le destinataire est connecté et placer sur une même ligne de la table tous les clients qui se dirigent vers ce réseau.

Question 14.– *Montrer qu'un des risques du routage est qu'un paquet soit pris dans une boucle.*

Réponse.– Si un nœud A route ses paquets à un destinataire D vers le nœud B et que B route ses paquets en destination de D vers le nœud A, on obtient une boucle A-B-A-B... Dans un routage, il faut inclure une solution permettant d'éviter les boucles.

Les choix technologiques des réseaux informatiques

Les solutions à la disposition des opérateurs informatiques pour garantir une qualité de service sont assez limitées.

Une première solution consiste à surdimensionner le réseau de telle sorte que les paquets ne soient jamais retardés par des attentes dans les routeurs. Cette solution est acceptable si la technologie offre, à bon prix, des capacités suffisantes. C'était le cas au début des années 2000, au cours desquelles l'essor de la fibre optique et des techniques de *multiplexage en longueur d'onde*, a permis d'atteindre des débits de plusieurs térabits par seconde. L'augmentation des capacités est aujourd'hui freinée par la saturation du support optique, car il ne reste pratiquement plus de bande passante disponible dans la fibre opti-

table de routage.– Table contenant des informations relatives à la connexion d'un élément d'un réseau à d'autres nœuds et contrôlant les décisions de routage. Toutes les adresses susceptibles d'être atteintes sur le réseau y sont répertoriées.

routeur.– Équipement permettant d'effectuer un transfert de paquets, qui utilise l'adresse se trouvant dans l'en-tête du paquet pour déterminer la meilleure route à suivre pour acheminer le paquet vers son destinataire.

algorithme de contrôle.– Méthode permettant d'effectuer un contrôle.

fenêtre de contrôle.– Algorithme qui limite le nombre de blocs émis. La taille maximale de la fenêtre indique le nombre maximal de blocs qui peuvent être émis avant que l'émetteur s'arrête et se mette en attente des acquittements.

acquittement.– Signal logique indiquant qu'une opération demandée a été ou non prise en compte. Peut être positif (ACK) ou négatif (NACK), indiquant une bonne ou une mauvaise réception.

multiplexage.– Subdivision d'un même canal de transmission physique en deux ou plusieurs sous-canaux logiques.

multiplexage en longueur d'onde.– Procédé consistant à émettre simultanément plusieurs longueurs d'onde, c'est-à-dire plusieurs lumières, sur un même cœur de verre.

ADSL *(Asymmetric Digital Subscriber Line).*– Technique d'accès par modem haute vitesse dont la capacité est dissymétrique, c'est-à-dire plus lente entre le terminal et le réseau que dans l'autre sens.

que. Si la solution de surdimensionnement a pu être acceptable au début des années 2000, elle devient de plus en plus difficile à réaliser du fait que la technologie ne fait plus de progrès fondamentaux. Un rattrapage des débits s'opère toutefois avec l'arrivée massive de techniques d'accès à haut débit, comme l'*ADSL*.

Une seconde solution consiste à ne surdimensionner le réseau que pour les clients ayant besoin de temps de réponse garantis. Pour y parvenir, il faut classifier les flots. La solution proposée par le monde Internet revient à spécifier trois grandes classes de flots : une classe de plus haute priorité, appelée premium ou platinium, une classe de basse priorité, qui n'offre aucune garantie, et une classe intermédiaire, qui propose une garantie sur le taux de perte mais pas sur le temps de transit à l'intérieur du réseau.

L'opérateur réseau doit pratiquer des coûts de connexion tels que tous les clients ne choisissent pas la classe de plus haute priorité et que cette dernière ne dépasse pas une quinzaine de pour cent de la capacité du réseau. À ces conditions, les clients prioritaires ne sont pas gênés par les autres et peuvent espérer une très bonne qualité de service. Cette solution revient moins cher que le surdimensionnement généralisé pour l'ensemble des utilisateurs. Elle est cependant plus complexe, car il faut introduire un coût pour différencier les clients, faute de quoi tous les clients réclameraient la plus haute priorité.

L'introduction de priorités nécessite une nouvelle génération de routeurs capables de les gérer, c'est-à-dire de reconnaître la valeur indiquée dans un champ de priorité du paquet IP et de placer les paquets de plus haute priorité en tête des files d'attente.

DiffServ (Differentiated Services, ou services différenciés).– Proposition de l'IETF pour gérer la qualité de service en différenciant quelques grandes classes de qualité de service et en regroupant les utilisateurs dans ces classes.

Cette solution est bien couverte par la proposition *DiffServ (Differentiated Services)*, qui classifie les clients en trois classes. La classe intermédiaire peut comporter jusqu'à douze sous-classes.

Questions-réponses

Question 15.– *Pourquoi la classe de service intermédiaire ne peut-elle offrir de garantie sur le temps de transit ?*

Réponse.– Parce qu'il est impossible de prédire le temps pendant lequel les clients les plus prioritaires vont occuper les serveurs des lignes de sortie des nœuds.

Question 16.– *Pourquoi l'introduction de priorités modifie-t-elle complètement la gestion d'Internet ?*

Réponse.– En proposant des priorités et donc de la qualité de service à un coût très supérieur aux classes inférieures, on introduit une tarification, et donc une facturation, qui bouleverse la vision classique d'un Internet gratuit.

Le futur des réseaux informatiques

Pour les opérateurs de réseaux informatiques, le futur est assez clair : accroître les débits. L'idée est de continuer à utiliser des routeurs mais à en augmenter la capacité de traitement pour aller vers ce que l'on appelle des *gigarouteurs*, ou même maintenant des térarouteurs. Un gigarouteur peut traiter un milliard de paquets par seconde et un térarouteur mille milliards de paquets par seconde. Pour cela, il faut trouver des solutions de traitement des adresses de façon à déterminer la bonne ligne de sortie en un laps de temps le plus court possible. L'autre voie est la commutation MPLS ou GMPLS, où, comme nous le verrons, les commutateurs atteindront des vitesses de 100 Gbit/s. Une troisième possibilité provient de l'Ethernet Carrier Grade, qui utilise de la commutation Ethernet à des débits bientôt également de 100 Gbit/s.

Les liaisons entre les gigarouteurs seront assurées par des techniques à très haut débit, comme le *Gigabit Ethernet*, le 10 Gigabit Ethernet et bientôt les 40 et 100 Gigabit Ethernet ou les lignes *SONET* à 2,5 Gbit/s, 10 Gbit/s, voire 40 Gbit/s.

gigarouteur.– Routeur capable de gérer des ports d'accès supportant des débits de l'ordre du gigabit par seconde.

Gigabit Ethernet.– Réseau Ethernet à 1 000 Mbit/s.

SONET *(Synchronous Optical NETwork)*.– Norme de niveau physique dont l'objectif est de transporter des octets à très haut débit grâce à une synchronisation forte entre l'émetteur et le récepteur.

Questions-réponses

Question 17.– *Pourquoi les routeurs doivent-ils être interconnectés par des liaisons transportant des trames ?*

Réponse.– Parce que les paquets IP, pour être transportés de nœud en nœud, doivent être encapsulés dans des trames.

■ Les opérateurs vidéo

On désigne sous le terme d'opérateurs TV les diffuseurs et câblo-opérateurs qui mettent en place les réseaux terrestres et hertziens de diffusion des canaux de télévision. Les câblo-opérateurs se chargent de la partie terrestre, et les télédiffuseurs de la partie hertzienne. Ces infrastructures de communication permettent de faire transiter vers l'équipement terminal les canaux vidéo. Étant donné la *largeur de bande* passante réclamée par ces applications, ces canaux demandent des débits très importants.

La diffusion de programmes de télévision s'effectue depuis de longues années par le biais d'émetteurs hertziens, avec des avantages et des inconvénients. De nouvelles applications vidéo ont fait leur apparition ces dernières années, dont la qualité vidéo va d'images saccadées de piètre qualité jusqu'à des images animées en haute définition.

La classification admise pour les applications vidéo est la suivante :

largeur de bande.– Différence entre la plus basse et la plus haute fréquence utilisées au transport d'une application. Plus la largeur de bande est importante, plus le débit nécessaire sur une liaison doit être grand.

signal.– Grandeur physique mesurable servant à représenter des informations de manière analogique ou numérique. Un signal ne peut être transmis que sur un canal de communication adapté.

analogique.– Qui représente, traite ou transmet des données sous la forme de variations continues d'une grandeur physique.

MPEG (*Moving Picture Expert Group*).– Groupe de normalisation chargé de la définition des normes de codage et de compression d'images animées et sonorisées. La première norme, MPEG-1 est peu à peu remplacée par MPEG-2, qui sera elle-même remplacée par MPEG-4.

- **Visioconférence.** Se limite à montrer le visage des correspondants. Sa définition est relativement faible puisqu'on diminue le nombre d'images par seconde pour gagner en débit. Le *signal* produit par une visioconférence se transporte aisément sur un canal numérique à 128 Kbit/s, et sa compression est simple à réaliser. On peut abaisser le débit jusqu'à 64 Kbit/s, voire moins, si l'on ne redoute pas une sérieuse baisse de la qualité.

- **Télévision numérique.** Sa qualité correspond ordinairement à un canal de 4 ou 5 MHz de bande passante en *analogique*. La numérisation sans compression de ce canal, en utilisant par exemple le théorème d'échantillonnage, produit un débit de plus de 200 Mbit/s. Après compression, le débit peut descendre à 2 Mbit/s, pratiquement sans perte de qualité. On peut, avec une compression poussée, aller jusqu'à des débits de 64 Kbit/s, mais avec une qualité fortement dégradée. De plus, à de tels débits, les erreurs en ligne deviennent gênantes, car elles perturbent l'image au moment de la décompression. L'optimum est un compromis entre une forte compression et un taux d'erreur de 10^9 (en moyenne une erreur tous les 10^{-9} bits transmis), ce qui ne détruit qu'une infime fraction de l'image, sans nuire à sa vision. Les deux principaux standards pour la transmission d'un canal de télévision numérique sont MPEG-2 et MPEG-4. La télévision transportée par Internet (IPTV) devient de plus en plus classique : les images sont encapsulées dans des paquets IP.

- **Télévision haute définition.** Demande des transmissions à plus de 500 Mbit/s si aucune compression n'est effectuée. Après compression, la valeur peut tomber à 35 Mbit/s, voire 4 Mbit/s.

- **Vidéoconférence** (à ne pas confondre avec la visioconférence). Approche la qualité du cinéma et demande des débits considérables. C'est la raison pour laquelle ce type de vidéo ne sera intégré que plus tard dans les applications multimédias.

Câble coaxial et fibre optique

câble coaxial.– Câble à deux conducteurs composé d'un fil central à l'intérieur d'une gaine cylindrique reliée à la terre.

CATV (câble d'antenne de télévision).– Câble coaxial de 75 ohm (W), dont la largeur de bande dépasse le gigahertz.

Les applications utilisant la vidéo sont nombreuses : elles vont de la télésurveillance à la vidéo à la demande en passant par la messagerie vidéo et la télévision.

Les réseaux câblés, installés par les diffuseurs sur la partie finale du réseau de distribution, utilisent un support physique de type *câble coaxial*, le *CATV*.

Ce câble à très grande bande passante peut également être utilisé pour acheminer aux utilisateurs des informations diversifiées, comme la parole ou les données informatiques, en plus de l'image. Aujourd'hui, ces réseaux câblés sont exploités en analogique et très rarement en numérique. À long terme, ils pourraient absorber plusieurs dizaines de mégabits par seconde, ce qui permettrait de véhiculer sans problème les applications multimédias.

Les câblo-opérateurs ont l'avantage de pouvoir atteindre de nombreux foyers et de constituer ainsi une porte d'entrée vers l'utilisateur final. Le câblage CATV est une des clefs de la diffusion généralisée de l'information. C'est pourquoi il a été privilégié pendant de nombreuses années par les opérateurs de télécommunications.

La fibre optique tend aujourd'hui à remplacer le câble coaxial par son prix attractif et sa bande passante encore plus importante.

Questions-réponses

Question 18.– *Pourquoi est-il possible de compresser la vidéo bien davantage que les données provenant des bases de données ?*

Réponse.– Dans la vision d'une séquence d'images, l'œil peut corriger par lui-même certains défauts de transmission et est incapable de discerner des modifications apportées à l'image par une compression importante. Dans les données informatiques, la suite de 0 et de 1 ne peut être modifiée et ne permet donc pas une compression importante.

Question 19.– *Quelle est l'application la plus complexe à prendre en charge dans le multimédia ?*

Réponse.– Les applications les plus complexes à prendre en charge sont les applications qui jouent sur l'interactivité humaine car elles limitent le temps de transit. Si en plus, un haut débit est requis, on se trouve dans la zone des applications les plus complexes à transporter. On peut citer dans cette catégorie la visiophonie et l'application téléphonique.

■ Internet

Comme nous l'avons vu au cours 1, Internet provient du concept d'*Inter-Network*, c'est-à-dire de la volonté de relier des réseaux hétérogènes entre eux par l'adoption d'un protocole unique, *IP (Internet Protocol)*. Le protocole IP a pour objectif de normaliser la façon de transporter les paquets dans un réseau. Internet est un réseau routé dans lequel les nœuds de transfert sont appelés des routeurs. Les routeurs sont munis d'une table de routage qui permet aux paquets entrants de trouver la meilleure sortie possible.

Internet est un réseau sans signalisation, c'est-à-dire sans chemin. Chaque paquet contient l'adresse complète du destinataire et est donc autonome dans le réseau. On appelle parfois ces paquets autonomes des *datagrammes*.

Une caractéristique du réseau Internet, que nous avons déjà mentionnée, concerne le contrôle du réseau effectué par la machine terminale. La fenêtre de contrôle est déterminée par le temps aller-retour d'un paquet, depuis son envoi jusqu'à l'arrivée de l'acquittement. Si ce temps aller-retour devient trop

datagramme.– Type de paquet qui peut se suffire à lui-même pour arriver à destination, comme une lettre que l'on met à la poste avec l'adresse complète du destinataire. Désigne le paquet IP.

important, l'équipement terminal interprète cet évènement comme une congestion et diminue de façon drastique la fenêtre de contrôle.

La qualité de service d'Internet est la même pour l'ensemble des utilisateurs. On la nomme *best effort* pour indiquer que le réseau fait au mieux par rapport aux demandes des utilisateurs. Cette qualité de service ne permet pas de prendre en charge des applications à fortes contraintes puisque le réseau est partagé à part égale entre tous les utilisateurs. Plus il y a d'utilisateurs connectés, plus les performances de tous se dégradent.

Une solution pour apporter de la qualité de service dans Internet consiste à surdimensionner le réseau. Dans ce cas, la qualité de service est bonne pour tous les utilisateurs. En effet, le réseau étant à peu près vide, puisqu'il est surdimensionné, chaque client le traverse en un temps très court. Cette solution est cependant difficile à évaluer économiquement. Si elle limite le nombre d'ingénieurs réseau nécessaires à la gestion du réseau, son coût peut devenir très élevé du fait que les composants à très haut débit restent chers.

Les solutions préconisées par le monde Internet pour obtenir de la qualité de service sont de quatre types :

- Rendre le flot applicatif dynamique, de sorte à l'adapter aux possibilités du réseau. Si le débit du réseau diminue, on compresse plus fortement l'application.

IntServ *(Integrated Services,* ou services différenciés).– Services proposés par l'IETF pour gérer les flots IP de façon indépendante les uns des autres.

- Adapter le réseau à l'application au moyen de la technique *IntServ (Integrated Service).* Chaque flot se voit affecter des ressources réseau adaptées à sa demande. Cette solution a le défaut de ne pas passer l'échelle, c'est-à-dire d'être limitée en nombre de flots.

- Adapter le réseau à l'application mais avec la capacité de passer à l'échelle. c'est la technique DiffServ, dans laquelle les clients sont regroupés en grandes classes de service. À chaque classe correspondent des ressources.

- Réserver des ressources pour chaque flot en utilisant de l'ingénierie de trafic. C'est la solution que nous rencontrerons dans MPLS

intranet.– Réseau conçu pour traiter l'information à l'intérieur d'une entreprise ou d'une organisation et utilisant le protocole IP de façon privée.

Il existe d'autres solutions pour réaliser un réseau Internet contrôlé. L'une d'elles consiste à utiliser le protocole IP dans un environnement privé, appelé réseau *intranet.*

Questions-réponses

Question 20.– *Un réseau Internet est un réseau de routage de paquets IP. Cette définition est-elle équivalente à : un réseau Internet est un réseau qui a pour objectif de transporter des paquets IP ?*

Réponse.– Non, les deux définitions ne sont pas identiques. Elles sont toutes deux correctes mais expriment des visions différentes. Internet étant une interconnexion de réseaux réalisée par des routeurs IP, les sous-réseaux qui transportent les paquets IP n'utilisent pas nécessairement un routage. Par exemple, on peut encapsuler les paquets IP dans des trames et commuter ces trames à l'intérieur d'un réseau.

Question 21.– *Les datagrammes arrivent-ils toujours dans l'ordre ? Qui s'occupe de remettre les paquets dans l'ordre ?*

Réponse.– Deux datagrammes peuvent prendre des routes différentes. De ce fait, un datagramme peut partir après un autre et se retrouver le premier au récepteur. La couche IP n'est pas responsable de la remise en ordre. Cette fonction se trouve dans l'équipement terminal et s'effectue au moment où les différents paquets sont assemblés pour reformer le message.

Question 22.– *Le protocole IP ne se préoccupe pas de savoir si le paquet est correct ou non à l'arrivée. Pourquoi ?*

Réponse.– Lorsque le réseau a une qualité de transport acceptable, certaines applications n'ont pas besoin d'effectuer des corrections d'erreur parce que les erreurs ne sont pas perceptibles. Par exemple, la parole téléphonique et la vidéo peuvent être dispensées de détection et de correction des erreurs. Dans le monde IP, on n'impose pas de correction d'erreur à l'ensemble des flux car cela serait inefficace, voire contradictoire si des contraintes de temps réel se posent.

■ Les réseaux ATM

La technique de transfert ATM *(Asynchronous Transfer Mode)* s'est imposée dans les années 90 pour l'obtention de la qualité de service. Sa première caractéristique est de limiter la taille des paquets à une valeur constante de 53 octets de façon à garantir son traitement rapide dans les nœuds.

Cette solution offre le meilleur compromis pour le transport des applications qui transitent sur les réseaux. Le transport des applications isochrones s'obtient plus facilement du fait de la petite taille des paquets, ou *cellules*, qui engendre des temps de paquétisation et de dépaquétisation faibles.

Si les cellules permettent de transporter facilement les données *asynchrones*, c'est au prix d'une fragmentation assez poussée. Lorsque le contrôle de flux est strict, le temps de transport dans le réseau est à peu près égal au temps de propagation, ce qui permet de retrouver simplement la synchronisation en sortie.

Les réseaux ATM sont des réseaux commutés de *niveau trame*, c'est-à-dire qui commutent des trames. Un système de signalisation spécifique permet d'ouvrir et de fermer les circuits virtuels.

Des qualités de service sont affectées aux circuits virtuels pour donner la possibilité aux utilisateurs de faire transiter des applications avec contraintes.

cellule.– Nom donné au paquet ATM en raison de sa taille toujours égale à 53 octets, soit 424 bits, dont 48 octets de données utilisateur.

asynchrone.– Mode de transmission des données dans lequel l'instant d'émission de chaque caractère ou bloc de caractères est arbitraire.

niveau trame (couche 2).– Fournit les fonctions nécessaires pour transporter un bloc d'information, appelé trame, d'un nœud de transfert vers un autre nœud de transfert. La fonction de base concerne la reconnaissance du début et de la fin du bloc d'information.

Question 23.– *Calculer le temps de remplissage d'une cellule ATM pour une application de téléphonie classique MIC. Quelle doit être la distance maximale entre deux combinés analogiques ?*

Réponse.– Comme le flot est constitué d'un octet toutes les 125 μs, le temps de remplissage des 48 octets de données utilisateur est de 6 ms. Puisque les combinés sont analogiques, on peut supposer qu'un problème d'écho interfère. Il faut donc limiter le temps de transport total à 28 ms, en supposant un réseau symétrique (56 ms aller-retour). Grâce au parallélisme entre les deux extrémités, le temps de traversée du réseau doit être inférieur à 22 ms. À la vitesse de 200 000 km/s, la distance maximale est de 4 400 km.

Question 24.– *Montrer que, si l'on compresse la parole par un coefficient 2 (32 Kbit/s au lieu de 64 Kbit/s) et que le réseau ait une portée de 4 400 km, la compression n'apporte rien. Proposer des solutions à ce problème.*

Réponse.– La paquétisation-dépaquétisation ne doit durer que 6 ms. Grâce au parallélisme entre l'émetteur et le récepteur, on peut compter 6 ms de paquétisation. À une vitesse de 32 Kbit/s, cela représente un ensemble de 24 octets. On est donc obligé d'émettre la cellule ATM lorsqu'elle est à moitié pleine. Le flot qui transite dans le réseau correspond donc toujours à 64 Kbit/s, et l'on na rien gagné. Différentes solutions peuvent être proposées pour remédier à cela. Par exemple, on peut mettre dans la même cellule plusieurs communications téléphoniques simultanées (cette solution a été effectivement développée). Une autre solution consiste à améliorer la qualité de la parole téléphonique en utilisant une largeur de bande plus importante. Une troisième solution revient à réduire la taille du réseau de façon à avoir plus de temps pour la paquétisation-dépaquétisation.

■ Les réseaux Ethernet

Les réseaux Ethernet proposent une architecture différente. En particulier, ils définissent un autre format de trames, qui s'est imposé par l'intermédiaire des réseaux locaux, ou LAN (*Local Area Network*). Le format de la trame Ethernet est illustré à la figure 2-4.

trame Ethernet.– Trame utilisée dans les réseaux Ethernet, dont la taille est comprise entre 64 et 1 516 octets.

Les adresses contenues dans la *trame Ethernet* se composent de deux champs de 3 octets chacun, le premier indiquant un numéro de constructeur et le second un numéro de série. La difficulté liée à ces adresses, spécifiques de chaque carte Ethernet introduite dans un PC, consiste à déterminer l'emplacement du PC. C'est la raison pour laquelle la trame Ethernet est utilisée dans un univers local, où il est possible de diffuser la trame à l'ensemble des récepteurs, le récepteur de destination reconnaissant son adresse et gardant la copie reçue.

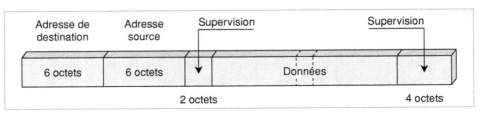

Figure 2-4. *Format de la trame Ethernet.*

Pour utiliser la trame Ethernet dans de grands réseaux, il faut soit trouver une autre façon d'interpréter l'adresse sur 6 octets, soit ajouter un ou plusieurs champs complémentaires, ce que nous verrons dans l'Ethernet Carrier Grade.

Questions-réponses

Question 25.– *Montrer que l'adresse Ethernet, telle quelle a été conçue, permet d'avoir des coupleurs ayant tous une adresse différente. Si cette adresse peut être remplacée par une autre adresse déterminée par l'administrateur du réseau, quels en sont les avantages et les inconvénients ?*

Réponse.– La solution consistant à spécifier les trois premiers octets par un numéro de constructeur et les trois suivants par un numéro de série rend l'adresse unique. Si l'administrateur peut modifier cette adresse, cela permet de mettre en place un ensemble d'adresses hiérarchiques ayant une correspondance avec l'adresse physique. Le routage peut alors être effectué au vu de l'adresse puisqu'elle détermine un emplacement géographique. L'inconvénient majeur de cette solution provient de la non-unicité de l'adresse, qui peut être utilisée ailleurs puisque plusieurs réseaux peuvent reprendre la même valeur. Tant que ces réseaux ne sont pas interconnectés, il n'y a pas de problème, mais le jour où tous les réseaux deviendront interconnectés, le fait qu'une adresse soit susceptible d'être utilisée plusieurs fois posera des problèmes particulièrement complexes.

Question 26.– *En général, les PC en réseau sont dotés d'une carte Ethernet leur permettant de s'interconnecter. Dans ce cas, le paquet IP qui est fabriqué dans la machine (99 p. 100 des PC utilisent le protocole IP) est encapsulé dans une trame Ethernet pour être transporté. Quand se sert-on de l'adresse IP et quand se sert-on de l'adresse Ethernet ? À quel moment doit-on utiliser une correspondance entre l'adresse IP et l'adresse Ethernet ?*

Réponse.– On se sert de l'adresse IP pour désigner le client distant. En revanche, pour effectuer le transport lui-même, on utilise l'adresse Ethernet, qui est une adresse physique représentant la machine (plus exactement le coupleur Ethernet qui est dans la machine). La correspondance d'adresse doit se faire au moment où l'on encapsule le paquet IP dans la trame Ethernet. Il faut être capable pour cela de déterminer l'adresse physique de la machine sur laquelle travaille le client qui possède l'adresse IP du destinataire. Cette correspondance s'effectue grâce à un protocole, qui est présenté au cours 9, consacré aux protocoles de niveau trame.

1

Le protocoles utilisant les paquets IP ou les trames ATM et Ethernet sont des réponses possibles pour la mise en place de réseaux multimédias.

a Quels sont les atouts de la technique ATM ?

b Quels sont les atouts de la technique IP ?

c Quels sont les atouts de la technique Ethernet ?

d Les architectures de réseau consistent souvent à encapsuler les blocs de données les uns dans les autres. Supposons que les clients d'un réseau travaillent sur des PC munis du logiciel de communication IP. Les réseaux à traverser sont, dans l'ordre, un réseau Ethernet, puis un réseau ATM, puis de nouveau un réseau Ethernet. Faire un schéma des différentes encapsulations.

e Montrer que cette solution a l'inconvénient de transporter beaucoup d'information de supervision redondante.

f Dans le transport des trames Ethernet ou ATM, indiquer quelle adresse est utilisée.

g Montrer que l'on peut suivre une autre technique, très différente de l'encapsulation, consistant à transformer l'en-tête en un nouvel en-tête lors du passage d'un réseau à un autre réseau. Cette solution s'appelle la translation. Faire un schéma de ce qui se passe à chaque passage d'un réseau dans un autre réseau.

2

On considère une application de télévision sur Internet, c'est-à-dire la diffusion d'un canal vidéo de qualité télévision vers des utilisateurs connectés à Internet.

a Les utilisateurs qui souhaitent regarder cette chaîne de télévision la reçoivent-ils automatiquement ou doivent-ils demander à l'émetteur de la leur envoyer ? Montrer qu'il faut développer un protocole spécifique pour réaliser cette application.

b Si l'émetteur diffuse vers 10 000 utilisateurs, doit-il envoyer 10 000 flots et associer à un flot l'adresse d'un destinataire ?

c Que se passe-t-il lorsqu'un client veut changer de chaîne ?

d Sachant que l'on utilise une compression vidéo de type MPEG-2, générant un flot iso-chrone à 2 Mbit/s, est-il difficile de resynchroniser ce flot à la sortie du réseau Internet ?

e Quelle est la difficulté pour réaliser aujourd'hui une telle application ?

f Si l'on remplace la qualité télévision par une qualité beaucoup plus basse, permettant une compression à un débit moyen de 64 Kbit/s, le problème est-il différent ?

g Dans le cas de la télévision hertzienne diffusée que l'on connaît aujourd'hui, utilise-t-on une technique paquet ou une technique circuit ? L'utilisateur reçoit-il autant de circuits qu'il existe de programmes de télévision ?

h Pourquoi n'y a-t-il pas d'adresse dans la télévision hertzienne diffusée ?

i Chez les câblo-opérateurs, le système de distribution des canaux de télévision vidéo ressemble-t-il à celui de la télévision hertzienne ou à celui de la télévision sur Internet ?

j En déduire la place de la télévision Internet dans le futur.

3 *Un opérateur veut transformer son réseau téléphonique commuté (RTC) en un réseau Internet sans toucher à l'infrastructure physique.*

a Le peut-il ?

b Dans ce cas, les paquets IP peuvent-ils prendre des chemins différents ?

c Si un utilisateur demande un débit supérieur à 64 Kbit/s, le réseau peut-il le lui proposer ?

d Si le gestionnaire du réseau remplace les commutateurs de circuits du RTC par des routeurs, est-ce toujours un réseau Internet ?

e Dans ce cas, peut-il y avoir plusieurs routes différentes pour les paquets d'un même flot ?

f Si l'ensemble des lignes téléphoniques à 64 Kbit/s entre deux nœuds est remplacé par une seule ligne dont le débit est égal à la somme des débits des lignes à 64 Kbit/s, cela peut-il apporter un trafic supplémentaire ?

L'architecture physique

L'architecture des réseaux de communication commence avec les lignes de transmission des éléments binaires qui relient les nœuds de transfert aux équipements terminaux des utilisateurs. Les câbles métalliques, la fibre optique et les ondes hertziennes en sont les principaux supports. À ces supports physiques s'ajoutent de nombreux équipements intermédiaires, tels que prise de connexion, coupleur, adaptateur, etc. Les équipements réseau complètent la partie physique de l'architecture des réseaux. Ils comprennent nœud de transfert, répéteur, pont, hub et concentrateur. Enfin, différentes topologies permettent l'interconnexion des équipements des utilisateurs et des nœuds de réseau. Elles sont décrites à la fin de ce cours.

■ Le support physique

■ Les équipements intermédiaires

■ Les équipements réseau

■ Les topologies

■ Le support physique

Le support physique est évidemment l'élément indispensable pour transmettre des signaux d'un émetteur vers un récepteur. Par support physique, il faut entendre tous les éléments permettant de transmettre les éléments binaires, suites de 0 et de 1, sur des supports câblés aussi bien que hertziens. Ces équipements sont les suivants :

- Les supports physiques d'interconnexion, qui permettent l'acheminement des signaux transportant l'information.
- Les prises (en anglais *tap*), qui assurent la connexion sur le support.
- Les adaptateurs *(transceiver)*, qui se chargent notamment du traitement des signaux à transmettre (codage, *sérialisation*, etc.).
- Les coupleurs, aussi appelés cartes de transmission, qui prennent en charge les fonctions de communication.

Les interfaces utilisateur assurent la liaison entre l'équipement à connecter et le coupleur. Les données que l'utilisateur souhaite émettre transitent par cette interface à une vitesse qui dépend de la norme choisie. En règle générale, l'interface suit les spécifications du bus de la machine à connecter sur le réseau.

sérialisation.–
Opération consistant à transformer une information « parallèle » en information « série », c'est-à-dire traitée séquentiellement.

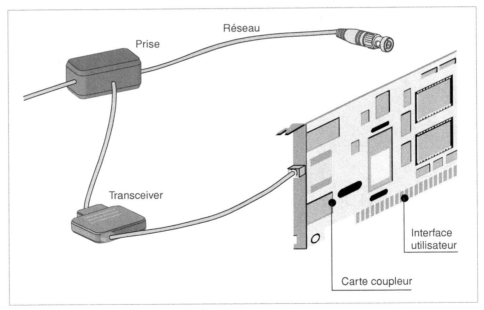

Figure 3-1. *Équipements d'accès au support physique de transmission.*

La figure 3-1 illustre un accès sur un support physique de transmission. Le support physique peut lui-même prendre différentes formes. Dans le cas d'un réseau d'entreprise, plusieurs solutions permettent de desservir les différents bureaux. Ces solutions sont présentées à la section « Les équipements réseau », plus loin dans ce cours. Le cas normalisé, illustré à la figure 3-2, correspond à un câblage en étoile desservi par un panneau de distribution situé dans un local technique.

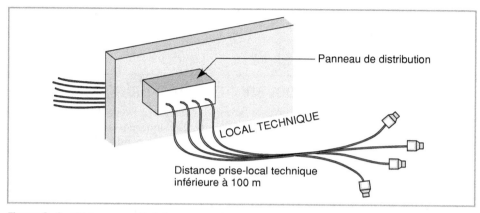

Figure 3-2. *Câblage normalisé d'une entreprise.*

Lors de la conception d'un réseau, le choix du support physique est en partie déterminé par les performances que l'on attend du système à réaliser, ces dernières dictant le débit escompté et la bande passante. D'autres critères interviennent, comme le coût ou la réutilisation de l'existant, si un câblage est déjà présent dans l'organisation.

Les principaux supports utilisés dans les réseaux sont les fils métalliques, le câble coaxial, la fibre optique et les ondes hertziennes. Chacun de ces supports possède des caractéristiques très différentes en matière de bande passante, d'encombrement, d'*affaiblissement* ou de coût.

La paire de fils torsadés

La paire de fils torsadés est le support de transmission le plus simple. Comme l'illustre la figure 3-3, elle est constituée d'une ou de plusieurs paires de fils électriques agencés en spirale. Ce type de support convient à la transmission analogique comme numérique. Cependant, les câbles ne dépassant pas 1 mm de diamètre, l'affaiblissement des signaux véhiculés est très important, ce qui limite leur usage à des communications sur de courtes distances.

Les paires torsadées peuvent être blindées, une gaine métallique enveloppant complètement les paires métalliques, ou non blindées. Elles peuvent être également « écrantées ». Dans ce cas, un ruban métallique entoure les fils.

affaiblissement.– Diminution de la puissance d'un signal au cours de sa propagation. Lorsque l'affaiblissement est trop important, la probabilité que le récepteur interprète mal la valeur du signal augmente, ainsi que le taux d'erreur.

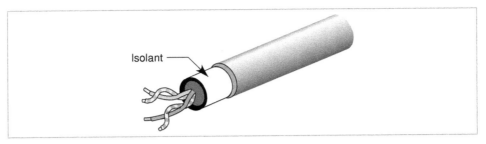

Isolant

Figure 3-3. *Paire de fils torsadés.*

Avantages et inconvénients du blindage

De très nombreux débats ont lieu sur les avantages et les inconvénients du blindage de ces câbles. On peut dire, en simplifiant, qu'un câble blindé devrait être capable de mieux immuniser les signaux transportés qu'un câble non blindé. L'inconvénient du blindage provient de la nécessité, pour un bon fonctionnement, que l'ensemble du blindage (depuis le support physique jusqu'au terminal) soit mis à la terre. Il faut pour cela que même la prise puisse prolonger la terre vers le terminal. Il faut aussi que toute la chaîne de connexion des terres soit correctement effectuée et maintenue. En d'autres termes, un réseau blindé doit être de très bonne qualité, faute de quoi il risque de se comporter moins bien qu'un réseau sans blindage, beaucoup moins onéreux.

Les fils métalliques sont particulièrement adaptés à la transmission d'informations sur courte distance. Si la longueur du fil est peu importante, de quelques centaines de mètres à quelques kilomètres, des débits de plusieurs mégabits par seconde sont réalisables sans que le taux d'erreur devienne inacceptable. Sur des distances plus courtes, on peut obtenir sans difficulté des débits de plusieurs dizaines de mégabits par seconde. Sur des distances encore plus courtes, on atteint facilement quelques centaines de mégabits par seconde. Une distance de l'ordre de 100 m permet de faire passer le débit à plusieurs gigabits par seconde.

Ces différents supports métalliques ont été classifiés en prenant principalement en compte le débit qu'ils peuvent supporter. Les classes utilisées dans les réseaux sont les classes 1, 2, 3, 4, 5 et 7. Elles forment des ensembles de plus en plus puissants, passant de quelques mégabits par seconde (classes 1 et 2) à une dizaine de mégabits par seconde (classe 3), puis à quelques dizaines de mégabits par seconde (classes 4 et 5) et enfin à plusieurs gigabits par seconde (classe 7), et cela sur une distance de 100 mètres.

Le câble coaxial

Un câble coaxial est constitué de deux conducteurs cylindriques de même axe, l'âme et la tresse, séparés par un isolant (voir figure 3-4). Ce dernier permet de limiter les perturbations dues au *bruit* externe. Si le bruit est important, un blindage peut être ajouté. Quoiqu'il perde du terrain, notamment par rapport à la fibre optique, ce support reste encore très utilisé.

bruit.– Perturbation d'une transmission susceptible de dégrader le signal.

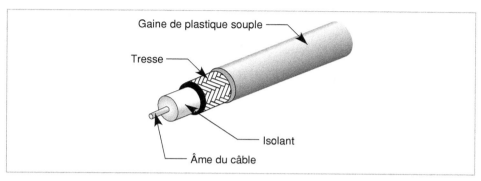

Figure 3-4. *Coupe d'un câble coaxial.*

Les électroniciens ont démontré que le rapport entre les diamètres des deux conducteurs devait être de 3,6 mm. Les différents câbles utilisés sont désignés par le rapport en millimètre des diamètres de l'âme et de la tresse du câble, les deux plus courants étant les 2,6/9,5 et 1,2/4,4.

Comme pour les fils métalliques, le débit binaire obtenu sur un câble coaxial est inversement proportionnel à la distance à parcourir. Sur un câble coaxial de bonne qualité d'une longueur de 1 km, des débits supérieurs à 100 Mbit/s peuvent être atteints.

Plusieurs grandes catégories de câbles coaxiaux sont offertes sur le marché, en particulier le câble 50 Ω (ohms) de type Ethernet et le câble 75 Ω de type CATV, le câble d'antenne de télévision.

La fibre optique

Dans les fils métalliques, les informations sont transmises par le biais d'un courant électrique *modulé*. Avec la fibre optique, c'est un faisceau lumineux modulé qui est utilisé. Il a fallu attendre les années 60 et l'invention du laser pour que ce type de transmission se développe. La modulation du faisceau lumineux émis par le laser permet de transmettre, *via* la fibre optique, un signal haute fréquence.

Une connexion optique nécessite un émetteur et un récepteur *(voir figure 3-5)*. Pour la réaliser, différents types de composants sont envisageables. Les informations numériques sont modulées par un émetteur de lumière. Ce dernier peut être une *diode électroluminescente* (DEL) ou un laser.

modulation.– Modification ou régulation des caractéristiques d'une porteuse d'ondes (courant électrique ou faisceau lumineux, par exemple) qui vibre à une certaine amplitude (hauteur) et fréquence (temps), pour que les variations représentent une information significative.

diode électroluminescente (DEL).– Composant électronique qui émet des radiations lumineuses lorsqu'il est parcouru par un courant électrique.

L'utilisation d'un émetteur *laser* permet de diminuer le phénomène de *dispersion* et, par conséquent, d'obtenir une puissance optique supérieure à celles des DEL. La contrepartie de ces avantages est un coût plus important et une durée de vie du laser inférieure à celle d'une diode électroluminescente.

La figure 3-5 illustre la structure d'une liaison par fibre optique. Le faisceau lumineux est véhiculé à l'intérieur d'une fibre optique, qui n'est autre qu'un guide cylindrique d'un diamètre compris entre 100 et 300 microns et recouvert d'isolant.

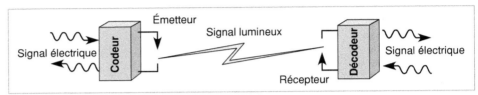

Figure 3-5. *Liaison fibre optique.*

Les différents types de fibres optiques

Il existe plusieurs types de fibres, notamment les suivantes :
- Les fibres multimodes à saut d'indice, dont la bande passante peut aller jusqu'à 50 MHz sur 1 km.
- Les fibres multimodes à gradient d'indice, dont la bande passante peut aller jusqu'à 500 MHz sur 1 km.
- Les fibres monomodes, de très petit diamètre, qui offrent la plus grande capacité d'information potentielle, de l'ordre de 100 GHz/km, et les meilleurs débits. Ce sont aussi les plus complexes à réaliser. On utilise généralement des câbles optiques contenant plusieurs fibres. L'isolant entourant les fibres évite les problèmes de diaphonie, c'est-à-dire de perturbation d'un signal par un signal voisin, entre les différentes fibres.

La capacité de transport de la fibre optique continue d'augmenter régulièrement grâce au *multiplexage en longueur d'onde*. Dans le même temps, le débit de chaque longueur d'onde ne cesse de progresser. Le débit est multiplié par deux tous les six mois de l'année 2000 jusqu'à l'année 2005, date à laquelle on aura atteint près de 1 000 longueurs d'onde. Comme, sur une même longueur d'onde, la capacité passera pour la même période de 2,5 Gbit/s à 160 Gbit/s, des capacités de plusieurs dizaines de térabits par seconde (Tbit/s, ou 10^{12} bit/s) seront bientôt atteintes sur la fibre optique.

Les supports hertziens

La réussite du *GSM* et l'arrivée des terminaux mobiles pouvant se connecter sur des réseaux locaux sans fil ont rendu très populaires les supports hertziens. Ce succès devrait être encore amplifié par l'interconnexion des équipements personnels (terminal téléphonique, PC portable, agenda électronique, etc.).

L'ensemble des équipements terminaux mobiles qui utilisent la voie hertzienne pour communiquer constitue ce que l'on appelle les réseaux de mobiles. Ce sont essentiellement des réseaux cellulaires, une cellule étant une zone géographique dont tous les points peuvent être atteints à partir d'une même antenne. Lorsqu'un utilisateur d'un réseau cellulaire se déplace d'une cellule à une autre, le cheminement de l'information doit être modifié pour tenir compte de ce déplacement. Cette modification s'appelle un changement inter-cellulaire, ou handover, ou encore handoff. La gestion de ces handovers est souvent délicate puisqu'il faut trouver une nouvelle route à la communication, sans toutefois l'interrompre.

Chaque cellule dispose d'une station de base BTS *(Base Transceiver Station)* pour le GSM ou d'un *Node B* pour l'UMTS, c'est-à-dire d'une antenne assurant la couverture radio de la cellule. Une station de base dispose de plusieurs fréquences pour desservir à la fois les canaux de trafic des utilisateurs, un canal de diffusion, un canal de contrôle commun et des canaux de signalisation. Chaque station de base est reliée par un support physique de type câble métallique à un contrôleur de station de base BSC *(Base Station Controller)*. Le contrôleur BSC et l'ensemble des antennes BTS qui lui sont raccordées constituent un sous-système radio BSS *(Base Station Subsystem)*. Les BSC sont tous raccordés à des commutateurs du service mobile MSC *(Mobile service Switching Center)*.

L'architecture des réseaux cellulaires est illustrée à la figure 3-6.

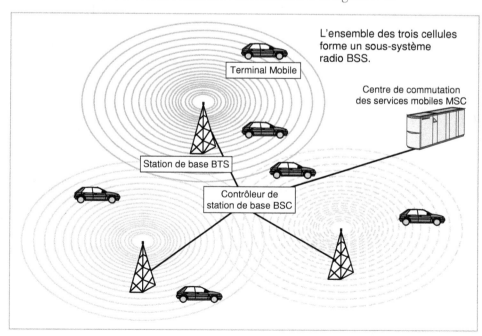

Figure 3-6. *Architecture d'un réseau cellulaire.*

Question 1.– *Quelle différence existe-t-il entre un terminal téléphonique et un terminal informatique du point de vue du câblage ?*

Réponse.– Les deux types de terminaux sont totalement différents. Les débits passent de 64 Kbit/s au maximum, pour le combiné téléphonique, à plusieurs dizaines voire centaines de mégabits par seconde, pour les connexions des stations de travail sur un réseau local.

Question 2.– *Supposons qu'une fibre optique permettant un débit de 1 Tbit/s soit disponible. Combien serait-il possible de connecter de terminaux demandant un débit continu de 2 Mbit/s sur une fibre optique de ce type ?*

Réponse.– 500 000 terminaux.

Question 3.– *Pour les très hauts débits sur fibre optique, il faut régénérer le signal régulièrement, c'est-à-dire récupérer la valeur du signal et la réémettre sur le support physique. Quel problème cela pose-t-il ?*

Réponse.– La régénération consiste à récupérer un signal et à le réémettre de façon que l'affaiblissement ne soit pas trop grand et que le signal puisse être capté au récepteur. Le problème est celui de la mémorisation, lorsqu'on récupère le signal avant de le réémettre. Pour mémoriser un signal, il faut passer par un signal électrique. L'élément de régénération est donc un organe sensible puisque alimenté électriquement ; c'est un équipement actif. Aujourd'hui, on commence à utiliser des régénérateurs optiques. Le signal peut donc rester sous forme lumineuse.

Question 4.– *Pour déterminer l'emplacement des mobiles GSM dans un réseau cellulaire, on référence les utilisateurs dans une base de données locale, appelée HLR (Home Location Register), qui tient à jour les données de l'abonné, tandis qu'une autre base, le VLR (Visitor Location Register), gère le mobile dans la cellule où celui-ci se trouve. Un appel vers un GSM génère un message qui va rechercher dans le HLR l'emplacement du mobile de façon à l'indiquer à l'émetteur. Est-il plus profitable pour un VLR de dépendre d'un BSS (Base Station System) ou d'un BTS (Base Transceiver Station) ?*

Réponse.– Il est préférable pour un VLR de dépendre d'un BSS, car il n'est pas nécessaire dans ce cas d'indiquer les changements de cellule au HRL lorsque le mobile se déplace à l'intérieur des cellules gérées par le VLR.

Question 5.– *En quoi un sous-système radio BSS s'apparente-t-il à un réseau terrestre classique ?*

Réponse.– Le BSS se présente comme un réseau terrestre parce qu'il utilise un câblage métallique, soit sous forme de circuit, soit sous la forme d'un réseau à transfert de paquets, lorsque des données informatiques peuvent être émises.

■ Les équipements intermédiaires

Un système de télécommunications contient un support de transmission et des machines terminales. Pour les relier, il faut des équipements intermédiaires.

Le connecteur

Le connecteur réalise la connexion mécanique. Il permet le branchement sur le support. Le type de connecteur utilisé dépend évidemment du support physique.

La figure 3-7 illustre un connecteur en T pour câble coaxial.

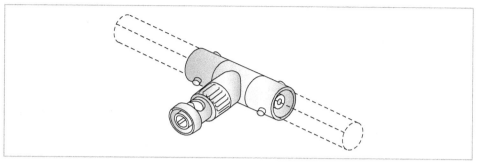

Figure 3-7. *Connecteur en T pour câble coaxial.*

La fibre optique, abordée à la section précédente, pose des problèmes de raccordement : le cœur de la fibre est très fin, de l'ordre de quelques microns, et une intervention délicate est nécessaire pour y fixer une prise. La difficulté du branchement sur fibre optique constitue cependant un atout pour la sécurité, dans la mesure où cela en fait un support difficile à espionner, à la différence du câble coaxial.

L'avantage du fil métallique est qu'il permet d'utiliser une prise téléphonique classique, ce qui offre une grande facilité de branchement du coupleur sur le support physique. La prise RJ-45 à huit contacts, illustrée à la figure 3-8, en est un exemple. On la rencontre de plus en plus souvent dans les installations téléphoniques et les réseaux de données. C'est la prise que l'on devrait trouver dans toutes les entreprises pour réaliser les réseaux de communication à *courant faible*.

courant faible.– Courant utilisé pour la transmission de données, au contraire des courants forts utilisés en électricité.

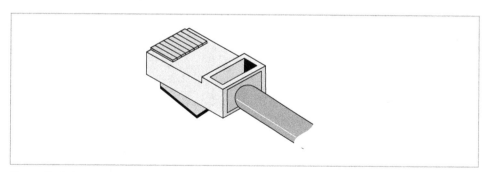

Figure 3-8. *Prise RJ-45.*

L'adaptateur

L'adaptateur (*transceiver*, ou transmetteur) est responsable de la connexion électrique. C'est un composant qui se trouve sur la carte qui gère l'interface entre l'équipement et le support physique. Il est chargé de la mise en série des octets, c'est-à-dire de la transmission des bits les uns après les autres, contrairement à ce qui se passe à l'interface entre la carte de communication et la machine terminale, où l'on a un *parallélisme* sur 8 bits, 16 bits ou 32 bits. L'adaptateur effectue donc la sérialisation et la désérialisation des paquets, ainsi que la transformation des signaux logiques en signaux transmissibles sur le support puis leur émission et leur réception.

Selon la méthode d'accès utilisée, des fonctions supplémentaires peuvent être dévolues à l'adaptateur. Il peut, par exemple, être chargé de la détection d'occupation du câble ou de la détection des *collisions* de signaux. Il peut aussi jouer un rôle au niveau de la sécurité en veillant à la limitation d'occupation du support par un émetteur. Notons que l'adaptateur est parfois intégré au coupleur.

Le coupleur

L'organe appelé coupleur, ou carte réseau, ou encore carte d'accès (une carte Ethernet, par exemple), se charge de contrôler les transmissions sur le câble *(voir figure 3-9)*. Le coupleur assure le *formatage* et le déformatage des blocs de données à transmettre, la *détection d'erreur*, mais très rarement les *reprises sur erreur* lorsqu'une erreur est découverte. Il est aussi chargé de gérer les ressources telles que les zones mémoire ainsi que l'interface avec l'extérieur.

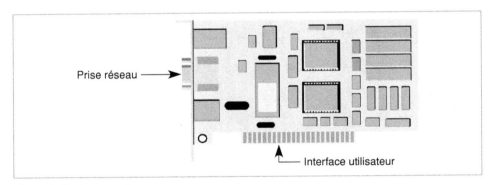

Figure 3-9. *Carte coupleur.*

Le débit d'un coupleur doit s'ajuster au débit permis par le câble. Par exemple, sur un réseau Ethernet possédant un support physique dont la capacité est de 10 Mbit/s, le coupleur doit émettre à cette même vitesse de 10 Mbit/s.

L'interface d'accès au réseau

L'interface d'accès au réseau, illustrée à la figure 3-1, représente une partie très importante du coupleur. Dans de nombreux cas, elle forme le goulet d'étranglement de l'accès au réseau, surtout lorsqu'elle travaille en série, c'est-à-dire avec une émission bit par bit.

Les caractéristiques physiques et fonctionnelles des interfaces existantes peuvent être très diverses. Les options possibles vont de la jonction standard très répandue V.24 (ou RS 232C), une *interface série* lente, dont la vitesse maximale est de 19,2 Kbit/s, ce qui en limite très fortement le débit, aux *interfaces parallèles* à très haut débit. Dans ces dernières, l'information est transmise depuis la mémoire de l'équipement raccordé par blocs de 8, 16, 32, voire 64 ou 128 bits sur des fils en parallèle.

Beaucoup de constructeurs n'offrent sur les cartes coupleurs qu'ils commercialisent que des interfaces vers leurs propres produits. Cela oblige à les brancher sur les seuls matériels de la gamme concernée. Certains coupleurs présentent au contraire une interface programmable, permettant de s'adapter à la machine à connecter. Les coûts sont évidemment proportionnels à la complexité et à la sophistication de ces éléments.

L'interface utilisant la prise RJ-45 *(voir figure 3-8)* s'est aujourd'hui imposée. Surtout utilisée pour les bas et moyens débits, elle n'en est pas moins adaptable aux hauts débits. Sur ses quatre paires (huit fils), l'une sert à l'émission dans un sens, une autre à l'émission dans l'autre sens, les deux dernières étant réservées aux commandes.

interface série.– Implique le passage des bits les uns derrière les autres.

interface parallèle.– Permet un parallélisme sur un ou plusieurs octets. Le parallélisme se déduit du nombre de fils dédiés à la transmission de données. Des fils supplémentaires permettent l'émission des signaux de commande.

■ Les équipements réseau

Les équipements réseau proviennent de divers horizons. Nous en donnons une description grossière dans un premier temps, mais qui s'affine au cours de l'ouvrage.

Le nœud de transfert

Comme son nom l'indique, un nœud de transfert sert à transférer des blocs d'informations, ou *trames*, d'une entrée dans le nœud vers une sortie desservant le nœud suivant. Le nœud de transfert illustré à la figure 3-10 comporte des « files » d'entrée et de sortie. Dans une première file du nœud entrent les blocs de données provenant des nœuds qui sont en lien direct avec lui. Cette file possède un processeur de traitement, qui détermine la bonne file de sortie du nœud. Les entrées s'appellent encore des portes ou ports d'entrée, et les sorties des portes ou ports de sortie.

trame.– Bloc de données dans un protocole de liaison.

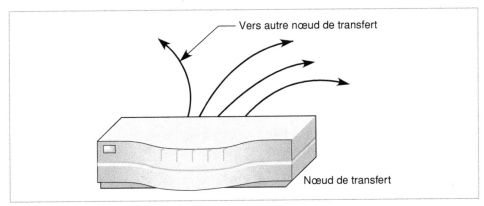

Figure 3-10. *Nœud de transfert.*

Le répéteur et le pont

Parmi les nombreux composants réseau qui font partie de la couche physique, le plus simple est le répéteur *(voir figure 3-11)*. C'est un organe non intelligent, qui répète automatiquement tous les signaux qui lui arrivent et transitent d'un support vers un autre support. Dans le même temps, le répéteur régénère les signaux, ce qui permet de prolonger le support physique vers un nouveau support physique. Le répéteur doit avoir des propriétés en accord avec le réseau.

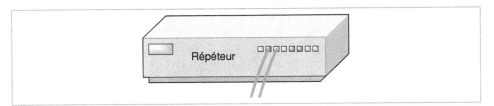

Figure 3-11. *Répéteur.*

Au contraire d'un répéteur, un pont est un organe intelligent, capable de reconnaître les adresses des blocs d'information qui transitent sur le support physique. Un pont filtre les trames et laisse passer les blocs destinés au réseau raccordé. En d'autres termes, un pont ne retransmet que les trames dont l'adresse correspond à une machine située sur le réseau raccordé.

En général, un pont permet de passer d'un réseau vers un autre réseau de même type, mais il est possible d'avoir des ponts qui transforment la trame pour l'adapter au réseau raccordé. Par exemple, un réseau Ethernet peut être connecté à un *réseau Token-Ring* par un tel pont. Un pont est illustré à la figure 3-12.

réseau Token-Ring
(anneau à jeton).–
Réseau local utilisant une technique d'accès de type jeton non adressé sur une boucle.

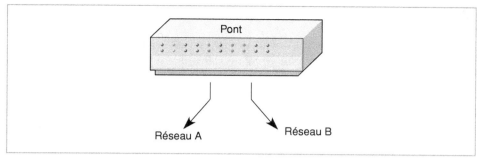

Figure 3-12. *Pont.*

Le concentrateur

Un concentrateur permet, comme son nom l'indique, de concentrer le trafic provenant de différents équipements terminaux. Cela peut se réaliser par une concentration du câblage en un point donné ou par une concentration des données qui arrivent simultanément par plusieurs lignes de communication.

Dans le cadre des réseaux locaux, le terme concentrateur peut prendre l'une ou l'autre signification. Dans le cas de la concentration du câblage, les prises sur lesquelles sont connectés les terminaux sont reliées au concentrateur par l'intermédiaire du câblage. Ce type de concentrateur est illustré à la figure 3-13.

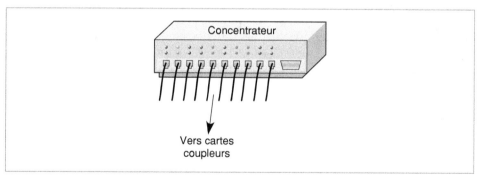

Figure 3-13. *Concentrateur de câblage.*

Les différents concentrateurs d'un réseau peuvent posséder des caractéristiques complémentaires, comme celle de détenir des coupleurs d'accès vers d'autres réseaux de communication ou des couches de protocoles supplémentaires leur permettant de s'interconnecter avec diverses architectures. Ce rôle est souvent dévolu à un organe appelé hub, abordé à la section suivante.

Les concentrateurs peuvent être passifs ou actifs. Dans le premier cas, le signal n'est pas réamplifié, alors qu'il est régénéré dans le second cas.

Le hub

Dans un réseau Ethernet ayant une *topologie* en arbre, un hub est un concentrateur capable de récupérer le signal arrivant par une entrée et de le dupliquer vers l'ensemble des portes de sortie. Le signal est en général réamplifié, car les données sont enregistrées dans des mémoires du type *registre à décalage*. Dans ce cas, les hubs sont dits actifs, c'est-à-dire qu'ils possèdent des éléments qui doivent être alimentés électriquement. Un hub Ethernet est illustré à la figure 3-14.

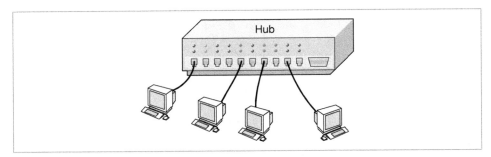

Figure 3-14. *Hub Ethernet.*

La signification du mot hub a évolué ces dernières années pour définir un « nœud central ». Dans ce sens, les hubs permettent des interconnexions avec des réseaux externes. De même qu'en aéronautique, où les hubs sont les plaques tournantes par lesquelles transitent de nombreux avions, les hubs des réseaux sont des points de transit des paquets en route vers diverses destinations. Un hub peut interconnecter des réseaux locaux Ethernet, Token-Ring, *AppleTalk*, etc., ainsi que des réseaux longue distance aux protocoles aussi divers que *TCP/IP*, ATM, etc. La figure 3-15 décrit un tel hub général.

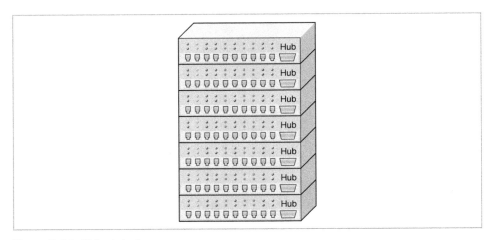

Figure 3-15. *Hub général.*

Question 6.– *Quel type de contrainte un répéteur apporte-t-il dans un réseau ?*

Réponse.– Pour répéter le signal, on doit le mémoriser. Il faut donc recourir à une mémoire nécessitant une alimentation électrique. Or, cette alimentation électrique peut tomber en panne et interrompre le trafic.

Question 7.– *Un pont peut-il remplacer avantageusement un répéteur ?*

Réponse.– Un pont joue le rôle de répéteur lorsqu'il doit laisser passer une trame. Mais c'est plus qu'un répéteur puisqu'il peut faire diminuer le débit en ne répétant que ce qui est utile.

Question 8.– *Si un hub Ethernet n'est plus alimenté électriquement, que se passe-t-il ?*

Réponse.– Le réseau Ethernet est coupé en deux morceaux indépendants.

Question 9.– *Si un hub à 8 ports de sortie peut raccorder 8 PC ou autres hubs, combien faut-il de hubs pour connecter 22 stations ?*

Réponse.– 4 hubs permettent d'effectuer l'ensemble des connexions, mais 3 hubs sont insuffisants. En effet, le hub racine connecte 5 PC et 3 hubs. Ces 3 hubs connectent à leur tour les 17 PC restants (par exemple 6 PC sur le premier, 6 PC sur le deuxième et 5 PC sur le troisième).

■ Les topologies

La topologie d'un réseau décrit la façon dont sont interconnectés les nœuds et les terminaux des utilisateurs. On distingue trois topologies, l'étoile, le bus et l'anneau, qui peuvent être combinées pour obtenir des topologies hybrides.

L'étoile

Dans cette architecture, qui fut la première créée, chaque station est reliée à un nœud central *(voir figure 3-16)*. La convergence entre les télécommunications et l'informatique a favorisé cette topologie, qui a l'avantage de s'adapter à de nombreux cas de figure et d'être reconfigurable, une étoile pouvant jouer le rôle d'un bus ou d'un anneau. Ces caractéristiques la rendent capable de satisfaire aux besoins à la fois des télécoms et de l'informatique.

Du fait de sa centralisation, la structure en étoile peut toutefois présenter une certaine fragilité. De plus, elle manque de souplesse, puisqu'il faut une liaison supplémentaire pour toute station rajoutée et que les extensions du réseau sont limitées par la capacité du nœud central. L'ensemble des prises et des câbles doit donc être prévu à l'origine de façon à ne pas avoir à entreprendre de travaux d'infrastructure, souvent coûteux.

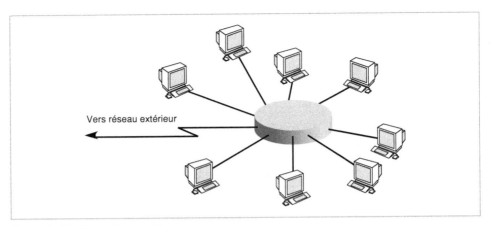

Figure 3-16. *Topologie en étoile.*

Le fait que le logiciel soit centralisé présente néanmoins des avantages certains en matière de gestion du système, plus simple, et de coût, réparti entre les différents utilisateurs connectés.

Le bus

Dans cette architecture, les stations sont raccordées à une liaison physique commune. La figure 3-17 représente une topologie en bus, avec un câble sur lequel se connectent de nombreuses machines (stations de travail, imprimantes, etc.).

Bus unidirectionnel

Sur de tels systèmes, les transmissions s'effectuent de façon unidirectionnelle. La diffusion des informations sur l'ensemble des stations peut être obtenue par l'emploi de deux canaux séparés : l'un allant dans le premier sens et l'autre dans le sens inverse. Ces canaux peuvent utiliser deux câbles distincts ou un même câble, en recourant à des fréquences différentes pour les canaux d'émission et de réception. Ce type de structure se rencontre principalement dans les réseaux utilisant la fibre optique et le câble coaxial de type CATV (câble d'antenne de télévision) comme support de transmission.

Bus bidirectionnel

On désigne sous le nom de bus bidirectionnels les bus utilisant un support de transmission bidirectionnel. Dans ce cas, l'émission et la réception se font sur un canal unique. Les stations y sont connectées en multipoint, et les informations émises sont diffusées sur l'ensemble du réseau et copiées par tous les coupleurs actifs sur le réseau. Seules les stations qui reconnaissent leur propre adresse peuvent garder le paquet de données et le transmettre vers les niveaux supérieurs.

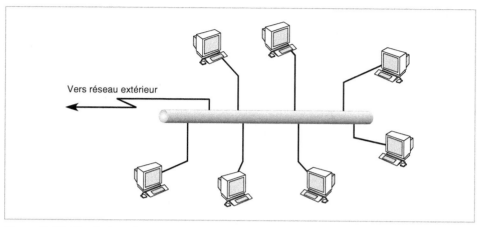

Figure 3-17. *Topologie en bus.*

Les bus présentent en général des structures passives, qui ne nécessitent pas d'élément actif au niveau du support. En d'autres termes, il n'existe pas d'organe alimenté électriquement sur le support. Pour connecter une station sur un bus, la prise ne nécessite pas l'utilisation d'éléments comprenant des composants électroniques, lesquels, s'ils tombaient en panne, risqueraient d'entraver le passage du signal. Nous verrons que sur un anneau, au contraire, les nœuds sont actifs et qu'ils doivent être capables de retirer un message du réseau ou de le passer au nœud suivant.

Les dispositifs de connexion sur un bus sont passifs, ce qui est un avantage en matière de sécurité. Il est important de noter que ces connexions passives, simples à réaliser sur câble coaxial ou paire de fils métalliques, réclament cependant des équipements spécifiques sur fibre optique.

Une extension de la topologie en bus est la topologie en arbre, comme illustré à la figure 3-18. Dans une structure en arbre, les équipements terminaux sont connectés sur des hubs qui sont reliés les uns aux autres jusqu'au hub racine. Les hubs sont en général actifs pour régénérer les signaux. Comme sur un réseau en bus, lorsqu'un utilisateur émet un paquet, tous les autres terminaux en reçoivent une copie, et personne ne se préoccupe de prélever le signal du support. Sur un arbre actif, on peut utiliser exactement la même technique d'accès que sur un réseau en bus.

Cette structure en arbre rejoint la topologie en étoile, dont le centre est réalisé par un ensemble de hubs interconnectés. Cette structure en arbre s'adapte donc très bien au câblage en étoile.

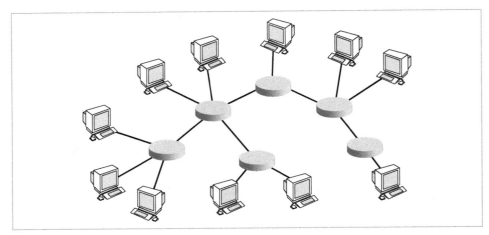

Figure 3-18. *Topologie en arbre.*

L'anneau

Dans cette configuration, le support relie toutes les stations, de manière à former un circuit en boucle, comme illustré à la figure 3-19. L'information circule dans une seule direction, le long du support de transmission. Il est cependant possible de réaliser un réseau bidirectionnel en utilisant deux anneaux, les transmissions s'effectuant dans les deux sens.

L'anneau est le plus souvent une structure active, dans laquelle les signaux sont régénérés au passage dans chaque nœud, selon un processus assez simple. Les réseaux en anneau utilisent des techniques de jeton, par lesquelles seul le coupleur qui possède le jeton a le droit de transmettre ; le jeton peut être une suite de bits ou parfois un seul bit. Pour qu'un coupleur capte le jeton au passage, il doit être capable de l'identifier et de l'arrêter. Le coupleur doit posséder pour cela un registre à décalage. Pendant que les informations se décalent, le coupleur peut prendre des décisions, notamment celle de retirer le jeton du support physique. Dans ce cas, les éléments binaires sont modifiés, et le signal est régénéré à la sortie du registre à décalage.

La médiocre fiabilité de ce type d'architecture lui a valu de nombreuses critiques, la rupture de l'anneau ou la défection d'un nœud actif paralysant le trafic du réseau. Divers mécanismes permettent de remédier à ce défaut. On peut notamment sécuriser la couche physique par redondance en doublant le support et les organes critiques et en utilisant des relais pour court-circuiter les nœuds défaillants.

Le doublement de l'anneau donne lieu à deux possibilités : soit les transmissions s'effectuent dans le même sens sur les deux anneaux *(figure 3-20)*, soit elles s'effectuent en sens contraire *(figure 3-21)*.

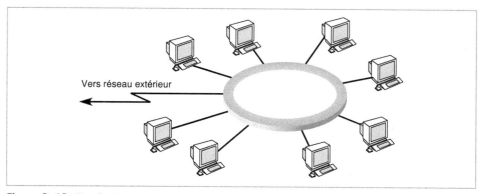

Figure 3-19. *Topologie en anneau.*

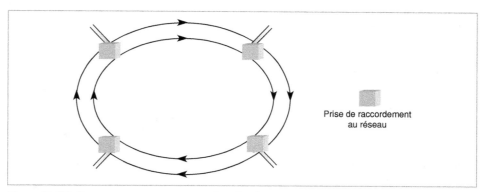

Figure 3-20. *Deux anneaux transmettant dans le même sens.*

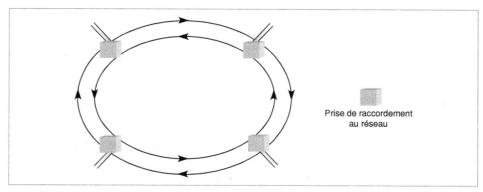

Figure 3-21. *Deux anneaux transmettant en sens contraires.*

La dernière solution apporte une meilleure fiabilité puisque le système peut être reconfiguré si une cassure se produit sur les deux anneaux au même point *(figure 3-22).*

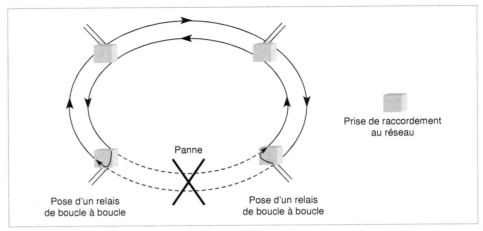

Figure 3-22. *Reconfiguration du réseau.*

Question 10.– *Comment peut-on réaliser un réseau en anneau sur une étoile ?*

Réponse.– Au centre de l'étoile, il doit y avoir un concentrateur, capable de faire reboucler le signal transitant d'une station vers la station suivante. Les supports physiques de rattachement doivent donc transporter simultanément les signaux dans les deux sens, ce qui est classiquement réalisé en prenant une paire dans un sens et une seconde paire dans l'autre sens.

Question 11.– *L'équipement au centre de l'étoile doit-il avoir une capacité de réception de la somme des débits des stations connectées ?*

Réponse.– Oui, si les connexions sont indépendantes les unes des autres. En revanche, si chaque station ne peut transmettre qu'à certains moments, la capacité n'a pas besoin d'être aussi importante. Ce dernier cas de figure est celui des réseaux partagés.

Question 12.– *L'arbre est-il plus sensible aux pannes qu'un bus ?*

Réponse.– Oui, parce que les hubs sont actifs et qu'une panne d'électricité sur un hub, par exemple, découpe le réseau en deux sous-réseaux indépendants.

Question 13.– *Si l'on ajoute sur l'arbre une liaison entre deux hubs extrémité pour pallier les pannes éventuelles, le réseau continue-t-il à fonctionner correctement ?*

Réponse.– Cette liaison supplémentaire réalise une boucle sur le support. De ce fait, comme le signal est retransmis dans toutes les directions sauf sur la ligne d'entrée, il boucle. Cette solution ne permet pas au réseau de fonctionner correctement.

Question 14.– *Si le support physique d'une boucle permet un débit de C Mbit/s, le débit total de l'ensemble des stations qui y sont connectées peut-il dépasser cette valeur de C ?*

Réponse.– Oui, le débit global peut dépasser la capacité C. Si l'on suppose qu'une station envoie son information à une station située à égale distance de sa droite et de sa gauche (de l'autre côté du réseau) et que cette station envoie sa propre information à la station initiale, on voit que la boucle est utilisée deux fois pour une transmission faisant le tour de la boucle. La capacité de transport de la boucle est dans ce cas $2C$.

1

On appelle bande passante d'un support de transmission la plage des fréquences qui peuvent être utilisées sur un câble ou par toute autre voie de communication. Par exemple, la parole utilise les fréquences de 300 à 3 400 Hz, et sa bande passante est de 3 100 Hz. Les autres fréquences présentent trop d'affaiblissement et ne peuvent être utilisées. L'affaiblissement, exprimé en décibel (dB), est obtenu par la formule $10 \log_{10} R$, où R est le rapport des puissances aux deux extrémités de la communication.

a Donner l'affaiblissement en décibel lorsque le signal, à la sortie de la voie de communication, n'est plus que de 50 p. 100, 10 p. 100 et 1 p. 100 de sa puissance initiale.

b On définit en général la bande passante comme la plage des fréquences qui ne perdent pas plus de 3 dB sur la voie de communication. Quelle est la bande passante *H* d'un câble qui accepte des fréquences de 4 000 Hz à 24 000 Hz avec un affaiblissement inférieur à 3 dB ?

c Avec un câble de 20 000 Hz de bande passante, il est *a priori* possible de faire passer 20 000 bits en transportant 1 bit par signal. Les lignes de communication sont cependant perturbées par ce que l'on appelle du bruit, provenant de phénomènes électromagnétiques divers. Le rapport *R* d'affaiblissement qui en résulte s'exprime sous la forme $R = \dfrac{S}{B}$, *S* correspondant à l'énergie du signal et *B* à l'énergie du bruit. Le rapport $\dfrac{S}{B}$ s'appelle rapport signal sur bruit. On calcule la capacité (*C*) de transmission maximale d'un canal par la formule de Shannon :

$C = H \log_2 (1 + \dfrac{S}{B})$, où *H* est la bande passante.

En supposant que le rapport signal sur bruit du câble précédent soit de 30 dB, quelle est la capacité de transmission maximale ?

d Pour augmenter simplement le débit d'une voie de communication, il faut transporter plus d'un élément binaire par signal de base. Pour cela, il suffit de prendre 2, 4, 8, *n* configurations différentes sur un même temps de base. Par exemple, l'émission sur un temps de base d'une différence de potentiel de + 4 V (volts) indique la combinaison 00, de + 2 V la combinaison 10, de – 2 V la combinaison 01 et de – 4 V la combinaison 11. Combien de combinaisons différentes sont-elles nécessaires pour atteindre la capacité maximale obtenue à la question précédente ?

2

Soit un réseau en bus bidirectionnel sur lequel sont connectées les différentes machines terminales. Dans un réseau en bus bidirectionnel, le signal est émis en diffusion.

a Montrer que chaque coupleur peut capter une copie de tous les paquets émis par les machines terminales.

b Comment la machine terminale reconnaît-elle que le paquet lui est destiné ?

c Comment éviter que deux machines terminales émettent des paquets au même moment, ce qui entraînerait une collision sur le support physique ?

d Si la vitesse de propagation est d'approximativement 200 000 km/s (un peu moins que la vitesse de la lumière), en combien de temps un bit émis par une machine arrive-t-il à une seconde machine située à 200 mètres ?

e En déduire que si l'on écoute le support physique avant de transmettre, la probabilité de collision est quasiment nulle.

3 *On considère un réseau en bus bidirectionnel de 1 km de long dont le débit est de 10 Mbit/s.*

a En supposant que la vitesse de propagation soit de 200 000 km/s, quel est le temps de propagation d'une extrémité à l'autre du réseau ?

b Quel est le temps qui sépare la transmission de deux éléments binaires sur le support physique ?

c En déduire le nombre d'éléments binaires en cours de propagation sur le support physique.

d Peut-il y avoir deux communications qui transitent en même temps ?

e Si l'on coupe le support physique en deux, au milieu, et que l'on interconnecte les deux réseaux qui en résultent par un répéteur, quel est le débit de l'ensemble des deux réseaux ?

f Si l'on remplace le répéteur par un pont, quel est le débit de l'ensemble des deux réseaux ?

g Si l'on suppose que tous les paquets émis partant d'un réseau se dirigent vers l'autre réseau, y a-t-il un intérêt à remplacer le répéteur par un pont ?

h En supposant que tous les paquets émis partant d'un réseau aient comme destinataire le même réseau, y a-t-il un intérêt à remplacer le répéteur par un pont ?

i Si l'on découpe de nouveau chaque réseau en deux et que l'on interconnecte les nouveaux réseaux deux à deux par un équipement intermédiaire, discuter de l'opportunité de mettre un répéteur ou un pont.

j Conclure sur l'intérêt d'utiliser des répéteurs ou des ponts.

4 *On considère un réseau en arbre dans lequel les hubs recopient les paquets dans toutes les directions, à l'exception de leur ligne d'arrivée.*

a Montrer que le comportement de ce réseau est le même que celui d'un réseau en bus bidirectionnel.

b Montrer que le temps pour aller d'une extrémité du réseau à l'autre est beaucoup plus important que sur un bus bidirectionnel (on suppose que la distance entre les deux extrémités du réseau est la même).

c Que se passe-t-il si un hub tombe en panne ? A-t-on le même problème avec un bus ?

d On suppose maintenant que le hub ne retransmet un paquet que vers l'unique sortie permettant d'atteindre le récepteur. Pourquoi cette solution est-elle nettement plus complexe que la précédente ?

e Montrer que l'on pourrait avoir des communications en parallèle.

5 *Soit un réseau en boucle sur lequel sont connectées des PC.*

a Pourquoi la boucle est-elle une structure active ?

b Montrer que pour attacher une nouvelle station, il faut couper la boucle et ajouter un registre à décalage.

c En combien de temps un bit peut-il faire le tour de la boucle ?

d On utilise une technique de jeton pour effectuer les transmissions. Seule la station qui possède le jeton a le droit de transmettre un paquet. Dans un premier temps, on suppose qu'une station recevant le jeton émet un paquet et attend que le paquet lui revienne avant de passer le jeton à la station suivante. Combien de temps s'écoule entre le moment où une station reçoit le jeton et celui où le jeton lui revient de nouveau après un tour de la boucle ?

e Montrer que cette solution de boucle gérée par un jeton peut transporter des paquets de façon synchrone.

f On suppose maintenant que lorsque la station reçoit le jeton, elle émet le paquet puis émet directement après le jeton vers la station suivante. Augmente-t-on ainsi le débit du réseau ? De combien ?

6 *On souhaite étudier les problèmes qui pourraient survenir sur un réseau en boucle avec une technique de jeton pour réguler les accès.*

a Que se passe-t-il si une station tombe en panne ?

b Proposer un mécanisme pour éviter cette panne.

c Que se passe-t-il si l'un des bits qui représente le jeton est erroné à la réception ?

d Proposer un mécanisme pour éviter cette panne.

e Que se passe-t-il si une coupure de la boucle se produit ?

f Proposer un mécanisme pour éviter cette panne.

7 *Soit un réseau en bus bidirectionnel avec une technique de jeton pour gérer les accès. Seule la station possédant le jeton a le droit d'émettre. Chaque station possède une table qui lui indique la station suivante devant recevoir le jeton et la station dont elle doit recevoir le jeton.*

a Montrer que cette solution permet aux stations d'avoir régulièrement le jeton suivant une boucle logique.

b Montrer que des applications synchrones peuvent emprunter ce réseau.

c Que se passe-t-il si une station se déconnecte ou tombe en panne ? Montrer que la boucle logique peut être rétablie.

d Que se passe-t-il si deux stations successives se déconnectent ou tombent en panne ? Inventer une solution pour pallier ce problème.

4

Les techniques de transfert

Pour transporter des données, il faut déterminer une technique de transfert. En d'autres termes, il faut savoir comment transférer un paquet depuis la machine source jusqu'à la machine réceptrice. Les techniques de transfert qui nous intéressent dans ce cours correspondent à la transmission de paquets provenant d'un flot d'un émetteur vers un récepteur. Nous décrivons d'abord le transfert de paquets sur un circuit, puis les deux techniques principales de transfert que sont le routage et la commutation. Nous finissons par l'étude de deux autres techniques, le transfert de trames et le transfert de cellules.

- ■ La commutation de circuits

- ■ Le transfert de paquets

- ■ Le transfert de trames et de cellules

- ■ Les techniques de transfert hybrides

■ La commutation de circuits

Un circuit peut être comparé à un tuyau placé entre un émetteur et un récepteur. Ce tuyau peut être constitué de fils métalliques, de fibre optique ou d'ondes hertziennes. Le circuit n'appartient qu'aux deux entités qui communiquent. Le circuit le plus simple correspond à un tuyau posé entre deux points. Appelons-le circuit élémentaire. Il est possible de réaliser des circuits plus complexes en ajoutant des circuits élémentaires les uns derrière les autres. Cela donne un nouveau tuyau, dans lequel les différentes parties peuvent être réalisées à partir de matériaux différents (métal, fibre, fréquence). Le circuit doit être ouvert pour que les informations puissent transiter. Il reste ouvert jusqu'au moment où l'un des deux participants interrompt la communication. Cela a pour effet de relâcher les ressources affectées à la réalisation du circuit. Si les deux correspondants n'ont plus de données à se transmettre pendant un certain temps, la liaison reste inutilisée, et les ressources ne peuvent être employées par d'autres utilisateurs.

autocommutateur.– Équipement réalisant les commutations de circuits nécessaires à la communication entre deux personnes.

La commutation de circuits désigne le mécanisme consistant à rechercher les différents circuits élémentaires pour réaliser un circuit plus complexe. Cette opération se réalise grâce à la présence de nœuds, appelés commutateurs de circuits ou *autocommutateurs*, dont le rôle consiste à choisir un tuyau libre en sortie pour le rabouter au tuyau entrant, permettant ainsi de mettre en place le circuit nécessaire à la communication entre deux utilisateurs.

Un réseau à commutation de circuits consiste en un ensemble d'équipements, les autocommutateurs, et de liaisons interconnectant ces autocommutateurs, dont le but consiste à mettre en place des circuits à la demande des utilisateurs. Un tel réseau est illustré à la figure 4-1.

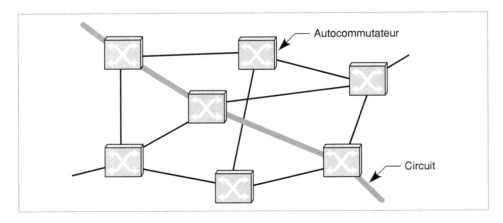

Figure 4-1. *Réseau à commutation de circuits.*

Pour mettre en place un circuit, il faut propager un ordre demandant aux autocommutateurs de mettre bout à bout des circuits élémentaires. Ces commandes et leur propagation s'appellent la *signalisation*.

La signalisation peut être dans la bande ou hors bande. Une signalisation dans la bande indique que la commande d'ouverture d'un circuit transite d'un autocommutateur à un autre en utilisant le circuit ouvert à la demande de l'utilisateur. La construction du circuit se fait par la propagation d'une commande dotée de l'adresse du destinataire (par exemple, le numéro de téléphone qui a été composé sur le cadran) et empruntant le circuit en cours de construction.

La signalisation hors bande indique le passage de la commande de signalisation dans un réseau différent du réseau à commutation de circuits dont elle est issue. Ce réseau externe, appelé *réseau sémaphore*, relie tous les autocommutateurs entre eux de façon que la commande d'ouverture puisse transiter d'un autocommutateur à un autre.

Ces deux types de signalisation sont illustrés à la figure 4-2.

signalisation.– Ensemble des éléments à mettre en œuvre dans un réseau pour assurer l'ouverture, la fermeture et le maintien des circuits.

réseau sémaphore.– Réseau spécialisé dans le transport des commandes de signalisation.

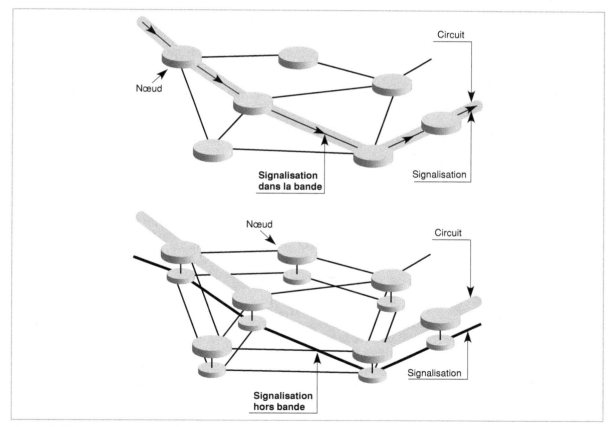

Figure 4-2. *Signalisation dans la bande et signalisation hors bande.*

La signalisation dans les réseaux sémaphores modernes

Les réseaux à commutation de circuits actuels utilisent une signalisation encore améliorée. La demande d'ouverture de circuit n'établit pas tout de suite le circuit. Elle est d'abord transmise vers le récepteur par le réseau sémaphore de façon soit à déclencher la sonnerie d'un téléphone, soit à détecter que le destinataire est occupé. Dans ce dernier cas, une commande de retour part vers l'émetteur par le réseau sémaphore pour déclencher la tonalité d'occupation. Lorsque le récepteur décroche son téléphone, une commande de signalisation repart, mettant en place le circuit. On voit ainsi que l'utilisation d'un réseau sémaphore, c'est-à-dire d'une signalisation hors bande, permet d'utiliser beaucoup mieux les circuits disponibles. Dans les anciens réseaux téléphoniques, avec leur signalisation dans la bande, il fallait quelques secondes pour mettre en place le circuit et s'apercevoir, par exemple, que le destinataire était occupé, d'où encore quelques secondes pour détruire le circuit inutile. Par le réseau sémaphore, cette opération s'effectue en moins de 500 ms, avec deux commandes acheminées et en n'utilisant aucun circuit.

Questions-réponses

Question 1.– *Supposons un circuit capable de transporter 10 bit/s, c'est-à-dire un bit toutes les 100 ms. Supposons encore que, dans les autocommutateurs, une mémoire de quelques bits soit réservée à ce circuit. À la sortie d'un circuit élémentaire, les bits sont placés dans cette mémoire de sorte que l'autocommutateur ait le temps de les transmettre sur le circuit élémentaire de sortie. Peut-on encore parler de circuit, bien que le tuyau soit interrompu par des mémoires du fait que les signaux doivent être mémorisés avant d'être retransmis ?*

Réponse.– Oui, c'est bien un circuit, car l'ensemble des ressources n'appartiennent qu'à l'émetteur et au récepteur, et un flot continu peut l'occuper.

Question 2.– *Si le circuit est conçu à partir de plusieurs circuits élémentaires, avec des supports physiques différents, a-t-on toujours un circuit ?*

Réponse.– Oui, car s'il existe, par exemple, un circuit élémentaire en fibre optique puis un autre en câble coaxial et un troisième sous forme de paires métalliques, nous avons bien un circuit puisqu'il y a continuité du tuyau et que les ressources appartiennent à l'émetteur et au récepteur. La téléphonie avec un combiné GSM utilise ainsi un circuit commençant par une fréquence et se continuant par un réseau fixe au sol sous forme de circuits élémentaires métalliques ou optiques.

Question 3.– *Les circuits élémentaires formant un circuit peuvent-ils avoir des débits différents ? Donner un exemple.*

Réponse.– On peut imaginer un circuit dans lequel un morceau du circuit (qui ne soit pas le premier chaînon) ait une capacité de transmission supérieure à celle des autres membres du circuit. Cela implique que le morceau en question est sous-utilisé puisqu'il ne peut être rempli et que personne d'autre ne peut l'utiliser.

Question 4.– *Supposons qu'un circuit élémentaire ait un débit de 2 Mbit/s et que l'on découpe ce circuit selon la procédure suivante : le premier million de bits émis appartient à un client A1 et le deuxième million de bits à un client A2, et cela chaque seconde. Est-il possible de réaliser un circuit complet d'un débit de 1 Mbit/s, dont un circuit élémentaire corresponde au circuit du client A1 ?*

Réponse.– Oui, il est possible de réaliser un tel circuit d'un débit de 1 Mbit/s. À l'arrivée du tuyau sur l'autocommutateur concerné, il doit exister une mémoire de 0,5 Mbit pour stocker les bits qui arrivent pendant la demi-seconde durant laquelle le circuit est occupé par l'autre client. Dès que la demi-seconde dédiée au circuit se présente, tout ce qui est stocké peut être émis puisque le débit est de 2 Mbit/s pendant cette demi-seconde. Si les mémoires sont dédiées à l'utilisateur, on a bien un circuit. Remarquer que, dans cet exemple, le temps de propagation sur le circuit est fortement affecté par le fait que certains bits attendent une demi-seconde dans la mémoire intermédiaire. Comme exemple d'un tel comportement, on peut citer le réseau GSM. Dans le combiné GSM, les éléments binaires de la voix numérisée sont stockés quelques dixièmes de seconde en attendant la tranche de temps correspondante sur l'interface radio. Celle-ci est distribuée par tranches aux différents clients connectés.

Question 5.– *Montrer que la capacité d'un circuit est égale à la capacité du circuit élémentaire le moins rapide et que le temps de propagation du signal sur un circuit n'est pas toujours équivalent au délai de propagation sur le support physique.*

Réponse.– L'émetteur ne peut pas émettre plus vite que le débit du chaînon le plus faible. Comme expliqué à l'exercice précédent, les éléments binaires peuvent être stockés dans des mémoires intermédiaires. Dans les réseaux téléphoniques existants, le délai d'acheminement pour se rendre d'une extrémité à l'autre du réseau est en général bien supérieur au délai de propagation, chaque ligne physique étant partagée entre les utilisateurs par un découpage en tranches. C'est ce que l'on appelle un multiplexage, une méthode de gestion de canal décrite en détail au cours 6, « Les architectures logiques ».

■ Le transfert de paquets

Le cours 2, « Les grandes catégories de réseaux », décrit brièvement comment les informations sont paquétisées et les paquets acheminés par un réseau de transfert contenant des nœuds. Le transfert de paquets est la technique utilisée pour réaliser cet acheminement. Deux méthodes principales sont mises en œuvre pour cela : le routage et la commutation. Lorsque le routage est choisi, les nœuds s'appellent des routeurs, et le réseau est un réseau à *routage de paquets*. Lorsque le choix porte sur la commutation, les nœuds s'appellent des commutateurs et le réseau est un réseau à *commutation de paquets*.

Le rôle d'un nœud de transfert peut se résumer à trois fonctions :

- l'analyse de l'en-tête du paquet et sa traduction ;
- la commutation ou routage vers la bonne ligne de sortie ;
- la transmission des paquets sur la liaison de sortie choisie.

Un nœud de transfert, qui peut être un commutateur ou un routeur, est illustré à la figure 4-3. Le schéma indique notamment le choix à effectuer par la file d'entrée du nœud pour diriger au mieux les paquets vers l'une des trois files de sortie de cet exemple.

routage de paquets.– Technique de transfert de paquets utilisée lorsque la méthode pour déterminer la route est un routage.

commutation de paquets.– Technique de transfert de paquets utilisée lorsque la méthode pour déterminer la route est une commutation.

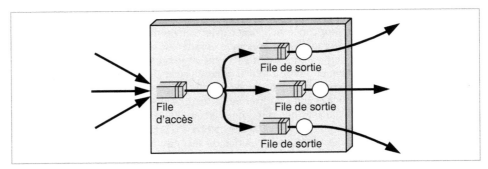

Figure 4-3. *Un nœud de transfert.*

La première file d'attente du nœud de transfert examine l'en-tête de chaque paquet pour identifier le port de sortie. Cette première file d'attente est parfois appelée file de commutation puisque les paquets sont, en quelque sorte, commutés vers une ligne de sortie. Il est toutefois préférable d'appeler cette fonction un transfert, de façon à ne pas confondre routeur et commutateur. Les paquets sont donc transférés individuellement, et toutes les fonctions du nœud de transfert sont effectuées au rythme du paquet.

Il existe une grande diversité de solutions permettant de réaliser un nœud de transfert. Dans tous les cas, il faut réaliser une fonction de stockage, qui peut se trouver à l'entrée, à la sortie ou le long de la chaîne de transfert.

Un débat sans fin oppose les mérites respectifs des routeurs et des commutateurs parce qu'ils symbolisent deux manières opposées d'acheminer l'information à l'intérieur d'un réseau maillé. Les deux solutions présentent bien sûr des avantages et des inconvénients. Parmi les avantages, citons notamment la souplesse pour le routage et la puissance pour la commutation.

relais de trames (en anglais *Frame Relay*).– Technologie utilisant une commutation de trames, qui permet de minimiser les fonctionnalités à prendre en compte dans les nœuds intermédiaires.

Les techniques de transfert de l'ATM ou du *relais de trames* utilisent une commutation. Internet préfère le routage. Ethernet se place entre les deux, avec un routage quasiment fixe, qui ressemble à une commutation, d'où le nom de commutation Ethernet.

Les routeurs

Dans un routeur, le paquet qui arrive doit posséder l'adresse complète du destinataire, de sorte que le nœud puisse décider de la meilleure ligne de sortie à choisir pour l'envoyer vers un nœud suivant. Une décision de routage a donc lieu. Celle-ci consiste à consulter une table de routage, dans laquelle sont répertoriées toutes les adresses susceptibles d'être atteintes sur le réseau. La décision de router prend du temps : non seulement il faut trouver la bonne ligne de la table de routage correspondant à l'adresse du destinataire, mais, surtout, il faut gérer cette table de routage, c'est-à-dire la maintenir à jour pour que les routes soient les meilleures possibles.

> ## Les différents types d'adresses
>
> Une adresse complète est l'adresse d'un utilisateur du réseau, et plus généralement un moyen pour déterminer où se trouve cet utilisateur. Une adresse téléphonique désigne un utilisateur fixe ou mobile, mais la mobilité ne permet plus de déterminer l'emplacement de l'émetteur. L'adresse Internet est une adresse d'utilisateur qui ne permet de déterminer que très partiellement l'emplacement géographique de l'utilisateur.

Le routage est une solution de transfert de l'information agréable et particulièrement flexible, qui permet aux paquets de contourner les points du réseau en congestion ou en panne. Le paquet possède en lui tout ce qu'il lui faut pour continuer sa route seul. C'est la raison pour laquelle on appelle parfois les paquets des *datagrammes*.

datagramme.– Type de paquet qui peut se suffire à lui-même pour arriver à destination, comme une lettre que l'on met à la poste avec l'adresse complète du destinataire.

Le routage peut poser des problèmes de différents ordres. Un premier inconvénient vient de la réception des paquets par le récepteur dans un ordre qui n'est pas forcément celui de l'envoi par l'émetteur. En effet, un paquet peut en doubler un autre en étant aiguillé, par exemple, vers une route plus courte, découverte un peu tardivement à la suite d'une congestion. Un deuxième inconvénient provient de la longueur de l'adresse, qui doit être suffisamment importante pour pouvoir représenter tous les récepteurs potentiels du réseau. La première génération du protocole Internet, IPv4, n'avait que 4 octets pour coder l'adresse, tandis que la seconde, IPv6, en offre 16. La troisième difficulté réside dans la taille de la table de routage. Si le réseau a beaucoup de clients, le nombre de lignes de la table de routage peut être très important, et de nombreux *paquets de supervision* sont nécessaires pour la maintenir à jour.

paquet de supervision.– Paquet transportant des informations de supervision pour contrôler le réseau.

Pour réaliser des routages efficaces, il faut essayer de limiter le nombre de lignes des tables de routage — nous verrons qu'il en va de même pour les tables de commutation —, si possible à une valeur de l'ordre de 5 000 à 10 000, ces valeurs semblant être le gage d'une capacité de routage appréciable.

Les commutateurs

Les commutateurs acheminent les paquets vers le récepteur en utilisant des *références*, que l'on appelle aussi identificateurs, étiquettes ou « labels », de circuit ou de chemin.

Les tables de commutation sont des tableaux, qui, à une référence, font correspondre une ligne de sortie. Noter que seules les communications actives entre utilisateurs comportent une entrée dans la table de commutation. Cette

référence.– Suite de chiffres exprimée en binaire accompagnant un bloc (trame, paquet, etc.) et permettant à celui-ci de choisir une porte de sortie suivant la table de commutation. Par exemple, 23 est une référence, et les paquets qui portent la valeur 23 sont toujours dirigés vers la même ligne de sortie.

propriété limite la taille de la table. De façon plus précise, le nombre de lignes d'une table de commutation est égal à 2^n, n étant le nombre d'éléments binaires donnant la référence.

L'avantage de la technique de commutation est la puissance offerte pour commuter les paquets du fait de l'utilisation de références. Ces dernières réduisent la taille de la table de commutation, car seules les références actives y prennent place. De surcroît, le nœud n'a pas à se poser de questions sur la meilleure ligne de sortie, puisqu'elle est déterminée une fois pour toutes. Un autre avantage de cette technique vient de ce que la zone portant la référence demande en général beaucoup moins de place que l'adresse complète d'un destinataire. Par exemple, la référence la plus longue, celle de l'ATM, utilise 28 bits, contre 16 octets pour l'adresse IPv6.

La difficulté engendrée par les commutateurs est liée au besoin d'ouvrir puis de refermer les chemins ainsi que la pose des références pour réaliser ces chemins. Pour cela, il faut faire appel à une signalisation du même type que celle mise au point pour les réseaux à commutation de circuits. Un paquet de signalisation part de l'émetteur en emportant l'adresse complète du récepteur. Ce paquet contient également la référence de la première liaison utilisée. Lorsque ce paquet de commande arrive dans le premier nœud à traverser, il demande à la table de routage du nœud de lui indiquer la bonne ligne de sortie. On voit donc qu'un commutateur fait aussi office de routeur pour le paquet de signalisation et qu'il doit intégrer en son sein les deux systèmes.

Le temps nécessaire pour ouvrir la route lors de la signalisation n'est pas aussi capital que le temps de transfert des paquets sur cette route : le temps pour mettre en communication deux correspondants n'a pas les mêmes contraintes que le temps de traversée des paquets eux-mêmes. Par exemple, on peut prendre deux secondes pour mettre en place un circuit téléphonique, mais il est impératif que les paquets traversent le réseau en moins de 300 ms.

Le fonctionnement d'une commutation montre toute son efficacité lorsque le flot de paquets à transmettre est important. À l'inverse, le routage est plus efficace si le flot est court.

Chemin (ou circuit virtuel)

circuit virtuel.– Succession de références que tous les paquets d'un même flot doivent suivre, comme s'ils étaient sur un circuit. Le circuit est dit virtuel parce que, à la différence d'un circuit véritable, il n'appartient pas de façon exclusive au couple émetteur-récepteur.

Le chemin déterminé par les références s'appelle un *circuit virtuel*, par similitude avec un circuit classique. Les paquets transitent toujours par le même chemin, les uns derrière les autres, comme sur un circuit, mais le circuit est dit virtuel parce que d'autres utilisateurs empruntent les mêmes liaisons et que les paquets doivent attendre qu'une liaison se libère avant de pouvoir être émis.

La figure 4-4 illustre un circuit virtuel.

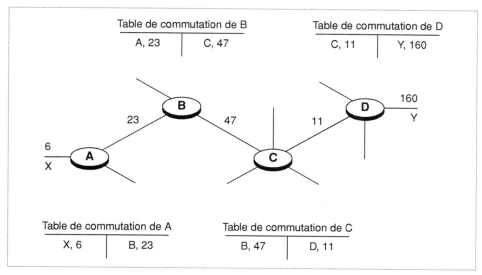

Figure 4-4. *Un circuit virtuel.*

Lors d'une panne d'une ligne ou d'un nœud, un reroutage intervient pour redéfinir un chemin. Ce reroutage s'effectue à l'aide d'un paquet de signalisation, qui met en place les nouvelles références que doivent suivre les paquets du circuit virtuel qui a été détruit.

En général, l'état d'un circuit virtuel est spécifié en « dur » (hard-state). Cela signifie que le circuit virtuel ne peut être fermé qu'explicitement. Tant qu'une signalisation ne demande pas la fermeture, le circuit virtuel reste ouvert.

La même technique, mais avec des états « mous » (soft-state) — que l'on se gardera de considérer comme un circuit virtuel, même si leurs propriétés sont identiques —, détruit automatiquement les références et, par conséquent, le chemin, si ce dernier n'est pas utilisé pendant un temps déterminé au départ. Si aucun client n'utilise le chemin, il doit, pour rester ouvert, être rafraîchi régulièrement : un paquet de signalisation spécifique indique aux nœuds de garder encore valables les références.

La réservation en soft-state

Les futurs réseaux Internet utiliseront sûrement ce mécanisme de chemin en soft-state. En effet, à la signalisation ouvrant la route peut être ajoutée une réservation partielle de ressources. Cela ressemble presque à une commutation de circuits, sauf que, au lieu de réserver complètement les ressources nécessaires à la mise en place du circuit, on réserve seulement partiellement ces ressources en espérant que, statistiquement, tout se passe bien. Cette probabilité est évidemment plus grande que si aucune ressource n'est réservée.

Le routage-commutation

On constate depuis quelque temps une tendance à superposer dans un même équipement un commutateur et un routeur. La raison à cela est que certaines applications demandent plutôt un routage, tandis que d'autres réclament une commutation. Par exemple, la navigation dans une base de données Web distribuée au niveau mondial est préférable dans un environnement routé. En revanche, le transfert d'un gros fichier s'adapte mieux à une commutation.

Ces constatations ont incité beaucoup d'industriels à optimiser l'acheminement des paquets en proposant des solutions mixtes. Les routeurs-commutateurs présentent une architecture double, avec une partie routeur et une partie commutateur. L'application choisit si son flot doit transiter via une commutation ou un routage. Les routeurs-commutateurs doivent donc gérer pour cela à la fois un protocole de routage et un protocole de commutation, ce qui a l'inconvénient d'augmenter sensiblement le prix de ces équipements.

Les différents types de routeurs-commutateurs

En règle générale, les routeurs-commutateurs utilisent une commutation de type ATM ou Ethernet et un routage de type IP. Cela se traduit par des nœuds complexes, aptes à utiliser plusieurs politiques de transfert de paquets.

Les routeurs-commutateurs sont aussi appelés des LSR *(Label Switched Router)*. Les circuits virtuels pour la partie commutation prennent le nom de LSP *(Label Switched Path)*.

L'IETF, organisme de normalisation du monde Internet, a pris les choses en main en ce qui concerne la normalisation de cette technique et a donné naissance au protocole MPLS *(MultiProtocol Label Switching)*.

Une question soulevée par les réseaux à transfert de paquets consiste à savoir si l'on peut réaliser une commutation de circuits sur une commutation de paquets ? Cette solution est en général difficile, quoique possible. Supposons que l'on soit capable de limiter le temps de traversée d'un réseau à transfert de paquets à une valeur T. Les données provenant du circuit sont encapsulées dans un paquet, qui entre lui-même dans le réseau pourvu de sa date d'émission t. À la sortie, le paquet est conservé jusqu'à la date $t + T$. Les données du paquet sont ensuite remises sur le circuit, qui est ainsi reconstitué à l'identique de ce qu'il était à l'entrée. Toute la difficulté consiste à assurer un délai de traversée borné par T, ce qui est en général impossible sur un réseau classique à transfert de paquets. Des solutions à venir devraient introduire des contrôles et des priorités pour garantir un délai de transport majoré par un temps acceptable pour l'application. Dans la future génération d'Internet, Internet NG, ou *Internet Next Generation*, la commutation de cellules et le transfert de paquets IP incorporeront des techniques de ce style pour réaliser le transport de tous les types d'informations.

Question 6.– *Une adresse hiérarchique est une adresse qui est découpée en plusieurs sous-adresses caractérisant des sous-ensembles d'adresses, appelés domaines. L'adresse téléphonique classique est une adresse de type hiérarchique, qui indique une région puis un ensemble desservis par un autocommutateur. Montrer que le nombre de lignes d'une table de routage peut être diminué par le recours à un adressage hiérarchique.*

Réponse.– Une adresse hiérarchique permet de regrouper sur une même ligne de la table de routage toutes les adresses qui appartiennent au même domaine. Par exemple, les flots qui partent de Marseille et dont l'adresse de réception se trouve dans la région parisienne peuvent tous être routés vers un nœud parisien, sans avoir besoin de connaître l'adresse exacte. On agrège ainsi les adresses qui vont vers un même domaine sur une seule ligne. L'inconvénient provient d'une limitation des possibilités de routage, car, même si plusieurs routes sont disponibles pour aller dans la région parisienne, tous les flots prennent le même chemin entre Marseille et Paris.

Question 7.– *Une application multipoint est une application qui envoie son flot de paquets vers plusieurs récepteurs. Comment une telle application résout-elle le problème de l'adresse multiple ?*

Réponse.– Le problème de l'adresse multiple est résolu par l'utilisation d'une adresse multipoint qui soit reconnue dans les nœuds de routage. Le paquet arrivant dans un nœud doit pour cela être redirigé vers l'ensemble des nœuds correspondant à l'adresse multipoint.

Question 8.– *Pour quelles raisons est-il difficile de faire transiter une application* isochrone *sur un réseau routé ?*

Réponse.– La difficulté d'acheminer un flot isochrone sur un réseau routé tient surtout au fait que les différents paquets du flot peuvent transiter par des chemins distincts. De plus, le routage ne permet pas d'obtenir une solution vraiment puissante lorsque la taille de la table de routage dépasse les quelques dizaines de milliers d'entrées et qu'une gestion dynamique s'impose.

Question 9.– *Combien de circuits virtuels peuvent transiter entre deux commutateurs lorsque la longueur de la référence est de n bits (n = 12 pour le protocole X.25 ; n = 10, n = 16 ou n = 23 pour le relais de trames ; n = 24 ou n = 28 pour l'ATM). Si le nœud de commutation possède trois connexions avec trois autres nœuds, quelle est la taille maximale de la table de commutation ?*

Réponse.– La taille maximale de la table de commutation est 2^n. S'il existe trois connexions, la taille totale atteint 3×2^n.

Question 10.– *Montrer que la taille d'une table de routage est en général plus importante que celle d'une table de commutation. Donner un exemple où cette propriété n'est pas vérifiée.*

Réponse.– Comme le nombre d'utilisateurs est plus important que le nombre de chemins ouverts, la table de routage est plus importante que la table de commutation. Cependant, il est possible qu'un utilisateur puisse ouvrir plusieurs connexions simultanées. Si l'on prend l'exemple de trois PC interconnectés par un nœud central, ce dernier pouvant être un routeur ou un commutateur, la table de routage contient trois lignes. Si chaque client peut ouvrir deux chemins avec chacune des deux destinations, la table de commutation possède six lignes.

Question 11.– *Est-il possible de réaliser une application multipoint avec une technique de routage ?*

Réponse.– Deux solutions peuvent être développées. La première consiste à ouvrir autant de circuits virtuels que de récepteurs. Cela peut se révéler très coûteux, surtout si les diverses routes suivent en grande partie le même chemin. Une autre solution consiste à développer des tables de commutation qui, à une même référence d'entrée, font correspondre *n* références de sortie si *n* directions différentes ont été déterminées par le paquet de supervision.

isochrone (transmission).– Mode de transmission de données dans lequel les instants d'émission et de réception de chaque bit, caractère ou bloc d'information sont fixés à des instants précis.

X.25.– Protocole définissant l'interface entre un équipement terminal et un nœud d'entrée du réseau pour la transmission de paquets.

■ Le transfert de trames et de cellules

Historiquement, les réseaux à commutation de circuits ont été les premiers à apparaître : le réseau téléphonique en est un exemple. Le transfert de paquets a pris la succession pour optimiser l'utilisation des lignes de communication dans les environnements informatiques. Récemment, deux nouveaux types de commutation, le transfert de trames et le transfert de cellules, sont apparus. Apparentés à la commutation de paquets, dont ils peuvent être considérés comme des évolutions, ils ont été mis au point pour augmenter les débits sur les lignes et prendre en charge des applications multimédias. Le réseau de transmission comporte des nœuds de commutation ou de routage, qui se chargent de faire progresser la trame ou la cellule vers le destinataire.

La commutation de trames se propose d'étendre la commutation de paquets. La différence entre un paquet et une trame est assez ténue, mais elle est importante. Nous y revenons au cours 6, « Les architectures logiques ». Une trame est un paquet dont on peut reconnaître le début et la fin par différents mécanismes. Un paquet doit être mis dans une trame pour être transporté. En effet, pour envoyer des éléments binaires sur une ligne de communication, il faut que le récepteur soit capable de reconnaître où commence et où finit le bloc transmis. La commutation de trames consiste à commuter des trames dans le nœud, ce qui présente l'avantage de pouvoir les transmettre directement sur la ligne, juste après les avoir aiguillées vers la bonne porte de sortie. Dans une commutation de paquets, au contraire, le paquet doit d'abord être récupéré en décapsulant la trame qui a été transportée sur la ligne, puis la référence doit être examinée afin de déterminer, en se reportant à la table de commutation, la ligne de sortie adéquate. Il faut ensuite encapsuler de nouveau dans une trame le paquet pour l'émettre vers le nœud suivant.

La commutation de trames présente l'avantage de ne remonter qu'au niveau trame au lieu du niveau paquet. Pour cette raison, les commutateurs de trames sont plus simples, plus performants et moins chers à l'achat que les commutateurs de paquets.

Plusieurs catégories de commutation de trames ont été développées en fonction du protocole de niveau trame choisi. Les deux principales sont le relais de trames et la commutation Ethernet. Dans le relais de trames, on a voulu simplifier au maximum la commutation de paquets. Dans la commutation Ethernet, on utilise la trame Ethernet comme bloc de transfert. De ce fait, l'adressage provient des normes de l'environnement Ethernet.

Cette commutation de trames peut être considérée comme une technique intermédiaire en attendant soit l'arrivée des techniques à commutation de cellules, soit des extensions des techniques utilisées dans le réseau Internet.

La commutation de cellules est une commutation de trames très particulière, propre aux réseaux ATM, dans lesquels toutes les trames possèdent une longueur fixe de 53 octets. Quelle que soit la taille des données à transporter, la cellule occupe toujours 53 octets. Si les données forment un bloc de plus de 53 octets, un découpage est effectué, et la dernière cellule n'est pas complètement remplie. Plus précisément, la cellule comporte 48 octets de données et 5 octets de supervision. Le mot commutation indique la présence d'une référence dans l'en-tête de 5 octets. Cette référence tient sur 24 ou 28 bits, suivant l'endroit où l'on émet : d'une machine utilisateur vers un nœud de commutation ou d'un nœud de commutation vers un autre nœud de commutation.

Questions-réponses

Question 12.– *La cellule étant toute petite, montrer qu'un routage de cellules est moins efficace qu'une commutation de cellules.*

Réponse.– Une cellule étant minuscule, il est presque impossible d'y faire figurer une adresse complète permettant d'effectuer un routage. C'est la raison pour laquelle le routage de cellules n'est pas utilisé. En revanche, une référence est beaucoup plus courte qu'une adresse complète, et c'est elle qui est utilisée dans la commutation de cellules.

Question 13.– *Montrer que, pour transporter une application isochrone, le fait d'utiliser un paquet de petite taille représente une bonne solution.*

Réponse.– Le temps de remplissage étant constant et très court, il n'y a pas de perte de temps à paquétiser et dépaquétiser l'information. Par exemple, pour transporter de la parole téléphonique sous forme de 64 Kbit/s, le temps de remplissage n'est que de 6 ms (48×125 μs).

Question 14.– *Montrer que, si une application isochrone est très lente, cela peut provoquer un retard sur le transport.*

Réponse.– En effet, dans un tel cas, le temps de remplissage de la cellule peut devenir très grand par rapport au temps de transport nécessaire. Par exemple, si la parole est compressée à 8 Kbit/s, cela indique qu'un échantillon est disponible toutes les 1 ms. Dans ce cas, pour remplir une cellule, il faut 48 fois 1 ms, soit 48 ms. Ce temps peut être inacceptable, surtout s'il existe un écho.

■ Les techniques de transfert hybrides

Les différentes méthodes de transfert présentées dans ce cours peuvent se superposer pour former des techniques de transfert hybrides. En général, les superpositions concernent l'encapsulation d'un niveau paquet dans un niveau trame. Le protocole de niveau trame s'appuie essentiellement sur une commutation et celui de niveau paquet sur un routage. Cette solution permet de définir des nœuds de type routeur-commutateur. Si l'on remonte au niveau paquet, un routage a lieu ; si l'on ne remonte qu'au niveau trame, une commutation est effectuée.

La figure 4-5 illustre une architecture hybride de routeurs-commutateurs. Les données remontent jusqu'au niveau paquet pour être routées ou bien jusqu'au niveau trame pour être commutées. Le choix de remonter au niveau trame ou au niveau paquet dépend en général de la longueur du flot de paquets d'un même utilisateur. Lorsque le flot est court, comme dans une navigation sur le World-Wide Web, chaque paquet détermine par lui-même son chemin. Il faut aller rechercher l'adresse dans le paquet pour pouvoir le router. En revanche, lorsque le flot est long, il est intéressant de mettre en place des références dans les nœuds pour commuter les paquets du flot. Le premier paquet est en général routé, et il pose des références pour les trames suivantes, qui sont alors commutées.

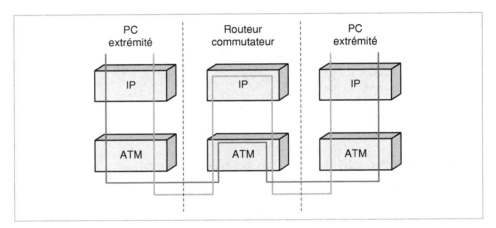

Figure 4-5. *Une architecture hybride de routeurs-commutateurs.*

On peut très bien envisager un routage de niveau trame et une commutation de niveau paquet. Dans ce cas, certaines informations remontent au niveau paquet pour être commutées, alors que d'autres peuvent être routées directement au niveau trame. Ce cas de figure peut se trouver dans les réseaux qui ont une double adresse, par exemple, une adresse complète de niveau trame et une référence pour le niveau paquet. Lorsqu'une trame arrive dans un nœud, celui-ci récupère l'adresse de niveau trame. Si l'adresse de ce niveau est connue, le routage peut s'effectuer. En revanche, si l'adresse de niveau 2 ne correspond pas à une adresse connue du nœud, il est possible de décapsuler la trame pour récupérer le paquet et d'examiner la référence de ce niveau déterminant la direction à prendre. Il en est ainsi des réseaux locaux Ethernet, qui, outre l'adresse de niveau trame, portent des paquets X.25 munis d'une référence de niveau paquet.

Les corrigés de ces exercices se trouvent pp. 458-461.

1 On veut comparer différentes techniques de transfert.

a Pourquoi a-t-on besoin d'une signalisation dans les réseaux utilisant la commutation ?

b Pour ouvrir une connexion multipoint, c'est-à-dire partant d'un point et allant vers plusieurs points, dans une technique de transfert à commutation, comment peut-on utiliser la signalisation ?

c Montrer que, dans une architecture avec connexion, il est relativement simple de contrôler les flots qui circulent dans le réseau.

d Si l'application utilisée dans ce réseau est de type navigation, c'est-à-dire de recherche d'information sur de nombreux serveurs connectés sur le réseau, la solution commutée est-elle une bonne solution ?

e Montrer que la solution routée ne requiert pas de signalisation mais qu'une signalisation peut cependant être intéressante.

f Est-il envisageable qu'un réseau ait à la fois des paquets routés et des paquets commutés ?

g On suppose un réseau utilisant le protocole IP au niveau des PC. Le réseau de transport est-il routé ou commuté ?

h Si l'on utilise le premier paquet du flot pour mettre en place une route déterminée, que l'on peut éventuellement appeler un circuit virtuel, même s'il n'existe pas forcément de connexion, cela est-il équivalent à une signalisation ?

2 On souhaite comparer les avantages des routeurs et des commutateurs.

a Montrer que les tables de routage peuvent devenir très grandes.

b Montrer que les tables de commutation sont généralement plus mesurées.

c Montrer que les réseaux avec routage sont plus souples en cas de panne ou de surcharge d'un nœud.

d Montrer qu'il est plus facile de réserver des ressources à l'intérieur du réseau avec une technique commutée qu'avec une technique routée. Qu'en déduisez-vous pour la qualité de service ?

3 On souhaite déterminer les caractéristiques d'un réseau de signalisation.

a Montrer qu'un réseau de signalisation est un réseau de routage.

b Montrer qu'un réseau de signalisation doit posséder des adresses d'équipements terminaux les plus communes possibles.

c Montrer qu'un réseau IP satisfait parfaitement les deux contraintes précédentes.

d Qu'en déduisez-vous ?

4 *On considère un réseau à commutation de paquets.*

a Montrer que les commutateurs doivent être également des routeurs.

b Quelle est la taille de la table de commutation ?

c Montrer que la rupture d'une liaison entraîne des problèmes complexes pour le réseau à commutation de paquets.

d Est-il possible d'ouvrir plusieurs chemins (circuits virtuels) entre un nœud d'entrée et un nœud de sortie.

e Peut-on donner des qualités de service différentes aux chemins ouverts ?

f Pourquoi utilise-t-on des références qui changent au passage de chaque nœud ?

g Est-il possible d'utiliser une même référence plusieurs fois dans un même nœud ?

h Donner un exemple où il serait possible de conserver la même référence tout le long du chemin.

5 *On considère un réseau dans lequel les nœuds peuvent se comporter soit comme des commutateurs, soit comme des routeurs. On appelle ces nœuds des LSR (Label Switched Router).*

a Montrer que de tels nœuds sont indispensables à partir du moment où il existe une partie commutation dans le nœud.

b Supposons que la partie routage soit de type IP. Montrer que le réseau IP peut se comporter comme un réseau de signalisation ou comme un réseau à transfert de paquets de données.

c Montrer que les nœuds du réseau possèdent à la fois une table de routage et une table de commutation.

d La solution envisagée dans ce réseau est d'ouvrir des chemins avec un paquet IP spécifique marquant son passage et laissant des références qui forment des chemins. Montrer que cette solution est séduisante pour un opérateur de télécommunications.

e Montrer que les paquets IP de données des utilisateurs sont encapsulés dans des trames qui sont commutées.

6 *On considère un réseau TCP/IP constitué de sous-réseaux ATM interconnectés entre eux par des routeurs.*

a Les paquets d'un même utilisateur arrivent-ils toujours dans l'ordre ?

b Comment déterminer le chemin qui sera suivi par un paquet d'un routeur vers un autre routeur ?

c Faut-il encapsuler les paquets IP dans des trames ATM ?

d Si, dans un routeur, la table de routage est fixe, est-il intéressant de décapsuler les cellules ATM pour récupérer le paquet IP ?

e Si une cellule ATM est perdue dans un sous-réseau que se passe-t-il ?

7 On souhaite étudier les caractéristiques d'un réseau Ethernet commuté.

[a] Y a-t-il des chemins dans un réseau Ethernet commuté ?

[b] Où se trouvent les références ?

[c] Les références varient-elles le long du chemin ?

[d] Supposons qu'à l'intérieur des trames Ethernet, il y ait des paquets IP. Est-il intéressant de remonter au niveau IP dans certains nœuds ? Ces nœuds sont-ils toujours des commutateurs ?

[e] Si l'on introduit dans la trame Ethernet une nouvelle zone pour y placer une référence, peut-on maintenir la même référence tout au long du chemin ?

[f] Quel est l'intérêt de faire des réseaux Ethernet commutés ?

8 On veut comparer les techniques de transfert et le niveau de l'architecture.

[a] Montrer que l'on peut effectuer de la commutation au niveau 2 et au niveau 3.

[b] Montrer que l'on peut effectuer du routage au niveau 2 et au niveau 3.

[c] Donner un exemple de commutation de niveau 3.

[d] Donner un exemple de routage de niveau 2.

[e] Qu'en déduisez-vous ?

[f] Peut-on mêler les routages et les commutations de même niveau dans un même réseau ?

[g] Peut-on mêler les routages et les commutations à différents niveaux dans un même réseau ?

9 On considère un réseau formé de commutateurs avec des références de longueur n.

[a] Quelle taille peut atteindre la table de commutation ?

[b] Est-ce raisonnable si n est égal à 28 ?

[c] Pour résoudre ce problème de taille, il est possible de construire la référence en deux parties de longueurs a et b telles que $a + b = n$. On suppose que tous les chemins allant d'un même nœud d'entrée à un même nœud de sortie possèdent une référence de longueur a différente mais une référence de longueur b commune. Montrer que cette solution permet de faire baisser la taille des tables de commutation à l'intérieur du réseau.

[d] Montrer que si tous les chemins prennent la même route, l'équilibrage de charge du réseau peut être pris en défaut. Comment y remédier ?

5

Le modèle de référence

Le transport de données d'une extrémité à une autre d'un réseau nécessite un support physique ou hertzien de communication. Pour que ces données arrivent correctement au destinataire, avec la qualité de service exigée, il faut une architecture logicielle ou matérielle. Certains aspects de cette architecture sont abordés au cours 2, « Les grandes catégories de réseaux ». Le présent cours détaille le modèle d'architecture en sept couches développé par l'ISO *(International Standardization Organization)* et appelé modèle de référence.

■ Couche 1 : Le niveau physique

■ Couche 2 : Le niveau trame

■ Couche 3 : Le niveau paquet

■ Couche 4 : Le niveau message

■ Couche 5 : Le niveau session

■ Couche 6 : Le niveau présentation

■ Couche 7 : Le niveau application

■ Couche 1 : Le niveau physique

Le niveau physique fournit les moyens mécaniques, électriques, fonctionnels et procéduraux nécessaires à l'activation, au maintien et à la désactivation des connexions physiques destinées à la transmission des éléments binaires entre entités de liaison.

Ce premier niveau de l'architecture de référence a pour objectif de conduire les éléments binaires à leur destination sur le support physique, en minimisant le cas échéant le coût de communication. Dans cette couche physique, on trouve tous les matériels et logiciels nécessaires au transport correct des éléments binaires, et notamment :

jonction.– Interface physique de communication entre un équipement terminal et un réseau.

- Les interfaces de connexion des équipements informatiques, appelées *jonctions*. Ces interfaces correspondent aux prises de sortie rencontrées sur les micro-ordinateurs, les ordinateurs, les combinés téléphoniques, etc. Elles définissent non seulement la prise physique, avec son nombre de fils, son voltage, sa vitesse, etc., mais aussi toute la logique nécessaire pour que les éléments binaires arrivent le plus correctement possible au récepteur.

- Les modems — modem est l'acronyme de modulateur-démodulateur —, qui transforment les signaux binaires produits par les ordinateurs ou les équipements terminaux en des signaux également binaires, mais dotés d'une forme sinusoïdale, qui leur offre une propagation de meilleure qualité. Un modem est illustré à la figure 5-1.

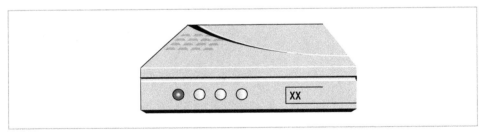

Figure 5-1. *Un modem.*

- Les multiplexeurs, qui se proposent de concentrer plusieurs voies de communication distinctes, provenant de machines différentes, sur une ligne unique, pour aller à un même point distant. Un démultiplexeur est également nécessaire à l'autre extrémité pour que les différentes voies de communication superposées puissent être récupérées.

- Les nœuds de transfert, qui forment le matériel intermédiaire entre l'émetteur et le récepteur. Ils prennent en charge des blocs d'informations, trame et/ou paquet, se présentant à l'entrée, pour les envoyer vers la bonne ligne de sortie.

- Divers équipements, spécifiques du réseau, nécessaires pour assurer la continuité du chemin physique, comme un satellite, dans le cas d'une communication par voie hertzienne.

Les deux modèles de référence

Le modèle d'architecture proposé par l'ISO pour « l'interconnexion des systèmes ouverts », dit modèle de référence, est constitué de couches de protocoles. Un protocole correspond à un ensemble de règles que les machines terminales doivent respecter pour que la communication soit possible. Ce modèle de référence est illustré à la figure 5-2.

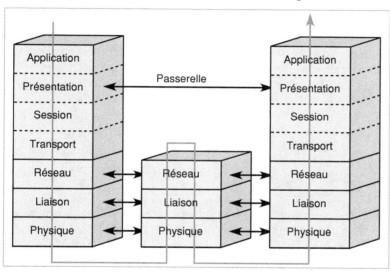

Figure 5-2. *Le modèle de référence.*

Le modèle de référence comporte une structure en sept couches. Cette valeur de sept niveaux a pour origine un découpage en fonctions indépendantes. Les couches basses s'intéressent au transport de l'information, tandis que les couches hautes correspondent à leur traitement. Une couche définit des fonctionnalités, qui sont réalisées par un protocole associé à la couche. Chaque couche rend un service à la couche située au-dessus. Autrement dit, chaque couche se sert de la couche sous-jacente pour réaliser sa fonction.

Né en 1975, ce modèle de référence subit de nombreuses retouches depuis quelques années. En effet, il a été développé pour les réseaux à transfert de paquets dédiés à l'informatique, et non aux environnements multimédias. C'est la raison pour laquelle on peut considérer qu'il existe en fait deux modèles de référence, celui des années 80 et celui des années 2000. La nomenclature a légèrement évolué, et l'on a tendance aujourd'hui à parler de niveau correspondant à la structure du bloc d'information à transporter plutôt que de couche, mais on peut utiliser les deux possibilités, si le contexte dans lequel on se place est clair.

Suite p. 88

Suite de la page 87
Les correspondances entre les deux modèles sont les suivantes :

Numéro de couche	Nouveau modèle	Ancien modèle
Couche 1	Niveau physique	Couche physique
Couche 2	Niveau trame	Couche liaison
Couche 3	Niveau paquet	Couche réseau
Couche 4	Niveau message	Couche transport
Couche 5	Niveau session	Couche session
Couche 6	Niveau présentation	Couche présentation
Couche 7	Niveau application	Couche application

taux d'erreur bit
(BER, ou *Bit Error Rate*).– Facteur de performance indiquant la proportion d'erreur effectuée sur une suite de bits transmis sur un support physique. Le taux d'erreur bit acceptable s'inscrit entre 10^{-3} et 10^{-6} pour la parole téléphonique, entre 10^{-5} et 10^{-8} pour la vidéo et entre 10^{-9} et 10^{-15} pour les données.

Il arrive que le passage des éléments binaires sur un support physique pose des problèmes de continuité du service : le matériel peut tomber en panne ou introduire des erreurs sur la suite des éléments binaires transmis. On caractérise la qualité du support physique par un *taux d'erreur bit*, ou BER *(Bit Error Rate)*, qui indique, en moyenne, le nombre de bits envoyés pour un bit en erreur. Pour l'obtenir, il faut examiner le support physique pendant un laps de temps suffisamment long, de façon à détecter de nombreuses erreurs, puis diviser le nombre d'erreurs trouvées par le nombre de bits transmis.

Questions-réponses

Question 1.– *Les émetteurs et récepteurs d'une liaison physique possèdent une horloge travaillant à 100 kHz, c'est-à-dire avec un intervalle de temps de 10 µs entre deux signaux d'horloge. On suppose que la vitesse de la ligne de communication soit de 100 kB (kilobaud). On suppose également que, pour transmettre un signal 0, on envoie une différence de potentiel de + 5 V (volts) pendant un intervalle de temps et de – 5 V pendant l'intervalle suivant et que, pour un signal 1, on envoie d'abord – 5 V sur un premier intervalle et + 5 V sur l'intervalle suivant. Quelle est la capacité de transfert de cette liaison ? Ce codage des bits 0 et 1 paraît-il satisfaisant ? Trouver un codage plus satisfaisant, et montrer que l'on peut avoir une vitesse de transmission binaire supérieure à la vitesse de la liaison.*

Réponse.– La capacité de transmission est de 50 000 bits par seconde. Le codage n'est pas satisfaisant parce qu'on peut confondre un 0 et un 1 si l'on n'a pas un repère indiquant où commence le codage d'un bit. Un codage très employé consiste, sur un intervalle de temps, à coder la valeur 1 par un signal partant d'une valeur $+x$ V et à modifier ce voltage pendant cet intervalle de temps pour qu'il se retrouve, à la fin de l'intervalle, à $-x$ V. Le signal 0 étant codé de façon symétrique, partant de la valeur $-x$ V, on se trouve avec $+x$ V à la fin de l'intervalle. Dans ce cas, le nombre de bit transmis est égal au nombre de baud. Pour avoir un nombre de bit transmis supérieur à la vitesse de la liaison, il faut, sur un intervalle de temps donné, transporter plus d'un bit. Pour cela, il est nécessaire, par exemple, d'avoir quatre niveaux de différences de potentiel : $+x$ V, $+y$ V, $-y$ V et $-x$ V. Avec ces quatre niveaux, il est possible de coder 00, 01, 10 et 11. Dans ce cas, la vitesse de transmission de la liaison est de 200 Kbit/s.

Question 2.– *Si un support physique possède un taux d'erreur de 10^{-6}, cela indique qu'il y a en moyenne une erreur sur 1 million de bits transmis. Soit deux paquets, d'une longueur respective de 1 000 bits et de 1 000 000 bits. Quelle est la probabilité que le paquet soit récupéré en erreur par le récepteur (avec au moins une erreur) après avoir été émis par un émetteur sur une ligne dont le taux d'erreur est de 10^{-6} ?*

Réponse.– La probabilité qu'il n'y ait pas d'erreur sur un bit est égale à :
$a = 1 - 10^{-6} = 0,999\,999$.
La probabilité qu'il n'y ait pas d'erreur sur 1 000 bits est de : $b = a^{1\,000}$, soit 0,999. La probabilité qu'il y ait une erreur s'en déduit : $p = 1 - b$, soit 0,001. Pour 10^6 bits, le même raisonnement donne : $b = 0,368$ et $p = 0,632$. La probabilité qu'il y ait une erreur est particulièrement élevée dans ce dernier cas.

■ Couche 2 : Le niveau trame

Le niveau trame fournit les fonctions nécessaires pour transporter un bloc d'information, appelé trame, d'un nœud de transfert vers un autre nœud de transfert *(voir le cours 3, « L'architecture physique »)*. La fonction de base concerne la reconnaissance du début et de la fin de ce bloc d'information, de sorte qu'il puisse être transmis sur le support physique et capté correctement par le récepteur.

La figure 5-3 illustre une liaison de données et la figure 5-4 une structure de trame standard.

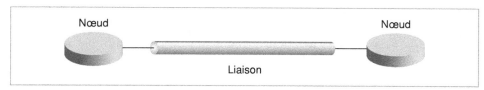

Figure 5-3. *Liaison de données.*

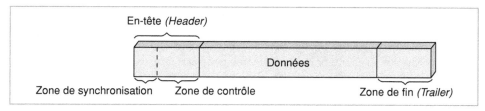

Figure 5-4. *Structure de trame classique.*

Ce niveau trame était essentiellement dévolu à la détection des erreurs en ligne et à la correction de ces erreurs par des mécanismes adaptés. Il s'est grandement modifié à la fin des années 90.

La modification des fonctionnalités de la couche 2 a pour origine l'amélioration de la qualité des lignes physiques, entre autres par l'utilisation de la fibre optique. Comme il n'y a presque plus d'erreur, ou du moins un nombre d'erreurs suffisamment faible pour ne pas gêner l'application, la nécessité de mettre en place un environnement protocolaire très lourd pour récupérer les erreurs ne s'impose plus. La deuxième cause de cette évolution tient à la transformation des réseaux informatiques en réseaux multimédias, dans lesquels le taux d'erreur bit, pour un grand nombre d'applications, comme la parole téléphonique ou la vidéo, reste inférieur à une valeur minimale facilement obtenue sur les supports physiques modernes *(voir les « Questions-réponses » à la fin de cette section)*.

Cependant, il existe encore des supports physiques qui provoquent de nombreuses erreurs pour des applications informatiques sensibles, comme les réseaux de mobiles de type GSM pour le transport de données. Commençons donc par introduire cette génération de protocoles, dont le but consiste à détecter et récupérer les erreurs.

taux d'erreur résiduelle.– Pourcentage d'erreurs qui ne sont pas découvertes et qui restent une fois que les algorithmes de détection et de correction d'erreur ont effectué leur travail.

Le but de la couche liaison — terminologie qu'il est préférable d'employer lorsqu'on se réfère à l'ancienne génération concernant la détection et la reprise sur erreur — consiste, comme expliqué précédemment, à corriger les erreurs qui ont pu se produire au niveau physique, de telle sorte que le *taux d'erreur résiduelle* soit négligeable. S'il est certes impossible de corriger toutes les erreurs, il n'en reste pas moins que le taux d'erreur non détectée doit rester négligeable pour que l'application se déroule sans problème. La difficulté provient d'une méconnaissance de la valeur du taux négligeable d'erreur résiduelle souhaité sur la liaison. En effet, ce taux dépend de l'application et non de la communication. En résumé, la couche liaison doit posséder des fonctions qui lui permettent de détecter les erreurs à l'arrivée d'un bloc d'information et de les corriger en grande partie.

La détection d'erreur

La méthode la plus courante pour détecter une erreur utilise une division de polynômes. Supposons que les deux extrémités d'une liaison possèdent en commun un polynôme de degré 16, par exemple, $x^{16} + x^8 + x^7 + 1$. À partir des éléments binaires de la trame, notés a_i, $i = 0..., M - 1$, où M est le nombre de bits formant la trame, on constitue un polynôme de degré $M - 1 : P(x) = a_0 + a_1 x + ... + a_{M-1} x^{M-1}$. Ce polynôme est divisé dans l'émetteur par le polynôme générateur de degré 16. Le reste de cette division est d'un degré maximal de 15, ce qui s'écrit sous la forme suivante :

$$R(x) = r_0 + r_1 x + ... + r_{15} x^{15}.$$

Les valeurs binaires r_0, $r_1... r_{15}$ sont placées dans la trame, dans la zone de détection d'erreur. À l'arrivée, le récepteur effectue le même algorithme que l'émetteur. Il définit pour cela le polynôme formé par les éléments binaires reçus ; ce polynôme est de degré $M - 1$. Il effectue alors la division par le polynôme générateur et trouve un reste de degré 15, qui est comparé à celui qui figure dans la zone de contrôle, zone destinée à la détection d'erreur. Si les deux restes sont identiques, le récepteur en déduit que la transmission s'est bien passée. En revanche, si les deux restes sont différents, le récepteur en déduit qu'il s'est produit une erreur dans la transmission, et il demande la retransmission de la trame erronée.

Cette méthode permet de trouver pratiquement toutes les erreurs qui se sont produites sur le support physique. Cependant, si une erreur se glisse dans la zone de détection d'erreur, on conclut à une erreur, même si la zone de données a été correctement transportée, puisque le reste calculé par le récepteur est différent de celui transporté dans la trame.

Dans cette couche, on trouve également les règles nécessaires à l'accès d'un support physique unique partagé par plusieurs stations. En effet, la distance couverte par un signal électrique est d'approximativement 200 mètres par microseconde. Si un utilisateur demande plusieurs millisecondes pour envoyer son bloc d'information et si le réseau a une longueur de quelques centaines de mètres, il doit être seul à transmettre, sinon une collision des signaux se produit. Une telle discipline d'accès est notamment nécessaire dans les réseaux locaux, les réseaux métropolitains et les réseaux satellite. La technique d'accès qui permet de *sérialiser* les demandes des stations connectées s'appelle la technique MAC *(Medium Access Control)*.

Comme indiqué au début de ce cours, la couche 2 a fortement évolué. C'est la raison pour laquelle on préfère appeler cette nouvelle génération de couche 2 le niveau trame. La fonction de base correspond à la reconnaissance du début et de la fin du bloc d'information, ou trame. Plus précisément, une trame consiste en un bloc d'éléments binaires dont on sait reconnaître le début et la fin. Les moyens de détection du début et de la fin sont très divers. Cela peut se traduire par une suite particulière, en général d'un octet, que l'on ne peut trouver qu'en début ou en fin de trame. La suite la plus classique est 01111110. Pour rendre la *procédure transparente*, il faut que l'on ne puisse pas retrouver cette suite d'éléments binaires entre celle indiquant le début et celle indiquant la fin. Cette suite s'appelle un délimiteur, ou encore un drapeau ou un fanion.

sérialiser.– Action de mettre en série. Les machines informatiques travaillant généralement par un ou plusieurs octets à la fois, il faut, pour transporter ces octets sur un réseau, les sérialiser, c'est-à-dire mettre les bits les uns derrière les autres.

procédure transparente.– Possibilité de faire transiter sur la liaison une suite quelconque de bits, même si l'on retrouve dans cette suite des délimiteurs de début et de fin de trame. Une procédure transparente demande une transformation de la suite binaire transportée lorsqu'une suite indésirable est identifiée.

Questions-réponses

Question 3.– *Expliquer pourquoi une erreur dans le transport de la parole ou d'une séquence vidéo est moins importante que dans le cas d'une transmission d'un fichier entre deux micro-ordinateurs ?*

Réponse.– La parole et la vidéo sont captées par l'oreille et l'œil, organes imparfaits mais intelligents. Imparfaits, en ce sens qu'un son légèrement différent pendant quelques microsecondes n'est pas détecté par l'oreille ou qu'un point d'une image d'un film n'ayant pas exactement la bonne couleur n'est pas identifié par l'œil. Organes intelligents, car ils peuvent corriger automatiquement certaines imperfections. De ce fait, une suite auditive ou visuelle peut être remplacée par une nouvelle suite assez différente à partir du moment où elle redonne à l'oreille ou à l'œil un signal qui ne puisse être vraiment différencié du signal original. Cette nouvelle suite permet une compression importante. La suite d'éléments binaires d'un fichier ne peut pas être modifiée, car, sinon, la signification de l'information envoyée ne correspondrait plus à l'original.

Question 4.– *Montrer que le mécanisme suivant permet de rendre transparente une procédure de liaison. La suite 01111110 indique un délimiteur. Si, dans la séquence d'éléments binaires, on détecte la suite 011111, on insère automatiquement un 0 derrière elle ; lorsque le récepteur reçoit un 0 à la suite d'une séquence 011111, il l'enlève automatiquement. Calculer approximativement la charge supplémentaire que cela induit sur la ligne.*

Réponse.– La procédure fonctionne, quelle que soit la suite. La probabilité d'avoir une suite 011111 est de 1 chance sur 2^6, soit 64. Comme, après chaque suite de ce type, on ajoute un 0, la charge de la liaison augmente en moyenne entre 1 et 2 p. 100.

Question 5.– *Soit un support physique sur lequel sont connectées quatre machines. La longueur de ce support est de 2 km. Si la vitesse d'émission est de 10 Mbit/s, montrer qu'il ne peut exister deux transmissions simultanées.*

Réponse.– Si l'on suppose une vitesse de propagation de 200 000 km/s sur le support physique, il faut un temps de 10 µs pour parcourir tout le réseau. À la vitesse de 10 Mbit/s, le temps de transmission d'un élément binaire est de 100 ns (nanosecondes, ou 10^{-9} s). Il y a donc 100 bits au maximum en cours de propagation sur le support physique. Si deux stations transmettent en même temps, leurs signaux entrent en collision, et ceux-ci sont perdus.

■ Couche 3 : Le niveau paquet

passerelle.– Équipement permettant de passer d'un réseau à un autre réseau.

Le rôle du niveau paquet est de transporter les paquets d'un utilisateur, ces paquets formant un flot, jusqu'à un récepteur connecté au même réseau. En d'autres termes, le niveau paquet, que l'on appelle la couche réseau dans le vocabulaire de la première génération du modèle de référence, permet d'acheminer correctement les paquets d'information jusqu'au récepteur connecté au réseau en transitant par des nœuds de transfert intermédiaires. Si l'émetteur et le récepteur ne sont pas situés sur le même réseau, un premier niveau paquet transporte les données d'un émetteur vers une *passerelle*. Un autre niveau paquet, qui peut être le même que le premier, achemine les paquets sur le deuxième réseau traversé, et ainsi de suite jusqu'à arriver au récepteur. Le niveau paquet ne va donc pas forcément directement de l'émetteur au récepteur.

Le paquet, à la différence de la trame, n'offre aucun moyen de reconnaître son début ou sa fin. Pour effectuer le transfert des paquets de nœud en nœud, le niveau paquet utilise un niveau trame afin d'encapsuler le paquet dans une trame et de permettre ainsi la reconnaissance du début et de la fin du paquet. Ce principe est illustré à la figure 5-5.

contrôle de flux.– Fonctionnalité majeure des réseaux de transfert, qui permet de gérer les trames, les paquets ou les messages de façon qu'ils arrivent au récepteur dans des temps acceptables pour l'application tout en évitant les pertes. Le contrôle de flux s'effectue sur les trames si le transfert est de niveau 2 et sur les paquets s'il est de niveau 3.

Ce niveau paquet (couche 3) comporte trois fonctions principales : le *contrôle de flux*, le routage et l'adressage. Il faut bien noter que ces propriétés sont également disponibles dans le niveau trame lorsqu'il n'y a pas de niveau paquet.

Le contrôle de flux évite les congestions dans le réseau. Si le contrôle de flux échoue, un contrôle de congestion fait normalement revenir le trafic à une valeur acceptable par le réseau.

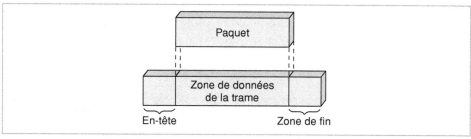

Figure 5-5. *L'encapsulation d'un paquet dans une trame.*

Le routage permet d'acheminer les paquets d'informations vers leur destination, au travers du maillage des routeurs. Le routage ne remplace pas le contrôle de flux. C'est une deuxième composante, dont il faut tenir compte pour optimiser les temps de réponse. Les routages peuvent être centralisés ou distribués, suivant l'option choisie.

La dernière grande fonction de la couche réseau concerne l'adressage. Comme expliqué précédemment, les deux solutions de transmission d'une information à un destinataire, le routage et la commutation, utilisent soit une adresse complète, soit une référence.

Pour mettre en place et développer les fonctionnalités du niveau paquet, il est possible de choisir entre deux grandes options :

- Le *mode avec connexion*, dans lequel l'émetteur et le récepteur se mettent d'accord sur un comportement commun et négocient les valeurs des paramètres du protocole réseau.

- Le *mode sans connexion*, qui n'impose aucune relation entre l'émetteur et le récepteur.

Il faut se garder de confondre ces deux modes avec le mode « non connecté » *(off-line)*, qui indique qu'un terminal n'est pas connecté au réseau, ou le mode « connecté » *(on-line)*, qui indique que le terminal possède une connexion réseau qui fonctionne.

La qualité de service, ou QoS *(Quality of Service)*, ne comporte pas de définition unique. Du côté du terminal, elle concerne la satisfaction, parfois subjective, que procure le réseau à l'utilisateur. De la part du réseau, elle correspond à des critères de performance respectés.

En règle générale, le mode avec connexion va avec une commutation. En effet, on profite de la signalisation destinée à déterminer les références pour mettre en place une connexion, c'est-à-dire entamer une négociation entre l'émetteur et le récepteur sur une certaine qualité de service. De même, en général, un mode sans connexion va avec un routage. Mais il n'existe pas de règle absolue, et l'on peut avoir un mode avec connexion associé à un routage. Il suffit pour cela que la signalisation de demande d'ouverture de la connexion soit routée.

mode avec connexion (en anglais *connection-oriented*).– Type de fonctionnement obligeant un émetteur à demander à un récepteur la permission de lui transmettre des blocs d'informations. Les protocoles TCP, ATM, HDLC et X.25 utilisent un mode avec connexion.

mode sans connexion (en anglais *connectionless*).– Type de fonctionnement dans lequel un émetteur peut envoyer de l'information vers un récepteur sans lui demander l'autorisation au préalable. Les protocoles IP et Ethernet sont en mode sans connexion.

On peut également concevoir un mode sans connexion associé à une commutation. Dans ce cas, la signalisation d'ouverture du mode avec connexion n'est pas utilisée pour mettre en place une connexion.

Questions-réponses

Question 6.– *Soit un réseau à commutation de paquets. Montrer que, lors de l'ouverture et de la mise en place des références, des collisions de références peuvent survenir. Par exemple, un nœud ayant déjà utilisé une référence peut recevoir une demande d'ouverture d'un circuit virtuel utilisant la même référence.*

Réponse.– Si deux nœuds communiquent par une liaison, il est possible qu'approximativement au même moment les deux côtés de la liaison voient arriver une demande d'ouverture passant respectivement par chacun des deux nœuds. Le hasard peut très bien leur faire choisir la même référence. Si l'on décide de conserver une même référence de bout en bout, la probabilité de collision augmente, puisqu'on ne peut pas choisir de nouvelle valeur sur les liaisons internes au réseau. La solution adoptée par la quasi-totalité des réseaux commutés consiste à modifier la référence à chaque nœud en choisissant astucieusement une nouvelle valeur pour minimiser les risques de collision de référence. Cela peut se faire, par exemple, en allouant les références par les numéros les plus faibles disponibles dans un sens et par les numéros les plus forts dans l'autre sens.

Question 7.– *Pourquoi est-il impossible de limiter le nombre de paquets qui arrivent sur un serveur dans le réseau Internet ?*

Réponse.– Le réseau Internet travaille en mode sans connexion. S'il n'y a pas de connexion entre l'émetteur et le serveur, le réseau ne peut donc interdire l'accès à un serveur déjà surchargé.

Question 8.– *Si un paquet est trop grand pour la trame qui doit le transporter vers le nœud suivant, il faut le découper en fragments. Cette fonction vous paraît-elle conforme au niveau paquet ?*

Réponse.– Oui, cette fonction est conforme au niveau paquet, qui doit s'adapter aux fonctionnalités de la couche de protocole de niveau 2.

■ Couche 4 : Le niveau message

transport de bout en bout.– Transport entre les deux machines terminales qui communiquent.

Le niveau message assure le transport des messages d'un client émetteur vers un client de destination. C'est un *transport* dit *de bout en bout*, qui peut traverser plusieurs réseaux sous-jacents, comme illustré à la figure 5-6. Le service de transport doit optimiser l'utilisation des infrastructures sous-jacentes en vue d'un bon rapport qualité/prix. En particulier, la couche 4 doit utiliser au mieux les ressources du réseau de communication en multiplexant, par exemple, plusieurs clients sur un même circuit virtuel ou sur une même route.

La couche transport — le niveau message dans l'ancienne dénomination — est l'ultime niveau qui s'occupe de l'acheminement de l'information. Ce niveau permet de compléter les fonctions offertes par les couches précédentes et qui seraient jugées insuffisantes. Grâce à ce complément, l'utilisateur doit obtenir une qualité de service susceptible de le satisfaire. Le protocole de niveau message à mettre en œuvre dépend donc fortement du service rendu par les trois premières couches et de la demande de l'utilisateur.

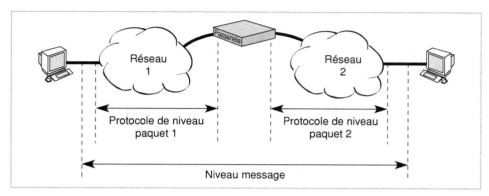

Figure 5-6. *Exemple de transport de niveau 4.*

La figure 5-7 illustre la fonction de base du niveau transport, qui consiste à fragmenter le message en paquets puis à réassembler ces paquets à la sortie pour retrouver le message de départ. Cette fonction s'appelle fragmentation-réassemblage.

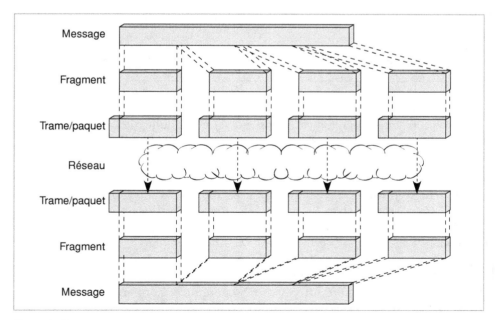

Figure 5-7. *Fragmentation-réassemblage d'un message.*

Les protocoles de niveau 4 vont de logiciels très simples, n'offrant que les fonctionnalités minimales de fragmentation et de réassemblage, à des logiciels de communication complexes, qui intègrent des fonctions de détection d'erreur et de reprise sur erreur, de contrôle de flux et de congestion, de resynchronisation, etc.

Questions-réponses

Question 9.– *Montrer que, dans un réseau à routage, il est nécessaire de numéroter les paquets issus de la fragmentation d'un message et que, dans un réseau à commutation, cela n'est pas nécessaire.*

Réponse.– Dans un réseau à routage, les paquets ne suivent pas forcément la même route et, de ce fait, n'arrivent pas automatiquement dans l'ordre. Cela oblige la couche 4 à numéroter les fragments au départ. Dans un réseau à commutation, en revanche, les paquets empruntent toujours la même route et se suivent les uns les autres. Il n'est donc pas nécessaire de les numéroter.

Question 10.– *Supposons que, lors de la fragmentation d'un message de niveau 4, il faille ajouter 40 octets d'en-tête pour former un paquet et 5 de plus pour encapsuler le paquet dans une trame. Si les fragments produits par une application ont une taille de 10 octets, quel est le rendement de la liaison ? Existe-t-il une solution pour que le rendement de la ligne augmente ?*

Réponse.– Ce problème peut se poser pour une application de téléphonie très fortement compressée. Le rendement est de $\frac{10}{60}$, soit 0,17. Pour améliorer ce rendement, il faut multiplexer plusieurs flots d'utilisateurs différents sur un même chemin de niveau paquet. Par exemple, le multiplexage de 10 utilisateurs identiques porterait le rendement à $\frac{100}{150}$, soit 0,67. Quelques informations supplémentaires seraient cependant nécessaires pour distinguer les flots multiplexés, ce qui impliquerait une légère baisse du rendement.

■ Couche 5 : Le niveau session

session.– Mise en communication de deux ou plusieurs extrémités de façon à gérer leur dialogue.

point de synchronisation.– État de la communication sur lequel l'émetteur et le récepteur se mettent d'accord pour redémarrer en cas de problème.

Le niveau *session* fournit les moyens nécessaires à l'organisation et à la synchronisation du dialogue entre les clients en communication. Il correspond à la première couche de l'architecture non impliquée dans la communication proprement dite. Comme son nom l'indique, ce niveau a pour but d'ouvrir et de fermer des sessions entre les utilisateurs.

Comme il est inutile d'émettre de l'information s'il n'y a pas de récepteur pour la récupérer, le protocole de session s'assure que l'utilisateur distant ou son représentant, une boîte aux lettres électronique, par exemple, est bien présent. La couche session possède les fonctionnalités nécessaires à l'ouverture, à la fermeture et au maintien de la connexion. En plus du service de base, de nombreuses fonctions peuvent être ajoutées dans le niveau session, telle la pose de *points de synchronisation*, fortement recommandée. Ces points permettent, en cas de problème, de disposer d'endroits précis à partir desquels l'échange peut redémarrer et sur lesquels il y a accord entre les deux partenaires. La gestion des interruptions et des reprises de session est une autre fonctionnalité souvent demandée.

Pour pouvoir ouvrir une connexion avec une machine distante, la couche session doit posséder un langage intelligible par l'autre extrémité. C'est pourquoi, avant d'ouvrir une session, il est obligatoire de passer à la fois par le niveau présentation (couche 6), pour garantir l'unicité du langage, et par le niveau application (couche 7), pour travailler sur des paramètres définis d'une façon homogène. Certaines *architectures propriétaires* gèrent l'ouverture et la fermeture des sessions à un niveau plus élevé, avant même de passer par les couches 6 et 7. Dans ce cas, si la connexion est refusée, aucun travail supplémentaire n'est à fournir. Dans le modèle de référence, au contraire, le passage par les couches 6 et 7 est obligatoire pour que des machines hétérogènes puissent communiquer.

architecture propriétaire.– Architecture de réseau développée par un constructeur particulier et ne servant pas de norme de fait.

Questions-réponses

Question 11.– *Peut-il exister une session sans connexion ?*

Réponse.– Oui, mais très rarement. Une diffusion télévisée utilise un mode de session sans connexion. L'émetteur ne demande pas l'autorisation du téléspectateur pour émettre son programme. Cette application compte sur le grand nombre d'utilisateurs potentiels pour s'assurer qu'il y aura au moins un téléspectateur.

Question 12.– *Lorsqu'un utilisateur est absent, est-il impossible d'ouvrir une session avec lui ?*

Réponse.– Non, la session peut être ouverte, par exemple, avec sa boîte aux lettres électronique ou via un intermédiaire qui essaiera régulièrement de lui remettre le message ou le fichier concerné.

■ Couche 6 : Le niveau présentation

Le niveau présentation se charge de la syntaxe des informations que les entités d'application se communiquent. En d'autres termes, la couche 6 met en forme les données pour les rendre compréhensibles par le destinataire. Deux aspects complémentaires sont définis dans cette couche :

• La représentation des données transférées entre entités d'application.

• La représentation de la structure des données à laquelle des entités se réfèrent au cours de leur communication, ainsi que la représentation de l'ensemble des actions effectuées sur cette structure de données.

En résumé, le niveau présentation s'intéresse à la syntaxe, tandis que le niveau application (couche 7) se charge de la sémantique.

Cette couche présentation joue un rôle important dans un environnement hétérogène. C'est un intermédiaire indispensable pour une compréhension commune de la syntaxe des documents transportés sur le réseau puisque les différentes machines connectées ne recourent pas nécessairement à la même syntaxe. Si ces machines étaient interconnectées directement, les données de l'une ne pourraient le plus souvent pas être comprises par l'autre. La couche présentation procure un langage syntaxique commun à l'ensemble des utilisateurs connectés.

Si Z est le langage commun, et si une machine X veut parler à une machine Y, les deux machines utilisent des traducteurs X vers Z et Y vers Z pour discuter entre elles. Tel est le cas lorsque les machines X et Y ne suivent pas la norme. Il est évident que, dans un futur relativement proche, la plupart des machines terminales posséderont en natif un langage commun, qui permettra de faire l'économie d'une traduction.

Un langage spécifique, appelé ASN 1 *(Abstract Syntax Notation One)*, ou syntaxe abstraite n° 1, a été normalisé par l'ISO pour former le langage de base de la couche présentation. C'est une syntaxe suffisamment riche pour prendre en compte les grandes classes d'applications, comme la messagerie électronique, le transfert de fichiers, le *transactionnel*, etc.

La normalisation de la couche présentation

La normalisation de la couche présentation se fonde sur la syntaxe ASN 1, qui est parfois répertoriée dans la couche application. En effet, pendant une période assez longue, la couche présentation n'a été qu'un sous-ensemble de la couche application et les applications étaient normalisées avec leur présentation. Dans le modèle Internet, cette solution de normaliser l'application avec sa syntaxe demeure d'actualité, de telle sorte que chaque application possède sa propre syntaxe, ce qui ne va pas sans poser de nombreux problèmes de compatibilité entre applications.

Questions-réponses

Question 13.– *Les codages d'applications téléphoniques ou vidéo forment-ils des langages de niveau session ?*

Réponse.– Oui, parce que ces codages transforment la présentation de l'application. Les normes de transport de la télévision numérique, comme MPEG-2, forment bien des protocoles de présentation.

Question 14.– *La compression de l'information pour en réduire le volume forme-t-elle un élément du niveau présentation ?*

Réponse.– Oui, parce que la présentation de la suite binaire est modifiée.

■ Couche 7 : Le niveau application

Le niveau application constitue la dernière couche du modèle de référence. Il fournit aux processus d'application le moyen de s'échanger des informations par le biais du réseau sous-jacent. Par exemple, un utilisateur peut envoyer un message électronique à son correspondant en utilisant les couches de protocole donnant accès au réseau. Le niveau application contient toutes les fonctions impliquant des communications entre systèmes, en particulier si ces dernières ne sont pas réalisées par les couches inférieures. Il s'occupe essentiellement de la sémantique, contrairement au niveau présentation, qui prend en charge la syntaxe.

Le niveau application est structuré par les grandes catégories d'applications suivantes (nous utilisons la terminologie de l'ISO) :

- MHS *(Message Handling System)*. La messagerie électronique en mode sans connexion.

- DS *(Directory Service)*. Les services d'annuaire, qui répertorient les divers équipements et éléments adressables et permettent d'obtenir les adresses des destinataires.

- FTAM *(File Transfer, Access and Management)*. Les transferts de fichiers et de manipulation à distance.

- DTP *(Distributed Transaction Processing)*. Les applications de *transactionnel réparti*, qui permettent d'interroger les bases de données réparties dans le système.

- VT *(Virtual Terminal)*. Le terminal virtuel, qui permet de travailler sur une machine distante comme si cette machine était locale.

- ODIF *(Office Document Interchange Format)*. L'application de transfert, d'accès et de gestion de documents normalisés.

- ODA *(Office Document Architecture)*. L'architecture d'un document bureautique, qui permet un retraitement sur n'importe quelle machine normalisée.

- JTM *(Job Transfer and Manipulation)*. La manipulation et le transfert de travaux, qui correspondent à l'envoi d'un programme complet devant s'exécuter à distance et dont on puisse manipuler les données.

- MMS *(Manufacturing Message Service)*. Les services de messagerie industrielle, qui font référence à une messagerie électronique en mode avec connexion pour un environnement industriel, ce qui implique une sécurité et un temps réel du transport.

transactionnel réparti.– Application utilisant des transactions dans un environnement réseau. En général, l'interrogation de bases de données distribuées utilise le transactionnel réparti.

Question 15.– *Une application de messagerie électronique en mode sans connexion peut-elle effectuer un transfert de fichier ?*

Réponse.– Oui, à condition que la place nécessaire à la mémorisation du fichier chez le destinataire soit suffisante, ce qui ne peut pas être vérifié par l'application de messagerie électronique. Dans un transfert de fichier, une connexion doit s'assurer, avant le transfert, que la place nécessaire est disponible.

Question 16.– *Que peut apporter une messagerie en mode avec connexion par rapport à un mode sans connexion ?*

Réponse.– Le mode sans connexion ne permet pas d'obtenir des précisions sur les propriétés du récepteur. Comme celui-ci ne peut refuser le transfert, il n'y a donc pas de sécurité. En mode avec connexion, l'interaction émetteur-récepteur spécifie les propriétés des deux extrémités et assure une garantie de qualité de service pour l'application.

Question 17.– *Une application de transfert de fichiers avec manipulation à distance permet de travailler à distance sur les paramètres du fichier. Pourquoi marier ces deux fonctionnalités dans une même application ?*

Réponse.– La manipulation à distance permet de n'envoyer que la partie du fichier nécessaire à l'application.

1 Soit un réseau qui suit l'architecture du modèle de référence et qui comporte un niveau physique, un niveau trame, un niveau paquet et un niveau message. La trame commence par la suite 01010101 01010101 01010101 01010101.

a Calculer la probabilité qu'une telle suite se retrouve dans la suite des éléments à transporter. Ce niveau trame est-il transparent ?

b La trame possède un champ de détection d'erreur de 2 octets, de façon à détecter les erreurs éventuelles lors de la transmission, et un champ de numérotation et de contrôle également de 2 octets (1 octet pour la numérotation et 1 octet pour le contrôle). Combien de trames peut-on émettre sans recevoir d'acquittement ?

c On suppose que le paquet possède une longueur fixe de 100 octets. Il est composé d'un champ d'adresse émetteur de 4 octets, d'un champ d'adresse récepteur de 4 octets également et d'un champ de supervision de 6 octets. Quel est le pourcentage de débit utile sur les lignes de communication ?

d Quel défaut peut-on en déduire concernant l'architecture de référence ?

e On suppose que le niveau 4 transporte un message de 1 000 octets. Ce message doit être segmenté pour former les paquets. Quelle information faut-il ajouter dans les fragments avant de les donner à la couche paquet ?

f Si l'ensemble de ces informations de contrôle est de 4 octets, trouver la taille des fragments lors du découpage des 1 000 octets puis le nombre de fragments obtenus. Déterminer, en pourcentage, le débit utile sur les lignes de communication.

2 On étudie un réseau ayant pour but de servir au support d'une application téléphonique nontemps réel, c'est-à-dire d'une application échangeant des messages téléphoniques qui peuvent être écoutés sans interactivité.

a Quelle application générique de la couche 7 peut-elle prendre en charge l'application décrite précédemment ? Si cette application sert à faire de la publicité pour un article lors d'un achat en ligne (on-line) sur Internet, quelle est la contrainte sur le temps d'acheminement de ces messages téléphoniques ?

b Cette application est-elle réalisable sur un réseau comme Internet ?

c Le développeur de cette application utilise un réseau intranet, c'est-à-dire un réseau privé utilisant le protocole IP. Pour gérer son réseau (prendre en charge la facturation, la sécurité, les performances, les pannes, etc.), il utilise une base de données, appelée MIB (Management Information Base), dans laquelle il mémorise des informations sur tous les éléments du réseau provenant de toutes les couches. Dans quelle syntaxe a-t-il intérêt à écrire ces informations ?

d Le processus qui déclenche les actions à effectuer dans le cadre de la gestion de réseau a été intégré dans un niveau du modèle OSI. Quel est ce niveau ?

e Ces informations de gestion qui transitent dans le réseau doivent-elles avoir une priorité forte ou faible par rapport aux informations de l'utilisateur ?

f Est-il intéressant que les protocoles qui prennent en charge les paquets de gestion soient en mode avec connexion plutôt qu'en mode sans connexion ?

g Si le réseau développé pour l'application de téléphonie non-temps réel ne correspond pas à la réponse précédente, quelle solution préconiser pour transporter l'information de gestion ?

h On suppose maintenant que, sur le réseau, des paquets de contrôle soient nécessaires, c'est-à-dire des paquets capables de transporter en des temps très courts des informations de contrôle concernant le passage de données nécessaires au bon fonctionnement du réseau. Ces paquets doivent-ils être plus prioritaires que les informations de gestion ? Plus prioritaires que les informations des utilisateurs ? Comment ces informations doivent-elles transiter dans le réseau ?

3 *On considère un réseau utilisant un niveau physique ayant les caractéristiques suivantes : le codage est de type Manchester, c'est-à-dire que le 0 est indiqué par un front montant (signal qui passe instantanément d'une valeur à une autre dans le sens montant) et le 1 par un front descendant, auquel on ajoute un signal supplémentaire, par exemple, un signal constant sans front. Ce troisième signal s'interprète comme une violation du code puisqu'il ne suit pas le principe du code Manchester.*

a Ce réseau peut-il n'avoir qu'un niveau trame et pas de niveau paquet ?

b Si les machines extrémité sont de type IP, peut-on parler de trame IP et non plus de paquet IP ?

c Les segments provenant du niveau supérieur (du niveau TCP) doivent-ils posséder une information indiquant où se trouve le segment dans le message ?

d Une application traitée par ce réseau concerne le transport de très gros fichiers. Le niveau application doit-il être en mode avec connexion ou sans connexion ?

e Une autre application concerne le Web, c'est-à-dire une application client-serveur dans laquelle des liens hypermédias peuvent diriger l'utilisateur. Cette application doit-elle être en mode avec connexion ou sans connexion ?

f Si les deux applications cohabitent et si l'une est en mode avec connexion et l'autre en mode sans connexion, cela est-il possible ?

g Au niveau paquet ou trame, peut-on avoir la coexistence d'un protocole en mode avec connexion et d'un protocole sans connexion ?

h Le niveau session du réseau propose un mode avec connexion, avec des points de reprise dits majeurs ou mineurs. Le cas majeur indique que les deux extrémités de la connexion se sont mises d'accord sur les points de reprise, tandis que, dans le cas mineur, seule une extrémité a posé un point de reprise et a émis un message vers l'autre extrémité pour l'en informer mais sans exiger que l'autre extrémité acquitte ce message. Comment la couche session peut-elle procéder au redémarrage sur un point de reprise ?

6

Les architectures logiques

Le modèle de référence, décrit au cours 5, permet de comparer les architectures des principaux types de réseaux déployés dans le monde. Nous commençons dans ce cours par examiner les réseaux utilisant l'environnement TCP/IP défini pour le réseau Internet. Nous nous arrêtons ensuite sur différentes architectures : celle des réseaux Ethernet, bien implantés dans les entreprises, celle de l'UIT-T (Union internationale des télécommunications), l'organisme de normalisation des opérateurs de télécommunications, celle du modèle OSI *(Open Systems Interconnection)*, qui provient directement du modèle de référence, et enfin l'architecture MPLS *(MultiProtocol Label Switching)*, qui a son origine dans une superposition de l'architecture TCP/IP et de celle des réseaux à commutation de trames. Le but de ce cours est de mieux faire comprendre les différentes couches utilisées dans ces architectures.

■ L'architecture Internet

■ L'architecture Ethernet

■ L'architecture UIT–T

■ L'architecture OSI

■ L'architecture MPLS

■ L'architecture Internet

À la fin des années 60, le département de la Défense américain décide de réaliser un grand réseau à partir d'une multitude de petits réseaux, tous différents, qui commencent à foisonner un peu partout en Amérique du Nord. Il faut trouver le moyen de relier ces réseaux entre eux et de leur donner une visibilité extérieure, la même pour tous les utilisateurs. D'où l'appellation d'*InterNetwork* (en français « interréseau »), abrégée en Internet, donnée à ce réseau de réseaux. L'architecture Internet se fonde sur une idée simple : demander à tous les réseaux qui veulent en faire partie de transporter un type de paquet unique, d'un format déterminé par le protocole IP *(Internet Protocol)*. Ce paquet IP doit, de plus, transporter une adresse définie avec suffisamment de généralité pour que l'on puisse attribuer une adresse unique à chacun des ordinateurs et des terminaux dispersés à travers le monde. Cette solution est illustrée à la figure 6-1.

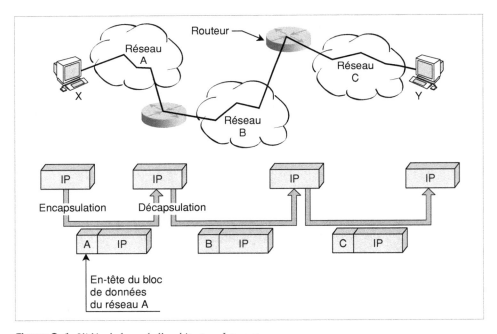

Figure 6-1. *L'idée de base de l'architecture Internet.*

adresse IP.– Adresse du destinataire d'un paquet IP permettant le routage du paquet dans le réseau Internet par l'intermédiaire de nœuds de transfert, appelés routeurs.

L'utilisateur qui souhaite émettre sur cet « interréseau » doit ranger ses données dans des paquets IP, qui sont remis au premier réseau à traverser. Ce premier réseau encapsule le paquet IP dans sa propre structure de paquet, le paquet A, qui circule sous cette forme jusqu'à une porte de sortie, où il est décapsulé de façon à récupérer le paquet IP. L'*adresse IP* est examinée pour situer, grâce à un *algorithme de routage*, le prochain réseau à traverser, et ainsi de suite jusqu'à arriver au terminal de destination.

Pour compléter le protocole IP, la Défense américaine a ajouté un protocole TCP *(Transmission Control Protocol)*, précisant l'interface avec l'utilisateur. Ce protocole détermine la façon de transformer un flux d'octets en paquets IP, tout en assurant une qualité de transmission.

Ces deux protocoles, assemblés sous le sigle TCP/IP, se présentent sous la forme d'une architecture en couches. Ils correspondent respectivement au niveau paquet et au niveau message du modèle de référence.

Le modèle Internet est complété par une troisième couche, appelée niveau application, qui regroupe les différents protocoles sur lesquels se construisent les services Internet. La messagerie électronique, le transfert de fichiers, le transfert de pages hypermédias, etc., forment quelques-uns de ces protocoles. La figure 6-2 illustre les trois couches de l'architecture Internet.

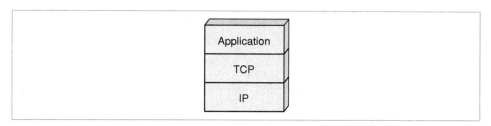

Figure 6-2. *L'architecture Internet.*

Le protocole IP

Le protocole IP *(Internet Protocol)* correspond au niveau 3 de l'architecture du modèle de référence, mais il ne prend que partiellement en compte les fonctions de ce niveau paquet. Le protocole IP a été inventé comme protocole d'interconnexion, c'est-à-dire déterminant un bloc de données, d'un format bien défini, contenant une adresse, mais sans autre fonctionnalité. Le but était de transporter ce bloc de données dans un paquet de n'importe quelle autre technique de transfert de paquets. Cela correspond à la fonction de la première génération du protocole IP, appelée IPv4 du fait que la version 4 du protocole IP a été la première version réellement utilisée. En revanche, la deuxième version du protocole IP, nommée IPv6, ou IP version 6, joue réellement un rôle de niveau 3, de nouvelles fonctionnalités ayant été installées pour transporter les paquets d'une extrémité à l'autre du réseau avec une certaine qualité de service.

Les paquets IP sont indépendants les uns des autres et sont routés individuellement dans le réseau par les équipements interconnectant les sous-réseaux, les routeurs. La qualité de service proposée par le protocole IP est très faible : pas de détection de paquet perdu ou de possibilité de reprise sur erreur.

algorithme de routage.– Méthode de résolution permettant de déterminer la route suivie par un paquet.

UDP (*User Datagram Protocol*).– Protocole utilisé au-dessus du protocole IP et fonctionnant dans un mode sans connexion. UDP prend en charge toutes les applications n'ayant pas besoin de contrôle et demandant un temps de réaction faible, comme la parole téléphonique.

Le protocole TCP regroupe les fonctionnalités de niveau 4 du modèle de référence. C'est un protocole assez complexe, qui offre de nombreuses options permettant de résoudre tous les problèmes de perte de paquet dans les niveaux inférieurs. En particulier, un fragment perdu peut être récupéré par retransmission sur le flot d'octets. Le protocole TCP utilise un mode avec connexion, contrairement au deuxième protocole disponible dans cette même couche transport, le protocole *UDP*, qui opère en mode sans connexion et pratiquement sans aucune fonctionnalité. Ce dernier permet la prise en compte d'applications qui ne demandent que très peu de services de la part de la couche transport.

Il existe de nombreuses applications au-dessus de l'environnement IP, et elles sont décrites en détail au cours 13, « Les réseaux IP ». Indiquons juste ici l'existence d'applications de messagerie électronique (SMTP), de transfert de fichier (FTP), le *peer-to-peer* (P2P) et surtout de base de données distribuée avec le World Wide Web (WWW).

fenêtre de contrôle.– Algorithme qui limite le nombre de blocs émis. La taille maximale de la fenêtre indique le nombre maximal de blocs qui peuvent être émis avant que l'émetteur s'arrête et se mette en attente des acquittements.

acquittement.– Signal logique indiquant qu'une opération demandée a été ou non prise en compte.

best effort.– Service dans lequel le réseau fait au mieux de ses capacités pour l'ensemble de ses utilisateurs, sans distinction entre eux. C'est le niveau de qualité du service rendu sur le réseau Internet.

La souplesse de l'architecture Internet peut parfois être un défaut, dans la mesure où l'optimisation globale du réseau est effectuée sous-réseau par sous-réseau, par une succession d'optimisations locales. Une autre caractéristique importante de cette architecture provient du système de commande, c'est-à-dire l'intelligence et le contrôle du réseau, qui est entièrement pris en charge par la machine terminale, en ne laissant quasiment rien dans le réseau, tout au moins dans la version actuelle du protocole IP (IPv4). Plus précisément, l'intelligence de contrôle se trouve dans le logiciel TCP du PC connecté au réseau. C'est ce protocole TCP qui se charge d'envoyer plus ou moins de paquets dans le réseau en fonction de l'occupation de celui-ci. Une *fenêtre de contrôle* précise un nombre maximal de fragments non *acquittés* pouvant être émis par un émetteur.

La fenêtre de contrôle de TCP augmente ou diminue le trafic suivant le temps nécessaire pour effectuer un aller-retour : plus ce temps augmente, plus on considère le réseau congestionné, et plus le débit d'émission doit diminuer pour combattre la saturation. En contrepartie, le coût de l'infrastructure est extrêmement bas, aucune intelligence ne se trouvant dans le réseau. Le service rendu par le réseau des réseaux correspond à une qualité appelée *best effort*, qui signifie que le réseau fait de son mieux pour écouler le trafic. En d'autres termes, la qualité de service n'est pas assurée par un service best effort, qui ne peut guère assurer grand-chose.

La nouvelle génération du protocole IP, le protocole IPv6, introduit cependant des fonctionnalités inédites, qui rendent les nœuds du réseau plus intelligents. Les routeurs de nouvelle génération possèdent des algorithmes de gestion de la qualité de service leur permettant d'assurer un transport capable de répondre à des contraintes temporelles ou à des pertes de paquets.

Dans IPv4, chaque nouveau client est traité de la même façon que ceux qui sont déjà connectés, les ressources étant équitablement distribuées entre tous les utilisateurs. Les politiques d'allocation de ressources des réseaux des opérateurs de télécommunications sont totalement différentes, puisque, sur ces réseaux, un client qui possède déjà une certaine qualité de service ne subit aucune pénalité du fait de l'arrivée d'un nouveau client. Comme nous le verrons, la solution aujourd'hui préconisée dans l'environnement Internet consiste à favoriser, dans la mesure du possible, les clients ayant des exigences de temps réel, et ce par des protocoles adaptés, utilisant des niveaux de priorité.

Questions-réponses

Question 1.– *Pourquoi n'existe-t-il pas de niveau trame dans le modèle Internet ?*

Réponse.– Le modèle Internet ne comporte pas de niveau trame parce qu'il suppose l'existence de sous-réseaux quelconques, invisibles à l'utilisateur, pouvant être de niveau trame ou de niveau paquet.

Question 2.– *Peut-on intégrer un réseau à commutation de circuits (de type téléphonique, par exemple) dans un environnement Internet ?*

Réponse.– Oui, car un réseau à commutation de circuits est un sous-réseau comme un autre. Les paquets IP peuvent passer sur les circuits de ce sous-réseau, allant d'une entrée à une sortie.

Question 3.– *Où peut se trouver l'équivalent de la couche 5 du modèle de référence dans l'architecture Internet ?*

Réponse.– La couche session peut se trouver soit dans la couche TCP, soit dans la couche application. C'est la couche TCP qui joue le rôle de session. En effet, le protocole TCP travaille en mode avec connexion, et la connexion mise en place à l'ouverture de la communication joue le rôle de session.

■ L'architecture Ethernet

L'architecture Ethernet est née d'un type particulier de réseau, le réseau local, de la taille d'une entreprise. Comme nous allons le voir, cette architecture a évolué et n'est plus aujourd'hui dévolue aux seuls réseaux locaux.

La normalisation de l'architecture Ethernet a commencé avec la publication d'une spécification du trio DEC, Intel, Xerox. Deux organismes ont particulièrement contribué à la faire aboutir :

- aux États-Unis, l'IEEE *(Institute of Electrical and Electronics Engineers)* ;

- en Europe, l'ECMA *(European Computer Manufacturers Association)*.

C'est au cours de l'année 1980 que l'IEEE a créé un comité d'étude, le comité 802, chargé de la normalisation des réseaux locaux. L'année suivante, l'ECMA créait un groupe de travail identique. L'objectif de ces deux organismes était de produire une définition complète de l'architecture Ethernet et plus généralement des réseaux locaux. Cette architecture a ensuite été consacrée officiellement par l'ISO.

Par comparaison avec le modèle de référence à sept couches, on peut appréhender l'architecture Ethernet comme prenant en charge les deux premiers niveaux. Nous détaillons dans un premier temps la normalisation Ethernet pour *réseau partagé*.

Les fonctionnalités des deux premiers niveaux doivent répondre aux quatre exigences suivantes :

• L'interface avec le support physique de transmission doit proposer une vitesse de transmission très importante, bien supérieure à celle des réseaux classiques.

• Le protocole de niveau trame ne doit pas restreindre la bande passante et doit pouvoir s'adapter à des *connexions multipoints.*

• L'accès au médium physique doit être contrôlé pour éviter des collisions entre trames sur le support partagé.

• L'interface avec l'utilisateur ou avec d'autres réseaux (réseau téléphonique commuté, ou RTC, réseau de transfert) doit être simple.

Le modèle de référence a servi de base à la description de l'architecture d'un réseau local. Le niveau trame du modèle a été subdivisé en deux sous-couches, comme illustré à la figure 6-3 :

• une couche relative au contrôle d'accès au support physique, ou couche MAC *(Medium Access Control)* ;

• une couche indépendante de la méthode d'accès et chargée du contrôle de la liaison de données, ou couche LLC *(Logical Link Control).*

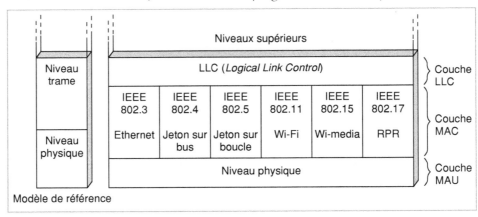

Figure 6-3. *L'architecture ISO pour réseaux locaux.*

La figure 6-3 exprime bien la relation entre les activités de normalisation de l'architecture des réseaux locaux et le modèle de référence.

Les fonctions du niveau physique sont réalisées par des unités d'accès au médium de transmission, appelées MAU *(Medium Access Unit).*

Ces fonctions regroupent notamment :

- le codage et le décodage des données ;
- la synchronisation ;
- la reconnaissance des trames.

Au niveau physique, plusieurs techniques sont acceptables :

- la transmission en bande de base sur câble coaxial ou sur paire de fils torsadés ;
- la transmission large bande sur câble CATV (câble de type antenne de télévision) ;
- la transmission sur fibre optique multimode et monomode.

La couche MAC propose les six méthodes d'accès suivantes, dont trois pour l'accès à des *réseaux à jeton* :

- CSMA/CD *(Carrier Sense Multiple Access/Collision Detection)* pour l'accès à un réseau Ethernet partagé ;
- jeton sur bus ;
- jeton sur boucle ;
- CSMA/CA *(Carrier Sense Multiple Access/Collision Avoidance)* pour l'accès aux réseaux Wi-Fi ;
- polling pour l'accès aux réseaux Bluetooth ;
- RPR *(Resilient Packet Ring)* pour l'accès aux réseaux métropolitains.

Le contrôle de l'émission et de la réception des trames est à la charge du niveau LLC. Trois types de services ont été définis :

- LLC 1, sans connexion et sans acquittement ;
- LLC 2, avec connexion et avec acquittement ;
- LLC 3, sans connexion et avec acquittement simplifié.

Le mode sans connexion permet les connexions *point à point* et multipoint, ainsi que la *diffusion*. Le mode avec connexion permet les connexions point à point. Il assure un contrôle de flux et un reséquencement : les trames sont remises au récepteur dans l'ordre d'émission. Le multiplexage est possible avec les deux premiers types. En revanche, les mécanismes de priorité ne sont pas assurés à ce niveau ; ils le sont au niveau MAC. Le type LLC 3 a surtout été conçu pour les réseaux locaux industriels.

Cette architecture a été modifiée au cours du temps. Elle est étudiée en détail au cours 14, « Les réseaux Ethernet ». La principale modification provient de l'introduction, au début des années 90, de l'Ethernet commuté, qui consiste à introduire un réseau à transfert de trames Ethernet. Les trames Ethernet sont émises sur des liaisons entre deux points, comme toute autre trame. Cela a notamment pour effet de ne pas limiter la distance entre deux points communicants. Les architectures partagées et commutées coexistent et permettent de réaliser des environnements Ethernet complexes, s'adaptant aussi bien aux courtes distances qu'aux longues distances. La figure 6-4 illustre une telle architecture.

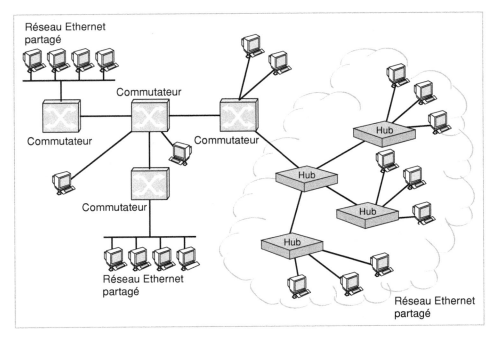

Figure 6-4. *Architecture complète de réseaux Ethernet.*

L'architecture Ethernet connaît une nouvelle évolution avec l'Ethernet Carrier Grade dont l'objectif est de proposer aux opérateurs une solution simple et peu chère. Nous l'introduirons au cours 14.

Questions-réponses

Question 4.– *Dans un réseau Ethernet commuté, existe-t-il une couche MAC ?*

Réponse.– La couche MAC sert à partager le support physique. Comme il n'existe pas de support partagé dans un réseau Ethernet commuté, la réponse est non.

Question 5.– *Supposons un support physique partagé de 100 m de longueur. Plusieurs PC sont connectés sur ce support physique par l'intermédiaire d'une carte Ethernet d'un débit de 10 Mbit/s. Montrer que si deux PC émettent en même temps, il y a collision des signaux.*

Réponse.– Pour parcourir 100 m, le signal met approximativement 0,5 μs (en supposant que la vitesse de propagation du signal atteigne 200 000 km/s). Pour émettre 1 bit, il faut 0,1 μs. On peut en déduire que seulement 5 bits s'écoulent en parallèle sur le support. Si deux terminaux émettent en même temps, leurs signaux se superposent et deviennent indéchiffrables pour le récepteur.

Question 6.– *Pourquoi un réseau local de type Ethernet commuté perd-il tout intérêt si une commutation de paquets est utilisée à la place d'une commutation de trames ?*

Réponse.– Une commutation de paquets obligerait le commutateur à décapsuler la trame à l'entrée et à réencapsuler le paquet en sortie, ralentissant ainsi considérablement la vitesse du réseau.

■ L'architecture UIT-T

Les réseaux des opérateurs de télécommunications se déploient en utilisant une technique spécifique de transfert : la commutation de cellules. La cellule est une petite trame de longueur fixe, facile à manipuler, d'exactement 53 octets, comme illustré à la figure 6-5. La cellule est bien une trame, car il est possible à un récepteur de détecter le début et la fin des cellules reçues. C'est la raison pour laquelle cette technique de commutation de cellules est une architecture de niveau 2.

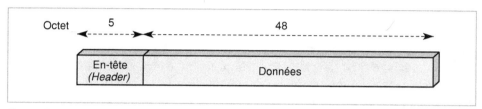

Figure 6-5. *La cellule ATM.*

L'architecture des réseaux à transfert de cellules utilise une commutation et un mode avec connexion. Associée à cette commutation, l'UIT-T (Union internationale des télécommunications–standardisation du secteur télécommunications), l'organisme de normalisation des opérateurs de télécommunications, a développé un nouveau modèle. La raison en est simple : il fallait que les réseaux de cette génération puissent prendre en compte les applications multimédias temps réel.

La technique de transfert utilisée s'appelle ATM *(Asynchronous Transfer Mode)*, et la cellule une cellule ATM. Le modèle UIT-T est illustré à la figure 6-6.

ATM *(Asynchronous Transfer Mode).*– Technique de transfert de petits paquets de taille fixe (53 octets), appelés cellules, utilisant une commutation et un mode avec connexion.

Plan de gestion

Plan de contrôle / Plan utilisateur

Couches supérieures	Couches supérieures

Couche AAL *(ATM Adaptation Layer)*

Couche ATM
(Asynchronous Transfer Mode)

Couche physique ou PDM
(Physical Dependent Medium)

Figure 6-6. *Le modèle UIT-T.*

Le modèle UIT-T comporte trois *plans* : un plan utilisateur, un plan de contrôle et un plan de gestion. Ces plans sont en quelque sorte des réseaux, qui sont multiplexés sur un même réseau physique de façon à réaliser des économies d'échelle. Le multiplexage implique la simultanéité d'utilisation d'un même composant logiciel ou matériel. Le plan utilisateur se charge du transport de l'information des utilisateurs, et le plan contrôle de la signalisation. Le plan gestion offre des fonctions de surveillance du réseau, de gestion de plan et de gestion des différents niveaux de l'architecture. Les fonctions de gestion de plan permettent la coopération entre tous les plans et assurent la cohérence du système.

La reconnaissance du plan dans lequel transite une trame s'effectue grâce à la valeur de la référence. Des plages de valeurs sont réservées aux différents plans. Les fonctions des divers niveaux de ce modèle UIT-T ne correspondent pas à celles des couches du modèle de référence. Le niveau physique a des fonctionnalités un peu plus larges que la première couche du modèle, de façon à en améliorer la rapidité de fonctionnement. Le niveau physique reconnaît le début et la fin d'une cellule ATM, ce qui permet de ne pas avoir de délimiteurs de cellules.

Si on la compare avec le modèle de référence nouvelle version (modèle de référence 2000), la couche ATM correspond au niveau trame. La cellule ATM est facile à détecter en comptabilisant le nombre de bits reçus, qui doit être égal à 424 (53×8). De plus, la cellule ATM dispose d'une *signature* permettant de vérifier le début et la fin du bloc. Le niveau paquet n'existe plus dans ce modèle.

Le troisième niveau, la couche AAL *(ATM Adaptation Layer)*, a pour rôle de transformer ce qui provient des couches supérieures, généralement un paquet IP, en segments de 48 octets, encapsulables dans des cellules. La fragmentation-réassemblage représente donc la première fonction de cette couche. D'autres fonctions peuvent être ajoutées au niveau AAL, comme la détection et la reprise éventuelle des erreurs, la synchronisation, le contrôle de flux, etc. L'interface avec la couche supérieure s'exprime sous la forme d'une interface paquet : la machine terminale doit donner des paquets, d'une taille maximale de 64 Ko, sous un format parfaitement déterminé.

Couche ATM et couche AAL

La couche ATM assure le transport des cellules ATM de bout en bout. Le protocole du niveau ATM ajoute un en-tête au fragment de données, après découpage du message dans le niveau juste au-dessus. Le protocole de niveau ATM a pour rôle de gérer cet en-tête, qui contient toutes les informations nécessaires au traitement logique de la cellule.

Les fonctions principales de la couche ATM sont les suivantes :
• Acheminement des cellules grâce à des références de commutation (les VCI/VPI).
• Détection des erreurs dans l'en-tête de la cellule.

- Multiplexage-démultiplexage.
- Génération-extraction de l'en-tête de la cellule.
- Une fonction de surveillance peut être ajoutée.

La couche ATM est commune à tous les services et prend en charge les fragments que lui adresse le niveau AAL *(ATM Adaptation Layer)*. La limite entre les couches ATM et AAL correspond à la limite entre les fonctions appartenant à l'en-tête de la cellule et celles faisant partie du champ d'information de la cellule.

La couche AAL effectue la liaison entre les couches supérieures et la couche ATM, en découpant les unités de données de la couche immédiatement supérieure en fragments de 48 octets.

La couche AAL gère l'interface avec les couches supérieures. Elle est elle-même composée de deux sous-niveaux : la couche de fragmentation et de réassemblage, ou couche SAR *(Segmentation And Reassembly)*, et la couche CS *(Convergence Sublayer)*. Cette dernière couche propose des fonctionnalités supplémentaires pour atteindre la qualité de service désirée. L'interface avec le niveau supérieur est de type paquet : la couche supérieure doit fournir à la couche AAL des paquets parfaitement formatés, dont la taille ne peut excéder 64 Ko.

Quatre classes de services ont été définies dans la couche AAL. Ces classes dépendent du haut degré ou non de synchronisation entre la source et le récepteur, du débit variable ou non et du mode de connexion. À ces quatre classes correspondent quatre classes de protocoles, qui sont décrites au cours 16, « Les réseaux télécoms ».

Questions-réponses

Question 7.– *Considérons une application téléphonique numérique générant un flot de 64 Kbit/s. Quel est le temps de remplissage d'une cellule ? Expliquer pourquoi les normalisateurs ont choisi cette taille de cellule ?*

Réponse.– Le flot correspond à 1 octet toutes les 125 µs. Pour remplir 48 octets, il faut 48×125 µs = 6 ms. Les normalisateurs ont choisi cette petite taille pour ne perdre qu'un minimum de temps au remplissage de la cellule. En effet, la parole téléphonique correspond à une application interactive, qui demande un temps fortement borné pour le transport sur un réseau, surtout si un écho est à prendre en compte.

Question 8.– *La cellule ATM est-elle un paquet ou une trame ?*

Réponse.– La cellule ATM est une trame, puisqu'on sait déterminer où se trouve le début de la cellule et où se trouve la fin. L'ATM est donc une commutation de niveau 2.

Question 9.– *La couche AAL est-elle équivalente à la couche transport du modèle de référence ?*

Réponse.– Non, pas exactement, puisque la couche supérieure du modèle UIT-T doit aussi faire une fragmentation-réassemblage en paquets. La couche AAL n'est donc qu'une partie de la couche 4 du modèle de référence. En d'autres termes, le message du niveau 4 du modèle de référence est ici traité dans les couches supérieures.

■ L'architecture OSI

L'architecture OSI provient directement du modèle de référence. Elle suit les différents niveaux décrits au cours précédent, mais, dans sa formulation ancienne, le deuxième niveau est dévolu à la correction des erreurs. Cette architecture a été développée dans le cadre des réseaux d'ordinateurs, et elle s'adapte mal aux réseaux multimédias.

La véritable différence avec les autres architectures provient de la couche 4, conçue pour s'adapter aux divers réseaux recouvrant les trois premiers niveaux. En effet, le protocole de niveau message doit pouvoir s'adapter à la demande de service de l'utilisateur et à la qualité de service proposée par les protocoles des trois premières couches de l'architecture. Pour bien comprendre ces caractéristiques, les normalisateurs ont classé les services de réseau en trois grandes catégories.

Dans le type A, le service de réseau possède un taux acceptable à la fois d'erreur résiduelle et d'incident signalé par la couche réseau. L'exemple classique, souvent proposé, est celui d'une architecture utilisant un protocole de niveau trame, qui garantit un taux acceptable d'erreur résiduelle, et un protocole de niveau paquet, qui assure un taux acceptable d'incident signalé. Évidemment, en matière de performance, tout est relatif. La performance d'un même réseau peut être jugée excellente par certains clients et mauvaise par d'autres. Les catégories de réseau sont elles aussi relatives.

Le type B est défini par un taux acceptable d'erreur résiduelle mais un taux inacceptable d'incident signalé. On peut placer dans cette catégorie un réseau qui posséderait un protocole de niveau trame avec détection et reprise sur erreur et un protocole de niveau paquet très simple, sans fonctionnalité, comme le protocole IP.

Enfin, dans le type C, le réseau affiche un taux inacceptable d'erreur résiduelle. Un réseau qui possède un niveau trame sans détection d'erreur sur un support physique de mauvaise qualité, surmonté d'un niveau réseau simple, IP, par exemple, peut être classé dans cette catégorie.

Suivant le type du service de réseau, et en fonction de la qualité du service de transfert que l'utilisateur souhaite voir réalisé, on détermine le protocole de transport à choisir. Le protocole de transport normalisé dans le modèle OSI contient cinq classes, numérotées de 0 à 4, permettant de s'adapter aux différentes demandes de l'utilisateur.

Les cinq classes de protocoles s'adaptent aux services rendus par les trois couches inférieures et à la qualité de service éventuellement demandée par l'utilisateur :

- La classe 0 représente le minimum nécessaire à la réalisation d'un service de transport et sert de classe de base.
- La classe 1 correspond à la classe de base améliorée par une reprise sur erreur lorsque celle-ci est signalée par la couche 3.
- La classe 2 correspond à la classe de base complétée par une possibilité de multiplexage et de contrôle de flux.
- La classe 3 offre à la fois les possibilités de la classe 1 et celles de la classe 2.
- La classe 4 permet, en plus des possibilités précédentes, de détecter les erreurs et d'effectuer les reprises nécessaires pour corriger ces erreurs.

L'architecture OSI se comporte bien comme une architecture ouverte, dans le sens où elle s'adapte à différents types de situations. C'est aussi là son principal défaut, qui ne lui a pas permis de s'imposer vraiment en rivale des autres architectures Internet, Ethernet ou autres. En effet, l'ouverture s'exprime par un texte normatif possédant de nombreuses options, parfois mal spécifiées. De ce fait, de nombreux groupements d'utilisateurs ou de constructeurs ont essayé de proposer des *profils fonctionnels* à partir des textes existants.

L'abandon de ce modèle OSI a pour origine l'impossibilité de converger vers un profil fonctionnel unique. Le succès du modèle Internet vient justement de la définition simple, avec peu d'options, des protocoles TCP et IP.

profil fonctionnel.– Choix de normes et d'options à adopter dans l'architecture, complété par une spécification, permettant d'assurer que deux constructeurs décidant de réaliser un produit à partir du même profil fonctionnel s'interconnecteront sans problème.

Questions-réponses

Question 10.– *Supposons qu'un client ait un réseau de catégorie A. Quelle classe de protocole de niveau message doit-il choisir ? Même question avec un réseau de catégorie B et un réseau de catégorie C ?*

Réponse.– Il doit choisir les protocoles de classes 0 ou 2 pour la catégorie A. Les protocoles de classes 1 ou 3 pour les réseaux de catégorie B et le protocole de classe 4 pour la catégorie C.

Question 11.– *Si le responsable informatique d'une entreprise possède un réseau, qui serait classé en catégorie A par la plupart des gestionnaires mais pas par lui, peut-il utiliser les protocoles de classes 1, 3 ou 4 ?*

Réponse.– Oui, puisque le réseau est classé B ou C par lui.

Question 12.– *Supposons que le réseau d'une entreprise soit construit à l'aide de deux réseaux interconnectés, l'un de catégorie A et l'autre de catégorie C. Peut-on mettre une classe 0 sur le premier réseau et une classe 4 sur le second ?*

Réponse.– Non, sans quoi le protocole de niveau message n'est pas un protocole de bout en bout, ce qui n'est pas conforme à la définition de ce protocole. Il faut donc mettre le protocole le plus sévère, c'est-à-dire, dans ce cas, le protocole de classe 4 sur chacun des deux réseaux.

■ L'architecture MPLS

MPLS *(MultiProtocol Label-Switching)* est une architecture développée par l'IETF, l'organisme de normalisation d'Internet. Elle se propose d'intégrer tous les protocoles de niveau paquet, et plus particulièrement le protocole IP, au-dessus des protocoles de niveau trame employant une commutation *(label-switching)*. Dans cette architecture, les sous-réseaux en commutation sont interconnectés par des équipements assez complexes, comme nous allons le découvrir. L'architecture d'un réseau MPLS, intégrant un niveau paquet IP et deux niveaux trame (ATM et Ethernet), est illustrée à la figure 6-7. Le trait qui repasse par le niveau IP à chaque nœud correspond à une signalisation utilisant un routage Internet, et le trait qui reste dans les niveaux inférieurs au passage des données en mode commuté.

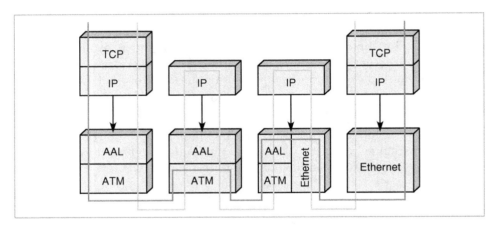

Figure 6-7. *L'architecture d'un réseau MPLS.*

Caractéristiques de l'architecture MPLS

La difficulté de base de cette architecture provient de la mise en place des références *(label)* qui permettent d'effectuer la commutation. Cette signalisation s'effectue par un protocole de distribution des références, LDP *(Label Distribution Protocol),* utilisant des classes d'équivalence, appelées FEC *(Forwarding Equivalence Classes).* Une classe représente une destination ou un ensemble de destinations ayant le même préfixe dans l'adresse IP. De ce fait, un paquet ayant une destination donnée appartient à une classe et suit une route commune avec les autres paquets de cette classe à partir du moment où leur chemin se croise. Cette solution permet de ne pas utiliser trop de références différentes puisque toutes les trames qui se dirigent vers une même destination utilisent le même numéro de référence.

Les équipements interréseau s'appellent des LSR *(Label Switched Router),* c'est-à-dire des routeurs-commutateurs. Ces derniers peuvent être traversés à deux niveaux, soit au niveau IP, soit au niveau bas de type ATM, ou niveau Ethernet. Si l'on remonte au niveau IP, le paquet est routé par un algorithme de routage classique d'Internet. Si l'on reste au niveau bas, la trame est commutée grâce à une référence placée dans un champ spécifique ou dans un champ ajouté dans ce but.

Questions-réponses

Question 13.– *Montrer que, si le flot d'une application n'est constitué que d'un seul paquet, le routage est en général meilleur que la commutation et que, si le flot compte de très nombreux paquets, la commutation devient préférable. Quel est l'avantage de MPLS par rapport à la remarque précédente?*

Réponse.– Si le flot ne compte qu'un seul paquet, il est en général plus simple d'envoyer en routage un simple paquet plutôt que d'ouvrir un circuit virtuel et de le fermer ensuite. En revanche, si le flot est long, le temps d'ouverture et de fermeture devient négligeable, et la commutation autorise une excellente utilisation. MPLS permet précisément de rester en routage si le flot est court et de passer en commutation si le flot est long.

Question 14.– *Quel est selon vous le défaut majeur de MPLS ?*

Réponse.– Le défaut majeur de MPLS concerne la complexité de son environnement, qui cumule routage pour la signalisation et commutation pour les données.

Question 15.– *Montrer que MPLS peut être vu comme une extension de l'architecture ATM de l'UIT-T.*

Réponse.– MPLS peut être vu comme une extension de l'architecture ATM dans le sens où les informations peuvent être commutées au niveau trame. Cette solution utilise toutefois une signalisation spécifique pour ouvrir des conduits dans lesquels les flots des utilisateurs sont émis.

1 *On considère un réseau ATM auquel on ajoute un protocole X.25.3 au niveau paquet et une classe 4 au niveau message.*

a Donner la suite, depuis le niveau message jusqu'au niveau liaison, des entités de protocoles — les PDU *(Protocol Data Unit)* —, sans décrire en détail tous les champs. Indiquer simplement le champ de données et les zones de supervision.

b Existe-t-il des duplications de fonctions parmi les protocoles mis en jeu aux différents niveaux ? Si oui, lesquelles ?

c Que peut apporter cette possibilité en plus d'un transport ATM qui ne prendrait en compte que les niveaux physique (PMD), trame (ATM) et message (AAL) ?

d On veut introduire un contrôle de flux, c'est-à-dire un contrôle qui empêche les flux de devenir trop importants et d'occasionner ainsi une congestion des nœuds sur une connexion ATM de 2 000 km de long. On suppose que les temps de traversée des commutateurs de cellules sont négligeables. Sachant que le signal se propage à la vitesse de 200 000 km/s, donner le nombre de cellules qui sont en cours de propagation si la vitesse du circuit est de 2,5 Gbit/s.

e Si l'on souhaite un contrôle de flux dans lequel on limite le nombre de paquets entre une entrée et une sortie, ce que l'on appelle un contrôle par fenêtre, quelle doit être la valeur minimale de la taille de la fenêtre pour qu'il n'y ait pas d'interruption dans la transmission, en supposant qu'il n'y ait pas d'erreur en ligne ?

f Donner la valeur minimale de la taille de la fenêtre lorsqu'il y a des erreurs et que l'on emploie une procédure de reprise sélective (du type rejet sélectif, c'est-à-dire que l'on ne retransmet que la cellule en erreur).

g Dans ce dernier cas, combien faut-il d'éléments binaires pour coder le numéro de cellule (il faut une numérotation puisque, pour effectuer des retransmissions, on doit connaître le numéro de la cellule à retransmettre) ? Est-ce compatible avec la cellule ATM telle qu'elle est définie par les normalisateurs ?

h On veut limiter le temps de transfert de bout en bout. Montrer qu'avec la méthode précédente, cela n'est pas possible.

2 *On considère un réseau formé de deux sous-réseaux. L'un est un réseau ATM et l'autre un réseau Ethernet, comme illustré à la figure 6-8. L'environnement TCP/IP est utilisé pour transporter de l'information de A à B.*

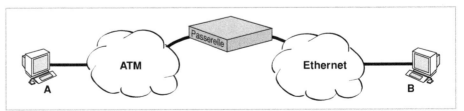

Figure 6-8. *Un réseau construit à partir d'un réseau ATM et d'un réseau Ethernet.*

a Faire un schéma en couches montrant l'architecture de ce réseau.

b Est-il possible d'ouvrir un circuit virtuel de bout en bout ?

c Donner un cas où la passerelle, c'est-à-dire l'équipement permettant de passer d'un réseau à un autre réseau, est un routeur et un autre où la passerelle est un commutateur.

d On suppose maintenant que A soit un PC possédant une carte coupleur Ethernet au lieu de la carte coupleur ATM mais que le premier réseau à traverser soit toujours le même réseau ATM. Que faut-il ajouter entre A et le réseau ATM ?

e Toujours dans le cadre de la question précédente, faire un schéma en couches de la passerelle.

3 On veut étudier un réseau multimédia composé de réseaux interconnectés. Les clients utilisent des PC munis de cartes coupleurs Ethernet. L'interface utilisateur, interne au PC, utilise le protocole TCP/IP. Les PC sont connectés par l'intermédiaire de réseaux Ethernet. Les réseaux Ethernet sont interconnectés par trois réseaux : un réseau ATM, un réseau à commutation de circuits et un réseau utilisant l'architecture TCP/IP, suivant le schéma illustré à la figure 6-9.

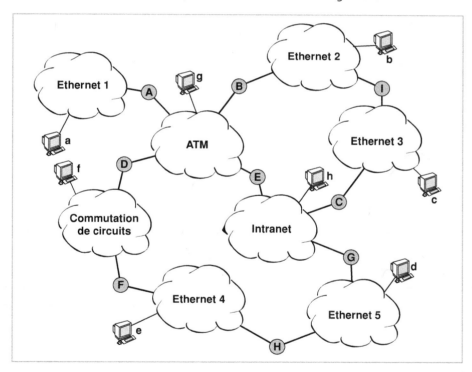

Figure 6-9. *Un réseau multimédia composé de réseaux interconnectés.*

a Le réseau Ethernet n° 1 est un réseau Ethernet de type partagé. La passerelle A étant un routeur, donner un schéma architectural (description des couches à traverser) de cette passerelle. Les passerelles D et E sont également des routeurs. Donner un schéma archi-tectural de ces passerelles.

b Une communication du PC a au PC g est-elle possible en utilisant la passerelle A comme décrite à la réponse précédente ? Si la réponse est négative, donner une solution pour permettre la communication.

c Le réseau Ethernet n° 2 est de type partagé, de même que le réseau Ethernet n° 3. Si la passerelle I est un routeur, décrire ce qui se passe dans la passerelle I dans une commu-nication entre b et c. Quelle est la distance maximale entre les PC b et c ?

d Les réseaux Ethernet n° 4 et n° 5 sont des réseaux Ethernet commutés. Décrire la passe-relle H.

e Une communication entre les PC a et h est-elle possible ? Pourquoi ?

f Une communication entre les PC a et f est-elle possible ? Pourquoi ?

g On souhaite utiliser le protocole MPLS *(MultiProtocol Label Switching)* pour réaliser l'interconnexion globale.

   1 Le réseau Ethernet peut-il être considéré comme un réseau commuté (au sens de la commutation, c'est-à-dire par l'utilisation de références) ?

   2 Le réseau à commutation de circuits peut-il être considéré comme un réseau com-muté ? Pourquoi ?

   3 Le réseau TCP/IP peut-il être considéré comme un réseau commuté ? Pourquoi ?

h Donner le schéma architectural d'une communication entre les PC a et d si le flot passe par les passerelles A, D et F.

i Donner le schéma architectural d'une communication entre les PC a et h si le flot passe par les passerelles A et E.

j Le flot entre les PC a et h pourrait-il passer par le chemin A, B, I et C ?

k On veut que la passerelle A soit un pur commutateur dans une communication entre a et g. Comment effectuer la traduction d'adresse IP de g en l'adresse ATM de g pour que la passerelle A puisse effectuer une commutation dès le premier paquet du flot ?

l Est-il pensable d'avoir une qualité de service de bout en bout sur le réseau global ?

Les fonctionnalités de base des réseaux

L'objet de ce cours est de décrire les fonctionnalités de base des réseaux. Les premières de ces fonctionnalités concernent les modes avec et sans connexion, qui indiquent s'il faut établir ou non un contact avec le récepteur avant de lui envoyer de l'information. Le mode multipoint permet, à partir d'un même terminal, d'émettre de l'information vers plusieurs terminaux distants sans devoir ouvrir autant de voies de communication que de points à atteindre. Le contrôle de flux, le routage et l'adressage sont les trois grandes fonctionnalités du niveau trame et du niveau paquet, qui permettent qu'une communication se mette en place et se prolonge sans dommage. Nous présentons les propriétés de ces fonctionnalités, ainsi que les principaux algorithmes qu'elles mettent en œuvre dans les réseaux des opérateurs Internet et télécoms.

■ Les modes avec et sans connexion

■ Le mode multipoint

■ Le contrôle de flux

■ Le routage

■ L'adressage

■ La sécurité

■ Les modes avec et sans connexion

Une norme ISO *(International Standardization Organization)* définit la mise en place d'une connexion entre des entités de même niveau. Le *mode avec connexion* oblige l'émetteur à ne pas envoyer d'information au récepteur sans avoir au préalable demandé à ce dernier la permission de lui transmettre des blocs d'information.

Une connexion peut se mettre en place aux différents niveaux de l'architecture (session, réseau, trame, etc.). Par exemple, un réseau peut demander un niveau session et un niveau paquet en mode avec connexion. En revanche, le protocole de niveau trame — couche 2 du modèle de référence — peut imposer de travailler en *mode sans connexion*. Cela s'interprète comme un besoin, pour le niveau session, de s'assurer qu'un correspondant est bien là et répond favorablement à la demande, que les paquets sont acheminés sous un protocole dont les paramètres ont été choisis dans la négociation de la connexion et enfin que le niveau trame effectue son travail sans savoir ce qui se passe du côté du récepteur.

Pour réaliser une connexion de niveau *n*, le protocole de *niveau n* doit émettre un bloc d'information qui contienne une demande de connexion de *niveau* n. Le récepteur a le choix d'accepter ou de refuser la connexion par une réponse indiquant sa décision. Dans certains cas, la demande de connexion est arrêtée par le gestionnaire du service, qui peut, par manque de ressources internes, refuser de propager la demande jusqu'au récepteur. Par exemple, dans le cas d'un réseau commuté, une demande d'ouverture de connexion réseau peut très bien être stoppée par un nœud intermédiaire si la mémoire est insuffisante ou que la capacité d'émission soit déjà dépassée.

Le mode avec connexion permet la communication entre entités homologues. Sa mise en place se déroule en trois phases distinctes :

1. Établissement de la connexion.

2. Transfert des données.

3. Libération de la connexion.

Le mode avec connexion offre l'avantage évident de la sécurisation du transport de l'information. Du fait que les émetteurs et les récepteurs se mettent d'accord, l'ensemble de l'activité du réseau est facilement contrôlé par son gestionnaire. De plus, au moment de l'ouverture d'une connexion, la valeur des paramètres peut être négociée entre l'émetteur et le récepteur de façon à optimiser la transmission. En particulier, la qualité de service, ou QoS *(Quality of Service)*, se décide au moment de l'ouverture.

Le mode avec connexion n'a pas que des avantages. Citons, au rang des inconvénients, la lourdeur protocolaire, la difficulté d'ouvrir des applications multipoint et la nécessité de posséder un environnement de signalisation pour effectuer les démarches d'ouverture, de libération et de maintien de la connexion.

Le mode sans connexion simplifie la communication et se dispense d'un environnement de signalisation. Il pose en revanche des problèmes de contrôle. Par exemple, dans Internet, le protocole IP est sans connexion, et rien ne peut empêcher un utilisateur d'accéder à un serveur, même si celui-ci est totalement surchargé. Un mode avec connexion limiterait le nombre d'accès et permettrait au serveur de remplir son rôle. En revanche, pour une simple interrogation au cours d'une navigation sur le Web, le mode avec connexion présenterait une lourdeur certaine puisqu'il faudrait d'abord ouvrir une connexion, c'est-à-dire faire une demande au serveur, avant de lui envoyer l'interrogation.

Les protocoles IP et Ethernet sont en mode sans connexion. *TCP*, ATM, *HDLC* et X.25 sont en mode avec connexion.

En raison de la difficulté de contrôler la communication dans un réseau en mode sans connexion, le gestionnaire doit souvent prendre plus de précautions dans un tel mode qu'en mode avec connexion. En règle générale, le mode sans connexion est adapté au transport d'un flot de taille réduite. Le mode avec connexion s'impose lorsque le flot à transporter est important et que les temps de mise en place et de libération des connexions sont négligeables par rapport à la durée de la communication.

La messagerie électronique est un bon exemple de protocole sans connexion de niveau application, puisqu'elle permet d'émettre de l'information vers un utilisateur lointain sans savoir s'il est présent ou non. Lorsque le client est absent, il est représenté par une boîte aux lettres. Au niveau session, c'est avec cette boîte aux lettres que la connexion s'effectue. Comme expliqué précédemment, les applications en mode avec connexion se définissent par le besoin de s'assurer que le récepteur est bien là, de sorte à négocier avec lui de la place mémoire ou à garantir une sécurité en réception. On range dans cette catégorie le transfert de fichiers, les conférences audio et vidéo, le transactionnel, etc.

■ Le mode multipoint

Si les applications point-à-point de type *client-serveur* sont aujourd'hui familières, de nouvelles applications apparaissent en force sur le marché, comme les téléconférences, les vidéoconférences ou encore le travail coopératif, qui

TCP (*Transmission Control Protocol*).– Protocole de transport en mode avec connexion élaboré en complément du protocole IP pour définir l'interface avec l'utilisateur. Correspond au niveau 4 du modèle de référence et détermine la façon de transformer un flux d'octets en paquets IP tout en assurant la qualité de la transmission.

HDLC (*High-level Data Link Control*).– Protocole de niveau trame né en 1976 du besoin de faire communiquer un terminal avec une machine distante, tout en évitant un trop grand nombre d'erreurs lors de la transmission.

point-à-point.– Mode de connexion ne mettant en jeu que deux interlocuteurs, à la différence du multipoint et de la diffusion.

client-serveur.– Système de communication liant un client (en général un PC connecté sur un réseau) et son serveur (en général un PC serveur qui partage des ressources avec les clients).

mettent en œuvre des modes de connexion *multipoint*. Des applications plus récentes encore, comme le jeu *distribué*, permettent à plusieurs centaines de clients de jouer ensemble en utilisant des protocoles multipoint.

La définition et la mise en place d'une application multipoint impliquent beaucoup plus de complexité que celles d'une application point-à-point. Dans le cas le plus simple, une application multipoint se compose d'un système central et de systèmes périphériques. Seul le système central peut communiquer avec l'ensemble des sites périphériques, ces derniers ne pouvant quant à eux communiquer qu'avec le site central. L'avantage de cette méthode est sa grande simplicité de communication.

Le cas d'application multipoint le plus simple est celui où la communication s'effectue par le centre, comme illustré à la figure 7-1. À l'opposé, le multipoint le plus complexe est celui où tout système est un système central, c'est-à-dire où chaque site peut communiquer directement avec tout autre site. La complexité de cette configuration, illustrée à la figure 7-2, tient à la gestion totalement distribuée des échanges et à la coordination des systèmes, difficile à prendre en charge.

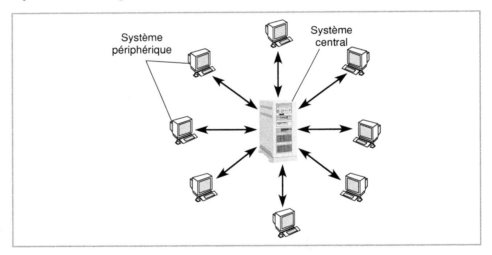

Figure 7-1. *Le système multipoint le plus simple.*

Entre ces pôles opposés, il existe toute une hiérarchie de possibilités. La normalisation a retenu deux configurations types, ni trop simples, ni trop complexes, situées à égale distance des deux extrêmes.

Ces deux configurations sont les suivantes :

• Communication multipoint à centre mobile. Correspond à une légère amélioration du multipoint le plus simple, dans laquelle, à un instant donné, il n'y a qu'un seul système central, mais qui peut varier dans le temps. Un système multipoint complexe peut être défini comme une succession de *communications multipoint à centre mobile.*

• Communication multicentre. Si *n* sites participent à la réalisation de la communication multipoint, seulement *m* sites au maximum peuvent se comporter comme un système central, *m* étant généralement très inférieur à *n*.

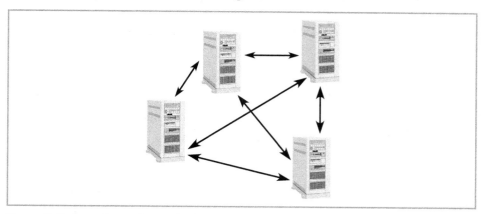

Figure 7-2. *Le système multipoint le plus complexe.*

La notion de groupe

L'autre grand concept de la norme de base concerne la notion de groupe, nécessaire pour contrôler la communication. Un groupe multipoint est un ensemble d'entités pouvant potentiellement être émetteur ou récepteur dans une transmission de données multipoint. La notion de groupe a pour but de définir comment se passe la communication au sein du groupe.

Pour simplifier la définition des comportements de groupes, trois classes sont identifiées :
• Groupe indéfini : groupe multipoint dans lequel chaque site ne connaît pas la constitution exacte de l'ensemble des sites participant à la communication.
• Groupe partiellement défini : groupe multipoint dans lequel seuls quelques sites déterminés connaissent effectivement l'ensemble de la définition du groupe.
• Groupe défini : groupe multipoint dans lequel tous les sites connaissent l'ensemble de la définition du groupe.

Questions-réponses

Question 1.– *À l'aide des deux topologies de base définies dans le multipoint, montrer que l'on peut mettre en place n'importe quel environnement multipoint.*

Réponse.– Le cas le plus simple de multipoint est un cas particulier de la communication à centre mobile, dans lequel le site central ne change jamais. De même, le cas le plus complexe est un système multicentre où *n* = *m*. Tous les cas intermédiaires peuvent être obtenus en prenant 1 < *n* < *m*.

multicast.– Mode de diffusion correspondant à une application multipoint. Une adresse multicast indique une adresse de groupe et non pas d'une seule entité.

broadcast.– Correspond à une application en diffusion, dans laquelle tous les récepteurs doivent recevoir le message. Une application broadcast est un cas particulier d'application multicast.

diffusion (en anglais *broadcast*).– Mode de transmission dans lequel une information transmise par un émetteur peut être captée par tout récepteur capable de le faire.

Question 2.– *On utilise souvent les mots anglais suivants :* multicast, *pour une application multipoint, et* broadcast *pour une application en* diffusion, *c'est-à-dire une application où tous les récepteurs doivent recevoir le message. Montrer qu'une application broadcast est un cas particulier d'application multicast.*

Réponse.– Si le nombre d'utilisateurs est n, un broadcast est une émission vers les n utilisateurs. Si une application multicast émet vers n utilisateurs, c'est que l'application multicast est un en réalité un broadcast.

Question 3.– *Montrer que le broadcast peut être une opération très utile dans le monde Internet et celui des réseaux d'entreprise, où l'on n'a pas besoin de connaître l'adresse exacte de la machine de destination.*

Réponse.– La diffusion est utilisée lorsqu'un récepteur connaît l'adresse Internet de son correspondant mais ne connaît pas l'adresse physique correspondante, c'est-à-dire l'adresse du coupleur du destinataire (*voir le cours 3, « L'architecture physique »*). Il suffit dans ce cas de diffuser le message pour que le récepteur reconnaisse son adresse Internet et capte le message.

■ Le contrôle de flux

Le contrôle de flux est une fonctionnalité majeure des réseaux de transfert. Il permet de gérer les trames, les paquets ou les messages de façon qu'ils arrivent au récepteur dans des temps acceptables pour l'application, tout en évitant les pertes. Les réseaux à transfert de paquets ressemblent aux réseaux routiers : s'il y a trop de trafic, des congestions se forment. La régulation du flux dans un réseau est un problème complexe.

Le contrôle s'effectue souvent par une contrainte sur le nombre de blocs circulant dans le réseau ou sur le nombre de blocs qui franchissent les portes d'accès au réseau par unité de temps. Ces limitations peuvent s'exercer aussi bien sur le nombre de trames ou de paquets en transit entre une entrée et une sortie ou sur l'ensemble du réseau que sur le nombre de trames ou de paquets accepté par unité de temps sur une entrée.

algorithme de contrôle.– Méthode permettant d'effectuer un contrôle.

Avant d'examiner de plus près les divers types d'*algorithmes de contrôle*, il est nécessaire de rappeler les différents équipements où s'effectuent les contrôles mis en place par les fournisseurs de services Internet et les opérateurs de télécommunications. Dans Internet, toute l'intelligence se trouve dans les PC connectés au réseau, tandis que, dans les télécoms, l'intelligence est située dans les nœuds de transfert du réseau. Dans le premier cas, les algorithmes de contrôle se déroulent dans chaque PC, alors que, dans le second, les nœuds peuvent réserver des ressources à certains flots et traiter des priorités.

Un premier type de contrôle de flux est le *contrôle par crédit*. Son principe est le suivant : un nombre n de crédits circulent dans le réseau. Pour entrer dans le réseau, un paquet doit acquérir un crédit. Ce dernier est libéré une fois la destination atteinte. Le nombre total de paquets circulant dans le réseau est évidemment limité à n.

Les crédits peuvent être banalisés ou dédiés. La méthode appelée *contrôle isarythmique* gère les crédits de façon totalement banalisée : un nœud d'accès peut utiliser n'importe quel crédit pour laisser entrer un paquet. La difficulté consiste à distribuer les crédits aux portes d'entrée qui en ont besoin, de façon à optimiser le débit. Cette méthode demande beaucoup de maîtrise de la gestion des crédits aux portes d'accès, et ses performances n'ont pas été prouvées optimales.

Une première amélioration du système a été apportée par des crédits dédiés à un nœud d'entrée dans le réseau. Une file d'attente des crédits associés au nœud d'entrée prend en charge les paquets entrant par cette porte. Une fois le paquet arrivé au nœud destinataire, le crédit utilisé est libéré et réacheminé vers l'émetteur, en général avec l'acquittement. Ici encore, le contrôle est délicat, car il se fait localement, et non à l'intérieur du réseau.

Un autre type de contrôle de flux consiste à recourir à des crédits dédiés à un utilisateur, ou du moins à un circuit virtuel. C'est une méthode connue sous le nom de contrôle de flux par fenêtre, dans laquelle une fenêtre indique le nombre de bloc que l'émetteur est autorisé à émettre. La fenêtre est fermée lorsque l'émetteur n'a plus le droit de transmettre, et elle est totalement ouverte lorsque le nombre de bloc que l'émetteur peut transmettre est égal à la valeur maximale décidée par le protocole. La figure 7-3 en donne une illustration. Cette technique est relativement efficace, même si elle manque de souplesse, puisque le contrôle est effectué par l'utilisateur et non par le gestionnaire du réseau. Elle permet également d'anticiper sur les émissions, sans attendre d'être sûr que le récepteur a bien reçu les blocs d'information émis.

contrôle par crédit.– Contrôle de flux dans lequel un crédit donne l'autorisation à un paquet (ou une trame) d'entrer dans le réseau. Pour qu'un paquet puisse entrer, il doit acquérir un crédit.

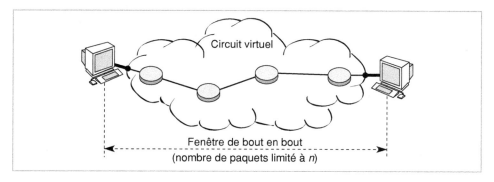

Figure 7-3. *Le contrôle de flux par fenêtre.*

Une autre grande politique de contrôle de flux, le contrôle par seuil, illustrée à la figure 7-4, utilise des seuils d'entrée dans le réseau : un interrupteur à l'entrée s'ouvre plus ou moins pour laisser passer plus ou moins de trames ou de paquets, suivant les indications qui lui sont fournies par le gestionnaire du réseau.

Parmi les nombreuses réalisations de ce type, il en est une dans laquelle des paquets de gestion apportent aux nœuds d'entrée du réseau les informations nécessaires pour positionner les interrupteurs à la bonne valeur. Bien que cette méthode soit l'une de celles qui donnent les meilleurs résultats, elle présente un inconvénient : le réseau risque de s'effondrer si le contrôle n'est pas effectué suffisamment vite, à la suite, par exemple, de la panne d'une liaison ou d'un nœud. Les paquets de contrôle étant expédiés à peu près à la même vitesse que les autres paquets, ils peuvent réclamer un temps de réaction trop long lors d'une congestion.

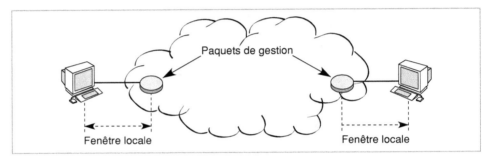

Figure 7-4. *Un contrôle de flux par seuil géré par des paquets de gestion.*

Une autre implantation de la politique de contrôle par fenêtre consiste à réguler l'entrée du réseau par une fenêtre dont la valeur maximale est variable dans le temps. Les paquets doivent être acquittés dans un temps déterminé à l'avance de façon à permettre à la fenêtre de s'ouvrir de nouveau en en augmentant la valeur maximale. Le contrôle par fenêtre variable convient bien au réseau Internet, où les PC émettent des paquets en augmentant régulièrement la taille maximale de la fenêtre dès que les accusés de réception reviennent à temps. L'émetteur peut ainsi atteindre un seuil de saturation de sa ligne d'accès vers Internet. Dans ce cas, la taille maximale de la fenêtre n'augmente plus.

slow-start.–
Algorithme de contrôle dans lequel la taille de la fenêtre démarre à 1 puis augmente de façon exponentielle tant que les acquittements sont reçus dans le temps imparti.

En revanche, si un accusé de réception ne revient pas dans le temps imparti par le protocole, le PC en déduit qu'il émet trop de paquets vers Internet, et il redémarre à une fenêtre de taille 1. C'est ce que l'on appelle le *slow-start*. Il multiplie ensuite par deux la taille de la fenêtre chaque fois que les acquittements arrivent à temps. Pour éviter de revenir trop vite à la saturation, l'algorithme ralentit l'augmentation de la taille de la fenêtre dès que la valeur atteint un seuil déterminé lors de la précédente saturation. Cette solution est illustrée à la figure 7-5.

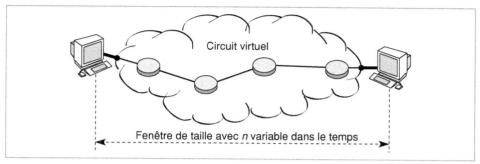

Figure 7-5. *Le contrôle de flux par fenêtre variable.*

Si la fenêtre est atteinte sans perte, la communication continue de travailler à la valeur de cette fenêtre, sans redémarrer à la fenêtre de taille 1.

D'autres techniques de contrôle, provenant essentiellement du monde des télé-communications, mettent en jeu les nœuds de transfert. On y trouve aussi bien des techniques d'*allocation de ressources*, par le biais du paquet d'ouverture de la connexion ou du circuit virtuel, que des techniques à plusieurs niveaux de priorité, implantées dans les nœuds.

L'allocation de ressources constitue l'une des grandes politiques de contrôle de flux *(voir figure 7-6)*. Cette solution est essentiellement adaptée au mode com-muté avec connexion, dans lequel un paquet de signalisation est nécessaire à la mise en place des références et de la connexion. Le paquet de signalisation réserve des ressources intermédiaires dans les différents nœuds traversés par le circuit virtuel. Cette technique s'appelle encore *contrôle CAC*.

> **allocation de ressources.–** Répartition des res-sources d'un système entre différents utilisa-teurs. Dans l'allocation dynamique, les bénéfi-ciaires sont choisis en fonction de critères déterminés en temps réel. L'allocation stati-que utilise des critères de décision définis *a priori*.
>
> **contrôle CAC** *(Connec-tion Admission Con-trol)*.– Contrôle de flux dans lequel le contrôle est effectué lors de l'ouverture du circuit virtuel.

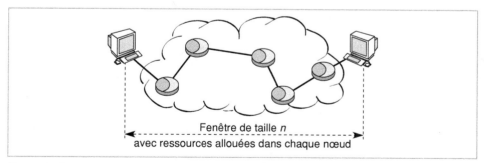

Figure 7-6. *Le contrôle de flux par allocation de ressources.*

L'algorithme d'allocation de ressources varie fortement d'un réseau à un autre. On peut, en particulier, superposer un contrôle de flux de bout en bout sur un circuit virtuel et une méthode de réservation de ressources. Par exemple, si n est le nombre de crédits dédiés à la connexion et que le paquet de signalisation réserve, dans chaque nœud, une place en mémoire correspondant exactement à n paquets, le contrôle de flux est parfait, et aucun paquet n'est perdu. Cependant, l'utilisation de la mémoire devient catastrophique dès que le nombre de nœuds à traverser est important.

Pour minimiser la mauvaise utilisation des mémoires, il est possible d'effectuer une surallocation. La surallocation consiste, lors du passage du paquet de demande d'ouverture du circuit virtuel dans un nœud de commutation, à ne réserver qu'une partie de la demande, en espérant que, statistiquement, tout se passe bien.

Soit k le facteur de surallocation, tel que $0 < k \leq 1$. Si n est toujours la taille maximale de la fenêtre de contrôle de bout en bout, le nœud intermédiaire qui possède un facteur de surallocation de k réserve $k \times n$ quantité de *mémoire tampon*. La valeur de k dépend en grande partie du taux d'occupation des circuits virtuels dans le réseau. Les valeurs classiques sont très faibles, le taux d'utilisation d'un circuit virtuel étant souvent inférieur à 10 p. 100. Des facteurs de surallocation de 0,2 sont assez courants.

Une dernière méthode, de plus en plus courante, de contrôle de flux consiste à donner des priorités aux différents flots qui traversent le réseau. Trois priorités sont ainsi attribuées. La priorité la plus forte est donnée aux trames ou paquets des utilisateurs qui souhaitent une garantie totale, en conformité avec les possibilités du réseau. Ces blocs sont traités avec une priorité forte dans les nœuds. Si leur débit ne représente qu'une fraction de la capacité totale du réseau, les clients prioritaires obtiennent simplement leurs garanties. La condition se réalise facilement sur un réseau surdimensionné, les trames ou paquets prioritaires pouvant se considérer comme seuls dans un réseau d'une capacité bien supérieure à ce dont ils ont besoin. Une façon de limiter leur nombre consiste à les restreindre par un algorithme de *contrôle par coût*, avec un coût suffisamment important.

Les flots de la deuxième priorité correspondent à des clients qui ne demandent qu'une garantie partielle, du type : « J'accepte que mes paquets arrivent dans un temps indéterminé, mais je ne souhaite perdre aucun paquet », ou bien : « J'accepte de perdre un certain pourcentage de paquets, mais je ne veux pas que mon temps de transit dépasse une certaine valeur ». Ces clients doivent voir leur flux parfaitement contrôlé pour que la qualité de service demandée soit atteinte.

La troisième priorité correspond à des clients qui ne désirent aucune qualité de service. On appelle parfois cette classe best effort, sans rapport avec le service best effort d'Internet, qui s'applique à l'ensemble des utilisateurs. Ici, le réseau fait au mieux pour les utilisateurs de plus basse priorité, ce qui peut éventuellement donner lieu à un flot nul.

Cette utilisation des priorités est illustrée à la figure 7-7.

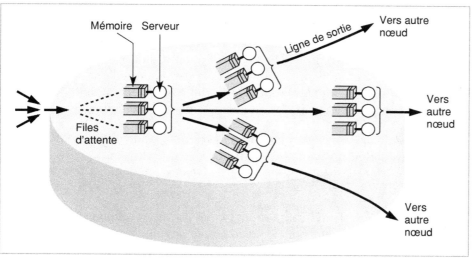

Figure 7-7. *Le contrôle de flux par priorité.*

Question 4.– *Quelle est la différence entre un contrôle de flux et un contrôle de congestion ? La technique consistant à détruire un paquet qui se trouve depuis plus de deux secondes dans un réseau est-elle un contrôle de flux ou de congestion ?*

Réponse.– Le contrôle de flux évite que le réseau ne passe en état de congestion. Le contrôle de congestion rétablit un état normal lorsque le réseau est en état de congestion. L'exemple donné est un contrôle de congestion, car il n'influe en rien sur les flux mais, au contraire, détruit des paquets lorsqu'ils sont encore dans le réseau au bout de deux secondes (ce qui est un temps très long, indiquant que le réseau est congestionné). En fait, cette solution sert aussi à éliminer des paquets qui seraient perdus, par exemple, à la suite d'une erreur en ligne sur l'adresse.

Question 5.– *Le contrôle RED (Random Early Discard) a pour but de détruire les paquets de flots qui transitent par un nœud risquant de devenir congestionné. Montrer que cette solution est bien un contrôle de flux.*

Réponse.– Puisque le rôle de RED est de limiter le trafic qui passe par un nœud dont le taux d'utilisation a tendance à trop augmenter, c'est bien un contrôle de flux.

Question 6.– *La technique de contrôle d'Internet devrait permettre de redémarrer sur une fenêtre dont la taille maximale est égale à la moitié de celle qui a provoqué la perte d'un acquittement (arrivée tardive après le temporisateur). Pourquoi cette solution n'a-t-elle pas été choisie ?*

Réponse.– Cette solution n'a pas été choisie parce que des millions de PC peuvent s'être connectés sur le réseau et que, pour être sûr qu'il y ait une bonne répartition entre tous les utilisateurs d'Internet, on préfère redémarrer en slow-start avec une fenêtre de 1. Il existe des implémentations de TCP qui permettent de ne pas redémarrer sur une taille de 1 de la fenêtre, mais elles sont fortement discutées. Il n'y a pas non plus de démonstration sur une grande échelle que le système revienne rapidement à un état stable.

temporisateur (de reprise ou de retransmission).– Dispositif indiquant l'instant où une reprise ou retransmission doit être effectuée.

■ Le routage

Dans un réseau maillé, le routage des trames ou des paquets nécessite des algorithmes complexes, du fait de la distribution des décisions, qui relèvent à la fois de l'espace et du temps. Un nœud devrait connaître l'état de l'ensemble des autres nœuds avant de décider de la direction dans laquelle envoyer la trame ou le paquet, ce qui est évidemment impossible à réaliser.

Dans la suite de ce cours, le mot paquet est utilisé pour indiquer indifféremment une trame ou un paquet (si le transfert est de niveau 2, le mot paquet indique une trame ; si le transfert est de niveau 3, paquet est le mot approprié).

Comme illustré à la figure 7-8, le routage nécessite tout d'abord une table de routage. Les paquets sont routés par le nœud vers une ligne de sortie à partir de l'indication de la table de routage. Par exemple, si un paquet se présente au nœud avec pour destination finale le nœud D_1, ce paquet est dirigé soit vers la sortie A_1, soit vers la sortie A_2. La décision s'effectue sur des critères locaux, vers la file la plus courte, par exemple. Si la destination finale est D_2, le paquet est placé dans la file A_2.

Les algorithmes de routage utilisent la plupart du temps des critères de coût. On trouve, par exemple, l'algorithme du coût le plus bas, qui, comme son nom l'indique, consiste à trouver un chemin qui minimise le prix.

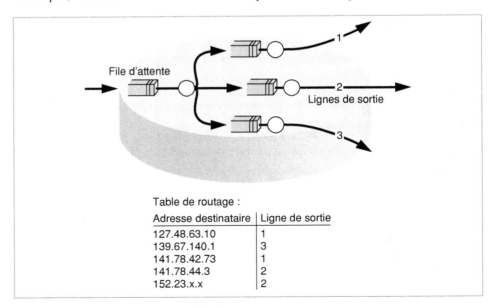

Table de routage :

Adresse destinataire	Ligne de sortie
127.48.63.10	1
139.67.140.1	3
141.78.42.73	1
141.78.44.3	2
152.23.x.x	2

Figure 7-8. *Fonctionnement d'une table de routage.*

Le plus simple des algorithmes, et presque toujours le plus performant, donne un coût de 1 à chaque passage dans un nœud : c'est l'algorithme de la route la plus courte. Contrairement à ce que l'on pourrait penser, c'est souvent une bonne façon de procéder. On peut facilement lui ajouter des biais pour prendre en compte l'occupation des mémoires intermédiaires, l'utilisation des lignes de sortie, etc.

Le routage fixe constitue une technique particulièrement simple, dans laquelle la table ne varie pas dans le temps. Chaque fois qu'un paquet entre dans un nœud, il est toujours envoyé dans la même direction, qui correspond, dans presque tous les cas, à l'algorithme de la route la plus courte. On ne peut pas parler dans ce cas d'algorithme de routage, puisque le routage est fixe et ne requiert pas de mise à jour. Le routage fixe va de pair avec un centre de contrôle qui gère les pannes graves et qui régénère une nouvelle table lorsqu'un nœud tombe en panne ou qu'une ligne de communication est rompue. On appelle aussi ce routage « fixe entre les mises à jour ».

On peut améliorer le routage fixe en tenant compte d'événements indiqués par le réseau, telles les congestions ou les occupations de lignes ou de mémoires trop importantes. Par exemple, toutes les dix secondes, les nœuds du réseau envoient à un nœud central un paquet de contrôle indiquant leur situation. Le contrôle peut s'effectuer de façon centralisée ou distribuée. Dans le premier cas, un nœud de contrôle diffuse régulièrement les nouvelles tables ; dans le second, celles-ci se construisent en parallèle dans les différents nœuds. À partir de ces comptes rendus, le nœud central élabore une nouvelle table de routage, qui est diffusée.

L'envoi des tables de routage d'une façon asynchrone constitue une technique plus élaborée. Ici, les nœuds envoient un nouveau compte rendu dès que celui-ci a suffisamment varié par rapport au précédent. De même, le centre de contrôle dresse des tables de routage au fur et à mesure de l'arrivée de nouvelles informations. Il envoie à tous les nœuds la première table de routage qui lui paraît « suffisamment » différente de la précédente. L'adaptation est alors asynchrone.

Les techniques distribuées sont des méthodes de routage dans lesquelles le calcul des tables s'effectue de façon distribuée par l'ensemble des nœuds de transfert et non dans un nœud unique spécialisé pour ce travail. La plus simple des techniques distribuées est l'inondation. Elle consiste, pour un nœud, à émettre dans toutes les directions possibles. L'inconvénient de l'inondation est qu'elle ne permet pas de s'adapter à la structure du réseau. Lorsqu'un paquet arrive dans un nœud, il est retransmis vers toutes les destinations possibles. Le routage est certes efficace, mais il conduit facilement à des congestions. En tout état de cause, il ne peut être adopté que dans des cas spécifiques, comme les réseaux dans lesquels le temps réel est primordial et le trafic faible.

Dans les algorithmes plus complexes, l'adaptabilité est nécessaire. Cette technique ne concerne qu'une dimension : le temps. Pour un paquet en transit dans un nœud i et se dirigeant vers un nœud j, plusieurs lignes de sortie peuvent être choisies. Dans la méthode dite « hot-potatoe » (patate chaude), on essaie de se débarrasser du paquet le plus rapidement possible de façon à ne pas... se brûler les doigts. Le paquet est transmis sur la première ligne de sortie vide. En réalité, on ne se sert jamais d'une méthode hot-potatoe pure. On préfère des techniques plus élaborées, affectant des coefficients aux différentes lignes de sortie pour une destination donnée *(voir figure 7-9)*. Il existe presque toujours une ligne de sortie plus appropriée que les autres.

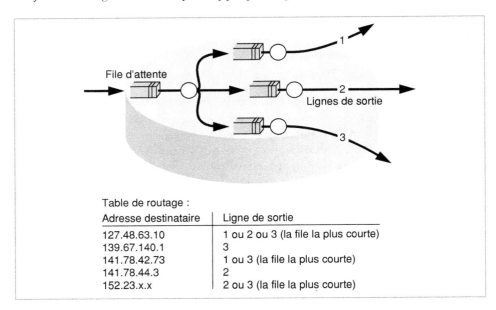

Table de routage :

Adresse destinataire	Ligne de sortie
127.48.63.10	1 ou 2 ou 3 (la file la plus courte)
139.67.140.1	3
141.78.42.73	1 ou 3 (la file la plus courte)
141.78.44.3	2
152.23.x.x	2 ou 3 (la file la plus courte)

Figure 7-9. *Le routage hot-potatoe avec biais.*

Toutes ces décisions restent locales, puisque les états des autres nœuds n'interviennent pas. Pour adapter l'algorithme dans l'espace, il convient, en premier lieu, de se faire une idée de ce qui se passe dans les nœuds voisins. Il n'est pas nécessaire d'utiliser de paquets de contrôle pour obtenir un échantillon du trafic des nœuds voisins : il suffit de comptabiliser les arrivées en provenance de ces nœuds. Ces derniers peuvent également envoyer, de façon synchrone ou asynchrone, des comptes rendus de leur état. En tenant compte de ces informations implicites ou explicites, il est possible de choisir la file de sortie en connaissance de cause.

Question 7.– *Pourquoi le problème posé par l'optimisation du routage est-il l'un des plus difficiles du monde des réseaux ?*

Réponse.– C'est un problème distribué à la fois dans le temps et dans l'espace. Les temps d'acheminement des paramètres du réseau permettant de prendre des décisions sur les tables de routage sont généralement trop longs pour pouvoir influencer correctement les décisions.

Question 8.– *Faut-il considérer le routage comme une technique potentielle de contrôle de flux*

Réponse.– Non, le routage doit être géré indépendamment du contrôle de flux.

Question 9.– *Les réseaux commutés ont-ils besoin d'un algorithme de routage ?*

Réponse.– Cela dépend. Si le réseau commuté possède un réseau de supervision pour ouvrir les circuits virtuels, il faut un algorithme de routage pour effectuer le routage de la signalisation dans les nœuds de transfert. Les réseaux qui possèdent des « tuyaux préouverts », comme certains réseaux, ATM ou X.25, n'ont pas besoin d'algorithme de routage.

Question 10.– *L'architecture MPLS a-t-elle besoin d'un algorithme de routage ?*

Réponse.– Cela dépend. La réponse est oui dans le cas d'une signalisation MPLS qui utilise les routages du monde IP, mais non si les routes sont ouvertes préalablement au passage des données. Ces dernières se voient alors affecter une référence à l'entrée, qui leur indique le chemin à suivre.

■ L'adressage

L'adressage désigne l'ensemble des moyens permettant d'identifier un élément dans un réseau, un élément pouvant être un utilisateur, un processus ou tout autre équipement du réseau. Nous examinons dans un premier temps les grandes catégories d'adressage.

L'adressage peut être physique ou logique. Une adresse physique correspond à une jonction physique à laquelle est connecté un équipement terminal. Une adresse logique correspond à un utilisateur ou à un programme utilisateur susceptible de se déplacer géographiquement. Dans ce dernier cas, la procédure à mettre en place pour déterminer l'emplacement physique de cet utilisateur se révèle plus complexe.

Le réseau téléphonique fixe propose un premier exemple d'adressage physique : à un numéro correspond un utilisateur géographiquement localisé. Dans ce réseau, l'adressage est hiérarchique : il utilise des codes pour le pays, la région ou l'autocommutateur, et les quatre derniers chiffres désignent l'abonné. Si cet abonné se déplace, il doit changer de numéro. Les autocommutateurs temporels peuvent dérouter l'appel vers un autre numéro à la demande de l'abonné, mais l'adressage n'est pas conservé. Ce réseau évolue vers des adresses universelles, octroyées non plus à une jonction mais à un utilisateur. L'adressage s'effectue dans ce cas comme dans un réseau de mobiles *(voir le cours 16, « Les réseaux de mobiles »)*.

Un second exemple est fourni par le réseau Ethernet, et plus globalement par les réseaux locaux. Par l'intermédiaire de l'IEEE, chaque coupleur se voit affecter un numéro unique *(voir figure 7-10)*. Il n'existe donc pas deux coupleurs portant la même adresse. Si la partie portant l'adresse ne peut être déplacée, l'adressage est physique. En revanche, si l'utilisateur peut partir avec son terminal et son interface pour se reconnecter ailleurs, l'adressage devient logique. Dans ce dernier cas, le routage dans les grands réseaux est particulièrement difficile à gérer.

Dans le réseau Ethernet, l'*adressage* est dit *absolu*. Cela signifie qu'il n'y a pas, *a priori*, de relations entre des adresses situées sur des sites proches l'un de l'autre. Comme indiqué à la figure 7-10, le premier bit de l'adresse Ethernet précise si l'adresse correspond à un seul coupleur (*adresse unique*, ou unicast) ou si elle est partagée par d'autres coupleurs, de façon à permettre des communications en multipoint (multicast) ou en diffusion. Le deuxième bit indique si l'adressage correspond à celui normalisé par l'IEEE, que nous décrivons brièvement, ou bien si l'utilisateur a décidé de donner lui-même les adresses qu'il désire à ses coupleurs. Dans le cadre normalisé, l'adresse possède deux champs, le premier indiquant un numéro d'industriel (par exemple, la société Xerox met le numéro 0,0,AA), numéro obtenu auprès de l'IEEE, et le second un numéro de série (par exemple, un industriel qui fabrique son 1 500e coupleur peut indiquer la valeur 1 500 dans ce champ).

adressage absolu.– Ensemble des moyens permettant d'accéder à une entité déterminée par un numéro absolu. Il n'existe donc aucune relation entre les adresses.

adresse unique (ou *unicast*).– Adresse qui n'est pas partagée avec un autre équipement.

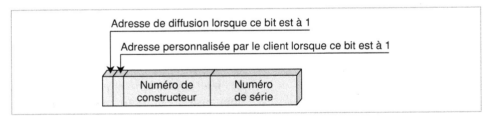

Figure 7-10. *L'adressage Ethernet.*

adresse MAC (*Medium Access Control*).– Adresse physique du coupleur Ethernet.

L'adressage absolu présente l'avantage de ne demander que peu de place, 6 octets suffisant. C'est l'option adoptée dans le format de la trame MAC. En revanche, dans cet adressage absolu, la situation géographique de l'abonné est impossible à déterminer. La solution préconisée pour atteindre le récepteur consiste à diffuser la trame Ethernet sur le réseau. Le récepteur reconnaît son adresse et prend une copie de la trame. Cette diffusion représente une forte contrainte, qui n'a été levée qu'en ajoutant une nouvelle adresse ou en utilisant les 6 octets de l'*adresse MAC* comme une référence.

L'*adressage hiérarchique* normalisé, que nous examinons en détail, permet un routage plus simple mais occupe une place importante dans le format de la trame.

Le document X.121 normalise le sous-adressage utilisé pour les réseaux de données longue distance. La structure de cette adresse est illustrée à la figure 7-11. Cette structure tient sur 14 demi-octets, numérotés de 1 à 14. Deux demi-octets supplémentaires peuvent servir à des extensions. Sur un demi-octet, on peut représenter un chiffre décimal. L'adresse s'effectue dans ce cas sur 14 chiffres décimaux. Il est évident que ce choix du codage en décimal demande plus de place qu'un codage en binaire.

adressage hiérarchique.– Ensemble des moyens permettant d'accéder à une entité déterminée par une hiérarchie dans les numéros de l'adresse. Par exemple, le numéro de téléphone 33 1 *xxx yyyyy* indique, par sa première hiérarchie, que le numéro est en France, puis que le numéro est situé en région parisienne, et ainsi de suite.

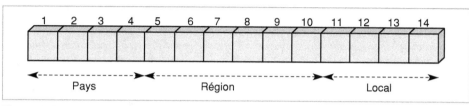

Figure 7-11. *Structure de l'adressage X.121.*

Les trois premiers demi-octets contiennent le code d'un pays. Au quatrième demi-octet correspond un numéro de réseau à l'intérieur du pays. Comme les grands pays possèdent plus de dix réseaux internes, plusieurs numéros ont été alloués à un même pays. Citons, parmi d'autres, les suivants :

- 310 à 329 pour les États-Unis ;
- 302 à 307 pour le Canada ;
- 234 à 238 pour la Grande-Bretagne ;
- 208 à 212 pour la France.

Pour les États-Unis, comme 20 numéros ont été spécifiés, il peut exister jusqu'à 200 sous-réseaux directement adressables.

Les demi-octets restants sont affectés à l'adresse dans le pays. Ils peuvent être découpés en deux tranches de 7 et 3 demi-octets. Les sept premiers octets indiquent l'adresse du commutateur auquel le client est rattaché, et les trois derniers l'adresse locale. L'adresse Ethernet est examinée en détail au cours 10, « Les protocoles de niveau paquet ».

L'adressage Internet

IPV4 propose une adresse avec deux niveaux de hiérarchie, tandis qu'IPv6 en offre huit. Dans IPv4, les tables de routage atteignent des tailles beaucoup trop grandes pour que le routage soit efficace. Dans IPv6, la taille des tables de routage devrait rester en dessous de 4 000 adresses grâce aux agrégations obtenues par les huit niveaux hiérarchiques.

Suite p. 138

Suite de la page 137

Le subnetting est une technique d'adressage capable de prendre en compte la gestion de plusieurs réseaux physiques à partir d'une même adresse IP d'Internet. Le principe du subnetting consiste à diviser la partie numéro d'hôte d'une adresse IP en un numéro de sous-réseau et un numéro d'hôte. En dehors du site, les adresses sont interprétées sans qu'il soit tenu compte du subnetting, le découpage n'étant connu et traité que de l'intérieur. Le redécoupage du numéro d'hôte permet de choisir librement le nombre de machines, en fonction du nombre de réseaux sur le site.

Questions-réponses

Question 11.– *L'adressage téléphonique est aujourd'hui un adressage hiérarchique. Il existe un projet d'adressage universel, dans lequel chaque utilisateur se verrait affecter à sa naissance un numéro de téléphone, indépendant des opérateurs de téléphonie, qui le suivrait toute sa vie. Ce nouvel adressage est-il hiérarchique ?*

Réponse.– La réponse peut être oui ou non, suivant la façon de concevoir ces adresses universelles. Si l'adressage s'appuie sur une hiérarchie, comme l'année, la date, l'heure et le lieu de naissance, c'est un adressage hiérarchique. Dans le cas contraire, la réponse est non. Si l'adresse est hiérarchique, la hiérarchie désigne un emplacement. Par exemple, tous ceux qui sont nés le même jour sont répertoriés sur un même serveur. Ce serveur est interrogé dès qu'une demande de communication est effectuée, et il répond par une adresse hiérarchique géographique déterminant le lieu où se trouve la personne.

Question 12.– *L'adresse IP est-elle une adresse hiérarchique ? Elle se présente sous la forme* guy.pujolle@lip6.fr.

Réponse.– Oui, c'est une adresse hiérarchique, car elle indique que Guy Pujolle se trouve dans un domaine noté *fr* et que, dans ce domaine *fr*, il se trouve dans un sous-domaine noté *lip6*. Rien n'oblige cependant que ces domaines et sous-domaines, voire sous-sous-domaines, etc., indiquent un emplacement géographique.

Question 13.– *L'adressage plat d'Ethernet pourrait permettre d'avoir un réseau dans lequel chaque paquet soit diffusé à l'ensemble des utilisateurs, de telle sorte que l'utilisateur qui reconnaîtrait son adresse récupérerait le paquet qui lui serait adressé. Cette solution vous paraît-elle viable ?*

Réponse.– Oui, cette solution est viable, pour autant qu'il soit facile de diffuser l'adresse, c'est-à-dire que le réseau soit petit ou que le support de communication rende simplement le service de diffusion. Nous verrons, par exemple, qu'Ethernet permet cette diffusion de façon simple dans un environnement local. Cette solution de diffusion généralisée n'est plus viable dès que le nombre d'utilisateurs grandit ou que les utilisateurs sont loin les uns des autres.

■ La sécurité

La sécurité est un aspect critique des réseaux, généralement parce qu'elle n'a pas été conçue en même temps que le réseau mais ajoutée après coup.

La sécurité recouvre de nombreux domaines, qui peuvent être regroupés en trois concepts :

- Les fonctions de sécurité, qui sont déterminées par les actions pouvant compromettre la sécurité d'un établissement.
- Les mécanismes de sécurité, qui définissent les algorithmes à mettre en œuvre.
- Les services de sécurité, qui représentent les logiciels et matériels réalisant des mécanismes dans le but de mettre à la disposition des utilisateurs les fonctions de sécurité dont ils ont besoin.

Cinq types de services de sécurité sont généralement mis en œuvre dans les réseaux :

- La confidentialité, qui doit permettre de conserver les données confidentielles même si elles sont interceptées lors de la communication.
- L'authentification, qui permet de vérifier que la personne qui se connecte est bien la personne qui a donné son nom.
- L'intégrité, qui garantit que les données reçues sont bien celles qui ont été émises.
- La non-répudiation, qui permet d'assurer qu'un message a bien été envoyé par un émetteur spécifié et reçu par un récepteur spécifié.
- Le contrôle d'accès, qui restreint l'accès à des ressources sous des conditions bien définies et par des utilisateurs spécifiés.

Questions-réponses

Question 14.– *Une communication peut-elle être confidentielle sans être intègre ? Peut-elle être intègre sans être confidentielle ?*

Réponse.– La réponse à la première question est oui, car si une information n'est pas déchiffrable par un attaquant, celui-ci peut tout de même la modifier. Dans ce cas, il n'y a pas vraiment de communication, puisque le récepteur reçoit de l'information qu'il ne peut utiliser. La réponse à la deuxième question est aussi oui : les informations peuvent arriver au récepteur dans l'état où elles ont été émises, mais quelqu'un a pu en prendre une copie au cours de la communication.

Question 15.– *Si le destinataire ne peut contester la réception d'un message, de quel type de mécanisme de sécurité s'agit-il ?*

Réponse.– Il s'agit de la non-répudiation.

Les mécanismes de sécurité

Comme il est impossible d'être exhaustif dans le domaine des mécanismes de sécurité, nous allons principalement décrire deux mécanismes de base, qui concernent la confidentialité et l'authentification.

Pour réaliser une communication avec confidentialité, il faut transformer le message portant les informations en clair en un message chiffré. Pour effectuer un chiffrement, il faut posséder une clé de chiffrement, qui peut être soit publique, soit secrète.

Commençons par le cas le plus simple d'une clé secrète connue seulement de l'émetteur et du récepteur. Dans ce cas, le système est dit symétrique. Cette solution est fortement employée parce qu'elle est simple et rapide. La vraie difficulté provient de la distribution des clés secrètes, lesquelles ne doivent pas pouvoir être récupérées par écoute du support physique.

La deuxième solution, beaucoup plus complexe, évite la distribution des clés secrètes ; elle est dite asymétrique. L'émetteur possède une clé publique et le récepteur une clé secrète. L'émetteur chiffre avec sa clé publique et le récepteur déchiffre avec sa clé secrète. La clé publique est obtenue à partir de la clé secrète. La clé publique permet de chiffrer le message mais pas de le déchiffrer. Le déchiffrement ne se fait qu'avec la clé secrète. L'avantage de l'algorithme asymétrique est bien sûr de pouvoir envoyer en clair la clé publique à son correspondant.

Les algorithmes de chiffrement à clé publique

La clé secrète est constituée de deux nombres p et q de plusieurs centaines de bits de longueur. La clé publique n est donnée par $n = pq$. Comme n est très grand, il est impossible de trouver toutes les factorisations possibles. La connaissance de n ne permet pas d'en déduire celle de p et de q.

Le mécanisme d'authentification le plus simple est le suivant : l'émetteur A et le récepteur B possèdent chacun une clé secrète identique. Pour que B puisse authentifier A, B envoie un texte à A, que A doit chiffrer avec sa clé secrète. Lorsque le texte chiffré arrive à B, celui-ci tente de déchiffrer le message avec sa propre clé secrète. S'il retrouve le texte qu'il a envoyé, il considère que A est authentifié puisque A connaît le secret qui permet le chiffrement.

L'intégrité des données consiste à démontrer que les données n'ont pas été modifiées. Pour cela, on peut utiliser une zone portant une signature. Cette signature provient d'une fonction de hachage, c'est-à-dire d'un chiffrement effectué par une clé secrète permettant de condenser le texte du message en un texte d'une taille fixe. Le récepteur effectue le même travail avec la même clé secrète et compare le résultat du hachage. Si la zone de hachage est la même, on considère que la signature a été reconnue et donc que le texte est intègre. Si le texte n'était pas intègre, la fonction de hachage ne donnerait pas la même signature.

De même, la fonction de non-répudiation peut s'effectuer par une signature électronique ou un tiers de confiance qui peut certifier que la communication a bien eu lieu.

Question 16.– *Comment réaliser une communication confidentielle entre deux points distants avec un système symétrique sans que la clé passe en clair sur la ligne de communication ?*

Réponse.– L'émetteur et le récepteur doivent s'échanger la clé secrète. Pour que la clé secrète ne soit pas en clair sur la ligne, il faut la chiffrer. Pour cela, on peut utiliser un algorithme à clé publique, dit algorithme asymétrique.

Question 17.– *Pourquoi le chiffrement est-il aussi un moyen de prouver l'intégrité ?*

Réponse.– Si les données ne peuvent pas être déchiffrées par le récepteur c'est que les éléments binaires ont été modifiés.

1 On considère le réseau à quatre nœuds dont la topologie est illustrée à la figure 7-12. Ce réseau transporte des paquets d'une extrémité à une autre (de A à B, par exemple).

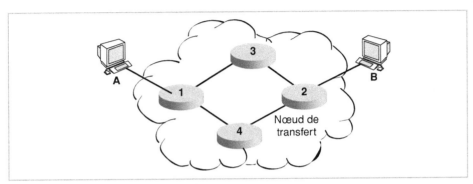

Figure 7-12. *Un réseau à quatre nœuds.*

a Dans un premier temps, on suppose que les nœuds à l'intérieur du réseau sont des commutateurs ATM. Le réseau est-il nécessairement en mode avec connexion ? Pourrait-on envisager de construire des routeurs ATM ?

b Supposons maintenant que les nœuds soient des commutateurs ATM. Est-il possible de réaliser un tel réseau en mode sans connexion ?

c Dans la topologie illustrée à la figure 7-12, les nœuds pourraient être des routeurs ou des commutateurs. La taille de la table de routage (cas des routeurs) est-elle toujours plus grande que la taille de la table de commutation (cas des commutateurs) ?

d Supposons que le temps de traversée moyen du réseau par un paquet soit de 1 s si le réseau est commuté et de 1,5 s si le réseau est routé. Ces temps sont les mêmes dans les deux sens du réseau : de l'émetteur vers le récepteur (A vers B) et du récepteur vers l'émetteur (B vers A). Si une fenêtre de bout en bout de taille 5 est utilisée et que le flot de paquets de l'émetteur vers le récepteur (c'est-à-dire arrivant simultanément à l'émetteur au début de la communication) soit de dix paquets, quelle solution donne le temps de réponse le plus court pour faire parvenir les dix paquets au récepteur ? Détailler les approximations le cas échéant. (On suppose que les paquets sont de petite taille.)

e Si l'on réduit la taille de la fenêtre à 3, quelle est la meilleure solution ? Qu'en déduire à propos du comportement du réseau ?

f Si, au lieu de mettre des fenêtres de bout en bout, on suppose que les fenêtres sont locales (de nœud en nœud), les résultats des deux exemples précédents sont-ils modifiés ? (On considère que les fenêtres locales sont de valeur 2 et que le temps moyen de traversée d'une liaison soit de 0,25 s dans le cas commuté et de 0,375 s dans le cas routé.)

2 On souhaite étudier la technique de contrôle de flux dite leaky-bucket dans sa version la plus simple : un jeton arrive toutes les T unités de temps, et, s'il n'y a pas de paquet prêt à être transmis, le jeton est perdu.

a Montrer que si le flot d'arrivée est constant, le leaky-bucket est une technique qui laisse entrer le flot dans le réseau sans le modifier.

b Si le flux d'arrivée n'est pas constant mais qu'il possède une moyenne de m paquets par seconde et un débit crête de n paquets par seconde, quel doit être le taux d'arrivée des jetons pour que le flot puisse entrer dans le réseau ?

c Dans ce dernier cas, le flux de sortie est-il constant ?

d On suppose maintenant que les jetons sont conservés, même s'il n'y a pas de paquet en attente. Répondre aux mêmes questions a, b et c que précédemment.

3 Soit un contrôle de flux par fenêtre dont la taille est N. Chaque fois que le récepteur reçoit une trame, il envoie un acquittement.

a On suppose qu'au démarrage de la communication $N = 1$ et que la fenêtre reste à cette valeur. Montrer que cette solution est acceptable si l'acquittement revient très vite après la fin de la transmission d'un paquet.

b On suppose maintenant que la taille de la fenêtre est multipliée par 2 chaque fois que tous les acquittements sont reçus correctement. Montrer qu'à partir d'un certain stade, il n'est plus nécessaire de multiplier par 2 la taille de la fenêtre pour avoir le débit maximal de la communication.

c Que se passe-t-il si un paquet est perdu ?

d Trouver une solution, en cas de perte de paquet, pour que le système continue à fonctionner.

4 On veut introduire une qualité de service dans un réseau de routage par une technique utilisant des classes. Pour cela, on suppose la définition de trois classes, 1, 2 et 3, avec 1 de plus haute priorité et 3 de plus faible priorité. Les paquets prioritaires sont servis avant les paquets moins prioritaires.

a Expliquer pourquoi la priorité d'un paquet ne peut être préemptive (capacité à arrêter la transmission pour émettre un paquet plus prioritaire).

b Montrer que si tous les paquets de priorité 1 traversent le réseau comme s'il était vide, les paquets de priorité 1 peuvent obtenir une qualité de service garantie.

c Comment être sûr que les paquets de priorité 1 voient le réseau comme étant toujours vide ?

d Montrer qu'on peut donner une garantie aux paquets de priorité 2 sur le taux de perte de paquet mais pas sur le temps de réponse.

e Les paquets de priorité 3 peuvent-ils avoir une garantie ?

5 *Considérons un réseau de signalisation.*

a Montrer qu'un réseau de signalisation utilise un routage.

b Supposons que la signalisation ouvre un chemin de A à B. Si un nouvel utilisateur souhaite également émettre un flux de A à B, est-il nécessaire d'ouvrir un nouveau circuit virtuel ?

c Ce nouveau circuit virtuel peut-il emprunter la même route entre A et B que le premier circuit virtuel ?

d Quel serait l'intérêt de lui faire emprunter la même route ou au contraire de le faire passer par une autre route ?

e Montrer que les réseaux IP forment d'excellents réseaux de signalisation.

6 *On considère un réseau de communication qui utilise la commutation de cellules ATM avec une architecture normalisée UIT-T. Pour effectuer le transport de l'information de l'utilisateur A vers l'utilisateur B, le circuit virtuel qui est ouvert passe par deux nœuds intermédiaires C et D. Le schéma général du réseau est illustré à la figure 7-13.*

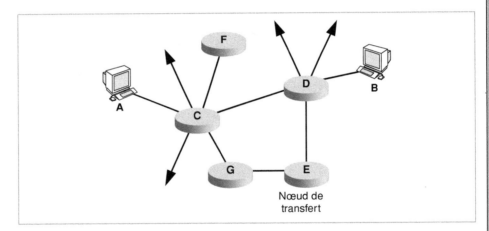

Figure 7-13. *Un réseau à cinq nœuds de transfert interconnectant les utilisateurs A et B.*

a Combien de circuits virtuels peuvent-ils passer sur la liaison AC et sur la liaison CD ?

b On envisage de réaliser des communications multipoint. Comment la liaison multipoint de A vers B et F peut-elle être mise en place ? Décrire la table de commutation de C.

c L'adresse ATM est une adresse hiérarchique liée à l'emplacement géographique. L'ouverture du circuit virtuel peut-elle être effectuée grâce à cette adresse ?

d L'adresse IP est également hiérarchique, mais elle ne donne pas d'information précise sur l'emplacement géographique. Si l'on veut ouvrir une route dans un réseau Internet (l'équivalent d'un circuit virtuel), ce qui s'effectue par le protocole RSVP, comment est-il possible de définir la route ?

e Si le réseau physique est de nouveau ATM mais que les stations travaillent avec le protocole IP et donc que la station destinataire soit connue par son adresse IP, imaginer une solution pour ouvrir le circuit virtuel ATM qui relie les deux points.

La transmission

Ce cours s'intéresse à tous les éléments qui interviennent dans l'envoi d'information sur une ligne de communication, à commencer par le codage de l'information sous forme de 0 et de 1 et la transmission de ces signaux. Il est possible d'émettre les éléments binaires tels qu'ils sortent de l'équipement terminal, sous une forme appelée bande de base, mais les supports de transmission ne s'y prêtent guère. L'autre solution consiste à moduler le signal. L'équipement qui effectue cette traduction s'appelle un modem. Une fois les informations émises, leur transport est optimisé sur le support physique par des multiplexeurs, qui assurent le passage simultané de plusieurs communications sur une même ligne. Le cours se termine par un aperçu de la numérisation des signaux analogiques, comme la parole ou la vidéo, et de la détection des erreurs en ligne.

- Le codage et la transmission

- La transmission en bande de base

- La modulation

- Les modems

- Le multiplexage

- La numérisation

- La détection et la correction d'erreur

■ Le codage et la transmission

code.– Système conventionnel de signaux permettant la transformation d'un message en vue de sa transmission.

moment.– Nombre de bits utilisés pour réaliser un code.

caractère.– Tout chiffre (en numérotation décimale ou autre), lettre, signe de ponctuation, etc., entrant dans la constitution d'un message.

code ASCII *(American Standard Code for Information Interchange).*– Code normalisé à 7 moments et 128 caractères utilisé pour l'échange d'informations.

code EBCDIC *(Extended Binary Coded Decimal Interchange Code).*– Code normalisé à 8 moments et 256 caractères utilisé sur la plupart des ordinateurs modernes.

bus.– Ensemble de conducteurs électriques montés en parallèle et permettant la transmission d'informations.

Les réseaux de données se fondent sur la numérisation des informations, c'est-à-dire sur leur représentation sous forme de suites de 0 et de 1. Ce sont ces données numérisées qui transitent sur les réseaux, sont mémorisées dans des mémoires de stockage et sont finalement utilisées. Pour effectuer la numérisation des informations sous une forme binaire, on utilise des *codes*. Ces derniers font correspondre à chaque caractère une suite précise d'éléments binaires. Le nombre de bits utilisés pour représenter un caractère définit le nombre de *moments* d'un code. Un code à n moments permet de représenter 2^n *caractères* distincts.

Plusieurs codes ont été normalisés dans le but de faciliter les échanges entre matériels informatiques. Le nombre de moments utilisés augmente en fonction de la dimension de l'alphabet, qui n'est autre que la liste des caractères qui doivent être codés. Un alphabet peut n'être constitué que de chiffres, par exemple. On peut aussi prendre en compte les lettres minuscules et majuscules, les signes de ponctuation, les opérateurs arithmétiques, ainsi que nombre de commandes particulières.

Les principaux codes utilisés sont les suivants :

- Le code télégraphique, à 5 moments, dont l'alphabet peut comporter 32 caractères, mais dont seulement 31 sont utilisés.
- Le *code ASCII*, à 7 moments, soit 128 caractères.
- Le *code EBCDIC*, à 8 moments, qui autorise jusqu'à 256 caractères.

Après l'étape du codage, intervient celle de la transmission. Pour envoyer les suites binaires de caractères vers l'utilisateur final, on peut utiliser un transport en série ou en parallèle. Dans le premier cas, les bits sont envoyés les uns derrière les autres. La succession de caractères peut se faire de deux façons distinctes : en mode asynchrone ou en mode synchrone, modes sur lesquels nous allons revenir.

Dans le cas d'une transmission en parallèle, les bits d'un même caractère sont envoyés sur des fils distincts, de façon qu'ils arrivent ensemble à destination. Cette méthode pose des problèmes de synchronisation, qui conduisent à ne l'utiliser que sur de très courtes distances, comme sur le *bus* d'un ordinateur.

Le mode asynchrone indique qu'il n'existe pas de relation préétablie entre l'émetteur et le récepteur. Les bits d'un même caractère sont encadrés de deux signaux, l'un, Start, indiquant le début du caractère, l'autre, Stop, la fin. Le début d'une transmission peut se placer à un instant quelconque dans le temps *(voir figure 8-1)*.

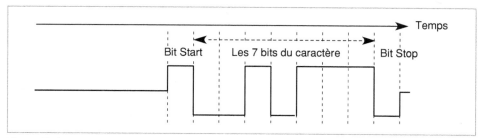

Figure 8-1. *Caractère en mode asynchrone, dans lequel le bit Start démarre n'importe quand.*

Dans le mode synchrone, l'émetteur et le récepteur se mettent d'accord sur un intervalle constant entre les transmissions, intervalle qui se répète sans arrêt dans le temps. Les bits d'un caractère sont envoyés les uns derrière les autres et sont synchronisés avec le début des intervalles de temps (chaque bit est émis pendant exactement un intervalle de temps). Dans ce type de transmission, les caractères sont émis en séquence, sans aucune séparation. Seul ce mode de transmission est utilisé pour les très forts débits.

Dans tous les cas, le signal émis est synchronisé sur une *horloge* lors de la transmission d'un élément binaire. La vitesse de l'horloge donne le débit de la ligne en *baud*, c'est-à-dire le nombre de tops d'horloge par seconde. Par exemple, une ligne de communication qui fonctionne à 50 bauds indique qu'il y a 50 intervalles de temps élémentaires dans une seconde. Sur un intervalle élémentaire, on émet en général un bit, c'est-à-dire un signal à 1 ou à 0. Rien n'empêche cependant de transmettre quatre types de signaux distincts, qui aient comme signification 0, 1, 2 et 3. On dit, dans ce dernier cas, que le signal a une *valence* de 2. Un signal a une valence de n si le nombre de niveaux transportés dans un intervalle de temps élémentaire est de 2^n *(voir figure 8-2)*. La capacité de transmission de la ligne en nombre de bits transportés par seconde vaut n multiplié par la vitesse en baud. On exprime cette capacité en bit par seconde. Par exemple, une ligne d'une vitesse de 50 bauds avec une valence de 2 a une capacité de 100 bit/s.

Lors de la transmission d'un signal, des perturbations de la ligne physique par ce que l'on appelle le bruit extérieur peuvent se produire. Si l'on connaît le niveau de ce bruit, on peut calculer la capacité de transport maximale de la ligne, exprimée en bit par seconde. En termes plus précis, le bruit correspond à l'ensemble des perturbations qui affectent la voie de transmission. Il provient de la qualité de la ligne, qui modifie les signaux qui s'y propagent, ainsi que des éléments intermédiaires, comme les modems et les multiplexeurs, qui n'envoient pas toujours exactement les signaux demandés, et d'événements extérieurs, comme les ondes électromagnétiques. Le bruit est considéré comme un processus aléatoire, décrit par la fonction $b(t)$. Si $s(t)$ est le signal transmis, le signal parvenant au récepteur s'écrit $s(t) + b(t)$. Le rapport signal sur bruit est une caractéristique d'un canal : c'est le rapport de

horloge.– Dispositif permettant d'obtenir des signaux périodiques et servant de base aux techniques de synchronisation et d'échantillonnage.

baud.– Nombre de temps élémentaires, ou tops d'horloge, par seconde.

valence.– Nombre de bits transmis par temps élémentaire.

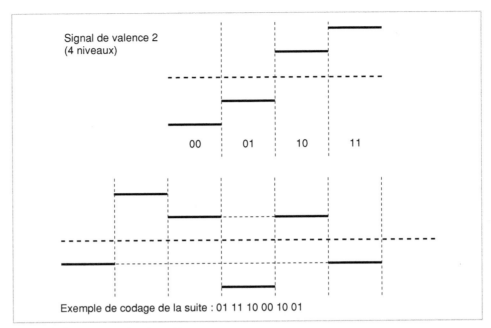

Figure 8-2a. *Signaux de valence 2.*

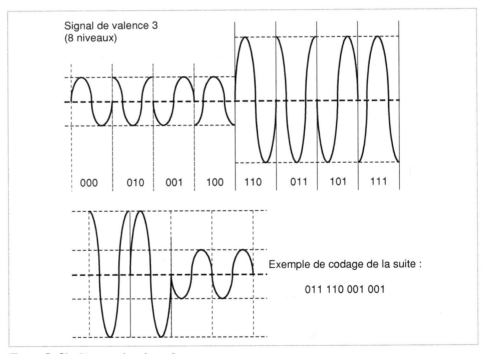

Figure 8-2b. *Signaux de valence 3.*

l'énergie du signal sur l'énergie du bruit. Ce rapport varie dans le temps, puisque le bruit n'est pas uniforme. On l'estime donc par une valeur moyenne sur un intervalle de temps exprimé en décibel (dB). Le rapport signal sur bruit s'écrit $\frac{S}{B}$.

Le théorème de Shannon donne la capacité maximale d'un canal soumis à un bruit, selon la formule :

$$C = W \log_2 (1 + \frac{S}{B}),$$

où C est la capacité maximale en bit par seconde et W la bande passante en hertz (Hz).

Sur une ligne téléphonique dont la bande passante est de 3 200 Hz pour un rapport signal sur bruit de 10 dB, on peut théoriquement atteindre une capacité de 10 Kbit/s.

Pour en terminer avec les caractéristiques principales des techniques de transfert, examinons les différents sens de transmission entre deux points.

Les liaisons unidirectionnelles, ou simplex, ont toujours lieu dans le même sens, de l'émetteur vers le récepteur. Les liaisons bidirectionnelles, dites aussi à l'alternat, ou semi-duplex, ou encore half-duplex, transforment l'émetteur en récepteur et *vice versa* : la communication change de sens à tour de rôle. Enfin, les liaisons bidirectionnelles simultanées, ou duplex, ou encore full-duplex, permettent une transmission simultanée dans les deux sens. Ces divers cas sont illustrés à la figure 8-3.

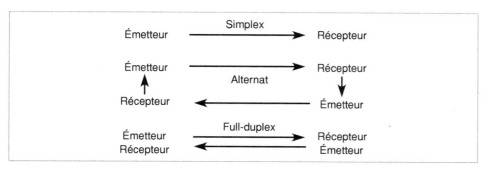

Figure 8-3. *Les différents sens de transmission entre deux points.*

Question 1.– *Dans un message, on se sert d'un code comportant 350 caractères. Combien de moments ce code contient-il ?*

Réponse.– Avec 256 caractères, on utilise complètement les 8 bits d'un octet. Pour représenter jusqu'à 512 caractères, il faut 9 bits. La réponse à la question est donc un code à 9 moments.

Question 2.– *Sur une ligne téléphonique, on utilise un débit de 32 Kbit/s. Calculer jusqu'à quel rapport de signal sur bruit on peut aller pour que ce débit soit atteint. Quel rapport existe-t-il entre l'énergie du signal et l'énergie du bruit au récepteur ?*

Réponse.– Il faut que $32\,000 = 3\,200\,\log_2(1 + \frac{S}{B})$, soit, approximativement, $\frac{S}{B} = 1\,000$ dB. Cela implique que l'énergie du bruit est $y = 10\,\log_{10} 1\,000 = 30$. Elle est trente fois plus faible que l'énergie du signal.

Question 3.– *On considère une ligne de communication de 2 400 bauds de capacité. Dans quelle condition, la vitesse, exprimée en bit par seconde, peut aussi être égale à 2 400 ? Si la valence du signal transporté est de 3, quelle est la vitesse de la ligne exprimée en bit par seconde ?*

Réponse.– Il faut que la valence du signal soit de 1 pour que la capacité de la ligne soit égale à la vitesse ; en d'autres termes, il faut que le signal transporté sur un intervalle de temps élémentaire n'exprime que les valeurs 0 ou 1. Si la valeur du signal est de 3, la vitesse de la ligne est de $3 \times 2\,400 = 7\,200$.

■ La transmission en bande de base

Le problème posé par les techniques de transmission peut se résumer très schématiquement à la question suivante : comment un émetteur peut-il coder puis envoyer un signal pour que le récepteur le reconnaisse comme un 1 ou un 0 ?

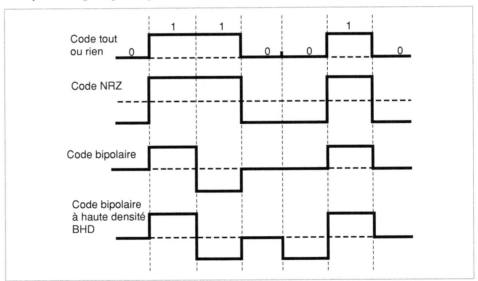

Figure 8-4. *Le codage en bande de base.*

La méthode la plus simple consiste à émettre sur la ligne des courants qui reflètent les bits du caractère à transmettre sous forme de créneaux. Un courant nul indique un 0 et un courant positif un 1. Cette méthode est dite transmission en *bande de base.* La réalisation exacte de ces créneaux pose des problèmes physiques du fait de la difficulté à faire passer du courant continu entre deux stations. Les mêmes obstacles se retrouvent dans le *code NRZ (Non Return to Zero),* qui est illustré à la figure 8-4. Le code bipolaire correspond à un code « tout ou rien », dont le bit 1 est déterminé par un courant positif ou négatif, à tour de rôle, de façon à éviter les courants continus. Ce code laisse le bit 0 défini par un courant nul.

Le code bipolaire à haute densité permet de ne pas laisser le courant nul pendant les suites de 0. Pour cela, des suites spéciales de remplissage (courant négatif, nul ou positif) sont insérées à la place des zéros. Un nouveau 1 est indiqué par un courant positif ou négatif, en violation avec la suite du remplissage, c'est-à-dire par un courant qui ne peut pas être un 0 dans la suite logique.

De nombreux autres codages en bande de base ont été développés, au gré de la demande, dans le but d'améliorer telle ou telle caractéristique du signal. Le *codage Manchester,* par exemple, a été adopté dans les réseaux Ethernet. Il est illustré à la figure 8-5.

La dégradation très rapide des signaux en fonction de la distance parcourue constitue le principal problème de la transmission en bande de base. Si le signal n'est pas régénéré régulièrement, il se déforme, et le récepteur est incapable de l'interpréter. Cette méthode de transmission ne peut donc être utilisée que sur de très courtes distances. Sur des distances plus longues, on utilise un signal de forme sinusoïdale. Ce type de signal, même affaibli, autorise un décodage simplifié pour le récepteur. Il est présenté à la section suivante.

bande de base.– Codage sous forme de créneaux indiquant des valeurs de 0 et de 1.

code NRZ *(Non Return to Zero).–* Codage dans lequel le signal ne revient jamais à 0.

codage Manchester.– Type de codage en bande de base adopté dans les réseaux Ethernet et permettant de déterminer facilement les collisions.

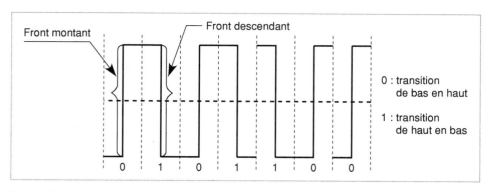

Figure 8-5. *Le codage Manchester.*

Questions-réponses

Question 4.– *Un signal en bande de base peut-il avoir une valence supérieure à 1 ?*

Réponse.– Oui. Il suffit, par exemple, de prendre, sur un intervalle de temps, + 10 V (volt) pour exprimer la valeur 00, + 5 V pour exprimer 01, – 5 V pour exprimer 10 et – 10 V pour exprimer 11. Ce signal a une valence de 2.

Question 5.– *Pourquoi les signaux en bande de base ne peuvent-ils posséder de longue portée ?*

Réponse.– Les fronts montants et descendants sont particulièrement délicats à transporter instantanément. Les discontinuités se transforment en signal continu, ce qui rend difficile la lecture au récepteur.

■ La modulation

Les réseaux mettent en œuvre trois grandes catégories de modulation :

- la modulation d'amplitude ;
- la modulation de phase ;
- la modulation de fréquence.

Dans chacune de ces catégories, un matériel intermédiaire, le modem, est inséré de façon à moduler le signal sous une forme sinusoïdale.

Le modem (modulateur-démodulateur) reçoit un signal en bande de base, et il le module, c'est-à-dire lui attribue une forme analogique particulière *(voir figure 8-6)*. Le fait de n'avoir plus de front montant ni descendant protège beaucoup mieux le signal des dégradations occasionnées par la distance parcourue dans le câble. Dès qu'un terminal situé à une distance un peu importante doit être atteint, un modem est nécessaire pour que le taux d'erreur soit acceptable.

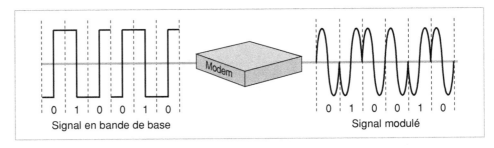

Figure 8-6. *Fonctionnement d'un modem.*

La modulation d'amplitude

Avec la modulation d'amplitude, la distinction entre le 0 et le 1 est obtenue par une différence d'amplitude du signal, comme illustré à la figure 8-7.

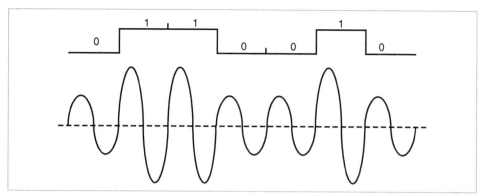

Figure 8-7. *La modulation d'amplitude.*

La modulation de phase

Dans la modulation de phase, la distinction entre 0 et 1 est effectuée par un signal qui commence à des emplacements différents, appelés phases, de la sinusoïde. À la figure 8-8, les valeurs 0 et 1 sont représentées par des phases respectives de 0° et de 180°.

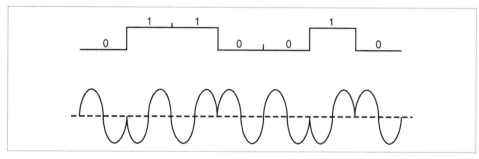

Figure 8-8. *La modulation de phase.*

La modulation de fréquence

En modulation de fréquence, l'émetteur change la fréquence d'envoi des signaux suivant la valeur 0 ou 1, comme illustré à la figure 8-9.

Jusqu'à présent, le type de modulation utilisée — amplitude, phase ou fréquence — n'a cherché à représenter que deux états possibles. En émettant, et en détectant à l'arrivée, plus de deux états de la même grandeur, on peut donner à chaque état une signification permettant de coder deux ou plusieurs bits. Par exemple, en utilisant quatre fréquences, quatre phases ou quatre amplitudes, on peut coder deux bits à chaque état. La figure 8-10 illustre le codage de deux bits par la modulation de phase.

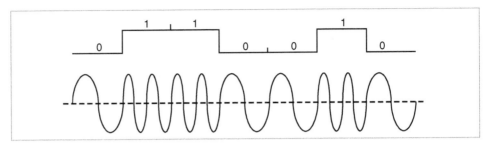

Figure 8-9. *La modulation de fréquence.*

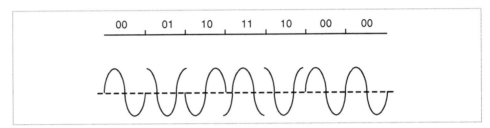

Figure 8-10. *La modulation de phase à quatre moments.*

Questions-réponses

Question 6.– *Peut-on mélanger des modulations de différents types ?*

Réponse.– Oui, c'est ce que font les modems évolués. Par exemple, on obtient un signal de valence 2 en mélangeant une modulation de phase $(0, \pi)$ et une modulation d'amplitude $(+ 5, + 10)$. Par exemple, $(0, + 5)$ exprime 00, $(0, + 10)$ exprime 01, $(\pi, + 5)$ exprime 10 et enfin $(\pi, + 10)$ exprime 11.

Question 7.– *Une modulation de phase utilise les phases $0, \pi/4, \pi/2, 3\pi/4, \pi, 5\pi/4, 6\pi/4, 7\pi/4$. Quelle est la vitesse du modem si la capacité de la ligne est de 9 600 bauds ?*

Réponse.– La valence du signal étant de 3, puisque l'on peut coder 3 bits par intervalle de temps élémentaire, la vitesse du modem est de $3 \times 9\ 600 = 28,8$ Kbit/s.

■ Les modems

Les modems transforment les signaux binaires en bande de base en signaux analogiques. Ces signaux très spécifiques indiquent également une valeur numérique. Le signal se présente sous une forme sinusoïdale.

Il arrive que des fonctionnalités additionnelles soient ajoutées au modem. Une fonctionnalité importante concerne la compression des données : dans ce cas, plutôt que d'augmenter la vitesse, on compresse les données. Le protocole MNP *(Microcom Networking Protocol)* constitue un bon exemple de proposition de compression et de correction d'erreur. Ce protocole a été mis au point par le constructeur américain Microcom et est normalisé par l'UIT-T. *(Voir aussi le cours 18, « Les réseaux d'accès », pour les modems câbles et les modems xDSL.)*

Question 8.– *Un modem peut-il atteindre des vitesses comparables à celles obtenues sur des lignes en bande de base ?*

Réponse.– Non, la transformation d'un signal en bande de base en un signal modulé demande un temps qui ne peut être atteint pour les très hautes vitesses (au-delà d'une centaine de mégabits par seconde au début de l'année 2 000).

Question 9.– *Le modem ADSL utilise une modulation d'amplitude, qui permet de coder seize valeurs différentes. Pour une distance de 5 km, on arrive à obtenir une rapidité de modulation de 340 kB (kilobaud). Quel débit le modem ADSL peut-il atteindre ?*

Réponse.– La valence du signal étant de 4, puisque l'on peut coder 4 bits par intervalle de temps élémentaire, la vitesse du modem est de $4 \times 340 = 1\ 360$ Kbit/s.

■ Le multiplexage

Sur une ligne de communication formant une liaison entre deux points distants, il peut être intéressant de faire transiter en même temps les données de plusieurs clients. Plutôt que de permettre à chaque client de disposer de sa propre infrastructure, il est beaucoup plus économique de n'avoir qu'une liaison, partagée par plusieurs utilisateurs. Le multiplexage a précisément pour but de recevoir les données en provenance de plusieurs terminaux par des liaisons spécifiques, appelées *voies basse vitesse*, et de les transmettre ensemble sur une liaison unique, nommée *voie haute vitesse*.

À l'autre extrémité de la liaison, il faut effectuer la démarche inverse, ou démultiplexage, c'est-à-dire la récupération, à partir des informations arrivant sur la voie haute vitesse, des données des différents utilisateurs et leur envoi sur les bonnes voies de sortie basse vitesse. La machine qui effectue le multiplexage ou le démultiplexage s'appelle un multiplexeur, ou mux. La figure 8-11 représente une voie de communication multiplexée par plusieurs équipements terminaux.

voie basse vitesse.– Voie de communication reliant le terminal de l'utilisateur au multiplexeur et ne prenant en charge que le trafic de l'utilisateur.

voie haute vitesse.– Voie de communication entre le multiplexeur et le démultiplexeur prenant en charge l'ensemble des trafics provenant des voies basse vitesse.

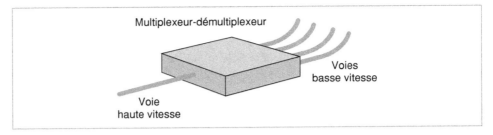

Figure 8-11. *Un multiplexeur.*

De nombreuses possibilités de multiplexage ont été proposées, et nous n'en examinons que les principales.

Le multiplexage fréquentiel et temporel

Dans un multiplexage en fréquence, chaque voie basse vitesse possède sa propre bande passante sur la voie haute vitesse. La voie haute vitesse doit avoir la capacité nécessaire pour absorber toutes les trames qui proviennent des équipements terminaux raccordés. Le fonctionnement d'un multiplexeur en fréquence est illustré à la figure 8-12.

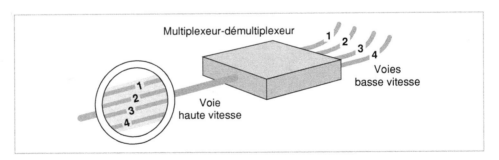

Figure 8-12. *Un multiplexeur en fréquence.*

Le multiplexage temporel suit le même mécanisme, mais au lieu de découper la voie haute vitesse en fréquences distinctes, il découpe le temps en tranches et affecte régulièrement ces tranches à chaque voie basse vitesse. On comprend que le multiplexage temporel soit plus efficace que le précédent, puisqu'il fait une meilleure utilisation de la bande passante. Un problème se pose cependant : lorsqu'une trame se présente à l'entrée du multiplexeur et que la tranche de temps qui est affectée à ce terminal n'est pas exactement à son début, il faut mémoriser l'information jusqu'au moment où la tranche se présente.

Un multiplexeur temporel doit être doté de mémoires tampons dont il est simple d'estimer la taille. Ces mémoires doivent pouvoir prendre en charge le nombre maximal de bits se présentant entre les deux tranches de temps affectées au terminal. Il faut noter que cette attente n'est pas toujours négligeable par rapport au temps de propagation du signal sur une ligne de communication.

Le multiplexage statistique et les concentrateurs

Dans les deux types de multiplexage que nous avons vus précédemment, il ne peut jamais y avoir de problèmes de débit : la voie haute vitesse a une capacité égale à la somme des capacités des voies basse vitesse. En général, cela conduit à un gaspillage de bande passante, les voies basse vitesse ne transmettant pas en continu, sauf exception. Pour optimiser la capacité de la voie haute vitesse, on joue sur la moyenne des débits des voies basse vitesse. La somme des débits moyens des voies basse vitesse doit être légèrement inférieure au débit de la voie haute vitesse. Si, pendant un laps de temps, il y a plus d'arrivées que ne peut en supporter la liaison, des mémoires additionnelles prennent le relais dans le multiplexeur.

On mise dans ce cas sur une moyenne statistique, plutôt que sur la capacité totale, d'où le nom de statistique donné à ce multiplexage. La figure 8-13 illustre un multiplexeur de ce type.

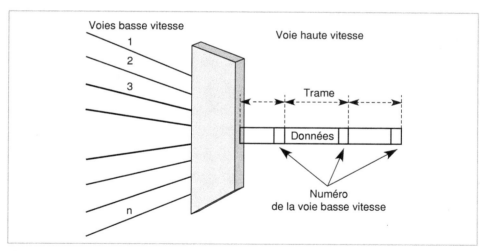

Figure 8-13. *Un multiplexeur statistique.*

Dans le schéma de la figure 8-13, on constate que les informations de la voie basse vitesse sont transportées dans une trame qui nécessite un numéro dans l'en-tête de façon à reconnaître la voie basse vitesse dans le démultiplexeur.

Un concentrateur est un multiplexeur statistique qui possède des fonctionnalités supplémentaires, comme des protocoles de niveau supérieur à celui de la couche physique.

Questions-réponses

Question 10.– *Un multiplexeur en fréquence est-il plus efficace, c'est-à-dire transporte-t-il plus d'information pour une même bande passante, qu'un multiplexeur temporel ?*

Réponse.– Non, c'est l'inverse. En fait, un multiplexeur en fréquence occasionne une forte perte de bande passante pour séparer les fréquences sur la voie haute vitesse et éviter les interférences.

Question 11.– *Pour un multiplexage statistique, peut-on garantir qu'il n'y ait pas de perte sur le multiplexage vers la voie haute vitesse ?*

Réponse.– *A priori*, non ; il est toujours possible, même avec une probabilité très faible, qu'un événement très rare se produise, comme de longues séquences sur l'ensemble des voies basse vitesse, mais l'on peut rendre cette probabilité aussi basse que l'on veut en augmentant la mémoire tampon.

■ La numérisation

Presque tous les transports d'information s'effectuent aujourd'hui en numérique : téléphone, TV numérique, Web, etc. Pour ce faire, les signaux analogiques doivent au préalable être transformés en une suite d'éléments binaires. La valeur du débit binaire obtenu par la numérisation du signal requiert un support physique dont la bande passante puisse être parfois supérieure à celle nécessaire au transport du même signal analogique. En dépit de ces contraintes, le passage à la numérisation généralisée s'explique par une demande en bande passante plus faible que celle utilisée en analogique.

Trois opérations successives doivent être réalisées pour arriver à cette numérisation.

Phase 1 : l'échantillonnage

La première phase est l'échantillonnage, qui consiste à choisir des points, ou échantillons, du signal analogique au fur et à mesure que ce dernier se déroule. Ces échantillons sont transportés au récepteur et reliés les uns aux autres de sorte à retrouver une approximation du signal original. Il est évident que plus la bande passante est grande, plus il faut prendre d'échantillons par seconde pour que le signal récupéré par le récepteur soit valide. Le théorème d'échantillonnage en règle l'usage.

Théorème d'échantillonnage : si un signal $f(t)$ est échantillonné à intervalles réguliers dans le temps et à un taux supérieur au double de la fréquence significative la plus haute, alors les échantillons contiennent toutes les informations du signal original. En particulier, la fonction $f(t)$ peut être reconstituée à partir des échantillons. Par exemple, il faut échantillonner au moins 20 000 fois par seconde un signal dont la largeur de bande passante est de 10 000 Hz.

Cette phase est illustrée à la figure 8-14.

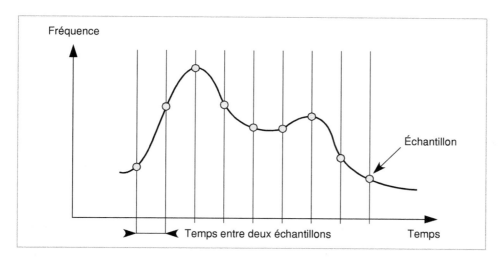

Figure 8-14. *La phase d'échantillonnage.*

Phase 2 : la quantification

La deuxième phase est celle de la quantification, qui consiste à représenter un échantillon par une valeur numérique au moyen d'une loi de correspondance. La loi la plus simple consiste à diviser l'ordonnée en segments égaux. Le nombre de segments dépend du nombre de bits choisi pour la numérisation. Par exemple, un codage sur 8 bits engendre 2^8 segments. La bande passante est donc divisée en 256 segments. Cette valeur de 8 bits correspond au choix européen. Une fois cette segmentation effectuée, le choix de la valeur de l'échantillon s'effectue simplement en sélectionnant la valeur la plus proche. Cette phase est illustrée à la figure 8-15.

Loi de correspondance

La loi de correspondance doit être choisie de telle sorte que la valeur des signaux ait le plus de signification possible. Si tous les échantillons ont une valeur à peu près égale et se trouvent donc tous rassemblés dans une zone de codage, il faut essayer d'obtenir plus de possibilités de codage que dans les zones où il y a peu d'échantillons, de façon à pouvoir distinguer la valeur des échantillons (plutôt que d'avoir toutes les valeurs égales). Pour obtenir une correspondance entre la valeur de l'échantillon et le nombre le représentant, on utilise en général deux lois, la loi A en Europe et la loi Mu en Amérique du Nord. Ces deux lois sont de type semi-logarithmique, garantissant ainsi une précision à peu près constante.

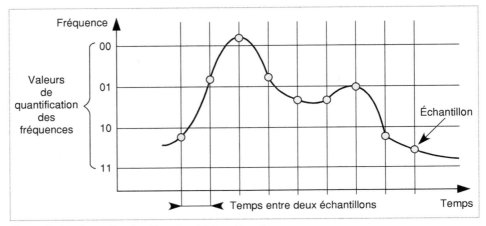

Figure 8-15. *Quantification d'un signal échantillonné.*

Phase 3 : le codage

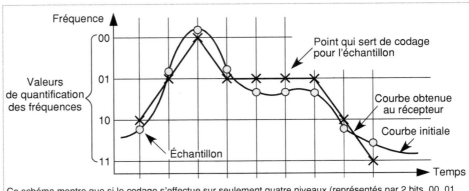

Ce schéma montre que si le codage s'effectue sur seulement quatre niveaux (représentés par 2 bits, 00, 01, 10, 11), les courbes des signaux en émission (courbe initiale) et en réception (courbe récepteur) peuvent être assez éloignées.

Figure 8-16. *Le codage.*

La troisième phase est le codage, qui consiste à affecter une valeur numérique aux échantillons obtenus lors de la première phase. Ces valeurs sont ensuite transportées dans le signal numérique. Cette phase est illustrée à la figure 8-16.

La numérisation de la voix téléphonique

La numérisation de la voix téléphonique représente un cas particulier très important. La méthode la plus classique pour la réaliser est appelée MIC (modulation par impulsion et codage) en Europe. Elle permet d'obtenir un débit de 64 Kbit/s.

La largeur de bande de la voix téléphonique analogique est de 3 200 Hz. Pour numériser ce signal correctement sans perte d'une qualité déjà relativement basse, il faut échantillonner au moins 6 400 fois par seconde. La normalisation s'est arrêtée à la valeur de 8 000 fois par seconde. La quantification s'effectue par des lois semi-logarithmiques sur une bande passante de 3 200 Hz, ce qui implique, dans la version européenne MIC, une division en 256 échelons. Le codage s'effectue sur 256 valeurs, ce qui demande 8 bits.

La valeur totale du débit de la numérisation de la parole téléphonique est obtenue en multipliant le nombre d'échantillons par la longueur du code. Cela donne 8 000 × 8 bits, soit 64 Kbit/s. Il faut noter que l'échantillonnage s'effectue toutes les 125 µs, une valeur importante dans le monde des télécoms.

Tout type de signal analogique peut être numérisé par cette méthode générale. Plus la bande passante est importante, plus la quantité d'éléments binaires à transmettre doit être grande. Pour la parole normale, limitée en général à 10 000 Hz de bande passante, il faut un flux de 320 Kbit/s si le codage s'effectue sur 16 bits.

Les codeurs qui effectuent le passage du signal analogique au signal numérique s'appellent des codecs (codeur-décodeur). Le codec MIC est très simple à réaliser, et il ne coûte aujourd'hui pratiquement rien. En revanche, les codecs pour des signaux analogiques à très large bande passante sont encore très chers, en raison de la technologie qu'ils sont contraints d'employer.

Questions-réponses

Question 12.– *De combien d'émetteurs-récepteurs a besoin un multiplexeur en fréquence devant prendre en charge dix canaux basse vitesse ? Et un multiplexeur temporel ?*

Réponse.– Dix émetteurs-récepteurs, soit un par fréquence pour le multiplexeur en fréquence et un seul émetteur-récepteur pour le multiplexeur temporel.

Question 13.– *Les canaux de télévision passant par le câble sont-ils multiplexés en fréquence ou dans le temps ?*

Réponse.– Le multiplexage des canaux TV s'effectue en fréquence. Cela explique que l'on ne puisse recevoir qu'une chaîne à la fois, un seul récepteur se positionnant sur la fréquence correspondant à la chaîne sélectionnée.

Question 14.– *Le multiplexage statistique peut-il occasionner des pertes d'information ?*

Réponse.– Oui, parce qu'il joue sur un calcul statistique pour diminuer les ressources.

Question 15.– *Calculer l'affaiblissement maximal d'une voie de communication analogique téléphonique pour qu'une même voie de parole puisse y passer en numérique ?*

Réponse.– Le débit maximal acheminé sur une bande de 3 200 Hz est obtenu par le théorème de Shannon :

$$64\ 000 = 3\ 200 \log_2(1 + \frac{S}{B}),$$

où $\frac{S}{B}$ est le rapport signal sur bruit exprimé en décibel (dB). Cela donne $20 = \log_2(1 + \frac{S}{B})$,

soit $\frac{S}{B} = 10^6$. Cette valeur est pratiquement impossible à obtenir, et c'est la raison pour laquelle il est presque impossible de faire passer 64 Kbit/s sur la bande passante téléphonique d'une ligne téléphonique analogique. Pour obtenir des débits de 64 Kbit/s, ou plus, sur une ligne téléphonique, il faut se servir d'une bande passante plus importante que 3 200 Hz. C'est ce que font, par exemple, les modems ADSL.

Question 16.– *Si un CD audio enregistre en numérique un signal d'une bande passante de 100 000 Hz et qu'il puisse enregistrer jusqu'à 500 Mo, quelle est la durée de la bande, en supposant qu'il n'y ait ni compression, ni duplication ? (On suppose également que le codage s'effectue sur 16 bits.)*

Réponse.– Pour numériser un signal de 100 000 Hz, il faut au moins 200 000 échantillons par seconde. Cela représente un débit de 400 000 octets par seconde, soit 1 250 secondes ou un peu plus de 20 minutes pour une capacité de 500 Mo. On voit sur cet exemple que le signal doit être compressé pour obtenir plus d'une heure de musique sur un tel CD.

■ La détection et la correction d'erreur

Il existe deux grandes possibilités pour détecter les erreurs en ligne. La première consiste à envoyer de l'information en redondance, de telle sorte qu'on puisse, dans un même temps, détecter et corriger les erreurs. La seconde méthode revient à utiliser uniquement un code de détection d'erreur, de façon à repérer les trames erronées et à demander leur retransmission.

Un code à la fois détecteur et correcteur nécessite d'envoyer en moyenne, et en première approximation, la moitié de l'information transportée en plus. Pour envoyer 1 000 bits avec sécurité au récepteur, il faut donc émettre 1 500 bits. Le code détecteur d'erreur demande quant à lui une zone de 16 bits, parfois de 32 bits. Chaque fois qu'une erreur est détectée, on retransmet l'ensemble de la trame. Un calcul simple montre que, pour des trames d'une longueur de

1 000 bits à 10 000 bits, un taux d'erreur bit de l'ordre de 10^{-4} constitue la limite entre les deux méthodes : un taux meilleur que 10^{-4} rend la technique de détection et de demande de retransmission meilleure que la correction directe d'erreur. Comme la plupart des lignes de communication ont un taux d'erreur bit meilleur que 10^{-4}, c'est pratiquement toujours la méthode de détection et de reprise des trames erronées qui est utilisée.

Des cas particuliers, comme la transmission par l'intermédiaire d'un satellite, peuvent être optimisés par une méthode de détection et de correction immédiate. En effet, le temps nécessaire à l'aller-retour entre l'émetteur et le récepteur étant très long (plus de 0,25 s), les acquittements négatifs réclamant la retransmission prennent 0,5 s après le départ de la trame. Si le débit est de 10 Mbit/s, cela veut dire que 5 Mbit de données ont déjà été transmis, ce qui implique une gestion importante des mémoires tampons de l'émetteur et du récepteur. Même dans le cas d'un satellite, une optimisation est en général obtenue par des demandes de retransmission.

Éléments de détection d'erreur

De nombreuses techniques de détection d'erreur sont disponibles, parmi lesquelles les *bits de parité*, que l'on peut déterminer à partir d'un caractère (on prend souvent un octet) composé soit de bits successifs, soit de bits que l'on détermine de façon spécifique.

Cette protection est assez peu performante, puisqu'elle nécessite d'ajouter 1 bit tous les 8 bits, si le caractère choisi est un octet, et que deux erreurs sur le même octet ne sont pas détectées.

Les méthodes les plus utilisées s'effectuent à partir d'une division de polynômes. Supposons que les deux extrémités de la liaison possèdent en commun un polynôme de degré 16, par exemple $x^{16} + x^8 + x^7 + 1$. À partir des éléments binaires de la trame, notés a_i, $i = 0..., M - 1$, où M est le nombre de bits formant la trame, on constitue un polynôme de degré $M - 1$: $P(x) = a_0 + a_1 x + ... + a_{M-1} x^{M-1}$. Ce polynôme est divisé dans l'émetteur par le *polynôme générateur* de degré 16. Le reste de cette division est d'un degré maximal de 15, qui s'écrit sous la forme suivante :

$$R(x) = r_0 + r_1 x + ... + r_{15} x^{15}.$$

Les valeurs binaires r_0, r_1... r_{15} sont placées dans la trame, dans la *zone de détection d'erreur*. À l'arrivée, le récepteur effectue le même algorithme que l'émetteur de façon à définir le polynôme formé par les éléments binaires reçus. Ce polynôme est de degré $M - 1$. Il effectue la division par le polynôme générateur et trouve un reste de degré 15, qui est comparé à celui qui figure dans la zone de contrôle d'erreur. Si les deux restes sont identiques, le récep-

bit de parité. – Bit supplémentaire ajouté au caractère positionné de façon que la somme des éléments binaires modulo 2 soit égale à 0 (ou à 1).

polynôme générateur. – Polynôme qui sert à générer la zone de détection d'erreur que l'on ajoute dans les trames.

zone de détection d'erreur. – Parfois appelée CRC *(Cyclic Redundancy Checksum)*, parfois FCS *(Frame Check Sequence)*, engendrée à partir du contenu de la trame et permettant de vérifier au récepteur que le contenu de la trame n'a pas été modifié suite à une erreur en ligne.

teur en déduit que la transmission s'est bien passée. En revanche, si les deux restes sont différents, le récepteur en déduit qu'il y a eu une erreur dans la transmission et redemande la transmission de la trame erronée.

Cette méthode permet de trouver pratiquement toutes les erreurs qui se sont produites sur le support physique. Cependant, si une erreur se glisse dans la zone de détection d'erreur, on conclura à une erreur, même si la zone de données a été correctement transportée, puisque le reste calculé par le récepteur sera différent de celui transporté dans la trame. Si la trame fait 16 000 bits, c'est-à-dire si elle est mille fois plus longue que la zone de détection d'erreur, on ajoute 1 fois sur 1 000 une erreur due à la technique de détection elle-même.

L'efficacité de la méthode décrite dépend de nombreux critères, tels que la longueur de la zone de données à protéger, la longueur de la zone de contrôle d'erreur, le polynôme générateur, etc. On peut estimer qu'au moins 999 erreurs sur 1 000 sont corrigées ; si le taux d'erreur sur le médium est de 10^{-6}, il devient de 10^{-9} après le passage par l'algorithme de correction, ce qui peut être considéré comme un taux d'erreur résiduelle négligeable.

Questions-réponses

Question 17.– *Que se passe-t-il s'il se produit une erreur en ligne sur la zone de contrôle ?*

Réponse.– Si une erreur survient dans la zone de contrôle, le récepteur trouve, en effectuant la division de polynômes, un reste qui ne correspond pas à la valeur transportée dans la zone de contrôle. Il en déduit qu'il y a une erreur sur le bloc d'information transporté et, le plus souvent, détruit ce bloc.

Question 18.– *Il existe des techniques de contrôle d'erreur et de correction, c'est-à-dire que le récepteur, une fois l'erreur détectée, est capable de déterminer son emplacement et donc de la corriger. On peut montrer que cette solution n'est en général pas intéressante parce qu'il vaut mieux retransmettre quelques blocs de temps en temps plutôt que de transporter un supplément d'information particulièrement important. Dans quel cas, une détection-correction est-elle intéressante ?*

Réponse.– L'intérêt d'une détection-correction concerne les très longues propagations ou les cas où le temps réel devient vital, comme la commande d'une fusée interplanétaire.

Exercices

Les corrigés de ces exercices se trouvent pp. 468-470.

1 On veut exploiter une liaison bidirectionnelle simultanée (full-duplex) entre un serveur et un terminal à 1 200 bit/s dans les deux sens.

a Si le rapport signal sur bruit vaut 20 dB, 30 dB et 40 dB, quelle est la bande passante minimale de la liaison ?

b On utilise une modulation de phase utilisant quatre phases distinctes. Faire un schéma donnant la suite 001001.

c Si le taux d'erreur par bit est θ, quelle est la probabilité qu'un message de 1 000 bits soit erroné pour $\theta = 10^{-3}$, $\theta = 10^{-4}$ et $\theta = 10^{-5}$?

2 On souhaite analyser le comportement d'un multiplexeur temporel par caractères (qui multiplexe des caractères et non des trames ou des paquets) chargé de gérer le trafic en provenance de N terminaux asynchrones fonctionnant à 110 bit/s. Un caractère émis sur une ligne basse vitesse est composé de 7 bits de données, 1 bit de parité, 1 bit Start et 2 bits Stop. Le débit de la ligne haute vitesse est de 9 600 bit/s. De plus, 5 p. 100 de la capacité de la ligne haute vitesse sont réservés à la signalisation et à la synchronisation.

a Quel est le nombre N maximal de terminaux que le multiplexeur peut superposer ?

b Si N = 100, quel est le taux d'utilisation de la ligne haute vitesse ?

c On veut multiplexer sur une voie haute vitesse trois voies de parole de qualité haute fidélité (hi-fi) ayant une bande passante de 25 kHz. On numérise les voies basse vitesse par la technique MIC. En supposant que la codification s'effectue sur 8 bits, quel est le débit de la voie hi-fi une fois numérisée ?

d Si le rapport signal sur bruit est de 10, quelle est la largeur de bande minimale requise pour faire transiter la parole hi-fi ?

e Qu'en déduire ? Pourquoi est-il intéressant de numériser la parole pour la transporter ?

f On multiplexe les trois voies hi-fi numériques par un multiplexeur temporel. En supposant que le transport s'effectue par une trame comprenant dix échantillons de chaque voie hi-fi complétés de deux intervalles de temps (IT) de verrouillage et de signalisation, quel est le débit total demandé par la voie haute vitesse (voir figure 8-17) ?

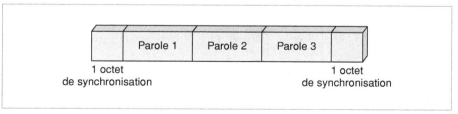

Figure 8-17. *Multiplexage temporel de trois voies basse vitesse.*

g On suppose que le signal électrique soit propagé à la vitesse de 200 000 km/s. Calculer le temps de propagation de ce signal sur une distance de 100 km.

h En supposant qu'un octet de la voie basse vitesse se présente juste au moment où la partie de la trame qui lui est consacrée se termine, calculer le temps d'attente de cette trame et la quantité de mémoire tampon que le multiplexeur doit posséder ? Qu'en déduire par rapport au temps de propagation ?

i Peut-on remplacer le multiplexeur temporel par un multiplexeur statistique ?

j Des erreurs de transmission peuvent se produire sur la voie haute vitesse. Si le taux d'erreur par bit est de 10^{-6}, donner la valeur du taux d'erreur sur une trame.

k Faut-il rajouter une technique de reprise sur erreur ?

3 On veut étudier l'interface RNIS (Réseau numérique à intégration de service) de base, qui permet de faire transiter trois canaux simultanément sur une même liaison. Cette interface, commercialisée par de nombreux opérateurs, permet de faire transiter deux voies téléphoniques et une voie de données. Les deux voies téléphoniques proposent un débit de 64 Kbit/s, et la voie de données un débit de 16 Kbit/s. L'interface étant numérique, on peut remplacer directement une communication téléphonique par un transfert de données allant à la vitesse de 64 Kbit/s.

a Le multiplexage étant temporel, et la trame globale contenant l'ensemble des trois tranches associées aux trois communications simultanées durant 125 µs, en déduire la structure de cette trame.

b Sachant que, dans la trame, il faut ajouter 6 bits pour la signalisation et la synchronisation, quelle est la vitesse globale de l'interface RNIS de base ?

c L'interface RNIS primaire permet, dans des conditions similaires, de faire transiter sur une liaison physique trente voies de téléphone à 64 Kbit/s et une voie de données à 64 Kbit/s également. Quelle doit être la structure et le débit de la voie haute vitesse si un multiplexage temporel est exercé avec une trame de durée toujours égale à 125 µs ?

d En fait, il existe un canal supplémentaire d'une vitesse de 64 Kbit/s de vitesse pour la signalisation et la synchronisation. Quelle est la vitesse globale de l'interface ? Pourquoi a-t-on choisi cette vitesse ?

e À la différence des Européens, les Américains ont choisi une interface primaire de vingt-trois voies téléphoniques et d'une voie de signalisation et de synchronisation. Toutes ces voies ayant un débit de 64 Kbit/s, quelle est la capacité globale de l'interface ? Pourquoi une telle différence avec ce qui se passe en Europe ?

f Est-il possible d'envisager un multiplexage statistique sur les interfaces primaires ?

g Quel est l'intérêt pour un utilisateur de prendre un abonnement à l'interface de base du RNIS plutôt que de s'abonner à deux lignes téléphoniques ?

h On veut maintenant comparer un accès réseau par un modem ADSL sur une ligne téléphonique et un accès par un câblo-opérateur. Les techniques de multiplexage sont-elles comparables ? Les comparer à la technique de multiplexage exercée dans le RNIS bande étroite. (Les interfaces proposées dans la première partie de cet exercice correspondent au RNIS bande étroite.)

i Chez les câblo-opérateurs, l'accès à Internet s'effectue par le biais d'un modem câble. Expliquer ce que fait ce modem.

j La parole téléphonique chez les câblo-opérateurs peut aussi utiliser un équivalent du modem câble. Expliquer ce que fait ce modem et donner son débit.

k Dans quel cas les voies de télévision utilisent-elles également l'équivalent d'un modem câble ?

l Essayer d'effectuer une conclusion sous forme de comparaison des avantages et des inconvénients des deux solutions.

4 *La technique de transmission appelée SONET* (Synchronous Optical Network) *transporte de façon synchrone une trame toutes les 125 µs. Cette trame contient neuf tranches, qui, à leur tour, contiennent 3 octets de supervision et 87 octets de données.*

a Donner des raisons pour cette synchronisation.

b Quelle est la capacité de transmission globale de SONET ?

c Quelle est la capacité de transport efficace, c'est-à-dire disponible pour l'utilisateur ?

d Cette interface SONET multiplexe de nombreux utilisateurs, qui doivent venir mettre leurs paquets dans la trame. Si l'on suppose que tous les clients ont des paquets d'un seul octet au total et qu'ils n'aient le droit que d'en mettre un seul par trame, quel est le débit par utilisateur ? En déduire le nombre de voies téléphoniques que peut transporter un canal SONET.

e Si, dans une trame SONET, on met des cellules ATM de 53 octets, dont 48 octets de données, quel est le débit utile ?

f Cette solution permet de multiplexer différents clients par le biais de leurs cellules ATM. Y a-t-il multiplexage statistique ?

g La version de base présentée ici s'appelle SONET 1, ou OC-1 *(Optical Carrier 1)*. Il existe des multiples de cette version de base, pour lesquels il suffit de multiplier la longueur de la trame par n pour avoir la version SONET n ou OC-n. Aujourd'hui, l'OC-192 et l'OC-768 sont implantés. Quels sont les débits de ces interfaces ? Combien de lignes téléphoniques peut-on y faire passer ?

h On s'en sert pour faire transiter des paquets IP. Si l'on suppose que la longueur moyenne des paquets IP soit de 200 octets, quelle devrait être la puissance d'un routeur Internet qui recevrait quatre liaisons OC-768 ?

Les protocoles de niveau trame

Le niveau trame se charge de la transmission de blocs d'information sur le support physique, de telle sorte que l'on reconnaisse le début et la fin des blocs. Pour cela, de très nombreuses procédures ont été mises au point, chacune définissant sa propre structure de trame. Ce cours traite d'abord de la norme de base, HDLC *(High-level Data Link Control)*, et de ses dérivés, LAP-B, LAP-D et LAP-F. Il se tourne ensuite vers le monde Internet pour décrire la procédure PPP, également dérivée de HDLC. Il décrit pour finir les deux trames les plus utilises aujourd'hui : ATM et Ethernet, l'une provenant de la normalisation des réseaux large bande par les opérateurs de télécommunications et l'autre du monde des réseaux locaux Ethernet.

■ HDLC et LAP-B

■ LAP-D

■ LAP-F

■ PPP

■ ATM

■ Ethernet

■ HDLC et LAP-B

HDLC *(High-level Data Link Control)* est né en 1976 du besoin de faire communiquer un terminal avec une machine distante, tout en évitant un trop grand nombre d'erreurs lors de la transmission. Avant l'apparition de HDLC, des protocoles beaucoup plus simples prenaient en charge cette fonction. Le terminal émettait une trame et se mettait en attente d'un accusé de réception, positif ou négatif. En cas de réception d'un acquittement positif, on passait à la trame suivante. Dans le cas contraire, une retransmission prenait place. Avec la génération HDLC, on procède par anticipation, l'attente de l'acquittement n'empêchant pas la transmission des trames suivantes.

mode maître-esclave.– Indique qu'une extrémité de la liaison dirige l'autre et lui demande explicitement de transmettre de temps en temps. Dans une procédure équilibrée, les deux extrémités de la liaison peuvent émettre à un moment quelconque.

Pour les besoins de transmission sur les liaisons entre nœuds de transfert des réseaux des opérateurs, l'UIT-T a développé un sous-ensemble de la norme HDLC, appelé LAP-B *(Link Access Protocol-Balanced)*. Nous allons analyser le fonctionnement de ce protocole LAP-B, qui est le plus utilisé dans le monde HDLC. Les deux autres protocoles décrits dans HDLC travaillent en *mode maître-esclave*. La structure de la trame LAP-B est illustrée à la figure 9-1.

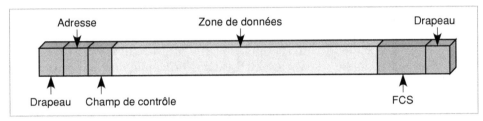

Figure 9-1. *Une trame LAP-B.*

La trame LAP-B est composée d'une suite d'éléments binaires et d'un drapeau en début et en fin de trame. La procédure LAP-B contient le drapeau suivant : 01111110.

Pour être certain qu'il n'existe pas de suite identique dans les données transportées et que la procédure soit transparente, un mécanisme simple a été mis au point : il consiste à insérer automatiquement un 0 après cinq 1. À réception de la trame, le 0 est supprimé dès que la valeur binaire 1 est reçue cinq fois de suite et que ces cinq bits sont suivis de la valeur 0. Les quatre exemples suivants illustrent cette mécanique :

- 0111110 devient 01111100.
- 01111110 devient 011111010.
- 01111111 devient 011111011.
- 011111110 devient 0111110110.

Le protocole comporte trois types de trames :

- les trames I (Information) ;
- les trames S (Supervision) ;
- les trames U (*Unumbered*, ou non numérotées, ou encore trames de gestion).

Les trames I portent les données provenant de la couche supérieure. Les trames S, de supervision, sont au nombre de trois. Elles permettent le transport des commandes. La trame RR *(Receive Ready*, ou prêt à recevoir) porte les acquittements qui ne sont pas émis dans une trame I. La trame RNR *(Receive Not Ready*, ou non prêt à recevoir) donne un contrôle de flux de niveau trame, en demandant à l'émetteur de stopper les envois jusqu'à la réception d'une nouvelle trame RR spécifiant le même numéro. La trame REJ *(Reject*, ou rejet) correspond à la reprise sur erreur en cas de détection d'anomalies. Une quatrième possibilité existe dans la norme HDLC de base, la trame SREJ (*Selective Reject*, ou trame de rejet sélectif), qui ne demande la retransmission que de la seule trame en erreur. Les trames U mettent en place les mécanismes nécessaires au bon fonctionnement du protocole.

On utilise les trois structures du champ de contrôle *(voir figure 9-2)* pour le transfert des trames d'information, que ces dernières soient numérotées ou non, ainsi que des trames de supervision numérotées et des trames de commande non numérotées.

Format du champ de contrôle	Éléments binaires du champ de contrôle							
	1	2	3	4	5	6	7	8
Format I	0	N(S)			P	N(R)		
Format S	1	0	S	S	P/F	N(R)		
Format U	1	1	M	M	P/F	M	M	M

N(S) = numéro de séquence en émission (l'élément binaire 2 = élément binaire de poids faible)
N(R) = numéro de séquence en réception (l'élément binaire 6 = élément binaire de poids faible)
S   = élément binaire de la fonction de supervision
M   = élément binaire de la fonction de modification
P/F = élément binaire d'invitation à émettre lorsqu'il provient d'une commande ;
       élément binaire final lorsqu'il provient d'une réponse (1 = invitation à émettre/fin).
P   = élément binaire d'invitation à émettre (1 = invitation à émettre)

Figure 9-2. *Les formats du champ de contrôle (fonctionnement de base, modulo 8).*

Les trames I transportent les informations en provenance de la couche supérieure. Chaque trame I contient le numéro N(S) de la trame, le numéro N(R) indiquant la prochaine trame attendue par le récepteur et l'élément binaire P/F de commande. La valeur N(R) joue le rôle d'accusé de réception positif en indiquant que toutes les trames ayant un numéro inférieur à N(R) ont bien été reçues.

Les trames S ont deux fonctions : soit remplacer les trames I, lorsqu'il n'y a pas de données à transmettre et que le récepteur veut envoyer un acquittement positif, soit réaliser les fonctions de commande de supervision de la liaison, comme la demande de retransmission ou la demande de suspension temporaire de transmission. La valeur de N(R) indique toujours la prochaine trame attendue par le récepteur. Suivant le type de commande, il peut s'agir d'un arrêt, d'un redémarrage ou d'un acquittement.

La trame U est utilisée pour effectuer les fonctions de commande de la liaison et pour le transfert d'informations non numérotées. Cette structure, qui ne contient aucun numéro d'ordre, inclut l'élément binaire P/F, indiquant une commande particulière. Cinq positions d'élément binaire « modificateur » sont disponibles, définissant jusqu'à 32 fonctions de commande et 32 fonctions de réponse supplémentaires.

modulo *n* (ou modulo de congruence).–Relation d'équivalence entre deux entiers dont la différence est un multiple de *n*.

Chaque trame I reçoit un numéro d'ordre. Ce dernier prend des valeurs allant de 0 à modulo − 1, correspondant au *modulo de congruence* des numéros d'ordre. Le modulo est égal à 8 ou 128. La numérotation parcourt le cycle complet. Les formats du champ de commande de modulo 8 sont illustrés à la figure 9-3. Les formats du champ de commande de modulo 128 sont juste une extension sur 2 octets du champ de contrôle.

Format	Commande	Réponse	Codage				
			1 2	3 4	5	6 7 8	
Transfert d'information	I (information)		0	N(S)	P	N(R)	
Contrôle	RR (prêt à recevoir) RNR (non prêt à recevoir) REJ (rejet)	RR (prêt à recevoir) RNR (non prêt à recevoir) REJ (rejet)	1 0 1 0 1 0	0 0 1 0 0 1	P/F P/F P/F	N(R) N(R) N(R)	
Non numéroté	SABM (mise en mode asynchrone équilibré)		1 1	1 1	P	1 0 0	
	DISC (déconnexion)		1 1	0 0	P	0 1 0	
		UA (accusé de réception non numéroté)	1 1	0 0	P	1 1 0	
		DM (mode déconnecté)	1 1	1 1	F	0 0 0	
		FRMR (rejet de trame)	1 1	1 0	F	0 0 1	

Figure 9-3. *Formats des champs de commande et de réponse (fonctionnement de base, modulo 8).*

Les variables d'état N(R), N(S), V(R) et V(S)

Les trames I contiennent un numéro de séquence : la valeur N(S). Par exemple, après avoir émis la trame N(S) = 3, l'émetteur envoie la trame portant N(S) = 4. Le nombre maximal de trames I numérotées en séquence dans la station émetteur en attente d'acquittement, c'est-à-dire le nombre de trames pour lesquelles il n'y a pas encore eu d'accusé de réception, n'excède jamais le modulo des numéros d'ordre moins un. Cette restriction empêche toute ambiguïté dans l'association des trames I transmises avec les numéros d'ordre pendant le fonctionnement normal et/ou pendant les reprises, en cas d'erreur.

La valeur du modulo indique également la taille maximale de la fenêtre de contrôle qui gère le nombre de trames émises par l'émetteur. En restreignant cette valeur, on diminue la capacité de la liaison.

Chaque station de données gère de façon indépendante une variable d'état à l'émission, appelée V(S), et une variable d'état à la réception, ou V(R), pour les trames I qu'elle transmet et reçoit. La variable d'état à l'émission désigne le numéro d'ordre de la trame I suivante à transmettre en séquence. La variable d'état à l'émission peut prendre des valeurs comprises entre 0 et modulo moins un, ce dernier correspondant au modulo de congruence des numéros d'ordre des trames, puisque la numérotation parcourt le cycle complet. La valeur de la variable d'état à l'émission est augmentée de un pour chaque trame I consécutive transmise, mais sans dépasser la valeur de N(R) de la dernière trame reçue d'une valeur supérieure à modulo moins un *(voir figure 9-4)*.

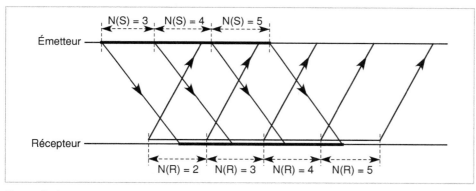

Figure 9-4. *L'utilisation de variables d'état dans le transfert de données.*

La variable d'état à la réception, ou V(R), désigne le numéro d'ordre de la prochaine trame I à recevoir en séquence. Cette variable d'état à la réception peut prendre des valeurs comprises entre 0 et modulo moins un. La valeur de la variable d'état à la réception est augmentée de un pour chacune des trames I reçues sans erreur et en séquence, le numéro d'ordre à l'émission N(S) étant égal à la variable d'état à la réception. De tels exemples d'acquittements sont illustrés aux figures 9-5 et 9-6.

Toutes les trames I et S doivent contenir la valeur N(R), qui indique le numéro d'ordre, N(S), de la prochaine trame I attendue, à l'exception de la trame de supervision de rejet sélectif (SREJ), l'élément binaire P/F étant dans ce cas à 0.

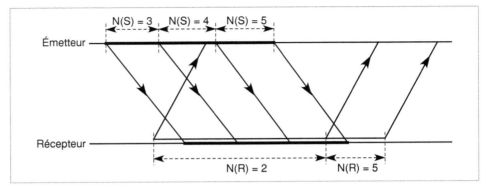

Figure 9-5. *Exemples d'acquittements regroupés.*

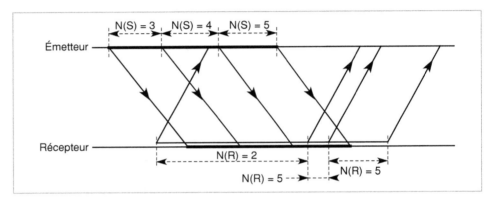

Figure 9-6. *Exemples d'acquittements multiples.*

Avant de transmettre une trame I ou S, le N(R) est rendu égal à la valeur courante de la variable d'état à la réception. Le N(R) indique que la station transmettant le N(R) a reçu correctement toutes les trames I numérotées jusqu'à N(R) − 1.

Les trames de supervision RR, RNR, REJ et SREJ

La trame de supervision RR (prêt à recevoir) est utilisée par l'émetteur dans les cas suivants :

- Pour indiquer que l'émetteur est prêt à recevoir une trame I.
- Pour accuser réception des trames I reçues précédemment et dont le numéro de séquence est inférieur ou égal à N(R) − 1.

Une trame RR est utilisée pour indiquer la fin d'un état d'occupation signalé auparavant par l'émission d'une trame RNR par cette même station (émetteur ou récepteur distant). Outre l'indication de l'état de l'émetteur, la commande RR, avec l'élément binaire P positionné à la valeur 1, est utilisée par l'émetteur pour demander l'état du récepteur distant.

La trame de supervision RNR (non prêt à recevoir) illustrée à la figure 9-7 est utilisée par l'émetteur pour indiquer un état d'occupation, c'est-à-dire une incapacité momentanée à accepter des trames I supplémentaires. La trame RNR accuse réception des trames I dont le numéro de séquence est inférieur ou égal à N(R) − 1. Elle ne doit pas accuser réception de la trame I numérotée N(R), ni d'aucune autre trame I qui pourrait éventuellement être reçue à sa suite, les acceptations de ces trames I étant indiquées dans des échanges ultérieurs.

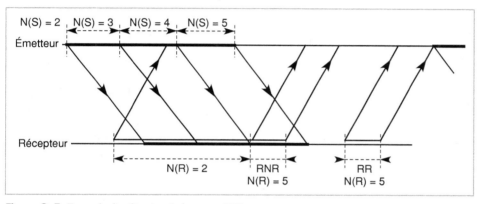

Figure 9-7. *Exemple d'utilisation de la trame RNR.*

Outre l'indication de l'état de l'émetteur, la commande RNR, avec l'élément binaire P positionné à 1, est utilisée par l'émetteur pour demander l'état du récepteur distant.

La trame de supervision de rejet REJ est utilisée par l'émetteur pour demander la retransmission de trames I numérotées à partir de N(R). La trame REJ accuse réception des trames I dont le numéro de séquence est inférieur ou égal à N(R) − 1. Les trames I suivantes, en attente de transmission initiale, sont transmises à la suite de la ou des trames I retransmises.

Sur une liaison, une seule trame REJ est émise à la fois. La commande REJ est annulée à la réception d'une trame I dont le numéro de séquence N(S) est égal au numéro N(R) spécifié dans la trame REJ.

Une trame REJ est utilisée par une station pour indiquer sa sortie d'un état d'occupation signalé par la transmission antérieure d'une trame RNR. Outre l'indication de l'état de l'émetteur, la commande REJ, dont l'élément binaire P a la valeur 1, est employée par l'émetteur pour demander l'état du récepteur distant.

Le champ d'information de toutes les trames I reçues par le récepteur dont le numéro N(S) n'est pas égal à la variable d'état en réception V(R) est ignoré.

Une condition d'exception apparaît lorsqu'une trame I reçue contient un numéro N(S) qui n'est pas égal à la variable d'état en réception. Le récepteur n'accuse pas réception, c'est-à-dire qu'il n'incrémente pas sa variable d'état en réception, de la trame I qui a causé l'erreur de séquence, ni d'aucune autre trame I qui pourrait la suivre, avant d'avoir reçu une trame I comportant le numéro N(S) correct.

Un récepteur qui reçoit une ou plusieurs trames I comportant des erreurs de séquence ou des trames de supervision RR, RNR et REJ accepte l'information de commande contenue dans le champ N(R) et l'élément binaire P ou F de façon à exécuter les fonctions de commande de la liaison. Par exemple, il accepte de recevoir des accusés de réception de trames I précédemment émises par l'émetteur et répond, l'élément binaire P étant positionné à 1.

Des moyens spécifiques permettent de déclencher la retransmission de trames I perdues ou erronées, suite à l'apparition d'une condition d'erreur sur le numéro de séquence N(S). La trame REJ est utilisée par un récepteur pour déclencher une reprise (retransmission) à la suite de la détection d'une erreur de séquence N(S). On n'établit qu'une seule condition d'exception « REJ envoyée » issue du récepteur à un instant donné. Les conditions d'exception « REJ envoyée » sont annulées à la réception de la trame I requise. Une trame REJ est retransmise un nombre de fois déterminé par le protocole, si la condition d'exception de REJ n'est pas annulée par le temporisateur T1 suite à la transmission d'une trame REJ. La figure 9-8 donne une idée du fonctionnement de la reprise par la commande REJ.

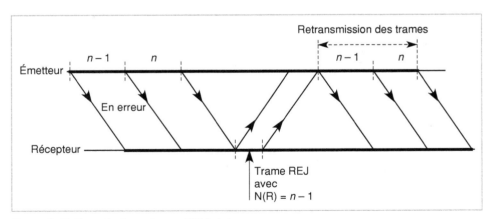

Figure 9-8. *Exemple de reprise par REJ (rejet).*

L'émetteur recevant une trame REJ en provenance d'un récepteur distant déclenche la (re)transmission séquentielle de trames I, en commençant par celle comprenant le même numéro N(R) que celui contenu dans la trame REJ. Les trames retransmises comprennent un numéro N(R) et un élément binaire P mis à jour, ces derniers étant par conséquent différents de ceux contenus dans les trames I transmises à l'origine. L'émetteur commence la retransmission avant ou pendant la transmission de la nouvelle tranche de commande, avec l'élément binaire P positionné à 1.

La retransmission suite à une trame REJ est interdite par l'émetteur dans les cas suivants :

- Si la retransmission de l'émetteur commençant par une trame particulière se produit par l'intermédiaire du point de reprise.

- Si une trame REJ est reçue avant la fin du cycle de point de reprise suivant, cycle qui amorcerait également la retransmission de cette même trame, telle qu'elle est identifiée par le numéro N(R) dans la trame REJ.

La trame SREJ (rejet sélectif) ne demande la retransmission que de la seule trame en erreur. Dans ce cas, l'émetteur arrête ses transmissions en série dès que possible, c'est-à-dire à la fin de la transmission de la trame en cours. Il émet alors la trame demandée avant de reprendre en séquence. Cette procédure de reprise SREJ est illustrée à la figure 9-9.

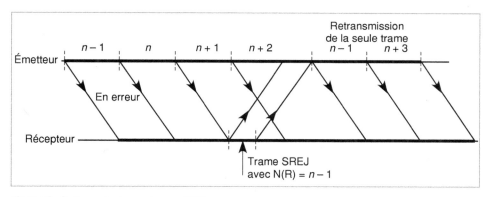

Figure 9-9. *Exemple de reprise par SREJ.*

Le bit P/F

Le bit P/F permet d'effectuer une reprise en se fondant sur un cycle de point de reprise. Pour l'émetteur, un cycle de point de reprise commence au moment de la transmission d'une trame de commande, avec l'élément binaire P positionné à 1, et prend fin à l'un ou l'autre des moments suivants :

- À la réception d'une trame de réponse avec un élément binaire F positionné à 1.

- Lorsque la fonction de temporisation de réponse s'achève (le temporisateur T1 a été déclenché au moment de l'émission de la trame comportant le bit P = 1). La figure 9-10 illustre cette reprise.

Par la transmission d'une trame I, RR, RNR ou REJ — avec l'élément binaire P positionné à 1 —, l'émetteur réclame une réponse sous la forme d'une trame de supervision avec l'élément binaire F positionné à 1. À la réception de cette trame, il doit commencer la retransmission de toutes les trames I non acquittées et possédant un numéro de séquence inférieur à la valeur qu'avait la variable d'état en émission V(S) au moment où la trame de commande avec l'élément binaire P positionné à 1 a été transmise.

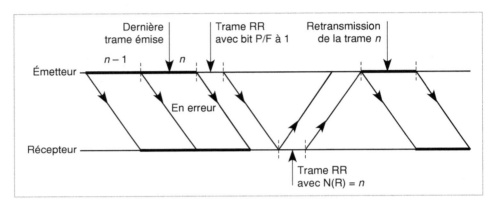

Figure 9-10. *Exemple de reprise par le bit P/F.*

Les trames de commande

Cet aparté présente les trames de commande, qui permettent la gestion et la signalisation du protocole HDLC. Il peut être sauté en première lecture.

La commande non numérotée SABM est utilisée pour placer le récepteur dans l'état de transfert de l'information en mode asynchrone équilibré (LAP-B). Dans ce mode, tous les champs de commande et de commande-réponse s'étendent sur une longueur de 1 octet.

La commande non numérotée SABME est utilisée pour placer le récepteur dans l'état de transfert de l'information en mode LAP-B. Les champs de commande et de commande-réponse numérotées ont une longueur de 2 octets, et les non-numérotées une longueur de 1 octet.

La commande non numérotée DISC est utilisée par l'émetteur pour demander que prenne fin le mode préalablement établi. Elle informe le récepteur que l'émetteur de la commande DISC suspend son fonctionnement. Il n'est pas permis d'inclure un champ d'information dans cette commande DISC. Avant d'exécuter la commande, le récepteur exprime l'acceptation de la commande DISC en envoyant un accusé de réception non numéroté (UA). L'émetteur de la commande passe à la phase de déconnexion lorsqu'il reçoit l'accusé de réception UA.

La réponse non numérotée UA est utilisée par l'émetteur pour accuser réception des commandes non numérotées SABM/SABME et DISC et les accepte. Il n'est pas permis d'inclure un champ d'information dans la réponse UA. L'émission d'une réponse UA indique la sortie d'un état d'occupation signalé auparavant par la même station par l'émission d'une trame RNR.

La réponse en mode sans connexion, DM, est utilisée par l'émetteur pour signaler un état dans lequel il est logiquement déconnecté de la liaison et se trouve dans la phase de déconnexion. La réponse DM est émise dans cette phase pour demander une commande de mise en mode ; si elle est déjà émise, elle peut répondre à la réception d'une commande de mise en mode informant le récepteur que l'émetteur se trouve toujours en phase de déconnexion et ne peut exécuter la commande de mise en mode. Il n'est pas permis d'inclure un champ d'information dans la réponse DM.

La réponse FRMR est utilisée par l'émetteur pour indiquer une condition d'erreur ne pouvant pas être récupérée par la retransmission de la même trame par le récepteur. Cela signifie que l'une au moins des conditions suivantes, qui résultent de la réception d'une trame valide, est satisfaite :
- La réception d'un champ de commande ou de commande-réponse non défini ou non mis en œuvre.
- La réception d'une trame I dont le champ d'information dépasse la longueur maximale fixée.
- La réception d'un numéro N(R) non valide.
- La réception d'une trame comprenant un champ d'information qui n'est pas permis ou la réception d'une trame de supervision de longueur incorrecte (comprenant de 32 à 39 éléments binaires inclusivement).

Un N(R) non valide est défini comme un N(R) qui pointe vers une trame I émise auparavant et acquittée, ou vers une trame I non encore émise, qui ne soit pas la trame I suivante en séquence ou en attente de transmission. Un N(R) valide est contenu dans l'intervalle compris entre le numéro de séquence en émission le plus faible N(S) et la valeur en cours de la variable d'état en émission.

Un champ d'information, qui suit immédiatement le champ de commande et qui consiste en 3 octets (fonctionnement de base modulo 8) ou 5 octets (fonctionnement étendu modulo 128), est joint à cette réponse et fournit la raison de l'émission de la réponse FRMR.

Questions-réponses

Question 1.– *Si le modulo de la procédure HDLC vaut 8, les trames sont numérotées de 0 à 7. Si les trames 3 et 4 n'ont pas été reçues et que la trame 5 soit reçue, quelle est la valeur de N(R) portée par une trame partant à cet instant-là ? (Cette trame peut être de type I, RR, REJ ou SREJ.) Montrer que cela pose un problème pour effectuer la reprise dans le cas d'un SREJ.*

Réponse.– Pour l'ensemble des trames, la valeur de N(R) est 3. Cela pose un problème pour la procédure SREJ car il n'est pas possible de demander une retransmission de la trame 4 tant que la trame 3 n'est pas arrivée correctement, puisqu'un SREJ portant la valeur N(R) = 4 acquitterait la trame 3.

Question 2.– *Si un utilisateur souhaite travailler avec une procédure HDLC de modulo égal à 100, quelle taille le champ N(S) doit-il avoir ?*

Réponse.– 7 bits.

Question 3.– *Supposons que la distance entre deux stations soit de 75 000 km (passage par un satellite géostationnaire), que la vitesse de cette liaison soit de 2 Mbit/s et que les paquets aient une taille constante de 2 000 bits. Quelle doit être la taille de la fenêtre pour espérer être encore en train d'émettre lorsque le premier acquittement arrive ? Quel modulo faut-il adopter ? Quelle doit être la taille du champ de numérotation ? Que faut-il en conclure ?*

Réponse.– Pour recevoir un acquittement, le signal doit parcourir un aller-retour (puisque la station de réception envoie l'acquittement), c'est-à-dire 150 000 km. Le temps qui s'écoule avant de recevoir le premier acquittement est d'approximativement 0,5 s. Le temps d'émission d'une trame étant de 1 ms, la station a émis 500 trames. Un modulo de 512 est donc nécessaire, soit un champ de numérotation de 9 bits. Comme cette valeur est impossible avec la procédure HDLC, il faut augmenter la taille de la trame.

■ LAP-D

RNIS (Réseau numérique à intégration de services).– Réseau développé au début des années 80 pour permettre le transport d'applications intégrant au moins la voix et les données en utilisant une interface unique.

Le protocole LAP-D a été développé pour véhiculer des trames sur un canal partagé. Du fait que plusieurs stations se connectent sur ce canal, il faut pouvoir déterminer le terminal récepteur. L'appellation LAP-D provient de sa création dans le contexte du *RNIS*, qui propose une interface simple d'accès composée de deux canaux B et d'un canal D (2B + D). Le canal D est un canal paquet, au contraire du canal B, qui est un canal circuit. Ce canal D a été défini dans l'interface avec le RNIS pour transporter en priorité les commandes, les deux canaux B transportant les données ou les voix téléphoniques de l'utilisateur.

Les informations transitent dans le canal B sous forme de trames LAP-B. Pour le canal D, qui fonctionne en multipoint, l'UIT-T a normalisé une extension du LAP-B : le protocole LAP-D. Cette norme se caractérise par un champ supplémentaire d'adressage déterminant l'un des équipements terminaux connectés au canal D. Ce champ prend aussi en charge les adresses multipoints et de diffusion.

Ce champ, d'une longueur de 2 octets, est illustré à la figure 9-11.

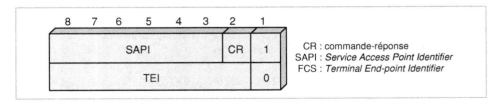

Figure 9-11. *Champ d'adresse du protocole LAP-D.*

Le premier bit du premier octet est conforme aux conventions de la norme LAP-B : bit d'extension d'adresse sur 2 octets. Le SAPI *(Service Access Point Identifier)* est l'identificateur du point d'accès au service réseau. Ce champ de 6 bits définit jusqu'à 64 services distincts, qui peuvent être multiplexés sur la même liaison. Les quatre valeurs principales suivantes correspondent à une utilisation classique :

- 0 pour les contrôles des autres canaux (canaux B en particulier) ;

- 1 pour les techniques de relais de trames *(Frame Relay)* ;

- 16 pour les informations utilisateur ;

- 63 pour les procédures de maintenance et de test.

Le premier octet possède également un bit indiquant le mode commande-réponse. Le deuxième octet possède une adresse TEI *(Terminal End-point Identifier)* identifiant les récepteurs : c'est l'adresse multipoint proprement dite. La valeur 127 est réservée comme adresse de diffusion sur le multipoint.

La structure de la trame LAP-D est conçue pour gérer la liaison multipoint du canal D de l'interface RNIS. Sur cette liaison multipoint, un maximum de huit connexions est fixé par la normalisation. Les 128 adresses possibles permettent l'accès aux huit machines connectées et à des multipoints.

Les adresses TEI peuvent être fixes ou dynamiques. Les adresses fixes sont réservées aux terminaux qui restent toujours connectés à la ligne d'abonnés. En revanche, les adresses dynamiques sont fournies aux terminaux au moment de leur connexion au réseau. Cette solution permet une meilleure portabilité des terminaux.

Les autres champs de la trame LAP-D sont conformes au protocole LAP-B. En particulier, les contrôles reprennent les trames REJ, SREJ, RR et RNR pour effectuer les reprises, les acquittements et le contrôle de flux.

Questions-réponses

Question 4.– *Montrer que 128 est une valeur insuffisante pour la taille de l'adresse si l'on souhaite prendre en compte toutes les combinaisons possibles sur huit connexions.*

Réponse.– Le nombre total de combinaisons formées à partir de 1, 2, 3, 4, 5, 6, 7 et 8 terminaux est de :
$N = 8 + 28 + 56 + 70 + 56 + 28 + 8 + 1 = 255$
Il y a 8 possibilités d'adresse unique, 28 possibilités d'adresses formées à partir de 2 terminaux différents, 56 possibilités d'adresses formées à partir de 3 terminaux, etc.

Question 5.– *Y a-t-il un risque de collision de deux trames sur le canal D ?*

Réponse.– Oui, il y a un risque de collision sur un canal paquet du type D du fait qu'il existe plusieurs connexions sur le même support. Les normalisateurs ont ajouté une technique Ethernet simplifiée pour résoudre ce problème de collision.

■ LAP-F

liaison virtuelle.–
Nom donné au circuit virtuel dans le relais de trames, pour indiquer que l'ouverture et la fermeture de la liaison virtuelle se font au niveau trame et non au niveau paquet.

Le protocole LAP-F, avec F pour *Frame* (trame), propose une extension du LAP-D pour le relais de trames dans le but d'améliorer les performances des protocoles de niveau paquet. Les discussions ont conduit à supprimer la couche 3 et à faire descendre les fonctionnalités de routage, de contrôle de flux et d'adressage dans la couche 2. En recherchant un protocole de niveau 2 qui puisse remplacer avantageusement le protocole LAP-B, on a pensé, bien sûr, au protocole LAP-D. C'est ainsi qu'est née la commutation de trames. La structure de la trame LAP-D a évolué en remplaçant la zone d'adresse par une zone indiquant une référence de commutation, le DLCI *(Data Link Connection Identifier)*. Les références forment un circuit virtuel, que l'on appelle *liaison virtuelle* dans le relais de trames.

Cette zone DLCI, de 10 bits dans la première version du LAP-F, a été étendue par l'adjonction d'un troisième octet puis d'un quatrième, dans lesquels 6 et 7 bits ont été choisis pour allonger le champ DLCI. La structure de la trame LAP-F se présente comme illustré à la figure 9-12.

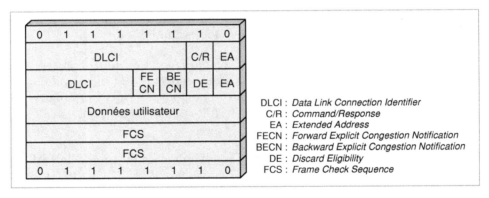

Figure 9-12. *Structure de la trame LAP-F.*

Le contrôle de flux qui a été ajouté se sert des trois éléments binaires FECN, BECN et DE.

Questions-réponses

Question 6.– *Pourquoi l'adresse du LAP-D a-t-elle été abandonnée pour devenir une référence dans le LAP-F ?*

Réponse.– Les opérateurs de télécommunications préfèrent les modes commutés et avec connexion. Ils doivent donc utiliser des références. De plus, dès qu'un réseau est très grand, une référence a l'avantage d'être beaucoup plus courte qu'une adresse complète.

Question 7.– *Comment s'effectue le contrôle de flux dans le LAP-D, et pourquoi en a-t-on changé dans le LAP-F ?*

Réponse.– Le contrôle de flux dans le LAP-D s'effectue avec les trames RR et RNR : dès qu'une station commence à être congestionnée, elle émet une trame RNR pour stopper le flux, puis une trame RR pour le redémarrer. Cette solution se révèle très simpliste lorsque le réseau possède beaucoup de nœuds, et c'est la raison pour laquelle le contrôle de flux du LAP-F est plus sophistiqué.

■ PPP

Le protocole PPP *(Point-to-Point Protocol)* est utilisé dans les liaisons d'accès au réseau Internet ou sur une liaison entre deux routeurs. Son but est d'indiquer le type des informations transportées dans le champ de données de la trame. Le réseau Internet étant *multiprotocole*, il est important de savoir détecter, par un champ spécifique de niveau trame, l'application qui est transportée de façon à envoyer les trames concernées vers la bonne porte de sortie.

multiprotocole.– Désigne un réseau dans lequel plusieurs protocoles de même niveau peuvent être utilisés simultanément.

La trame du protocole PPP ressemble fortement à celle du HDLC. Un champ déterminant le protocole de niveau supérieur s'ajoute juste après le champ de supervision. La figure 9-13 illustre la structure de la trame PPP.

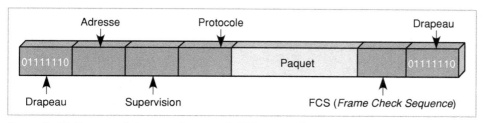

Figure 9-13. *Structure de la trame du protocole PPP.*

Les valeurs les plus classiques du champ de protocole sont les suivantes :

- 0x0021 pour le protocole IPv4 ;
- 0x002B pour le protocole IPX (protocole *propriétaire* de la société Novell) ;
- 0x002D pour le protocole TCP/IP à en-tête compressé ;
- 0x800F pour le protocole IPv6.

propriétaire.– Protocole ou architecture de réseau développé par un constructeur particulier et ne servant pas de norme de fait.

Questions-réponses

Question 8.– *Le protocole PPP est-il conforme au modèle de référence ?*

Réponse.– Non, car il transporte une information de ce qui est transporté dans la trame.

Question 9.– *Pour quelle raison a-t-on besoin du protocole PPP pour transporter un paquet IPv4 ou IPv6 sur Internet ?*

Réponse.– IPv4 et IPv6 correspondant à des paquets et non à des trames, il faut une structure de trame pour permettre à ces paquets d'être pris en charge sur une liaison.

■ ATM

Le mode ATM *(Asynchronous Transfer Mode)*, un sigle synonyme de réseau de télécommunications à haut débit, correspond au deuxième niveau de l'architecture de l'UIT-T. Le bloc transporté sur les liaisons des réseaux ATM est une trame. On appelle cette trame une cellule en raison de sa structure très particulière, sa taille étant constante, quelle que soit la longueur de l'information à transmettre.

La figure 9-14 décrit la structure générale d'une cellule ATM. Elle se compose d'un champ d'information de 48 octets et d'un en-tête de 5 octets.

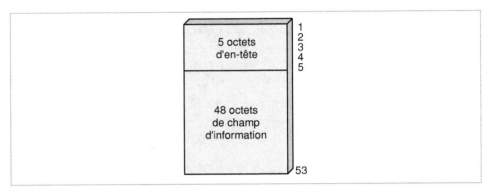

Figure 9-14. *Structure d'une cellule ATM.*

interface UNI *(User Network Interface).–* Interface utilisée pour entrer dans un réseau ou pour en sortir.

interface NNI *(Network-Node Interface).–* Interface située entre deux nœuds du réseau.

Les réseaux ATM déterminent deux types d'interfaces, l'*interface UNI (User Network Interface)*, située entre un client et un nœud du réseau, et l'*interface NNI (Network-Node Interface)*, située entre deux nœuds de transfert. La figure 9-15 illustre le format et les paramètres de l'en-tête d'une cellule ATM traversant l'interface utilisateur-réseau UNI. La figure 9-16 illustre le format et les paramètres de la même trame sur l'interface NNI.

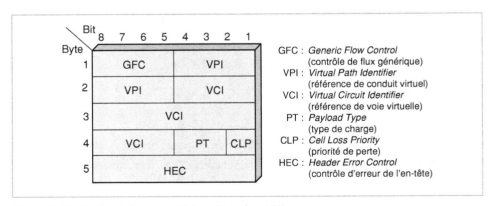

Figure 9-15. *En-tête de la trame ATM sur l'interface UNI.*

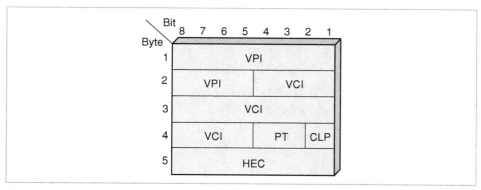

Figure 9-16. *En-tête de la trame ATM sur l'interface NNI.*

Les fonctions de GFC *(Generic Flow Control)* pour l'UNI (4 bits) regroupent la résolution des conflits, l'équité et la gestion de performance sur l'interface d'accès.

Le champ VCI/VPI *(Virtual Circuit Identifier/Virtual Path Identifier)* contient la référence, ce qui permet d'en déduire que les réseaux ATM utilisent une commutation. Sur l'UNI, la longueur totale de la référence VCI + VPI est de 24 bits. Sur l'interface NNI, la longueur de la référence VCI + VPI atteint 28 bits. Nous pouvons donc avoir jusqu'à 2^{24} connexions simultanées sur une interface UNI et 2^{28} connexions sur une interface NNI.

La référence VCI identifie une connexion propre sur l'UNI ou sur la NNI. Pour chaque connexion, la valeur du VCI change le long du conduit emprunté par la cellule. Le séquencement des cellules est conservé sur le circuit virtuel.

Un conduit VP permet un multiplexage de VC empruntant le même chemin physique. Aux nœuds intermédiaires du *conduit virtuel*, seule la valeur VPI dans l'en-tête est traitée. Aux nœuds terminaux du conduit, les machines de destination sont déterminées par la valeur du VCI.

conduit virtuel *(Virtual Path)*.–Équivalent d'un circuit virtuel dont les références utilisées sont les VPI. Les conduits virtuels multiplexent les voies virtuelles des réseaux ATM.

La zone PT *(Payload Type)*, sur 3 bits, indique si le champ d'information de la cellule ATM contient des données utilisateur ou de gestion. Le bit CLP *(Cell Loss Priority)* indique une priorité : si CLP = 0, la cellule est prioritaire, si CLP = 1, la cellule peut être détruite par l'opérateur du réseau en cas de saturation. Ce bit est très discuté dans son utilisation, car il donne à l'opérateur un moyen simple de détruire des cellules dans le réseau. Il ne peut donc y avoir de garantie dans l'émission d'une cellule avec le bit CLP = 1.

Le champ HEC *(Header Error Control)*, sur 8 bits, sert à détecter et à corriger une erreur sur l'en-tête de la cellule. S'il y a plus d'une erreur détectée, la cellule est détruite. Le HEC sert aussi de signature pour déterminer le début de la cellule ATM. En effet, lorsque la synchronisation n'est pas acquise, à l'arrivée de chaque nouveau bit, la division du polynôme formé par les 32 bits de l'en-tête par le polynôme générateur de degré 8 doit donner un reste égal au HEC. La mécanique implantée dans les coupleurs ATM permet de déterminer le début de la cellule ATM, même en présence d'une erreur, laquelle, dans ce cas, est corrigée. De nouveau, s'il y a plus d'une erreur, la correction ne peut s'effectuer, pas plus que la synchronisation, c'est-à-dire la découverte du début de la cellule.

En résumé, la technique ATM correspond bien à une commutation de niveau trame, avec de nombreuses propriétés aptes à faire de l'ATM une solution de transfert pour les hauts débits.

Questions-réponses

Question 10.– *Tous les circuits virtuels inclus dans un même conduit vont-ils vers le même nœud de destination ?*

Réponse.– C'est le but d'un conduit virtuel, mais ce n'est pas une obligation. À la sortie d'un conduit, un circuit virtuel peut partir vers une autre direction.

Question 11.– *Le HEC a un fonctionnement un peu plus complexe que celui expliqué précédemment. Lorsque plus d'une erreur est détectée dans l'en-tête d'une cellule et que l'on découvre une seule erreur dans l'en-tête de la cellule suivante, on préfère la détruire, bien qu'on serait capable de la corriger. Comment expliquer ce phénomène ?*

Réponse.– S'il existe plus d'une erreur dans l'en-tête de la cellule précédente et qu'il y ait encore une erreur dans l'en-tête de la cellule concernée, cela indique qu'il y a beaucoup d'erreurs en ligne. Dans ces conditions, il vaut mieux détruire la cellule, qui doit comporter dans son corps (le champ d'information) de nombreuses erreurs.

Question 12.– *L'avantage de la petite cellule ATM provient du temps très court nécessaire pour la remplir. Pour un téléphone numérique qui serait connecté à un réseau ATM, calculer le temps nécessaire pour remplir une cellule ATM.*

Réponse.– Le débit d'une communication téléphonique numérique correspond à 1 octet toutes les 125 µs. Il faut donc 48×125 µs = 6 ms pour remplir la cellule.

■ Ethernet

La trame Ethernet normalisée se présente sous la forme illustrée à la figure 9-17. Il s'agit bien d'une trame, car elle contient un champ de début et un champ de fin. Le cours 14, « Les réseaux Ethernet », montre qu'une autre structure de trame Ethernet, légèrement différente, peut exister.

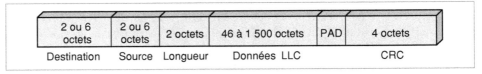

Figure 9-17. *Structure de la trame Ethernet.*

Ce champ est constitué d'un préambule et d'une zone de délimitation tenant au total sur 8 octets. Le préambule se compose d'une suite de 7 octets de valeur 10101010, suivie de la zone de début de message SFD *(Start Frame Delimiter)*, égale à 10101011. Cette solution rend le niveau trame transparent, car la probabilité de retrouver la même suite dans le corps de la trame est négligeable.

La zone longueur indique la longueur du champ de données provenant de la couche supérieure. La zone *pad* permet de remplir le champ de données pour atteindre 46 octets, qui est une valeur minimale si l'on veut que la trame atteigne 64 octets au total, ce qui représente la longueur minimale d'une trame.

pad.– Zone permettant de « rembourrer » (*pad* en anglais) un champ de façon que la trame atteigne une taille minimale. On désigne aussi sous le nom de padding les informations qui ont servi au rembourrage.

Le champ de contrôle et de détection d'erreur s'étend sur 4 octets. Il utilise un polynôme générateur de degré 32, les adresses de l'émetteur et du récepteur tenant sur 6 octets chacune. La constitution de ces adresses est décrite plus en détail au cours 14. Indiquons simplement ici que cette adresse détermine une carte coupleur. Cette adresse s'appelle l'adresse MAC *(Medium Access Control)*. Il est à noter qu'elle n'a aucune signification géographique : la valeur de l'adresse ne donne aucune idée de l'emplacement de la carte. Elle n'est pas hiérarchique mais absolue. Cela explique que la première utilisation de l'environnement Ethernet soit le réseau local. En effet, puisque l'on ne sait pas où se trouve le destinataire, la seule solution pour l'atteindre consiste à émettre la trame en diffusion.

La trame Ethernet

Le passage de l'Ethernet à un environnement plus large s'est effectué grâce à l'addition de deux champs supplémentaires dans un premier temps : le VLAN et le *shim label*. De nouveaux champs sont encore ajoutés pour l'Ethernet Carrier Grade, que nous examinerons au cours 14. La structure de cette nouvelle trame se présente comme illustré à la figure 9-18.

L'identificateur VLAN *(VLAN Tag)* sur 4 octets contient un premier champ VPID *(VLAN Protocol IDentifier)* et un champ TCI *(Tag Control Information)*. Cet identificateur est inséré entre la référence de dérivation (shim label) et le champ Longueur type du client MAC. La longueur de la trame Ethernet passe à 1 522 octets (1 518 lorsque ce champ n'est pas présent). Le champ VPID prend la valeur 0x81-00, qui indique la présence du champ TCI.

Le TCI contient lui-même trois champs :
• Un champ de priorité de 3 bits permettant jusqu'à 8 niveaux de priorité.
• Un champ d'un bit, le bit CFI *(Canonical Format Indicator)*. Ce bit n'est pas utilisé pour les réseaux IEEE 802.3 et est mis à 0 dans ce cas. On lui attribue la valeur 1 pour des encapsulations de trames Token-Ring.
• Un champ de 12 bits VID *(VLAN IDentifier)*, qui indique l'adresse du VLAN.

Revenons un instant sur le champ de priorité. Son rôle est primordial, car il permet d'affecter des priorités aux différentes applications multimédias. Huit niveaux de priorité permettent de réellement privilégier les plus hautes priorités et d'autoriser ainsi des services temps réel, comme la parole.

Suite p. 190

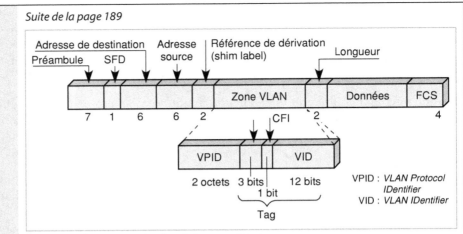

Suite de la page 189

Adresse de destination
Préambule   SFD
Adresse source
Référence de dérivation (shim label)
Longueur

Zone VLAN   Données   FCS

7   1   6   6   2   CFI   2   4

VPID   VID

2 octets   3 bits   12 bits
1 bit

Tag

VPID : *VLAN Protocol IDentifier*
VID : *VLAN IDentifier*

Figure 9-18. *Structure étendue de la trame Ethernet.*

Le protocole MPLS *(MultiProtocol Label Switching)* a été choisi par l'IETF pour devenir le protocole d'interconnexion de tous les types d'architectures. Il est décrit au cours 6, « Les architectures logiques ». Il met particulièrement en avant deux protocoles sous-jacents, ATM et Ethernet. Dans le cas d'Ethernet, une référence supplémentaire est ajoutée juste après l'adresse Ethernet MAC sur 6 octets. Ce champ transporte une référence, dite shim address, qui permet de faire transiter une trame Ethernet d'un sous-réseau Ethernet à un autre sous-réseau Ethernet ou vers une autre architecture, ATM ou relais de trames.

Questions-réponses

apprentissage.– Indique que le commutateur apprend où sont situés les autres coupleurs du réseau en examinant les trames qui passent.
Lorsqu'une trame arrive dans le commutateur, celui-ci examine l'adresse source pour *apprendre* dans quelle direction se trouve le coupleur possédant cette adresse.

porteuse.– Fréquence spécifique d'un canal (courant électrique ou faisceau lumineux, par exemple) qui peut être modulée pour acheminer une information.

Question 13.– *Montrer que l'adresse MAC peut servir de référence.*

Réponse.– Si l'on choisit l'adresse MAC du destinataire comme référence, elle ne peut être utilisée que par les trames qui vont au même endroit. La difficulté provient du fait qu'il n'y a pas de signalisation dans un réseau Ethernet. Il faut donc que les commutateurs Ethernet soient capables de déterminer la bonne file de sortie, par *apprentissage*, par exemple.

Question 14.– *La longueur minimale de la trame Ethernet est de 64 octets. Si la vitesse des coupleurs est de 10 Mbit/s, calculer le temps d'émission d'une telle trame. Si la liaison mène vers un commutateur, quelle doit être la puissance de commutation par ligne d'accès ?*

Réponse.– Le temps nécessaire pour transmettre 512 bits est de 51,2 µs, soit presque 20 000 paquets par seconde par ligne d'accès. Le cours 15, « Les réseaux Ethernet », montre que les collisions éventuelles proviennent de plusieurs terminaux qui se mettent à l'écoute pendant qu'une station transmet.

Question 15.– *On suppose que la longueur du support d'un réseau Ethernet soit égale à 20 m et la vitesse de propagation à 200 000 km/s. Si le réseau Ethernet est partagé, c'est-à-dire si plusieurs machines sont connectées sur le même support physique, l'algorithme d'accès implique qu'un coupleur écoute la porteuse avant de transmettre. Montrer que si la porteuse est libre, la probabilité de collision est très faible.*

Réponse.– Pour parcourir tout le support physique, il faut 0,1 µs. Pour qu'il y ait une collision, deux trames doivent être émises à peu près au même moment. Plus exactement, si un coupleur s'aperçoit en écoutant le support qu'aucune transmission n'est en cours, le risque de collision ne peut provenir que de l'éventuelle émission par un autre terminal dans la même 0,1 µs, ce qui est une probabilité infime.

1

On considère une liaison entre deux nœuds de transfert.

a Montrer que l'objectif d'un protocole de niveau trame est de transporter des paquets d'un nœud de transfert à l'autre.

b Les protocoles de niveau trame de première génération était du type send-and-wait, c'est-à-dire que le nœud émetteur émettait une trame puis attendait l'acquittement avant d'émettre une deuxième trame. Montrer que cette solution n'est plus acceptable dans les réseaux à très haut débit.

c On utilise aujourd'hui des protocoles avec anticipation, qui permettent d'émettre une nouvelle trame sans avoir reçu l'acquittement de la trame précédente. Montrer que cette solution permet à l'émetteur de ne pas s'arrêter de transmettre.

d Si *N* est la taille de la fenêtre d'anticipation, quel rapport y a-t-il entre cette valeur, la vitesse d'émission et la longueur de la trame (on suppose que le temps de propagation est négligeable dans un premier temps puis non négligeable ensuite) ?

e Si une technique de reprise sur erreur est incorporée dans le protocole de niveau trame, montrer que la taille de la fenêtre *N* nécessaire pour que l'émetteur ne s'arrête pas de transmettre est égale au nombre de trames qui doivent pouvoir être émises pendant le temps de deux allers-retours.

2

Soit un protocole de niveau trame permettant la communication entre deux nœuds de transfert.

a Si la trame Ethernet est adoptée sur cette liaison, décrivez la succession de tâches effectuées par le nœud d'émission et le nœud de réception.

b Même question, mais avec la trame ATM utilisée par le protocole de liaison.

c Comme il n'y a pas d'acquittement dans les protocoles Ethernet et ATM, comment s'effectuent les reprises sur erreur ?

3

Un réseau IP a pour objectif de transporter des paquets IP d'une machine terminale vers une autre. Les nœuds de transfert sont des routeurs.

a Montrer que pour transporter les paquets IP d'un routeur à un autre, il faut un niveau trame.

b Si l'on choisit un niveau trame de type PPP, montrer que le champ de données de cette trame est constitué du paquet IP.

c Montrer que la fenêtre de contrôle de PPP englobe des paquets pouvant appartenir à des utilisateurs différents.

4

On considère une liaison LAP-B d'une capacité de transmission de 2 Mbit/s.

a Si les trames ont une longueur moyenne de 2 000 bits, quelle devrait être la taille minimale de la fenêtre pour que la liaison ne soit jamais bloquée dans le cas où il n'y a pas d'erreur ? (Ne pas tenir compte, si nécessaire, de la taille maximale imposée par la procédure LAP-B.)

b Même question, mais en supposant qu'il y ait parfois des trames en erreur et que la procédure de reprise soit REJ.

c Même question, mais en supposant que la reprise soit SREJ.

d Même question, mais en supposant qu'il y ait successivement trois trames en erreur, d'abord avec la technique REJ, puis avec la technique SREJ.

e La trame RNR peut-elle servir de contrôle de flux ?

f On suppose que le taux d'erreur soit de 10^{-5}. Calculer la probabilité qu'une trame soit en erreur.

g Si la trame doit passer successivement par cinq liaisons identiques, quelle est la probabilité que la trame soit en erreur au récepteur ? (On suppose qu'il n'y ait pas de reprise sur erreur.)

h Pour ce réseau de cinq liaisons en série, le relais de trames peut-il être une solution mieux adaptée qu'une infrastructure de réseau ayant cinq procédures LAP-B de suite ?

i Si l'on suppose que le niveau paquet soit de type IP, quel serait l'avantage de remplacer le protocole LAP-B sur la liaison à 2 Mbit/s par un protocole PPP ?

j La trame Ethernet peut-elle remplacer la trame LAP-B ? Peut-on faire une reprise sur erreur avec la trame Ethernet ? En déduire que la trame Ethernet doit encapsuler dans sa zone de données une trame équivalente au LAP-B si l'on souhaite effectuer des reprises sur erreur.

k Si l'on remplace maintenant les trames précédentes par une trame ATM, peut-on effectuer une reprise sur erreur sur la liaison ?

l Pour détecter les pertes de cellules ATM, il est possible, dans certains cas, de rajouter dans le début de la zone de données, à l'intérieur du premier octet, trois bits pour effectuer cette recherche. Trouver une solution au fonctionnement de ces trois bits pour la détection de perte d'une cellule.

m Pourquoi n'a-t-on choisi que 3 bits, et non pas une numérotation beaucoup plus longue ?

n Trouver une application simple, dans laquelle il soit important de détecter les pertes de cellules mais dans laquelle récupérer l'erreur n'ait aucun intérêt.

5 *Soit une liaison entre deux équipements. Un contrôleur de communication, gérant une procédure HDLC, est installé sur les deux stations.*

a Le taux d'erreur bit est de 10^{-4} sur la liaison. Quelle est la probabilité d'erreur d'une trame HDLC de 128 octets ? Quelle est la probabilité qu'il y ait successivement deux trames en erreur ?

b Le mécanisme de reprise SREJ paraît-il meilleur que REJ dans cet environnement ?

c On modifie le drapeau de la procédure HDLC pour le remplacer par la succession 01010101. Comment rendre la procédure transparente (toute suite d'éléments binaires doit pouvoir être transportée dans la trame) ?

d Dans les schémas des figures 9-19, 9-20 et 9-21, remplacer les points d'interrogation (?) par des trames HDLC. Pourquoi la station B envoie-t-elle la trame REJ 2 F ?

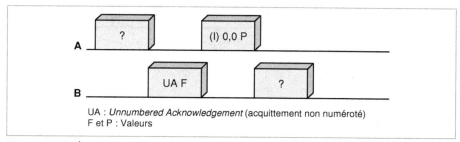

Figure 9-19. *Échange de trames entre les équipements A et B.*

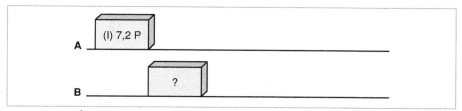

Figure 9-20. *Échange de trames entre les équipements A et B.*

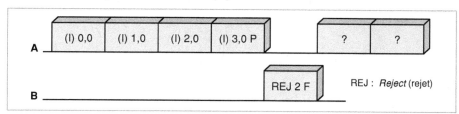

Figure 9-21. *Échange de trames entre les équipements A et B.*

e L'UIT-T préconise un contrôle de flux dans X.25 au niveau paquet (niveau réseau X.25.3) et au niveau trame (niveau liaison HDLC). Un seul contrôle n'aurait-il pas suffi ? Étudier le cas d'un multiplexage de plusieurs connexions X.25 sur une liaison HDLC.

f Dans le modèle OSI, les trames encapsulent-elles les paquets ou est-ce le contraire ?

6 *On considère le réseau Ethernet illustré à la figure 9-22.*

a Sur chaque brin, 10 utilisateurs sont connectés. Il y a donc 40 utilisateurs au total. On suppose que, sur chaque brin, 8 utilisateurs émettent vers un récepteur se trouvant sur le même brin et que les 2 derniers utilisateurs émettent en diffusion, c'est-à-dire que leur message est destiné à l'ensemble des utilisateurs. En utilisant les répéteurs comme illustré à la figure 9-22, quel est le débit maximal de ce réseau ?

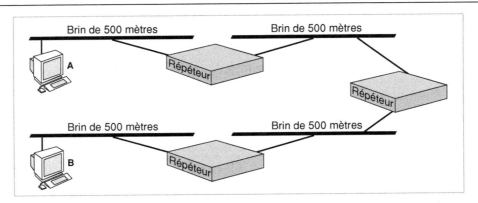

Brin de 500 mètres   Brin de 500 mètres

A

Répéteur

Répéteur

Brin de 500 mètres   Brin de 500 mètres

B

Répéteur

Figure 9-22. *Réseau Ethernet à trois répéteurs.*

b On remplace les répéteurs par des ponts, qui sont des organes intelligents, capables de traiter les adresses MAC, et qui filtrent les trames : seules les trames qui ont une adresse extérieure au brin d'où elles proviennent sont retransmises. Quel est le débit théorique total des brins interconnectés de la figure lorsque les répéteurs sont remplacés par des ponts ? Quel est le débit maximal, étant donné la configuration des utilisateurs ?

c Pour augmenter le débit, on remplace un brin par un commutateur, qui commute les trames Ethernet. Sur ce commutateur, les 10 utilisateurs sont connectés en étoile. Chaque utilisateur peut donc accéder directement au commutateur. En d'autres termes, il y a 40 réseaux Ethernet, et chaque réseau possède deux connexions, l'une du client et l'autre du commutateur. Les commutateurs sont reliés entre eux par des liaisons bipoints. Quel est le débit théorique total de ce système ?

10

Les protocoles de niveau paquet

Dans un réseau, les paquets doivent être transportés d'une extrémité à une autre. Le niveau paquet, couche 3 du modèle de référence, a la responsabililité de cet acheminement. Les paquets proviennent de la fragmentation des messages que les utilisateurs souhaitent s'échanger. Ces fragments ne comportent pas de champ apte à indiquer le début ou la fin du paquet. Pour être transporté sur une ligne physique, le paquet est encapsulé dans une trame. Afin de permettre ce transport de bout en bout, le paquet doit satisfaire à trois grandes fonctions : l'adressage, le routage et le contrôle de flux. Ce cours décrit le protocole IP, qui reste le seul aujourd'hui au niveau paquet. Nous décrivons également les protocoles de routage du monde IP et la qualité de service dans IP.

■ Le protocole IP

■ Le routage IP

■ Le protocole IP

Le protocole de base du réseau Internet, IP, pour *Internet Protocol,* est un protocole pour l'interconnexion des réseaux. Mais comment interconnecter des réseaux ? Le moyen le plus simple consiste à demander à tous les réseaux que l'on souhaite interconnecter de transporter un paquet commun, ayant le même format et une adresse commune, compréhensible de toutes les passerelles, ou routeurs, dans le cas d'Internet. Ce schéma est illustré à la figure 10-1.

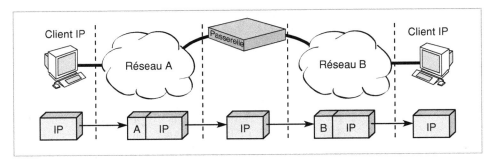

Figure 10-1. *Interconnexion de réseaux.*

Le paquet IP se présente de façon assez simple, puisqu'il ne fait que transporter les informations nécessaires à la réalisation d'une interconnexion. Cette première génération est symbolisée par IPv4, c'est-à-dire IP version 4, implémentée dans toutes les stations connectées au réseau Internet. Aujourd'hui, plus de 99 p. 100 des utilisateurs qui se servent d'un logiciel réclamant une connexion réseau mettent leur information à transporter dans un paquet IP. Pour la deuxième génération d'Internet, IPv6, ou IP version 6, le changement de vision est sans équivoque : le paquet IP redevient un vrai paquet, avec toutes les fonctionnalités nécessaires pour être traité et contrôlé dans les nœuds du réseau.

Le protocole IPv4

Le service rendu par le protocole IPv4 se fonde sur un système de remise de paquets non fiable, que l'on appelle service best effort, c'est-à-dire « au mieux », et sans connexion. Le service est dit non fiable, car la remise ne présente aucune garantie. Un paquet peut être perdu, dupliqué ou remis hors séquence, sans qu'Internet ne détecte rien ni n'en informe l'émetteur ou le récepteur. IP propose un service sans connexion, où l'émetteur émet ses paquets sans prendre contact avec le récepteur. Ce mode sans connexion explique les attentes parfois assez longues lors de l'interrogation de serveurs en vogue. En effet, ceux-ci, même surchargés, ne peuvent refuser l'arrivée de nouveaux paquets puisque l'émetteur ne demande aucune connexion, c'est-à-dire ne se préoccupe pas de savoir si le serveur accepte de les servir.

Les paquets d'un même flot, partant d'une machine et allant vers une autre, peuvent utiliser des routes différentes, Internet se chargeant du routage des paquets IP indépendamment les uns des autres. Certains paquets peuvent se perdre ou arriver en retard, ce qui, comme nous le verrons, est équivalent à une perte, tandis que les autres arrivent à destination.

Le protocole IP définit l'unité de donnée de protocole ainsi que le format exact de toutes les données qui transitent dans le réseau. IP inclut également un ensemble de règles, qui définissent comment traiter les paquets, gérer la fonction de routage et traiter certains cas d'erreurs.

Dans un premier temps, nous plaçons IP dans le contexte Internet. IP est considéré comme un niveau logique, c'est-à-dire comme un protocole de niveau paquet. Le paquet IP doit donc être encapsulé dans le paquet ou la trame du réseau physique sous-jacent. Pour simplifier, nous appelons cette structure physique une trame, même si c'est un paquet, qui est lui-même encapsulé dans une trame.

Il existe une analogie entre le réseau physique et le réseau logique dans lequel s'inscrit IP. Dans un réseau physique, l'unité transférée est la trame — en réalité un paquet ou une trame — du sous-réseau traversé. Cette trame comprend un en-tête et des données, données composées du paquet IP. L'en-tête contient les informations de supervision nécessaires pour acheminer la trame. Dans le réseau IP logique, l'unité de base à transférer est le paquet IP, que l'on appelle datagramme IP, souvent appelé aussi datagramme Internet, ou simplement datagramme. Le datagramme est divisé en un en-tête et une partie données.

Les datagrammes peuvent être de longueur quelconque. Cependant, comme ils doivent transiter de routeur en routeur, ils peuvent être fractionnés, de sorte à s'adapter à la structure de la trame sous-jacente. Ce concept est appelé l'encapsulation. Pour un sous-réseau, un datagramme est une donnée comme une autre. Dans le meilleur des cas, le datagramme est contenu dans une seule trame, ce qui rend la transmission plus performante.

Le but de l'environnement Internet est de cacher les sous-réseaux. C'est pourquoi, au lieu de prévoir la taille des datagrammes en fonction des contraintes des sous-réseaux, on leur choisit une taille convenable, puis on les découpe en fragments, de façon qu'ils soient transportés dans de petites trames puis réassemblés. Internet ne limite pas la taille des datagrammes mais suggère que les réseaux et les passerelles puissent supporter ceux de 576 octets sans les fragmenter. Ce processus est illustré à la figure 10-2.

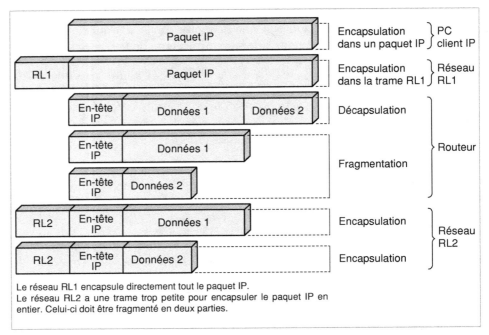

Figure 10-2. *Processus de fragmentation des datagrammes.*

Le fait de fragmenter un datagramme revient à le diviser en plusieurs morceaux, chaque morceau ayant le même format que le datagramme d'origine. Chaque nouveau fragment possède un en-tête, qui reprend la plupart des informations de l'en-tête d'origine et le plus de données possible, sachant que le fragment doit tenir dans une seule trame.

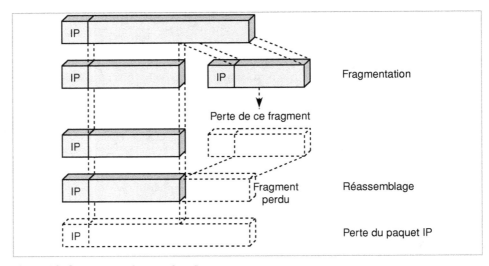

Figure 10-3. *Processus de perte dans Internet.*

Sur Internet, dès qu'un datagramme est fragmenté, les fragments sont transmis indépendamment les uns des autres jusqu'à leur destination, où ils sont réassemblés. Si l'un des fragments est perdu, le datagramme ne peut être réassemblé, et les autres fragments doivent être détruits sans être traités. Ce processus de perte est illustré à la figure 10-3.

Il faut noter que, pour améliorer les performances, la nouvelle génération IPv6 interdit la fragmentation et le réassemblage dans les routeurs intermédiaires. Le protocole doit choisir la bonne valeur de la longueur du datagramme de façon qu'il puisse s'encapsuler directement dans les trames ou paquets rencontrés. Si, dans un environnement IPv6, un datagramme se présente à l'entrée d'un sous-réseau avec une taille non acceptable, il est détruit. Comme expliqué précédemment, le niveau paquet représenté par IP est considéré comme un niveau logique d'interconnexion entre sous-réseaux. Ce niveau IP peut devenir un protocole de niveau paquet autosuffisant, utilisable pour transporter les informations sur un réseau. Le protocole IPv6 joue ce rôle.

La figure 10-4 illustre la structure du paquet IPv4. Après la valeur 4, pour le numéro de version, est indiquée la longueur de l'en-tête, qui permet de connaître l'emplacement du début des données du fragment IP. Le champ suivant, ou champ ToS *(Type of Service)*, précise le type de service des informations transportées dans le corps du paquet. Ce champ n'a jamais été réellement utilisé avant l'arrivée des nouveaux protocoles de gestion relatifs à la qualité de service, comme DiffServ, qui sont décrits au cours 13, « Les réseaux IP ». Vient ensuite la longueur totale. Le champ suivant identifie le message auquel le paquet appartient.

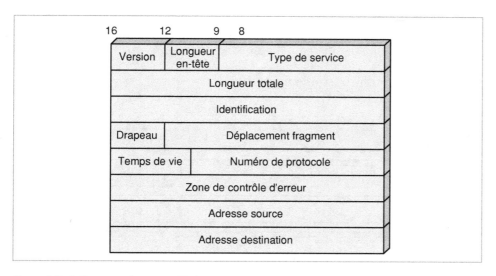

Figure 10-4. *Structure du paquet IPv4.*

Le drapeau porte plusieurs notifications. Il précise, en particulier, si une segmentation a été effectuée. Si oui, l'emplacement du fragment transporté dans le message TCP est indiqué dans le champ « emplacement du segment ». Le temps de vie spécifie le temps après lequel le paquet est détruit. Si le paquet ne trouve plus son chemin ou effectue des aller-retour, il se trouve ainsi éliminé au bout d'un certain temps. Dans la réalité, cette zone contient une valeur entière, indiquant le nombre de nœuds qui peuvent être traversés avant une destruction du paquet. La valeur 16 est utilisée sur Internet, de telle sorte que, si un paquet IP traverse plus de 15 routeurs, il soit détruit.

Le numéro de protocole indique quel est le protocole encapsulé à l'intérieur du paquet. La zone de détection d'erreur permet de déterminer si la transmission du paquet s'est effectuée correctement ou non. Enfin, les adresses de l'émetteur et du récepteur sont précisées dans la dernière partie de l'en-tête. Elles prennent une place de 4 octets chacune.

Comme Internet est un réseau de réseaux, l'adressage est particulièrement important. Les machines reliées à Internet ont une adresse IPv4 représentée sur un entier de 32 bits. L'adresse est constituée de deux parties : un identificateur de réseau et un identificateur de machine pour ce réseau. Il existe quatre classes d'adresses, chacune permettant de coder un nombre différent de réseaux et de machines :

- classe A, 128 réseaux et 16 777 216 hôtes (7 bits pour les réseaux et 24 pour les hôtes) ;
- classe B, 16 384 réseaux et 65 535 hôtes (14 bits pour les réseaux et 16 pour les hôtes) ;
- classe C, 2 097 152 réseaux et 256 hôtes (21 bits pour les réseaux et 8 pour les hôtes) ;
- classe D, adresses de groupes (28 bits pour les hôtes appartenant à un même groupe).

Ces adresses sont illustrées à la figure 10-5.

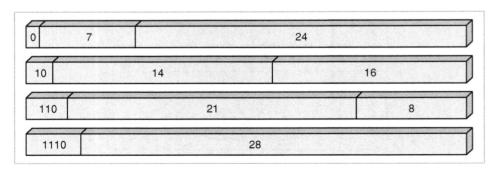

Figure 10-5. *Les quatre classes d'adresses d'IPv4.*

Les adresses IP ont été définies pour être traitées rapidement. Les routeurs qui effectuent le routage en se basant sur le numéro de réseau sont dépendants de cette structure. Un hôte relié à plusieurs réseaux possède plusieurs adresses IP. En fait, une adresse n'identifie pas simplement une machine mais une connexion à un réseau.

Pour assurer l'unicité des numéros de réseaux, les adresses Internet sont attribuées par un organisme central, l'*IANA*, et l'on peut se faire enregistrer sur l'*interNIC*. On peut également définir ses propres adresses si l'on n'est pas connecté à Internet. Il est toutefois vivement conseillé d'obtenir une adresse officielle de façon à garantir l'*interopérabilité* dans le futur.

IANA *(Internet Assigned Numbers Authority).* – Autorité centrale attribuant les adresses Internet au moyen de valeurs telles que les adresses physiques IP ou les numéros de ports TCP et UDP.

InterNIC *(Internet Network Information Center).* – Service d'information enregistrant l'ensemble des noms de domaines d'Internet.

interopérabilité. – Se dit de deux entités qui peuvent se comprendre et travailler ensemble.

Le protocole IPv6

Le protocole IPv6 représente la nouvelle génération du protocole IP, d'où le nom d'IPng *(Next Generation)* qu'on lui donne également. C'est un protocole entièrement repensé par rapport à IPv4 et donc réellement nouveau. IPv6 appartient au niveau paquet. Le format du paquet IPv6 est illustré à la figure 10-6.

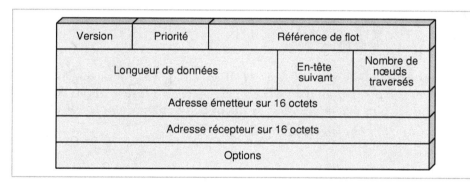

Figure 10-6. *Format du paquet IPv6.*

Ce paquet se présente de la façon suivante. La version porte le numéro 6. Le champ qui suit indique un niveau de priorité, qui permet de traiter les paquets plus ou moins rapidement dans les nœuds du réseau. Les principales valeurs de ce champ sont les suivantes :

- 0 : pas de priorité particulière ;
- 1 : trafic de base (News) ;
- 2 : transfert de données sans contrainte temporelle (e-mail) ;
- 3 : réservé pour des développements futurs ;
- 4 : transfert en bloc avec attente du récepteur (transfert de fichiers) ;

- 5 : réservé pour des développements futurs ;
- 6 : trafic interactif (*terminal virtuel* ou rlogin) ;
- 7 : trafic pour le contrôle (routage, contrôle de flux).

Le champ Référence de flot, ou *Flow-Label*, est également nouveau. Il permet de transporter une référence *(label)*, capable de préciser le flot auquel le paquet appartient et donc d'indiquer la qualité de service demandée par les informations transportées. Cette référence permet aux routeurs de prendre les décisions adaptées aux informations transportées. Grâce à ce nouveau champ, le routeur peut traiter de façon personnalisée les paquets IPv6, autorisant ainsi la prise en compte de contraintes diverses.

Le champ Longueur, ou *Length*, indique la longueur totale du datagramme en octet (sans tenir compte de l'en-tête). Ce champ étant de 2 octets, la longueur maximale du datagramme est de 64 Ko.

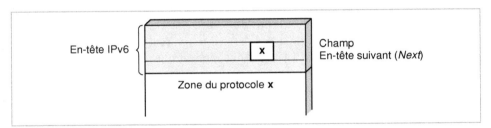

Figure 10-7. *Le champ En-tête suivant.*

Le champ En-tête suivant, ou *Next Header*, indique le protocole encapsulé dans la zone de données du paquet. Ce processus est illustré à la figure 10-7. Les options les plus classiques pour la valeur de ce champ sont les suivantes :

- 0 : *Hop-by-Hop Option Header* ;
- 4 : IP ;
- 6 : TCP ;
- 17 : UDP ;
- 43 : *Routing Header* ;
- 44 : *Fragment Header* ;
- 45 : *Interdomain Routing Protocol* ;
- 46 : *Resource Reservation Protocol* ;
- 50 : *Encapsulating Security Payload* ;
- 51 : *Authentification Header* ;
- 58 : ICMP ;
- 59 : *No Next Header* ;
- 60 : *Destination Options Header*.

Le champ Nombre de nœuds traversés *(Hop Limit)* indique après combien de nœuds traversés le paquet est détruit.

Le champ d'adresse a déjà été présenté à la section précédente. Comme l'adressage d'IPv4 est quelque peu limité, il a fallu proposer un champ d'extension pour couvrir les besoins des années 2000. La figure 10-8 illustre le fonctionnement du champ d'extension.

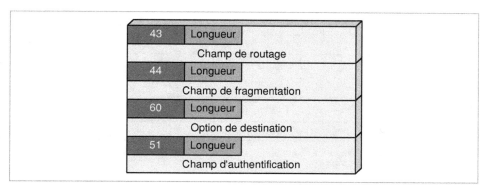

Figure 10-8. *Le champ d'extension avec quatre options.*

Chaque zone d'extension commence par un champ portant un numéro correspondant au type d'extension. Les possibilités, qui ont déjà pu être utilisées dans la partie En-tête suivant sont les suivantes :

- 0 : *Hop-by-Hop Option Header* ;
- 43 : *Routing Header* ;
- 44 : *Fragment Header* ;
- 51 : *Authentication Header* ;
- 59 : *No Next Header* ;
- 60 : *Destination Options Header.*

Dans le champ d'extension, les différentes zones se suivent dans un ordre prédéterminé, qui est dicté par leur utilisation potentielle dans les nœuds intermédiaires. Si un nœud intermédiaire ne peut prendre en charge une option, plusieurs cas de figure se présentent : destruction du paquet, émission sans traitement, émission d'une signalisation ou attente d'une réponse pour prendre une décision. La figure 10-9 donne une idée de l'ordre de traitement.

Cette zone d'extension d'adresse est souvent présentée comme la raison d'être de la nouvelle version d'IP. En fait, c'est seulement une raison parmi d'autres. L'adresse IPv6 tient sur 16 octets. La difficulté réside dans la représentation et l'utilisation rationnelle de ces 128 bits. Le nombre d'adresses potentielles

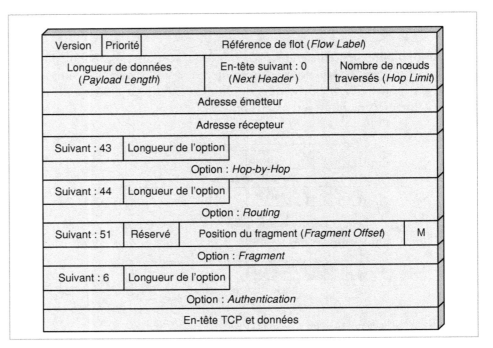

Figure 10-9. *Traitement des options d'extension.*

Adresse	Premiers bits de l'adresse	Caractéristique
0 :: /8	0000 0000	Réservée
100 :: /8	0000 0001	Non assignée
200 :: /7	0000 0001	Adresse ISO
400 :: /7)	0000 010	Adresse Novell (IPX)
600 :: /7	0000 011	Non assignée
800 :: /5	0000 1	Non assignée
1000 :: /4	0001	Non assignée
2000 :: /3	001	Non assignée
4000 :: /3	010	Adresse de fournisseur de services
6000 :: /3	011	Non assignée
8000 :: /3	100	Adresse géographique d'utilisateur
A000 :: /3	101	Non assignée
C000 ::/3	110	Non assignée
E000 :: /4	1110	Non assignée
F000 :: /5	1111 0	Non assignée
F800 :: /6	1111 10	Non assignée
FC00 :: /7	1111 110	Non assignée
FE00 :: /9	1111 1110 0	Non assignée
FE80 :: /10	1111 1110 10	Adresse de liaison locale
FEC0 :: /10	1111 1110 11	Adresse de site local
FF00 :: /8	1111 1111	Adresse de multipoint

Figure 10-10. *Les adresses d'IPv6.*

dépasse 10^{23} pour chaque mètre carré de la surface terrestre ! La représentation s'effectue par groupe de 16 bits et se présente sous la forme suivante :

123 : FCBA : 1024 : AB23 : 0 : 0 : 24 : FEDC

Des séries d'adresses égales à 0 peuvent être abrégées par le signe « :: », qui ne peut apparaître qu'une seule fois dans l'adresse, comme dans l'exemple suivant :

123 : FCBA : 1024 : AB23 :: 24 : FEDC

En effet, ce signe n'indique pas le nombre de 0 successifs. Pour déduire le nombre de 0 successifs, les autres séries ne peuvent pas être abrégées, car s'il existait deux séries abrégées, il serait impossible d'en déduire leur longueur respective.

L'adressage IPv6 est hiérarchique. Une allocation des adresses a été proposée, dont le détail est illustré à la figure 10-10.

Question 1.– *Avec le protocole IPv4, Internet utilise un service de type best effort indiquant que le nœud fait au mieux par rapport à l'ensemble des utilisateurs et de ses ressources. Montrer que, dans ce cas, chaque client doit pouvoir recevoir un certain service mais qu'il est impossible au réseau de certifier qu'un client aura une qualité de service déterminée.*

Réponse.– Le service best effort indique effectivement que chaque client reçoit un service correspondant à ce que peut faire le réseau en partageant ses ressources entre tous les clients. De ce fait, plus il y a de clients, plus les ressources attribuées à chaque client sont réduites. Aucune garantie de service ne peut donc être introduite.

Question 2.– *L'adresse IPv4 utilise deux niveaux de hiérarchie. Cela paraît-il acceptable pour obtenir un routage dynamique et d'excellentes performances dans les nœuds du réseau Internet ?*

Réponse.– Le fait qu'il n'y ait que deux niveaux de hiérarchie dans l'adresse Internet pose de gros problèmes, dus notamment à la taille de la table de routage, qui devient trop importante pour qu'on puisse lui appliquer une gestion dynamique. Sur Internet, certains routeurs ont à gérer plus de 450 000 adresses distinctes, sans agrégation possible.

Question 3.– *Il existe une zone de détection d'erreur dans le paquet IPv4 (en option dans le protocole IPv6). Pourquoi une telle zone, puisque le protocole IP ne permet pas d'effectuer des retransmissions ?*

Réponse.– Pour de nombreuses applications, il est plus important de savoir qu'un paquet est erroné, plutôt que de perdre du temps à demander sa retransmission. De plus, le fait de savoir qu'un paquet est erroné permet de demander au niveau supérieur d'effectuer la demande de retransmission (avec TCP, par exemple).

Question 4.– *Pourquoi le champ ToS (Type of Service) n'a-t-il pas vraiment été utilisé dans les réseaux IPv4 ?*

Réponse.– Le fait de ne proposer qu'un seul type de service, le service best effort, implique que, même si l'utilisateur souhaite indiquer une priorité au travers du champ ToS, celui-ci n'est pas pris en compte. Pour compléter cette réponse, il faut ajouter que, dans le document de l'IETF décrivant IPv4, plusieurs configurations du champ ToS sont décrites, qui influent en réalité sur le routage (routage par la route la plus courte, routage par une route avec un débit important, routage par des nœuds sécurisés, etc.). Le type de service est donc principalement destiné à influer sur l'algorithme de routage.

Question 5.– *Le fait d'avoir une référence dans IPv6 indique-t-il que le routage doive être abandonné à terme ?*

Réponse.– Si un nœud veut traiter de façon spécifique un flot, c'est-à-dire l'ensemble des paquets du flot, il faut que tout le flot passe par les mêmes nœuds intermédiaires. En d'autres termes, le routage devient fixe, et la solution adoptée ressemble à celle des réseaux à commutation. La différence provient de la façon de traiter ces routes. Dans les réseaux à commutation, on dit que le circuit virtuel est en *hard-state* (état dur). Pour le détruire, il faut un ordre spécifique. Dans les réseaux Internet de nouvelle génération, la route se présente en *soft-state* (état mou), c'est-à-dire qu'elle s'autodétruit si elle n'est pas utilisée pendant un certain temps.

■ Le routage IP

Un environnement Internet résulte de l'interconnexion de réseaux physiques par des routeurs. Chaque routeur est connecté directement à deux ou plusieurs réseaux, les hôtes étant généralement connectés à un seul réseau, mais cela n'est pas obligatoire.

Il existe plusieurs types de routages :

- **Routage direct.** C'est le cas si les deux machines qui veulent communiquer sont rattachées au même réseau et ont donc le même numéro de réseau IP. Il peut s'agir de deux hôtes ou d'un routeur et d'un hôte. Il suffit, pour effectuer le transport du paquet IP, de déterminer l'adresse physique du destinataire et d'encapsuler le datagramme dans une trame avant de l'envoyer sur le réseau.

- **Routage indirect.** Dans ce cas, le routage est plus complexe, car il faut déterminer le routeur auquel les datagrammes doivent être envoyés. Ces derniers peuvent être transmis de routeur en routeur jusqu'à ce qu'ils atteignent l'hôte destinataire. La fonction de routage se fonde principalement sur les tables de routage. Le routage est effectué à partir du numéro de réseau de l'adresse IP de l'hôte de destination. La table contient, pour chaque numéro de réseau à atteindre, l'adresse IP du routeur auquel envoyer le datagramme. Elle peut également comprendre une adresse de routeur par défaut et l'indication de routage direct. La difficulté du routage provient de l'initialisation et de la mise à jour des tables de routage.

- **Le *subnetting*.** Cette technique d'adressage et de routage normalisée permet de gérer plusieurs réseaux physiques à partir d'une même adresse IP d'Internet. Le principe du *subnetting* consiste à diviser la partie numéro d'hôte d'une adresse IP en numéro de sous-réseau et numéro d'hôte. En dehors du site, les adresses sont interprétées sans qu'il soit tenu compte du *subnetting*, le découpage n'étant connu et traité que de l'intérieur. Le redécoupage du numéro d'hôte permet de choisir librement le nombre de machines en fonction du nombre de réseaux sur le site. Au niveau conceptuel, les techniques d'adressage et de routage sont les mêmes. Au niveau physique, on utilise un masque d'adresse.

Le réseau Internet s'est tellement étendu qu'il a dû être scindé en *systèmes autonomes* pour en faciliter la gestion.

Le protocole de routage partagé par tous les routeurs d'un système autonome est appelé protocole de routage intérieur, ou IRP (*Interior Routing Protocol*). Un protocole intérieur n'a pas besoin d'être implémenté à l'extérieur du système autonome. De ce fait, on peut choisir son algorithme de routage de façon à optimiser le routage intérieur. Les protocoles intérieurs sont également appelés IGP (*Interior Gateway Protocol*).

système autonome.– On appelle système autonome, ou AS (*Autonomous System*), un ensemble de routeurs et de réseaux reliés les uns aux autres, administrés par une même organisation et s'échangeant des paquets par le biais d'un même protocole de routage.

Lorsqu'un réseau Internet comporte plusieurs systèmes autonomes reliés entre eux, il faut faire appel à un protocole de routage extérieur, ou ERP (*Exterior Routing Protocol*). Les protocoles ERP doivent avoir connaissance des divers AS pour accomplir leur tâche. Les protocoles ERP sont également appelés EGP (*Exterior Gateway Protocol*).

La figure 10-11 donne un exemple de systèmes autonomes avec des protocoles IRP interconnectés par un ERP.

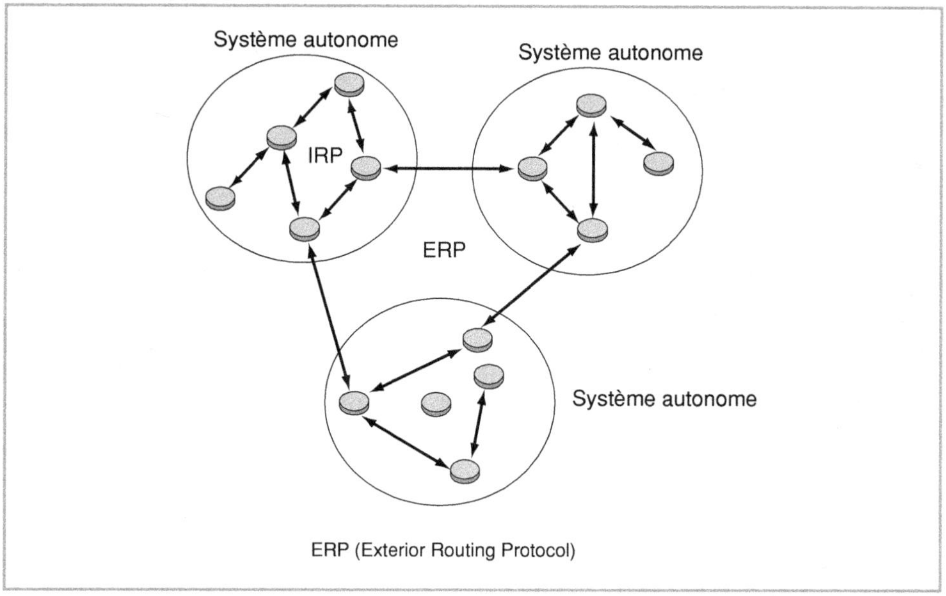

Figure 10-11. *Protocoles de routage intérieur et extérieur.*

Les algorithmes de routage

table de routage.– Table qui indique pour chaque destination la ligne de sortie à prendre.

boucle.– Une boucle se produit lorsqu'un routage oblige un paquet à passer deux fois par la même liaison, ce qui implique l'impossibilité pour ce paquet d'arriver à destination.

Un algorithme de routage est un procédé permettant de déterminer le routage des paquets dans un nœud. Pour chaque nœud d'un réseau, l'algorithme détermine une *table de routage*, qui, à chaque destination, fait correspondre une ligne de sortie. L'algorithme doit mener à un routage cohérent, c'est-à-dire sans *boucle*. Cela signifie qu'il ne faut pas qu'un nœud route un paquet vers un autre nœud qui pourrait lui renvoyer le paquet.

On distingue trois grandes catégories d'algorithmes de routage :

- à vecteur de distance (*distance-vector routing*) ;
- à état des liens (*link state routing*) ;
- à vecteur de chemin (*path-vector routing*).

Les algorithmes de routage à vecteur de distance requièrent que chaque nœud échange des informations entre voisins, c'est-à-dire entre nœuds directement connectés. De ce fait, chaque nœud peut maintenir à jour une table en y ajoutant des informations sur tous ses voisins. Cette table donne la distance à laquelle se trouvent chaque nœud et chaque réseau à atteindre. Première à avoir été mise en œuvre dans le réseau ARPAnet, cette technique devient vite lourde lorsque le nombre de nœuds augmente puisqu'il faut transporter beaucoup d'informations de nœud en nœud. RIP (*Routing Information Protocol*) est le meilleur exemple de protocole utilisant un vecteur de distance.

Dans ce type d'algorithme, chaque routeur diffuse à ses voisins un vecteur listant chaque réseau qu'il peut atteindre avec la métrique associée, c'est-à-dire le nombre de sauts. Chaque routeur peut donc bâtir une table de routage avec les informations reçues de ses voisins, mais n'a aucune idée de l'identité des routeurs qui se trouvent sur la route sélectionnée. De ce fait, l'utilisation de cette solution pose de nombreux problèmes pour les protocoles de routage extérieurs. Il est en effet supposé que tous les routeurs utilisent la même métrique, ce qui peut ne pas être le cas entre systèmes autonomes. De plus, un système autonome peut avoir des raisons particulières de se comporter différemment d'un autre système autonome. En particulier, un système autonome qui aurait besoin de déterminer par quel autre système autonome vont passer ses messages, pour des raisons de sécurité par exemple, ne peut le faire.

Les algorithmes à état des liens avaient au départ pour objectif de pallier les défauts du routage par vecteur de distance. Quand un routeur est initialisé, il doit définir le coût de chacun de ses liens connectés à un autre nœud. Le nœud diffuse ensuite l'information à l'ensemble des nœuds du système autonome, et plus seulement à ses voisins. À partir de l'ensemble de ces informations, les nœuds peuvent effectuer un calcul leur permettant d'obtenir une table de routage indiquant le coût nécessaire pour atteindre chaque destination. Lorsqu'un routeur reçoit des informations qui modifient sa table de routage, il en avertit tous les routeurs intervenant dans sa configuration. Comme chaque nœud possède la topologie du réseau et les coûts de chaque lien, le routage peut être vu comme centralisé dans chaque nœud. Le protocole OSPF (*Open Shortest Path First*) met en œuvre cette technique, qui correspond à la deuxième génération de protocoles Internet.

Les algorithmes à état des liens règlent les problèmes évoqués précédemment pour le routage extérieur, mais ils en soulèvent d'autres. Les divers systèmes autonomes peuvent avoir des métriques différentes ainsi que des restrictions spécifiques, de telle sorte qu'il ne soit pas possible d'obtenir un routage cohérent. La diffusion des informations nécessaires à l'ensemble des systèmes autonomes peut par ailleurs devenir rapidement ingérable.

L'objectif des algorithmes à vecteur de chemin est de pallier les insuffisances des deux premières catégories en se dispensant des métriques et en cherchant à savoir quel réseau peut être atteint par quel nœud et quels systèmes autonomes doivent être traversés pour cela. Cette approche est très différente de celle par vecteur de distance puisque les vecteurs de chemin ne prennent pas en compte les distances ni les coûts. De plus, du fait que chaque information de routage liste tous les systèmes autonomes qui doivent être traversés pour arriver au routeur destinataire, l'approche par vecteur de chemin est beaucoup plus dirigée vers les systèmes de routage extérieurs. Le protocole BGP (*Border Gateway Protocol*) appartient à cette catégorie.

RIP *(Routing Information Protocol)*

RIP est le protocole le plus utilisé dans l'environnement TCP/IP pour router les paquets entre les passerelles du réseau Internet. C'est un protocole IGP (*Interior Gateway Protocol*), qui utilise un algorithme permettant de trouver le chemin le plus court, l'*algorithme de Dijkstra*.

Par chemin, on entend le nombre de nœuds traversés, qui doit être compris entre 1 et 15. La valeur 16 indique une impossibilité. En d'autres termes, si le chemin pour aller d'un point à un autre du réseau Internet est supérieur à 15, la connexion ne peut être mise en place. Les messages RIP permettant de dresser les tables de routage sont envoyés approximativement toutes les trente secondes. Si un message RIP n'est pas parvenu à son voisin au bout de trois minutes, ce dernier considère que le lien n'est plus valide, le nombre de liens étant supérieur à 15. Le protocole RIP se fonde sur une diffusion périodique des états du réseau d'un routeur vers ses voisins. La version RIP2 comporte un routage par sous-réseau, l'authentification des messages, la transmission multipoint, etc.

algorithme de Dijkstra.– L'algorithme proposé par Dijkstra permet de résoudre le problème du plus court chemin entre deux nœuds dont le poids lié aux liaisons est positif ou nul.

OSPF *(Open Shortest Path First)*

OSPF fait partie de la deuxième génération de protocoles de routage. Beaucoup plus complexe que RIP, mais au prix de performances supérieures, il utilise une base de données distribuée, qui garde en mémoire l'état des liens. Ces informations forment une description de la topologie du réseau et de l'état des nœuds, qui permet de définir l'algorithme de routage par un calcul des chemins les plus courts.

L'algorithme OSPF permet, à partir d'un nœud, de calculer le chemin le plus court, avec les contraintes indiquées dans les contenus associés à chaque lien. Les routeurs OSPF communiquent entre eux par l'intermédiaire du protocole OSPF, placé au-dessus d'IP.

L'hypothèse de départ pour les protocoles à état des liens est que chaque nœud est capable de détecter l'état du lien avec ses voisins (marche ou arrêt) et le coût de ce lien. Il faut donner à chaque nœud suffisamment d'informations pour lui permettre de trouver la route la moins chère vers toutes les destinations. Chaque nœud doit donc avoir la connaissance de ses voisins. Si chaque nœud à la connaissance des autres nœuds, une carte complète du réseau peut être dressée. Un algorithme se fondant sur l'état des voisins nécessite deux mécanismes : la dissémination fiable des informations sur l'état des liens et le calcul des routes par sommation des connaissances accumulées sur l'état des liens.

Une première solution consiste à réaliser une inondation fiable des informations, de façon à s'assurer que chaque nœud reçoit bien sa copie des informations de la part de tous les autres nœuds. En fait, chaque nœud inonde ses voisins, qui, à leur tour, inondent leurs propres voisins. Plus précisément, chaque nœud crée ses propres paquets de mise à jour, appelés LSP (*Link-State Packet*), contenant les informations suivantes :

- Identité du nœud qui crée le LSP.
- Liste des nœuds voisins avec le coût du lien associé.
- Numéro de séquence.
- Temporisateur (*Time-To-Live*) pour ce message.

Les deux premières informations sont nécessaires au calcul des routes. Les deux dernières ont pour objectif de rendre fiable l'inondation. Le numéro de séquence permet de mettre dans l'ordre les informations qui auraient été reçues dans le désordre. Le protocole possède des éléments de détection d'erreur et de retransmission.

Le calcul de la route s'effectue après réception de l'ensemble des informations sur les liens. À partir de la carte complète du réseau et des coûts des liens, il est possible de calculer la meilleure route. Le calcul est effectué en utilisant l'algorithme de Dijkstra sur le chemin le plus court.

Dans le sigle OSPF (Open Shortest Path First), le mot Open indique que l'algorithme est ouvert et pris en charge par l'IETF. En utilisant les mécanismes indiqués ci-dessus, le protocole OSPF ajoute les propriétés supplémentaires suivantes :

- **Authentification des messages de routage.** Des dysfonctionnements peuvent conduire à des catastrophes. Par exemple, un nœud qui, à la suite de la réception de messages erronés, volontairement ou non, ou de messages d'un attaquant modifiant sa table de routage, calcule une table de routage dans laquelle tous les nœuds peuvent être atteints à un coût nul reçoit automatiquement tous les paquets du réseau. Ces dysfonctionnements peuvent être évités en authentifiant les émetteurs des messages.

- **Nouvelle hiérarchie.** Cette hiérarchie doit permettre un meilleur passage à l'échelle. OSPF introduit un niveau de hiérarchie supplémentaire en partitionnant les domaines en ères (*areas*). Cela signifie qu'un routeur à l'intérieur d'un domaine n'a pas besoin de savoir comment atteindre tous les réseaux du domaine. Il suffit qu'il sache comment atteindre la bonne ère. Cela entraîne une réduction des informations qui doivent être transmises et stockées.

Il y a plusieurs types de messages OSPF, mais ils utilisent tous le même en-tête, qui est illustré à la figure 10-12.

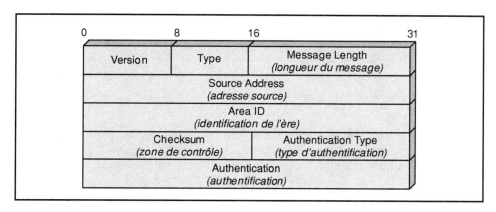

Figure 10-12. *Format de l'en-tête OSPF.*

La version en cours est la 2. Cinq types ont été définis avec des valeurs de 1 à 5. L'adresse source indique l'émetteur du message. L'identification de l'ère indique l'ère dans laquelle se trouve le nœud émetteur. Le type d'authentification porte la valeur 0 s'il n'y a pas d'authentification, 1 en cas d'authentification par mot de passe et 2 si une technique d'authentification est mise en œuvre et décrite dans les 4 octets suivants.

Les cinq types de messages comportent le message *Hello* comme type 1. Ce message est envoyé par un nœud à ses voisins pour leur indiquer qu'il est toujours présent et non en panne. Les quatre autres types servent à envoyer des informations telles que des requêtes, des envois ou des acquittements des messages LSP. Ces messages transportent principalement des LSA (Link-State Advertisement), c'est-à-dire des informations sur l'état des liens. Un message OSPF peut contenir plusieurs LSA.

La figure 10-13 illustre un message OSPF de type 1 portant un LSA.

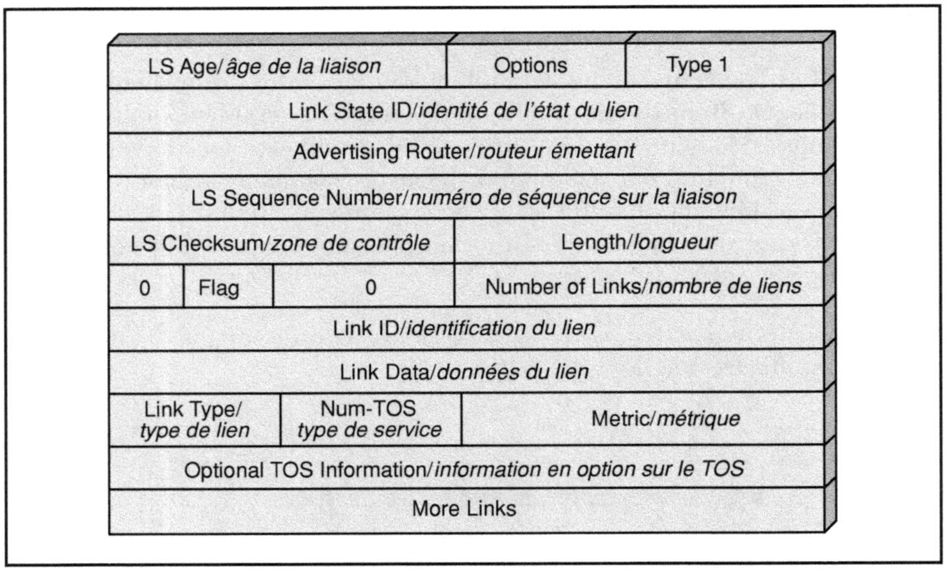

LS Age/*âge de la liaison*		Options	Type 1
Link State ID/*identité de l'état du lien*			
Advertising Router/*routeur émettant*			
LS Sequence Number/*numéro de séquence sur la liaison*			
LS Checksum/*zone de contrôle*		Length/*longueur*	
0	Flag	0	Number of Links/*nombre de liens*
Link ID/*identification du lien*			
Link Data/*données du lien*			
Link Type/*type de lien*	Num-TOS *type de service*	Metric/*métrique*	
Optional TOS Information/*information en option sur le TOS*			
More Links			

Figure 10-13. *Message OSPF portant un LSA.*

Ce type indique le coût des liens entre les routeurs. Le type 2 est utilisé pour indiquer les réseaux auxquels l'émetteur est connecté. Les types 3 et 4 se préoccupent de l'indication des ères. À la figure 10-13, le champ *LS Age* est l'équivalent du temporisateur TTL (*Time-To-Live*), si ce n'est que le compteur augmente jusqu'à une certaine valeur prédéfinie, alors que le TTL descend jusqu'à 0.

Le type est ici le type 1. Les deux champs *Link State ID* et *LS Sequence Number* sont identiques et transportent l'identificateur du routeur qui émet le message. La raison de ce double champ est de vérifier l'identité du routeur par deux moyens différents. Le numéro de séquence permet de reséquencer les messages reçus. Le *LS Checksum* permet de vérifier la correction du message. Il prend en compte les informations à partir du champ *Options*. Le champ *Length* indique la longueur totale du message. Ce sont ensuite des informations sur le LSA qui sont transportées : *Link ID* identifie chaque lien, informations à propos du lien (*Link Data*) et métrique.

Le champ TOS (*Type Of Service*) permet à l'algorithme OSPF de choisir la meilleure route possible en fonction du type de service. Il peut donc y avoir plusieurs métriques qui dépendent du type de service recherché. Le coût des lignes peut également varier en fonction des métriques choisies.

Si le protocole RIP est adapté à la gestion du routage dans de petits réseaux, OSPF s'applique à des réseaux beaucoup plus complexes.

IS-IS

L'algorithme IS-IS a été principalement développé par l'ISO (ISO 10589). Il décrit un routage hiérarchique fondé sur la décomposition des réseaux de communication en domaines. Dans un domaine, les différents nœuds indiquent leur état aux routeurs IS-IS afférents. Les communications interdomaines sont effectuées par un routage vers un point d'accès au domaine déterminé par les routeurs chargés des communications externes au domaine.

IGRP *(Interior Gateway Routing Protocol)*

Version améliorée de RIP, IGRP a été conçu par Cisco Systems pour ses propres routeurs. Il intègre le routage multichemin, la gestion des routes par défaut, la diffusion de l'information toutes les quatre-vingt-dix secondes au lieu de toutes les trente secondes, la détection des bouclages, c'est-à-dire des retours à un point par lequel le paquet est déjà passé, etc.

Ce protocole a lui-même été étendu pour une meilleure protection contre les boucles par le protocole EIGRP (*Extended IGRP*).

EGP *(Exterior Gateway Protocol)*

EGP est le premier algorithme de routage à avoir été mis au point, au début des années 1980, pour router un paquet d'un système autonome vers un autre.

Il comporte trois procédures essentielles, qui permettent l'échange d'informations. La première concerne la définition d'une passerelle voisine. Cette dernière étant connue, une deuxième procédure détermine le lien qui permet aux deux voisins de communiquer. La troisième concerne l'échange de paquets entre deux voisins connectés par un lien.

Les faiblesses d'EGP sont apparues avec le développement exponentiel d'Internet et le besoin d'éviter certaines zones politiquement sensibles.

BGP *(Border Gateway Protocol)*

Pour répondre aux faiblesses d'EGP, un nouvel algorithme a été mis en chantier par l'IETF sous le nom de BGP. Une première version, BGP-1, a été implémentée en 1990, suivie de près par BGP-2 puis BGP-3. Au bout de quelques années a été déployé BGP-4, qui permet de gérer beaucoup plus efficacement les tables de routage de grande dimension en rassemblant en une seule ligne plusieurs sous-réseaux.

BGP apporte de nouvelles propriétés par rapport à EGP, en particulier celle de gérer les boucles, qui devenaient courantes dans EGP puisque ce protocole ne s'occupe que des couples de voisins, sans prendre en compte les rebouclages possibles par un troisième réseau autonome.

Les trois grandes procédures fonctionnelles suivantes sont définies dans BGP :

- possibilité d'atteindre le voisin ;acquisition des nœuds voisins ;
- possibilité d'atteindre des réseaux.

Deux routeurs sont considérés comme voisins s'ils sont dans le même réseau. Si les deux routeurs sont dans des domaines autonomes distincts, ils peuvent avoir besoin d'échanger des informations de routage. Pour cela, il faut d'abord réaliser une acquisition des voisins, c'est-à-dire permettre à deux nœuds qui ne sont pas dans le même système autonome d'échanger des informations de routage. L'acquisition doit être faite par une procédure formelle puisqu'un des deux nœuds peut ne pas avoir envie d'échanger de l'information de routage. Chaque nœud maintient une base de données des réseaux qu'il peut atteindre et de la route permettant d'arriver à ces différents réseaux. Quand un changement intervient, le routeur diffuse un message UPDATE vers les autres routeurs, ce qui permet à ceux-ci de se mettre à jour.

La figure 10-14 illustre le format du paquet de mise à jour BGP.

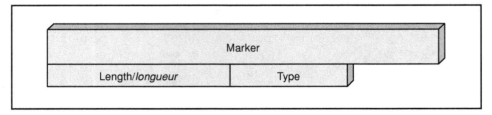

Figure 10-14. *Format du paquet de mise à jour BGP.*

Le champ *Marker* est réservé à l'authentification. L'émetteur peut mettre un texte chiffré qui ne peut être déchiffré que par le récepteur possédant la clé de chiffrement. *Length* donne la longueur du message en octet. Les types de message sont OPEN, UPDATE, KEEPALIVE et NOTIFICATION.

IDRP *(Interdomain Routing Protocol)*

Les estimations de départ prévoyaient qu'Internet serait constitué de dizaines de réseaux et de centaines de machines. Ces chiffres ont été multipliés par 10, 100 puis 1 000 pour les réseaux et par 1 000, 10 000 et 100 000 pour les machines. Ces démultiplications ne sont pas les seuls révélateurs du succès d'Internet. Les mesures montrent que le débit qui passe sur le réseau dépasse très largement celui représenté par l'ensemble des paroles téléphoniques échangées dans le monde entier.

Une telle explosion pose la question de la capacité des mécanismes de routage mis en place à en supporter la charge. Pour réduire les risques de saturation et prolonger les mécanismes actuels, la solution immédiate consiste à généraliser le *subnetting*. Le *subnetting* consiste à donner une adresse commune particulière, le masque, à l'ensemble des stations participant au même réseau logique, même si les adresses IP des stations de ce réseau logique proviennent de sous-réseaux distincts. Cela permet aux tables de routage de croître plus lentement.

Dans l'environnement IPv6, un nouveau protocole, IDRP, fruit d'études consacrées au routage entre les domaines de routage (*routing domain*) par l'ISO, a été adapté au monde Internet pour réaliser le routage entre systèmes autonomes. Le rôle d'IDRP est légèrement différent de celui des protocoles fonctionnant à l'intérieur d'un domaine, puisqu'il définit une politique de routage entre systèmes autonomes, et non pas seulement un algorithme de routage. La politique définie dans cette proposition conduit les routeurs d'un système autonome à se mettre d'accord pour, par exemple, ne pas passer par un domaine déterminé ou ne pas autoriser d'autres systèmes autonomes à envoyer des paquets IP vers un système autonome déterminé. En d'autres termes, il doit y avoir une concertation entre routeurs pour ne fournir que les indications correspondant à la politique définie.

Les algorithmes de routage de type OSPF ou RIP sont appliqués par des routeurs qui ont tous le même objectif : trouver la meilleure route possible, en minimisant soit le nombre de saut, soit le temps de traversée du réseau, ou en optimisant la capacité de transport. Ces algorithmes s'appuient sur des notions de poids : si les liens ont des poids n_i, le chemin emprunté est celui dont la somme des poids des liens traversés est la plus faible.

Le routage IDRP a aussi pour objectif de trouver les bons chemins, mais avec des restrictions pour chaque système autonome. L'algorithme repose sur des vecteurs de distance (*Path Vector Routing*), qui tiennent compte du chemin de bout en bout en plus des poids pour aller vers les nœuds voisins.

Comme le nombre de systèmes autonomes peut croître rapidement avec l'augmentation des capacités de traitement des routeurs, il a été décidé de regrouper les systèmes autonomes en confédérations. Le protocole IDRP travaille sur le routage entre ces confédérations. Pour véhiculer l'information de routage, IDRP utilise des paquets spécifiques, portés dans des paquets IP. Dans la zone IP, le champ En-tête suivant comporte le numéro 45 et indique le protocole IDRP.

Questions-réponses

Question 6.– *Pourquoi les algorithmes de routage sont-ils très complexes dans les grands réseaux ?*

Réponse.– Parce que le routage est distribué et que les modifications du routage doivent s'effectuer dans un laps de temps le plus court possible.

Question 7.– *Un routage ne tenant compte que d'informations locales serait-il acceptable ?*

Réponse.– Oui et non. Oui, parce que les informations provenant du voisinage sont fraîches alors que les informations lointaines ne sont pas forcément à jour. Non, car il y a un risque d'aller vers une zone qui est saturée ou en panne.

Question 8.– *Pourquoi les nœuds du réseau doivent-ils être partitionnés ?*

Réponse.– Si le nombre de nœuds est trop grand, la gestion de la table de routage devient trop complexe et demande trop de temps pour effectuer des mises à jour.

Question 9.– *Pourquoi le fait d'ajouter des attributs à l'état des liaisons permet-il d'améliorer fortement le routage ?*

Réponse.– La route la plus courte n'est pas forcément la meilleure. Ajouter des attributs, comme l'attente de paquets avant transmission, permet de tenir compte du taux d'utilisation d'une liaison et, de là, des congestions.

1 *Pour se connecter à son serveur, un client IPv4 doit passer par un premier réseau Ethernet puis par un routeur sur un réseau WAN puis de nouveau par un routeur sur une liaison PPP qui aboutit au serveur.*

a Indiquer la suite d'encapsulations-décapsulations effectuées pour aller du terminal du client jusqu'au serveur.

b Les adresses IP du client et du serveur sont respectivement 23.18.237.34 et 170.178.45.3. Le client et le serveur sont-ils sur le même réseau ?

c Dans le premier réseau Ethernet, montrer que le PC du client doit connaître l'adresse Ethernet du routeur.

d En supposant que le PC du client ne connaisse pas l'adresse Ethernet du routeur, montrer qu'une diffusion permet d'obtenir cette adresse Ethernet et ainsi d'envoyer les paquets IP vers le routeur.

e On suppose que le réseau WAN soit un réseau X.25. Trouver une solution pour ouvrir un circuit virtuel avec le deuxième routeur, en considérant qu'on ne connaît ni son adresse X.25 ni son adresse IP au début de la communication.

f Si l'on suppose que le réseau WAN soit maintenant un réseau ATM, la solution pour ouvrir le circuit virtuel ATM entre les deux routeurs est-elle du même type que celle de la question précédente ?

g Faut-il fragmenter les paquets IP pour traverser le réseau ATM ?

h Les paquets IP peuvent-ils passer par des routes différentes entre le client et le serveur dans la configuration étudiée ?

i Jusqu'à combien de paquets IP peut-on envoyer sans acquittement ?

j On suppose que le réseau WAN soit celui d'un ISP *(Internet Service Provider)*, par exemple, celui de la compagnie UUNET. Cet opérateur garantit un temps de réponse, sur son propre réseau, de 85 ms sur la partie américaine, de 85 ms sur la partie européenne et de 120 ms entre son routeur de New York et celui de Londres. Ces garanties sont-elles possibles ?

k Peut-on faire de la téléphonie sur IP (VoIP, *Voice over IP*) entre le client et son serveur, si l'un est situé à Los Angeles et l'autre à Paris ?

2 *On considère le réseau dont la topologie est illustrée à la figure 10-24. C'est un réseau à commutation de paquets possédant quatre nœuds de transfert. Un client A veut communiquer avec un client B.*

a On considère que le réseau est du type intranet (un réseau utilisant les protocoles d'Internet mais dans un domaine privé). Quand le nœud 1 reçoit un paquet IP provenant de A, il a le choix de l'envoyer vers 3 ou 4. Comment définit-il sa stratégie ?

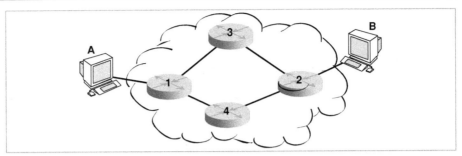

Figure 10-15. *Un réseau à commutation de paquets de niveau 3.*

b Si, au lieu d'être un réseau intranet, le réseau illustré à la figure 10-24 est du type X.25, quelle est la stratégie du nœud 1 lorsqu'il reçoit un paquet d'appel venant de A, avec B pour destination ? Pourquoi est-ce différent de la réponse à la première question ?

c On suppose que A navigue sur le Web et qu'il accède à des serveurs différents à chaque émission de paquet. Quelle stratégie paraît-elle la meilleure, X.25 ou le protocole IP ? En expliquer les raisons.

d En fait, pour aller d'un nœud de transfert à un autre nœud de transfert du réseau, il faut traverser un sous-réseau, comme illustré à la figure 10-25. Les nœuds de transfert 1, 2, 3 et 4 sont des routeurs IPv4. Pour aller de A à B, il faut traverser 4 sous-réseaux. Si, dans l'ordre, ces sous-réseaux sont Ethernet entre A et 1, X.25 entre 1 et 3 et entre 1 et 4, ATM entre 3 et 2 et entre 4 et 2, et enfin de nouveau Ethernet entre 2 et B, décrire à l'aide d'un schéma architectural les couches de protocoles traversées pour aller de A à B. Les paquets IP doivent-ils être fragmentés dans certains des routeurs ?

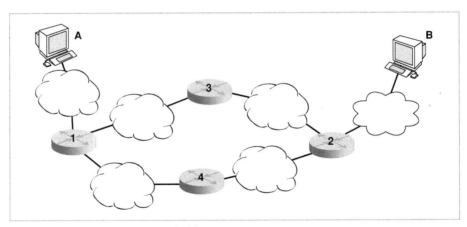

Figure 10-16. *Traversée de quatre sous-réseaux.*

e L'utilisateur peut-il demander une qualité de service sur ce réseau ?

f Si l'on remplace l'ensemble des protocoles IPv4 par IPv6, y a-t-il fragmentation-réassemblage dans le réseau ?

g L'utilisateur peut-il indiquer une qualité de service pour que les paquets de son flot soient traités en conséquence dans les nœuds du réseau ?

h On revient à des nœuds 1, 2, 3 et 4, qui sont des nœuds de transfert X.25. Les deux clients A et B sont également sous X.25, c'est-à-dire qu'ils formatent leurs données à transporter au format X.25 mais possèdent des cartes Ethernet pour leur accès au réseau. Un circuit virtuel va-t-il s'établir dans ce réseau ?

i Faire un schéma architectural de ce nouveau réseau. Est-ce très différent de ce qui a été fait à la question d ?

j Cette solution paraît-elle viable ?

k Si maintenant les nœuds de transfert 1, 2, 3 et 4 sont toujours des commutateurs X.25 mais que les clients A et B soient des clients IP, qui génèrent des paquets IP, que faut-il ajouter dans le réseau pour qu'il puisse fonctionner ?

11

Les protocoles de niveau message

Ce cours présente les deux plus importants protocoles de niveau message qui proviennent du monde Internet, TCP et UDP. Comme l'interface IP est devenue l'unique standard de connexion d'un équipement terminal, les seules couches de niveau 4 qui sont aujourd'hui utilisées proviennent de ce monde. TCP *(Transport Control Protocol)*, est un protocole en mode avec connexion, c'est-à-dire qu'avant d'envoyer un message portant des données utilisateur, l'émetteur doit s'assurer de la présence du récepteur. UDP *(User Datagram Protocol)* est lui en mode sans connexion : un message portant des données peut être émis sans s'assurer que le destinataire du message est présent. UDP était au départ réservé aux messages de gestion, et les récepteurs devaient toujours être en état de marche pour que le réseau fonctionne. Cela explique qu'il ne soit pas nécessaire de s'assurer de la présence du destinataire. Aujourd'hui, UDP permet de faire transiter des applications sensibles, comme la parole téléphonique, qui ne peuvent se satisfaire des contraintes de l'environnement TCP.

■ Le protocole TCP

■ Le protocole UDP

■ Le protocole TCP

Le réseau Internet utilise le protocole IP au niveau paquet. La couche transport, quant à elle, offre deux possibilités : soit le protocole TCP *(Transmission Control Protocol)*, qui introduit plusieurs fonctionnalités garantissant une certaine qualité du service de transport, soit le protocole UDP *(User Datagram Protocol)*, qui, par la réduction de ces fonctions, donne une plus grande simplicité au service de transport.

TCP offre un service de transport fiable. Les données échangées sont considérées comme un flot de bits divisé en octets, ces octets devant être reçus dans l'ordre où ils sont envoyés.

Le transfert des données ne peut commencer qu'après l'établissement d'une connexion entre deux machines. Cet établissement est illustré à la figure 11-1. Durant le transfert, les deux machines continuent à vérifier que les données transitent correctement.

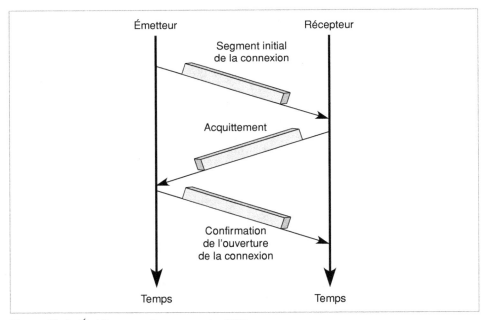

Figure 11-1. *Établissement d'une connexion TCP.*

Les programmes d'application envoient leurs données en les passant régulièrement au système d'exploitation de la machine. Chaque application choisit la taille de données qui lui convient. Le transfert peut être, par exemple, d'un octet à la fois. L'implémentation TCP est libre de découper les données en paquets d'une taille différente de celle des blocs reçus de l'application. Pour rendre le transfert plus performant, l'implémentation TCP attend d'avoir suffisamment de données avant de remplir un datagramme et de l'envoyer dans le sous-réseau.

La connexion, ouverte dans les deux sens de transmission à la fois, permet un transfert de données bidirectionnel, avec deux flots de données inverses, sans interaction apparente. Il est possible de terminer l'envoi dans un sens, sans arrêter celui dans l'autre sens. Ce principe permet d'envoyer des acquittements dans un sens de transmission en même temps que des données dans l'autre sens.

Le protocole TCP définit la structure des données et des acquittements échangés, ainsi que les mécanismes permettant de rendre le transport fiable. Il spécifie comment distinguer plusieurs connexions sur une même machine et comment détecter des paquets perdus ou dupliqués et remédier à cette situation. Il définit la manière d'établir une connexion et de la terminer.

TCP autorise plusieurs programmes à établir une connexion simultanée et à multiplexer les données reçues des différentes applications. TCP utilise pour cela la notion abstraite de *port*, qui identifie une destination particulière dans la machine.

port.– Adresse de niveau transport permettant de distinguer les applications qui utilisent une même adresse Internet. On parle de port source et de port destination.

TCP est un protocole en mode avec connexion. Il n'a de sens qu'entre deux points *extrémité* d'une connexion. Le protocole à un point extrémité effectue une ouverture de connexion passive, c'est-à-dire qu'il accepte une connexion entrante en lui affectant un numéro de port. L'autre point extrémité exécute une ouverture de connexion active. Une fois la connexion établie, le transfert de données peut commencer. La notion de port est illustrée à la figure 11-2.

extrémité.– Partie terminant la connexion et indiquant que la communication est de bout en bout.

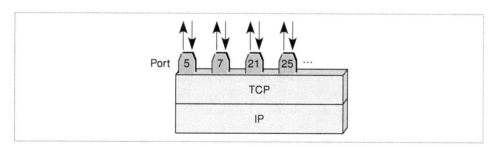

Figure 11-2. *Connexion de plusieurs applications sur une même adresse IP.*

Pour le protocole TCP, un flot de données est une suite d'octets groupés en *fragment*. Chaque fragment est généralement transmis dans un même datagramme IP.

fragment.– Bloc de données résultant du découpage effectué par le protocole TCP de la suite d'octets en provenance de l'application. Les fragments donnent en général naissance à un paquet IP

Quelques ports réservés de TCP

Numéro de port	Service	Définition
1	tcpmux	Multiplexeur de service TCP
3	compressnet	Utilitaire de compression
7	echo	Fonction écho
9	discard	Fonction d'élimination
11	users	Utilisateurs
13	daytime	Jour et heure
15	netstat	État du réseau
20	ftp-data	Données du protocole FTP
21	ftp	Protocole FTP
23	telnet	Protocole Telnet
25	smtp	Protocole SMTP
37	heure	Serveur heure
42	name	Serveur nom d'hôte
43	whols	Nom NIC
53	domain	Serveur DNS
77	rje	Protocole RJE
79	finger	Finger
80	http	Service WWW
87	link	Liaison TTY
103	X400	Messagerie X.400
109	pop	Protocole POP
144	news	Service News
158	tcprepo	Répertoire TCP

TCP utilise un mécanisme de fenêtre pour assurer une transmission performante et un contrôle de flux. Le mécanisme de fenêtre permet l'anticipation, c'est-à-dire l'envoi de plusieurs fragments sans attendre d'acquittement. Le débit s'en trouve amélioré. La fenêtre permet également de réaliser un contrôle de flux de bout en bout, en autorisant le récepteur à limiter l'envoi des données tant qu'il n'a pas la place nécessaire pour les recevoir dans ses mémoires.

pointeur.– Variable contenant l'adresse d'une donnée.

Le mécanisme de fenêtre opère au niveau de l'octet et non du fragment. Les octets à transmettre sont numérotés séquentiellement. L'émetteur gère trois *pointeurs* pour chaque fenêtre. De la même façon, le récepteur doit tenir à jour une fenêtre en réception, qui indique le numéro du prochain octet attendu, ainsi que la valeur extrême qui peut être reçue. La différence entre ces deux quantités indique la valeur du crédit accepté par le récepteur, valeur qui correspond généralement à la mémoire tampon disponible pour cette connexion.

Le contrôle de flux TCP est illustré à la figure 11-3.

Pour une connexion donnée, il est possible d'échanger des données dans chaque sens, chaque extrémité de la connexion devant dans ce cas maintenir deux fenêtres, l'une en émission, l'autre en réception.

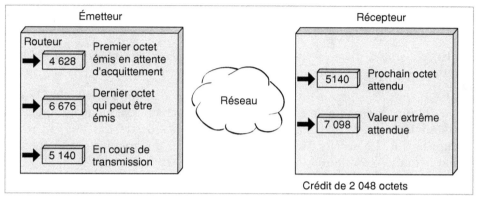

Figure 11-3. *Le contrôle de flux TCP.*

Le fait que la taille de la fenêtre puisse varier dans le temps constitue une différence importante par rapport à un mécanisme de fenêtre classique. Chaque acquittement, spécifiant combien d'octets ont été reçus, contient une information de taille de fenêtre sur le nombre d'octets supplémentaires que le récepteur est en mesure d'accepter. La taille de fenêtre peut être considérée comme l'espace disponible dans la mémoire du récepteur. Celui-ci ne peut réduire la fenêtre en deçà d'une certaine valeur, qu'il a acceptée précédemment.

L'unité de protocole de TCP étant le fragment, des fragments sont échangés pour établir la connexion, transférer des données, modifier la taille de la fenêtre, fermer une connexion et émettre des acquittements. Chaque fragment est composé de deux parties : l'en-tête et les données.

Le format d'un fragment est illustré à la figure 11-4. Les informations de contrôle de flux peuvent être transportées dans le flot de données inverse.

Port source							Port de destination
Numéro de séquence							
Numéro d'acquittement							
Déplacement fragment *(Data Offset)*	1	2	3	4	5	6	Fenêtre
Checksum							Pointeur d'urgence *(Urgent pointer)*
Options							
Données							

Figure 11-4. *Format d'un fragment TCP.*

Le fragment comporte les zones suivantes :

socket.– Identificateur formé à partir de la concaténation de l'adresse IP et du numéro de port. L'identificateur permet de déterminer une application s'exécutant sur une machine terminale.

- SP *(Source Port)*, ou port source, un champ sur 16 bits contenant l'adresse du port d'entrée. Associée à l'adresse IP, cette valeur fournit un identificateur unique, appelé *socket.*

- DP *(Destination Port)*, ou port de destination, un champ sur 16 bits, dont la fonction est identique au précédent mais pour l'adresse destination.

- SEQ *(Sequence Number)*, ou numéro de séquence, un champ sur 32 bits indiquant le numéro du premier octet porté par le fragment.

- ACK *(Acknowledgement Number)*, ou numéro d'acquittement, un champ sur 32 bits indiquant le numéro SEQ du prochain fragment attendu. Ce champ correspond à l'acquittement de tous les octets qui ont été reçus auparavant. La valeur ACK indique le numéro du premier octet attendu, soit le numéro du dernier octet reçu + 1.

- DO *(Data Offset)*, ou longueur de l'en-tête, un champ sur 4 bits indiquant la longueur de l'en-tête par un multiple de 32 bits. Si la valeur 8 se trouve dans ce champ, la longueur totale de l'en-tête est 8×32 bits. Cette valeur est nécessaire du fait que la zone d'option peut avoir une taille quelconque. On en déduit que la longueur ne peut dépasser 15×32 bits, c'est-à-dire 60 octets.

- La zone suivante est réservée à une utilisation ultérieure. Ce champ doit être rempli de 0.

- URG *(Urgent Pointer)*, ou pointeur d'urgence, un champ sur 1 bit, numéroté 1 à la figure 11-4. Si ce bit a pour valeur 1, cela signifie que le champ Urgent Pointer situé dans la suite de l'en-tête comporte une valeur significative.

- ACK *(Acknowledgement)*, ou acquittement, un champ sur 1 bit, numéroté 3 à la figure 11-4. Si ACK = 1, cela signifie que le champ Acknowledgement Number situé dans l'en-tête comporte une valeur significative, à prendre en compte par le récepteur.

- PSH *(Push Function)*, ou fonction de push, un champ sur 1 bit, numéroté 5 à la figure 11-4. Si PSH = 1, cela signifie que l'émetteur souhaite que les données de ce fragment soient délivrées le plus tôt possible au destinataire.

- RST *(Reset)*, ou redémarrage, un champ sur 1 bit, numéroté 4 à la figure 11-4. Si RST = 1, cela signifie que l'émetteur demande que la connexion TCP soit redémarrée.

- SYN *(Synchronisation)*, ou synchronisation, un champ sur 1 bit, numéroté 2 à la figure 11-4. Si SYN = 1, cela signifie une demande d'ouverture de connexion. Dans ce cas, le numéro de séquence porte le numéro du premier octet du flot.

- FIN *(Terminate)*, ou fermeture, un champ sur 1 bit, numéroté 6 à la figure 11-4. Si FIN = 1, cela signifie que l'émetteur souhaite fermer la connexion.

- WNDW *(Window)*, ou fenêtre, un champ sur 16 bits indiquant le nombre d'octet que le récepteur accepte de recevoir. Plus exactement, la valeur de WNDW contient l'ultime numéro d'octet que l'émetteur du fragment accepte de recevoir. En retranchant le numéro indiqué de la valeur d'ACK *(Acknowledgement Number)*, on obtient le nombre d'octet que le récepteur accepte de recevoir.

- CHECK *(Checksum)*, un champ sur 16 bits permettant de détecter les erreurs dans l'en-tête et le corps du fragment. Les données protégées ne se limitent pas au fragment TCP. Le *checksum* tient compte également de l'en-tête IP de l'adresse source, appelée *pseudo-header*, pour protéger ces données sensibles.

- URGPTR *(Urgent Pointer)*, ou pointeur d'urgence, un champ sur 16 bits spécifiant le dernier octet d'un message urgent.

- OPT *(Options)*, une zone contenant les différentes options du protocole TCP. Si la valeur du champ DO *(Data Offset)*, indiquant la longueur de l'en-tête, est supérieure à 5, cela indique qu'il existe un champ d'option. Pour déterminer la longueur du champ d'option, il suffit de soustraire 5 de la valeur de DO. Deux cas de figure ont été définis par l'IETF. Dans un cas, le premier octet indique le type de l'option, lequel, implicitement, définit sa longueur, les octets suivants donnant la valeur du paramètre d'option. Dans l'autre cas, le premier octet indique toujours le type de l'option, mais le second donne la valeur de la longueur de l'option. Les principales options concernent la taille du fragment, celles des fenêtres et des temporisateurs, ainsi que des contraintes de routage.

- Le fragment se termine par les données transportées.

Les fragments étant de taille variable, les acquittements se rapportent à un numéro d'octet particulier dans le flot de données. Chaque acquittement spécifie le numéro du prochain octet à transmettre et acquitte les précédents.

Les acquittements TCP sont dits cumulatifs. Cela signifie que les acquittements sont répétés, et donc se cumulent, car ils spécifient jusqu'à quel octet le flot a été bien reçu. En d'autres termes, le récepteur peut recevoir un premier acquittement du flot jusqu'à l'octet 43 568, puis recevoir un deuxième acquittement jusqu'à l'octet 44 278, puis un troisième jusqu'à l'octet 44 988. Cela indique trois fois que, jusqu'à l'octet 43 568, tout a bien été reçu. Ce principe cumulatif permet de perdre les deux premiers acquittements sans qu'il y ait de problème.

checksum.– Zone de contrôle d'erreur dans une terminologie indiquant la façon de vérifier si le bloc a été transmis correctement ou non (en vérifiant des sommes).

pseudo-header.– En-tête modifié en enlevant certains champs ou en en ajoutant d'autres, que la zone de détection d'erreur prend en compte dans son calcul.

Ce processus présente des avantages mais aussi des inconvénients. Un premier avantage est d'avoir des acquittements simples à générer et non ambigus. Un autre avantage est que la perte d'un acquittement n'impose pas nécessairement une retransmission. En revanche, l'émetteur ne reçoit pas les acquittements de toutes les transmissions réussies mais seulement leur position dans le flot des données qui ont été reçues. Ce processus est illustré à la figure 11-5. Par souci de simplification, les numéros de séquence et d'acquittement sont représentés sur cette figure par des numéros de paquet. Dans la réalité, ils correspondent à des numéros d'octet. Cette remarque vaut aussi pour les figures suivantes.

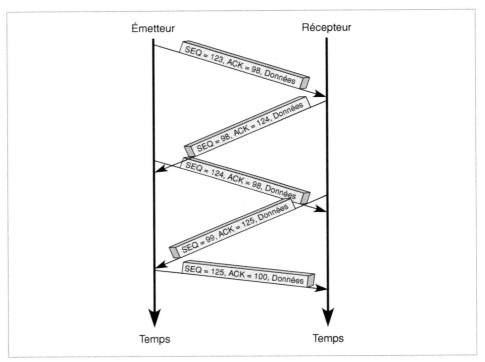

Figure 11-5. *Processus des acquittements TCP.*

La façon de gérer les temporisateurs et les acquittements constitue l'une des caractéristiques essentielles de TCP. Le protocole TCP se fonde sur le principe des acquittements positifs. Chaque fois qu'un fragment est émis, un temporisateur est *armé*, en attente de l'acquittement. Si l'acquittement arrive avant que le temporisateur soit parvenu à échéance, le temporisateur est désarmé (arrêté).

Si le temporisateur expire avant que les données du fragment soient acquittées, TCP suppose que le fragment est perdu et le retransmet. Ce processus est illustré à la figure 11-6.

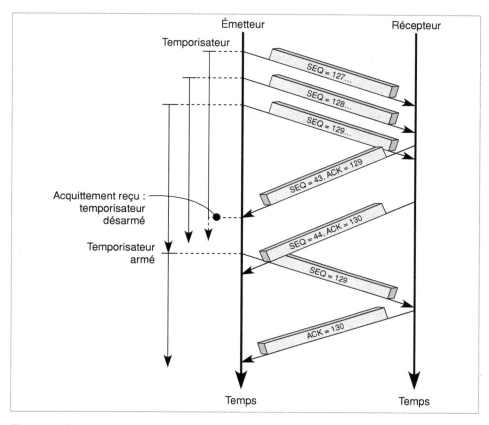

Figure 11-6. *Le processus de reprise dans TCP.*

Fonctionnement du temporisateur de reprise

TCP ne faisant aucune hypothèse sur le temps de transit dans les réseaux traversés, il est impossible de connaître *a priori* l'instant d'arrivée d'un acquittement. De plus, le temps de traversée des routeurs et des passerelles dépend de la charge du réseau, laquelle varie dans le temps. TCP utilise un algorithme adaptatif pour prendre en compte ces variations. Il enregistre pour cela l'heure à laquelle est envoyé le fragment et l'heure à laquelle est reçu l'acquittement correspondant. Après plusieurs mesures de ce type, l'émetteur effectue une estimation du temps nécessaire à la réception de l'acquittement. Cette estimation lui permet de déterminer une durée pour le temporisateur de reprise.

Lors d'une congestion, TCP réagit en réduisant le débit de la connexion. Le protocole a la possibilité de mesurer l'importantce du problème en observant l'augmentation du temps de réponse. Si le protocole ne réagit pas aux congestions, le nombre de retransmission peut continuer à augmenter et aggraver ainsi la congestion. C'est la raison pour laquelle un algorithme de contrôle réduit le flux en cas de congestion. Cet algorithme doit être entièrement distribué puisqu'il n'existe pas de système central de contrôle dans TCP. L'algorithme s'appelle *slow-start and congestion avoidance* (littéralement « départ lent et évitement de collision »).

Suite p. 230

Suite de la page 229

Son principe consiste à débuter d'une fenêtre de taille 1 et à doubler la taille de la fenêtre chaque fois que l'ensemble des paquets de la fenêtre a été bien reçu avant la fin des temporisateurs de reprise respectifs. Lorsqu'un fragment arrive en retard, c'est-à-dire après que le temporisateur est arrivé à échéance, il est retransmis en redémarrant à une fenêtre de taille 1.

La deuxième phase de l'algorithme, congestion avoidance, ou évitement de collision, travaille de la façon suivante : lorsqu'un retard est détecté, ce qui oblige à un redémarrage sur une fenêtre de 1, la taille de la fenêtre N qui a provoqué le retard est divisée par 2 ($\frac{N}{2}$). À partir de la valeur de la taille 1 de redémarrage, la taille double jusqu'à ce que la taille de la fenêtre dépasse $\frac{N}{2}$. À ce moment-là, on revient à la précédente taille, qui était inférieure à $\frac{N}{2}$, et, au lieu de doubler, on ajoute seulement + 1 à la taille de la fenêtre.

Ce processus d'ajout de 1 se continue jusqu'à ce qu'il y ait un retard d'acquittement qui redémarre le processus à la fenêtre de taille 1. La nouvelle valeur qui déclenche la partie congestion avoidance est calculée à partir de la fenêtre atteinte divisée par deux. Un exemple de comportement de cet algorithme est illustré à la figure 11-7.

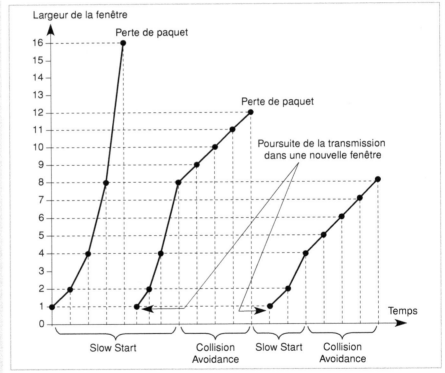

Figure 11-7. *L'algorithme slow-start and congestion avoidance.*

L'algorithme slow-start and congestion avoidance peut également être utilisé pour contrôler le flux des utilisateurs. Si l'opérateur détecte un accroissement important des flux qui pourrait se transformer en congestion, il peut délibérément perdre des paquets de différents utilisateurs. L'effet des pertes est faible, mais cela provoque une absence d'acquittement et donc un redémarrage.

Question 1.– *Le protocole TCP est-il compatible avec le modèle de référence*

Réponse.– Le protocole TCP n'est pas compatible avec le modèle de référence car il travaille sur des octets, alors que le modèle de référence travaille sur des messages. Le protocole TCP joue également le rôle de session, mais ce point n'est pas traité dans ce cours.

Question 2.– *Comment un* pare-feu (firewall) *peut-il interdire, pour des raisons de sécurité, l'accès à certaines applications d'une entreprise ?*

Réponse.– Il suffit que la passerelle interdise l'accès aux communications TCP dont le numéro de port correspond aux applications sensibles. Beaucoup de pare-feu ne laissent entrer et sortir que les messages électroniques (e-mails), c'est-à-dire les accès aux ports 25 et 109.

Question 3.– *Les routeurs du réseau Internet ont-ils la possibilité d'émettre des messages TCP ?*

Réponse.– Non, les routeurs ne travaillent que sur les paquets IP, sans atteindre le niveau TCP. Ils ne peuvent donc pas traiter les paquets suivant un numéro de port.

Question 4.– *Montrer que la perte d'un fragment s'interprète de la même façon qu'un retard dans l'acquittement de ce fragment.*

Réponse.– Lorsque le récepteur ne reçoit pas d'acquittement avant son temporisateur de reprise, il agit de la même façon, que l'acquittement arrive en retard ou que le paquet soit perdu.

Question 5.– *Montrer qu'une même adresse Internet peut desservir plusieurs clients.*

Réponse.– Plusieurs clients utilisant une même adresse Internet peuvent être différenciés par leur numéro de port. Si certains numéros de port sont réservés à des applications particulières, il est possible d'utiliser des numéros non réservés. Cette solution est de plus en plus utilisée par les ISP *(Internet Service Provider)* pour augmenter leur nombre de connexions sans accroître leur nombre d'adresse IP

pare-feu *(firewall)*.– Passerelle que les entreprises placent en entrée de réseau pour sécuriser les communications venant de l'extérieur.

■ Le protocole UDP

Le protocole UDP (*User Datagram Protocol*) permet aux applications d'échanger des datagrammes. Il utilise pour cela la notion de port, qui permet de distinguer les différentes applications qui s'exécutent sur une machine. Outre le datagramme et ses données, un message UDP contient un numéro de port source et un numéro de port de destination.

Le protocole UDP fournit un service en mode sans connexion et sans reprise sur erreur. Il n'utilise aucun acquittement, ne *reséquence* pas les messages et ne met en place aucun contrôle de flux. Il se peut donc que les messages UDP qui se perdent soient dupliqués, remis hors séquence ou qu'ils arrivent trop tôt pour être traités lors de leur réception.

reséquencer.– Remettre en séquence. Les messages UDP, par exemple, ne sont pas forcément remis dans l'ordre dans lequel ils sont émis.

UDP correspond à un protocole particulièrement simple du niveau message de l'architecture du modèle de référence. Il présente l'avantage d'une exécution rapide, tenant compte de contraintes temps réel ou d'une limitation de place sur un processeur. Ces contraintes ou limitations ne permettent pas toujours l'utilisation de protocoles plus lourds, comme TCP.

Les applications qui n'ont pas besoin d'une sécurité très forte au niveau transmission, et elles sont nombreuses, ainsi que les logiciels de gestion, qui requièrent des interrogations rapides de ressources, préfèrent utiliser UDP. Les demandes de recherche dans les annuaires transitent aussi par UDP.

Le protocole UDP a été ajouté à l'architecture TCP/IP pour transporter des informations de gestion entre une machine et un serveur toujours allumé, comme un serveur DNS. Si le serveur DNS n'est pas en état de marche, le réseau ne peut fonctionner. Il n'est donc pas utile de demander avant d'envoyer un message si le serveur DNS distant est présent. S'il ne l'était pas, le système ne marcherait pas.

H.323.– Ensemble de protocoles normalisés par l'UIT-T pour permettre le passage d'applications de type parole téléphonique, vidéo ou données sur divers réseaux.

SIP (*Session Initiation Protocol*).– Protocole servant à initialiser une session VoIP.

Le protocole UDP a été ensuite utilisé pour des applications comme la parole téléphonique, qui possèdent des contraintes que le protocole TCP, avec sa technique de contrôle, ne peut prendre en charge. Les principales applications sous TCP sont les applications temps réel, avec de fortes contraintes de synchronisation. La parole téléphonique nécessite une signalisation : il faut indiquer au destinataire qu'un appelant cherche à le joindre. Pour cela, on déclenche une sonnerie. S'il ny a pas de connexion, puisque le protocole est sans connexion, il faut forcément en mettre une avec d'autres protocoles de signalisation. De là sont nés les protocoles de signalisation de niveau application, comme *H.323* ou *SIP (Session Initiation Protocol)*.

Pour identifier les différentes applications, TCP et UDP placent dans chaque fragment une référence qui joue le rôle de port. La figure 11-8 illustre le fragment UDP. Une référence identifie, un peu comme le champ En-tête suivant dans IPv6, ce qui est transporté dans le corps du fragment.

DNS (*Domain Name Service*).– Application permettant la mise en correspondance des adresses physiques dans le réseau et des adresses logiques.

DHCP (*Dynamic Host Configuration Protocol*).– Application de configuration automatique permettant notamment à une station de se voir assigner une adresse IP.

Les applications les plus importantes qui utilisent le protocole UDP correspondent aux numéros de port suivants :

- 7 : service écho ;
- 9 : service de rejet ;
- 53 : serveur de nom de domaine *DNS* ;
- 67 : serveur de configuration *DHCP* ;
- 68 : client de configuration DHCP.

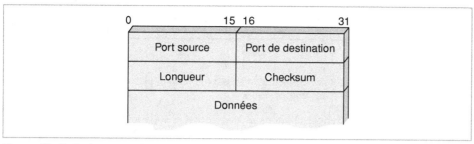

Figure 11-8. *Le fragment UDP.*

Question 6.– *Les applications de téléphonie dans les réseaux IP utilisent-elles principalement TCP ou UDP ?*

Réponse.– La téléphonie sous IP préfère UDP, qui permet de gagner du temps dans l'exécution du protocole.

Question 7.– *Les flots qui utilisent le protocole UDP ne sont soumis à aucun contrôle de flux. Peuvent-ils devenir un problème pour les applications utilisant le protocole TCP ?*

Réponse.– Oui, le protocole UDP peut pénaliser énormément le protocole TCP. Comme il n'y a pas de contrôle de flux sur les flots UDP, les applications qui l'utilisent peuvent occuper toute la bande passante.

Question 8.– *Est-il possible qu'une application utilisant le protocole UDP possède une qualité de service ?*

Réponse.– La réponse est *a priori* non, puisque le protocole UDP ne permet aucun contrôle. Cependant, si les fragments UDP, et donc les paquets IP, sont transportés dans un réseau assurant une qualité de service de bout en bout, il est possible d'imaginer des applications sous UDP offrant une qualité de service garantie.

1 *On considère le réseau d'un ISP, qui utilise des liaisons à très haut débit sur lesquelles transitent des paquets IP encapsulés dans des trames PPP.*

a Indiquer les différentes encapsulations et décapsulations, depuis le niveau TCP, qui sont effectuées dans ce réseau.

b Au niveau du protocole TCP, on souhaite étudier les fragments émis par un émetteur et les acquittements reçus. Le protocole TCP utilise l'algorithme slow-start and congestion avoidance et des fragments de longueur constante. On suppose qu'il n'y a pas de trafic d'information du récepteur vers l'émetteur et que, à chaque segment reçu, le récepteur envoie immédiatement un acquittement. On suppose également que le temporisateur de reprise est égal à 2.

Fragment 0 émis à 51,456	Acquittement reçu à 52,739 avec n° 1
Fragment 1 émis à 52,784	Acquittement reçu à 53,923 avec n° 2
Fragment 2 émis à 52,792	Acquittement reçu à 54,056 avec n° 3
Fragment 3 émis à 54,123	Acquittement reçu à 55,773 avec n° 3
Fragment 4 émis à 54,131	Acquittement reçu à 55,992 avec n° 3
Fragment 5 émis à 54,139	Acquittement reçu à 56,043 avec n° 6
Fragment 6 émis à 54,147	

1 Quelles sont la taille des segments et la vitesse de la liaison d'accès ?

2 Le fragment 3 est-il réémis ?

3 À partir de quel instant le fragment 7 peut-il être émis ?

4 Le fragment 7 est-il un nouveau fragment ou la répétition d'un fragment déjà envoyé ?

5 À partir de quel instant, au plus tôt, le fragment 8 peut-il être émis ?

6 Que penser d'un ISP qui perdrait des paquets régulièrement de façon concertée ? Quel serait l'effet sur le débit de l'utilisateur, et peut-on interpréter ce comportement comme un contrôle de flux ?

2 *On considère un réseau formé de deux routeurs. Sur le premier routeur se connecte le PC du client 1 et sur le second le PC du client 2. Les deux PC travaillent sous le logiciel TCP/IP pour leur connexion réseau.*

a Les routeurs doivent-ils posséder un logiciel TCP ?

b L'application du client sur le PC 1 travaille, dans une fenêtre de son écran, sous la messagerie électronique SMTP. Quel en est le numéro de port ? Ce client peut-il en même temps effectuer une recherche sur un serveur Web distant ?

c En fait, le PC 1 effectue principalement un transfert de fichiers FTP vers le PC 2 sur le port 21. Les fragments émis ont une longueur de 8 000 bits. Le premier fragment émis possède le numéro de séquence 1. Quel est le numéro de séquence du deuxième fragment émis ?

d Supposons que les acquittements sont regroupés tous les quatre fragments reçus. Quelle est la valeur portée dans le champ d'acquittement du premier paquet d'acquittement ?

e On suppose qu'un routeur soit à Paris et le second à Los Angeles et que le délai d'acheminement d'un routeur à l'autre soit de 50 ms. Sachant que la fenêtre de TCP ne peut pas dépasser 65 535 octets (valeur maximale sur 16 bits), quelle valeur maximale doit avoir le débit de la connexion pour que l'émetteur ne soit pas bloqué par le contrôle dû à la fenêtre ?

f Si, dans l'exemple précédent, la capacité de la liaison est de 622 Mbit/s, quelle peut être l'utilisation maximale de la ligne entre les deux routeurs ?

g Pour éviter cette déperdition de capacité, il existe une option WFC *(Window Scale Factor)*, qui permet de multiplier la valeur de la fenêtre par $2n$, n étant la valeur indiquée dans le champ WFC. En d'autres termes, si la valeur du paramètre de l'option est 3, la nouvelle valeur de la taille maximale de la fenêtre est $3 \times 2 \times$ WNDW. Calculer, pour l'exemple précédent, la valeur du champ WFC qu'il faudrait choisir pour qu'il ny ait pas de blocage dû à la fenêtre de contrôle.

h Le protocole TCP dans les deux PC utilise l'option Timestamp. Cette option, qui intervient dans tous les paquets de la session, contrairement aux autres options, qui ne concernent que le premier fragment, demande un champ de 10 octets, contenant deux valeurs sur 4 octets, précédé du type d'option (8) et d'un octet donnant la longueur totale (10). La première valeur indique l'heure d'entrée dans le réseau. La deuxième n'est utilisée que dans l'acquittement, qui recopie la valeur d'entrée dans le réseau du paquet qu'il acquitte. À quoi cette option peut-elle être utilisée ?

3 Soit trois réseaux interconnectés par des passerelles, comme illustré à la figure 11-9. On suppose que le réseau A est un réseau X.25 de catégorie A, que B est un réseau local de catégorie B et que C est un réseau local de catégorie C.

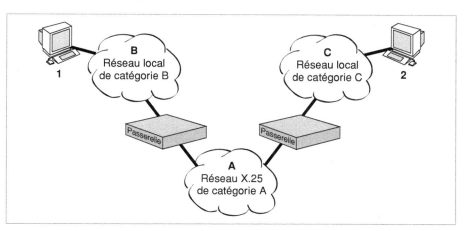

Figure 11-9. *Trois réseaux interconnectés par deux passerelles.*

a L'utilisateur du PC 1 veut émettre en direction de l'utilisateur du PC 2. En utilisant les protocoles normalisés de la couche transport, dans quelle classe doit-il émettre pour que la communication s'effectue sans problème ? Pourquoi ?

b Les utilisateurs des trois réseaux doivent pouvoir communiquer entre eux. Nous nous intéressons ici aux utilisateurs situés sur le réseau X.25 et accédant à ce réseau par un PAD (assembleur-désassembleur de paquet), permettant de récupérer des octets provenant d'un terminal non intelligent et de les regrouper dans un paquet X.25, envoyé sur le réseau, et *vice versa*. Donner la raison pour laquelle une communication de classe 4 entre un terminal PAD et un client connecté sur le réseau C n'est, *a priori*, pas possible. Que faudrait-il pour que cette communication soit réalisable ? Est-ce acceptable ?

c En supposant que les terminaux connectés sur le réseau A aient des accès directs (carte X.25 dans le terminal) et ne supportent que la classe 0 et que les clients du réseau C n'aient à leur disposition que la classe 4, comment une communication d'un client du réseau A avec un client du réseau C est-elle possible ?

d Conclure en décrivant les deux grands choix d'architecture suivants, qui s'offrent à l'entreprise qui possède un tel réseau, et en donnant, pour chacun deux, les protocoles de niveau 4 à supporter sur les équipements terminaux des trois réseaux :

1 Architecture de bout en bout optimisée pour l'ensemble et pour chaque réseau à un coût important.

2 Architecture qui ne permet pas de réaliser une communication de bout en bout, comme demandée dans la couche transport, mais à un coût moindre.

e Si la communication entre les clients 1 et 2 est rompue, c'est-à-dire si elle est coupée suffisamment longtemps pour que même les temporisateurs de reprise ne puissent effectuer la reprise, comment s'effectue le redémarrage ?

f Lorsque l'émetteur est avisé de la coupure de la communication, il n'a aucune idée du dernier paquet qui a pu passer avant la coupure. Comment peut-il déterminer le point de reprise sur lequel il va pouvoir redémarrer ?

g Si la communication concerne une application de téléphonie, une couche présentation est-elle utilisée ?

Exemples d'applications

12

Ce cours décrit les principales applications réseau que les utilisateurs peuvent exécuter sur un PC à l'aide d'un logiciel adéquat. Certaines de ces applications sont simples. Ne recourant qu'à un seul média, elles ne connaissent ni contrainte temporelle, ni perte d'information dans le réseau. D'autres sont beaucoup plus complexes et demandent la mise en œuvre de plusieurs médias, avec de fortes contraintes à respecter. Nous examinons ces différentes applications, en partant des plus simples pour finir avec les plus complexes.

- La messagerie électronique

- Le transfert de fichiers

- Le Web

- La parole téléphonique

- La vidéo

- Les applications peer-to-peer

■ La messagerie électronique

La messagerie électronique du monde Internet s'appelle SMTP *(Simple Mail Transfer Protocol)*. Cette application relativement simple est l'une des premières à avoir été créée sur Internet. Elle se sert d'adresses du type *guy.pujolle@lip6.fr*, dans lesquelles la deuxième partie représente le nom du domaine qui gère le serveur de messagerie.

La messagerie électronique utilise une syntaxe également très simple. Elle comporte un en-tête, auquel s'ajoutent quelques éléments de base, comme l'objet, l'émetteur, le récepteur, la date et le corps du message. Le tout est au format ASCII.

La figure 12-1 illustre le fonctionnement d'une messagerie SMTP.

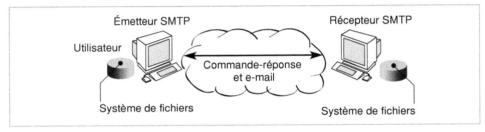

Figure 12-1. *Fonctionnement d'une messagerie SMTP.*

HTML *(HyperText Markup Language).*– Langage de description de page par balisage hypertexte utilisé entre serveurs Web.

En 1993, un nouveau protocole de contenu, le protocole MIME *(Multipurpose Internet Mail Extensions)*, a été défini. Il permet d'introduire dans les messages SMTP différents types de fichiers multimédias. Il peut, bien sûr, s'agir de fichiers ASCII, PostScript ou *HTML*, de fichiers son de qualité téléphonique ou image sous différents formats, de fichiers compressés de différentes façons, de fichiers de systèmes de traitement de texte, etc.

Une fois reçus sur le serveur, les messages sont traités par un logiciel, POP *(Post Office Protocol)* ou IMAP *(Internet Message Access Protocol)*. POP — dans sa version actuelle POP3 — permet de récupérer les messages stockés sur le serveur qui héberge la messagerie SMTP. IMAP — dans sa version actuelle IMAP4 — permet en plus de travailler sur le serveur avant de récupérer les messages, pour, par exemple, éliminer des messages inutiles sans avoir à les transmettre vers le terminal de l'utilisateur. Le protocole LDAP *(Lightweight Directory Access Protocol)* permet d'identifier les répertoires des serveurs de messagerie SMTP.

La messagerie électronique SMTP est plus qu'une messagerie interpersonnelle. Elle offre le moyen de transporter des fichiers dans un mode sans connexion puisque l'utilisateur distant n'est pas obligé d'être présent. Il suffit à ce dernier de posséder une boîte aux lettres capable de mémoriser les informations transmises jusqu'à ce qu'il se connecte et récupère ses messages.

Questions-réponses

Question 1.– *La messagerie SMTP travaille-t-elle en mode avec ou sans connexion ? En déduire si SMTP s'appuie sur le protocole TCP en mode avec connexion ou UDP en mode sans connexion.*

Réponse.– La messagerie utilise un mode sans connexion parce qu'elle ne rend pas nécessaire de vérifier que le destinataire est présent. Comme il faut, cependant, s'assurer que la transmission du message aboutit et que ce dernier n'est pas perdu, faute de quoi il pourrait arriver que des messages ne soient pas distribués , le protocole SMTP doit se fonder sur un protocole fiable, en l'occurrence TCP.

Question 2.– *Un message peut-il avoir une taille aussi grande que le désire l'émetteur ?*

Réponse.– Puisque la messagerie utilise un protocole en mode sans connexion, il ne peut être vérifié que l'espace d'arrivée est suffisant. C'est la raison pour laquelle beaucoup de réseaux d'ISP rejettent automatiquement les messages trop longs.

Question 3.– *Peut-on utiliser SMTP pour réaliser une application temps réel ?*

Réponse.– Non, car SMTP est en mode sans connexion. De plus, les messages sont souvent stockés dans un serveur de messagerie de façon à regrouper les émissions. Le temps de distribution des messages se compte en seconde, voire en dizaine de secondes, ce qui est trop long pour du temps réel, qui exige des temps de distribution beaucoup plus courts. La notion de temps réel est en fait assez complexe puisqu'elle dépend du type d'application. Par exemple, la parole téléphonique est une application temps réel dont le délai maximal aller-retour est de 600 ms.

Question 4.– *Peut-on transmettre des messages vocaux ou vidéo via SMTP ?*

Réponse.– Bien sûr, puisque le protocole de contenu MIME permet d'ajouter n'importe quel type de fichier, qu'il contienne de la voix ou de la vidéo numérique. Un message vocal ou vidéo n'est pas une application temps réel.

■ Le transfert de fichiers

Le protocole FTP *(File Transfer Protocol)* a été développé dans le cadre d'Internet pour garantir une qualité de service, c'est-à-dire que le fichier arrive correctement et en entier au récepteur. Le transfert s'effectue entre deux adresses extrémité du réseau Internet. L'application FTP est de type *client-serveur*, avec un utilisateur FTP et un serveur FTP. Le logiciel FTP propose un mode avec connexion, de telle sorte que l'émetteur et le récepteur se mettent d'accord sur les caractéristiques de la transmission.

Dans le cas classique, FTP permet une connexion entre deux utilisateurs bien identifiés. Il est aussi possible de se connecter sur un serveur pour récupérer des fichiers dans un mode fiable. On parle alors de FTP anonyme. Dans ce cas, il faut se connecter sous un compte spécial en employant une convention

client-serveur.– Système de communication liant un client (en général un PC connecté sur un réseau) et son serveur (en général un PC serveur qui possède des ressources en commun avec les clients).

consistant à donner son adresse de messagerie électronique comme mot de passe.

Pour transférer un ou plusieurs fichiers, FTP met en place une session temporaire. Le transfert a lieu par l'intermédiaire du logiciel client, auquel on donne l'adresse de la machine FTP sur laquelle on souhaite récupérer les fichiers. Une fois le transport effectué, la session est fermée.

La figure 12-2 illustre le format du bloc de données transféré dans l'application FTP.

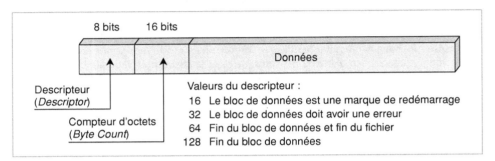

Figure 12-2. *Format du bloc FTP.*

Questions-réponses

Question 5.– *Le protocole FTP vous semble-t-il être en mode avec ou sans connexion ? Vous paraît-il utiliser le protocole de transport TCP en mode avec connexion ou UDP en mode sans connexion ?*

Réponse.– Le protocole FTP est un protocole en mode avec connexion, car il lui faut s'assurer que l'ensemble des informations arrive bien à destination. Il doit, entre autres, vérifier que la place mémoire du récepteur est suffisante pour recevoir l'ensemble du fichier. Seul le mode avec connexion garantit cette qualité de service. De plus, le protocole FTP s'appuie sur un protocole de transport en mode avec connexion de façon à s'assurer que la communication s'effectue avec fiabilité.

Question 6.– *Peut-on effectuer un service de messagerie électronique en se servant du protocole FTP ?*

Réponse.– Oui, mais il s'agirait alors d'une messagerie bien particulière, que l'on pourrait appeler une messagerie en mode avec connexion. En effet, avant d'envoyer son message, il faut mettre en place une connexion avec l'utilisateur distant ou avec un serveur de fichiers en cas d'absence. Cette condition est fortement restrictive dans le cas d'une messagerie interpersonnelle.

Question 7.– *Pour une salle de cinéma qui souhaite recevoir ses films d'une façon numérique via un réseau de télécommunications, est-il plus intéressant d'utiliser une messagerie électronique SMTP ou un transfert de fichiers FTP ?*

Réponse.– Il est plus intéressant de recevoir un fichier qu'un message électronique. En effet, le bloc à transporter peut être important, et il faut s'assurer dans ce cas que la place mémoire en réception est suffisante. Grâce à sa connexion, FTP vérifie que tous les paramètres sont dimensionnés de façon que la transmission se déroule dans de bonnes conditions.

■ Le Web

Le World-Wide Web (WWW), appelé plus simplement le Web, est un système de documents hypermédias distribués, créé par le *CERN* en 1989. Ce système travaille en mode client-serveur. Il nécessite, pour naviguer dans les bases de données distribuées d'Internet, des logiciels tels que Netscape Navigator ou Microsoft Internet Explorer.

Les clients et serveurs du Web utilisent un protocole de communication, appelé *HTTP (HyperText Transfer Protocol)*. Le langage sous-jacent, HTML, est le langage d'annotation hypertexte utilisé. Des liens hypertextes, indiqués par des zones de texte, relient les documents entre eux, quelle que soit la localisation géographique de ces documents. La figure 12-3 illustre le fonctionnement d'un environnement Web.

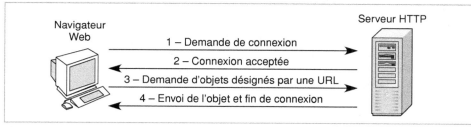

Figure 12-3. *Fonctionnement d'un environnement Web.*

Les applications de recherche d'information sur le Web génèrent un volume de données important. Ce dernier représente aujourd'hui plus de la moitié des informations qui transitent sur Internet. Les moteurs de recherche fonctionnent en s'appuyant sur des *URL (Uniform Resource Locator)*.

Le Web peut offrir des services de commerce électronique grâce à la simplicité de la relation entre le client et le serveur. Si la sécurité représente encore un frein à l'expansion du commerce en ligne, son utilisation se développe néanmoins fortement. L'accès au Web peut s'effectuer de n'importe où, notamment depuis des terminaux mobiles par l'intermédiaire du protocole *WAP (Wireless Application Protocol)*.

Le groupe de travail *SGML (Standard Generalized Markup Language)* du *W3C (World-Wide Web Consortium)* a proposé un nouveau standard, *XML (eXtensible Markup Language)*. Ce dernier devrait remplacer assez rapidement le HTML comme format d'échange sur le Web. Comme le HTML, XML utilise des balises, ou *tags*, pour structurer et mettre en forme les données. La différence avec le HTML est que ces balises ne sont plus prédéfinies par le langage mais par l'application qui les utilise.

Chaque document XML se compose des deux parties suivantes :

CERN (Conseil européen pour la recherche nucléaire).– Laboratoire européen consacré à la physique des particules, créé en 1952 et installé à la frontière franco-suisse, à Meyrin.

HTTP *(HyperText Transfer Protocol)*.– Protocole de gestion des transferts de fichiers hypertextes entre serveurs et clients Web.

URL *(Uniform Resource Locator)*.– Combinaison d'un nom de domaine, d'un protocole et d'un nom de fichier, qui identifie de façon unique un document situé sur un serveur.

WAP *(Wireless Application Protocol)*.– Simplification de l'interface HTML autorisant un accès à Internet depuis un mobile avec un débit relativement limité.

SGML *(Standard Generalized Markup Language)*.– Norme de gestion de l'information indépendante de la plate-forme définissant l'échange de documents structurés.

W3C *(World-Wide Web Consortium)*.– Consortium international créé en 1995 à l'initiative de l'INRIA et du MIT dans le but de piloter le développement technique du Web.

XML *(eXtensible Markup Language)*.– Extension du langage HTML offrant davantage de flexibilité.

- Une structure logique, ou DTD *(Document Type Definition)*, qui définit les éléments qui composent le document.

- Le document physique, fait d'éléments imbriqués à l'aide des balises. À chaque élément correspond un attribut, simple ou composé. Les éléments peuvent être imbriqués jusqu'à une profondeur quelconque.

En résumé, le langage XML définit des documents organisés sous forme de bases de données hiérarchiques flexibles, que l'on appelle des bases de données semi-structurées.

Questions-réponses

Question 8.– *Le protocole HTTP vous paraît-il être en mode avec ou sans connexion ?*

Réponse.– C'est un protocole sans connexion, puisque son rôle est de permettre de naviguer sur la base de données générale que représente le Web et donc de changer de site jusqu'à trouver l'information recherchée.

Question 9.– *Le langage HTML a été conçu pour réaliser des pages de présentation simplifiée. Peut-on l'utiliser comme standard de présentation de document ?*

Réponse.– Oui. L'avantage du HTML est d'être à la fois simple et unique. Tous les navigateurs en utilisent des versions bien déterminées, et le nombre de version est strictement limité. Son inconvénient provient d'une présentation sommaire, qui ne permet pas de composer des documents vraiment élaborés.

Question 10.– *Pourquoi veut-on remplacer le HTML par le XML ?*

Réponse.– Le langage XML est à la fois plus souple et plus puissant que le HTML. Il prend notamment en charge les informations de type vidéo, alors que la structure du HTML est trop sommaire pour le permettre.

■ La parole téléphonique

Sur le plan commercial, la téléphonie reste l'application dominante des réseaux. Cela devrait durer encore de nombreuses années, en raison notamment de l'émergence de nouveaux et immenses marchés, qui ne passent pas directement aux applications multimédias.

Même si la majorité du débit transitant sur les lignes de télécommunications ne concerne plus la téléphonie, le chiffre d'affaires des opérateurs télécoms et peut être aussi bientôt des ISP demeure majoritairement dépendant des applications téléphoniques. La parole téléphonique transite essentiellement par les réseaux à commutation de circuits, même si une forte concurrence commence à lui être opposée par les réseaux à transfert de paquets, relais de trames et Internet, ainsi que par les intranets des opérateurs.

L'application de téléphonie est une application complexe à prendre en charge, en raison de son caractère interactif et de sa forte demande de synchronisation. Rappelons (*voir cours 8, « La transmission »*) les trois opérations successives nécessaires à la numérisation de la parole, qu'elle soit téléphonique ou non :

1. L'échantillonnage, qui consiste à prendre des points du signal analogique au fur et à mesure qu'il se déroule. Plus la bande passante est importante, plus il faut prendre d'échantillons par seconde. Selon le théorème d'échantillonnage, le nombre d'échantillons doit être égal à au moins deux fois la bande passante.

2. La quantification, qui consiste à représenter un échantillon par une valeur numérique au moyen d'une loi de correspondance. Cette phase consiste à déterminer la loi de correspondance de telle sorte que la valeur des signaux ait le plus de signification possible.

3. Le codage, qui consiste à donner une valeur numérique aux échantillons. Ce sont ces valeurs qui sont transportées dans le signal numérique.

La largeur de bande de la voix téléphonique analogique étant de 3 200 Hz, il faut, pour numériser ce signal correctement sans perte de qualité — cette dernière étant déjà relativement basse —, échantillonner au moins 6 400 fois par seconde. La normalisation a opté pour un échantillonnage 8 000 fois par seconde. L'amplitude maximale permise se trouve divisée en 128 échelons positifs pour la version américaine PCM *(Pulse Code Modulation)*, auxquels il faut ajouter 128 échelons négatifs dans la version européenne *MIC (modulation par impulsion et codage)*. Le codage s'effectue donc soit sur 128 valeurs, soit sur 256 valeurs, ce qui demande en binaire 7 ou 8 bits de codage. La valeur totale du débit de la numérisation de la parole téléphonique s'obtient en multipliant le nombre d'échantillons par le nombre d'échelons, ce qui donne :

MIC (modulation par impulsion et codage).– Technique utilisée par les opérateurs de télé-communications consistant à transformer la parole téléphonique analogique en signal numérique par le biais d'un codec.

- 8 000 × 7 bit/s = 56 Kbit/s en Amérique du Nord et au Japon ;

- 8 000 × 8 bit/s = 64 Kbit/s en Europe.

Le codage de la parole téléphonique

Beaucoup de solutions ont été développées pour tenir compte des qualités – et des défauts – de l'oreille dans le codage de la parole téléphonique. Les principales d'entre elles sont les suivantes :
- AD-PCM *(Adaptive Differential-Pulse Code Modulation)* ou MIC-DA (modulation par impulsion et codage-différentiel adaptatif) ;
- SBC *(Sub-Band Coding)* ;
- LPC *(Linear Predictive Coding)* ;
- CELP *(Code Excited Linear Prediction)*.

Suite p. 244

Suite de la page 243

De nombreux codeurs audio sont associés à ces techniques. Outre les codecs classiques, on recourt à de nouveaux codeurs bas débit. La figure 12-4 illustre les vitesses de sortie des différentes normes de codeurs de la voix téléphonique fondées sur un échantillonnage standard à 8 kHz. L'ordonnée représente la qualité du son en réception, qui reste évidemment un critère subjectif. Le tableau représente aussi les codeurs utilisés dans les réseaux de mobiles (GSM) et d'autres normes de fait.

Pour l'audio haute définition, on considère une bande passante plus importante, puisque l'oreille humaine est sensible aux fréquences de 20 à 20 000 Hz. La bande passante étant d'un peu moins de 20 kHz, l'échantillonnage doit s'effectuer sur au moins 40 kHz (deux fois la bande passante), et c'est la valeur de 44,1 kHz qui a été choisie. Le codage effectué sur un CD tenant sur 16 bits par échantillon, il faut, pour stocker une seconde de musique, une mémoire de $16 \times 44,1 = 705,6$ Kbit. Si le son est stéréo, deux canaux sont nécessaires, ce qui correspond à une mémoire de 1,411 Mbit. Pour une heure de stéréo, il faut donc 5 Gbit de mémoire sans compression. En fait, cette quantité de mémoire peut être fortement réduite en compressant les flots audio.

L'une des normes les plus utilisées provient de la couche 3 *(layer 3)* du standard MPEG-2, que l'on appelle encore MP3. Le canal son après compression est réduit à 128 Kbit/s, ce qui occasionne une réduction de l'ordre de 12 par rapport à la formule sans compression. Une heure d'écoute se réduit à 400 Mbits, ce qui peut se placer confortablement sur un CD.

De nouveaux standards plus performants pourraient remplacer le MP3, comme le MPEG-2 AAC *(Advanced Audio Coding)*, qui descend le débit à 64 Kbit/s pour une qualité comparable.

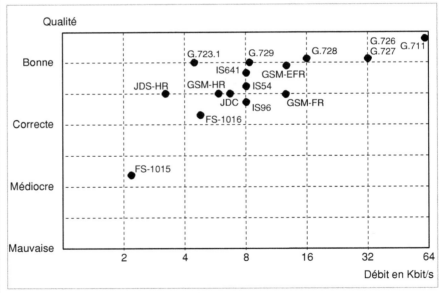

Figure 12-4. *Les différents codeurs audio.*

■ La téléphonie sur IP

Le transport de la parole téléphonique dans des environnements IP est assez différent suivant que l'on se trouve sur Internet ou sur un intranet.

Sur Internet, il faut réaliser ce transport dans des périodes peu chargées pour que la contrainte d'interactivité de 300 ms *(voir cours 2, Les grandes catégories de réseaux)* puisse être respectée. Sur les réseaux intranets – des fournisseurs d'accès, ou ISP *(Internet Service Provider)*, mais aussi des opérateurs télécoms –, le passage de la parole est possible mais à condition de contrôler le réseau de sorte que le temps total de transport, y compris la paquétisation et la dépaquétisation, soit limité.

La voix téléphonique sur IP, appelée VoIP *(Voice over IP)*, est devenue une application classique grâce aux progrès de la numérisation et à la puissance des PC, qui permettent d'annuler les échos. L'élément le plus contraignant de cette application reste le délai pour aller d'une extrémité à l'autre, surtout lorsqu'il faut traverser les deux terminaux, émetteur et récepteur, de type PC, ainsi que les modems, réseaux d'accès, passerelles, routeurs, etc.

On peut considérer que le temps de traversée d'un PC demande une centaine de millisecondes, celui d'un modem quelques dizaines de millisecondes, celui d'une passerelle également une centaine de millisecondes et celui d'un réseau IP quelques dizaines de millisecondes. L'addition de ces temps montre que la limite des 300 ms permettant l'interactivité est rapidement atteinte. La figure 12-5 illustre ce processus.

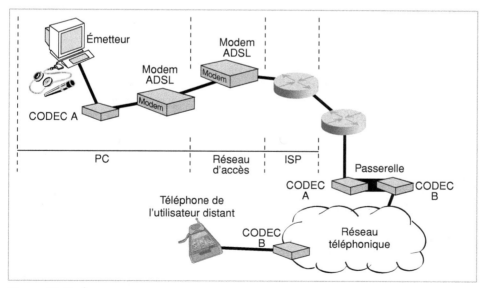

Figure 12-5. *Équipements à traverser par une communication téléphonique sur IP.*

La mise en place d'une communication téléphonique sur IP suit les étapes ci-dessous :

gatekeeper.–
Passerelle spécialisée dans la localisation du récepteur dans le cadre de la parole sur IP.

1. Pour mettre en place la communication, il faut d'abord utiliser une signalisation qui démarre la session. Le premier élément à considérer est la localisation du récepteur *(User Location)*. Elle s'effectue par une conversion de l'adresse du destinataire (adresse IP ou adresse téléphonique classique) en une adresse IP d'une machine qui puisse joindre le destinataire (qui peut être le destinataire lui-même). Le récepteur peut être un combiné téléphonique classique sur un réseau d'opérateur télécoms ou une station de travail (lorsque la communication s'effectue d'un combiné téléphonique vers un PC). Le protocole DHCP *(Dynamic Host Configuration Protocol)* et les passerelles spécialisées *(gatekeeper)* sont employés à cette fin.

2. L'établissement de la communication passe par une acceptation du terminal destinataire, que ce dernier soit un téléphone, une boîte vocale ou un serveur Web. Plusieurs protocoles de signalisation sont utilisés pour cela, en particulier le protocole SIP *(Session Initiation Protocol)* de l'IETF. Comme son nom l'indique, SIP est utilisé pour initialiser la session. Une requête SIP contient un ensemble d'en-têtes, qui décrivent l'appel, suivis du corps du message, qui contient la description de la demande de session. SIP est un protocole client-serveur, qui utilise la syntaxe et la sémantique de HTTP. Le serveur gère la demande et fournit une réponse au client. Trois types de serveurs gèrent différents éléments : un serveur d'enregistrement *(Registration Server)*, un serveur relais *(Proxy Server)* et un serveur de redirection *(Redirect Server)*. Ces serveurs travaillent à trouver la route : le serveur proxy détermine le prochain serveur *(Next-Hop Server)*, qui, à son tour, trouve le suivant, et ainsi de suite. Des champs supplémentaires de l'en-tête gèrent des options, comme le transfert d'appel ou la gestion des conférences téléphoniques.

RTP *(Real-time Transport Protocol)*.–
Protocole développé par l'IETF dans le but de faciliter le transport temps réel des données audio et vidéo sur les réseaux à commutation de paquets, comme IP.

3. Le protocole *RTP (Real-time Transport Protocol)* prend le relais pour transporter l'information téléphonique proprement dite *(voir cours 13, « Les réseaux IP »)*. Le rôle de ce protocole est d'organiser les paquets à l'entrée du réseau et de les contrôler à la sortie de façon à reformer le flot avec ses caractéristiques de départ (vérification du synchronisme, des pertes, etc.). C'est un protocole de niveau transport, qui essaye de corriger les défauts apportés par le réseau.

transcodage.–
Transformation d'un codage en un autre codage.

4. Un autre lieu de transit important de la voix sur IP est constitué par les passerelles permettant de passer d'un réseau à transfert de paquets à un réseau à commutation de circuits, en prenant en charge les problèmes d'adressage, de signalisation et de *transcodage* que cela pose. Ces passerelles devraient se multiplier entre ISP et opérateurs télécoms.

5. De nouveau, le protocole SIP propose des solutions pour permettre ces correspondances. Il envoie une requête à la passerelle pour déterminer si elle

est capable de réaliser la liaison circuit de façon à atteindre le destinataire. En théorie, chaque passerelle peut appeler n'importe quel numéro de téléphone. Cependant, pour réduire les coûts, mieux vaut choisir une passerelle locale, qui garantit que la partie du transport sur le réseau téléphonique classique est le moins cher possible.

Questions-réponses

Question 11.– *La* redondance *est-elle utile pour le transport de la parole ?*

Réponse.– À la fois oui et non. La redondance pose de nombreux problèmes, comme la forte augmentation du débit ou de nouveaux retards, puisque, si un paquet se perd, il faut attendre le paquet suivant pour retrouver la redondance. La réponse est cependant oui, car une redondance même très légère – quelques éléments de redondance seulement sont transportés – améliore sensiblement la qualité, tout en n'augmentant que très peu le débit.

Question 12.– *Que penser de l'effet des encapsulations successives de protocoles (RTP dans UDP puis dans IP) sur les performances du transport de la parole téléphonique sur IP ? Proposer des solutions à ce problème.*

Réponse.– Le phénomène d'encapsulations en série peut être résumé de la façon suivante : les quelques échantillons à transporter sont encapsulés dans le bloc RTP – si la compression est importante, il y a peu d'octets encapsulés –, lui-même encapsulé dans UDP, à son tour encapsulé dans IP (*IPv4* ou *IPv6*, suivant la version utilisée). Cette succession d'encapsulations fait parfois beaucoup plus que doubler le débit. On a enregistré des multiplications par 10 du débit lorsque la compression était particulièrement forte. La solution à ces problèmes peut être de divers ordres. Une première approche peut consister en une forte augmentation des débits des réseaux IP : il est parfois plus simple de multiplier les débits que d'élaborer des algorithmes complexes Une autre approche revient à multiplexer plusieurs utilisateurs dans un même paquet IP de façon à obtenir un long paquet IP, au rendement meilleur.

Question 13.– *La parole sur IP pose-t-elle les mêmes problèmes que la parole téléphonique ?*

Réponse.– On distingue la parole téléphonique, qui implique une contrainte d'interactivité, de la parole sur IP, qui, elle, ne pose pas de problème de temps réel, puisqu'on a tout le temps de remplir un assez long paquet IP avant de l'envoyer. Quant aux contraintes temporelles dans le réseau, elles n'existent plus dans ce cas. Les applications de ce type sont nombreuses, comme la musique MP3 ou le transfert d'une bande son.

Question 14.– *Est-il plus compliqué d'employer une parole téléphonique de haute qualité ou une parole téléphonique classique ?*

Réponse.– Il est contradictoire de parler de parole téléphonique de haute qualité puisque l'une des caractéristiques de la parole téléphonique est sa médiocre qualité. Ce terme désigne cependant généralement une composante de temps réel, et donc d'interactivité. La réponse à la question est qu'une application de parole interactive de haute qualité n'est pas plus difficile à réaliser qu'une parole téléphonique classique, peut-être même au contraire. En effet, le débit de l'application étant beaucoup plus important, il est simple de remplir un paquet IP en un temps très court, sans faire appel à du multiplexage ou à des algorithmes complexes. L'inconvénient réside bien sûr dans une infrastructure de réseau plus lourde, puisque les débits sont plus importants.

redondance.– Augmentation du nombre d'éléments binaires à transmettre dans le but de tenter de garder la qualité du signal d'origine en présence d'erreurs de transmission.

IPv4 (ou IP version 4).– Première génération du protocole Internet IP, codant les adresses sur 4 octets.

IPv6 (ou IP version 6).– Deuxième génération du protocole Internet IP, codant les adresses sur 16 octets.

■ La vidéo

Le transport de la vidéo est étroitement dépendant du type de l'application, en particulier de sa nature interactive ou non. Dans le cas d'une application interactive, le délai aller-retour est limité à 600 ms, comme pour la parole téléphonique. Dans le cas d'une application de vidéo unidirectionnelle, sans voie de retour, le délai peut être beaucoup plus long.

VoD *(Video on Demand).*– Application de vidéo qui démarre à la demande de l'utilisateur.

Les services de vidéo sans interactivité sont pris en compte par différents algorithmes. L'important est que les octets du flot soient remis à des instants précis, ces instants pouvant être fortement retardés par rapport au temps d'entrée dans le réseau. Il est possible, par exemple, par le biais d'un service de vidéo à la demande, ou *VoD (Video on Demand)*, de regarder un programme de télévision avec 30 s de retard sur son émission.

Considérons dans un premier temps le codage de la vidéo, avant d'aborder son transport.

MPEG-2

Le codage MPEG-2 *(Moving Pictures Expert Group)* utilise trois types de trames, I, P et B, qui se distinguent par les techniques de compression utilisées : codage interne *(Intra-coded,* ou *I frames)*, codage de façon prédictive *(Predictive coded,* ou *P frames)* et codage de façon prédictive bidirectionnelle *(Bidirectional predictive coded,* ou *B frames)*.

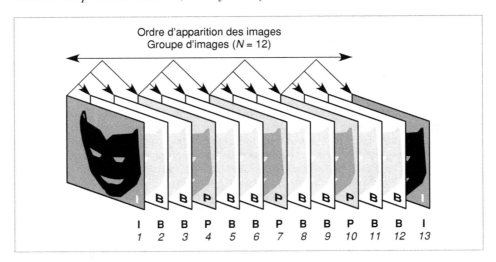

Figure 12-6. *Groupe dimages (GOP).*

Les trames I se servent d'une compression spatiale, sans référence à d'autres trames. Les trames P se codent à partir de précédentes trames I ou P. Enfin, les trames B se déduisent des trames I et P précédentes et suivantes. Pour augmenter l'efficacité du codage, une séquence de trames I, P et B revient régulièrement. Cette séquence, appelée groupe d'images, ou GOP *(Group Of Pictures)*, est illustrée à la figure 12-6.

La compression différentielle

La compression vidéo consiste à ne coder que des blocs de 8 points sur 8 dans les images vidéo. Les 64 points obtenus sont numérotés par une méthode en zigzag et codés en différentiel : un point sert de référence, et les autres sont codés en fonction de la différence avec ce point. Cette utilisation d'un mode différentiel est très classique en compression lorsque les points à coder les uns derrière les autres varient peu. Le fait de ne coder qu'une différence, souvent minime, nécessite moins de bits qu'un codage absolu.

Après le codage de ces 64 points, une fonction quelque peu complexe, du type $f(x,y) = \{$transformée en cosinus inverse$\}$, permet de corréler les 64 points. À partir de cette fonction, il est possible, en inversant la fonction, de retrouver la valeur d'un point de coordonnées x et y. Une fois la transformée effectuée, on peut encore compresser par une quantification. En termes approximatifs, cela consiste à simplifier plus ou moins le résultat de la fonction $f(x,y)$. Lorsqu'on effectue la fonction inverse, et si l'on a beaucoup simplifié, le résultat est une approximation grossière. Si, au contraire, la quantification a été importante, la transformée inverse est précise.

On poursuit par la compression finale. On utilise pour cela une compression de Huffmann, qui consiste à remplacer les suites de mots obtenus par une nouvelle suite, dans laquelle les mots qui reviennent très souvent sont recodés sur peu de bits et les mots très rares sur des suites de bits beaucoup plus longues que l'original. Le codage de Huffmann est très général et s'applique à toute suite d'éléments binaires. On considère que, par un codage de Huffmann, on peut gagner de 25 à 50 p. 100.

On s'aperçoit, avec cet ensemble de techniques de compression et de codage, que la transformation de l'image initiale en image MPEG-2 est complexe, de sorte qu'un codeur atteint des prix relativement élevés. Un décodeur, fabriqué en grande série, revient beaucoup moins cher.

Comme illustré à la figure 12-7, le codage MPEG-2 produit un débit très irrégulier dans le temps. Les images I, qui représentent, dans le cas classique d'un GOP *(voir figure 12-6)*, un peu plus de 50 p. 100 du trafic, forment les pointes de trafic.

Les garanties de qualité de service associées aux différentes images sont très diverses. Si les trames I ne doivent pas être perdues, les trames P, et plus encore les trames B, ont moins d'importance, et la perte d'une de ces trames ne représente pas une catastrophe pour la qualité de la vidéo. D'autres informations encore sont capitales pour reformer les images animées à l'autre extrémité du réseau. Elles concernent la synchronisation, les références d'horloge et les données système.

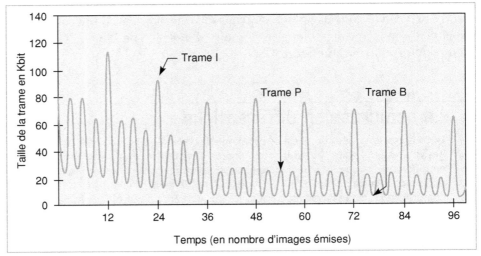

Figure 12-7. *Impact du codage sur un flot MPEG-2.*

On comprend ainsi la difficulté de l'acheminement de la vidéo, puisque, suivant la nature de ce que l'on transporte, la qualité de service varie. Les deux grandes voies suivantes sont utilisées pour transmettre un canal MPEG :

- Soit on essaie de rendre le flot constant, et l'on utilise pour cela un canal de type circuit. Le flux constant est obtenu par un facteur de compression variable et donc d'une image de qualité elle-même variable dans le temps. Cette solution est utilisée pour le transport de la télévision numérique.

- Soit on utilise un canal au débit variable, qui s'adapte aux variations du flux MPEG. La difficulté de cette méthode réside dans la synchronisation. Le retard doit être calculé de telle sorte que les informations soient présentes lorsque le récepteur rejoue la vidéo. Des temps de retard de 10 à 30 s sont envisageables pour de la télévision à la demande.

La norme MPEG-2

La norme MPEG-2 comporte trois parties, ou couches *(layers)*, principales :
- MPEG-2-1, qui s'intéresse à la couche système et à la représentation du multiplexage des flux.
- MPEG-2-2, qui s'intéresse à la compression vidéo.
- MPEG-2-3, qui s'intéresse à la compression audio.

La norme de codage de musique MP3 provient donc de la couche 3 du codage MPEG-2.

La signalisation représente une autre partie importante de MPEG-2. Cette signalisation se présente sous forme de tables, appelées PSI *(Program Specific Information)*, qui fournissent les informations nécessaires pour identifier les éléments et y accéder.

MPEG-4

L'objectif de MPEG-4 est d'offrir un standard le plus large possible dans le domaine de l'audiovisuel pour les années 2000. Cette nouvelle norme prend en compte le contenu des signaux audiovisuels, ainsi qu'un codage encore amélioré par rapport à MPEG-2 et un accès simple et universel au réseau et au terminal.

Le nouveau codage est fondé sur l'objet. Il s'agit, dans un premier temps, de détecter les contours et les mouvements des objets. Ces objets sont ensuite codés avec des techniques similaires à celles décrites ci-dessus. Ils peuvent aussi être modifiés à la demande, ce qui laisse présager de multiples possibilités d'adaptation. En d'autres termes, le codage doit reconnaître et identifier des objets, mesurer l'intérêt de chaque objet en fonction du service qui doit être rendu et coder les objets en fonction de ces objectifs. Cette solution présente l'avantage de pouvoir dégrader certains objets non essentiels et d'adapter ainsi la quantité d'information à transmettre au service à fournir.

Une autre amélioration de MPEG-4 par rapport à MPEG-2 est la hiérarchisation des flux. Chaque objet peut être codé en un ensemble de flux hiérarchisés selon leur importance. Le flux de niveau 1 est le plus important. Il peut être complété par un flux de niveau 2, puis par un flux de niveau 3, etc. Cette solution permet au flux vidéo de s'adapter à la capacité du canal de communication, en dégradant plus ou moins les images, c'est-à-dire en supprimant quelques flux secondaires.

MPEG-4 offre un accès universel, en ce sens que l'image doit s'adapter à la qualité du terminal et que le flux peut être acheminé sur n'importe quel réseau, sous réserve d'adapter la compression.

Avec le standard MPEG, le débit descend jusqu'à une valeur de 1,5 Mbit/s pour une image de qualité télévision, avec très peu de perte par rapport à l'image de départ. L'œil n'étant pas vraiment sensible à des temps inférieurs à 100 ms, il est possible de jouer sur ce paramètre pour diminuer le débit. De nouveaux développements vont dans ce sens pour améliorer la qualité des images et les agrandir. Le débit MPEG-2, par exemple, peut atteindre de cette manière 10 Mbit/s. La norme MPEG-4 permet une compression encore plus forte en incluant, le cas échéant, les éléments nécessaires à la reconstruction de l'image à l'autre extrémité. Pour rendre ces techniques abordables, elles sont de plus en plus intégrées sur des puces et commercialisées sur des cartes enfichables dans les PC.

Ces progrès et caractéristiques ont conduit à l'utilisation de MPEG-2 dans le cadre de la télévision numérique, sous l'impulsion du consortium DVB *(Digital Video Broadcasting)*, qui a joué un rôle de pionnier dans ce domaine.

Les standards de la télévision numérique

La normalisation par l'ETSI *(European Telecommunication Standards Institute)* a permis la mise en place de nombreux standards, notamment les suivants :
- DVB-C, pour la télévision numérique sur câble de flux MPEG-2.
- DVB-S, pour la télévision par satellite.
- DVB-SI, pour les services de télévision et d'information en ligne.
- DVB-PI, pour le contrôle d'accès, l'embrouillage, c'est-à-dire la façon d'embrouiller les images pour réaliser des canaux de télévision qui nécessitent un décodeur, en particulier pour les chaînes cryptées, et l'interface avec le récepteur.
- DVB-T, pour la télévision numérique par diffusion terrestre.

Le problème posé par la télévision diffusée vient de son débit très variable dans le temps, qui doit s'adapter à un tuyau de capacité fixe. Des algorithmes compressent plus ou moins l'information en fonction du temps et des ressources disponibles sur le support. Si le tuyau est presque vide, on peut améliorer la qualité de l'image ; si, au contraire, le tuyau est pratiquement rempli par les informations provenant de la source, une dégradation de la qualité de la transmission vidéo peut fournir une solution acceptable si la qualité de service demandée par l'utilisateur le permet. Pour optimiser globalement le transfert de l'application, un mécanisme de contrôle est en tout cas indispensable.

Une autre solution reviendrait, pour l'opérateur de télévision, à offrir des connexions à débit variable, permettant à l'application d'utiliser à chaque instant le débit optimal et de conserver la qualité de service tout en évitant un abonnement à un tuyau de capacité constante dans le temps.

Questions-réponses

Question 15.– *Calculer le débit sans compression d'un canal de télévision standard en supposant qu'il ait une largeur de bande de 5 MHz.*

Réponse.– Pour ce calcul, on utilise le théorème d'échantillonnage : il faut au moins autant d'échantillons que deux fois la bande passante, soit 10 millions d'échantillons. Comme la bande passante est assez large, si l'on suppose un codage sur 3 octets, le débit total est de 240 Mbit/s. On voit qu'un codage MPEG-2 arrive à compresser par un facteur de 100.

Question 16.– *Calculer le débit sans compression d'un canal de télévision standard en supposant qu'il y ait 30 images par seconde et que chaque image possède 600 lignes sur 800 colonnes.*

Réponse.– Le nombre de points, ou pixels, sur une image est de 600×800, soit 480 000, c'est-à-dire approximativement 500 000 points. Si l'on suppose qu'un point soit codé sur 2 octets, cela fait 8 Mbit/s par image et donc 240 Mbit/s pour 30 images par seconde. C'est approximativement le même résultat que pour la question 15.

Question 17.– *En quoi la visioconférence et la vidéoconférence sont-elles des applications plus complexes à gérer sur un réseau que les applications de télévision ou de vidéo à la demande ?*

Réponse.– Les deux premières applications ont une contrainte d'interactivité que ne présentent pas les deux autres.

Question 18.– *Pourquoi la télévision numérique des opérateurs de diffusion offre-t-elle une qualité variable dans le temps ?*

Réponse.– La télévision numérique des opérateurs de diffusion utilise des circuits d'une capacité de l'ordre de 2 Mbit/s. Si l'image est très animée ou change souvent de séquence, le débit, même compressé, est beaucoup plus important que celui provenant d'une prise de vue fixe, où l'animation est faible. Il faut donc adapter la compression pour que le débit obtenu soit de l'ordre de 2 Mbit/s, ce qui demande une compression beaucoup plus forte pour le premier type de séquence que pour le second.

■ Les applications peer-to-peer

Les applications peer-to-peer, aussi appelées P2P, deviennent très populaires en ce début des années 2000. Des pointes de plus de 50 p. 100 du trafic Internet ont été observées pour ce type d'application, qui correspond à des trafics allant directement de machine terminale à machine terminale.

Dans cette configuration, une machine terminale est à la fois un client et un serveur. Il n'y a donc plus de serveurs centraux qui regroupent l'ensemble des informations. L'information est distribuée sur l'ensemble des machines connectées à Internet. Parmi les nombreuses applications P2P, on compte les échanges de contenu, le travail collaboratif, les messageries instantanées, les outils de recherche, etc.

La classe la plus connue d'application P2P est représentée par des logiciels tels que Napster, Gnutella, Audiogalaxy, KaZaa, etc. Ces applications permettent de récupérer des données situées n'importe où dans le monde en se connectant directement sur une station de travail possédant les données recherchées. La récupération de fichiers musicaux MP3 ou de fichiers vidéo illustre ce fonctionnement.

Le travail collaboratif concerne la mise en commun de documents, avec possibilité de les modifier entre différents utilisateurs situés dans des lieux géographiques différents. Les messageries instantanées permettent d'envoyer les messages directement au destinataire, sans passer par un serveur de messagerie intermédiaire. Enfin, les moteurs de recherche distribués directement sur les machines terminales ont de plus en plus de succès, même s'ils surchargent le travail effectué par les machines terminales.

Bien d'autres applications ont été développées selon cette architecture, comme le calcul distribué sur un grand nombre de machines personnelles. Les chercheurs plaçaient, par exemple, un grand espoir dans cette technologie pour concurrencer les gros ordinateurs parallèles. Ils ont été déçus par la perte de puissance dissipée dans les communications entre machines. En revanche, le jeu distribué devrait devenir rapidement une application pilote des réseaux IP.

Question 19.– *Supposons qu'un utilisateur d'une application P2P fasse un accès aux 10 dernières machines sur lesquelles il s'est connecté en 4 secondes. Si ces 10 machines font elles-mêmes un accès aux 8 dernières machines atteintes en 4 secondes, et ainsi de suite, au bout de combien de temps l'utilisateur peut avoir interrogé un million de machines pour trouver ce qu'il recherche ?*

Réponse.– En 24 secondes. On comprend que d'une façon distribuée, l'utilisateur peut atteindre un grand nombre de machines. Encore faut-il que le nombre d'utilisateur travaillant sous la même application P2P soit suffisant.

1 Soit un réseau IP intégrant une messagerie électronique de type SMTP.

[a] Montrer que le corps du message peut contenir un fichier.

[b] La messagerie électronique est-elle en mode avec ou sans connexion ?

[c] Dans le cas d'un transport de fichiers par le biais de la messagerie électronique, est-ce une messagerie électronique ou une technique de transfert de fichiers ?

[d] Lorsqu'un fichier à transporter est trop grand, il est souvent refusé par le réseau. Pourquoi ? Le problème se situe-t-il au niveau du réseau ou de la boîte aux lettres distante ?

2 Soit un transfert de fichiers utilisé sur un réseau IP. Les routeurs du réseau sont connectés par des liaisons ATM.

[a] Faire un schéma des découpages et des encapsulations qui doivent être effectués dans la machine de départ, que l'on suppose dotée du protocole TCP/IP et d'une carte de communication ATM.

[b] Pourquoi le transfert de fichiers nécessite-t-il un mode avec connexion ?

[c] Le mode avec connexion indique-t-il que le temps de transfert doit être tout petit ?

[d] Montrer que s'il existe trois classes de service dans un réseau, le transfert de fichiers doit généralement utiliser la classe intermédiaire.

3 On souhaite étudier un environnement intranet dans une société utilisant des bases de données Web.

[a] Le protocole HTTP est-il en mode avec ou sans connexion ?

[b] Pourquoi le protocole HTTP utilise-t-il le protocole TCP, qui est en mode avec connexion ?

[c] Pourquoi est-ce intéressant pour une société d'utiliser un intranet et non une technologie fondée sur une autre architecture ?

[d] Le protocole HTTP est très mal sécurisé. Si les informations transportées étaient chiffrées, la sécurité serait-elle améliorée ?

4 On considère le réseau Internet.

[a] Pourquoi une URL indique-t-elle de façon unique l'adresse d'un document sur le Web ?

[b] Pourquoi le navigateur *(browser)* est-il un logiciel client ?

c Montrer que l'utilisation des liens hypertextes génère chaque fois une nouvelle connexion TCP, qui peut engendrer un flux de supervision important sur Internet.

d Une page HTML ayant une taille de 10 Ko, quel temps faut-il pour la transporter sur le poste client, en supposant que le goulet d'étranglement provient de la liaison téléphonique vers l'ISP, qui est limitée à une cinquantaine de kilobits par seconde (prendre 50 Kbit/s dans la calcul) ?

e Pourquoi n'obtient-on que rarement ce temps de présentation dans la réalité ?

5 *On considère un réseau Ethernet à 1 000 Mbit/s dans lequel la longueur de la trame est au moins égale à 512 octets.*

a On veut y faire transiter une parole téléphonique compressée à 8 Kbit/s.

  1 Calculer la longueur de la zone de données, si l'on accepte un temps de remplissage de 48 ms.

  2 Quelle est l'occupation utile du support physique par rapport à l'utilisation totale pour une parole téléphonique ?

  3 Quelle quantité de parole téléphonique faut-il multiplexer pour arriver à une occupation satisfaisante de la bande passante ?

b On suppose que la parole transportée pour la téléphonie soit une parole de qualité hi-fi, avec une bande passante de 20 000 Hz, et que, lors de l'échantillonnage, le codage soit effectué sur 2 octets. Calculer le nouveau pourcentage de débit utile par rapport au débit total.

c On ajoute à cette parole de qualité hi-fi une vidéo MPEG-2 utilisant un débit fixe de 2 Mbit/s, en supposant que la voix et les données soient multiplexées dans la même trame. Indiquer le temps qui doit s'écouler entre deux émissions de trames Ethernet, si les trames sont toujours à leur valeur minimale de 472 octets de données.

d On suppose maintenant qu'on ne veuille pas multiplexer les deux voies de parole et d'image. Décrire les difficultés à surmonter au niveau du récepteur.

e Que se passe-t-il si une trame Ethernet est perdue ?

6 *On considère un réseau IP connecté à plusieurs réseaux d'opérateurs de télécommunications utilisant des techniques de commutation de circuits classiques.*

a Montrer qu'une première difficulté de cette configuration concerne le choix de l'opérateur de télécommunications.

b Montrer que le réseau IP doit transporter une signalisation avant de pouvoir établir la communication téléphonique.

c Que penser de la possibilité de transporter la signalisation téléphonique classique en l'encapsulant dans IP ?

d La recommandation H.323 de l'UIT-T propose des procédures de signalisation à partir du terminal informatique. Cela consiste à recourir à des passerelles pour assurer le passage du réseau IP au réseau téléphonique commuté (RTC). Ces passerelles, ou *gatekeepers,* prennent en charge les traductions d'adresses. Une unité de contrôle multipoint est utilisée pour la téléconférence. Expliquer les raisons de l'implémentation du protocole de signalisation H.323 dans ces différents équipements.

e Le protocole de signalisation H.323 est transporté dans des fragments TCP. Dans TCP, le numéro de port est généralement attribué lors de la demande d'ouverture. Montrer que cela peut poser des problèmes s'il existe un pare-feu *(firewall)* à traverser.

f SIP *(Session Initiation Protocol)* est un autre protocole de signalisation provenant des travaux de l'IETF fondé sur le protocole HTTP de façon à être compatible avec Internet. Le premier travail de SIP consiste à localiser le terminal du correspondant. Un serveur de localisation est nécessaire pour effectuer des correspondances d'adresses. Comment le serveur peut-il traduire une adresse téléphonique en une adresse IP de sortie du réseau ?

Les réseaux IP

13

C'est le réseau Internet qui a introduit le protocole IP. Ce protocole a été ensuite repris pour réaliser des réseaux privés, tels les réseaux intranets et extranets ou les réseaux mis en place pour la domotique. Ces réseaux IP présentent de nombreuses propriétés communes. Ce cours examine ces propriétés en décrivant le fonctionnement des réseaux IP puis en détaillant les principaux protocoles à mettre en œuvre pour obtenir un réseau performant.

- Les environnements IP

- Les protocoles ARP et RARP

- DNS *(Domain Name Service)*

- ICMP *(Internet Control Message Protocol)*

- RSVP *(Resource reSerVation Protocol)*

- RTP *(Real–time Transport Protocol)*

- NAT *(Network Address Translation)*

- IP Mobile

- Fonctions supplémentaires

■ Les environnements IP

DARPA *(Defense Advanced Research Projects Agency)*.– Agence du ministère de la Défense américain chargée des projets de recherche militaire.

Arpanet.– Premier réseau à commutation de paquets développé aux États-Unis par la DARPA.

NSF *(National Science Foundation)*.– Fondation de l'État américain qui subventionne les projets de recherche importants.

Le principal intérêt du protocole IP est son adoption quasi universelle. C'est au milieu des années 70 que l'agence américaine *DARPA (Defense Advanced Research Projects Agency)* développe un concept de réseaux interconnectés, Internet. L'architecture et les protocoles de ce réseau acquièrent leur forme actuelle vers 1977-1979. À cette époque, la DARPA est connue comme le premier centre de recherche sur les réseaux à transfert de paquets, et c'est elle qui crée le réseau *Arpanet*, à la fin des années 60.

Le réseau Internet démarre véritablement en 1980, au moment où la DARPA commence à convertir les protocoles du réseau de la recherche à TCP/IP. La migration vers Internet est complète en 1983, quand le bureau du secrétariat de la Défense américain rend obligatoires ces protocoles pour tous les hôtes connectés aux réseaux étendus.

En 1985, la *NSF (National Science Foundation)* commence à développer un programme destiné à mettre en place un réseau autour de ses six centres de supercalculateurs. En 1986, elle crée un réseau fédérateur, le NSFNET, pour relier tous ses centres de calcul et se connecter à Arpanet. C'est l'ensemble de ces réseaux interconnectés qui forme Internet, auquel viennent s'ajouter petit à petit de nombreux réseaux nouveaux.

L'adoption des protocoles s'élargit alors aux entreprises privées, qui, à la fin des années 80, sont pour la plupart reliées à Internet. De plus, elles utilisent les protocoles TCP/IP pour leurs réseaux d'entreprise, même s'ils ne sont pas connectés à Internet. Ces réseaux privés s'appellent des intranets. Le prolongement permettant aux utilisateurs externes de s'interconnecter sur un intranet s'appelle un extranet.

C'est alors que se développent des opérateurs offrant des accès au réseau Internet, les FAI (fournisseurs d'accès à Internet), encore appelés ISP *(Internet Service Provider)*. Aujourd'hui, les ISP développent leurs propres réseaux, ou intranets, qui ne sont autres que des réseaux Internet contrôlés par un seul opérateur. À terme, on peut anticiper la disparition du réseau Internet d'origine au profit d'une dizaine de réseaux intranets mondiaux.

Cette croissance rapide induit des problèmes de dimensionnement et encourage les chercheurs à proposer des solutions pour le nommage et l'adressage de la nouvelle population.

De nos jours, des centaines de sociétés importantes commercialisent des produits TCP/IP. Ce sont elles qui décident de la mise sur le marché de nouvelles technologies, et non plus les chercheurs, comme à l'origine. Pour prendre en compte cette nouvelle réalité politique et commerciale, l'IAB *(Internet Activities Board)* s'est réorganisé en 1989. Depuis, la structure de l'IAB comprend deux organismes : l'IRTF *(Internet Research Task Force)* et l'IETF *(Internet Engineering Task Force)*.

L'IETF se concentre sur les problèmes de développement à court et moyen terme. Cet organisme existait déjà dans l'ancienne organisation. Son succès a été l'un des motifs de sa restructuration. L'IETF s'est élargi pour prendre en compte des centaines de membres actifs travaillant sur plusieurs sujets en même temps. Il se réunit au complet pour écouter les rapports des groupes de travail et pour débattre des modifications et des ajouts portant sur TCP/IP. L'IRTF coordonne les activités de recherche sur les protocoles TCP/IP et l'architecture Internet en général. Sa taille est moins importante que celle de l'IETF.

Les documents de travail sur Internet, les propositions pour l'ajout ou la modification de protocoles et les normes TCP/IP sont publiés sous la forme d'une série de rapports techniques, appelés RFC *(Request For Comments)*. Les RFC sont disparates ; elles peuvent couvrir des sujets précis ou vastes et faire figure de normes ou seulement de propositions.

Récemment, l'IAB a commencé à prendre une part active dans la définition des normes. Tous les trois mois, il publie une RFC, appelée *IAB Official Protocol Standards*, qui rend compte du processus de normalisation et des nouvelles normes.

L'IAB attribue à chaque protocole de TCP/IP un état et un statut. L'état du protocole spécifie l'avancement des travaux de normalisation de la façon suivante :

- Initial *(initial)* : le protocole est soumis pour être examiné.

- Norme proposée *(proposed standard)* : le protocole est proposé comme norme et subit la procédure initiale.

- Norme de travail *(draft standard)* : le protocole a passé l'examen initial et peut être considéré comme étant dans sa forme semi-finale. Au moins deux implémentations indépendantes sont produites, et le document les décrivant est étudié par le groupe de travail *ad hoc.* Des modifications avant la norme finale sont souvent introduites après ces premières expérimentations.

- Norme *(standard)* : le protocole a été examiné et est accepté comme une norme complète. Il fait officiellement partie de TCP/IP.

- Expérimental *(experimental)* : le protocole n'est pas soumis à normalisation mais reste utilisé dans des expérimentations.

- Historique *(historic)* : le protocole est périmé et n'est plus utilisé.

Normalement, les protocoles soumis doivent être passés en revue par le groupe de travail correspondant de l'IETF. L'IAB vote ensuite pour son avancement dans le processus de normalisation.

Le statut du protocole indique sous quelles conditions il doit être utilisé. Ces différents statuts sont les suivants :

- Exigé *(required)* : toutes les machines et passerelles doivent implémenter le protocole.

- Recommandé *(recommended)* : toutes les machines et passerelles sont encouragées à implémenter le protocole.

- Facultatif *(elective)* : on peut choisir d'implémenter ou non le protocole.

- Utilisation limitée *(limited use)* : le protocole n'est pas spécifié pour une utilisation générale (par exemple, un protocole expérimental).

- Non recommandé *(non recommended)* : l'utilisation du protocole n'est pas recommandée (par exemple, un protocole périmé).

Comme expliqué précédemment, l'architecture IP implique l'utilisation du protocole IP, qui possède comme fonctions de base l'adressage et le routage des paquets IP. Le niveau IP correspond au niveau paquet de l'architecture OSI, mais avec une forte différence entre IPv4 et IPv6. IPv4 correspond à un protocole très simple, qui ne résout que les problèmes d'interconnexion, tandis qu'IPv6 a pour vocation de représenter complètement le niveau paquet.

Au-dessus d'IP, deux protocoles ont été choisis : TCP et UDP, qui sont abordés au cours 11, « Les protocoles de niveau supérieur ». Ces protocoles correspondent au niveau message (couche 4) de l'architecture OSI. Ils intègrent une session élémentaire, grâce à laquelle TCP et UDP prennent en charge les fonctionnalités des couches 4 et 5. La différence réside dans leur mode : avec connexion pour TCP et sans connexion pour UDP. Le protocole TCP est très complet, ce qui garantit une bonne qualité de service, en particulier sur le taux d'erreur des paquets transportés. Étant un protocole en mode sans connexion, UDP supporte des applications moins contraignantes en qualité de service.

Le niveau application, qui se trouve au-dessus de TCP-UDP dans le modèle Internet, regroupe les fonctionnalités des couches 6 et 7 de l'OSI. Le cours 12, « Exemples d'applications », détaille quelques applications des réseaux IP.

Questions-réponses

Question 1.– *Pourquoi les ISP préfèrent-ils développer leur propre réseau plutôt qu'employer le réseau Internet ?*

Réponse.– Le réseau Internet étant une interconnexion de réseaux, il ne permet pas d'offrir une qualité de service. En développant leur propre réseau intranet, les ISP contrôlent beaucoup mieux la qualité de service de leur réseau.

Question 2.– *Quels avantages les sociétés peuvent-elles tirer de l'utilisation du protocole IP ?*

Réponse.– Le Web étant devenu un grand standard, les entreprises ont développé des systèmes d'information compatibles et se sont placées dans l'environnement IP.

Question 3.– *Le réseau Internet propose un service de type best effort. Il est impossible d'y garantir un temps de réponse précis, d'où la difficulté de faire passer dans ce réseau de la parole téléphonique, qui demande un temps maximal de traversée de 300 ms. Dans le cadre de l'application de parole téléphonique, montrer que ce temps maximal de traversée du réseau peut être remplacé par un temps de traversée de 300 ms pour au moins 95 p. 100 des paquets.*

Réponse.– Si suffisamment de paquets arrivent à temps au récepteur, la parole téléphonique peut encore se dérouler. En effet, un paquet IP de téléphonie transporte entre 20 et 50 ms de parole. Aujourd'hui, les récepteurs savent prendre en compte ces trous de quelques dizaines de millisecondes, à condition qu'il n'y en ait pas trop. Une perte de 5 p. 100 de paquets est en général acceptable (le pourcentage acceptable dépend du degré de compression).

Question 4.– *En supposant des débits suffisamment importants des accès au réseau Internet (2 Mbit/s, par exemple), peut-on réaliser simplement de la télévision diffusée ?*

Réponse.– Oui, car la télévision diffusée accepte un retard important. Si le débit du réseau est suffisant, il est possible de resynchroniser le canal de télévision.

■ Les protocoles ARP et RARP

Internet propose l'interconnexion de réseaux physiques par des routeurs. C'est un exemple d'interconnexion de systèmes ouverts. Pour obtenir l'interfonctionnement des différents réseaux, la présence du protocole IP est nécessaire dans les nœuds qui effectuent le routage entre les réseaux. Globalement, Internet est un réseau à transfert de paquets. Les paquets traversent plusieurs sous-réseaux pour atteindre leur destination, sauf bien sûr si l'émetteur se trouve dans le même sous-réseau que le récepteur. Les paquets sont routés dans les passerelles situées dans les nœuds d'interconnexion. Ces passerelles sont des routeurs. De façon plus précise, ces routeurs transfèrent des paquets d'une entrée vers une sortie, en déterminant pour chaque paquet la meilleure route à suivre.

Le réseau Internet a été développé pour mettre en relation des machines du monde entier, auxquelles on a pris soin d'attribuer des adresses IP. Ces adresses IP n'ont aucune relation directe avec les adresses des cartes coupleurs qui permettent aux PC de se connecter au réseau. Ces dernières sont des adresses physiques.

Pour envoyer un datagramme sur Internet, le logiciel réseau convertit l'adresse IP en une adresse physique, utilisée pour transmettre la trame. La traduction de l'adresse IP en une adresse physique est effectuée par le réseau sans que l'utilisateur s'en aperçoive.

Le protocole ARP *(Address Resolution Protocol)* effectue cette traduction en s'appuyant sur le réseau physique. ARP permet aux machines de *résoudre* les adresses sans utiliser de *table statique*. Une machine utilise ARP pour déterminer l'adresse physique du destinataire. Elle diffuse pour cela sur le sous-réseau une requête ARP qui contient l'adresse IP à traduire. La machine pos-

résolution d'adresse.–Détermination de l'adresse d'un équipement à partir de l'adresse de ce même équipement à un autre niveau protocolaire. On résout, par exemple, une adresse IP en une adresse physique ou en une adresse ATM.

table statique.– Table de correspondance qui n'est pas modifiée automatiquement par le réseau lorsque interviennent des changements dans la configuration.

sédant l'adresse IP concernée répond en renvoyant son adresse physique. Pour rendre ARP plus performant, chaque machine tient à jour, en mémoire, une table des adresses résolues et réduit ainsi le nombre d'émissions en mode diffusion. Ce processus est illustré à la figure 13-1.

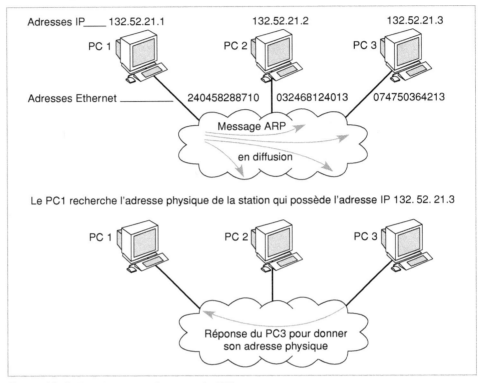

Figure 13-1. *Fonctionnement du protocole ARP.*

De façon inverse, une station qui se connecte au réseau peut connaître sa propre adresse physique sans avoir d'adresse IP. Au moment de son initialisation *(bootstrap)*, cette machine doit contacter son serveur afin de déterminer son adresse IP et ainsi de pouvoir utiliser les services TCP/IP. Dans ce cas, le protocole RARP *(Reverse ARP)* permet à la machine d'utiliser son adresse physique pour déterminer son *adresse logique* sur Internet. Par le biais du mécanisme RARP, une station peut se faire identifier comme cible en diffusant sur le réseau une requête RARP. Les serveurs recevant le message examinent leur table et répondent au client. Une fois l'adresse IP obtenue, la machine la stocke en mémoire vive et n'utilise plus RARP jusqu'à ce qu'elle soit réinitialisée.

Dans la version IPv6, les protocoles ARP et RARP ne sont plus utilisés et sont remplacés par un protocole de découverte des voisins, appelé ND *(Neighbor Discovery)*, qui est un sous-ensemble du protocole de contrôle ICMP, que nous examinerons ultérieurement.

Question 5.– *Montrer que le mécanisme ARP marche bien si le réseau physique sous-jacent permet une diffusion simple. Les réseaux Ethernet et ATM peuvent-ils répondre à cette contrainte ?*

Réponse.– Le réseau physique doit effectuer une diffusion pour autoriser la correspondance d'adresse. Le réseau Ethernet est particulièrement adapté pour répondre à cette contrainte. En revanche, le réseau ATM n'est pas un réseau permettant d'effectuer de la diffusion simplement. Il faut donc utiliser d'autres mécanismes, comme la simulation d'une diffusion, en s'adressant à un serveur qui connaisse les correspondances d'adresses.

Question 6.– *Montrer que l'utilisation du protocole RARP par un ISP peut lui permettre de gérer efficacement un ensemble d'adresses IP.*

Réponse.– Les ISP ayant un grand nombre d'abonnés, ils n'ont pas la possibilité d'avoir suffisamment d'adresses IP pour les prendre tous en charge simultanément. Dans ce cas, au fur et à mesure des demandes de connexion, les ISP décernent des adresses *via* le protocole RARP.

Question 7.– *Les réseaux Infonet correspondent aux réseaux IP pour la domotique. Pourquoi le protocole IP semble-t-il intéressant pour ce type de réseau ?*

Réponse.– Plusieurs raisons peuvent être évoquées. La première concerne l'adressage. Il existe suffisamment d'adresses dans IPv6 pour en affecter une à tous les appareils domestiques : ampoules, branchements, capteurs, etc. Le protocole IP devenant un standard de connexion, il est tentant de connecter les réseaux de domotique à Internet. Enfin, les protocoles du monde IP correspondent assez bien aux types d'applications des réseaux de domotique.

Infonet.– Nom des réseaux IP interconnectant les équipements domotiques (capteurs, équipements domestiques, etc.).

domotique.– Désigne le processus d'informatisation de la maison, depuis les commandes automatiques et à distance jusqu'aux réseaux domestiques.

■ DNS *(Domain Name Service)*

Comme expliqué précédemment, les structures d'adresses sont complexes à manipuler, dans la mesure où elles se présentent sous forme de groupes de chiffres décimaux séparés par un point ou deux-points, de type abc:def:ghi:jkl, avec une valeur maximale de 255 pour chacun des quatre groupes. Les adresses IPv6 tiennent sur 8 groupes de 4 chiffres décimaux. Du fait que la saisie de telles adresses dans le corps d'un message deviendrait vite insupportable, l'adressage utilise une structure hiérarchique différente, beaucoup plus simple à manipuler et à mémoriser.

Le DNS permet la mise en correspondance des adresses physiques et des adresses logiques.

La structure logique prend une forme hiérarchique et utilise au plus haut niveau des domaines caractérisant principalement les pays, qui sont indiqués par deux lettres, comme *fr* pour la France, et des domaines fonctionnels comme :

* *com* (organisations commerciales) ;
* *edu* (institutions académiques) ;

- *org* (organisations, institutionnelles ou non) ;
- *gov* (gouvernement américain) ;
- *mil* (organisations militaires américaines) ;
- *net* (opérateurs de réseaux) ;
- *int* (entités internationales).

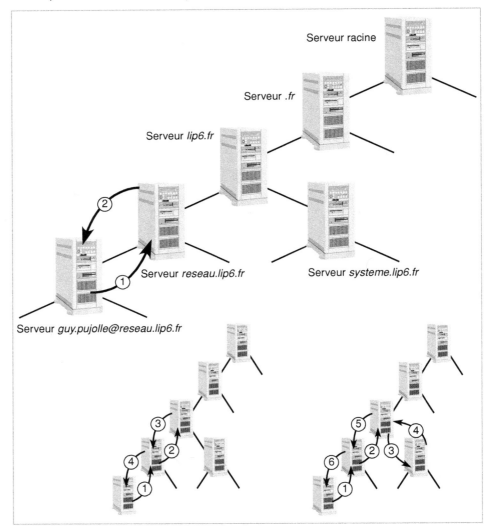

Figure 13-2. *Fonctionnement du DNS.*

À l'intérieur de ces grands domaines, on trouve des sous-domaines, qui correspondent à de grandes entreprises ou à d'importantes institutions. Par exemple, *lip6* représente le nom du laboratoire LIP 6, ce qui donne l'adresse *lip6.fr* pour le personnel de ce laboratoire. Ce domaine peut lui-même être décomposé en deux domaines correspondant à des départements différents, par exemple *reseau.lip6.fr* et *systeme.lip6.fr*. À ces différents domaines correspondent des serveurs, qui sont capables d'effectuer la correspondance d'adresse.

Les *serveurs de noms* du DNS sont hiérarchiques. Lorsqu'il faut retrouver l'adresse physique IP d'un utilisateur, les serveurs qui gèrent le DNS s'envoient des requêtes de façon à remonter suffisamment dans la hiérarchie pour trouver l'adresse physique du correspondant. Ces requêtes sont effectuées par l'intermédiaire de petits messages, qui portent la question et la réponse en retour.

La figure 13-2 illustre le fonctionnement du DNS. Dans cette figure le client *guy.pujolle@reseau.lip6.fr* veut envoyer un message à *xyz.xyz@systeme.lip6.fr*. Pour déterminer l'adresse IP de *xyz.xyz@systeme.lip6.fr*, une requête est émise par le PC de Guy Pujolle, qui interroge le serveur de noms du domaine *reseau.lip6.fr*. Si celui-ci a en mémoire la correspondance, il répond au PC. Dans le cas contraire, la requête remonte dans la hiérarchie et atteint le serveur de noms de *lip6.fr*, qui, de nouveau, peut répondre positivement s'il connaît la correspondance. Dans le cas contraire, la requête est acheminée vers le serveur de noms de *systeme.lip6.fr*, qui connaît la correspondance. C'est donc lui qui répond au PC de départ dans ce cas.

serveur de noms.– Serveur pouvant répondre à des requêtes de résolution de nom, c'est-à-dire capable d'effectuer la traduction d'un nom en une adresse. Les serveurs de noms d'Internet sont les serveurs DNS.

Le format d'une requête DNS est illustré à la figure 13-3.

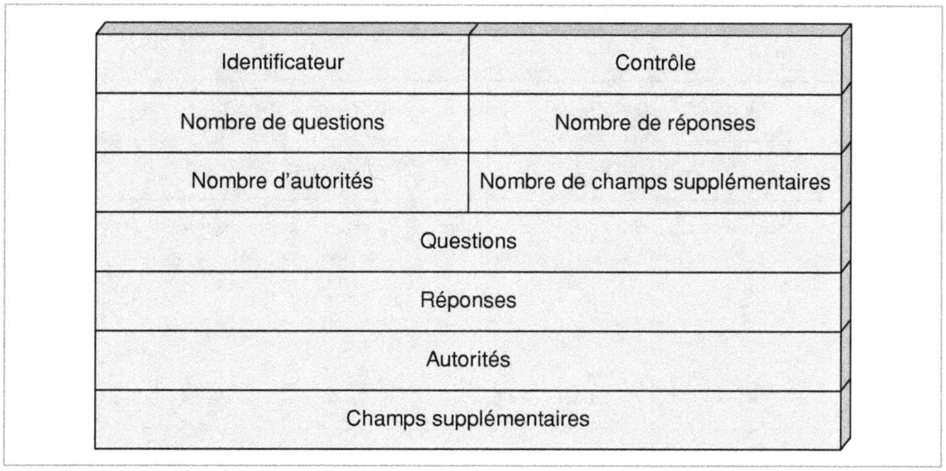

Identificateur	Contrôle
Nombre de questions	Nombre de réponses
Nombre d'autorités	Nombre de champs supplémentaires
Questions	
Réponses	
Autorités	
Champs supplémentaires	

Figure 13-3. *Format d'une requête DNS.*

Les deux premiers octets contiennent une référence. Le client choisit une valeur à placer dans ce champ, et le serveur répond en utilisant la même valeur de sorte que le client reconnaisse sa demande. Les deux octets suivants contiennent les bits de contrôle. Ces derniers indiquent si le message est une requête du client ou une réponse du serveur, si une demande à un autre site doit être effectuée, si le message a été tronqué par manque de place, si le message de réponse provient du serveur de noms responsable ou non de l'adresse demandée, etc. Pour le récepteur qui répond, un code de réponse est également inclus dans ce champ.

Les six possibilités suivantes ont été définies :

- 0 : pas d'erreur.

- 1 : la question est formatée de façon illégale.

- 2 : le serveur ne sait pas répondre.

- 3 : le nom demandé n'existe pas.

- 4 : le serveur n'accepte pas la demande.

- 5 : le serveur refuse de répondre.

La plupart des requêtes n'effectuent qu'une demande à la fois. La forme de ce type de requête est illustrée à la figure 13-4. Dans la zone Question, le contenu doit être interprété de la façon suivante : 6 indique que 6 caractères suivent ; après les 6 caractères de réseau, 4 désigne les 4 caractères de *lip6*, 2 les deux caractères de *fr* et enfin 0 la fin du champ.

Le champ Autorité permet aux serveurs qui ont autorité sur le nom demandé de se faire connaître. Enfin, la zone Champs supplémentaires permet de transporter des informations sur le temps pendant lequel la réponse à la question est valide.

Indicateur = 0x1234	Contrôle = 0x0100
Nombre de question = 1	Nombre de réponse = 0
Nombre d'autorité = 0	Nombre de champ supplémentaire = 0

Question

6	r	e	s
e	a	u	4
l	i	p	6
2	f	r	0

Figure 13-4. *Requête DNS avec une seule demande.*

Questions-réponses

Question 8.– *L'application DNS peut utiliser les protocoles aussi bien TCP qu'UDP. Lequel des deux protocoles est-il utilisé dans les deux cas suivants : pour la requête d'un utilisateur vers le serveur et pour la requête d'un serveur vers un autre serveur afin de mettre à jour sa table de routage ?*

Réponse.– Dans le premier cas UDP, pour aller vite. Dans le second cas TCP, de façon à garantir que les informations sont transportées de façon fiable.

Question 9.– *Quelle est la difficulté posée par les configurations dynamiques sur le DNS ? (La station IP qui se connecte réclame une adresse IP, qui lui est fournie par le routeur de rattachement.) Montrer que la sécurité devient un service prépondérant dans ce cas de gestion dynamique.*

Réponse.– Le DNS doit pouvoir être mis à jour de façon dynamique. Dès qu'une station reçoit une nouvelle adresse, elle doit en avertir le DNS local. La sécurité devient un service important puisqu'un utilisateur pourrait assez facilement se faire passer pour un autre.

Question 10.– *Proposer plusieurs solutions de gestion du DNS pour gérer un client mobile.*

Réponse.– Une première solution consisterait à mettre à jour les DNS de façon continuelle, mais cela se révèle particulièrement complexe dès que le nombre d'utilisateurs mobiles augmente et que les clients changent de domaine. Une seconde possibilité est de leur affecter des adresses provisoires au fur et à mesure des changements et de tenir à jour la correspondance entre ces adresses provisoires et l'adresse de base.

■ ICMP *(Internet Control Message Protocol)*

La gestion et le contrôle sont des processus fortement imbriqués dans les nouvelles générations de réseaux IP. La différence entre les deux processus s'estompe de fait par l'accroissement de la vitesse de réaction des composants, de telle sorte qu'un contrôle, qui demande une réaction en temps réel, n'est plus très loin d'un processus de gestion.

Dans le système en mode sans connexion, chaque passerelle et chaque machine fonctionnent de façon autonome. De même, le routage et l'envoi des datagrammes se font sans coordination avec le récepteur. Ce système marche bien tant que les machines ne rencontrent pas de problème et que le routage est correct, mais cela n'est pas toujours le cas.

Outre les pannes matérielles et logicielles du réseau et des machines qui y sont connectées, des problèmes surviennent lorsqu'une station est déconnectée du réseau, que ce soit temporairement ou de façon permanente, ou lorsque la durée de vie du datagramme expire, ou enfin lorsque la congestion d'une passerelle devient trop importante.

Pour permettre aux machines de rendre compte de ces anomalies de fonctionnement, on a ajouté à Internet un protocole d'envoi de messages de contrôle, appelé ICMP *(Internet Control Message Protocol)*.

Le destinataire d'un message ICMP n'est pas un processus application mais le logiciel Internet de la machine. Ce logiciel IP traite le problème porté par le message ICMP à chaque message reçu.

Les messages ICMP ne proviennent pas uniquement des passerelles. N'importe quelle machine du réseau peut envoyer des messages à n'importe quelle autre machine. Les messages permettent de rendre compte de l'erreur

avalanche.– Grande quantité de messages ou de paquets qui sont émis quasiment simultanément.

en remontant jusqu'à l'émetteur d'origine. Les messages ICMP prennent place dans la partie données des datagrammes IP. Comme n'importe quels autres datagrammes, ces derniers peuvent être perdus. En cas d'erreur d'un datagramme contenant un message de contrôle, aucun message de rapport de l'erreur n'est transmis, afin d'éviter les *avalanches*.

Comme pour le protocole IP, deux versions du protocole ICMP sont disponibles, la version associée à IPv4 et celle associée à IPv6. La version ICMPv6 est particulièrement importante, car elle regroupe tous les messages de contrôle et d'information de différents protocoles de la première génération.

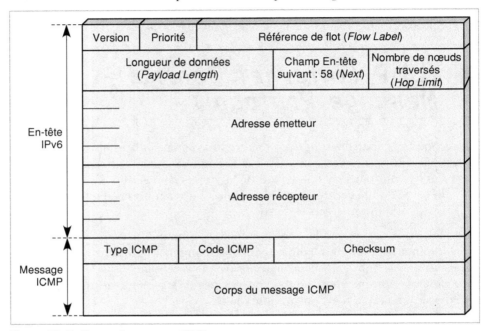

Figure 13-5. *Format des messages ICMP.*

La figure 13-5 illustre le format des messages ICMP. L'en-tête de la partie ICMP comprend un octet « type » de message, suivi d'un octet « code », suivi de deux octets de checksum. Le type et le code différencient les différents messages ICMP. Il en existe 14 types différents. Ces messages sont les suivants :

- 1 : message d'erreur, impossible d'atteindre la destination ;
- 2 : message d'erreur, paquet trop volumineux ;
- 3 : message d'erreur, temps dépassé ;
- 4 : message d'erreur, problème de paramètre ;
- 128 : message de requête d'écho ;
- 129 : message de réponse d'écho ;
- 130 : requête d'entrée dans un groupe ;

- 131 : rapport sur l'entrée dans un groupe ;
- 132 : fin d'appartenance à un groupe ;
- 133 : sollicitation d'un routeur ;
- 134 : émission d'un routeur ;
- 135 : sollicitation d'un voisin (Neighbor Solicitation) ;
- 136 : émission d'un voisin (Neighbor Advertisement) ;
- 137 : message de redirection.

Le checksum ne s'applique ni au paquet IP, ni à la partie ICMP, mais à un ensemble de champs qui contiennent la partie ICMP, tels que les adresses émetteur et récepteur, la zone de longueur du paquet IP et le champ indiquant ce qui est encapsulé, c'est-à-dire la valeur 58, dans le cas présent.

ICMP prend encore beaucoup plus d'importance dans la version IPv6. Le protocole ARP *(Address Resolution Protocol)* disparaît et est remplacé par une fonction d'ICMP : ND *(Neighbor Discovery)*. Cette fonction permet à une station de découvrir le routeur dont elle dépend ainsi que les hôtes qu'elle peut atteindre localement. La station se construit une base de connaissances en examinant les paquets transitant par son intermédiaire. Elle est ainsi à même de prendre ultérieurement des décisions de routage et de contrôle.

La correspondance entre l'adresse IP d'une station et les adresses locales représente la fonction de résolution d'adresses. C'est le travail de ND. La station qui utilise ND émet une requête *Neighbor Solicitation* sur sa ligne. L'adresse du destinataire est *FF02::1:pruv:wxyz*, qui représente une adresse *multicast* complétée par la valeur *pruv:wxyz* des 32 derniers bits de l'adresse de la station.

La valeur du champ *Next Header*, ou En-tête suivant *(voir le cours 10, « Les protocoles de niveau paquet »)*, dans le format IPv6 est 58. Cela indique un message ICMP, dont le code est 135, indiquant une requête *Neighbor Solicitation*. Si la station n'obtient pas de réponse, elle effectue ultérieurement une nouvelle demande. Les stations qui se reconnaissent au moment de la diffusion émettent vers la station d'émission un *Neighbor Advertisement*. Pour discuter avec un utilisateur sur un autre réseau, la station a besoin de s'adresser à un routeur. La requête *Router Solicitation* est utilisée à cet effet. La fonction ND permet au routeur gérant la station de se faire connaître. Le message de réponse contient de nombreuses options, comme le temps de vie du routeur : si le routeur ne donne pas de nouvelles dans un temps donné, il est considéré comme indisponible.

Les messages *Router Solicitation* et *Router Advertisement* ne garantissent pas que le routeur qui s'est fait connaître soit le meilleur. Un routeur peut s'en apercevoir et envoyer les paquets de la station vers un autre routeur grâce à une redirection *(Redirection)* et en avertissant le poste de travail émetteur.

multicast.– Mode de diffusion correspondant à une application multipoint. Une adresse multicast indique une adresse de groupe et non pas d'une seule entité.

Une dernière fonction importante de ND provient de la perte de communication avec un voisin. Cette fonction est effectuée grâce à une requête *Neighbor Unreachability Detection* (message spécifique portant le type 136).

La figure 13-6 illustre les messages de la fonction ND.

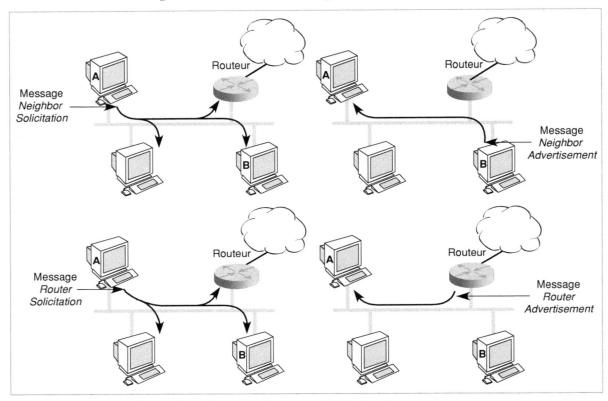

Figure 13-6. *Messages de la fonction ND (Neighbor Discovery).*

Questions-réponses

Question 11.– *Montrer que les valeurs des messages ICMP comprises entre 1 et 127 correspondent à des messages de rapport d'erreur et que, à partir de 128, ce sont des messages d'information.*

Réponse.– 4 valeurs seulement sur 127 sont utilisées dans les paquets ICMP, et ce sont bien des messages qui présentent un rapport d'erreur. À partir de la valeur 128, les paquets ICMP transportent des messages contenant des informations.

Question 12.– *Pourquoi le checksum s'applique-t-il à des zones particulières et non pas seulement à la partie ICMP ?*

Réponse.– Parce qu'il faut protéger les messages de contrôle efficacement. En particulier, il faut protéger les adresses d'émission et de réception de façon à être sûr de l'identité de l'émetteur et du récepteur. Il faut aussi protéger la longueur du paquet et s'assurer que le paquet interne est bien un paquet ICMP. La valeur 58 doit donc aussi faire partie de cette zone protégée que l'on appelle le *pseudo-header*.

pseudo-header.– En-tête modifié par le retrait ou l'ajout de certains champs, pris en compte par la zone de détection d'erreur dans son calcul. En-tête partiel d'un paquet ICMP ne reprenant que les zones les plus importantes.

■ RSVP *(Resource reSerVation Protocol)*

RSVP semble le plus intéressant des protocoles de nouvelle génération. Il s'agit d'un protocole de signalisation, qui a pour fonction d'avertir les nœuds intermédiaires de l'arrivée d'un flot correspondant à des qualités de service déterminées.

Cette signalisation s'effectue sur un flot *(flow)* envoyé vers un ou plusieurs récepteurs. Ce flot est identifié par une adresse IP ou un port de destination, ou encore par une référence de flot (flow-label dans IPv6).

Dans la vision des opérateurs de télécommunications, le protocole est lié à une réservation qui doit être effectuée dans les nœuds du réseau, sur une route particulière ou sur les routes déterminées par un multipoint. Les difficultés rencontrées pour mettre en œuvre ce mécanisme sont de deux ordres : comment déterminer la quantité de ressources à réserver à tout instant et comment réserver des ressources sur une route unique, étant donné que le routage des paquets IP fait varier le chemin à suivre ?

Dans la vision des opérateurs informatiques, le protocole RSVP ne donne pas d'obligation quant à la réservation de ressources ; c'est essentiellement une signalisation de passage d'un flot.

Le protocole RSVP effectue la signalisation (avec ou sans réservation) à partir du récepteur, ou des récepteurs dans le cas d'un multipoint. Cela peut paraître surprenant à première vue, mais cette solution s'adapte à beaucoup de cas de figure, en particulier au multipoint. Lorsqu'un nouveau point s'ajoute au multipoint, celui-ci peut réaliser l'adjonction de réservations d'une façon plus simple que ne pourrait le faire l'émetteur.

Les paquets RSVP sont transportés dans la zone de données des paquets IP. La partie supérieure des figures 13-7 à 13-9 illustre les en-têtes dIPv6. La valeur 46 dans le champ En-tête suivant d'IPv6 indique qu'un paquet RSVP est transporté dans la zone de données.

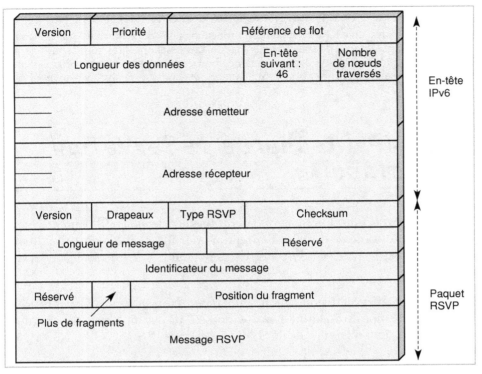

En-tête IPv6

Paquet RSVP

Figure 13-7. *Format du message RSVP.*

Les champs du protocole RSVP

Outre deux champs réservés, le paquet RSVP contient les dix champs suivants :
- Le premier champ indique le numéro de la version en cours de RSVP.
- Les quatre bits Flags (drapeaux) sont réservés pour une utilisation ultérieure.
- Le type caractérise le message RSVP. Actuellement, deux types sont les plus utilisés : le message de chemin et le message de réservation.

  Les valeurs qui ont été retenues pour ce champ sont les suivantes :
  - 1 : *path message* ;
  - 2 : *reservation message* ;
  - 3 : *error indication in response to path message* ;
  - 4 : *error indication in response to reservation message* ;
  - 5 : *path teardown message* ;
  - 6 : *reservation teardown message.*
- Le champ Checksum permet de détecter des erreurs sur le paquet RSVP.
- La longueur du message est ensuite indiquée sur 2 octets.
- Un premier champ est réservé aux extensions ultérieures.
- La zone Identificateur du message contient une valeur commune à l'ensemble des fragments d'un même message.
- Un champ est réservé pour des extensions ultérieures.
- Le bit Plus de fragments indique que le fragment n'est pas le dernier. Un zéro est mis dans ce champ pour le dernier fragment.

- Le champ Position du fragment indique l'emplacement du fragment dans le message.

La partie Message RSVP regroupe une série d'objets. Chaque objet se présente de la même façon, avec un champ Longueur de l'objet, sur 2 octets, puis le numéro de l'objet, sur 1 octet, qui détermine l'objet, et enfin 1 octet pour indiquer le type de l'objet.

Les spécifications de RSVP contiennent les descriptions précises des chemins suivis par les messages, y compris les objets nécessaires et l'ordre dans lequel ces objets apparaissent dans le message.

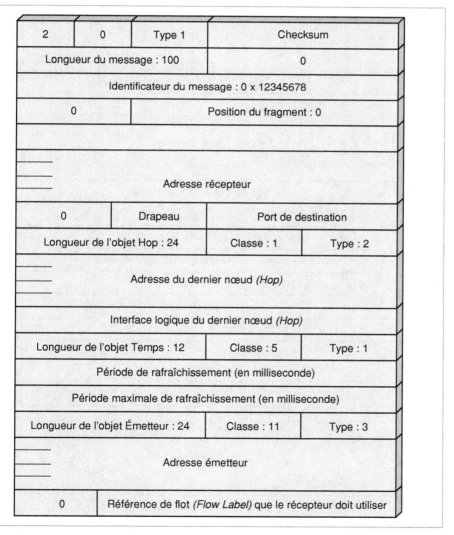

Figure 13-8. *Partie message permettant de déterminer le chemin RSVP.*

Les figures 13-8 et 13-9 donnent deux exemples de messages RSVP. La figure 13-10 décrit en complément le format d'indication des erreurs dans RSVP.

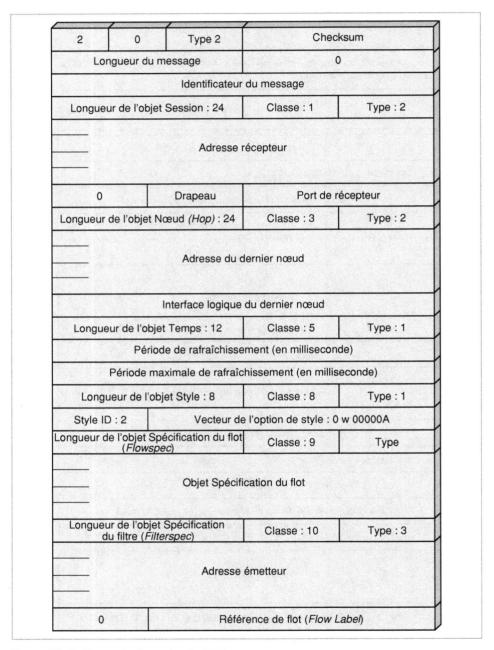

2	0	Type 2	Checksum		
Longueur du message			0		
Identificateur du message					
Longueur de l'objet Session : 24			Classe : 1	Type : 2	
Adresse récepteur					
0		Drapeau	Port de récepteur		
Longueur de l'objet Nœud *(Hop)* : 24			Classe : 3	Type : 2	
Adresse du dernier nœud					
Interface logique du dernier nœud					
Longueur de l'objet Temps : 12			Classe : 5	Type : 1	
Période de rafraîchissement (en milliseconde)					
Période maximale de rafraîchissement (en milliseconde)					
Longueur de l'objet Style : 8			Classe : 8	Type : 1	
Style ID : 2		Vecteur de l'option de style : 0 w 00000A			
Longueur de l'objet Spécification du flot (*Flowspec*)			Classe : 9	Type	
Objet Spécification du flot					
Longueur de l'objet Spécification du filtre (*Filterspec*)			Classe : 10	Type : 3	
Adresse émetteur					
0		Référence de flot (*Flow Label*)			

Figure 13-9. *Paquet de réservation de RSVP.*

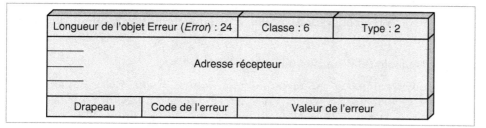

Longueur de l'objet Erreur (*Error*) : 24	Classe : 6	Type : 2

Adresse récepteur

Drapeau	Code de l'erreur	Valeur de l'erreur

Figure 13-10. *Format d'indication des erreurs dans RSVP.*

Questions-réponses

Question 14.– *La réservation RSVP s'effectue du récepteur vers l'émetteur. Montrer que cette solution est bien adaptée lorsque les récepteurs ont des caractéristiques différentes.*

Réponse.– Lorsque l'émetteur effectue la réservation, la demande est uniforme jusqu'au récepteur puisque l'émetteur ne connaît pas les terminaux récepteurs. Il peut toutefois se produire un gâchis de bande passante. Lorsque la réservation remonte depuis le récepteur, celui-ci fait sa demande pour son cas particulier. S'il ne peut recevoir que 64 Kbit/s, ce n'est pas la peine d'ouvrir un canal à 2 Mbit/s, comme pourrait le proposer l'émetteur. Aux points de jonction des demandes de réservation RSVP (routeur de concentration de trafic), un calcul doit être effectué pour que tous les récepteurs concernés soient satisfaits.

Question 15.– *Montrer que RSVP prend assez bien en compte la dynamique du transport, c'est-à-dire la possibilité de changer de route.*

Réponse.– Le protocole RSVP utilise des soft-state (états mous). Cela signifie qu'à défaut de rafraîchissements réguliers, les références de la route s'effacent automatiquement. Le protocole RSVP peut donc ouvrir une nouvelle route n'importe quand sans trop se soucier de l'ancienne route. Cela offre une bonne dynamique à l'ensemble du processus.

Question 16.– *Comment associer les paquets qui arrivent dans un routeur avec les réservations qui ont pu être effectuées par un protocole RSVP ?*

Réponse.– L'association entre les ressources réservées et les paquets d'un flot s'effectue grâce au numéro de *flow-label* (référence du flot) du protocole IPv6, lorsque ce protocole est utilisé. Dans le cas d'IPv4, la solution préconisée est d'utiliser le protocole UDP pour encapsuler le paquet RSVP de façon à récupérer les numéros de ports qui permettent de reconnaître le flot.

flow-label (référence de flot).– Référence associée à un flot IP. Tous les paquets du flot porte la même référence.

■ RTP *(Real-time Transport Protocol)*

L'existence d'applications temps réel, comme la parole numérique ou la visioconférence, est un problème pour Internet. Ces applications demandent une qualité de service (QoS) que les protocoles classiques d'Internet ne peuvent offrir. RTP *(Real-time Transport Protocol)* a été conçu pour résoudre ce problème, qui plus est directement dans un environnement multipoint. RTP a à sa charge aussi bien la gestion du temps réel que l'administration de la session multipoint.

Les fonctions de RTP sont les suivantes :

- Le séquencement des paquets par une numérotation. Cette numérotation permet de détecter les paquets perdus, ce qui est important pour la recomposition de la parole. La perte d'un paquet n'est pas un problème en soi, à condition qu'il n'y ait pas trop de paquets perdus. En revanche, il est impératif de repérer qu'un paquet a été perdu de façon à en tenir compte et à le remplacer éventuellement par une synthèse déterminée en fonction des paquets précédent et suivant.

- L'identification de ce qui est transporté dans le message pour permettre, par exemple, une compensation en cas de perte.

- La synchronisation entre médias, grâce à des *estampilles.*

- L'indication de *tramage :* les applications audio et vidéo sont transportées dans des trames *(frames)*, dont la dimension dépend des codecs effectuant la numérisation. Ces trames sont incluses dans les paquets afin d'être transportées. Elles doivent être récupérées facilement au moment de la dépaquétisation pour que l'application soit décodée simplement.

- L'identification de la source. Dans les applications en multicast, l'identité de la source doit être déterminée.

RTP utilise le protocole RTCP *(Real-time Transport Control Protocol)*, qui transporte les informations supplémentaires suivantes pour la gestion de la session :

- Retour de la qualité de service lors de la demande de session. Les récepteurs utilisent RTCP pour renvoyer vers les émetteurs un rapport sur la QoS. Ces rapports comprennent le nombre de paquets perdus, la *gigue* et le délai aller-retour. Ces informations permettent à la source de s'adapter, c'est-à-dire, par exemple, de modifier le degré de compression pour maintenir la QoS.

- Synchronisation supplémentaire entre médias. Les applications multimédias sont souvent transportées par des flots distincts. Par exemple, la voix et l'image, ou même une application numérisée sur plusieurs niveaux hiérarchiques, peuvent voir les flots générés suivre des chemins distincts.

- Identification. Les paquets RTCP contiennent des informations d'adresse, comme l'adresse d'un message électronique, un numéro de téléphone ou le nom d'un participant à une conférence téléphonique.

- Contrôle de la session. RTCP permet aux participants d'indiquer leur départ d'une conférence téléphonique (paquet Bye de RTCP) ou simplement une indication de leur comportement.

Le protocole RTCP demande aux participants de la session d'envoyer périodiquement les informations ci-dessus. La périodicité est calculée en fonction du nombre de participants à l'application.

Deux équipements intermédiaires, les translateurs *(translator)* et les mixeurs *(mixer)*, permettent de résoudre des problèmes d'homogénéisation lorsqu'il y a plusieurs récepteurs. Un translateur a pour fonction de traduire une application codée dans un certain format en un autre format, mieux adapté au passage par un sous-réseau. Par exemple, une application de visioconférence codée en MPEG-2 peut être décodée et recodée en MPEG-4 si l'on souhaite réduire la quantité d'informations transmises. Un mixeur a pour rôle de regrouper plusieurs applications correspondant à plusieurs flots distincts en un seul flot conservant le même format. Cette approche est particulièrement intéressante pour les flux de paroles numériques.

Comme nous venons de le voir, pour réaliser le transport en temps réel des informations de supervision, le protocole RTCP *(Real Time Control Protocol)* a été ajouté à RTP, les paquets RTP ne transportant que les données des utilisateurs. Le protocole RTCP autorise les cinq types de paquets de supervision suivants :

- 200 : rapport de l'émetteur ;
- 201 : rapport du récepteur ;
- 202 : description de la source ;
- 203 : au revoir ;
- 204 : application spécifique.

Ces différents paquets de supervision indiquent aux nœuds du réseau les instructions nécessaires à un meilleur contrôle des applications temps réel.

Le format des messages RTP

Le format des messages RTP est illustré à la figure 13-11.

Les deux premiers octets contiennent six champ distincts. Les deux premiers bits indiquent le numéro de version (2 dans la version actuelle). Le troisième bit indique si des informations de bourrage (padding) ont été ajoutées. Si la valeur de ce bit est égale à 1, le dernier octet du paquet indique le nombre d'octets de bourrage. Le bit suivant précise s'il existe une extension au champ d'en-tête de RTP, mais, en pratique, aucune extension n'a été définie jusqu'à présent par l'IETF. Le champ suivant, Contributor Count, indique le nombre d'identificateurs de contributeurs à la session RTP qui doivent être spécifiés dans la suite du message (jusqu'à 15 contributeurs peuvent être recensés). Le bit Marker met à la disposition de l'utilisateur une marque indiquant la fin d'un ensemble de données. Les sept éléments binaires suivants complètent les deux premiers octets et indiquent ce qui est transporté dans le paquet RTP.

Suite p. 280

Suite de la page 279

Les valeurs possibles de ces éléments sont les suivantes :

0 : PCMU audio
1 : 1016 audio
2 : G721 audio
3 : GSM audio
4 : audio
5 : DV14 audio (8 kHz)
6 : DV14 audio (16 kHz)
7 : LPC audio
8 : PCMA audio
9 : G722 audio

10 : L16 audio (stéréo)
11 : L16 audio (mono)
12 : LPS0 audio
13 : VSC audio
14 : MPA audio
15 : G728 audio
16-22 : audio
23 : RGB8 video
24 : HDCC video
25 : CelB video

26 : JPEG video
27 : CUSM video
28 : nv video
29 : PicW video
30 : CPV video
31 : H261 video
32 : MPV video
33 : MP2T video

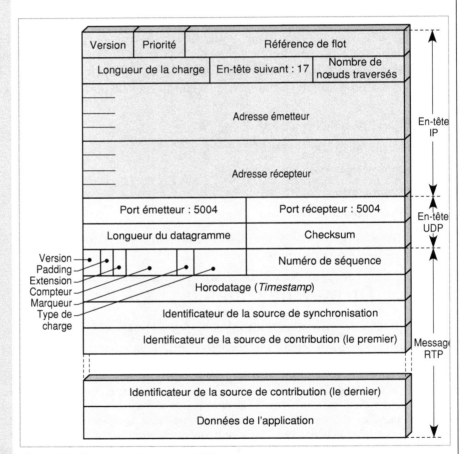

Figure 13-11. *Format des messages RTP.*

Viennent ensuite un champ de numéro de séquence, qui permet de déterminer si un paquet est perdu, puis un champ d'horodatage (Timestamp), suivi des identificateurs de sources de synchronisation (SSRC) et de sources contributrices (CSRC).

Question 17.– *Quel protocole de niveau transport est-il préférable d'employer pour transporter des messages RTP ?*

Réponse.– Le protocole préconisé est UDP, qui permet d'atteindre plus facilement un temps réel.

Question 18.– *RTP peut-il effectuer des réservations de ressources dans les routeurs traversés ? De ce fait, peut-il vraiment apporter une qualité de service sur un flot à débit constant ?*

Réponse.– Non, RTP ne travaille qu'au niveau applicatif. De ce fait, RTP ne peut garantir aucune qualité de service sur un flot à débit constant. RTP travaille justement à optimiser le flot par rapport à la capacité du réseau.

Question 19.– *Les routeurs d'extrémité peuvent recevoir des translateurs et des mixeurs capables de modifier le flot RTP. Quelle application peut-on en faire ?*

Réponse.– Ces translateurs et ces mixeurs peuvent modifier un flot pour l'adapter au récepteur. Si l'on suppose que deux récepteurs distincts acceptent de faire partie d'une même conférence audio, avec chacun un codage différent, il faut au moins un translateur pour transformer le flot destiné à l'un des récepteurs en une syntaxe acceptable. Un mixeur peut, quant à lui, rassembler deux images émanant de deux stations terminales et les assembler sous un même document.

■ NAT
(Network Address Translation)

Le protocole IP version 4, que nous utilisons massivement actuellement, offre un champ d'adressage limité et insuffisant pour permettre à tout terminal informatique de disposer d'une adresse IP. Une adresse IP est en effet codée sur un champ de 32 bits, ce qui offre un maximum de 2^{32} adresses possibles, soit en théorie 4 294 967 296 terminaux raccordables au même réseau.

Pour faire face à cette pénurie d'adresses, et en attendant la version 6 du protocole IP, qui offrira un nombre d'adresses beaucoup plus important sur 128 bits, il faut recourir à un partage de connexion en utilisant la translation d'adresse, ou NAT (*Network Address Translation*).

Ce mécanisme se rencontre fréquemment à la fois en entreprise et chez les particuliers. Il distingue deux catégories d'adresses : les *adresses IP publiques*, c'est-à-dire visibles et accessibles de n'importe où (on dit aussi routables sur Internet), et les *adresses IP privées*, c'est-à-dire non routables sur Internet et adressables uniquement dans un réseau local, à l'exclusion du réseau Internet.

Le NAT consiste à établir des relations entre l'adressage privé dans un réseau et l'adressage public pour se connecter à Internet.

adresse IP publique.– Adresse IP qui est comprise par l'ensemble des routeurs d'Internet et qui peut donc être routée sur Internet.

adresse IP privée.– Adresse IP qui n'est pas comprise par les routeurs d'Internet. C'est une adresse qui n'est comprise que dans un environnement privé.

Adresses privées et adresses publiques

Dans le cas d'un réseau purement privé, et jamais amené à se connecter au réseau Internet, n'importe quelle adresse IP peut être utilisée. Dès qu'un réseau privé peut être amené à se connecter sur le réseau Internet, il faut distinguer les adresses privées des adresses publiques. Pour cela, chaque classe d'adresses IP dispose d'une plage d'adresses réservées, définies comme des adresses IP privées, et donc non routables sur Internet. La RFC 1918 récapitule ces plages d'adresses IP, comme l'indique le tableau 13.1.

Classe d'adresses	Plages d'adresses privées	Masque réseau	Espace adressable
A	10.0.0.0 à 10.255.255.255	255.0.0.0	Sur 24 bits, soit 16 777 216 terminaux
B	172.16.0.0 à 172.31.255.255	255.240.0.0	Sur 20 bits, soit 1 048 576 terminaux
C	192.168.0.0. à 192.168.255.255	255.255.0.0	Sur 16 bits, soit 65 536 terminaux

Tableau 13-1. *Plages d'adresses privées*

Dans ce cadre, et avant d'introduire la notion de NAT, les utilisateurs qui possèdent une adresse IP privée ne peuvent communiquer que sur leur réseau local, et non sur Internet, tandis qu'avec une adresse IP publique, ils peuvent communiquer avec n'importe quel réseau IP.

L'adressage privé peut être utilisé librement par n'importe quel administrateur ou utilisateur au sein de son réseau local. Au contraire, l'adressage public est soumis à des restrictions de déclaration et d'enregistrement de l'adresse IP auprès d'un organisme spécialisé, l'IANA (*Internet Assigned Numbers Authority*), ce que les *FAI* effectuent globalement en acquérant une plage d'adresses IP pour leurs abonnés.

FAI (fournisseur d'accès Internet).– En anglais ISP (*Internet Service Provider*) : opérateur qui commercialise des accès à Internet.

La figure 13-12 illustre un exemple d'adressage mixte, dans lequel on distingue les différentes communications possibles, selon un adressage de type privé ou public.

Partager une adresse IP privée

Moyennant la souscription d'un accès Internet auprès d'un FAI, ce dernier fournit à ses utilisateurs une adresse IP privée. Dans un même foyer ou une même entreprise, deux utilisateurs ne peuvent communiquer en même temps sur Internet avec cette seule adresse IP fournie. Les adresses IP privées conviennent généralement pour couvrir un réseau privé, de particulier ou d'entreprise, mais pas pour communiquer directement avec les réseaux publics.

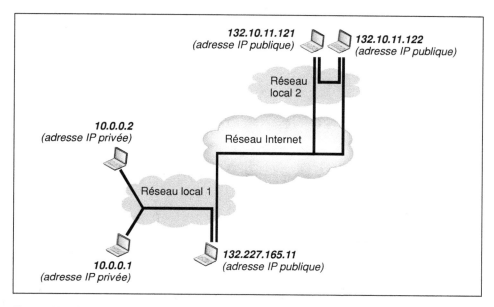

Figure 13-12 *Adressage mixte privé-public*

Pour résoudre ce problème et permettre à un terminal disposant d'une adresse IP privée de communiquer avec le réseau public, le processus de NAT fait intervenir une entité tierce entre un terminal, ayant une adresse IP privée, et tout autre terminal ayant une adresse IP publique. Ce mécanisme consiste à insérer un boîtier entre le réseau Internet et le réseau local afin d'effectuer la translation de l'adresse IP privée en une adresse IP publique. Aujourd'hui, la plupart des boîtiers, ou *InternetBox*, des FAI proposent à leurs abonnés cette fonctionnalité. Toutes les machines qui s'y connectent reçoivent par le biais du service DHCP (*Dynamic Host Configuration Protocol*) une adresse IP privée, que le boîtier se charge de translater en une adresse IP publique.

La figure 13-13 illustre un exemple dans lequel une passerelle NAT réalise une translation d'adresses pour quatre terminaux. Cette passerelle possède deux interfaces réseau. La première est caractérisée par une adresse IP publique (132.227.165.221). Connectée au réseau Internet, elle est reconnue et adressable normalement dans le réseau. La seconde interface est caractérisée par une adresse IP non publique (10.0.0.254). Connectée au réseau local, elle ne peut communiquer qu'avec les terminaux qui possèdent une adresse IP non publique de la même classe.

Lorsqu'un terminal ayant une adresse IP privée tente de se connecter au réseau Internet, il envoie ses paquets vers la passerelle NAT. Celle-ci remplace l'adresse IP privée d'origine par sa propre adresse IP publique (132.227.165.221). On appelle cette opération une translation d'adresse. De cette manière, les terminaux avec une adresse IP privée sont reconnus et adressables dans le réseau Internet par une adresse IP publique.

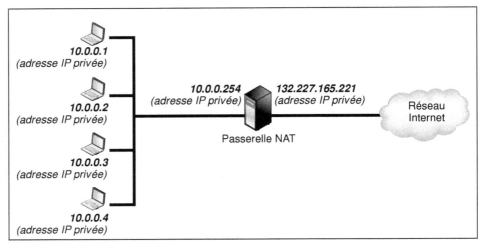

Figure 13-13 *Translation d'adresses*

La translation d'adresse est bien sûr réalisée dans les deux sens d'une communication, afin de permettre l'émission de requêtes aussi bien que la réception des réponses correspondantes. Pour cela, le boîtier NAT maintient une table de correspondance des paquets de manière à savoir à qui distribuer les paquets reçus.

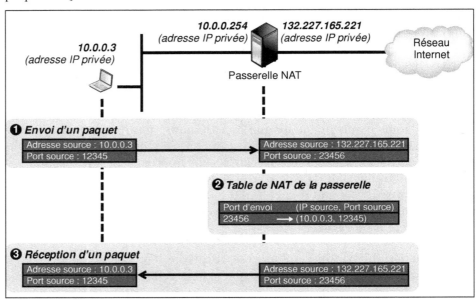

Figure 13-14 *Modification de paquets lors du NAT*

Par exemple, si un émetteur dont l'adresse IP est 10.0.0.3 envoie vers la passerelle NAT un paquet à partir de son port 12345, la passerelle NAT modifie le paquet en remplaçant l'adresse IP source par la sienne et le port source par un port quelconque qu'elle n'utilise pas, disons le port 23456. Elle note cette correspondance dans sa table de NAT. De cette manière, lorsqu'elle recevra un paquet à destination du port 23456, elle cherchera cette affectation de port dans sa table et retrouvera la source initiale.

Ce cas est illustré à la figure 13-14.

Avantages du NAT

Le premier atout du NAT est de simplifier la gestion du réseau en laissant l'administrateur libre d'adopter le plan d'adressage interne qu'il souhaite. Étant privé, le plan d'adressage interne ne dépend pas de contraintes externes, que les administrateurs ne maîtrisent pas toujours. Par exemple, si une entreprise utilise un plan d'adressage public et qu'elle change de FAI, elle doit modifier l'adresse de tous les terminaux qui composent son réseau. Au contraire, avec le NAT et un plan d'adressage privé, le choix d'un nouveau fournisseur d'accès Internet n'a pas d'impact sur les terminaux. Dans ce cas, l'administrateur n'a pas besoin de reconfigurer les adresses IP de tous les terminaux de son réseau. Il lui suffit de modifier, au niveau de la passerelle NAT, le pool d'adresses IP publiques, qui est affecté dynamiquement aux adresses IP privées des terminaux du réseau local.

Le deuxième atout du NAT est d'économiser le nombre d'adresses IP publiques. Le protocole réseau IP, qui est utilisé dans l'Internet actuel dans sa version 4, présente une limitation importante, car le nombre d'adresses IP disponible est faible comparé au nombre de terminaux susceptibles d'être raccordés au réseau Internet. Comme cette ressource est rare, sa mise à disposition à un coût pour les administrateurs qui souhaitent en bénéficier.

Le NAT comble cette pénurie d'adresses propre à la version 4 d'IP en offrant la possibilité d'économiser les adresses IP à deux niveaux distincts. Tous les terminaux d'un réseau local n'ont pas forcément besoin d'être joignables de l'extérieur, mais peuvent se limiter à une connexion interne au réseau. Par exemple, des serveurs d'intranet, des annuaires d'entreprise, des serveurs dédiés aux ressources humaines avec des informations confidentielles de suivi du personnel ou bien encore des serveurs de tests n'ont pas à être joignables à partir du réseau Internet, mais seulement en interne au sein de l'entreprise. En conséquence, ces serveurs peuvent se suffire d'une adresse IP privée, qui ne sera jamais « nattée » par le boîtier NAT puisque ces serveurs reçoivent des requêtes mais n'en émettent jamais.

Un deuxième niveau d'économie d'adresses IP publique est opéré avec le mécanisme que nous avons mentionné à la section précédente, qui permet de masquer plusieurs terminaux disposant chacun d'une adresse IP privée avec une seule adresse IP publique, en jouant sur les ports utilisés. Cette méthode est très couramment employée, car elle n'impose aucune condition quant au nombre de terminaux susceptibles d'accéder à Internet dans le réseau local.

Un autre avantage important du NAT concerne la sécurité. Les terminaux disposent en effet d'une protection supplémentaire, puisqu'ils ne sont pas directement adressables de l'extérieur. En outre, le boîtier NAT offre la garantie que tous les flux transitant entre le réseau interne et l'extérieur passent toujours par lui. Si un terminal est mal protégé et ne dispose pas d'un pare-feu efficace, le réseau dans lequel il se connecte peut ajouter des mécanismes de protection supplémentaires au sein de la passerelle NAT, puisqu'elle représente un passage obligé pour tous les flux. Globalement, l'administrateur concentre les mécanismes de sécurisation à un point de contrôle unique et centralisé. Cela explique que, bien souvent, les boîtiers NAT sont couplés avec des pare-feu filtrant les flux.

Les trois catégories de NAT

Le mécanisme de NAT que nous avons pris comme exemple précédemment, consistant à jouer sur les ports pour masquer plusieurs terminaux avec une adresse IP unique, est un cas particulier. Il repose sur une translation de port appelée NPT (*Network Port Translation*). Lorsqu'elle se combine avec le NAT, on parle de NAPT (*Network Address and Port Translation*).

Bien que les concepts soient différents, le processus de NAT inclut fréquemment par abus de langage le processus de NPT. En réalité, il faut distinguer trois formes de NAT, le NAT statique, le NAT dynamique et NATP. Ces formes peuvent se combiner selon les besoins de chaque utilisateur et les politiques d'administration établies dans un réseau. D'autres formes de classification du NAT sont possibles. La RFC 3489 en recense quatre types, par exemple. Nous nous contenterons de détailler dans les sections suivantes les formes les plus courantes.

Le NAT statique

Dans le NAT statique, à toute adresse IP privée qui communique avec l'extérieur, une adresse IP publique fixe lui est affectée. Avec ce type de NAT, les utilisateurs du réseau local sont joignables de l'extérieur, car la passerelle réalise la correspondance d'une adresse IP locale en une adresse IP publique dans les deux sens. C'est un avantage indéniable, en particulier pour la téléphonie, car un utilisateur à l'extérieur du réseau privé peut appeler un abonné à l'intérieur du réseau privé puisqu'il connaît son adresse IP fixe.

Ce cas de figure est illustré à la figure 13-15. Le terminal ayant l'adresse IP privée 10.0.0.4 n'a pas de correspondance d'adresse IP publique, car c'est un serveur interne. Les administrateurs font l'économie d'une adresse IP pour ce serveur et s'assurent en outre que ce dernier n'est pas joignable directement de l'extérieur. Un changement de FAI ne remet pas en cause le plan d'adressage en local.

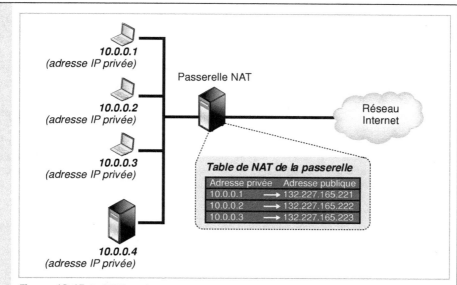

Figure 13.15 *Le NAT statique*

Le NAT dynamique

Avec le NAT dynamique, une plage d'adresses IP publiques est disponible et partagée par tous les utilisateurs du réseau local. Chaque fois qu'une demande d'un utilisateur local (avec une adresse privée) parvient à la passerelle NAT, celle-ci lui concède dynamiquement une adresse IP publique. Elle maintient cette correspondance pour une période fixe, mais renouvelable selon l'activité de l'utilisateur, qui assure le suivi des communications.

Avec ce type de NAT, les utilisateurs locaux ne sont joignables de l'extérieur que s'ils ont une entrée dans la table de la passerelle NAT, autrement dit que s'ils entretiennent une activité avec le réseau Internet. En effet, les correspondants externes ne peuvent s'adresser qu'à la passerelle NAT pour envoyer leur flux. Or tant que le correspondant interne n'a pas d'activité réseau, aucune entrée ne lui est attribuée dans la table de NAT. De plus, l'adresse IP qui leur est affectée est temporaire et peut être différente à la prochaine connexion, ce qui restreint les possibilités d'être joignable de l'extérieur.

Il existe même une forme de NAT particulière, appelée NAT symétrique ou «*full cone*» dans la RFC 3489, qui consiste à établir une correspondance entre l'adresse IP privée et publique selon la destination d'une communication. Autrement dit, un utilisateur du réseau local aura une certaine adresse IP publique lorsqu'il communique avec un correspondant extérieur et une autre adresse IP publique lorsqu'il communique avec une autre destination.

Le modèle dynamique offre une plus grande souplesse d'utilisation que le modèle statique puisque les associations d'adresses IP privées et publiques n'ont pas besoin d'être mentionnées statiquement par l'administrateur, mais sont attribuées automatiquement. En outre, il présente l'avantage d'optimiser au maximum les ressources. Si un utilisateur n'exploite pas sa connexion Internet et se contente de sa connexion locale, la passerelle NAT n'a pas besoin de lui attribuer une adresse IP. Le NAT dynamique est cependant plus complexe puisqu'il impose à la passerelle NAT de maintenir les

Suite p. 288

Suite de la page 287

états des connexions pour déterminer si les utilisateurs exploitent leur adresse IP publique ou s'il est possible, passé un certain délai, de les réutiliser.

Ce modèle ressemble à celui déployé avec la téléphonie RTC. Le nombre de lignes sortantes d'un commutateur téléphonique d'entreprise et même d'immeubles de particuliers est généralement inférieur au nombre de lignes entrantes. Autrement dit, tous les abonnés disposent d'un téléphone, mais tous ne peuvent appeler en même temps. Dans la pratique, il est assez exceptionnel que tous les abonnés appellent en même temps, si bien que ces derniers ne perçoivent pas cette restriction, qui permet aux opérateurs de limiter le nombre de lignes. Avec le NAT dynamique, les notions sont différentes, mais le principe est le même : l'attribution des adresses IP se fait à la demande, avec les limitations du nombre d'adresses IP publiques disponibles que cela suppose.

Le NAPT

Variante du NAT dynamique, le NAPT (*Network Address Port Translation*) est en fait celui que nous avons présenté précédemment sans le nommer. Il consiste à attribuer une même adresse IP à plusieurs utilisateurs d'un même réseau local.

Comme nous l'avons expliqué, pour associer une même adresse IP publique à deux terminaux ayant une adresse privée distincte, la passerelle NAT joue sur les ports des applications : une requête envoyée à partir du port A d'une source est retransmise avec le port B de la passerelle, tandis qu'une requête émise à partir du port C d'une autre source est retransmise avec le port D de la passerelle. De cette manière, la passerelle peut contrôler et distinguer chacune des demandes qui lui parviennent.

L'inconvénient de cette méthode est que seuls les utilisateurs du réseau local peuvent amorcer une communication vers l'extérieur. Autrement dit, ils ne peuvent répondre à une communication qu'ils n'ont pas préalablement initiée. Les correspondants externes à la passerelle NAT ne possèdent en effet des entrées que pour une adresse IP et un port source privés. Or si le port source est mentionné, c'est qu'une application a déjà été ouverte par le terminal du réseau local. Le correspondant externe n'a aucun moyen d'établir une telle association en lieu et place du terminal dont il ignore la véritable adresse IP.

Le NAPT est sans conteste la méthode la plus économe puisqu'elle permet de masquer tout un réseau local avec une seule adresse IP. Elle est la plus couramment employée chez les particuliers et les petites et moyennes entreprises.

Questions-réponses

Question 20.– *Pourquoi IPv6 permet-il de se passer de la technique NAT ? Que cela change-t-il ?*

Réponse.– Parce que le nombre d'adresses en IPv6 est suffisant pour donner une adresse IP à chaque machine. Cela implique que chaque objet connecté à Internet pourra garder une adresse unique, ce qui supprime les tables de correspondance.

Question 21.– *Les* InternetBox *utilise-t-elles des NAT ?*

Réponse.– Oui. Les opérateurs n'ayant pas suffisamment d'adresses IP publiques, ils utilisent pour le grand public des NAT. En revanche, pour les *InternetBox* d'entreprise, des adresses publiques sont en général utilisées pour permettre aux entreprises d'avoir une adresse IP fixe.

■ IP Mobile

Le protocole IP est de plus en plus souvent présenté comme une solution possible pour résoudre les problèmes posés par les utilisateurs mobiles. Le protocole IP Mobile peut être utilisé sous la version 4 d'IP, mais le manque potentiel d'adresses complique la gestion de la communication avec le mobile. La version 6 d'IP est utilisée pour son grand nombre d'adresses disponibles, ce qui permet de donner des adresses temporaires aux stations en cours de déplacement.

Une station possède une adresse de base et un *agent* qui lui est attaché. Cet agent a pour rôle de suivre la correspondance entre l'adresse de base et l'adresse temporaire.

agent.– Programme qui effectue la liaison entre deux entités.

Lors d'un appel vers la station mobile, la demande est acheminée vers la base de données détenant l'adresse de base. Grâce à l'agent, il est possible d'effectuer la correspondance entre l'adresse de base et l'adresse provisoire et d'acheminer la demande de connexion vers le mobile. Cette solution est illustrée à la figure 13-16.

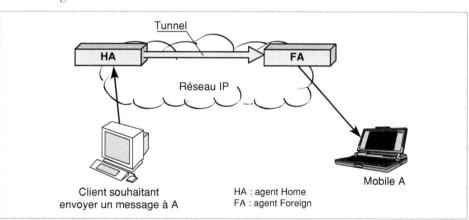

Figure 13-16. *Mise en place d'une communication dans IP Mobile.*

Ce dispositif est semblable à celui utilisé dans les réseaux de mobiles, qu'il s'agisse de la version européenne GSM ou américaine IS 95.

La terminologie en vigueur dans IP Mobile est la suivante :

- Nœud mobile *(Mobile Node)* : terminal ou routeur qui change son point d'attachement d'un sous-réseau à un autre sous-réseau.
- Agent mère, ou encore agent Home *(Home Agent)* : correspond à un routeur du sous-réseau sur lequel est enregistré le nœud mobile.
- Agent visité, ou encore agent Foreign *(Foreign Agent)* : correspond à un routeur du sous-réseau visité par le nœud mobile.

L'environnement IP Mobile est formé des trois fonctions relativement disjointes suivantes :

- Découverte de l'agent *(Agent Discovery)* : le mobile, lorsqu'il arrive dans un sous-réseau, recherche un agent susceptible de le prendre en charge.
- Enregistrement : lorsqu'un mobile est hors de son domaine de base, il enregistre sa nouvelle adresse (Care-of-Address) auprès de son agent Home. Suivant la technique utilisée, l'enregistrement peut s'effectuer soit directement auprès de l'agent Home, soit par l'intermédiaire de l'agent Foreign.
- *Tunnelling* : lorsqu'un mobile se trouve en dehors de son sous-réseau, il faut que les paquets lui soient délivrés par une technique de tunnelling, qui permet de relier l'agent Home à l'adresse Care-of-Address.

Les figures 13-17 et 13-18 illustrent les schémas de communication mobiles en vigueur dans IPv4 et IPv6.

tunnelling.– Action de mettre un tunnel entre deux entités. Un tunnel correspond à un passage construit pour aller d'un point à un autre sans tenir compte de l'environnement. Dans un réseau, un tunnel correspond à un transport de paquets entre les deux extrémités. Ce transport doit être transparent, c'est-à-dire indépendant des équipements ou des couches de protocoles traversés.

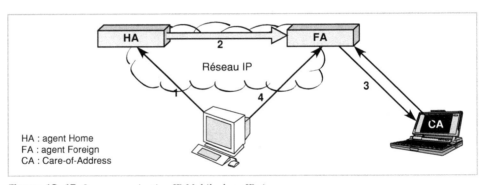

HA : agent Home
FA : agent Foreign
CA : Care-of-Address

Figure 13-17. *La communication IP Mobile dans IPv4.*

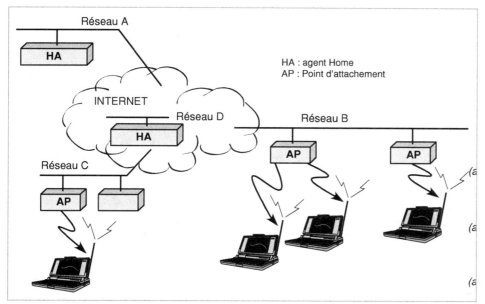

Figure 13-18. *La communication IP Mobile dans IPv6.*

Question 23.– *Le schéma de base proposé par IP Mobile consiste à passer par le réseau mère (Home) lors d'une émission d'une source vers le mobile et à émettre directement vers le récepteur lorsqu'il s'agit d'une communication du mobile vers un récepteur. Peut-on envisager de ne plus passer par le réseau mère dans le cas d'une réception par le mobile ?*

Réponse.– L'un des choix possibles proposés par l'IETF consiste, pour l'agent visité (Foreign), à envoyer à l'agent mère (Home) un *message BU (Binding Update)* lui demandant d'indiquer à un correspondant qui veut le joindre son adresse temporaire.

Question 24.– *Comment un mobile peut-il acquérir une adresse temporaire puisqu'il ne connaît rien a priori du réseau dans lequel il entre ?*

Réponse.– Les agents Home et Foreign indiquent leur présence sur la partie du réseau sur laquelle ils opèrent par l'émission régulière d'agents Advertisement, qui sont décrits à la section consacrée à ICMP. Les mobiles sont à l'écoute et en déduisent s'ils sont dans leur réseau mère ou dans un réseau visité. Si le mobile se situe sur un réseau visité, il acquiert une adresse temporaire (Care-of-Address). Une autre solution consiste pour le mobile à envoyer une demande de sollicitation, toujours en utilisant le protocole ICMP.

Question 25.– *La micromobilité indique un changement de cellule de la part du mobile sans que l'agent mère (Home) en soit averti. Comment considérer cette micromobilité ?*

Réponse.– La micromobilité peut s'exercer lorsqu'un même agent visiteur gère plusieurs sous-réseaux, ou cellules. Dans ce cas, c'est l'agent visiteur qui gère de façon transparente les changements de sous-réseaux. Cette micromobilité devient particulièrement utile lorsque l'utilisateur change très souvent de sous-réseau, ou de cellule pour les portables GSM ou UMTS.

message BU *(Binding Update).–* Message de contrôle, de l'agent visité (Foreign) à l'agent mère (Home) pour lui demander d'avertir un émetteur de la nouvelle adresse de son correspondant (adresse Care-of-Address).

IPsec

La solution proposée par le protocole IPsec (IP sécurisé) introduit des mécanismes de sécurité au niveau du protocole IP, de telle sorte que le protocole de transport peut être absolument quelconque. Le rôle de ce protocole est de garantir l'intégrité, l'authentification, la confidentialité et la protection contre les techniques rejouant des séquences précédentes. L'utilisation des propriétés d'IPsec est optionnelle dans IPv4 et obligatoire dans IPv6.

L'authentification a pour fonction de garantir l'identité de l'émetteur. Pour cela, une signature électronique est ajoutée dans le paquet IP.

La confidentialité doit être garantie pour les données ainsi que, éventuellement, pour leur origine et leur destination. La façon de procéder consiste à chiffrer par des algorithmes *ad hoc* tout ou partie du paquet. Nous explicitons ce chiffrement un peu plus loin dans cette section.

Des associations de sécurité peuvent être mises en place, de façon à permettre à deux utilisateurs de partager une information secrète, appelée un secret. Cette association doit définir des paramètres de sécurité communs.

IPsec autorise deux types de passerelles de sécurité, l'une mettant en relation deux utilisateurs de bout en bout, l'autre servant d'intermédiaire entre une passerelle et une autre ou entre une passerelle et un hôte.

Le format des paquets IPsec est illustré à la figure 13-18. La partie la plus haute de la figure correspond au format d'un paquet IP dans lequel est encapsulé un paquet TCP. La partie du milieu illustre le paquet IPsec, et l'on voit qu'entre l'en-tête IP et l'en-tête TCP vient se mettre l'en-tête d'IPsec. Dans cette solution, le chiffrement commence avec l'en-tête IPsec, et l'en-tête du paquet IP n'est pas chiffré. Un attaquant peut au moins déterminer le couple de stations terminales en train de communiquer.

La partie basse de la figure 13-19 montre le format d'un paquet dans un tunnel IP. On voit que la partie intérieure correspond à un paquet IP encapsulé dans un paquet IPsec de telle sorte que même les adresses des émetteurs et des récepteurs sont cachées. Le nouvel en-tête IP comporte les adresses des passerelles où sont chiffrés et déchiffrés les paquets.

Dans un tunnel IPsec, tous les paquets IP d'un flot sont transportés de façon totalement chiffrée, même les en-têtes des paquets IP. Il est de la sorte impossible de voir les adresses IP ou même les valeurs du champ de supervision du paquet IP encapsulé.

La figure 13-20 illustre un tunnel IPsec. Ici, les adresses IP portées par le nouvel en-tête sont les adresses des passerelles d'entrée et de sortie de l'entreprise.

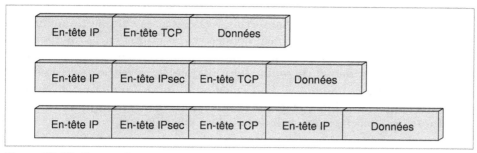

Figure 13-19. *Formats des paquets IPsec.*

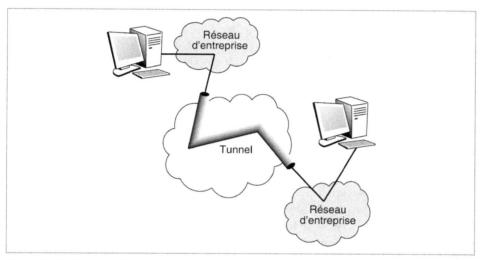

Figure 13-20. Un tunnel IPsec.

Question 26.– *Une possibilité d'attaque consisterait à capturer tous les paquets qui transitent dans un tunnel sans les comprendre, puisqu'ils sont chiffrés, puis à rejouer ce flot de paquets. Comment peut-on contrer une telle attaque ?*

Réponse.– Pour contrer cette attaque, il est possible de placer la valeur d'un compteur dans la partie chiffrée qui est vérifiée à la réception du paquet. Si l'on rejoue une séquence, le numéro du compteur n'est plus valable et le récepteur rejette les paquets.

■ Fonctions supplémentaires

L'installation et l'exploitation des logiciels TCP/IP requièrent une certaine expertise. Une première extension de ces logiciels consiste à automatiser l'installation et la maintenance des logiciels, de façon à permettre à un utilisateur de relier sa machine au réseau sans avoir à valoriser les paramètres manuellement. De ce fait, un utilisateur peut connecter son ordinateur à Internet sans faire appel à un spécialiste pour installer les logiciels et mettre à jour les paramètres de configuration et de routage. En particulier, il est possible d'obtenir une configuration automatique d'un calculateur par de nouveaux protocoles permettant à une machine d'obtenir et d'enregistrer automatiquement toutes les informations sur les noms et adresses dont elle a besoin.

Des groupes de travail examinent les améliorations qui peuvent encore être apportées à ces techniques d'autoconfiguration. Le groupe consacré à l'apprentissage des routeurs travaille sur des protocoles qui permettent à une machine de découvrir les routeurs qu'elle peut utiliser. Actuellement, il est nécessaire de configurer l'adresse d'un routeur par défaut. Le protocole permettra de découvrir les adresses des passerelles locales et de tester en permanence ces adresses pour savoir lesquelles peuvent être utilisées à tout instant.

Le protocole DHCP *(Dynamic Host Configuration Protocol)* est utilisé pour initialiser et configurer dynamiquement une nouvelle machine connectée. Le protocole NDP *(Neighbor Discovery Protocol)* permet, grâce aux protocoles ARP et ICMP, l'autoconfiguration des adresses et la configuration de la MTU *(Maximum Transmission Unit)*. Nous allons détailler cette dernière.

overhead.– Partie des informations transportées qui ne provient pas de l'utilisateur mais de la gestion et du contrôle du réseau.

Le calcul de la MTU, ou taille maximale des données pouvant être contenues dans une trame physique, permet à une machine de rechercher la plus petite MTU sur un chemin particulier vers une destination donnée. La taille optimale d'un segment TCP dépend de la MTU, car les datagrammes plus grands que la MTU sont fragmentés, tandis que les datagrammes plus petits augmentent l'*overhead*. Si la MTU est connue, TCP peut optimiser le débit en construisant des segments assez larges, de façon à tenir dans un datagramme, ce dernier étant transporté dans une seule trame physique, la plus grande possible. De la même façon, UDP peut améliorer le débit en tenant compte de la MTU pour choisir la taille des datagrammes.

TCP/IP rend possible une interopérabilité universelle. Cependant, dans plusieurs environnements, les administrateurs ont besoin de limiter cette interopérabilité pour protéger les données privées. Ces restrictions correspondent au problème général de la sécurité. La fiabilité d'Internet est toutefois plus difficile à mettre en œuvre que celle d'un simple ordinateur, car Internet offre des services de communication beaucoup plus puissants. Le problème est de savoir comment un utilisateur s'appuyant sur TCP/IP peut s'assurer de la protection de ses machines et de ses données contre les accès non autorisés.

Un groupe de travail a exploré la question de la sécurisation de la messagerie en expérimentant un service de messagerie privée amélioré. L'idée est de permettre à l'émetteur de chiffrer son message et de l'envoyer sur un Internet ouvert sans permettre à une personne autre que le destinataire de le décrypter.

Des travaux sur le filtrage des paquets dans les passerelles ont produit une variété de mécanismes, qui permettent aux administrateurs de fournir des listes explicites de contrôle d'accès. Une liste d'accès spécifie un ensemble de machines et de réseaux au travers desquels la passerelle peut router les datagrammes. Si l'adresse n'est pas autorisée, le datagramme est détruit. Dans la plupart des implémentations, la passerelle enregistre la tentative de violation dans un journal. Ainsi est-il possible d'utiliser des filtres d'adresses pour surveiller les communications entre les machines.

Questions-réponses

Question 27.– *Comment un routeur indique-t-il au routeur précédent qu'il ne peut pendre en compte une fragmentation, parce que, par exemple, le bit de non-fragmentation a été positionné dans le paquet IPv4 ?*

Réponse.– Le routeur concerné envoie vers le routeur précédent un message ICMP avec le type 4 : « Message d'erreur, problème de paramètre ».

Question 28.– *Pourquoi le choix de la bonne valeur de la MTU est-il si important ?*

Réponse.– Le processus de *fragmentation-réassemblage* est lourd, ce qui pénalise énormément les performances. C'est la raison pour laquelle IPv6 utilise une procédure de détection de la bonne valeur de la MTU.

Question 29.– *Un pare-feu, ou firewall, est un organe qui protège l'accès d'un réseau privé et plus précisément des ports des protocoles TCP ou UDP. Comment peut procéder le pare-feu pour empêcher les accès à un certain nombre d'applications ?*

Réponse.– Il suffit que le pare-feu refuse tous les paquets qui possèdent un numéro de port correspondant à une application que l'on souhaite éviter. Par exemple, si l'on veut interdire les accès du protocole d'accès à distance *Telnet*, on rejette tous les paquets de port 23.

fragmentation-réassemblage.– Fonction de base du niveau transport consistant à fragmenter le message en paquets puis à réassembler ces paquets à la sortie pour retrouver le message de départ.

Telnet.– Application permettant à un équipement terminal de se connecter à un serveur distant. C'est ce que l'on nomme une émulation de terminal (le logiciel Telnet rend le terminal compatible avec le serveur).

1

On considère la connexion d'un PC, appelé PC$_A$, à un autre PC, appelé PC$_B$, par l'intermédiaire d'un réseau ATM. Les deux PC travaillent sous un environnement IP.

a Expliquer comment s'effectue le transport d'un PC à l'autre.

b Si PC$_A$ connaît PC$_B$ par son adresse logique IP, comment peut s'effectuer la communication ? Peut-on utiliser le protocole ARP ?

c Si l'adresse de PC$_A$ est 127.76.87.4 et celle de PC$_B$ 127.76.14.228, ces deux stations étant sur un même réseau, à quelle classe d'adresse IP appartient ce réseau ?

d On suppose maintenant que les deux PC ne soient plus sur le même réseau mais sur deux réseaux ATM interconnectés par un routeur. Si, comme à la question 2, PC$_A$ connaît PC$_B$ par son adresse logique IP, comment peut s'effectuer la communication ?

e On suppose que le réseau sur lequel PC$_A$ est connecté possède un serveur d'adresses, c'est-à-dire un serveur capable d'effectuer la correspondance entre les adresses IP du réseau et les adresses physiques des coupleurs ATM sur lesquels sont connectés les PC. Que se passe-t-il si PC$_A$ lui envoie une requête de résolution de l'adresse IP de PC$_B$?

f Montrer que si chaque sous-réseau qui participe au réseau Internet — sous-réseaux appelés LIS *(Logical IP Subnetwork)* — possède un tel serveur d'adresses, le problème global de la résolution d'adresse peut être résolu.

2

Avec les commandes demande d'écho (Echo Request) et réponse d'écho (Echo Reply) d'ICMP, il est possible de tester un réseau IP. La commande Ping est un petit programme qui intègre ces deux commandes pour réaliser des tests facilement. La commande Ping envoie un datagramme à une adresse IP et demande au destinataire de renvoyer le datagramme.

a Que mesure la commande Ping ?

b En retour de la commande Ping, on reçoit un message ICMP portant le numéro de type 3. Ce message indique que le paquet IP qui transporte le message ICMP de demande d'écho a vu la valeur de son champ Temps de vie, ou TTL *(Time To Live)*, dépasser la limite admissible. Que faut-il en déduire ?

c Si l'on est sûr de l'adresse IP du correspondant mais que le message de retour soit un message ICMP avec Destinataire inaccessible , que faut-il en déduire ?

d En règle générale, la commande Ping ne génère pas une seule commande d'écho mais plusieurs (souvent 4). Quelle en est la raison ?

3 *Soit un réseau IP utilisant le protocole RSVP.*

a Montrer que RSVP est un protocole de signalisation.

b RSVP effectue une réservation dans le sens retour, c'est-à-dire du récepteur vers l'émetteur. Pourquoi ?

c RSVP est un protocole multipoint, c'est-à-dire qu'il peut ouvrir des chemins allant de l'émetteur à plusieurs récepteurs. Montrer que la réservation s'effectuant des récepteurs vers l'émetteur est une bonne solution dans ce cas.

d Le protocole RSVP peut très bien ne faire aucune réservation explicite. Quel est dans ce cas l'intérêt de RSVP ?

4 *Soit une application téléphonique sur Internet utilisant le protocole RTP/RTCP.*

a L'émetteur et le récepteur doivent-ils posséder plusieurs ou un seul codec, un codec permettant de compresser plus ou moins la voix ?

b Le protocole RTCP a pour objectif d'indiquer au récepteur les performances du réseau. Est-ce un protocole indispensable à RTP ?

c Cette solution de gestion de la qualité de service au niveau de l'émetteur en adaptant les flux aux contraintes internes du réseau vous paraît-elle conforme à la philosophie d'Internet ?

d Si le réseau est capable d'offrir lui-même une qualité de service, le protocole RTP/RTCP est-il encore utile ?

5 *Soit un réseau IP proposant de la qualité de service au travers d'une technique DiffServ.*

a Les clients EF *(Expedited Forwarding)* ont la priorité la plus haute. Expliquer pourquoi les clients EF peuvent obtenir une qualité de service garantie.

b Montrer que, dans certains cas, cette garantie peut être remise en cause.

c Dans la classe AF *(Assured Forwarding)*, il existe trois sous-classes. Montrer qu'aucune de ces sous-classes ne peut espérer obtenir une garantie sur le temps de transit du réseau.

d Montrer que les clients de la classe AF doivent être soumis à un contrôle de flux.

e Pourquoi les normalisateurs de l'IETF ont-ils proposé quatre classes, dites classes de *precedence,* ou priorité, dans chacune des trois classes de base ?

f Les clients best effort ont-ils le même service que dans l'Internet classique, n'offrant que la classe best effort ?

6 Soit un réseau composé de terminaux mobiles IP qui peuvent se déplacer dans des cellules. Un client est enregistré dans la cellule où il a pris son abonnement.

a Pourquoi son adresse IP n'est-elle pas suffisante pour que le réseau le retrouve lorsqu'il se déplace ?

b Si l'on donne à un utilisateur qui ne se trouve pas dans la cellule où il s'est enregistré une nouvelle adresse IP, comment peut-on faire le lien entre son adresse de base et sa nouvelle adresse ?

c Si l'utilisateur émet un paquet, doit-il utiliser son adresse de base ou l'adresse que le réseau lui a affectée ?

d Dans quel cas pourrait-il être intéressant de donner à un utilisateur qui souhaite joindre notre client son adresse provisoire, décernée par la cellule dans laquelle il se trouve ?

14

Les réseaux Ethernet

Il existe deux grands types de réseaux Ethernet : ceux utilisant le mode partagé et ceux utilisant le mode commuté. Dans le premier cas, un même support physique est partagé entre plusieurs utilisateurs, de telle sorte que le coût de connexion soit particulièrement bas. Dans le second, chaque machine est connectée à un nœud de transfert, et ce dernier commute ou route la trame Ethernet vers un nœud suivant. Ce cours décrit en détail ces différentes configurations. Il se conclut en présentant l'arrivée du multimédia dans les réseaux Ethernet.

- La trame Ethernet

- L'Ethernet partagé

- L'Ethernet commuté

- Les réseaux Ethernet partagés et commutés

- Ethernet multimédia et VLAN

- Ethernet Carrier Grade

■ La trame Ethernet

Le bloc transporté sur un réseau Ethernet a été normalisé par l'organisme américain IEEE, après avoir été défini à l'origine par le triumvirat d'industriels Xerox, Digital et Intel.

Ce bloc appartient à la famille des trames, car il contient un champ capable de déterminer son début et sa fin. La structure de la trame Ethernet est illustrée à la figure 14-1. Deux possibilités de trames Ethernet coexistent, l'une correspondant à la version primitive du triumvirat fondateur et l'autre à la normalisation par l'IEEE.

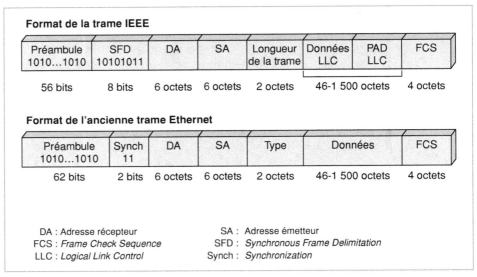

Figure 14-1. *Structure de la trame Ethernet.*

La trame Ethernet commence par un *préambule* et une *zone de délimitation* tenant au total sur 6 octets. Le préambule est une suite de 56 ou 62 bits de valeur 1010...1010. Il est suivi, dans le cas de la trame IEEE, par la zone de début de message SFD *(Start Frame Delimiter)*, de valeur 10101011, ou, pour l'ancienne trame, de 2 bits de synchronisation. Ces deux séquences sont en fait identiques, et seule la présentation diffère. Le drapeau de début de trame sur 6 octets au total est suffisamment long pour qu'il soit impossible de la retrouver dans la séquence d'éléments binaires qui suit.

La trame contient les adresses de l'émetteur et du récepteur, chacune sur 6 octets. Ces adresses sont dotées d'une forme spécifique du monde Ethernet, conçue de telle sorte qu'il n'y ait pas deux coupleurs dans le monde qui possèdent la même adresse. On parle d'un *adressage plat*, construit de la façon suivante : les trois premiers octets correspondent à un numéro de constructeur, et les trois suivants à un numéro de série. Dans les trois premiers octets, les deux bits initiaux ont une signification particulière. Positionné à 1, le premier bit indique une adresse de groupe. Si le deuxième bit est également à la valeur 1, cela indique que l'adresse ne suit pas la structure normalisée.

Regardons dans un premier temps la suite de la trame IEEE. La zone Longueur *(Length)* indique la longueur du champ de données provenant de la couche supérieure. Ensuite, la trame encapsule le bloc de niveau trame proprement dit, ou trame LLC *(Logical Link Control)*. Cette trame encapsulée contient une zone PAD, qui permet de remplir le champ de données de façon à atteindre la valeur de 46 octets, qui est la longueur minimale que doit atteindre cette zone pour que la trame totale fasse 64 octets en incluant les zones de préambule et de délimitation.

Dans l'ancienne trame Ethernet, intervient un type, qui indique comment se présente la zone de données *(Data)* transportée par la trame Ethernet. Par exemple, si la valeur de cette zone est 0800 en hexadécimal, cela signifie que la trame Ethernet transporte un paquet IP.

La raison pour laquelle les deux types de trames sont compatibles et peuvent coexister sur un même réseau est expliquée à la question 4, à la fin de cette section.

La détection des erreurs est assurée par le biais d'un polynôme générateur g*(x)* selon la formule :

$$g(x) = x^{32} + x^{26} + x^{22} + x^{16} + x^{12} + x^{11} + x^{10} + x^8 + x^7 + x^5 + x^4 + x^2 + x^1.$$

Ce polynôme donne naissance à une *séquence de contrôle* (CRC) sur 4 octets.

Pour se connecter au réseau Ethernet, une machine utilise un coupleur, c'est-à-dire une carte que l'on insère dans la machine et qui supporte le logiciel et le matériel réseau nécessaires à la connexion.

Comme nous l'avons vu, la trame Ethernet comporte un préambule. Ce dernier permet au récepteur de synchroniser son horloge et ses divers circuits physiques avec l'émetteur, de façon à réceptionner correctement la trame. Dans le cas d'un réseau *Ethernet partagé*, tous les coupleurs sur le réseau enregistrent la trame au fur et à mesure de son passage. Le composant électronique chargé de l'extraction des données incluses dans la trame vérifie la concordance entre l'adresse de la station de destination portée dans la trame et l'adresse du coupleur. S'il y a concordance, le paquet est transféré vers l'utilisateur après vérification de la conformité de la trame par le biais de la séquence de contrôle.

séquence de contrôle
(CRC, *Cyclic Redundancy Checksum*).– Cette séquence, encore appelée centrale de contrôle, est obtenue comme le reste de la division de polynômes du polynôme généré par les éléments binaires de la trame par le polynôme générateur.

Ethernet partagé.– Réseau comportant un support physique commun à l'ensemble des terminaux. Le support commun peut être aussi bien un câble métallique qu'une fibre optique ou une fréquence hertzienne.

Question 1.– *Montrer que l'adresse de base décrite à la section précédente n'est pas adaptée dès lors qu'un réseau possède de nombreuses machines connectées sur une distance importante, par exemple de plusieurs centaines de kilomètres.*

Réponse.– L'adresse plate ne donne aucune indication de l'emplacement des coupleurs sur le réseau. Si le réseau est très grand, il faut que chaque nœud de transfert connaisse l'emplacement physique de chaque coupleur. En cas de déplacement d'un coupleur ou de connexion d'un nouveau coupleur, l'ensemble des nœuds de transfert doit être averti.

Question 2.– *Sachant que la trame Ethernet ne comporte qu'une adresse de destinataire, comment la technique de transfert utilisée dans les nœuds peut-elle être une commutation ?*

Réponse.– Si le nœud est un commutateur, la trame Ethernet doit posséder une référence. Si le nœud de transfert est un routeur, l'adresse complète du destinataire doit être présente dans la trame. On en déduit que les nœuds de transfert Ethernet sont des routeurs, puisque l'adresse incluse dans la trame Ethernet est complète. Cependant, cette adresse ne donne aucun emplacement géographique. Il faut donc que la table de routage indique, pour chaque adresse de destination, la bonne ligne de sortie. Si le réseau est assez petit, cela ne pose pas de problème particulier. Si le réseau possède un grand nombre de coupleurs, en revanche, la mise à jour de la table de routage peut devenir fastidieuse, surtout si le réseau a une grande étendue géographique. Une solution à ce problème consiste à considérer l'adresse plate comme une référence, que l'émetteur de la trame emploie pour indiquer les lignes de sortie. Cette référence n'est utilisée que par les clients allant vers le même destinataire. Ces deux solutions sont assez complexes, et nous verrons à la fin de ce cours qu'une adresse complète supplémentaire peut être ajoutée ou qu'une vraie référence peut aussi être acceptée.

Question 3.– *Montrer que dans un Ethernet partagé, les nœuds ne doivent pas être trop éloignés les uns des autres.*

Réponse.– Puisqu'il y a partage, cela implique que chaque coupleur peut envoyer une trame sur un support physique commun au même moment. Il y a donc risque de collision entre les signaux émis par les stations, collision engendrant une perte de l'information. Un protocole supplémentaire est donc nécessaire pour décider de la station ayant le droit d'émettre. Il est préférable que les stations soient assez proches les unes des autres de façon à faciliter l'arbitrage.

Question 4.– *Trouver une solution pour que les deux types de trames (Ethernet classique et IEEE) puissent coexister sur un même support physique.*

Réponse.– Les deux types de trames peuvent être émis sur le support physique. Pour qu'ils coexistent, il faut qu'il n'y ait aucune ambiguïté au moment de la réception. Dans la zone de type de la trame Ethernet de base, les valeurs possibles commencent à 0600 en hexadécimal, ce qui fait 1 536 en décimal. Comme le champ Longueur de la trame IEEE ne peut pas atteindre cette valeur, les deux champs ne peuvent pas être confondus. Par ce mécanisme, il est simple de détecter si la trame est du type Ethernet de base ou Ethernet IEEE. De ce fait, les deux types de trames peuvent coexister sur le même support. De plus, il est simple de savoir de quel type de trame il s'agit.

■ L'Ethernet partagé

Un réseau Ethernet partagé présente un support physique commun à l'ensemble des terminaux. Le support commun peut être aussi bien un câble métallique qu'une fibre optique ou une fréquence hertzienne. La raison de ce support unique s'explique par une volonté de simplification de l'infrastructure du réseau. La figure 14-2 illustre quelques supports partagés.

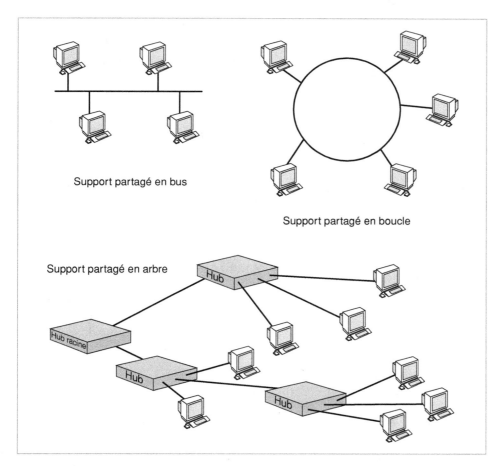

Support partagé en bus

Support partagé en boucle

Support partagé en arbre

Figure 14-2. *Supports partagés.*

Si le support est partagé, il est nécessaire que le réseau dispose d'un protocole apte à décider quelle station a le droit d'émettre, sinon une collision des différents signaux émis par les stations est inévitable, ce qui engendre une perte de l'information. Ce protocole, appelé MAC *(Medium Access Control)*, doit permettre à une station de savoir si elle a le droit d'émettre ou non.

La couche MAC qui gère le protocole d'accès au support physique se situe dans la couche 2, ou niveau trame, du modèle de référence. Le niveau trame, également appelé couche liaison dans l'ancien modèle, prend le nom de *LLC (Logical Link Control)* dans l'environnement des réseaux locaux partagés.

Dans un autre réseau célèbre, le Token-Ring, la solution au problème des collisions consiste à attribuer à une trame particulière le rôle de jeton. Dans ce cas, seule la station qui possède cette trame a le droit de transmettre. On reproche à ce système son temps de latence, le temps de passage du jeton d'une station à une autre station devenant d'autant plus élevé que les stations sont éloignées.

Très différente, la solution Ethernet s'appuie sur une technique dite d'écoute de la porteuse et de détection des collisions. Cette technique, plus connue sous le nom de CSMA *(Carrier Sense Multiple Access)*, consiste à écouter le canal avant d'émettre. Si le coupleur détecte un signal sur la ligne, il diffère son émission à une date ultérieure.

Cette méthode réduit considérablement le risque de collision, sans toutefois le supprimer complètement. Si, durant le temps de propagation entre les deux stations les plus éloignées (période de vulnérabilité), une trame est émise sans qu'un coupleur la détecte, il peut y avoir superposition de signaux. De ce fait, il faut réémettre ultérieurement les trames perdues.

La technique Ethernet complète d'accès et de détection des collisions s'appelle CSMA/CD (CD, pour *Collision Detection*). Elle est illustrée à la figure 14-3. C'est la méthode normalisée par l'ISO. À l'écoute préalable du réseau s'ajoute l'écoute pendant la transmission : un coupleur prêt à émettre et ayant détecté le canal libre transmet et continue à écouter le canal. De ce fait, s'il se produit une collision, il interrompt dès que possible sa transmission et envoie des signaux spéciaux, appelés « *jam sequence* », de sorte que tous les coupleurs soient prévenus de la collision. Il tente de nouveau son émission ultérieurement, suivant un algorithme de redémarrage, appelé algorithme de *Back-Off*.

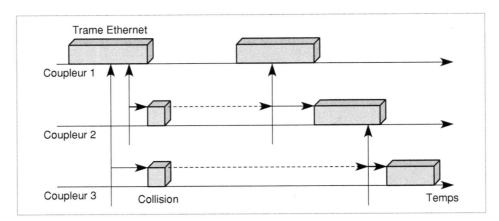

Figure 14-3. *Principe du CSMA/CD.*

Ce système permet une détection immédiate des collisions et une interruption de la transmission en cours sans perte de temps. Les coupleurs émetteurs reconnaissent une collision en comparant le signal émis avec celui qui passe sur la ligne, c'est-à-dire par détection d'interférences, et non plus par une absence d'acquittement.

Cette méthode de détection des conflits est relativement simple, mais elle nécessite des techniques de codage suffisamment performantes pour permettre de reconnaître facilement une superposition de signaux.

Le codage Manchester

On utilise des codages de type Manchester pour déterminer facilement les collisions. Du fait que les créneaux montants et descendants de ce codage ne se superposent pas, le signal résultant de la collision se détecte facilement en écoutant la porteuse. Un exemple d'un tel codage est illustré à la figure 14-4.

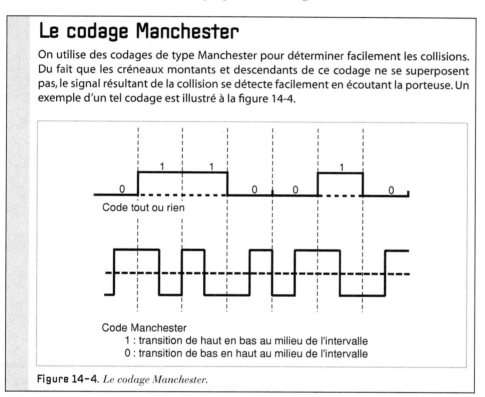

Figure 14-4. *Le codage Manchester.*

On peut calculer la longueur maximale d'un réseau Ethernet à partir de la longueur minimale de la trame Ethernet. En effet, il faut absolument éviter qu'une station puisse finir sa transmission en ignorant qu'il y a eu une collision sur sa trame, sinon elle penserait que la transmission s'est effectuée avec succès. C'est la raison pour laquelle l'IEEE a fixé la longueur minimale de la trame Ethernet à 64 octets. La station d'émission de la trame Ethernet ne peut donc se retirer avant d'avoir fini d'émettre ses 64 octets. Si le signal de collision doit lui revenir avant la fin de l'émission, le temps maximal correspondant, pour un réseau dont la vitesse est de 10 Mbit/s, est le suivant : $64 \times 8 = 512$ bits à 0,1 µs par bit, soit 51,2 µs.

La figure 14-5 illustre le pire cas de retard dans la reconnaissance d'une collision : la station émet depuis une extrémité du support, et son signal doit se propager jusqu'à la station située à l'autre extrémité. Au moment où le signal arrive à cette station, celle-ci émet à son tour, ce qui provoque une collision. Le temps de propagation de la collision jusqu'à l'émetteur étant identique à celui de la propagation de l'émetteur vers le récepteur, il faut considérer un temps aller-retour avant que l'émetteur s'aperçoive de la collision.

Comme le temps maximal pendant lequel on est sûr que la station émettrice écoute correspond à 51,2 µs, le délai de propagation aller-retour ne doit pas dépasser cette valeur.

La distance maximale entre deux points d'un réseau Ethernet partagé est donc déterminée par un temps d'aller-retour de 51,2 µs, ce qui correspond à une valeur de 25,6 µs de propagation dans un seul sens. Cette distance maximale est donc de 5,12 km. Cependant, certains équipements, comme les répéteurs ou les hubs que nous verrons dans la suite, obligent à réduire cette distance. Dans le commerce, la limite est souvent réduite à environ 2,5 km pour un réseau à 10 Mbit/s.

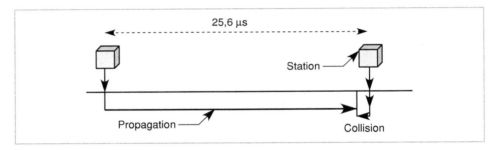

Figure 14-5. *Le cas le pire pour la détection d'un signal de collision.*

Si une collision se produit, le module d'émission-réception émet un signal pour, d'une part, interrompre la collision et, d'autre part, initialiser la procédure de retransmission. L'interruption de la collision intervient après l'envoi d'une séquence de bourrage *(jam)*, qui vérifie que la durée de la collision est suffisante pour être remarquée par toutes les stations en transmission impliquées dans la collision.

Il est nécessaire de définir plusieurs paramètres pour expliquer la procédure de reprise sur une collision. Le temps aller-retour maximal correspond au temps qui s'écoule entre les deux points les plus éloignés du réseau local, à partir de l'émission d'une trame jusqu'au retour d'un signal de collision. Nous avons vu que cette valeur était de 51,2 µs, soit de 512 temps d'émission d'un bit. Ethernet définit encore une « tranche de temps », qui est le temps minimal avant retransmission. Cette tranche vaut évidemment 51,2 µs. Le temps avant retransmission d'une station dépend également du nombre n de collisions déjà effectuées par cette station. Le délai aléatoire de retransmission dans Ethernet est un multiple r de la tranche de temps, suivant l'algorithme : $0 \leq r < 2_k$, où k = minimum $(n,10)$ et n le nombre de collisions déjà effectuées.

La reprise s'effectue après le temps $r \times 51,2$ µs.

Si, au bout de seize essais, la trame est encore en collision, l'émetteur abandonne sa transmission. Une reprise s'effectue alors à partir des protocoles de niveaux supérieurs.

Lorsque deux trames entrent en collision pour la première fois, elles ont une chance sur deux d'entrer de nouveau en collision, puisque $r = 1$ ou 0. Il vaut cependant mieux essayer d'émettre, quitte à provoquer une collision de courte durée, plutôt que de laisser le support vide.

Un calcul simple montre que les temps de retransmission après une dizaine de collisions successives ne représentent que quelques millisecondes, c'est-à-dire un temps encore très court. La méthode CSMA/CD est toutefois une technique probabiliste, et il est difficile de bien cerner le temps qui s'écoule entre l'arrivée de la trame dans le coupleur de l'émetteur et le départ de la trame du coupleur récepteur jusqu'au destinataire. Ce temps dépend bien sûr du nombre de collisions, mais aussi, indirectement, du nombre de stations, de la charge du réseau et de la distance moyenne entre deux stations. Plus le temps de propagation est grand, plus le risque de collision est important. De nombreuses courbes de performances montrent le débit réel en fonction du débit offert (le débit provenant des nouvelles trames additionné au débit provoqué par les retransmissions). Des courbes de performances sont illustrées à la figure 14-6.

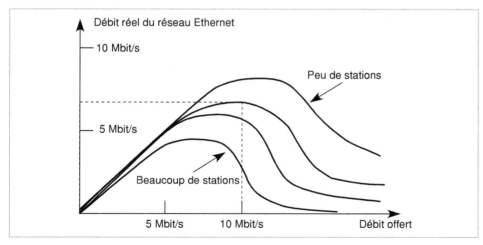

Figure 14-6. *Performances du réseau Ethernet partagé.*

brin.– Partie du support physique d'un seul tenant. Un brin Ethernet ne dépasse que rarement 500 m. Pour prolonger un brin, il faut utiliser un répéteur, qui répète le signal d'un brin vers un autre brin.

Question 5.– *Sur certains supports physiques, il est nécessaire d'incorporer des répéteurs pour des raisons d'atténuation du signal. Un répéteur est un organe qui répète automatiquement un signal reçu sur un port d'entrée vers un port de sortie tout en le régénérant. Le but d'un répéteur est donc d'allonger le support physique. Les différentes parties du support physique s'appellent des* brins. *Si l'on considère que le temps de traversée d'un répéteur est de 3 µs et qu'un réseau Ethernet possède deux répéteurs* (voir figure 14-7), *calculer la taille maximale du support physique.*

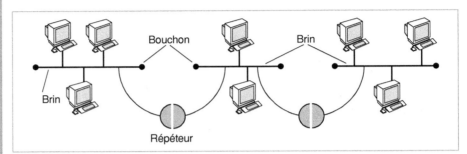

Figure 14-7. *Réseau Ethernet avec deux répéteurs en série.*

Réponse.– Puisqu'un répéteur demande 3 µs de traversée, il faut 6 µs pour le traverser dans un sens puis dans l'autre. Comme il y a deux répéteurs, le temps nécessaire pour les traverser à l'aller et au retour est de 12 µs. Le temps restant est de 51,2 – 12 = 39,2 µs. Si l'on considère que le temps de propagation du signal est de 200 000 km/s, la distance maximale à parcourir par ce signal, et donc la taille du support physique, est de :

$$\frac{39,2 \times 10^{-6} \times 200\,000}{2} = 3,92 \text{ km.}$$

Fast Ethernet.– Réseau Ethernet à 100 Mbit/s dont la distance maximale entre les extrémités est de 512 m.

Gigabit Ethernet.– Réseau Ethernet à 1 000 Mbit/s.

Question 6.– *En supposant que le réseau Ethernet de capacité égale à 100 Mbit/s* (Fast Ethernet) *soit totalement compatible avec la version à 10 Mbit/s, donner la distance maximale entre les deux points les plus éloignés d'un tel réseau. Même question pour le* Gigabit Ethernet, *c'est-à-dire l'Ethernet d'une capacité de 1 Gbit/s.*

Réponse.– Si le Fast Ethernet est compatible avec le 10 Mbit/s, cela indique que la trame minimale est toujours de 64 octets. Le temps d'émission de ces 64 octets, soit 512 bits, est de 5,12 µs à la vitesse de 100 Mbit/s. Pour éviter qu'une station puisse émettre sans entendre une collision, il faut donc que le délai maximal de traversée aller-retour sur le support soit de 5,12 µs, ce qui, à la vitesse de 200 000 km/s, représente une distance aller-retour de 1 024 m, c'est-à-dire 512 m. Pour le Gigabit Ethernet, le même raisonnement montre que la distance maximale est de 51,2 m. Dans la réalité, comme ces distances sont trop courtes, le Fast Ethernet et le Gigabit Ethernet ont des trames plus longues (512 octets). Ces deux réseaux restent cependant compatibles avec l'Ethernet de base en complétant les trames jusqu'à 512 octets.

Question 7.– *Quelle est la probabilité qu'une nouvelle collision survienne après que les trames de trois stations sont déjà entrées en collision une première fois ? Quelle est cette probabilité lorsque deux stations entrent en collision alors que l'une a déjà eu une première collision et l'autre deux collisions ?*

Réponse.– Dans le premier cas, le tirage de la variable aléatoire r déterminant la valeur du temporisateur de reprise donne $r = 0$ ou 1. Il existe donc au moins deux stations qui vont tirer 0 ou 1, et il y a donc forcément une nouvelle collision. Dans le deuxième cas, $r = 0$ ou 1 pour une station, et $r = 0$, 1, 2 ou 3 pour la seconde station. Cela donne 1 chance sur 4 d'avoir une nouvelle collision.

■ L'Ethernet commuté

L'Ethernet commuté consiste à utiliser la trame Ethernet dans un réseau de transfert dont les nœuds sont des commutateurs. On utilise dans ce cas un Ethernet particulier, ou Ethernet FDSE *(Full-Duplex Switched Ethernet)*, sur les lignes de communication duquel il est possible d'envoyer des trames Ethernet dans les deux sens simultanément. L'avantage de la commutation Ethernet par rapport à l'Ethernet partagé est de ne pas imposer de distance maximale entre deux nœuds étant donné qu'il n'y a plus de risque de collision.

Avant d'en arriver à une technique purement commutée, on a commencé, historiquement, par découper les réseaux Ethernet en des sous-réseaux autonomes, reliés les uns aux autres par des passerelles, ou ponts, tout en essayant de conserver un trafic local.

Un pont est un organe intelligent capable de reconnaître l'adresse du destinataire et de décider s'il faut ou non retransmettre la trame vers un autre segment Ethernet. Ajouté au milieu d'un réseau Ethernet, un pont découpe le réseau en deux Ethernet indépendants. De ce fait, le trafic est multiplié par le nombre de sous-réseaux. Les ponts ne sont dans ce cas que des commutateurs Ethernet, qui mémorisent les trames et les réémettent vers d'autres réseaux Ethernet. La logique extrême d'un tel système est de découper le réseau jusqu'à n'avoir qu'une seule station par réseau Ethernet. On obtient alors la commutation Ethernet. Ce cheminement est illustré à la figure 14-8.

Dans la commutation Ethernet, chaque carte coupleur est reliée directement à un commutateur Ethernet, ce dernier se chargeant de rediriger les trames dans la bonne direction. La commutation demande une référence qui, *a priori*, n'existe pas dans le monde Ethernet. Aucun paquet de supervision n'ouvre le circuit virtuel en posant des références. Le mot de commutateur peut être considéré comme inexact puisqu'il n'y a pas de référence. Il est cependant possible de parler de commutation, si l'on considère l'adresse du destinataire comme une référence. Le circuit virtuel est déterminé par la suite de références dont les valeurs sont déterminées par l'adresse du destinataire sur 6 octets. Il faut, pour réaliser cette commutation de bout en bout, que chaque commutateur ait la possibilité de déterminer la liaison de sortie en fonction de l'adresse du récepteur. L'algorithme qui permet de mettre en place les tables de commutation s'appelle *Spanning Tree*. Il détermine les routes à suivre par un algorithme de décision.

Spanning Tree
(arbre recouvrant).– Algorithme permettant de disposer les nœuds d'un réseau sous la forme d'un arbre avec un nœud racine. Les connexions à utiliser pour aller d'un point à un autre du réseau sont celles désignées par l'arbre. Cette solution garantit l'unicité du chemin et évite les duplications de paquets.

Cette technique de commutation peut présenter des difficultés liées à la fois à la gestion des adresses de tous les coupleurs raccordés au réseau pour déterminer les tables de commutation et à celle des congestions éventuelles au sein d'un commutateur. Il faut donc mettre en place des techniques de contrôle, qui limitent, sur les liaisons entre commutateurs, les débits provenant simultanément de tous les coupleurs Ethernet. On retrouve là tous les problèmes posés par une architecture de type commutation de trames.

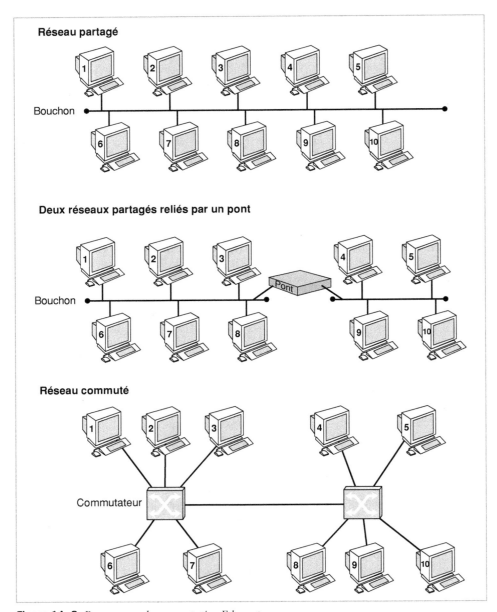

Figure 14-8. *Passage vers la commutation Ethernet.*

L'environnement Ethernet s'impose actuellement par sa simplicité de mise en œuvre, tant que le réseau reste de taille limitée. Cette solution présente l'avantage de s'appuyer sur l'existant, à savoir les coupleurs et les divers réseaux Ethernet que de nombreuses sociétés ont mis en place pour créer leur réseau local. Comme tous les réseaux de l'environnement Ethernet sont compatibles entre eux, toutes les machines émettant des trames Ethernet peuvent facilement s'interconnecter. On peut ainsi réaliser des réseaux extrêmement complexes, avec des segments partagés sur les parties locales et des liaisons commutées sur les longues distances ou entre les commutateurs Ethernet.

L'un des avantages de cette technique est de ne plus présenter de limitation de distance puisque l'on est en mode commuté. Les distances entre machines connectées peuvent atteindre plusieurs milliers de kilomètres. Un autre avantage est offert par l'augmentation des débits par terminaux puisque, comme mentionné précédemment, la capacité en transmission peut atteindre 10, 100, 1 000 Mbit/s et même 10 Gbit/s par machine. Des débits de 40 puis 100 Gbit/s seront bientôt disponibles. L'inconvénient majeur du système est de retourner à un mode commuté, dans lequel les nœuds de commutation doivent gérer un contrôle de flux et un routage et effectuer une gestion des adresses physiques des coupleurs. En d'autres termes, chaque commutateur doit connaître l'adresse MAC de tous les coupleurs connectés au réseau et savoir dans quelle direction envoyer les trames.

Dans les entreprises, le réseau Ethernet peut consister en une association de réseaux partagés et de réseaux commutés, tous les réseaux Ethernet étant compatibles au niveau de la trame émise. Si le réseau de l'entreprise est trop vaste pour permettre une gestion de toutes les adresses dans chaque commutateur, il faut alors diviser le réseau en domaines distincts et passer d'un domaine à un autre, en remontant au niveau paquet de l'architecture de référence, c'est-à-dire en récupérant l'information transportée dans la zone de données de la trame et en se servant de l'adresse de niveau paquet pour effectuer le routage. Cet élément de transfert n'est autre qu'un routeur effectuant une décapsulation puis une encapsulation.

La commutation peut se faire par port, et, dans ce cas, les coupleurs sont directement connectés au commutateur, ou par segment, et ce sont des segments de réseaux Ethernet qui sont interconnectés. Ces deux possibilités sont illustrées à la figure 14-9.

Du point de vue de la commutation elle-même, les deux techniques de commutation suivantes sont également disponibles dans les équipements :

- Le store-and-forward, dans lequel un paquet Ethernet est stocké en entier dans les mémoires du commutateur, puis examiné avant d'être retransmis sur une ligne de sortie.

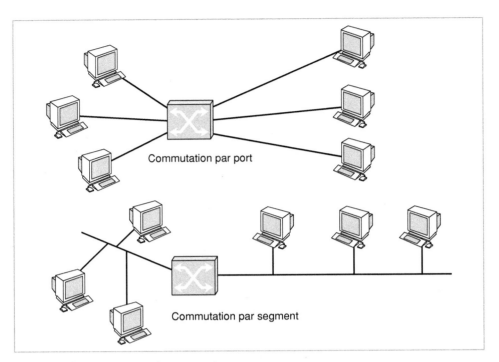

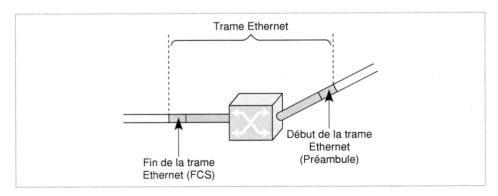

Figure 14-9. *Les deux types de commutations.*

- Le cut-through, ou fast-forward, dans lequel le paquet Ethernet peut commencer à être retransmis vers le nœud suivant dès que la zone de supervision a été traitée, sans se soucier si la fin du paquet est arrivée ou non dans le nœud. Dans cette solution, il est possible qu'un même paquet Ethernet soit transmis simultanément sur plusieurs liaisons : le début du paquet sur une première liaison et la fin sur une deuxième liaison, comme illustré à la figure 14-10.

Figure 14-10. *Le cut-through.*

La seconde solution présente plusieurs inconvénients. Elle ne permet pas de contrôler la correction du paquet, et la fin du paquet peut ne plus exister à la suite d'une collision.

L'adaptive error free

Une technique combinant les deux solutions a été proposée ; il s'agit de l'adaptive error free, dans laquelle les trames sont commutées en cut-through, bien que la zone de contrôle d'erreur soit vérifiée au vol. Cette vérification ne peut évidemment pas arrêter la trame. Cependant, si plusieurs trames successives sont détectées en erreur, le commutateur repasse en mode store-and-forward.

■ Les réseaux Ethernet partagés et commutés

Normalisée par le groupe de travail IEEE 802.3, la norme Ethernet est née de recherches effectuées au début des années 70 sur les techniques d'accès aléatoire. La société Xerox a développé la première des prototypes de cette solution. La promotion de ce produit Ethernet a été assurée en grande partie par le triumvirat Digital, Intel et Xerox. Aujourd'hui, toutes les grandes compagnies informatiques qui vendent des produits de réseau possèdent dans leur catalogue tout l'arsenal Ethernet.

On peut caractériser les produits Ethernet par la technique d'accès CSMA/CD, avec des débits de 1, 10, 100, 1 000 Mbit/s et 10 Gbit/s. Cheapernet correspond à un Ethernet utilisant un câble plus fin *(thin cable)* mais en conservant les mêmes capacités de transmission. Starlan utilise une topologie très différente et à des vitesses de 1 Mbit/s, pour la première génération, 10 Mbit/s, pour la deuxième, 100 Mbit/s, pour la troisième, et 1 000 Mbit/s pour la quatrième génération.

Fast Ethernet est le nom des réseaux à 100 Mbit/s, Gigabit Ethernet ou 1GbE, celui des réseaux à 1 000 Mbit/s et 10 Gigabit Ethernet, ou 10GbE, celui des réseaux à 10 Gbit/s.

Le nombre de réseaux Ethernet normalisés par l'IEEE est impressionnant. La liste ci-après est empruntée à la nomenclature officielle.

- IEEE 802.3 10base5 (Ethernet jaune).
- IEEE 802.3 10base2 (Cheapernet, Thin Ethernet).
- IEEE 802.3 10broad36 (Ethernet large bande).
- IEEE 802.3 1base5 (Starlan à 1 Mbit/s).

- IEEE 802.3 10baseT, Twisted-pair (Ethernet sur paire de fils torsadés).
- IEEE 802.3 10baseF, Fiber Optic (Ethernet sur fibre optique) :
  - 10baseFL, Fiber Link ;
  - 10baseFB, Fiber Backbone ;
  - 10baseFP, Fiber Passive.
- IEEE 802.3 100baseT, Twisted-pair ou encore Fast Ethernet (Ethernet 100 Mbit/s en CSMA/CD), qui se décompose en :
  - 100baseTX ;
  - 100baseT4 ;
  - 100baseFX.
- IEEE 802.3z 1000baseCX, qui utilise deux paires torsadées de 150 ohms.
- IEEE 802.3z 1000baseLX, qui utilise une paire de fibres optiques avec une longueur d'onde élevée.
- IEEE 802.3z 1000base SX, qui utilise une paire de fibres optiques avec une longueur d'onde courte.
- IEEE 802.3z 1000baseT, qui utilise quatre paires de catégorie 5 UTP.
- IEEE 802.ah EFM (Ethernet in the First Mile) pour les réseaux d'accès.
- IEEE 802.3 10Gbase T, qui utilise quatre paires torsadées.
- IEEE 802.3ak 10Gbase-CX4, qui utilise des paires de câbles coaxiaux.
- IEEE 802.11b/a/g pour les réseaux Ethernet hertziens.
- IEEE 802.17 pour les réseaux métropolitains.

La signification des sigles a évolué. La technique utilisée est citée en premier. IEEE 802.3 correspond à CSMA/CD, IEEE 802.3 Fast Ethernet à une extension de CSMA/CD, IEEE 802.9 à une interface CSMA/CD à laquelle on ajoute des canaux B, IEEE 802.11 à un Ethernet par voie hertzienne, etc. Viennent ensuite la vitesse puis la modulation ou non (base = bande de base et broad = broadband, ou large bande). Le sigle se termine par un élément qui était à l'origine la longueur d'un brin en centaines de mètres puis s'est transformé en type de support physique.

L'architecture de communication classique, que l'on trouve dans les entreprises, comporte comme épine dorsale, un réseau Ethernet sur lequel sont connectés des réseaux locaux de type capillaire (Cheapernet et Starlan). Ces derniers sont capables d'irriguer les différents bureaux d'une entreprise à des coûts nettement inférieurs à ceux du réseau Ethernet de base, ou Ethernet jaune (qui doit son nom à la couleur du câble coaxial utilisé). La figure 14-11 illustre l'architecture générale d'un environnement Ethernet.

Les caractéristiques d'un réseau Ethernet de base sont décrites dans la norme IEEE 8802.3 10base5. La topologie du réseau Ethernet comprend des brins de 500 m au maximum. Ces brins sont interconnectés par des répéteurs. Le

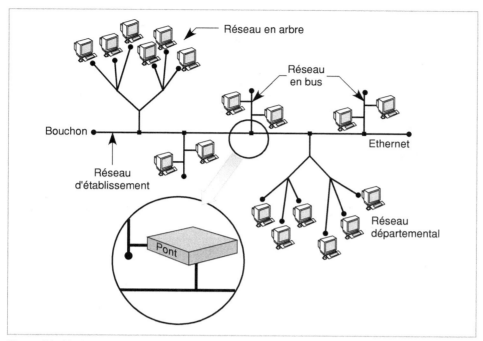

Figure 14-11. *Architecture d'un réseau Ethernet d'entreprise.*

raccordement des matériels informatiques peut s'effectuer tous les 2,5 m, ce qui permet jusqu'à 200 connexions par brin. Dans de nombreux produits, les spécifications indiquent que le signal ne doit jamais traverser plus de deux répéteurs et qu'un seul d'entre eux peut être éloigné. La régénération du signal s'effectue une fois franchie une ligne d'une portée de 1 000 m. On trouve une longueur maximale de 2,5 km correspondant à trois brins de 500 m et un répéteur éloigné *(voir figure 14-12)*. Cette limitation de la distance à 2,5 km n'est cependant pas une caractéristique de la norme, la distance sans répéteur pouvant théoriquement atteindre 5,12 km.

Le câblage des réseaux capillaires

Les réseaux capillaires sont formés à partir du câblage partant du répartiteur d'étage. De plus en plus souvent, les nouveaux bâtiments sont précâblés avec une structure identique à celle des câblages du réseau téléphonique à partir du répartiteur d'étage. De nombreuses différences existent cependant entre ces câblages, et notamment les suivantes :

• Câblage banalisé. Un même câble peut être utilisé pour raccorder un combiné téléphonique (ou les terminaux s'adaptant aux réseaux téléphoniques, comme les terminaux vidéotex) ou un terminal informatique par l'intermédiaire d'une prise spécialisée informatique (comme la prise hermaphrodite d'IBM).

Suite p. 316

Suite de la page 315

- Câblage non banalisé. Une bien meilleure qualité est préconisée pour la partie informatique. Par exemple, le câble informatique se présente sous forme de paires de fils torsadés blindés et est d'une qualité largement supérieure à celle du câblage téléphonique, de type 3. Ce dernier câble est réalisé à l'aide de une, deux, trois ou quatre paires, d'une qualité médiocre par rapport à celle dédiée à l'informatique.
- On peut réaliser divers types de réseaux capillaires à partir du système de câblage. Le choix de la qualité du câble est important si des contraintes de distance existent. Il vaut mieux limiter la distance entre le local technique et la périphérie à une cinquantaine de mètres. La recommandation américaine de l'ANSI propose une limitation à 295 pieds.

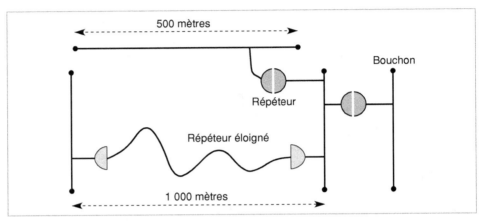

Figure 14-12. *Topologie d'Ethernet.*

Le groupe de travail IEEE 802.3u est à l'origine de la normalisation Fast Ethernet, l'extension à 100 Mbit/s du réseau Ethernet à 10 Mbit/s. La technique d'accès est la même que dans la version Ethernet à 10 Mbit/s, mais à une vitesse multipliée par 10. Les trames transportées sont identiques. Cette augmentation de vitesse se heurte au système de câblage et à la possibilité ou non d'y faire transiter des débits aussi importants. C'est la raison pour laquelle les trois sous-normes suivantes sont proposées pour le 100 Mbit/s :

- Le réseau IEEE 802.3 100baseTX, qui requiert deux paires non blindées (UTP) de catégorie 5 ou deux paires blindées (STP) de type 1.
- Le réseau IEEE 802.3 100baseT4, qui requiert quatre paires non blindées (UTP) de catégories 3, 4 et 5.
- Le réseau IEEE 802.3 100baseFX, qui requiert deux fibres optiques.

Les paires métalliques STP *(Shielded Twisted Pairs)* et UTP *(Unshielded Twisted Pairs)* correspondent à l'utilisation, pour le premier cas, d'un blindage qui entoure les paires et les protège et, pour le second, de paires non blindées qui peuvent être de moins bonne qualité mais dont la pose est grandement simplifiée.

La distance maximale entre les deux points les plus éloignés d'un réseau Fast Ethernet est fortement réduite par rapport à la version 10 Mbit/s. En effet, la longueur minimale de la trame est toujours de 64 octets, ce qui représente un temps de transmission de 5,12 µs. On en déduit que la distance maximale qui peut être parcourue dans ce laps de temps est de l'ordre de 1 000 m, ce qui représente une longueur maximale d'approximativement 500 m. Comme le temps de traversée des hubs est relativement important, la plupart des constructeurs ont limité la distance maximale à 210 m pour le Fast Ethernet.

L'avantage de cette solution est qu'elle permet une bonne compatibilité avec la version 10 Mbit/s, ce qui permet de relier sur un même hub à la fois des stations à 10 Mbit/s et à 100 Mbit/s. Le coût de connexion du 100 Mbit/s ne dépasse pas deux fois celui de l'Ethernet classique, dix fois moins rapide.

Les réseaux Fast Ethernet partagés servent souvent de réseaux d'interconnexion de réseaux Ethernet à 10 Mbit/s. Néanmoins la distance relativement limitée couverte par le Fast Ethernet partagé ne lui permet pas de recouvrir une entreprise de quelque importance.

Le Gigabit Ethernet partagé ne résout pas davantage ce problème. Comme nous le verrons, sa taille est similaire à celle du Fast Ethernet. Pour étendre la couverture du réseau Ethernet, la solution consiste à passer à des Fast Ethernet ou à des Gigabit Ethernet commutés. On trouve aujourd'hui dans les grandes entreprises des réseaux à transfert de trames Ethernet, qui utilisent des commutateurs Ethernet.

Le Gigabit Ethernet est une évolution du standard Ethernet. Plusieurs améliorations ont été nécessaires par rapport au Fast Ethernet à 100 Mbit/s, notamment la modification du CSMA/CD. En effet, comme la longueur de la trame doit être compatible avec les autres options, la longueur minimale de 64 octets entraînerait un temps aller-retour maximal de 0,512 µs et donc une distance maximale d'une cinquantaine de mètres dans le meilleur des cas, mais plus sûrement de quelques mètres. Pour que cette distance maximale soit augmentée, la trame émise sur le support doit avoir une longueur d'au moins 512 bits. Si la trame initiale est de 64 octets, le coupleur ajoute donc le complément en bit de « rembourrage » *(padding)*. S'il s'agit là d'une bonne solution pour agrandir le réseau Gigabit, le débit utile n'en reste pas moins très faible si toutes les trames à transmettre ont une longueur de 64 octets.

La technique full-duplex commutée est la plus fréquente dans cette nouvelle catégorie de réseaux. Le Gigabit Ethernet accepte les répéteurs ou les hubs lorsqu'il y a plusieurs directions possibles. Dans ce dernier cas, un message entrant est recopié sur toutes les lignes de sortie. Des routeurs Gigabit sont également disponibles lorsqu'on remonte jusqu'au niveau paquet, comme avec le protocole IP. Dans ce cas, il faut récupérer le paquet IP pour pouvoir router la trame Ethernet. La figure 14-13 illustre une interconnexion de deux réseaux commutés par un routeur Gigabit.

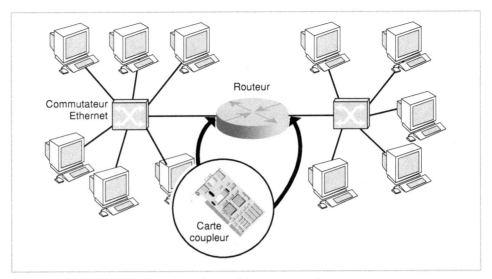

Figure 14-13. *Interconnexion de deux réseaux Ethernet commutés par un routeur.*

L'IEEE a également normalisé le 10GE, c'est-à-dire le 10 Gbit/s et, en 2009, le 40GE sera disponible, suivi du 100GE.

Question 8.– *On considère un réseau Ethernet non standard travaillant à la vitesse de 100 Mbit/s. Donner la longueur maximale de ce réseau si l'on considère que la longueur de la trame est au minimum de 100 octets.*

Réponse.– 100 octets = 800 bits, ce qui, avec un débit de 100 Mbit/s, représente 80 µs. À une vitesse de 200 000 km/s, le signal a le temps de parcourir 16 km aller-retour, ce qui donne une distance maximale de 8 km.

Question 9.– *On suppose que ce réseau Ethernet à 100 Mbit/s soit du type Starlan. Sachant que, pour traverser un hub de ce réseau, il faut 5 ms, donner le nombre maximal de hubs qui peuvent être traversés.*

Réponse.– En aller-retour, il faut 10 µs par hub. Le nombre maximal de hubs est donc 8.

Question 10.– *On considère un réseau local Ethernet de type 100baseT comprenant trois hubs en série suivant le schéma illustré à la figure 14-14. Lorsque le terminal A envoie une trame Ethernet au terminal B, le terminal H reçoit-il aussi une copie de cette trame ?*

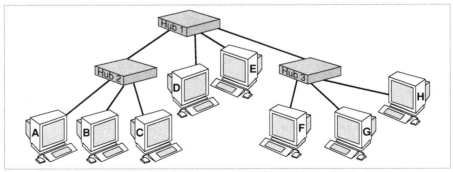

Figure 14-14. *Réseau Ethernet 100baseT avec trois hubs en série.*

Réponse.– Oui, puisque les hubs retransmettent la trame dans toutes les directions, à l'exception du port d'entrée.

Question 11.– *On suppose que les deux points les plus éloignés du réseau illustré à la figure 15-14 soient A et H. Dans un premier temps, le temps de traversée d'un hub est négligeable. La taille minimale d'une trame Ethernet étant de 64 octets, en déduire la distance maximale entre A et H. (On suppose également que le temps de propagation soit de 5 µs/km).*

Réponse.– Pour émettre 64 octets, c'est-à-dire 512 bits, il faut 5,12 µs. La distance maximale entre A et H est donc de 512 m.

Question 12.– *Le temps de traversée d'un hub est maintenant supposé égal à 500 ns (nanosecondes). Quelle est maintenant la distance maximale entre A et H ?*

Réponse.– Il faut enlever 1 µs de traversée aller-retour par hub. Le temps de propagation aller-retour est donc de 2,12 µs, ce qui donne une distance maximale de 212 m.

Question 13.– *On remplace le hub racine (hub 2) par un pont. Quelle est maintenant la distance maximale entre A et H, en reprenant les données de la question 12 ?*

Réponse.– La distance entre A et le pont 2 correspond au temps aller-retour de 5,12 − 1 = 4,12 µs, soit 412 m. Comme entre le nœud 2 et H il peut y avoir aussi une distance de 412 m, la distance maximale entre A et H est de 824 m.

Question 14.– *Si l'on remplace également les hubs 1 et 3 par des ponts, quelle est la distance maximale entre A et H ?*

Réponse.– Entre A et H, il peut y avoir une distance quelconque.

Question 15.– *Dans ce dernier cas, montrer par un exemple que les ponts peuvent avoir des problèmes de contrôle de flux.*

Réponse.– Si A et D transmettent vers H en même temps, le tronçon entre le nœud 2 et le nœud 3 peut être surchargé.

Question 16.– *La solution obtenue à la question 15 s'appelle un réseau Ethernet commuté. Les nœuds 1, 2 et 3 s'appellent donc des commutateurs. Quelle est la différence entre un pont et un commutateur ?*

Réponse.– La différence est très faible. On peut considérer que, dans un pont, l'adresse Ethernet sert pour le routage, tandis que, dans un commutateur, elle sert de référence.

Question 17.– *Si l'on ajoute une ligne de communication entre les commutateurs 1 et 3, cela permet d'avoir deux chemins possibles entre les terminaux A et H. On suppose que A communique avec H et que, chaque fois qu'une trame Ethernet arrive dans A, une décision de routage soit prise, envoyant la trame vers l'un ou l'autre chemin, suivant la congestion des files à traverser. Ce commutateur ne devrait-il pas s'appeler un routeur ? En déduire le fonctionnement d'un commutateur Ethernet.*

Réponse.– S'il existe une fonction de routage, c'est que A se comporte comme un routeur. Tel n'est pas le cas dans le réseau Ethernet commuté, où les chemins sont tracés par l'algorithme Spanning Tree.

Question 18.– *Pour éviter d'avoir à gérer le routage et le contrôle de flux, des ingénieurs de Hewlett Packard ont conçu le réseau 100 VG AnyLAN. Dans ce réseau, on permet un parallélisme. Par exemple, dans l'exemple précédent, trois communications simultanées pourraient avoir lieu entre A et C, D et E et F et H. Pour arriver à cette solution, une nouvelle technique d'accès est nécessaire. Proposer une technique arrivant à cette solution.*

Réponse.– L'émetteur peut tester si le chemin est libre. S'il est libre, il le prend. La probabilité de collision est très faible puisqu'il faudrait pour cela que deux équipements extrémité émettent dans les mêmes microsecondes. Si le chemin n'est pas libre, il revient tester son chemin plus tard.

■ Ethernet multimédia et VLAN

Ethernet n'a pas été conçu pour des applications multimédias mais informatiques. Pour se mettre à niveau et entrer dans le domaine du multimédia, l'environnement Ethernet a dû se transformer. Cette mutation concerne essentiellement l'Ethernet commuté. Pour réaliser des applications multimédias, l'IEEE a introduit une priorité de traitement des paquets dans les commutateurs Ethernet. Les paquets les plus prioritaires sont placés en tête des files d'attente, de telle sorte que des applications isochrones, comme la parole téléphonique, soient réalisables sur une grande distance. On choisit, de préférence, des trames de la plus petite taille possible : 64 octets, contenant 46 octets de données.

Il est à noter que, dans le Gigabit Ethernet, on complète les trames de 64 octets jusqu'à ce qu'elles atteignent la valeur de 512 octets, cette extension permettant une distance maximale de 400 m entre les deux stations les plus éloignées. Cette technique de « rembourrage » *(padding)* n'est pas efficace pour la parole téléphonique, puisque seulement 46 octets sur 512 sont utilisés, ce qui ne rend pas le Gigabit Ethernet performant pour le transport de la parole téléphonique.

Pour remplir un paquet, il faut un temps de 46×125 µs, soit 5,75 ms, ce qui est un peu moins long que le temps nécessaire pour remplir une cellule ATM. En revanche, le paquet à transporter est beaucoup moins long en ATM (53 octets) qu'en Ethernet (64 octets, voire 512 octets dans le Gigabit Ethernet). Si le réseau est doté d'une technique de contrôle de flux permettant de ne pas perdre de paquet en utilisant d'une façon efficace les priorités, il est possible de transmettre de la parole dans Ethernet sans difficulté. Il en va de même pour la vidéo temps réel. Les applications temps réel, avec de fortes contraintes temporelles, sont réalisables sur les réseaux Ethernet.

Ethernet a été pendant très longtemps synonyme de réseau local. Cette limitation géographique s'explique par la technique d'accès qui est nécessaire sur les réseaux Ethernet partagés. Pour s'assurer que la collision a été bien perçue par la station d'émission avant que celle-ci ne se déconnecte, la norme Ethernet réclame que 64 octets au minimum soient émis, ce qui limite le temps aller-retour sur le support physique au temps de transmission de ces 512 bits. À partir du moment où l'on passe en commutation, la distance maximale n'a plus de sens. On utilise parfois le terme de WLAN *(Wide LAN)* pour indiquer que cette distance maximale atteint désormais le champ des réseaux étendus.

Les évolutions d'Ethernet ont été multiples pour que cette norme rejoigne les possibilités offertes par ses concurrents. Tout d'abord, la norme d'adressage Ethernet a été modifiée : de plat et absolu, cet adressage est devenu hiérarchique. Cette évolution est aujourd'hui consacrée par la norme 802.1q, qui étend la zone d'adressage grâce à un niveau hiérarchique supplémentaire. On appelle cette nouvelle solution de structuration du réseau un VLAN *(Virtual LAN)*.

Les réseaux locaux virtuels ont pour but initial de permettre une configuration et une administration plus faciles de grands réseaux d'entreprise construits autour de nombreux ponts. Il existe pour cela plusieurs stratégies d'applications de réseaux virtuels.

La notion de VLAN introduit une segmentation des grands réseaux. Les utilisateurs sont regroupés suivant des critères à déterminer. Un logiciel d'administration doit être disponible pour la gestion des adresses et des commutateurs. Un VLAN peut être défini comme un domaine de *broadcast*, c'est-à-dire un domaine où l'adresse de diffusion atteint toutes les stations appartenant au VLAN. Les communications à l'intérieur d'un VLAN peuvent être sécurisées, et les communications entre deux VLAN distincts contrôlées.

Plusieurs types de VLAN ont été définis, suivant les regroupements des stations du système :

- Les VLAN de niveau physique, ou de niveau 1, regroupent les stations appartenant aux mêmes réseaux physiques ou à plusieurs réseaux physiques mais reliés par une gestion commune des adresses. La figure 14-15 présente un exemple de VLAN de niveau 1.

- Les VLAN de niveau liaison, ou plus exactement de niveau MAC, ou encore de niveau 2, ont des adresses MAC qui regroupent les stations appartenant au même VLAN. Elles peuvent se trouver dans des lieux géographiquement distants. La difficulté est de pouvoir réaliser une diffusion automatique sur l'ensemble des stations du VLAN.

L'adresse MAC *(Medium Access Control)* n'est pas autre chose que l'adresse sur 6 octets que nous avons décrite à propos de la trame Ethernet. Une station peut appartenir à plusieurs VLAN simultanément. La figure 14-16 illustre un VLAN de liaison, liaison étant l'ancien nom du niveau trame.

Les VLAN de niveau paquet, ou VLAN de niveau 3, correspondent à des regroupements de stations suivant leur adresse de niveau 3 (des adresses IP, par exemple). Il faut, dans ce cas, pouvoir faire correspondre facilement l'adresse de niveau paquet et celle de niveau trame. Ce sont les protocoles de type ARP *(Address Resolution Protocol)* qui effectuent cette correspondance d'adresses. Deux réseaux VLAN sont illustrés à la figure 14-17 ; la difficulté vient de la diffusion vers les seuls utilisateurs 1, 2 et 5 lorsqu'un membre du

VLAN *(Virtual LAN).–* Réseau logique dans lequel sont regroupés des clients qui ont des intérêts communs. La définition d'un VLAN a pendant longtemps été un domaine de diffusion : la trame émise par l'un des membres est automatiquement diffusée vers l'ensemble des autres membres du VLAN.

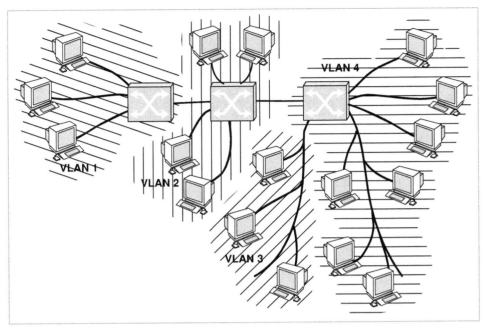

Figure 14-15. *VLAN de niveau physique.*

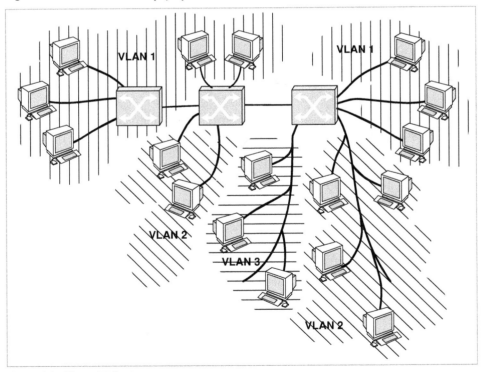

Figure 14-16. *VLAN de niveau trame.*

VLAN 1 émet et, de même, de la diffusion vers les seuls utilisateurs 3, 4, 6 et 7 lorsqu'un membre du VLAN 2 émet.

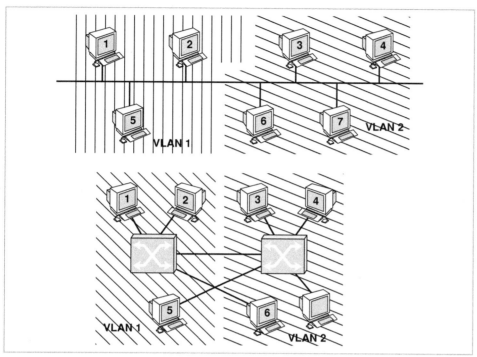

Figure 14.17. *Deux topologies de VLAN*

Lorsqu'un établissement de grande taille veut structurer son réseau, il peut créer des réseaux virtuels suivant des critères qui lui sont propres. Généralement, un critère géographique est retenu pour réaliser une communication simple entre les différents sites d'un établissement. L'adresse du VLAN doit être rajoutée dans la structure de la trame Ethernet (ou du paquet d'une autre technologie, puisque la structuration en VLAN ne concerne pas uniquement les environnements Ethernet).

À partir du moment où une commutation est mise en place, il faut ajouter un contrôle de flux, puisque les paquets Ethernet peuvent s'accumuler dans les nœuds de commutation. Ce contrôle de flux est effectué par le paquet Pause. C'est un contrôle de type *Back-Pressure*, dans lequel l'information de congestion remonte jusqu'à la source, nœud par nœud. À la différence des méthodes classiques, on indique au nœud amont une demande d'arrêt des émissions en lui précisant le temps pendant lequel il doit rester silencieux. Cette période peut être brève, si le nœud est peu congestionné, ou longue lorsque le problème est important. Le nœud amont peut lui-même estimer, suivant la longueur de la période de pause, s'il doit faire remonter un signal Pause ou non vers ses nœuds amont.

Back-Pressure.– Contrôle imposant une pression qui se propage vers la périphérie. Cette pression est exercée dans le cadre du contrôle de flux Ethernet par une commande Pause, qui demande au nœud amont de stopper ses transmissions pendant un laps de temps déterminé.

La norme VLAN Tagging

La norme VLAN Tagging IEEE 802.1q peut être utilisée suivant les différents schémas décrits précédemment. Le format de la trame Ethernet VLAN, défini dans les normes 802.3ac et 802.1q, est illustré à la figure 14-18.

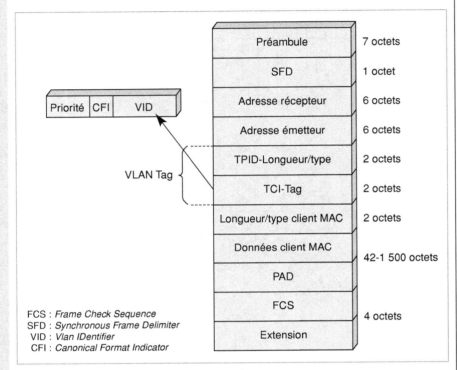

Figure 14-18. *Format de la trame Ethernet VLAN.*

L'identificateur VLAN *(VLAN Tag)* contient 4 octets et prend en compte le champ Longueur/type ainsi que le tag lui-même. Le VLAN Tag contient plus précisément un premier champ TPID *(VLAN Tag Protocol IDentifier)* et un champ TCI *(Tag Control Information)*. Il est inséré entre l'adresse source et le champ Longueur-type du client MAC. La longueur de la trame Ethernet passe à 1 522 octets (1 518 lorsque ce champ n'est pas présent). Le champ TPID prend la valeur 0x81-00, qui indique la présence du champ TCI.

Le TCI contient lui-même les trois champs suivants :
- Un champ de priorité de 3 bits permettant jusqu'à 8 niveaux de priorité.
- Un champ d'un bit, le bit CFI *(Canonical Format Indicator)*. Ce bit n'est pas utilisé pour les réseaux IEEE 802.3, et il doit être mis à 0 dans ce cas. On lui attribue la valeur 1 pour des encapsulations de trames Token-Ring.
- Un champ de 12 bits VID *(VLAN IDentifier)* indique l'adresse du VLAN.

Le rôle de l'élément priorité est primordial, car il permet d'affecter des priorités aux différentes applications multimédias. Cette fonctionnalité est définie dans la norme IEEE 802.1p.

Comme on vient de le voir, Ethernet s'étend vers le domaine des WAN privés, en utilisant des techniques de commutation. Pour les réseaux locaux partagés, la tendance consiste plutôt à augmenter les débits, et ce grâce au Gigabit Ethernet et au 10 Gigabit Ethernet.

Le protocole MPLS

Le protocole MPLS *(MultiProtocol Label Switching)* a été choisi par l'IETF pour devenir le protocole d'interconnexion de tous les types d'architectures. Deux protocoles sous-jacents sont particulièrement mis en avant, ATM et Ethernet. Dans le cas d'Ethernet, une référence supplémentaire est ajoutée juste après l'adresse Ethernet sur 6 octets. Ce champ transporte la référence « shim » ou référence de « dérivation ». Cette dernière permet de faire transiter un paquet Ethernet d'un sous-réseau Ethernet à un autre sous-réseau Ethernet ou vers une autre architecture, ATM ou relais de trames.

■ Ethernet Carrier Grade

Les réseaux d'opérateurs ont toujours utilisé des systèmes avec connexion, dans lesquels il faut, avant de pouvoir envoyer le moindre paquet, ouvrir un chemin et demander l'autorisation du destinataire de recevoir une succession de paquets dans l'ordre. Pour cette raison, la technique Ethernet a longtemps été exclue des réseaux d'opérateurs. Cependant, une nouvelle version, l'Ethernet Carrier Grade, propose un niveau de service acceptable par les opérateurs.

Les avancées du MEF *(Metropolitan Ethernet Forum)*, et plus généralement de l'IEEE et du consortium Ethernet NG *(New Generation)*, permettent aux opérateurs Internet d'utiliser l'Ethernet Carrier Grade dans le cœur de leur réseau depuis 2008. L'Ethernet Carrier Grade a été dévoilé en 2007.

L'architecture de l'Ethernet Carrier Grade est illustrée à la figure 14-19.

On peut subdiviser l'Ethernet Carrier Grade en plusieurs solutions d'*encapsulation*, toutes décrites à la figure 14-19. La solution la plus classique consiste à utiliser la norme IEEE 802.1ad, qui est connue sous plusieurs nom : Ethernet BP *(Provider Bridge)*, QiQ *(Q in Q)* ou VLAN en cascade. La norme IEEE 802.1ah, aussi connue sous les noms de MiM *(MAC-in-MAC)* ou PBB *(Provider Backbone Bridge)*. La solution la plus avancée est appelée PBT *(Provider Backbone Transport)*. Introduite par la société Nortel, elle permet de revenir à une solution dans laquelle les trames Ethernet sont commutées de façon classique suivant une succession de références. MPLS offre également deux solutions et soutient plusieurs services, dont les plus connus sont PW *(PseudoWire)* et VPLS *(Virtual Private LAN Service)*.

Carrier Grade.– Catégorie des réseaux Ethernet destinée aux réseaux d'opérateurs devant satisfaire les caractéristiques suivantes : disponibilité de 5 « 9 », c'est-à-dire 99,999 p. 100 du temps, posséder une qualité de service garantie, avoir un système de gestion complet et permettre des reprises sur panne en moins de 50 ms.

encapsulation.– Procédé permettant, par exemple, de placer une trame dans la zone de données d'une autre trame.

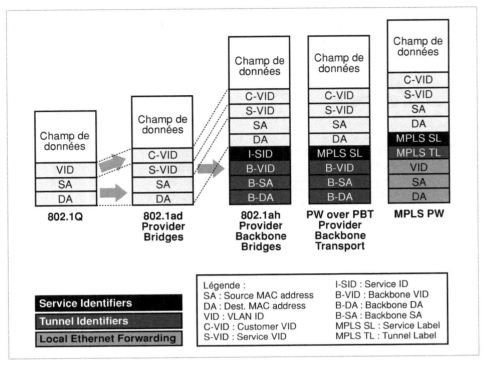

Figure 14-19. *Les technologies de l'Ethernet Carrier Grade*

Considérons dans un premier temps la technologie Ethernet BP. Le fournisseur d'accès Internet ajoute un numéro de VLAN à celui du client. Il y a donc deux numéros de VLAN : le C-VID (*Customer-VLAN ID*) et le S-VID (*Service-VLAN ID*). Le pont du fournisseur de service permet d'étendre la notion de VLAN au réseau de l'opérateur sans détruire le VLAN de l'utilisateur. Cette solution permet de définir les diffusions à effectuer dans le réseau de l'opérateur. Comme le VLAN possède une longueur de 12 bits, cela permet de définir jusqu'à 4 094 entités du réseau de l'opérateur. Ces entités peuvent être des services, des tunnels ou des domaines de diffusion. Cependant, si 4 094 est une valeur suffisante en entreprise, elle reste très inférieure aux besoins d'un opérateur. Des implémentations jouent sur une translation de référence pour agrandir le domaine, mais en augmentant malheureusement la complexité de gestion de l'ensemble.

Cette solution a connu un certain succès par sa simplicité de mise en œuvre, mais ne convient pas aux réseaux importants.

La nouvelle solution proposée par le groupe IEEE 802.1ah PBB (*Provider Backbone Bridge*) améliore la précédente en commuttant le trafic de trames sur l'adresse MAC. Cette solution, dite MIM (*MAC-in-MAC*), encapsule l'adresse MAC du client dans une adresse MAC de l'opérateur. Cela permet à l'opérateur cœur de ne connaître que ses adresses MAC. Dans le réseau PBB, la correspondance des adresses MAC utilisateur et MAC réseau n'est connue que par les nœuds de bord, évitant l'explosion des adresses MAC.

Une troisième solution, appelée PBT (*Provider Backbone Transport*), est assez proche de la technique MPLS, tout en fournissant les propriétés nécessaires au *Carrier Grade*, comme un taux d'indisponibilité de moins de 50 ms. Il s'agit en quelque sorte d'un tunnel MPLS secouru. Le tunnel PBT est créé comme un tunnel MPLS avec les références correspondant aux extrémités du réseau. Les numéros de VLAN client et serveur sont encapsulés dans le tunnel MPLS, lequel peut lui-même posséder une différentiation en VLAN opérateur. La référence réelle est donc de 24 bits + 48 bits, soit 72 bits.

La dernière solution est celle du service PS (*PseudoWire*) de MPLS. Dans ce cas, les VLAN utilisateur et opérateur sont encapsulés dans un tunnel de service MPLS, qui peut lui-même être encapsulé dans un tunnel de transport MPLS. Cette solution provient de l'encapsulation de tunnels dans MPLS.

La technologie Ethernet Carrier Grade intéresse de nombreux opérateurs. L'avenir dira quelle sera la solution gagnante. Mais il est d'ores et déjà certain que l'encapsulation de VLAN dans des VLAN sera présente dans chacune d'elles.

Questions-réponses

Question 20.– *Pourquoi la catégorie* Carrier Grade *demande-t-elle un temps de réaction de moins de 50 ms en cas de panne d'un équipement réseau ?*

Réponse.– La valeur de 50 ms correspond à un temps maximal admissible d'interruption pour de la téléphonie sur IP dans le réseau afin que le récepteur soit capable de rejouer la parole sans interruption ou du moins sans que l'oreille soit sensible à une discontinuité de la parole.

Question 21.– *Pourquoi la technique Ethernet BP* (Provider Bridge) *n'est-elle pas acceptable pour les opérateurs ?*

Réponse.– Cette technique ne permet d'ouvrir que 4 094 VLAN, ce qui est très insuffisant dans un grand réseau.

Question 22.– *Pourquoi la technique Ethernet PBT est-elle* Carrier Grade *?*

Réponse.– La technique Ethernet PBT permet de mettre en place des routes (ou circuits virtuels) auxquelles une technique d'ingénierie de trafic peut être appliquée, comme dans MPLS. Il est également possible de mettre des routes de secours afin que le temps de reprise sur une panne soit inférieur à 50 ms et que la disponibilité soit de 99,999 p. 100.

1 On considère un réseau formé de deux sous-réseaux. L'un est un réseau ATM et l'autre un réseau Ethernet, comme illustré à la figure 14-20. L'environnement TCP/IP est utilisé pour transporter de l'information de A à B.

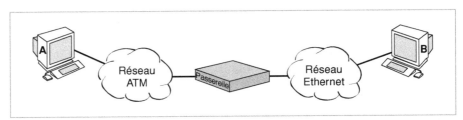

Figure 14-20. *Un réseau formé d'un sous-réseau ATM et d'un sous-réseau Ethernet.*

a Faire un schéma en couches montrant l'architecture de ce réseau.

b Est-il possible d'ouvrir un circuit virtuel de bout en bout ?

c Donner un cas où la passerelle est un routeur et un cas où la passerelle est un commutateur.

d Si l'on met en place sur ce réseau une commutation de référence MPLS *(MultiProtocol Label Switching)*, où se place la référence dans la cellule ATM et où se place cette référence dans la trame Ethernet ?

2 On suppose que A soit un PC possédant une carte coupleur Ethernet au lieu de la carte coupleur ATM, mais que le premier réseau à traverser soit toujours le même réseau ATM.

a Que faut-il ajouter entre A et le réseau ATM ?

b Faire un schéma en couches de la passerelle.

3 On considère maintenant que le réseau ATM est remplacé par un réseau Ethernet. Le réseau global est donc formé de deux sous-réseaux Ethernet interconnectés par une passerelle. Les deux réseaux sont des Gigabit Ethernet (1 Gbit/s) compatibles avec la norme IEEE 802.3 en mode partagé. La trame Ethernet est comprise entre 512 et 1 500 octets. (En effet, dans le Gigabit Ethernet, la longueur minimale de la trame est de 512 octets, de sorte que la longueur du réseau atteint quelques centaines de mètres.) La même technique CSMA/CD que dans les autres réseaux Ethernet est utilisée sur ces réseaux partagés.

a Quelle est la distance maximale entre A et B ?

b Donner un cas où la passerelle est un routeur, un cas où la passerelle est un b-routeur — passerelle qui peut être un routeur ou un pont — et un cas où la passerelle est un pont.

4 On suppose maintenant que l'Ethernet sur lequel A est connecté soit un Ethernet commuté.

a Quelle est la distance maximale entre A et B ?

b L'adresse MAC sur 6 octets est-elle suffisante pour acheminer les paquets de A à B ?

c Faut-il un contrôle de flux dans l'architecture étudiée ? Peut-on utiliser une technique CAC (Connection Admission Control) pour réaliser un contrôle ?

d Si les deux réseaux sont différents (celui sur lequel A est raccordé a une capacité de 1 Gbit/s et celui sur lequel B est raccordé une capacité de 100 Mbit/s), ce système peut-il fonctionner valablement ?

5 On considère le réseau Ethernet à 1 Gbit/s. La trame Ethernet est d'une taille comprise entre 512 et 1 500 octets. La longueur minimale de la trame Ethernet, qui est compatible avec la norme IEEE 802.3, est plus longue dans cette version d'Ethernet que dans la version de base. La même technique CSMA/CD que dans les autres réseaux Ethernet est utilisée.

a Calculer la distance maximale entre les deux points les plus éloignés.

b Si l'on considère que toutes les stations sont connectées sur le même hub et que ce hub possède un temps de traversé de 100 ns, quelle est la nouvelle distance maximale de ce réseau ?

c Un répéteur allonge-t-il ou diminue-t-il cette longueur ? De combien ?

d Un pont allonge-t-il ou diminue-t-il cette longueur ? De combien ?

e La plupart des publicités sur le Gigabit Ethernet annoncent une distance maximale entre les deux stations les plus éloignées de 500 m sur fibre optique. Cette valeur est en contradiction avec celles calculées aux questions précédentes. Comment est-ce possible ?

6 On considère un réseau Ethernet utilisant les ondes hertziennes comme support physique. On suppose que les stations puissent émettre et écouter la porteuse. Les terminaux peuvent se déplacer sur un cercle de diamètre D. Ce réseau est compatible avec le réseau Ethernet à 10 Mbit/s terrestre. La vitesse de propagation des ondes hertziennes est supposée égale à 300 000 km/s.

a Quelle est la valeur de D ?

b En fait, les obstacles et l'affaiblissement du signal ne permettent pas d'obtenir cette distance. Supposons que la distance D maximale soit de 8 km. Plusieurs solutions peuvent être mises en œuvre pour augmenter la couverture du réseau. La première consiste à utiliser des antennes d'émission-réception fixes utilisant des fréquences différentes et à relier ces antennes par un fil métallique suivant le schéma de la figure 14-21. Lorsque le terminal à atteindre est situé sur l'autre zone, la trame Ethernet est captée par l'antenne sur laquelle l'émetteur est connecté et envoyée vers la seconde antenne pour diffusion. Les deux antennes sont reliées par un câblage de x km sur lequel la vitesse de propagation est de 200 000 km/s. Si A évolue dans le premier cercle et B dans le deuxième et en supposant que les antennes ne demandent aucun temps de traversée, quelle est la valeur maximale de x ?

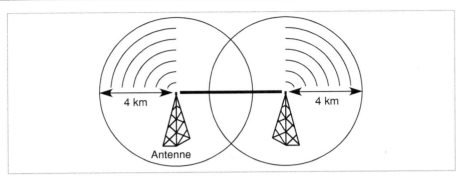

Figure 14-21. *Antennes d'émission-réception reliées par un fil métallique.*

☐c On suppose que la vitesse de transmission des trames sur le support métalliques soit de 100 Mbit/s. Cela change-t-il quelque chose à la distance x ?

☐d Si la vitesse de transmission sur le support métallique est de 1 Mbit/s, cela change-t-il quelque chose au système ?

☐e On revient à une capacité de transmission de 10 Mbit/s sur le support métallique. On suppose maintenant qu'il y ait un temps de latence de 2 µs (temps de traversée de la station antenne) au niveau de l'antenne et que cette station joue le rôle d'un répéteur. Quelle est la nouvelle valeur maximale pour x ?

☐f On suppose maintenant que les stations antennes soient des ponts, c'est-à-dire que les trames Ethernet ne soient transmises vers l'autre antenne que si le récepteur ne peut être atteint que par cette deuxième antenne. Quelle est la valeur maximale de x ?

☐g Une autre stratégie pour obtenir une bonne couverture consiste à doter les terminaux du logiciel et du matériel leur permettant de se comporter comme une antenne inter-médiaire. Si les deux stations qui communiquent entre elles peuvent s'atteindre directe-ment, il y a communication directe. Si, en revanche, les deux stations ne peuvent pas s'atteindre directement parce qu'elles sont trop éloignées, elles utilisent un ou plusieurs terminaux intermédiaires. C'est ce que l'on appelle un réseau *ad hoc*. Supposons que les terminaux intermédiaires servent de répéteur. Jusqu'à quelle distance maximale peut-on aller si les répéteurs ont des temps de traversée négligeables ?

☐h En supposant que le débit soit augmenté à 20 Mbit/s, quelle est la portée maximale de ce système ?

☐i Si maintenant chaque terminal joue le rôle de pont, quelle est la distance maximale entre les deux points les plus éloignés du système ? Quels sont les principaux avantages et inconvénients de ce système ?

7 On réalise un réseau hertzien mélangé à un réseau terrestre, comme illustré à la figure 14-22. Le réseau terrestre est un réseau Starlan constitué de trois hubs. L'antenne est reliée au hub racine. La station antenne joue le rôle de répéteur.

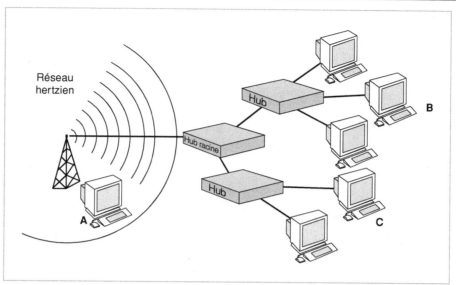

Figure 14-22. *Un réseau hertzien mélangé à un réseau terrestre.*

[a] Lorsque A émet, les stations B et C reçoivent-elles une copie de la trame Ethernet ?

[b] Si C émet une trame Ethernet, toutes les stations mobiles reçoivent-elles une copie ?

[c] En fait, sur les Ethernet hertziens, il est très difficile d'utiliser la méthode CSMA/CD car l'émetteur ne peut pas écouter en même temps qu'il transmet. En cas de collision, il n'y a pas moyen d'arrêter immédiatement la collision. Il faut donc éviter les collisions. Pour cela, on utilise une autre technique d'accès au support physique : on écoute toujours la porteuse avant de transmettre. Si la porteuse est libre, la station émet immédiatement. Montrer que la probabilité de collision est très faible. Si la porteuse est occupée, on attend la fin de la transmission, puis on attend un temps précis dépendant de chaque station. Donner une façon de déterminer ces temps de sorte qu'il ne puisse y avoir de collision.

[d] Quel est l'inconvénient de cette solution ?

8 On veut se servir de l'un de ces réseaux Ethernet à 10 Mbit/s pour transporter de la parole téléphonique. La contrainte pour obtenir une parole téléphonique de bonne qualité nécessite un temps de transport inférieur à 150 ms entre le moment où la parole sort de la bouche et l'instant de remise du son à l'oreille du destinataire. (On suppose que la parole téléphonique soit compressée et demande un débit de 8 Kbit/s.)

[a] Sachant que la trame Ethernet doit transporter 46 octets de données au minimum, quel est le temps de paquétisation-dépaquétisation de la parole ?

[b] On suppose que le temps de passage dans le terminal et son coupleur soit négligeable. Si l'on suppose le réseau assez chargé et le nombre de collisions égale à dix avant que la trame Ethernet soit effectivement transmise, quel est le temps d'attente maximal ?

c Montrer que, sur un Ethernet partagé, on peut donc faire de la parole téléphonique assez simplement.

d Si le réseau est un Ethernet commuté dans lequel il faut traverser trois nœuds de transfert de type commutateur, la parole est-elle encore possible ? (On peut faire l'hypothèse qu'en moyenne la file de sortie du nœud de transfert possède 10 trames Ethernet en attente, d'une longueur moyenne de 512 octets.)

Les réseaux télécoms : FR, ATM et MPLS

Pour bâtir les réseaux télécoms du futur, les opérateurs ont réutilisé la structure de réseau existante, devenue numérique, et y ont introduit des services d'abord de type informatique, puis vidéo. Ces nouveaux réseaux télécoms ont hérité de leur origine, le transport de la voix téléphonique, une forte contrainte de qualité de service, devant être au moins égale à celle proposée par la commutation de circuits. Les opérateurs de télécommunications ont peu à peu intégré la qualité de service au transport d'applications de données dans leurs offres de réseaux. Ce cours présente les principales générations de réseaux proposant de transporter à la fois de la parole téléphonique et des données, les réseaux relais de trame, ou FR *(Frame Relay)*, les réseaux ATM et les réseaux MPLS.

■ Les réseaux relais de trame (FR)

■ Les réseaux ATM

■ MPLS *(MultiProtocol Label Switching)*

■ Le relais de trames

L'objectif d'une commutation de niveau trame est d'améliorer les performances de la commutation en diminuant le nombre de niveaux de l'architecture à traverser. En descendant la commutation au niveau trame (couche 2) de l'architecture, on simplifie considérablement le travail des nœuds. En effet, dans un transfert de paquets, on attend d'abord de recevoir correctement la trame, en tenant compte des retransmissions éventuelles de cette trame, avant de pouvoir traiter le paquet, après décapsulation de la trame. Un acquittement part vers le nœud précédent, où une copie de la trame est conservée tant que le nœud suivant n'a pas fait parvenir un acquittement positif.

connexion logique.– Connexion qui s'établit entre deux adresses logiques.

Un autre avantage du transfert de niveau trame est offert par l'introduction d'une signalisation séparée du transport des données. La mise en place de la connexion de niveau trame, indispensable pour effectuer la commutation, s'effectue par une *connexion logique*, différente de celle de l'utilisateur. Les nœuds intermédiaires n'ont pas à se préoccuper de maintenir cette connexion.

Les contrôles d'erreurs et de flux sont reportés aux extrémités de la connexion. La simplification du travail effectué par les nœuds intermédiaires est considérable. On considère que l'on parvient ainsi à multiplier par 10 le débit du réseau pour une puissance d'équipement donnée.

Le relais de trames peut être considéré comme un cas particulier de commutation de trames, avec des simplifications supplémentaires de façon à gagner encore en débit. Cette simplification est principalement apportée par les reprises sur erreur et les contrôles de flux, qui sont repoussés aux extrémités.

La normalisation du relais de trames propose deux modes, dénommés FR1 et FR2. Dans le mode FR1, le contrôle de flux et la reprise sur erreur sont laissés à la charge de l'équipement terminal. Dans le mode FR2, ils sont effectués aux extrémités par le réseau.

Il faut considérer le relais de trames comme une amélioration de la recommandation X.25, car il simplifie fortement le travail des nœuds intermédiaires. On retrouve cependant dans les deux protocoles les mêmes types de services et, finalement, des caractéristiques assez proches.

application par bloc.– Application qui transmet ses données par bloc important. À chaque bloc correspond un grand nombre de paquets.

CAO.– Sigle de conception assistée par ordinateur.

Le relais de trames est bien adapté au transfert de fichiers de grand volume, ainsi qu'aux *applications* interactives par *bloc*, comme les applications graphiques de *CAO* ou d'images, ou au transport de voies haute vitesse multiplexant un grand nombre de voies basse vitesse.

La commutation de trames pure, aujourd'hui inusitée pour le transport de données dans les réseaux d'opérateurs, a été rapidement remplacée par le relais de trames. Dans les pages qui suivent, nous avons conservé l'ordre chronologique d'introduction de ces techniques de façon à mieux en faire ressortir les tenants et les aboutissants.

La commutation de trames (*Frame Switching*)

Dans la commutation de trames, il s'agit de transporter des trames d'un bout à l'autre du réseau, sans avoir à remonter au niveau paquet. Pour cela, il faut utiliser un protocole de niveau trame suffisamment puissant pour pouvoir remplacer l'adressage de niveau paquet et prendre en charge les fonctionnalités remplies par ce niveau, tout en assurant celles dévolues au niveau trame. Les taux d'erreurs en ligne ayant fortement diminué durant la dernière décennie, ils deviennent acceptables pour la plus grande majorité des applications. Cette propriété est utilisée dans le relais de trames, qui provient d'une simplification supplémentaire des services rendus par les nœuds intermédiaires.

La norme de niveau trame retenue dans la commutation de trames est la même que celle rencontrée sur les canaux D du RNIS, ou LAP-D *(voir le cours 9, « Les protocoles de niveau trame »)*. Cette recommandation respecte les fonctionnalités demandées par le modèle de référence. On y trouve, en particulier, la détection et la correction des erreurs.

Dans la commutation de trames et dans le relais de trames, il est nécessaire de retrouver les fonctionnalités du niveau paquet, telles que l'adressage, le routage et le contrôle de flux, mais intégrées au niveau trame.

On utilise l'adresse du niveau trame pour effectuer le transfert, mais sans avoir à remonter au niveau paquet, comme le préconise le modèle de référence. Cet adressage sert à l'ouverture du circuit virtuel sur lequel les trames sont commutées. Le nom exact de ce circuit virtuel est *liaison virtuelle*, puisque nous sommes dans la couche 2 et non plus dans la couche 3. Une fois l'ouverture effectuée, les trames sont commutées grâce à une référence placée dans la structure de la trame. Enfin, le contrôle de flux se sert des trames RNR *(Receive Not Ready)*, qui permettent d'arrêter le flux à la demande du récepteur.

liaison virtuelle.– Nom donné au circuit virtuel de niveau trame.

L'architecture d'un réseau à commutation de trames est illustrée à la figure 15-01. Dans les nœuds de commutation, on cherche la référence de niveau 2 autorisant la commutation de la trame vers le destinataire. La zone de détection d'erreurs portée par la trame est examinée à chaque nœud du réseau. Dans le cas d'une détection d'erreurs, la trame est retransmise à partir du nœud précédent.

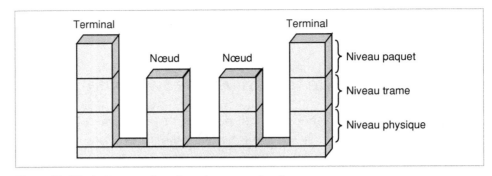

Figure 15-01. *Architecture d'un réseau à commutation de trames.*

Le relais de trames (*Frame Relay*)

Le relais de trames apporte une simplification supplémentaire à la commutation de trames. Dans les nœuds intermédiaires, les trames sont commutées sans qu'il soit tenu compte des erreurs potentielles à l'intérieur de la trame et d'une éventuelle reprise sur erreur, du séquencement, du temporisateur de reprise, etc. Toutes ces fonctionnalités sont laissées à l'instigation d'un niveau supérieur.

Dans le relais de trames, on utilise les fonctionnalités complètes du protocole de niveau trame aux extrémités de la connexion et celles du noyau dans les nœuds intermédiaires. Les grands principes déterminés par cette recommandation sont les suivants :

- Délimitation, alignement et *transparence* des trames.
- Multiplexage et démultiplexage des trames à l'aide du champ portant la référence de commutation.
- Inspection de la trame pour vérifier qu'elle possède un nombre entier d'octet avant insertion ou après extraction des 0 intégrés pour la transparence.
- Inspection de la trame pour vérifier qu'elle n'est ni trop courte, ni trop longue.
- Détection des erreurs de transmission et demande de retransmission dans les éléments extrémité de la connexion.
- Fonction de contrôle de flux de bout en bout.

Les deux dernières fonctions ne font pas partie du noyau dur du protocole qui régit le relais de trames et ne sont donc entreprises qu'aux extrémités de la connexion.

Le relais de trames a pour but de diminuer au maximum le temps passé dans les commutateurs, en n'effectuant qu'un travail minimal, en l'occurrence l'examen de la référence de niveau trame et l'émission de la trame vers la

transparence. – Propriété permettant de transmettre n'importe quelle suite d'éléments binaires entre deux drapeaux. En général, le protocole de liaison modifie la suite des éléments binaires à transporter dans la trame, de façon à faire disparaître toute suite binaire qui ressemblerait au drapeau.

liaison suivante. L'architecture du relais de trames pour les données utilisateur est illustrée à la figure 15-02.

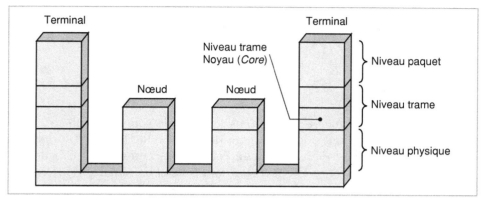

Figure 15-02. *Architecture du relais de trames.*

Les documents de normalisation du relais de trames décrivent les fonctions de base de cette architecture, comme la délimitation de la trame, la transparence par rapport aux délimiteurs, le multiplexage des trames sur les liaisons physiques par un numéro de référence, appelé *DLCI (Data Link Connection Identifier)*, la vérification du nombre d'octets, qui doit être un entier, et la vérification de la longueur totale de la trame.

Dans le relais de trames, la mise en place de la liaison virtuelle s'effectue en dehors du *plan* utilisateur par un plan spécifique : le *plan de contrôle*. La supervision du réseau en relais de trames doit être assurée par un environnement distinct de celui du réseau utilisateur, même si l'infrastructure de ce dernier est utilisée. La figure 15-03 illustre l'architecture complète du relais de trames au niveau extrémité.

DLCI *(Data Link Connection Identifier).–* Référence de commutation dans le relais de trames.

plan.– Réseau logique, bâti sans référence physique.

plan de contrôle.– Réseau logique transportant les données de contrôle, ou de signalisation.

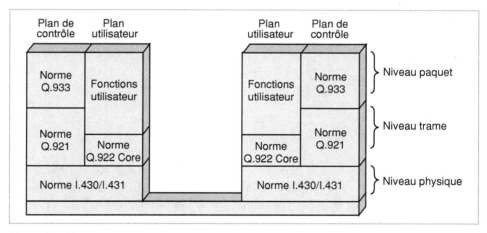

Figure 15-03. *Architecture et norme du relais de trames.*

Sur la connexion mise en place, appelée liaison virtuelle, le service du relais de trames doit posséder les propriétés suivantes :

- préservation de l'ordre des trames ;
- élimination des trames dupliquées ;
- probabilité négligeable de perte de trames.

Le niveau trame

La structure de la trame véhiculée dans le relais de trames est illustrée à la figure 15-04. Cette trame correspond, au départ, à celle du LAP-D, mais elle est légèrement modifiée de façon à tenir compte du contexte du relais de trames. En particulier, la zone DLCI *(Data Link Connection Identifier)* remplace les zones SAPI *(Service Access Point Identifier)* et TEPI *(Terminal End Point Identifier)*, à l'exception des bits 3, 4 et 5 *(voir le cours 9, « Les protocoles de niveau trame », pour ces sigles)*. La zone de données peut atteindre 4 096 octets. Le drapeau est le même que dans la norme HDLC, à savoir 01111110. On utilise la procédure d'insertion de 0 en présence de la succession 011111, afin d'éviter de retrouver la valeur du drapeau à l'intérieur de la trame.

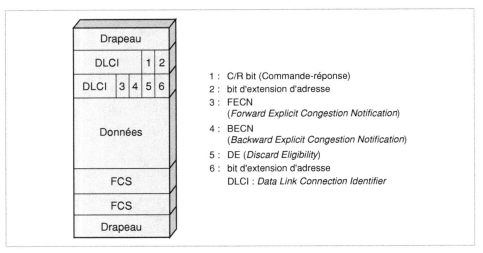

Figure 15-04. *Structure de la trame du relais de trames.*

Dans le LAP-D étendu, qui prend le nom de LAP-F *(Link Access Protocol-Frame)*, la référence est spécifiée dans la zone DLCI. Ce champ compte 6 bits + 4 bits, soit 10 bits. Il peut donc y avoir jusqu'à 2^{10}, soit 1 024 valeurs pour le DLCI. Cette quantité, notoirement insuffisante si l'on veut réaliser des réseaux un peu complexes, l'est encore davantage si l'on considère un contexte national dans lequel les réseaux en relais de trames ont assez de références pour permettre un grand nombre de liaisons virtuelles.

Deux extensions, de 1 ou 2 octets, de la zone de contrôle ont été effectuées, de façon à obtenir des références sur 16 ou 23 bits. Dans la première extension, un troisième octet d'adressage est ajouté, sur lequel 6 bits sont dédiés à l'extension de la longueur de la référence. Dans la seconde extension, un quatrième octet est ajouté, dont 7 de ses bits concernent l'extension de la longueur de la référence. Le huitième bit des octets 3 et 4 indique si un octet de supervision supplémentaire est à prendre en considération. Les octets d'extension se trouvent soit au milieu des deux octets de base, soit derrière eux.

Le transfert des trames vers le nœud suivant s'effectue grâce à la valeur transportée dans le champ DLCI *(Data Link Connection Identifier)*. La valeur du DLCI est modifiée au passage dans chaque nœud par la table de commutation. L'acheminement de la trame s'effectue par un *chaînage* de numéros DLCI. Un exemple de chaînage est donné à la figure 15-05. Les trames d'un même client allant d'un nœud E à un nœud R doivent toujours suivre le même chemin, à savoir la liaison virtuelle. Lorsqu'un client veut émettre une suite de trames, la première phase consiste à mettre en place une liaison virtuelle par l'intermédiaire d'une signalisation passant par le plan de contrôle. Cette signalisation permet de tracer dans le réseau le chemin qui sera suivi ultérieurement par les trames.

chaînage.– Suite d'éléments bien déterminés, qui, dans le relais de trames, sont des références (DLCI).

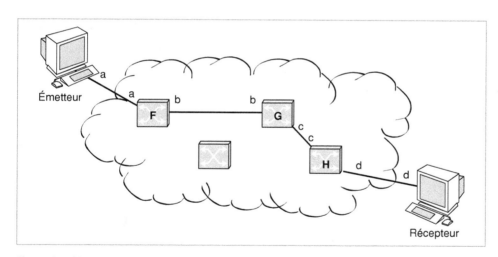

Figure 15-05. *Le routage en relais de trames.*

La figure 15-05 présente une liaison virtuelle déterminée par la succession des numéros DLCI a, b, c et d. Le commutateur de trames change la valeur du DLCI au passage, suivant les indications fournies par la table de commutation. En fait, la procédure de commutation des trames sur la liaison virtuelle ressemble de très près à ce qui se passe dans la recommandation X.25 pour le circuit virtuel.

Dans les premières versions du relais de trames, le contrôle de flux a pratiquement été éliminé. Puis, avec la croissance de la taille de ces réseaux, il a fallu ajouter des algorithmes capables de réguler les flux. La solution choisie repose sur un accord entre l'utilisateur et l'opérateur sur le débit moyen à respecter, le CIR *(Committed Information Rate)*, qui définit un flux à ne dépasser que sous certaines conditions. On définit aussi le paramètre CBS *(Committed Burst Size)*, qui, pour un temps T, définit la quantité d'informations maximale pouvant être transportée sans dépasser le seuil garanti CIR, selon la formule : CBS = CIR $\times$ T.

Comme le relais de trames est une méthode statistique, l'utilisateur a le droit de dépasser par moments le débit CIR. Ces dépassements peuvent toutefois mettre l'opérateur en difficulté, puisque celui-ci n'a réservé des ressources dans son réseau que pour la valeur garantie. C'est la raison pour laquelle l'autorisation de dépassement est accompagnée d'une indication relative aux données en surplus et spécifiée dans la trame. Cela permet à l'opérateur, en cas de difficulté, de détruire ces données supplémentaires. Il n'y a donc pas de garantie de service pour les données en surplus.

Les dépassements peuvent se faire, suivant un additif au contrat de base, par la détermination d'un débit maximal, ou EIR *(Excess Information Rate)*, et d'une valeur dénommée EBS *(Excess Burst Size)*. Si l'utilisateur dépasse le seuil CIR, l'opérateur laisse entrer les données supplémentaires jusqu'à la valeur EIR, mais celles-ci sont indiquées par la mise à 1 d'un bit du champ de la trame, le *bit DE (Discard Eligibility)*, la valeur 1 du bit DE correspondant aux données en excès. Cette indication a aussi une autre signification : la trame peut être détruite par l'opérateur, à l'intérieur du réseau, suite à des problèmes de congestion.

La valeur EBS indique la quantité d'informations supplémentaires que l'opérateur transmet lorsque le seuil CIR est dépassé. Pour un temps T, cette quantité est donnée par la formule EBS = (EIR – CIR) $\times$ T.

En résumé, le dépassement de la valeur de base CIR est accepté par le réseau jusqu'à une limite maximale définie dans le contrat de trafic par la valeur EIR. Au-dessus de cette limite, les trames sont détruites à l'entrée du réseau. La figure 15-06 récapitule ces différents paramètres.

Le contrôle de flux effectué par le contrat de trafic est complété par des notifications effectuées aux extrémités et spécifiées dans les trames elles-mêmes. Ces notifications sont les suivantes :

- FECN *(Forward Explicit Congestion Notification)* ;
- BECN *(Backward Explicit Congestion Notification)*.

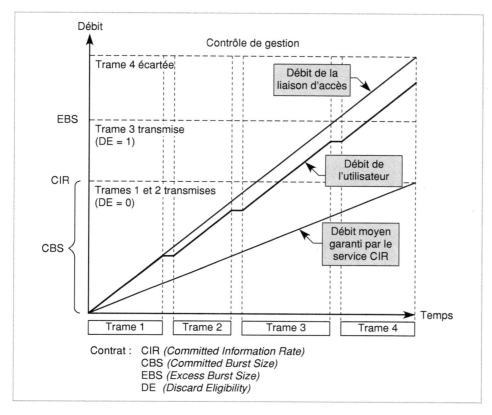

Figure 15-06. *Paramètres du contrôle de flux dans le relais de trames.*

Supposons qu'un nœud soit en période de congestion. Cette congestion se détecte par le franchissement de seuils définis par l'opérateur. Lorsqu'une trame passe par un nœud congestionné, elle est marquée par les bits FECN = 1 ou BECN = 1, suivant que la trame part en direction du récepteur ou de l'émetteur. La notification vers l'avant correspond à un avertissement envoyé au récepteur pour l'informer que le réseau présente un nœud saturé. La seconde notification repart vers l'émetteur pour lui indiquer qu'il serait souhaitable qu'il diminue provisoirement son débit. Les normes ne donnent aucune indication sur l'usage effectif de ces notifications. L'unité de raccordement, le FRAD *(Frame Relay Access Device)*, peut cependant réduire son débit tout en avertissant les couches supérieures.

La figure 15-07 fournit un exemple de liaisons virtuelles passant par un nœud congestionné et notifiant à ses extrémités la surcharge. Le problème posé par cette notification collective vient de la demande effectuée à toutes les machines extrémité de réduire leur trafic, indépendamment des connexions fautives. Pour un contrôle plus efficace des extrémités, deux protocoles supplémentaires ont été définis : CLLM et CMI.

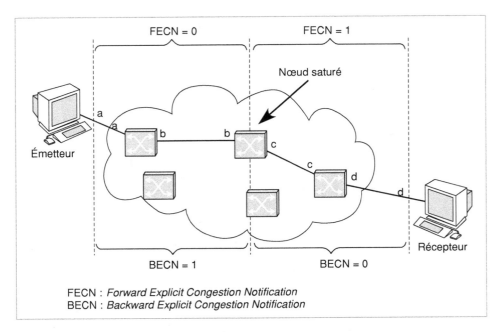

Figure 15-07. *Liaison virtuelle avec point de congestion.*

Il arrive qu'aucune trame ne transite du récepteur vers l'émetteur pendant certains intervalles de temps. Dans ce cas, une trame de supervision, appelée CLLM *(Consolidated Link Layer Management)*, est utilisée pour transporter des informations de contrôle. Cette trame permet à un nœud congestionné d'informer ses voisins de son état de congestion. Les nœuds voisins peuvent, à leur tour, avertir leurs voisins, et ainsi de suite. Cette trame de supervision est émise sur un circuit virtuel de numéro 1 023 lorsque le DLCI est sur 2 octets.

Actuellement, le relais de trames fait valoir de nombreux atouts. C'est une technique souple, dont les performances sont bien supérieures à celles apportées par les techniques de commutation ou de routage de niveau paquet. Dès lors que l'utilisateur respecte le CIR de son contrat de trafic, il est assez facile de véhiculer de la parole téléphonique dans le relais de trames.

Le contrôle dans le relais de trames

Comme indiqué précédemment, le contrôle du réseau est effectué par un plan spécifique, le plan de contrôle. Cela a pour avantage de simplifier la tâche des nœuds intermédiaires, qui n'ont plus à prendre en compte les fonctions liées à la mise en place, au maintien et à la libération de la liaison virtuelle. Les liaisons virtuelles peuvent être permanentes ou commutées. Une liaison virtuelle permanente est l'équivalent d'une liaison louée dotée d'une possibilité de fluctuation plus importante qu'une liaison louée.

Les liaisons virtuelles commutées sont mises en place sur mesure, à la demande de l'utilisateur. Pour effectuer une demande de connexion, la norme prévoit deux cas, selon que le commutateur public d'accès au réseau en relais de trames possède ou non la possibilité de traiter des trames.

Une connexion préalable doit être mise en place entre l'utilisateur et le réseau avant d'établir la liaison virtuelle. Pour la mise en place de la connexion avec le réseau, deux modes ont été définis et sont explicités ci-après. Rappelons au préalable que l'interface développée par les opérateurs de télécommunications, l'interface RNIS (Réseau numérique à intégration de services), comprend deux canaux B et un canal D. Le canal B est un canal circuit à 64 Kbit/s, et le canal D un canal paquet à 16 Kbit/s.

Si le commutateur peut traiter les trames (premier cas) et que la connexion s'effectue sur un canal B, la procédure normale utilisée dans le RNIS est mise en route par l'intermédiaire du canal D. Si la connexion s'effectue par le canal D en mode commuté uniquement, on utilise de nouveau la procédure classique sur le canal D pour réaliser cette demande.

Si le commutateur ne peut traiter les trames (second cas), les accès sont uniquement effectués par les canaux B et suivent la procédure classique par le canal D.

Une fois la connexion mise en place, il faut établir la liaison virtuelle. Dans le premier cas, on inclut la demande dans une trame LAP-D avec la valeur du SAPI *(Service Access Point Identifier)* mise à 0, de façon à indiquer que la trame LAP-D transporte de la supervision. Dans le second cas, on transporte la demande dans une trame avec le DLCI = 0 sur le canal B.

Le DLCI indique les valeurs de la référence qui permet de déterminer si la trame appartient au plan de contrôle ou au plan utilisateur. Les valeurs utilisées sont les suivantes :
- 0 : établissement de la liaison virtuelle (contrôle) ;
- 1-15 : réservés ;
- 16-1007 : DLCI liaison virtuelle utilisateur (commutée ou permanente) ;
- 1008-1018 : réservés ;
- 1019-1022 : multicast ;
- 1023 : signalisation de la congestion.

L'ouverture de la liaison virtuelle s'effectue par le plan de contrôle, qui utilise des tables de routage dans les nœuds intermédiaires.

En limitant à deux le nombre de couches à traverser, le relais de trames revient moins cher que la commutation de paquets. Il est de surcroît plus performant, puisque seules les deux premières couches de l'architecture du modèle de référence entrent en jeu, tandis qu'un protocole comme X.25 exige de traverser les trois premières couches.

Le relais de trames ne représente pourtant qu'une technique intermédiaire. Car si cette technique convient parfaitement au transport des données informatiques et modérément à celui des services temps réel, elle trouve ses limites dans le transport des applications multimédias. La technique de transfert adoptée par les opérateurs pour le long terme est fournie par l'ATM *(Asynchronous Transfer Mode)*.

Question 1.– *Où se place la correction des erreurs en ligne dans le relais de trames ?*

Réponse.– La détection des erreurs et la reprise sur erreur s'effectuent uniquement au nœud de réception, c'est-à-dire au terminal du récepteur ou au nœud de sortie, suivant les versions du relais de trames. En d'autres termes, les nœuds intermédiaires n'effectuent aucune vérification, même s'ils ont la possibilité de détecter les erreurs puisque les paquets comportent une zone de détection d'erreurs. La retransmission, lorsqu'il y en a, est effectuée depuis le nœud d'entrée.

Question 2.– *Pourquoi et dans quelle condition est-il possible de transporter de la parole téléphonique dans du relais de trames ?*

Réponse.– Il est possible de faire transiter de la parole téléphonique dans du relais de trames parce que tant que l'on reste sous la barrière du CIR, l'opérateur garantit la traversée du réseau. Il suffit donc que le trafic de pointe de la parole téléphonique reste en dessous de la valeur du CIR.

Question 3.– *Pourquoi le coût de mise en place d'un réseau relais de trames est-il moins important que celui nécessaire au développement d'un réseau X.25 ? Quelle peut en être la contre-indication ?*

Réponse.– Dans le relais de trames, il n'y a que deux couches à traverser. Le réseau est donc plus simple et les performances meilleures que dans un réseau X.25. De ce fait, pour un débit donné à atteindre, le coût est bien inférieur. La contre-indication majeure à la mise en œuvre d'un relais de trames concerne les reprises sur erreur, lorsque les lignes du réseau sont de mauvaise qualité. En effet, dans un réseau X.25, les reprises s'effectuent de nœud à nœud tandis que, dans le relais de trames, elles s'effectuent de bout en bout. S'il existe beaucoup d'erreurs en ligne et que l'on veuille les corriger, une perte de temps importante survient dans le relais de trames.

■ Les réseaux ATM

La technologie de transfert ATM a été choisie en 1988 pour réaliser le réseau de transport du RNIS large bande.

L'ATM désigne un mode de transfert asynchrone, utilisant des trames spécifiques et faisant appel à la technique de *multiplexage asynchrone par répartition dans le temps*. Le flux d'information multiplexé est structuré en petits blocs, ou cellules. Ces dernières sont assignées à la demande, selon l'activité de la source et les ressources disponibles.

La commutation de cellules est une commutation de trames assez particulière, dans laquelle toutes les trames possèdent une longueur à la fois constante et très petite. La cellule est formée d'exactement 53 octets, comprenant 5 octets d'en-tête et 48 octets de données. Sur les 48 octets provenant de la couche supérieure, jusqu'à 4 octets peuvent concerner la supervision *(voir figure 15-08)*. Les 5 octets de supervision sont détaillés à la figure 15-09.

La longueur de la zone de données de 48 octets est le résultat d'un accord entre les Européens, qui souhaitaient 32 octets, et les Américains, qui en désiraient 64.

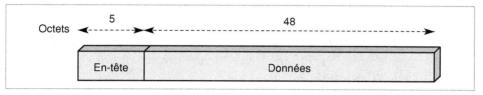

Figure 15-08. *La cellule ATM.*

La très faible longueur de la cellule est facilement explicable. Prenons pour cela l'exemple de la transmission de la parole téléphonique, qui demande une liaison de 64 Kbit/s. C'est une application isochrone, qui possède les deux contraintes suivantes :

- Une synchronisation très forte des données : un octet part de l'émetteur toutes les 125 µs, et les octets doivent être remis au codeur-décodeur de l'autre extrémité toutes les 125 µs.

- Un délai de propagation qui doit rester inférieur à 28 ms si l'on veut éviter tous les problèmes liés à la transmission de signaux sur une longue distance (suppression des échos, adaptation, etc.).

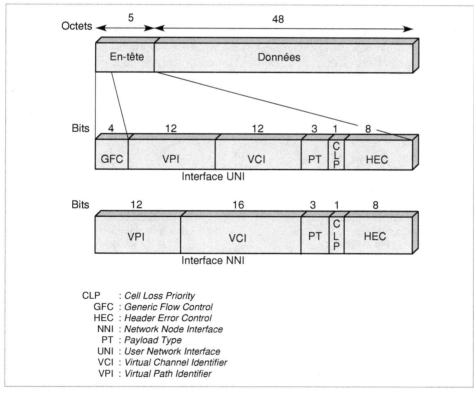

Figure 15-09. *Les octets d'en-tête de la cellule ATM.*

Le temps de transit des octets pour la parole sortant d'un combiné téléphonique se décompose de la façon suivante :

- Un temps de remplissage de la cellule par les octets qui sortent du combiné téléphonique toutes les 125 μs. Il faut donc exactement 6 ms pour remplir la cellule de 48 octets de longueur.
- Un temps de transport de la cellule dans le réseau.
- Encore 6 ms pour vider la cellule à l'extrémité, puisque l'on remet au combiné téléphonique un octet toutes les 125 μs.

Comme le temps total ne doit pas dépasser 28 ms, on voit que, si l'on retranche le temps aux extrémités, il n'y a plus que 16 ms de délai de propagation dans le réseau lui-même. En supposant que le signal soit transmis sur un câble électrique à la vitesse de 200 000 km/s, la distance maximale que peut parcourir un tel signal est de 3 200 km. Cette distance peut bien évidemment être augmentée si l'on ajoute des équipements adaptés pour la suppression des échos, l'adaptation, etc.

Comme le territoire nord-américain est particulièrement étendu, il a fallu, aux États-Unis, mettre en place tous ces types de matériels dès les premières générations de réseaux téléphoniques. Les Américains ont préconisé une meilleure utilisation de la bande passante du RNIS large bande par l'allongement de la zone de données des cellules par rapport à la partie supervision. En Europe, pour éviter d'avoir à adapter les réseaux terrestres, on aurait préféré une taille de cellule plus petite, de 32, voire de 16 octets, de façon à gagner du temps aux extrémités. Ces contraintes sont illustrées à la figure 15-10.

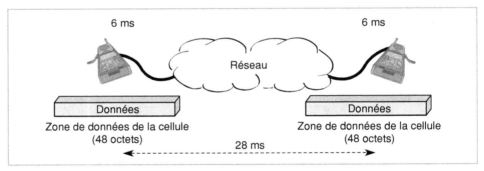

Figure 15-10. *Les contraintes de propagation du signal dans un réseau ATM.*

Caractéristiques des réseaux ATM

La première caractéristique importante des réseaux ATM est l'utilisation du mode avec connexion pour la transmission des cellules. Une cellule n'est transmise que lorsqu'un circuit virtuel est ouvert, ce circuit virtuel étant marqué à l'intérieur du réseau par des références laissées dans chaque nœud traversé.

La structure de la zone de supervision est illustrée à la figure 15-09. Elle comporte tout d'abord deux interfaces différentes, suivant que la cellule provient de l'extérieur ou passe d'un nœud de commutation à un autre à l'intérieur du réseau :

- l'interface NNI *(Network-Node Interface)*, se situant entre deux nœuds du réseau ;

- l'interface UNI *(User-Network Interface)*, permettant l'entrée ou la sortie du réseau.

La première partie de la zone de supervision comporte deux valeurs : le numéro *VCI (Virtual Channel Identifier,* ou identificateur de *voie virtuelle)* et le numéro *VPI (Virtual Path Identifier,* ou identificateur de conduit virtuel). Ces numéros identifient une connexion entre deux extrémités du réseau. L'adjonction de ces deux numéros correspond à la référence du circuit virtuel, à l'instar de ce qui se passe dans la norme X.25 de niveau 3. En d'autres termes, la référence identifiant le circuit virtuel comporte deux parties : le numéro de conduit virtuel *(Virtual Path)* et le numéro de *voie virtuelle (Virtual Channel)*.

L'ATM travaille en *mode commuté* et utilise un mode avec connexion, solutions prévisibles dans le cadre d'un environnement télécoms. Avant toute émission de cellules, un circuit virtuel de bout en bout doit être mis en place. Plus spécifiquement, la norme ATM précise qu'une structure de conduit virtuel doit être mise en place et identifiée par l'association d'une voie virtuelle et d'un conduit virtuel.

Le routage de la cellule de supervision mettant en place le circuit virtuel peut s'effectuer grâce à des tables de routage. Ces tables déterminent vers quel nœud doit être envoyée la cellule de supervision qui renferme l'adresse du destinataire final. Une autre solution consiste à ouvrir des circuits virtuels au préalable – si possible plusieurs – entre chaque point d'accès et chaque point de sortie. Cette cellule de supervision définit, pour chaque nœud traversé, l'association entre la référence du port d'entrée et la référence du port de sortie. Ces associations sont regroupées dans la table de commutation.

La figure 15-11 illustre l'association effectuée entre le chemin d'entrée dans un nœud de commutation et le chemin de sortie de ce même commutateur. Par exemple, si une cellule se présente à la porte d'entrée X avec la référence A, elle est transmise à la sortie T avec la référence L. La deuxième ligne du tableau de commutation constitue un autre exemple : une cellule qui entre sur la ligne X avec la référence B est envoyée vers la sortie U, accompagnée de la référence N de sortie.

VCI (*Virtual Channel Identifier,* ou identificateur de voie virtuelle).– Référence utilisée pour commuter les cellules ATM sur un circuit virtuel.

VPI (*Virtual Path Identifier,* ou identificateur de chemin virtuel).– Référence utilisée pour commuter les cellules ATM sur un conduit virtuel.

voie virtuelle *(Virtual Channel).–* Extrémité d'un circuit virtuel construit sur les références VCI et VPI.

mode commuté.– Mode utilisant un transfert de paquets de type commutation.

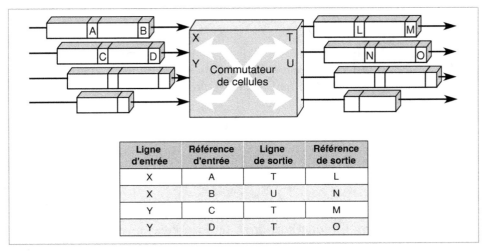

Ligne d'entrée	Référence d'entrée	Ligne de sortie	Référence de sortie
X	A	T	L
X	B	U	N
Y	C	T	M
Y	D	T	O

Figure 15-11. *Commutation des cellules dans un nœud de commutation.*

Les références permettant de commuter les cellules sont appelées, comme nous l'avons vu, VCI et VPI pour ce qui concerne la voie et le conduit. Dans un commutateur ATM, on commute une cellule en utilisant les deux références. Dans un brasseur, on ne se sert que d'une seule référence, celle du conduit. Par exemple, on peut commuter un ensemble de voies virtuelles en une seule fois en ne se préoccupant que du conduit. Dans ce cas, on a un *brasseur de conduits* (ou *Cross-Connect)*, et l'on ne redescend pas au niveau de la voie virtuelle.

La figure 15-12 représente un circuit virtuel avec un commutateur ATM et un brasseur.

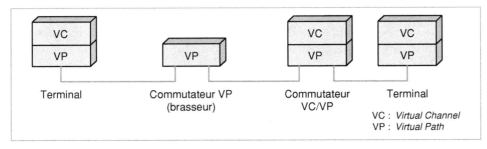

Figure 15-12. *Circuit virtuel avec un brasseur et un commutateur ATM.*

Dans un brasseur de conduits, on commute simultanément toutes les voies virtuelles à l'intérieur du conduit. On a donc intérêt à regrouper les voies virtuelles qui vont vers la même destination pour les intégrer dans un même conduit. Cela simplifie les problèmes de commutation à l'intérieur du réseau.

La figure 15-13 illustre de façon assez symbolique un conduit partagé par un ensemble de voies. Le long du conduit, des brasseurs VP peuvent se succéder.

Figure 15-13. *Multiplexage de VC dans un VP.*

Les bits GFC *(Generic Flow Control)* servent au contrôle d'accès et au contrôle de flux sur la partie terminale, entre l'utilisateur et le réseau. Lorsque plusieurs utilisateurs veulent entrer dans le réseau ATM par un même point d'entrée, il faut en effet ordonner leurs demandes.

Le champ de contrôle comporte ensuite 3 bits PT *(Payload Type)*, qui définissent le type de l'information transportée dans la cellule. On peut y trouver divers types d'informations pour la gestion et le contrôle du réseau. Les huit possibilités pour ce champ PT sont les suivantes :

- 000. Cellule de données utilisateur, pas de congestion : indication d'un niveau utilisateur du réseau ATM vers un autre utilisateur du réseau ATM = 0.

- 001. Cellule de données utilisateur, pas de congestion : indication d'un niveau utilisateur du réseau ATM vers un autre utilisateur du réseau ATM = 1.

- 010. Cellule de données utilisateur, congestion : indication d'un niveau utilisateur du réseau ATM vers un autre utilisateur du réseau ATM = 0.

- 011. Cellule de données utilisateur, congestion : indication d'un niveau utilisateur du réseau ATM vers un autre utilisateur du réseau ATM = 1.

- 100. Cellule de gestion pour le flux *OAM* F5 de segment. Ces cellules correspondent à de l'information de gestion envoyée d'un nœud vers le nœud suivant.

- 101. Cellule de gestion pour le flux OAM F5 de bout en bout. Ces cellules sont dirigées vers le bout du circuit virtuel et non à un nœud intermédiaire.

- 110. Cellule pour la gestion des ressources.

- 111. Réservée à des fonctions futures.

Vient ensuite le bit CLP *(Cell Loss Priority)*, qui indique si la cellule peut être perdue (CLP = 1) ou, au contraire, si elle est essentielle (CLP = 0). Ce bit aide au contrôle de flux. En effet, avant d'émettre une cellule dans le réseau, il convient de respecter un taux d'entrée, négocié au moment de l'ouverture du circuit virtuel. Il est toujours possible de faire entrer des cellules en surnombre, mais il faut les munir d'un indicateur permettant de les repérer par rapport

OAM *(Operation And Maintenance).*– Nom donné à la gestion des réseaux ATM. Les flots de gestion se décomposent en cinq niveaux, F1 à F5. F5, le plus élevé, concerne les flots de gestion associés au circuit virtuel.

aux données de base. Ces données en surnombre peuvent être perdues pour permettre aux informations entrées dans le cadre du contrôle de flux de passer sans problème.

La dernière partie de la zone de contrôle, le HEC *(Header Error Control)*, concerne la protection de l'en-tête. Ce champ permet de détecter et de corriger une erreur en mode standard. Lorsqu'un en-tête en erreur est détecté et qu'une correction n'est pas possible, la cellule est détruite.

En résumé, les réseaux ATM n'ont que peu d'originalité. On y retrouve de nombreux algorithmes déjà utilisés dans les réseaux classiques à commutation de paquets. Cependant, la hiérarchie des procédures et les protocoles utilisés sont assez différents de ceux de la première génération de réseaux.

L'architecture ATM du modèle de référence de l'UIT-T est présentée en détail au cours 4, « Les techniques de transfert ». Nous n'en reprenons ici que les points essentiels. Cette architecture est illustrée à la figure 15-14.

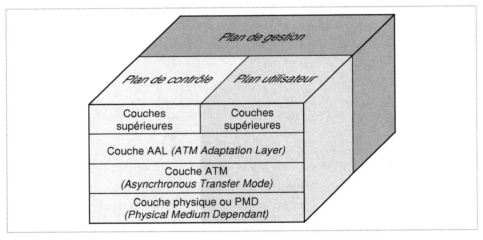

Figure 15-14. *Architecture UIT-T de l'environnement ATM.*

PMD *(Physical Medium Dependent).*– Couche physique du modèle de l'ATM.

La couche la plus basse concerne les protocoles de niveau physique dépendant du médium, ou *PMD (Physical Medium Dependent)*. Cette couche est elle-même divisée en deux sous-couches :

- La couche TC *(Transmission Convergence)*, chargée du découplage du taux de transmission des cellules, de la génération et de la vérification de la zone de détection d'erreur de l'en-tête (le HEC), de la délimitation des cellules, de l'adaptation de la vitesse de transmission et, enfin, de la génération et de la récupération des cellules sur le support physique.

- La couche PM *(Physical Medium)*, chargée de la transmission sur le support physique et des problèmes d'horloge.

La deuxième couche gère le transport de bout en bout de la cellule ATM *(Asynchronous Transfer Mode)*.

Enfin, le niveau AAL *(ATM Adaptation Layer)*, niveau d'adaptation à l'ATM, se charge de l'interface avec les couches supérieures. Cet étage est lui-même subdivisé en deux niveaux, l'un prenant en compte les problèmes liés directement à l'interfonctionnement avec la couche supérieure, et l'autre ceux concernant la fragmentation et le réassemblage des messages en cellules.

Dans cette couche AAL, quatre classes de services (A, B, C et D) ont été définies. À ces classes correspondent quatre classes de protocoles, numérotées de 1 à 4. En réalité, cette subdivision a été modifiée en 1993 par le regroupement des classes 3 et 4 et par l'ajout d'une nouvelle classe de protocole, la classe 5, qui définit un transport de données simplifié.

La première classe de service correspond à une émulation de circuit, la deuxième au transport de la vidéo, la troisième à un transfert de données en mode avec connexion et la dernière à un transfert de données en mode sans connexion.

Les classes de qualité de service de l'ATM

La qualité de service constitue un point particulièrement sensible de l'environnement ATM, puisque c'est l'élément qui permet de distinguer l'ATM des autres types de protocoles. Pour arriver à une qualité de service, il faut allouer des ressources. La solution choisie concerne l'introduction de classes de priorité.

Les cinq classes de qualité de service suivantes, dites classes de services, ont été déterminées :
- CBR *(Constant Bit Rate)*, qui correspond à un circuit virtuel avec une bande passante fixe. Les services de cette classe incluent la voix ou la vidéo temps réel.
- VBR *(Variable Bit Rate)*, qui correspond à un circuit virtuel pour des trafics variables dans le temps et plus spécifiquement à des services rigides avec de fortes variations de débit. Les services de cette classe incluent les services d'interconnexion de réseaux locaux ou le transactionnel. Il existe une classe VBR RT *(Real Time)*, qui doit prendre en compte les problèmes de temps réel.
- ABR *(Available Bit Rate)*, qui permet d'utiliser la bande passante restante pour des applications qui ont des débits variables et sont sensibles aux pertes. Un débit minimal doit être garanti pour que les applications puissent passer en un temps acceptable. Le temps de réponse n'est pas garanti dans ce service. Cette classe correspond aux services élastiques.
- GFR *(Guaranteed Frame Rate)*, qui correspond à une amélioration du service ABR en ce qui concerne la complexité d'implantation de ce dernier sur un réseau. Le service GFR se fonde sur l'utilisation d'un trafic minimal. Si un client respecte son service minimal, le taux de perte de ses cellules doit être très faible. Le trafic dépassant le trafic minimal est marqué, et, si le réseau est en état de congestion, ce sont ces cellules qui sont perdues en premier. Le contrôle des paquets s'effectue sur la base de

Suite p. 352

Suite de la page 351

la trame : si une cellule de la trame est perdue, le mécanisme de contrôle essaie d'éliminer toutes les cellules appartenant à la même trame.

- UBR *(Unspecified Bit Rate)*, qui correspond au best effort. Il n'existe aucune garantie ni sur les pertes, ni sur le temps de transport. Le service UBR, qui n'a pas de garantie de qualité de service, n'est d'ailleurs pas accepté par les opérateurs télécoms, qui ne peuvent se permettre de proposer un service sans aucune qualité de service.

La figure 15-15 illustre l'allocation des classes de service. Dans un premier temps, les classes CBR et VBR sont allouées avec des ressources permettant une garantie totale de la qualité de service des données qui transitent dans les circuits virtuels concernés. Pour cela, on peut allouer les ressources sans restriction, puisque tout ce qui n'est pas utilisé peut être récupéré dans le service ABR.

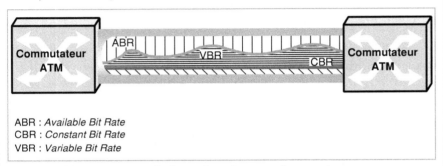

ABR : *Available Bit Rate*
CBR : *Constant Bit Rate*
VBR : *Variable Bit Rate*

Figure 15-15. *La réservation de classes de services entre deux nœuds.*

La répartition des informations par classe s'effectue de la façon suivante : on affecte tout d'abord la bande passante au trafic CBR, et l'opérateur ne fait qu'additionner les bandes passantes demandées par les clients. On peut supposer que la bande passante ainsi réservée est bien utilisée, sinon la place restant libre est réaffectée au trafic ABR. Une fois cette affectation réalisée, l'opérateur retient une bande passante pour y faire transiter le trafic VBR. Cette réservation correspond, à la figure 16-10, à la somme des zones notées CBR et VBR. Cette réservation est à la charge de l'opérateur, qui peut l'effectuer de différentes façons, par exemple en réservant la somme des débits crêtes ou, après calcul, par une surallocation, sachant qu'il existe peu de chance que tous les clients aient besoin du débit crête en même temps. Tout cela est du ressort de l'opérateur. Le client, lui, doit pouvoir considérer qu'il dispose quasiment du débit crête pour que les garanties de ce service puissent être réalisées à coup sûr.

Dans la réalité, l'utilisation de cette bande passante réservée est largement inférieure à la réservation faite par l'opérateur. De ce fait, les opérateurs ont tendance à effectuer de la surallocation.

On comprend mieux maintenant pourquoi le contrôle de flux est indispensable au trafic ABR.

En effet, le but de ce trafic est de remplir, au plus près possible des 100 p. 100, le tuyau global. Comme, à chaque instant, le volume de trafic avec garantie varie, il faut transmettre plus ou moins de trafic ABR. On doit donc être capable de dire à l'émetteur, à tout instant, quelle quantité de trafic ABR il faut laisser entrer pour optimiser l'utilisation des tuyaux de communication dans le réseau. Comme le trafic ABR n'offre pas de garantie sur le temps de réponse, on peut se dire que si le contrôle de flux est parfait, on est capable de remplir complètement les voies de communication du réseau.

Question 4.– *Montrer que les temps de remplissage et de vidage d'une cellule par une application de parole téléphonique ne s'ajoutent pas mais s'écoulent en parallèle.*

Réponse.– Si l'on examine le premier paquet qui se présente pour commencer à remplir une cellule, ce premier octet attend 6 ms que le dernier octet vienne finir de remplir la cellule. En revanche, cet octet est le premier à être remis à l'utilisateur lors du vidage de la cellule. De même, le dernier octet à remplir la cellule au moment du remplissage est le dernier à être vidé au récepteur. En conclusion, il existe bien un parallélisme entre le remplissage et le vidage de la cellule dans le temps, de telle sorte que les deux temps ne s'ajoutent pas mais se superposent.

Question 5.– *Comparer les avantages réciproques des techniques ATM et Ethernet dans le domaine des réseaux locaux.*

Réponse.– Un coupleur Ethernet est sensiblement moins cher qu'un coupleur ATM. L'augmentation de capacité des réseaux Ethernet est également un facteur qui leur a donné un avantage sur les environnements ATM. L'intérêt de l'ATM réside avant tout dans les classes de qualité de service.

Question 6.– *Montrer que la technique DiffServ introduite dans les environnements IP ressemble fortement au multiplexage des circuits virtuels dans un conduit virtuel.*

Réponse.– Si le service DiffServ a une forte similitude avec le multiplexage des circuits virtuels dans un conduit, c'est que l'idée de base est la même : rassembler les clients allant vers un même nœud de sortie et ayant des caractéristiques semblables.

■ MPLS *(MultiProtocol Label Switching)*

L'environnement IP est devenu le standard de raccordement à un réseau pour tous les systèmes distribués provenant de l'informatique. De son côté, la technique de transfert ATM est la solution préférée des opérateurs pour relier deux routeurs entre eux avec une qualité de service. Il était donc plus que tentant d'empiler les deux environnements pour permettre l'utilisation à la fois de l'interface standard et de la puissance de l'ATM. Cette opération a donné naissance aux architectures dites IP sur ATM. La difficulté se situe au niveau de l'interface entre IP et ATM, avec le découpage des paquets IP en cellules, et lors de l'indication dans la cellule d'une référence correspondant à l'adresse IP du destinataire.

La technique regroupant ces possibilités a été mise au point par l'IETF *(Internet Engineering Task Force)*, l'organisme de normalisation d'Internet pour l'ensemble des architectures et des protocoles de haut niveau (IP, IPX, Apple-Talk, etc.), sous le nom de MPLS *(MultiProtocol Label Switching)*. MPLS utilise les techniques de commutation et plus précisément de commutation de références, ou label-switching. Les techniques de commutation utilisées dans MPLS sont essentiellement ATM et Ethernet, mais elles pourraient être aussi de type relais de trames avec LAP-F. MPLS fait appel à un circuit virtuel permettant d'acheminer les paquets qui sont commutés dans les nœuds.

Des extensions de MPLS sont apportées par GMPLS *(Generalized MPLS)*, qui introduit de nouveaux paradigmes de commutation sur les interfaces hertzienne et fibre optique. L'implantation de MPLS concerne uniquement le protocole IP, les autres protocoles ayant quasiment disparu au profit d'IP.

Les nœuds de transfert spécifiques utilisés dans MPLS sont appelés LSR *(Label Switched Router)*. Ces LSR se comportent comme des commutateurs pour les flots de données utilisateur et comme des routeurs pour gérer la signalisation. Pour acheminer les trames utilisateur, on utilise des références, ou *labels*. À une référence d'entrée correspond une référence de sortie. La succession des références définit la route suivie par l'ensemble des trames contenant les paquets du flot IP. Toute trame utilisée en commutation, ou label-switching, peut être utilisée dans un réseau MPLS. La référence est placée dans un champ spécifique de la trame ou dans un champ ajouté dans ce but.

Dans cette architecture, la route est déterminée par le flot IP. Les LSR remplacent les routeurs en travaillant soit en mode routeur, pour tracer le chemin avec le paquet de signalisation, soit en mode commutation pour toutes les trames qui suivent le chemin tracé. Le paquet de signalisation est routé normalement, comme dans un réseau Internet. La route est déterminée par un algorithme de routage d'Internet.

Prenons l'exemple d'un ensemble de réseaux ATM interconnectés par des LSR pour expliquer l'ouverture du circuit virtuel, que l'on appelle un LSP *(Label Switched Path)*. Une fois déterminé le premier routeur à traverser, le paquet IP de signalisation est subdivisé en cellules ATM pour traverser le premier sous-réseau, appelé LIS *(Logical IP Subnetwork)*.

Le paquet IP est recomposé au premier LSR, lequel décide de la route à suivre, toujours à l'aide d'un algorithme de routage classique d'Internet. En même temps, une ligne de la table de commutation est ajoutée pour permettre la commutation des cellules du même flot. Après avoir franchi le premier nœud, le paquet IP de signalisation est de nouveau fragmenté en cellules ATM, lesquelles sont émises vers le nœud suivant puis regroupées, et ainsi de suite.

Tous les paquets IP suivants appartenant au même flot sont subdivisés en cellules ATM par l'émetteur et commutés sur le chemin tracé. Ce dernier devient un circuit virtuel de bout en bout (LSP). Cette technique de routage-commutation est illustrée à la figure 15-16.

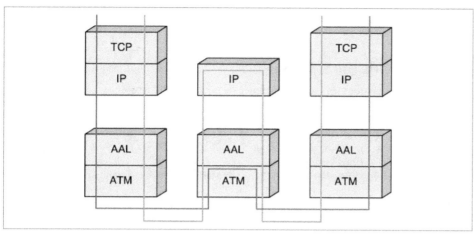

Figure 15-16. *Architecture d'un réseau MPLS utilisant des sous-réseaux ATM.*

Le chemin peut traverser des réseaux divers, aussi bien ATM qu'Ethernet ou relais de trames. La référence se trouve dans la zone VPI/VCI de la cellule ATM, dans la zone DLCI de la trame LAP-F d'un réseau relais de trames ou dans une zone ajoutée à la trame Ethernet, la zone de référence de dérivation, ou « shim label ».

Un déploiement au-dessus de réseaux Ethernet commutés est illustré à la figure 15-17.

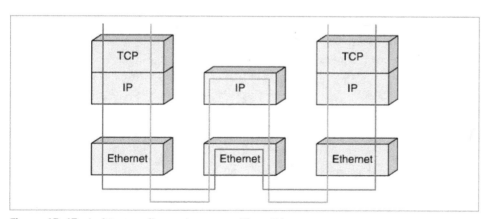

Figure 15-17. *Architecture d'un environnement IP sur Ethernet.*

La signalisation MPLS doit être introduite dans cette architecture pour ouvrir le chemin que suivront les trames Ethernet. Cette signalisation provient toujours de l'émission d'un paquet IP de supervision qui est routé dans les LSR. On peut ainsi réaliser des réseaux extrêmement complexes avec des segments partagés sur les parties locales, des liaisons commutées sur les longues distances ou entre les commutateurs Ethernet et des passages par des routeurs lorsqu'une remontée jusqu'au niveau IP est demandée.

Les principes de MPLS

Les caractéristiques les plus importantes de la norme MPLS sont les suivantes :
- Spécification des mécanismes pour transporter des flots de paquets IP avec diverses granularités des flots entre un LSR d'entrée et un LSR de sortie. La granularité désigne la grosseur du flot, lequel peut intégrer plus ou moins de flots utilisateur.
- Indépendance du niveau trame et du niveau paquet. En fait, seul le transport de paquets IP est pris en compte.
- Mise en relation de l'adresse IP du destinataire avec une référence d'entrée dans le réseau.
- Reconnaissance par les routeurs de bord des protocoles de routage, de type OSPF, et de signalisation, tels LDP *(Label Distrbution Protocol)* ou RSVP.
- Utilisation de différents types de trames.

Quelques propriétés supplémentaires méritent d'être soulignées :
- L'ouverture du circuit virtuel est fondée sur la topologie, bien que d'autres possibilités soient également définies dans la norme.
- L'assignation des références est effectuée par l'aval, c'est-à-dire à la demande d'un nœud qui émet un message dans la direction de l'émetteur.
- La granularité des références est variable.
- Le stock des références est géré selon la méthode « dernier arrivé premier servi ».
- Il est possible de hiérarchiser les demandes.
- Un temporisateur TTL *(Time to Live)* est utilisé.
- Une référence est encapsulée dans la trame, incluant un TTL et une qualité de service (QoS).

Le point fort du protocole MPLS est la possibilité, illustrée à la figure 15-18, de transporter les paquets IP sur plusieurs types de réseaux commutés. Il est ainsi acceptable de passer d'un réseau ATM à un réseau Ethernet ou à un réseau relais de trames. En d'autres termes, il peut s'agir de n'importe quel type de trame, à partir du moment où une référence peut y être incluse.

Fonctionnement de MPLS

Les transmissions de données s'effectuent sur des chemins nommés LSP *(Label Switched Path)*. Un LSP est une suite de références partant de la source et allant jusqu'à la destination. Les LSP sont établis avant la transmission des données *(control-driven)* ou à la détection d'un flot qui souhaite traverser le réseau *(data-driven)*. Les références qui sont incluses dans les trames sont distribuées en utilisant un protocole de signalisation, dont le plus important est LDP *(Label Distribution Protocol)*, mais aussi RSVP *(Resource reSerVation Protocol)*, éventuellement associé à un protocole de routage, comme

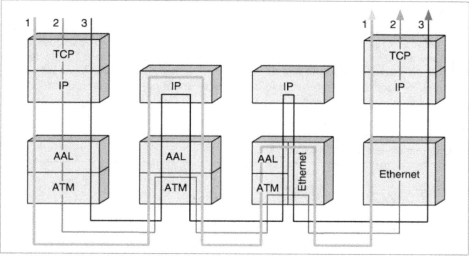

Figure 15-18. *Un réseau MPLS avec des sous-réseaux distincts.*

BGP *(Border Gateway Protocol)* ou OSPF *(Open Shortest Path First)*. Les trames acheminant les paquets IP transportent les références de nœud en nœud.

LSR *(Label Switched Router)* et LER *(Label Edge Router)*

Les nœuds qui participent à MPLS sont appelés LSR *(Label Switched Router)* et LER *(Label Edge Router)*. Un LSR est un routeur dans le cœur du réseau qui participe à la mise en place du circuit virtuel par lequel les trames sont acheminées. Un LER est un nœud d'accès au réseau MPLS. Un LER peut avoir des ports multiples permettant d'accéder à plusieurs réseaux distincts, chacun pouvant avoir sa propre technique de commutation. Les LER jouent un rôle important dans la mise en place des références.

LSR *(Label Switched Router)*

Un équipement qui effectue à la fois une commutation sur une référence et un routage s'appelle un LSR.

Les tables de commutation LSFT *(Label Switching Forwarding Table)* consistent en un ensemble de références d'entrées auxquelles correspondent des ports de sortie. À une référence d'entrée peuvent correspondre plusieurs files de sortie pour tenir compte des adresses multipoint.

Suite p. 358

Suite de la page 357

La table de commutation peut être plus complexe. À une référence d'entrée peut correspondre le port de sortie du nœud dans une première sous-entrée mais aussi, dans une deuxième sous-entrée, un deuxième port de sortie correspondant à la file de sortie du prochain nœud qui sera traversé, et ainsi de suite. De la sorte, à une référence peuvent correspondre l'ensemble des ports de sortie qui seront empruntés lors de l'acheminement du paquet.

Les tables de commutation peuvent être spécifiques de chaque port d'entrée d'un LSR et regrouper des informations supplémentaires, comme une qualité de service ou une demande de ressources particulière.

FEC *(Forward Equivalency Class)*

Une FEC *(Forward Equivalency Class)* est une classe représentant un ensemble de flots qui partagent les mêmes propriétés. Toutes les trames d'une FEC ont le même traitement dans les nœuds du réseau MPLS. Les trames sont introduites dans une FEC au nœud d'entrée et ne peuvent plus être distinguées des autres flots à l'intérieur de la classe.

Une FEC peut être bâtie de différentes façons et avoir une adresse de destination bien déterminée, un même préfixe d'adresse, une même classe de service, etc. Chaque LSR possède une table de commutation qui indique les références associées aux FEC. Toutes les trames d'une même FEC sont transmises sur la même interface de sortie. Cette table de commutation est appelée LIB *(Label Information Base)*.

Les références utilisées par les FEC peuvent être regroupées de deux façons :

- Par plate-forme. Les valeurs des références sont uniques sur l'ensemble des LSR d'un domaine, et les références sont distribuées sur un ensemble commun géré par un nœud particulier.
- Par interface. Les références sont gérées par interface, et une même valeur de référence peut se retrouver sur deux interfaces différentes.

MPLS et les références

Une référence en entrée permet de déterminer la FEC par laquelle transite le flot.

Cette solution ressemble à la notion de conduit virtuel dans le monde ATM, dans lequel les circuits virtuels sont multiplexés.

Ici, nous avons la même chose, avec un multiplexage de tous les circuits virtuels à l'intérieur d'une FEC, de telle sorte que, dans ce conduit, l'on ne puisse plus distinguer les circuits virtuels. Le LSR examine la référence et envoie la trame dans la direction indiquée. On voit le rôle capital joué par les LER, qui assignent aux flots de paquets des références qui permettent de commuter les trames sur le bon LSP. La référence n'a de signification que localement, puisqu'il y a modification de sa valeur sur la liaison suivante.

> Une fois le paquet classifié dans un FEC, une référence est assignée à la trame qui va le transporter. Cette référence détermine le point de sortie par le chaînage des références. Dans le cas des trames classiques, comme LAP-F du relais de trames ou d'ATM, la référence est positionnée dans le DLCI *(Data Link Connection Identifier)* ou dans le VPI/VCI. Dans les autres cas, il faut ajouter un champ, le « shim label ».

MPLS et ingénierie de trafic

Il est difficile de réaliser une ingénierie de trafic dans Internet. L'une des raisons à cela est que le protocole BGP *(Border Gateway Protocol)* n'utilise que des informations de topologie du réseau. Pour réaliser une ingénierie de trafic efficace, l'IETF a introduit dans l'architecture MPLS un routage à base de contrainte, CR-LDP *(Constraint-based Routing-LDP)*, et un protocole de routage interne à état des liens étendu, RSVP-TE *(RSVP-Traffic Engineering)*.

Comme nous l'avons vu, chaque trame encapsulant un paquet IP qui entre dans le réseau MPLS se voit ajouter par le LSR d'entrée, ou *Ingress LSR*, une référence au niveau de l'en-tête. Cette référence permet d'acheminer la trame dans le réseau, les chemins étant préalablement ouverts par un protocole de signalisation, RSVP ou LDP. À la sortie du réseau, le label ajouté à l'en-tête de la trame est supprimé par le LSR de sortie, ou *Egress LSR*. Au LSP *(Label Switched Path)*, qui est le chemin construit entre le LSR d'entrée et le LSR de sortie, sont associés des attributs permettant de contrôler les ressources attribuées à ces chemins. Ces attributs sont détaillés au tableau 15-1. Ils regroupent essentiellement la bande passante nécessaire au chemin, son niveau de priorité, son aspect dynamique par l'intermédiaire du protocole utilisé pour son ouverture et sa flexibilité en cas de panne.

Attribut	Description
Bande passante	Besoins minimaux de bande passante à réserver sur le chemin du LSP
Attribut de chemin	Indique si le chemin du LSP doit être spécifié manuellement ou dynamiquement par l'algorithme CR-LDP *(Constraint-based Routing-LDP)*.
Priorité de démarrage	Le LSP le plus prioritaire se voit allouer une ressource demandée par plusieurs LSP.
Priorité de préemption	Indique si une ressource d'un LSP peut lui être retirée pour être attribuée à un autre LSP plus prioritaire.
Affinité ou couleur	Exprime des spécifications administratives.
Adaptabilité	Indique si le chemin d'un LSP doit être modifié pour avoir un chemin optimal.
Flexibilité	Indique si le LSP doit être rerouté dans le cas d'une panne sur le chemin du LSP.

Tableau 15-1. *Attributs des chemins LSP dans un réseau MPLS.*

Question 7.- *Quel est l'objectif des FEC* (Forward Equivalency Class) ?

Réponse.- L'objectif des FEC est double : commuter les trames simplement et passer à l'échelle. En effet, les différents flots de paquets IP ayant les mêmes caractéristiques et le même LSR de sortie peuvent être multiplexés ensemble et ne représenter finalement qu'un seul flot.

Question 8.- *Le champ portant le shim label, que l'on ajoute, par exemple, dans Ethernet, est normalisé. Il est formé de 4 octets, comprenant une référence sur 20 bits, une zone expérimentale sur 3 bits, un bit indiquant s'il y a une pile de référence ou non et 8 bits de TTL* (Time To Live). *Le champ de référence ne vous paraît-il pas un peu petit ? Pourquoi un champ TTL ? (Les trois bits expérimentaux peuvent être utilisés de différentes façons pour indiquer, par exemple, une classe de client. Le bit de la pile de références indique si plusieurs champs de référence sont empilés.)*

Réponse.- Le champ de référence est effectivement assez petit, mais grâce à l'organisation par FEC, qui permet le multiplexage des flux, cette valeur est suffisante. Le champ TTL a pour objectif de détruire la trame si une erreur s'est glissée dans la valeur de la référence au bout d'un certain nombre de commutations.

Question 9.- *Que signifie un réseau MPLS DiffServ ? Pourquoi cette solution se répand-elle rapidement ? Quelle autre solution comparable pourriez-vous proposer ?*

Réponse.- Un réseau MPLS DiffServ indique un réseau MPLS dans lequel les LSP *(Label Switched Path)* se voient attribuer des fonctionnalités correspondant à des classes de service de DiffServ. Cette solution est naturelle puisque les paquets IP partent des clients qui marquent la classe de service qu'ils ont négociée avec l'opérateur. Cette marque peut être également mise ou corrigée par l'opérateur. Il est possible, par exemple, de spécialiser un peu plus les LSP — un pour la parole téléphonique, un pour la visioconférence, un pour les données temps réel, etc. — et de les regrouper dans un seul LSP de type Premium, ou EF *(Expedited Forwarding)*.

1

On suppose que deux clients A et B communiquent entre eux par l'intermédiaire d'un réseau à commutation de cellules de type ATM.

a Montrer pourquoi cette technique ATM est acceptable pour le transport des applications asynchrones et isochrones.

b Le circuit virtuel entre A et B est composé d'une succession de VC *(Virtual Circuit)* de numéros i, j, k et de VP *(Virtual Path)* de valeurs m, n, o. Décrire une table de routage dans un commutateur ATM de type VC/VP. Quand peut-on multiplexer plusieurs VC sur un VP ?

c Donner les différentes techniques de multiplexage sur l'interface utilisateur. En d'autres termes, comment un utilisateur peut-il multiplexer ses différents médias sur une même interface ?

d On suppose que le transport de A vers B concerne une parole numérique compressée à 16 Kbit/s. La contrainte de délai de transport pour ce type de données analogiques numérisées est de 28 ms. En supposant que la vitesse de transmission des signaux sur les supports physiques soit de 200 000 km/s, donner le temps maximal de traversée du réseau pour que le signal de parole puisse être reçu correctement. Quelle solution peut-on adopter ?

e Le réseau ATM est constitué de plusieurs commutateurs Banyan en série. Quels sont les avantages et les inconvénients d'une telle topologie ?

2

On considère un réseau de communication qui utilise la commutation de cellules ATM avec une architecture normalisée UIT-T. Pour effectuer le transport de l'information de A à B, le chemin virtuel qui est ouvert passe par deux nœuds intermédiaires C et D. Le schéma général du réseau est illustré à la figure 15-19.

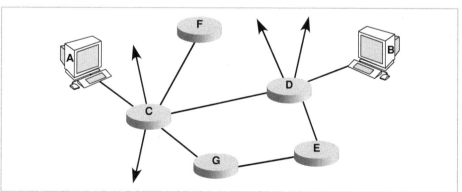

Figure 15-19. *Réseau de commutation ATM permettant de relier les PC A et B.*

a Indiquer comment est mis en place le circuit virtuel.

b Donner les tables de routage des cellules dans les nœuds C et D.

c Si D est un commutateur VP (de chemin virtuel VP), montrer comment il effectue sa commutation.

d Indiquer la structure de l'en-tête des cellules sur les différentes interfaces.

e Indiquer comment s'effectue le contrôle de flux.

f Si le taux d'erreur sur les lignes de communication est mauvais, comment s'effectuent les corrections nécessaires pour maintenir la qualité de la transmission ?

g Si la connexion d'un utilisateur sur le réseau ATM s'effectue par une connexion RNIS bande étroite, c'est-à-dire par l'intermédiaire, par exemple, d'une interface S0, cela est-il contradictoire avec la commutation de cellules ATM à l'intérieur du réseau ? Expliquer comment s'effectue le passage du RNIS bande étroite vers le RNIS large bande.

h Supposons que le débit de A vers B soit de la parole compressée à 32 Kbit/s. Quelle est la distance maximale admissible entre deux terminaux téléphoniques ? Trouver une solution, si l'on veut aller plus loin sans ajouter de supresseur d'écho.

i Quelles sont les différentes solutions pour multiplexer plusieurs médias sur un circuit virtuel unique ?

3 *On suppose qu'on multiplexe deux VC par l'intermédiaire d'un VP. Le contrôle de flux peut être assuré soit par deux leaky-buckets distincts, un par circuit virtuel (VP/VC), soit par un seul leaky-bucket sur le VP.*

a Quelle est la meilleure des deux solutions si les flux sont isochrones ?

b Quelle est la meilleure des deux solutions si les flux sont asynchrones ?

c Indiquer les avantages et les inconvénients des deux méthodes.

4 *On considère le commutateur 8X8 illustré à la figure 15-20, qui est un commutateur Oméga.*

a Donner un cas de figure ou le parallélisme est de 8.

b Ce commutateur vous paraît-il meilleur qu'un commutateur Banyan ?

c Si l'on met deux commutateurs de ce type en série, calculer le nombre de chemin possible entre une entrée et une sortie.

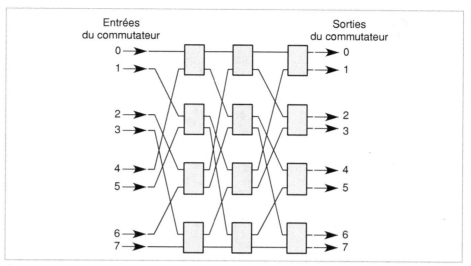

Figure 15-20. *Topologie d'un commutateur Oméga.*

5 On considère maintenant le commutateur Shuffle-Net illustré à la figure 15-21, qui est un commutateur ATM particulier, permettant de transporter des cellules ATM depuis n'importe quelle porte d'entrée (numérotée de 1 à 8 au centre de la figure) vers n'importe quelle porte de sortie (les mêmes que les entrées).

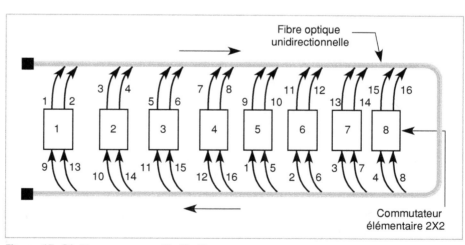

Figure 15-21. *Un commutateur Shuffle-Net.*

a Montrer que deux cellules arrivant simultanément aux ports 1 et 2 et se dirigeant vers les ports 5 et 7 respectivement peuvent effectuer la commutation en parallèle.

b Quel est le taux de parallélisme moyen ?

6

On considère un réseau ATM constitué de deux commutateurs et d'un brasseur. On suppose que deux clients A et B communiquent entre eux suivant le schéma illustré à la figure 15-22. La capacité de commutation entre A et B est de 100 Mbit/s.

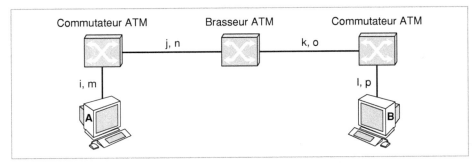

Figure 15-22. *Réseau ATM constitué de deux commutateurs et d'un brasseur.*

a Soit le circuit virtuel entre A et B composé d'une succession de VC *(Virtual Circuit)* i, j, k, l et de VP *(Virtual Path)* m, n, o, p. Le nœud central est un brasseur qui ne commute que sur le numéro VP. Y a-t-il des valeurs i, j, k, l, m, n, o, p qui soient égales ?

b On suppose que le transport de A vers B concerne une voie vidéo analogique, numérisée à 32 Mbit/s. La contrainte de délai de transport pour ce type de données analogiques puis numérisées est de 28 ms (comme pour la parole). En supposant que la vitesse de transmission des signaux sur les supports physiques soit de 250 000 km/s, donner la distance maximale entre A et B. (Rappelons qu'une cellule contient 48 octets de données.)

c Les commutateurs et le brasseur ATM sont de type Oméga, dont la topologie est illustrée à la figure 15-23. En fait, chaque commutateur-brasseur est composé de trois commutateurs Oméga en série. Combien existe-t-il de chemins possibles entre un port d'entrée externe et un port de sortie externe pour chaque commutateur ? Quel est l'intérêt de mettre plusieurs réseaux Oméga en série ?

d Que se passe-t-il si deux cellules entrant en même temps par des ports d'entrée distincts ont le même port de sortie ? Proposer une solution à ce problème.

e On permet deux classes de clients sur ce réseau, les clients avec contrainte (temporelle et perte), que l'on considère comme des clients CBR *(Constant Bit Rate)*, et les clients avec la contrainte de ne pas perdre d'informations, qui sont associés à un trafic ABR *(Available Bit Rate)*. On utilise le bit CLP pour distinguer ces deux classes de clients. On considère 10 communications simultanées entre A et B, chacune de 10 Mbit/s de trafic crête et de 5 Mbit/s de trafic moyen. Ces 10 clients demandent une qualité de service CBR. Dans un premier temps, le réseau réserve les ressources à 100 p. 100 pour les clients CBR. Montrer que, dans ce cas, les garanties en temps et en perte des 10 clients sont réalisées.

f On ajoute maintenant aux 10 clients précédents 10 clients ABR, représentant chacun un débit moyen de 5 Mbit/s. Donner un algorithme permettant de transporter les informations des 20 clients (10 CBR et 10 ABR) de telle sorte que tous soient satisfaits.

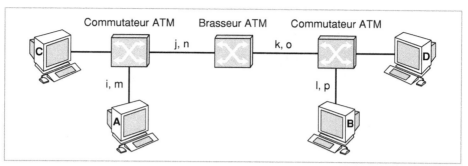

Figure 15-23. *Réseau ATM permettant de relier quatre utilisateurs A, B, C et D.*

g Supposons qu'il y ait simultanément une communication entre C et D de type ABR de 20 Mbit/s de débit moyen. Les 20 clients précédents peuvent-ils toujours être satisfaits dans leur qualité de service (garantie totale pour les clients CBR, garantie d'aucune perte de cellules pour les clients ABR) ? Que faut-il faire ? Décrire un algorithme.

h Si un client CBR de plus se présente sur la connexion CD et demande un trafic crête de 10 Mbit/s et un débit moyen de 5 Mbit/s, peut-on toujours satisfaire les contraintes des clients CBR, des clients ABR et des clients CBR et ABR ensemble ?

i La même infrastructure est transformée en un réseau IP. Peut-on laisser les commutateurs-brasseurs ou doit-on les remplacer par des routeurs ? Expliquer les raisons.

j Dans un premier temps, si l'on suppose que l'on ait remplacé les commutateurs et le brasseur par des routeurs, peut-on effectuer la même différence entre le routeur remplaçant le brasseur et les routeurs remplaçant les commutateurs ATM ? En d'autres termes, peut-on trouver une sorte de routeur travaillant de façon équivalente à ce que fait un brasseur ?

k Dans un deuxième temps, on garde les commutateurs ATM que l'on a adapté pour les paquets IP. Comment pourrait-on faire une commutation sur les paquets IP ? (Comment se présente la table de routage ? Comment utilise-t-on l'adresse ? Quelle adresse ?)

l Si l'on prend les 20 premiers clients (10 CBR et 10 ABR) avec leurs caractéristiques, peut-on les satisfaire dans ce nouveau réseau ?

7 *On cherche à multiplexer les différentes voies d'une station multimédia transmettant vers une machine distante. Ces voies sont les suivantes : vidéo à 35 Mbit/s de moyenne, parole à 64 Kbit/s de moyenne et données à 2 Mbit/s de moyenne.*

a Première possibilité : on multiplexe ces trois voies sur une même connexion ATM. Donner une méthode de contrôle de flux sur la connexion ATM à base de leaky-bucket, qui puisse prendre en charge les différentes contraintes. Comment discerner, à la sortie, ces trois types de voie ?

b Deuxième possibilité : on envoie les trois voies sur trois conduits virtuels distincts. Donner les techniques de leaky-bucket qu'il est possible d'utiliser sur ces trois conduits.

$\boxed{c}$ Que penser, dans les deux cas, des deux fonctionnalités suivantes :

1 synchronisation des trois voies au récepteur ;

2 contrôle des erreurs.

$\boxed{d}$ On suppose que les nœuds de commutation soient des réseaux Banyan 8X8. On suppose également que les destinations soient équidistribuées, c'est-à-dire que la probabilité d'aller vers une sortie quelconque à partir d'une entrée quelconque soit égale à 1/8.

1 Calculer l'« accélération » du réseau Banyan, c'est-à-dire le nombre moyen de cellules qui sont servies par le réseau Banyan, si huit cellules se présentent simultanément à l'entrée sur les huit portes d'entrée ?

2 Quelle serait cette valeur pour un réseau Banyan 16X16 ?

8 *On utilise un contrôle de flux de type espaceur (les paquets à l'entrée du réseau sont espacés par un intervalle minimal* T*), dans lequel on définit une valeur* T *égale au temps minimal écoulé entre l'entrée dans le réseau de deux cellules. Un utilisateur ne peut donc pas faire entrer dans le réseau une nouvelle cellule avant le temps* T*.*

$\boxed{a}$ Un utilisateur veut effectuer un transfert de parole haute définition à 512 Kbit/s par un service CBR *(Constant Bit Rate)*. Quelle valeur de *T* doit-il prendre ?

$\boxed{b}$ Si l'on effectue une compression qui ramène le flux moyen à 64 Kbit/s, avec une valeur crête de 256 Kbit/s, quelle valeur de *T* doit-on choisir pour un service VBR puis pour un service ABR ?

$\boxed{c}$ Supposons que l'application de l'utilisateur soit de la parole compressée à 32 Kbit/s. Quelle est la distance maximale admissible entre deux terminaux téléphoniques qui subissent des échos ?

$\boxed{d}$ Supposons qu'on multiplexe deux circuits virtuels (VC) par l'intermédiaire d'un conduit virtuel (VP). Le contrôle de flux peut être assuré par deux espaceurs distincts, un par circuit virtuel (VP/VC) ou bien un seul sur le VP.

1 Quelle est la meilleure des deux solutions si les flux sont isochrones ?

2 Quelle est la meilleure des deux solutions si les flux sont asynchrones ?

3 Indiquer les avantages et les inconvénients des deux méthodes.

$\boxed{e}$ Tous les nœuds sont maintenant des commutateurs Ethernet capables de gérer les adresses MAC, IEEE et MPLS. Le mot commutateur est-il correct ?

$\boxed{f}$ Aurait-on intérêt à mettre des ponts à la place des commutateurs Ethernet ?

$\boxed{g}$ Le contrôle de flux est effectué par la notification Pause(*T*). Un nœud qui émet la notification Pause(*T*) vers un autre nœud demande à celui-ci d'arrêter de lui envoyer des paquets Ethernet pendant le temps *T*. Montrer que, s'il y a des boucles, ce contrôle peut être inefficace.

$\boxed{h}$ Donner un exemple de calcul de cette valeur *T*.

9   *On considère un réseau formé d'une interconnexion de plusieurs réseaux ATM. Pour entrer dans un des réseaux ATM ou pour passer d'un réseau ATM à un autre, on utilise des LSR.*

    a   Montrer que ce réseau est un réseau MPLS.

    b   Pour transférer le paquet IP de signalisation d'un LSR à un autre LSR montrer que l'on utilise la signalisation ATM.

    c   Montrer que l'on peut utiliser des réseaux ATM existants et les transformer en réseaux MPLS. Quel en est l'intérêt ?

    d   Si l'opérateur de ce réseau souhaite offrir un service de type MPLS DiffServ, comment doit-il s'y prendre ?

10   *On considère un réseau MPLS formé de LSR interconnectés par des liaisons Ethernet commutées.*

    a   Montrer qu'il faut ajouter une référence dans le champ d'en-tête de la trame Ethernet (le « shim label »).

    b   Pourquoi ce champ est-il inséré entre l'adresse MAC et le champ VLAN ?

    c   Les paquets IP de signalisation sont-ils également transportés à l'intérieur des trames Ethernet ?

    d   Peut-on introduire de la qualité de service dans ce réseau MPLS ?

    e   Est-il possible d'avoir un réseau MPLS DiffServ dans toute la généralité de DiffServ ?

11   *Soit un VPN MPLS, c'est-à-dire un réseau MPLS réalisant un réseau d'opérateur permettant d'offrir des VPN* (Virtual Private Network), *ou réseaux privés virtuels, à ses clients. Un VPN a pour objectif principal de sécuriser les communications entre deux entités distantes qui traversent une zone qui n'appartient pas aux deux entités communicantes.*

    a   Montrer que le réseau MPLS apporte une solution de base permettant de réaliser un réseau d'opérateur ayant pour objectif de fournir des VPN aux entreprises qui y sont connectées.

    b   Que faut-il ajouter pour finaliser la sécurité à l'intérieur du réseau MPLS ?

    c   Peut-on introduire des notions de qualité de service sur un tel VPN

Les réseaux de mobiles

Apparus il y a quelques années, les réseaux de mobiles connaissent un énorme succès. Si la qualité de la parole téléphonique laisse parfois à désirer sur ces réseaux, l'avantage qui compense largement ce défaut est la possibilité de téléphoner de n'importe où, même en se déplaçant. Les problèmes posés par ces réseaux viennent précisément de cette mobilité : comment continuer la conversation ou le transfert de données tout en se déplaçant ? Les réseaux de mobiles évoluent aujourd'hui vers une prise en charge des applications multimédias et une intégration de plus en plus poussée avec les réseaux fixes. Ce cours décrit l'architecture des réseaux de mobiles, ainsi que les techniques permettant d'obtenir la continuité de la communication. Il fournit de nombreux exemples de réseaux des trois générations qui se sont succédé pour mener de la parole téléphonique analogique au multimédia.

■ Les réseaux cellulaires

■ Le GSM et l'IS-95

■ L'UMTS

■ Les réseaux cellulaires

L'utilisation de la voie hertzienne pour le transport de l'information a donné naissance à des architectures de réseau assez différentes de celles des réseaux fixes. L'une des raisons à cela est que, dans ces réseaux de mobiles, la communication doit continuer sans interruption, même en cas de déplacement de l'émetteur ou du récepteur. Le réseau est donc constitué de *cellules*, qui recouvrent le territoire que l'opérateur souhaite desservir. Lorsqu'un mobile quitte une cellule, il doit entrer dans une autre cellule pour que la communication puisse continuer. L'un des aspects délicats de ces réseaux concerne le passage du mobile d'une cellule dans une autre. Ce changement de cellule s'appelle un *handover*, ou handoff. Un réseau cellulaire et un handover sont illustrés aux figures 16-1 et 16.2.

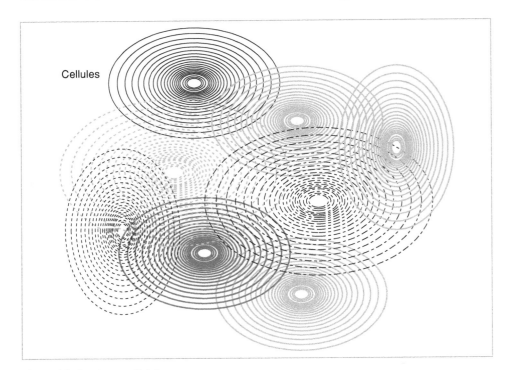

Figure 16-1. *Réseau cellulaire.*

Les cellules se superposent partiellement de façon à assurer une couverture la plus complète possible du territoire cible. Le mobile communique par une *interface radio* avec l'antenne centrale, qui joue le rôle d'émetteur-récepteur de la cellule. Cette interface radio utilise en général des bandes de fréquences spécifiques du pays dans lequel est implanté le réseau. De ce fait, les interfaces radio ne sont pas toujours compatibles entre elles.

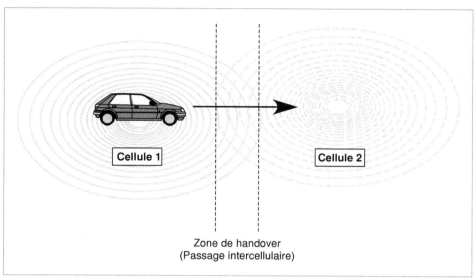

Cellule 1

Cellule 2

Zone de handover
(Passage intercellulaire)

Figure 16-2. *Handover.*

La première génération des réseaux de mobiles apparaît à la fin des années 70. Ce sont des réseaux cellulaires, et l'émission des informations sur l'interface radio s'effectue en analogique. Comme il n'existe pas alors de norme prépondérante pour l'interface radio analogique, un fractionnement des marchés se produit, qui empêche cette génération de réseaux de mobiles de rencontrer le succès escompté. Avec la deuxième génération, la transmission sur l'interface radio devient numérique. Enfin, la troisième génération prend en charge les applications multimédias et l'intégration à l'environnement Internet.

Le territoire à desservir est subdivisé en cellules. Une cellule est liée à une station de base, ou *BTS (Base Transceiver Station)*, qui possède l'antenne permettant d'émettre vers les mobiles, et *vice versa*. Si la densité du trafic est très forte sur une zone donnée, plusieurs stations de base peuvent couvrir cette zone, ce qui augmente la largeur de bande disponible. De même, plus le rayon de la cellule est petit, plus la bande passante disponible s'adresse proportionnellement à un petit nombre d'utilisateurs. Le rayon d'une cellule peut descendre sous les 500 m.

Un sous-système radio rassemble ces stations de base, auxquelles sont ajoutés des contrôleurs de stations de base, ou *BSC (Base Station Controller)*. Cet ensemble gère l'interface radio. Le travail des stations de base consiste à prendre en charge les fonctions de transmission et de signalisation. Le contrôleur de station de base gère les *ressources radioélectriques* des stations de base qui dépendent de lui.

BTS (*Base Transceiver Station*).– Station de base faisant office d'émetteur-récepteur et gérant une cellule.

BSC (*Base Station Controller,* ou contrôleur de station de base).– Station qui contrôle les communications dans un groupe de cellules.

ressource radioélectrique.–Bande passante disponible dans le domaine des ondes radioélectriques utilisées pour les mobiles.

MSC (*Mobile service Switching Center,* ou centre de commutation du service mobile).– Commutateur qui interconnecte les stations de contrôle et permet le cheminement de l'information dans la partie fixe du réseau de mobiles.

Le sous-système réseau contient les centres de commutation du service mobile, ou *MSC (Mobile service Switching Center)*, qui assurent l'interconnexion des stations de base, à la fois entre elles et avec les autres réseaux de télécommunications. Ces centres n'assurent pas la gestion des abonnés. Leur rôle est essentiellement la commutation, qui permet de relier, directement ou par le biais d'un réseau extérieur, les contrôleurs de stations de base.

L'architecture d'un réseau de mobiles est illustrée à la figure 16-3.

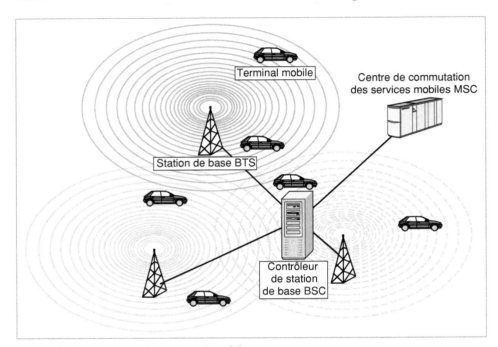

Figure 16-3. *Architecture d'un réseau de mobiles.*

Le sous-système réseau contient aussi deux bases de données, l'enregistreur de localisation nominal, ou HLR *(Home Location Register)* et l'enregistreur de localisation des visiteurs, ou VLR *(Visitor Location Register)*.

L'enregistreur de localisation nominal, HLR, gère les abonnés qui sont rattachés au MSC. L'enregistreur de localisation des visiteurs, VLR, a pour but de localiser les mobiles qui traversent la zone prise en charge par le MSC. Le premier enregistreur n'est pas dynamique, à la différence du second.

carte SIM (*Subscriber Identity Module*).– Carte à puce permettant l'identification de l'utilisateur.

L'accès d'un utilisateur ne peut s'effectuer qu'au travers d'une *carte SIM (Subscriber Identity Module)*, qui comporte l'identité de l'abonné. Un code secret permet au réseau de vérifier que l'abonnement est valide. L'architecture de communication d'un mobile vers un autre s'exprime sous la forme d'interfaces à traverser. Les quatre interfaces définies dans les systèmes d'aujourd'hui sont illustrées à la figure 16-4.

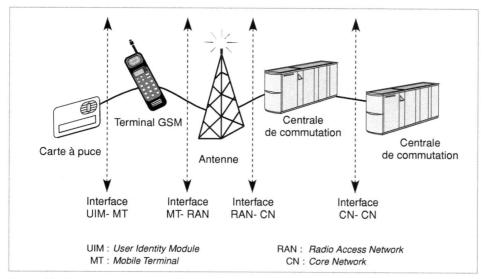

Figure 16-4. *Les quatre interfaces définies dans l'architecture des réseaux mobiles.*

Ces interfaces sont les suivantes :

- UIM-MT *(User Identity Module-Mobile Terminal)*, qui relie la carte déterminant l'identité de l'utilisateur au terminal mobile.

- MT-RAN *(Mobile Terminal-Radio Access Network)*, qui relie le terminal mobile et l'antenne, que l'on appelle aussi *interface air*.

- RAN-CN *(Radio Access Network-Core Network*, ou réseau central), qui relie l'antenne au réseau fixe du réseau de mobiles.

- CN-CN *(Core Network-Core Network)* qui interconnecte les commutateurs du réseau fixe.

interface air.– Autre nom de l'interface radio, mais sans référence au type d'onde utilisé, alors que l'interface radio limite son utilisation à des ondes radioélectriques (utilisées par les trois générations de mobiles terrestres).

L'interface air constitue une partie importante de la normalisation d'un réseau de mobiles. Elle est chargée du partage des bandes de fréquences entre les utilisateurs, comme dans un réseau local. Si deux mobiles émettent au même moment sur une même fréquence, les signaux entrent en collision. Il faut donc une politique empêchant ces collisions de se produire. Nous sommes en présence de techniques semblables à celles de la couche MAC *(Medium Access Control)* des réseaux partagés. Les techniques de CSMA/CD ou de jeton ne s'adaptant guère à l'interface air, il a fallu développer d'autres solutions.

Les trois principales politiques de réservation utilisées dans le cadre des systèmes mobiles sont le FDMA *(Frequency Division Multiple Access)*, ou accès multiple à répartition en fréquence, le TDMA *(Time Division Multiple Access)*, ou accès multiple à répartition dans le temps, et le CDMA *(Code Division Multiple Access)*, ou accès multiple à répartition en code.

Utilisé en premier, le FDMA a tendance à disparaître. Dans cette solution, la bande de fréquence *f* est découpée en *n* sous-bandes *(voir figure 16-5)* permettant à *n* mobiles distincts d'émettre en parallèle.

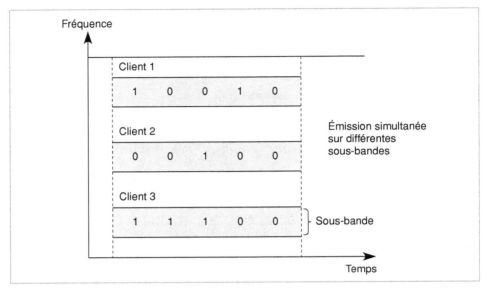

Figure 16-5. *Le FDMA (génération du radiotéléphone analogique).*

Chaque mobile comporte de ce fait un *modulateur*, un émetteur, *n* récepteurs et *n* démodulateurs. De plus, la station d'émission doit amplifier simultanément *n* porteuses. Il se crée donc nécessairement des produits d'*intermodulation*, dont l'intensité croît très rapidement en fonction de la puissance utile. Plus de la moitié de la capacité de transmission peut être ainsi perdue.

On évite les collisions en attribuant les fréquences entre les divers mobiles au fur et à mesure qu'ils se présentent dans la cellule. Les limites de cette technique sont évidentes : si une ou plusieurs liaisons sont inutilisées, suite à un manque de données à transmettre de la part de l'utilisateur, ce dernier conservant néanmoins la connexion, il y a perte sèche des bandes correspondantes.

Le TDMA propose une solution totalement différente, dans laquelle le temps est découpé en tranches. Ces tranches sont affectées successivement aux différents mobiles, comme illustré à la figure 16-6.

Tous les mobiles émettent avec la même fréquence sur l'ensemble de la bande passante, mais à tour de rôle. À l'opposé du fonctionnement en TDMA, chaque mobile est équipé d'un seul récepteur-démodulateur.

Un bloc transmis dans une tranche de temps comporte un en-tête, ou préambule, qui permet d'obtenir les différentes synchronisations nécessaires entre le mobile et la station de base. En particulier, il est nécessaire de synchroniser l'émission en début de tranche de façon qu'il n'y ait pas de chevauchement possible entre deux stations, l'une dépassant légèrement sa tranche ou l'autre commençant un peu tôt à transmettre.

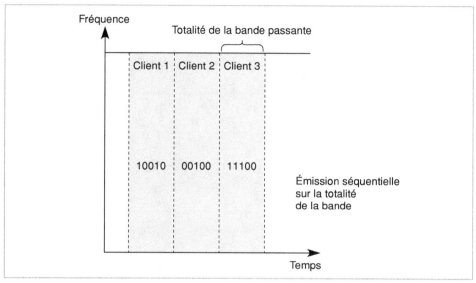

Figure 16-6. *Le TDMA (génération du GSM).*

Globalement, le rendement du TDMA est bien meilleur que celui du FDMA. C'est pourquoi la technique la plus employée pour accéder au *canal radio* a longtemps été le TDMA. Cette méthode soulève cependant des problèmes lors de la réutilisation des canaux radio dans des cellules avoisinantes pour cause d'interférences. La méthode retenue pour la troisième génération (3G), aussi bien en Amérique du Nord qu'en Europe, est le CDMA *(Code Division Multiple Access)*. Les mobiles d'une même cellule partagent un même canal radio en utilisant une forte partie de la largeur de bande passante attribuée à l'interface air. Le système affecte à chaque client un code unique, déterminant les fréquences et les puissances utilisées. Ce code est employé pour émettre le signal sur la largeur de bande B, à l'intérieur de la bande utile du signal R. Cette technique du CDMA, qui permet de réutiliser les mêmes fréquences dans les cellules adjacentes, est illustrée à la figure 16-7.

La taille d'une cellule dépend fortement de la fréquence utilisée. Plus la fréquence est élevée, moins la portée est grande, plus la fréquence est basse et plus la portée est importante. Au départ, les fréquences utilisées allaient de 30 MHz à 300 MHz dans les bandes UHF *(Ultra High Frequency)* puis augmentaient, dans la gamme des VHF *(Very High Frequency)*, de 300 MHz à 3 GHz. On utilise aujourd'hui des gammes de fréquences allant jusqu'à 20 GHz. Des fréquences encore plus élevées, pouvant atteindre 60 GHz,

canal radio.– Canal de transmission dans les bandes de fréquences radioélectriques.

UHF *(Ultra High Frequency)*.– Bande de fréquences située entre 30 MHz et 300 MHz.

VHF *(Very High Frequency)*.– Bande de fréquences située entre 300 MHz et 3 GHz.

permettent l'utilisation de bande passante importante, les difficultés provenant de la grande directivité des ondes et d'un fort affaiblissement du signal dans les environnements pollués. La portée de ces ondes millimétriques est donc très particulière. En résumé, suivant la fréquence et la puissance utilisées, la taille des cellules varie énormément, allant de grandes cellules, que l'on appelle des cellules parapluie, à de toutes petites cellules, appelées microcellules, voire picocellules. Les différentes tailles de cellules sont illustrées à la figure 16-8.

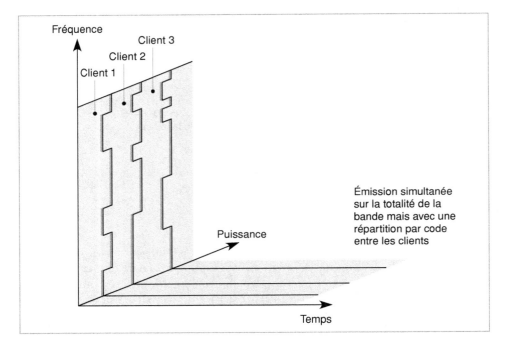

Figure 16-7. *Le CDMA (génération future de l'UMTS).*

L'année 1982 voit le démarrage de la normalisation d'un système de communication mobile dans la gamme des 890-915 MHz et 935-960 MHz, pour l'ensemble de l'Europe. Deux ans plus tard, les premiers grands choix sont faits, avec, en particulier, un système numérique. Le groupe d'étude GSM, (Groupe spécial mobile) finalise en 1987 une première version comportant la définition d'une interface radio et le traitement de la parole téléphonique.

Avec une autre version dans la gamme des 1 800 MHz (le DCS1800, ou *Digital Cellular System)*, la norme GSM *(Global System for Mobile communications)* est finalisée au début de l'année 1990. Cette norme est complète et comprend tous les éléments nécessaires à un système de communication numérique avec les mobiles.

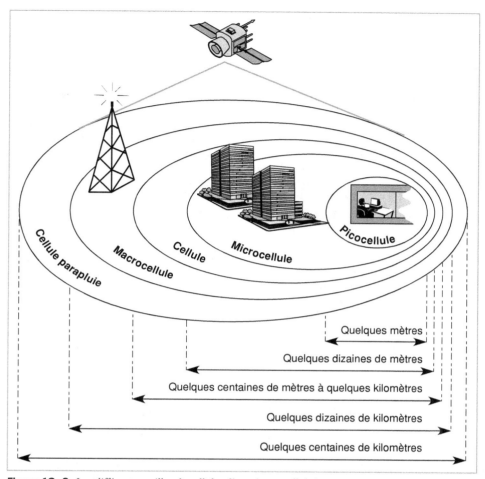

Figure 16-8. *Les différentes tailles de cellules d'un réseau cellulaire.*

Question 1.– *Pourquoi un système cellulaire permet-il de couvrir le monde entier, sachant que le problème principal d'un tel système provient d'un nombre de fréquences limité ?*

Réponse.– Le découpage en cellules permet de recouvrir un territoire. Une même fréquence ne peut être utilisée dans deux cellules connexes, car cela entraînerait des interférences. En revanche, une même bande de fréquences peut être utilisée dans deux cellules qui ne sont pas connexes. De ce fait, grâce à la technique cellulaire, on peut réutiliser des centaines de milliers de fois la même fréquence.

Question 2.– *Lorsque deux cellules se recouvrent et qu'un mobile peut communiquer avec les deux stations de base, laquelle des stations ce mobile doit-il choisir ?*

Réponse.– Le mobile peut communiquer avec les deux stations de base. Le choix dépend du système. Dans le GSM, c'est l'émetteur reçu avec le plus de puissance qui détermine la station de base à utiliser. D'autres solutions sont envisageables. Par exemple, le mobile peut entrer en communication avec la station de base qui possède le moins de clients ou la station de base susceptible de rendre la meilleure qualité de service. Ce choix explique que des recouvrements de cellules de plus en plus importants s'effectuent sur les réseaux cellulaires.

Question 3.– *Pourquoi ne peut-on utiliser les techniques d'accès des réseaux à support partagé pour les environnements de réseaux de mobiles ?*

Réponse.– Les techniques d'accès en CSMA/CD et à jeton posent des problèmes dans le cadre d'une interface air. Pour la technique CSMA/CD, un émetteur ne peut à la fois émettre et écouter. De ce fait, cette technique ne peut opérer correctement. Quant au passage de jeton d'une station à une autre, il serait fastidieux et entraînerait une perte de temps importante. De plus, le problème des mobiles devenant actifs ou inactifs compliquerait sérieusement la continuité de la boucle de passage du jeton.

Question 4.– *La technique TDMA affecte une tranche de temps à un utilisateur pendant sa communication. Que se passe-t-il si ce client n'a rien à transmettre pendant un certain laps de temps ?*

Réponse.– Les tranches de temps sont perdues. Des mécanismes existent pour essayer d'utiliser ces tranches perdues, mais ils ne sont encore que très peu employés. L'augmentation du transfert de données pourrait permettre une utilisation de ces tranches en affectant des paquets de données sur les intervalles libres.

■ Le GSM

ETSI *(European Telecommunication Standards Institute)*.– Organisme de normalisation européen pour les télécommunications créé en 1988.

1970 marque le début d'un travail entrepris pour établir une norme unique en matière de communication avec les mobiles. Dans le même temps, une bande de 25 MHz dans la bande des 900 MHz est libérée pour réaliser cette norme. En 1987, treize pays européens se mettent d'accord pour développer un réseau GSM. En 1990, une adaptation dans la bande des 1 800 MHz est mise en place sous le nom de DCS1800 *(Digital Communication System 1 800 MHz)*. À cette époque, l'*ETSI* finalise la normalisation du GSM900 et du DCS1800. De leur côté, les Américains reprennent une version du GSM dans la bande des 1 900 MHz, le DCS1900. Les principes généraux du GSM sont les mêmes pour ces trois adaptations.

Les opérateurs américains n'ont pas opté, dans un premier temps, pour la solution GSM européenne, leur propre développement ayant été fait en parallèle. De fait, plusieurs solutions sont disponibles, même si nous ne détaillons dans la suite que la norme IS-95. Aujourd'hui, la norme GSM est de plus en plus utilisée, mais sur une bande de fréquence de 1 900 MHz, qui n'est pas utilisée en Europe, de telle sorte qu'il est nécessaire d'avoir un téléphone portable spécifique ou bien une option d'accès à la bande des 1 900 MHz sur son portable.

Le GSM

Le GSM est un environnement complet, rassemblant l'interface radio mais aussi les interfaces entre le système radio et le système de commutation, d'un côté, et l'interface utilisateur, de l'autre. Les appels sont contrôlés par une norme déjà rencontrée dans le RNIS et le relais de trames.

En commençant par la partie la plus proche de l'utilisateur, la station mobile est constituée de deux éléments : le terminal portatif et la carte SIM. Cette carte à puce contient les caractéristiques de l'utilisateur ainsi que les éléments de son abonnement.

L'interface radio travaille dans les bandes 890-915 MHz dans le *sens montant* et 935-960 MHz dans le *sens descendant*. Une version GSM étendue a également été définie, le E-GSM, qui travaille dans les bandes 880-915 MHz dans le sens montant et 925-960 MHz dans le sens descendant. Le réseau DCS1800 utilise un sens montant entre 1 710 et 1 785 MHz et un sens descendant de 1 805 à 1 880 MHz. Enfin, le PCS1900 se place entre 1 850 et 1 910 MHz dans le sens montant et 1 930 à 1 990 MHz dans le sens descendant. Chaque porteuse radio exige 200 KHz, de telle sorte que 124 porteuses sont disponibles en GSM900, 174 en E-GSM, 374 en DCS1800 et 298 en DCS1900.

sens montant.– Sens de transmission qui va du terminal utilisateur vers la station de base.

sens descendant.– Sens de transmission qui va de la station de base au terminal utilisateur.

La solution préconisée dans le GSM est de ne pas multiplexer sur un seul canal tous les flots dont on a besoin pour réaliser une communication. Chaque flot possédant son propre canal, on peut dénombrer dix canaux travaillant en parallèle et ayant chacun leur raison d'être. Par exemple, le canal par lequel passent les données utilisateur est différent des canaux de signalisation, aux buts très divers, allant de la signalisation liée à l'appel à la signalisation correspondant à la gestion des fréquences. Les définitions de ces différents canaux sont répertoriées ci-après.

Les canaux de l'interface radio GSM

Le canal plein débit TCH/FS *(Traffic CHannel)* offre un débit net de 13 Kbit/s pour la transmission de la parole ou des données. Ce canal peut être remplacé par :
- le canal demi-débit TCH/HS, à 5,6 Kbit/s ;
- le canal plein débit pour les données à 9,6 Kbit/s, pour la transmission de données au débit net de 12 Kbit/s ;
- le canal demi-débit pour les données à 4,8 Kbit/s, pour la transmission de données au débit net de 6 Kbit/s.

Le canal SDCCH *(Standalone Dedicated Control CHannel)* offre un débit brut de 0,8 Kbit/s. Il sert à la signalisation (établissement d'appel, mise à jour de localisation, transfert de messages courts, services supplémentaires). Ce canal est associé à un canal de trafic utilisateur.

Le canal SACCH *(Standalone Access Control CHannel)*, d'un débit brut de 0,4 Kbit/s, est un canal de signalisation lent associé aux canaux de trafic. Son rôle est de transporter des messages de contrôle du handover.

Suite p. 380

Suite de la page 379

Le canal FACCH *(Fast Access Control CHannel)* est obtenu par un vol de trames (utilisation de tranches de temps vide d'un autre canal) sur le canal trafic d'un utilisateur dont il est chargé d'exécuter le handover. Il est donc associé à un canal de trafic. Il peut également servir pour des services supplémentaires, comme l'appel en instance (appel en attente pendant que vous êtes déjà en train de téléphoner).

Le canal CCCH *(Common Control CHannel)* est un canal de contrôle commun aux canaux de trafic, où transitent les demandes d'établissement de communication et les contrôles de ressources.

Le canal BCCH *(Broadcast Control CHannel)*, d'un débit de 0,8 Kbit/s, gère le point à multipoint.

Le canal AGCH, canal d'allocation des accès, s'occupe de la signalisation des appels entrants.

Le canal RACH *(Random Access CHannel)* s'occupe de la métasignalisation, correspondant à l'allocation d'un premier canal de signalisation.

Le canal FCCH *(Frequency Control CHannel)* prend en charge les informations de correction de fréquence de la station mobile.

Le canal SCH *(Synchronous CHannel)* est dédié aux informations de synchronisation des trames pour la station mobile et pour l'identification de la station de base.

Le protocole de niveau trame est chargé de la gestion de la transmission sur l'interface radio. Le protocole choisi provient du standard HDLC *(voir le cours 9, « Les protocoles de niveau trame »)*, auquel on a apporté quelques modifications de façon à s'adapter à l'interface air. Plus précisément, ce protocole est appelé LAP-D_m *(Link Access Protocol on the D_m channels)*. Il transporte des trames avec une fenêtre de taille 1, la reprise éventuelle s'effectuant sur un temporisateur.

Le protocole de niveau paquet est lui-même divisé en trois sous-niveaux :

- La couche RR *(Radio Resource)*, qui se charge de l'acheminement de la supervision.

- La couche MM *(Mobility Management)*, qui prend en charge la localisation continue des stations mobiles.

- La couche CM *(Connection Management)*, qui gère les services supplémentaires, ainsi que le transport des messages courts SMS *(Short Message Service)* et le contrôle d'appel. Ce dernier contrôle reprend en grande partie la normalisation effectuée dans le cadre du réseau numérique à intégration de services (RNIS).

Le GSM définit les relations entre les différents équipements qui constituent le réseau de mobiles. Ces équipements sont les suivants :

- Le sous-système radio.

- Le sous-système réseau, avec ses bases de données pour la localisation des utilisateurs HLR et VLR, décrits à la section précédente.

- Les relations entre les couches de protocoles et les entités du réseau.
- Les interfaces entre sous-système radio et sous-système réseau.
- L'*itinérance (roaming)*.

itinérance *(roaming)*.–
Passage d'un réseau
d'opérateur à un autre
réseau d'opérateur.
L'itinérance permet à
un abonné d'un opéra-
teur de se servir de son
portable mobile sur le
réseau d'autres opéra-
teurs qui ont signé un
contrat de *roaming*.

Le GPRS

L'une des activités majeures du développement de la phase 2+ du GSM concerne le GPRS *(General Packet Radio Service)*, qui représente une nouvelle génération pour le standard GSM. Le GPRS prend en charge les applications multimédias dans le cadre de la mobilité. Il constitue également une transition vers la troisième génération des réseaux de mobiles par le passage d'un débit de 9,6 Kbit/s ou 14,4 Kbit/s à un débit beaucoup plus important, pouvant atteindre 170 Kbit/s.

Le GPRS peut être considéré comme un réseau de transfert de données avec un accès par interface air. Ce réseau utilise le protocole IP pour le formatage des données. Le transport des paquets IP s'effectue par des réseaux à commutation de trames, notamment le relais de trames.

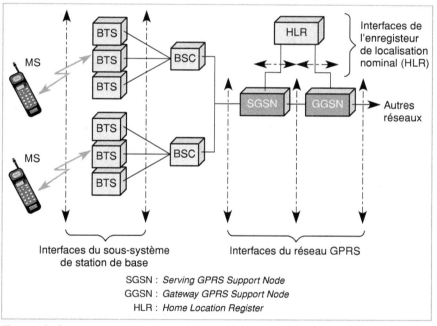

Figure 16-9. *Architecture du GPRS*.

L'architecture du GPRS est illustrée à la figure 16-9. Elle est composée des types de nœuds suivants :
- Les SGSN *(Serving GPRS Support Node)*, qui sont des routeurs connectés à un ou plusieurs BSS.
- Les GGSN *(Gateway GPRS Support Node)*, qui sont des routeurs vers les réseaux de données GPRS ou externes.

Suite p. 382

Suite de la page 381

Le réseau GPRS possède deux plans, le plan utilisateur et le plan de signalisation. Les couches de protocoles du plan utilisateur sont illustrées à la figure 16-10.

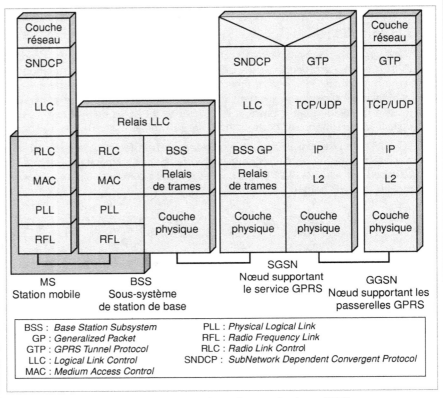

Figure 16-10. *Couches de protocoles du plan utilisateur du réseau GPRS.*

Par rapport au GSM, le GPRS requiert de nouveaux éléments pour créer un mode de transfert de paquets de bout en bout. De plus, le HLR est amélioré pour les clients qui demandent à transporter des données. Deux services sont ainsi permis :
- le point à point PTP *(Point-To-Point)* ;
- le point à multipoint PTM *(Point-To-Multipoint).*

Les transferts de paquets et le routage s'effectuent par les nœuds logiques SGSN *(Serving GPRS Support Node).* Ils utilisent également les passerelles GGSN avec les réseaux de transfert de paquets externes. Dans le réseau GPRS, les unités de données sont encapsulées par le SGSN de départ et décapsulées dans le SGSN d'arrivée. Entre les SGSN, c'est le protocole IP qui est utilisé. L'ensemble de ce processus est défini comme le « tunnelling » du GPRS.

Le GGSN maintient les informations de routage pour réaliser les tunnels et les maintenir. Ces informations sont stockées dans le HLR. Le protocole en charge de ce travail, le GTP *(GPRS Tunnel Protocol)* utilise les protocoles TCP et UDP pour effectuer le transport effectif. Entre le SGSN et les MS *(Mobile Station),* le protocole SNDCP *(SubNetwork Dependent Convergence Protocol)* effectue le multiplexage de niveau paquet, ainsi que le chiffrement, la segmentation et la compression. Entre les MS et les BSS, le niveau trame est subdivisé en deux sous-couches, la couche LLC (*Logical Link Control*) et la couche RLC/MAC (*Radio Link Control/Medium Access Control*).

La couche LLC se sert du protocole LAP-D$_m$, déjà utilisé pour la signalisation dans l'environnement GSM. Le RLC/MAC s'occupe du transfert physique de l'information sur l'interface radio. En outre, ce protocole prend en charge les retransmissions éventuelles sur erreur par une technique BEC (*Backward Error Correction*), consistant en une retransmission sélective des blocs en erreur.

Questions-réponses

Question 5.– *Pourquoi les techniques GSM et IS-95 ont-elles tant de canaux à gérer ?*

Réponse.– L'interface GSM fait intervenir un grand nombre de canaux de façon à émettre les données et, surtout, les informations de contrôle et de gestion de l'interface. Cette solution a été adoptée pour garantir le transport des informations de supervision. La plupart des canaux étant en mode circuit, le débit en est connu d'avance.

Question 6.– *Pourquoi le transfert de données est-il limité à 9,6 Kbit/s sur le GSM ?*

Réponse.– Les canaux de parole permettent un débit effectif de l'ordre d'une dizaine de kilobits par seconde, correspondant à la compression de la parole téléphonique. Si l'on remplace la parole par une transmission de données, le canal permet une transmission à 9,6 Kbit/s.

Question 7.– *Pourquoi le GPRS, qui n'est qu'une extension du GSM, permet-il des débits bien supérieurs à ceux du GSM ?*

Réponse.– Dans le GPRS, un utilisateur peut accéder à plusieurs tranches de temps sur la même trame et donc obtenir des débits multiples du débit de base.

■ L'UMTS

L'UIT-T a commencé à travailler sur la troisième génération (3G) en 1985. D'abord connue sous le nom de FPLMTS (*Future Public Land Mobile Telephone System*) puis sous celui d'IMT-2000 (*International Mobile Telecommunications for the year 2000*), sa standardisation a commencé en 1990 en Europe, à l'ETSI. La version européenne s'appelle désormais UMTS (*Universal Mobile Telecommunications System*). Aux États-Unis, plusieurs propositions se sont fait jour, notamment une extension de l'IS-95 qui a donné naissance au CDMA 2000.

Les propriétés générales de cette génération, appelée 3G, sont les suivantes :

- couverture totale et mobilité complète jusqu'à 144 Kbit/s, voire 384 Kbit/s ;
- couverture plus limitée et mobilité jusqu'à 2 Mbit/s, voire 10 Mbit/s ;
- grande flexibilité pour introduire de nouveaux services.

La recommandation IMT-2000 n'a cependant pas fait l'unanimité, et de nombreux organismes de standardisation locaux ont préféré développer leur propre standard, tout en gardant une certaine compatibilité avec la norme de base. IMT-2000 est devenu le nom générique pour toute une famille de standards. Ce sont les Japonais qui ont démarré le processus en normalisant une version du CDMA *(Code Division Multiple Access)*, suivis des Européens et des Américains. La version UMTS a repris en grande partie les spécifications japonaises sous le vocable W-CDMA *(Wideband CDMA)*.

L'interface air normalisée par l'ETSI comprend deux types de bandes :

- Les bandes de fréquences FDD *(Frequency Domain Duplex)*, qui sont les bandes UMTS appariées, correspondant au passage des signaux dans les deux sens sur la même fréquence.

- Les bandes de fréquences TDD *(Time Domain Duplex)*, qui sont les bandes UMTS non appariées, correspondant à l'utilisation d'une fréquence par sens de transmission.

Les bandes FDD utilisent le W-CDMA, tandis que, pour les bandes TDD, le choix s'est porté sur une méthode mixte, TD-CDMA *(Time Division CDMA)*. Aux États-Unis, le choix s'est porté sur le standard IS-95B, qui reprend une version du W-CDMA, appelée CDMA 2000. La même année 1998, les organismes de normalisation américains ont proposé une autre norme, UWC-136 *(Universal Wireless Communications)*, fondée sur un multiplexage temporel TDMA.

Plusieurs ensembles de fonctionnalités ont été définis. Les fonctions retenues pour la première partie des années 2000 correspondent aux caractéristiques suivantes *(Capacity Set 1,* ou ensemble de capacité 1) :

- mobilité terminale ;

- mobilité personnelle ;

- environnement personnel virtuel ;

- fonctions permettant de recevoir et d'émettre des applications multimédias : 144 Kbit/s avec une mobilité forte et 2 Mbit/s avec une mobilité faible ;

- handovers devant pouvoir être effectués entre plusieurs membres de la famille IMT-2000 et avec les systèmes de deuxième génération ;

- réseau fixe devant suivre les technologies paquet et circuit ;

- interconnexion possible avec Internet.

L'ensemble de capacité 2 *(Capacity Set 2)*, mis en place dans les années 2003-2004, doit fournir les fonctionnalités suivantes :

- débits de 2 Mbit/s par utilisateur ;

- équipements de réseaux d'accès pouvant être mobiles, par exemple, une base postée dans un avion ;
- handovers entre tous les membres de la famille IMT-2000 ;
- handovers entre l'IMT-2000 et des systèmes non-IMT-2000.

De nombreuses investigations ont été menées depuis quelques années sur la technique CDMA dans le but de réaliser une interface air pour la troisième génération IMT-2000/UMTS/IS-95. La technique CDMA semble être la mieux placée pour les réseaux hertziens de troisième génération. Comme les débits devant transiter par ces interfaces atteignent 2 Mbit/s, il a fallu développer des versions spécifiques du CDMA pour le large-bande, le W-CDMA *(Wideband CDMA)* ou le CDMA 2000, comme expliqué précédemment. La figure 16-11 illustre le réseau UMTS.

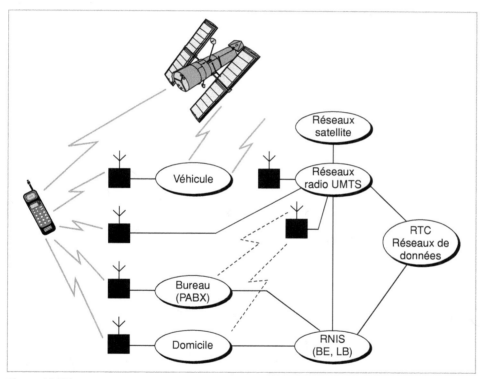

Figure 16-11. *Le réseau UMTS global.*

Les figures 16-12 et 16-13 donnent une idée de l'architecture UMTS.

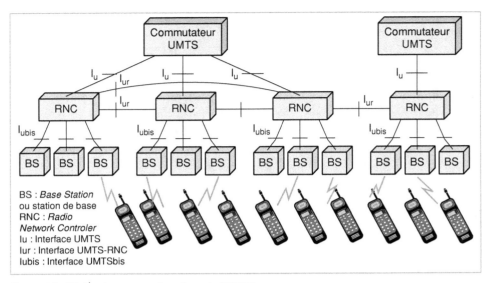

Figure 16-12. *Équipements et interfaces de l'UMTS.*

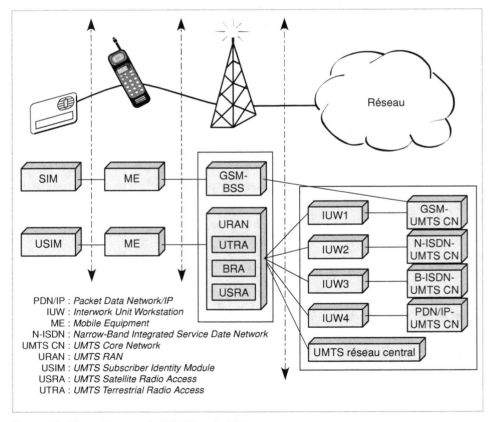

Figure 16-13. *Architecture de l'UMTS et du GSM.*

Le radiologiciel *(Software Radio)*

Le radiologiciel définit un émetteur-récepteur de fréquences radio, comme un téléphone portable ou un pager, reconfigurable ou personnalisable. Un radiologiciel idéal serait un système multifréquence et multimode capable de redéfinir dynamiquement par logiciel toutes les couches, y compris la couche physique. Le concept d'un tel système se fonde à la fois sur les standards radio que le terminal peut utiliser (GSM, W-CDMA, etc.) et sur l'architecture et la conception du produit final. L'architecture du produit comporte deux parties bien distinctes : la partie matérielle et la partie logicielle.

L'architecture matérielle utilisée dans un radiologiciel se fonde généralement sur un processeur de signaux numériques (DSP, pour *Digital Signal Processor)* totalement reprogrammable ou sur un circuit de type ASIC *(Application Specific Integrated Circuit),* où des fonctionnalités matérielles sont déjà prédéfinies mais où l'on peut tout de même reprogrammer au moins l'une de ces fonctions.

Pour la partie logicielle, qui inclut l'interprétation des signaux envoyés ainsi que les différents traitements tels que le contrôle des flux d'informations, il n'existe pas vraiment de spécification. On parle, entre autres choses, d'utiliser un moteur Java, qui permettrait de créer des interfaces utilisateur personnalisées à l'aide d'applets ou de scripts.

Pour arriver à réaliser un tel système, plusieurs problèmes doivent être surmontés, en particulier celui de l'énergie. Les processeurs de signaux numériques et les codecs sont très gourmands en énergie. De plus, la gestion logicielle de nombreux standards radio demande un traitement puissant et une capacité mémoire importante. Ces radiologiciels doivent gérer de nombreuses bandes de fréquences, tout en évitant les interférences.

Questions-réponses

Question 8.– *L'UMTS comprend deux modes de transmission. Dans le premier mode, après un découpage en quelques fréquences, chaque fréquence est utilisée en CDMA, et les transmissions peuvent aller dans un sens comme dans l'autre. Dans la seconde solution, après un découpage dans le temps, les fréquences sont attribuées aux terminaux à la demande, sachant qu'une fréquence n'est utilisée que dans un seul sens. Dans ce deuxième cas, il faut deux fréquences pour réaliser une communication full-duplex, mais la gestion est évidemment plus simple que si l'on devait gérer un seul canal pour les deux sens de transmission. À quel type d'application correspondent le premier et le second mode ?*

Réponse.– Le premier mode correspond aux applications de données, car le canal peut être utilisé complètement dans un sens puis complètement dans l'autre sens pour la réponse. En général, ce mode convient aux *applications dissymétriques.* Le second mode correspond mieux à la parole téléphonique, où existe une certaine symétrie. Un pays comme la Chine s'intéresse plus à ce second mode pour réaliser son grand réseau téléphonique national, tandis que le premier est préféré dans les pays ayant une forte demande Internet.

Question 9.– *L'UMTS doit pouvoir proposer une interface dont le débit atteigne 2 Mbit/s. Une telle interface peut-elle être compétitive avec les accès à 2 Mbit/s obtenus en utilisant des modems* xDSL (voir le cours 18, « Les réseaux d'accès») ?

Réponse.– Non, car pendant de nombreuses années encore le coût d'une interface hertzienne avec mobilité restera beaucoup plus cher à débit égal qu'une interface terrestre.

Question 10.– *Étant donné la non-compatibilité de l'UMTS avec le monde GSM, comment pourra-t-il être introduit ?*

Réponse.– L'UMTS sera introduit dans quelques cellules particulières au démarrage pour s'étendre petit à petit. Les terminaux seront *multibandes,* de sorte à desservir à la fois les bandes GSM et UMTS. Ce seront peut-être des radiologiciels.

application dissymétrique.– Application qui ne génère pas le même trafic dans un sens et dans l'autre.

xDSL *(Digital Subscriber Line).*–Modems de diverses catégories dont la vitesse dépend essentiellement de la distance à parcourir. La lettre initiale prenant la place du *x* permet de les différencier, comme ADSL ou VDSL.

multibande.– Qui peut accéder à plusieurs bandes. Les téléphones portables GSM tribandes accèdent aux bandes 900, 1 800 et 1 900 MHz.

■ 3G+ et 4G

sens descendant.–
Transmission allant de
la station de base vers
l'équipement terminal.

sens montant.– Trans-
mission allant de l'équi-
pement terminal vers la
station de base.

terminal multi-homé.–
Équipement terminal
enregistré dans plu-
sieurs réseaux et pou-
vant donc recevoir
plusieurs adresses IP.

HARQ.– Procédé doté
d'une redondance
incrémentale qui amé-
liore nettement le débit.
Lorsqu'un paquet arrive
avec une erreur, le
paquet erroné est
conservé. Il est possible
que, même si la retrans-
mission du paquet
débouche encore sur
un paquet erroné, la
combinaison des deux
paquets erronés per-
mette de corriger
l'erreur.

FPS.– Algorithme
d'ordonnancement
tenant compte de l'état
du canal et de facteurs
qui peuvent avantager
la transmission vers tel
utilisateur plutôt que
vers tel autre. Les terminaux qui ont une bonne
qualité de réception sur
le canal descendant
peuvent se voir affecter
un débit nettement
supérieur à celui des
clients qui n'ont pas un
bon canal descendant.

AMC.– Fonction qui
consiste à déterminer la
modulation et le code à
utiliser en fonction de la
qualité du canal.

On considère souvent que la 3G+ correspond aux hauts débits de données, c'est-à-dire de plus de 1 Mbit/s. Cette valeur est obtenue par la technologie HSDPA dans le *sens descendant* et par son successeur HSUPA dans le *sens montant*. Nous détaillons ces deux technologies dans cette section.

Pour entrer dans la quatrième génération, il faut que les débits dépassent la dizaine de mégabits par seconde. On y trouve HSOPA en tant que successeur de la lignée UMTS.

La 4G est également liée au mixage de plusieurs technologies simultanément, une station pouvant être connectée en même temps sur plusieurs réseaux. Les applications se déroulant sur l'équipement terminal peuvent ainsi choisir le meilleur réseau par rapport à leurs contraintes de qualité de service, de sécurité, de disponibilité et de gestion de la mobilité. On appelle ces *terminaux « multi-homés »* parce qu'ils possèdent plusieurs « homes » : ils peuvent se connecter sur plusieurs réseaux de base.

Le HSDPA

Le HSDPA (*High-Speed Downlink Packet Access*) est un protocole pour la téléphonie mobile 3G+. Il offre des performances approximativement dix fois supérieures à celles de la 3G de base. C'est essentiellement une évolution logicielle qui permet cette augmentation des débits.

Le HSDPA possède un lien descendant — du réseau vers le terminal — en mode paquet en augmentation forte par rapport à l'UMTS. Le HSDPA fait partie de la famille HSPA (*High-Speed Protocol Access*). Nous détaillons plus loin ses versions plus évoluées HSUPA et HSOPA.

Le déploiement existant en 2007 offrait des débits de 1,8 Mbit/s, 3,6 Mbit/s, 7,2 Mbit/s et 14,4 Mbit/s sur le lien descendant, et nettement plus avec la version évoluée, qui atteint 42 Mbit/s.

Le HSDPA est une évolution relativement simple de l'UMTS, et c'est la raison pour laquelle on le classe dans la 3,5G.

Les principales différences avec l'UMTS viennent des fonctions suivantes :
- Retransmissions beaucoup plus rapides à partir du NodeB grâce à l'algorithme *HARQ* (*Hybrid Automatic Repeat Request*).
- Nouvel ordonnancement dans le NodeB bien plus rapide que celui de l'UMTS grâce à l'algorithme *FPS* (*Fast Packet Scheduling*).
- Modulation et codage de type *AMC* (*Adapytative Modulation and Coding*).

Parmi les autres améliorations du HSDPA, le débit montant peut atteindre 384 Kbit/s, au lieu des 128 Kbit/s de l'UMTS. Le temps de latence de l'accès est bien meilleur, ce qui améliore la qualité de la voix téléphonique.

La *release* suivante de l'UMTS concerne une nouvelle augmentation des débits sur le lien descendant, avec des vitesses pouvant atteindre 42 Mbit/s. Les technologies permettant cet accroissement de la vitesse proviennent du *MIMO* (*Multiple In Multiple Out*) et de l'apparition d'antennes intelligentes.

MIMO.– Technique utilisant plusieurs antennes permettant, tout en utilisant la même fréquence sur toutes les antennes, de multiplier le débit par le nombre d'antennes d'émission et d'améliorer le taux d'erreur.

Le HSUPA

Le HSUPA (*High-Speed Uplink Packet Access*) s'intéresse à la voie montante, qui devrait atteindre à terme 5,76 Mbit/s.

Le HSUPA utilise un canal montant amélioré E-DCH (*Enhanced Dedicated CHannel*), qui utilise les mêmes ingrédients que le HSDPA sur le canal descendant : adaptation des communications entre les terminaux et NodeB pour optimiser l'utilisation globale du canal.

Parmi les algorithmes proposés dans cette norme, citons notamment les suivants :

- TTI (*Transmission Time Interval*) de longueur réduite.
- Protocole HARQ (*Hybrid ARQ*), qui effectue de la redondance incrémentale.
- Ordonnanceur de paquets, qui décide quand et comment sont transmis les paquets en utilisant la qualité des communications et l'état des files d'attente du récepteur.
- Possibilité de faire passer des paquets prioritaires, comme ceux de la ToIP, hors du champ de l'ordonnancement. Ces paquets sont dits « *non-scheduled* ». L'objectif est de faire transiter des paquets avec des contraintes fortes non satisfaites par l'ordonnanceur, celui-ci ne tenant pas compte du synchronisme dont certains flots ont besoin.
- Couche MAC tenant compte des priorités des paquets ordonnancés et non ordonnancés. Le débit est déterminé à l'ouverture de la connexion.

Après la technologie HSUPA, le 3GPP a travaillé à une nouvelle amélioration pour aller vers le très haut débit : le HSOPA, qui marque l'entrée dans la quatrième génération de réseaux de mobiles.

Le HSOPA

Le HSOPA (*High Speed OFDM Packet Access*) est une proposition d'origine européenne du 3GPP LTE (*Long Term Evolution*), qui atteint 100 et 200 Mbit/s respectivement dans les sens montant et descendant.

4G.– Quatrième génération des réseaux de
mobiles qui se diffé-
rentie essentiellement
par une nouvelle tech-
nique d'accès fondée
sur l'OFDM (*Orthogo-
nal Frequency Division
Modulation*) et l'utilisation native du proto-
cole IP.

On appelle parfois cette norme le *super 3G*. En fait, il s'agit de la première
version de la *4G*.

La différence fondamentale entre le HSOPA et les deux techniques précédentes provient de l'interface radio, qui est totalement modifiée pour passer à
l'OFDMA. Cette interface étant incompatible avec les versions précédentes,
HSDPA et HSUPA, il y a bien un changement de génération. Les débits sont
de 50 Mbit/s dans le sens montant et 100 Mbit/s dans le sens descendant. Il
est prévu que, sur une bande de fréquences de 5 MHz de large, deux cents
clients puissent être connectés simultanément à haut débit.

Le HSOPA travaillera de concert avec le HSDPA et le HSUPA, de sorte qu'un
client devrait pouvoir se connecter sur la meilleure cellule possible en fonction
de l'application en cours. Les passages d'une technologie à l'autre se feront de
façon transparente.

Un autre objectif de cette norme est de permettre les handovers verticaux avec
d'autres catégories de réseaux sans fil, dont WiMAX. Pour cela, le HSOPA uti-
lisera le protocole TCP/IP, et les interconnexions pourront s'effectuer au travers du protocole IP.

L'adoption de l'OFDMA permet une flexibilité beaucoup plus grande qu'avec
le CDMA de troisième génération. L'efficacité spectrale, c'est-à-dire le nombre
de bits émis par hertz, est bien meilleure.

Sur la bande descendante, les sous-bandes de l'OFDM seront de 15 kHz, avec
un maximum de 2 048 sous-bandes. Les mobiles devront pouvoir recevoir les
signaux de l'ensemble de ces 2 048 sous-bandes, mais une station de base
n'aura besoin que de 72 sous-bandes. La trame radio est de 10 ms. La modulation est de type 16QAM et 64QAM.

Le LTE et l'UMB

Le LTE (*Long Term Evolution*) provient du 3GPP et concerne les évolutions à long terme
de la 4G, c'est-à-dire des technologies radio mobile utilisant l'OFDMA. L'UMB (*Ultra
Mobile Broadband*) provient du 3GPP2 et a pour but de succéder au cdma2000. L'interface radio provient également de l'OFDMA. Dans les deux évolutions à long terme, les
interfaces sont associées à des antennes intelligentes et directives, qui devraient permettre d'atteindre 100 Mbit/s dans le sens montant et 200 Mbit/s dans le sens descendant.

Les deux normes ont été finalisées fin 2007, et la commercialisation des premiers produits devrait débuter vers 2010. L'idée est de suivre les développements effectués par
la gamme des Wi-*xx*, qui associe plusieurs tailles de cellules et des handovers verticaux.

Nous aurons donc des solutions à l'environnement Wi-*xx* dans le LTE et l'UMB, avec des
tailles de cellules plus ou moins grandes, allant de la picocellule à la cellule parapluie.
Par l'utilisation massive de petites cellules, les débits annoncés devraient être atteints
sans trop de problème.

Question 11.– *Pourquoi la 3G a-t-elle pu monter en débit au cours des ans ?*

Réponse.– De nombreux procédés ont été ajoutés, permettant d'améliorer le débit : la correction d'erreur, en utilisant les précédent paquets retransmis du même paquet et le codage le plus approprié, et non toujours le même codage, et l'allocation différenciée de la bande passante.

Question 12.– *La 3G+ peut-elle remplacer les techniques d'accès ADSL fixes ?*

Réponse.– Oui, la 3G+ avec des débits crêtes de plusieurs Mbit/s, est capable de remplacer les ADSL fixes. Cependant, puisqu'il s'agit de débits crêtes, si le nombre d'utilisateurs connectés sur la même antenne est un peu grand, le débit moyen peut être très inférieur. Il faut attendre la 4G pour que les accès à un réseau de mobiles puissent être équivalents à un accès ADSL.

Question 13.– *Pourquoi la super 3G ou la 4G sont-elles vraiment différentes de la 3G ?*

Réponse.– La différence vient de l'utilisation de la bande passante au travers de la technique OFDM et de l'utilisation de l'environnement IP en natif.

1 On considère la station de base d'un réseau GSM. Cette station gère l'interface air avec les mobiles de sa cellule. L'interface air utilise une technique d'accès au canal radio de type TDMA, dans laquelle la trame de base possède 16 porteuses, c'est-à-dire 16 fréquences disponibles. La durée de la trame est de 4,615 ms, et chaque trame est divisée en 8 tranches de temps.

a Si une parole téléphonique compressée en GSM représente 12 Kbit/s, combien de communications simultanées une cellule peut-elle contenir au maximum ?

b Si un client souhaite obtenir une communication à 64 Kbit/s, combien doit-il trouver de tranches disponibles sur chaque trame pour arriver à ce débit ?

c En supposant que l'on puisse permettre à un utilisateur d'atteindre des débits en mégabit par seconde, combien de tels abonnés pourraient être pris en charge simultanément ?

d On suppose que deux cellules se recouvrent partiellement de façon à éviter une coupure des communications. Un mobile peut-il capter la même fréquence sur les deux cellules ?

e On suppose que le mobile capte les fréquences des deux cellules. Comment doit-il choisir sa cellule dans le GSM ?

2 En fait, pour être plus précis par rapport à l'exercice précédent, chaque cellule ne dispose que d'un certain nombre de porteuses, qui lui ont été allouées lors de la mise en place d'un plan de fréquences.

a Pourquoi la même fréquence ne peut-elle être allouée à deux cellules qui se touchent ?

b Les porteuses sont partiellement utilisées pour la signalisation, c'est-à-dire pour les communications entre les mobiles actifs (allumés mais sans communication orale) et la station de base. Si l'on suppose qu'une cellule possède 5 porteuses, elle dispose de 40 intervalles de temps, dont un est utilisé pour le contrôle commun et la diffusion, deux pour fournir des canaux de signalisation point à point, et le reste pour donner 37 canaux de trafic utilisateur. Si l'on suppose que, pour contrôler un utilisateur, il faille 2 p. 100 d'un canal de signalisation, combien de mobiles peuvent être actifs dans la cellule ?

c Si l'on suppose qu'un utilisateur téléphone en moyenne dix-huit minutes pendant les six heures de pointe de la journée, quel est le nombre moyen de clients qui téléphonent en même temps ?

d Cette cellule paraît-elle bien dimensionnée ?

e La possibilité de passer une parole téléphonique en demi-débit sur un canal à 5,6 Kbit/s, au lieu d'un canal standard plein débit à 13 Kbit/s, paraît-elle une solution ?

f Comment peut-on passer à un son de meilleure qualité, comme le EFR (Enhanced Full Rate) ? Dans le cas de la cellule de cet exercice, est-ce possible ?

g Au niveau de la couche 2, on utilise dans le GSM le protocole LAP-D$_m$, qui est très semblable au protocole HDLC. La fenêtre de contrôle de cette procédure est de taille 1. Donner une explication à cette valeur.

3 Pour éviter de déconnecter un utilisateur en cours de transmission, il faut que, lors d'un handover, une fréquence soit disponible dans la nouvelle cellule.

a Existe-t-il un moyen de s'assurer qu'il y ait toujours une fréquence disponible ?

b Il existe deux sortes de handovers : les soft-handovers et les hard-handovers. Dans le premier cas, soft-handover, pour être sûr que tout se passe bien, le mobile commence à travailler sur la fréquence de la nouvelle cellule, tout en continuant à utiliser la fréquence de l'ancienne cellule, et ce jusqu'à ce que le terminal soit sûr du comportement dans la nouvelle cellule. Cette technique du soft-handover vous paraît-elle très contraignante, en particulier quant à l'utilisation des ressources ?

c Le hard-handover s'effectue à un moment précis, le mobile passant de la fréquence de l'ancienne cellule à la fréquence de la nouvelle cellule. Indiquer quels peuvent être les problèmes posés par ce hard-handover.

d Est-il possible de prévoir le moment où un mobile va effectivement effectuer un handover, solution qui permettrait d'effectuer une réservation de ressources à l'avance et de minimiser la probabilité d'interruption de la communication ?

4 L'arrivée de l'UMTS va s'effectuer sur des cellules spécifiques.

a Existe-t-il une probabilité de collision de fréquences entre le GSM et l'UMTS ?

b Le client peut-il garder le même code en passant d'une cellule à une autre cellule ?

c Les stations de base sont reliées entre elles et aux commutateurs du réseau central *(Core Network)* par un réseau à transfert de paquets. Le choix de l'UMTS dans sa première génération concerne l'ATM et le protocole AAL2, dans la couche d'adaptation située juste au-dessus de la couche ATM *(voir cours 15, « Les réseaux télécoms »).* Les trames ATM transportent, en les multiplexant des minitrames AAL2. Pourquoi a-t-on besoin de multiplexer des minitrames dans une cellule de 48 octets ?

d Si l'on suppose que le terminal mobile travaille sous un monde IP, que deviennent les paquets IP à transporter sur l'interface air ? Et ceux transportés sur le réseau central *(Core Network) ?*

e Dans la deuxième génération de l'UMTS, le réseau ATM devrait être remplacé par un réseau IP. Expliquer comment pourrait s'effectuer le multiplexage des différents canaux de parole dans ce nouveau contexte ?

17

Les réseaux sans fil

Les réseaux sans fil définissent une communication par ondes hertziennes dans laquelle le client est quasi immobile dans la cellule où il se trouve. S'il sort de sa cellule, la communication est coupée. Les réseaux de mobiles, au contraire, rendent possibles les changements intercellulaires et la continuité de la communication lorsque le client se déplace fortement. Cette différence tend toutefois à s'atténuer puisque un client dans un réseau de mobiles peut rester immobile, tandis qu'un client dans un réseau sans fil peut désormais se déplacer de cellule en cellule à faible vitesse.

- ■ Les catégories de réseaux sans fil

- ■ Les réseaux IEEE 802.11

- ■ Les réseaux Wi-Fi

- ■ IEEE 802.11b

- ■ IEEE 802.11a et g

- ■ WPAN et IEEE 802.15

- ■ WiMAX et IEEE 802.16

- ■ Les réseaux ad-hoc

■ Les catégories de réseaux sans fil

Les réseaux sans fil sont en plein développement du fait de la flexibilité de leur interface, qui permet à un utilisateur de changer facilement de place dans son entreprise. Les communications entre équipements terminaux peuvent s'effectuer directement ou par le biais de stations de base. Les communications entre points d'accès s'effectuent de façon hertzienne ou par câble. Ces réseaux atteignent des débits de plusieurs mégabits par seconde, voire de plusieurs dizaines de mégabits par seconde.

IEEE *(Institute of Electrical and Electronics Engineers).*– Organisme américain à l'origine de nombreuses publications et normes concernant notamment les réseaux locaux.

Plusieurs gammes de produits sont actuellement commercialisées, mais la normalisation en cours devrait introduire de nouveaux environnements. Les groupes de travail qui se chargent de cette normalisation sont l'*IEEE 802.15*, pour les petits réseaux personnels d'une dizaine de mètres de portée, l'IEEE 802.11, pour les réseaux LAN *(Local Area Network)*, ainsi que l'IEEE 802.20, nouveau groupe de travail créé en 2003 pour le développement de réseaux un peu plus étendus.

Dans le groupe IEEE 802.15, trois sous-groupes normalisent des gammes de produits en parallèle :

- IEEE 802.15.1, le plus connu, en charge de la norme Bluetooth, aujourd'hui largement commercialisée.

- IEEE 802.15.3, en charge de la norme UWB *(Ultra-Wide Band)*, qui met en œuvre une technologie très spéciale : l'émission à une puissance extrêmement faible, sous le bruit ambiant, mais sur pratiquement l'ensemble du spectre radio (entre 3,1 et 10,6 GHz). Les débits atteints sont de l'ordre du Gbit/s sur une distance de 10 mètres.

- IEEE 802.15.4, en charge de la norme ZigBee, qui a pour objectif de promouvoir une puce offrant un débit relativement faible mais à un coût très bas.

Du côté de la norme IEEE 802.11, dont les produits sont nommés Wi-Fi *(Wireless-Fidelity)*, il existe aujourd'hui trois propositions, dont les débits sont situés entre 11 et 54 Mbit/s. Une quatrième proposition, l'IEEE 802.11n, est en cours de finalisation et les premiers produits sont commercialisés.

La très grande majorité des produits sans fil utilise les fréquences de la bande 2,4-2,483 5 MHz et de la bande 5,15 à 5,3 MHz. Ces deux bandes de fréquences sont libres et peuvent être utilisées par tout le monde, à condition de respecter la réglementation en cours.

■ Les réseaux IEEE 802.11

La norme IEEE 802.11 a donné lieu à deux générations de réseaux sans fil, les réseaux Wi-Fi qui travaillent à la vitesse de 11 Mbit/s et ceux qui montent à 54 Mbit/s. Les premiers se fondent sur la norme IEEE 802.11b et les seconds sur les normes IEEE 802.11a et IEEE 802.11g. La troisième génération atteindra 320 Mbit/s avec la norme IEEE 802.11n.

Les fréquences du réseau Wi-Fi de base se situent dans la gamme des 2,4 GHz. Dans cette solution de réseau local par voie hertzienne, les communications peuvent se faire soit directement de station à station, mais sans qu'une station puisse relayer automatiquement les paquets vers une autre station terminale, à la différence des *réseaux ad-hoc*, soit en passant par un point d'accès, ou AP *(Access Point)*.

Le point d'accès est partagé par tous les utilisateurs qui se situent dans la même cellule. On a donc un système partagé, dans lequel les utilisateurs entrent en compétition pour accéder au point d'accès. Pour sérialiser les accès, il faut définir une technique d'accès au support physique. Cette dernière est effectuée par le biais d'un protocole de niveau *MAC (Medium Access Control)* comparable à celui d'Ethernet. Ce protocole d'accès est le même pour tous les réseaux Wi-Fi.

De nombreuses options rendent toutefois sa mise en œuvre assez complexe. La différence entre le protocole hertzien et le protocole terrestre *CSMA/CD* d'Ethernet provient de la façon de gérer les collisions potentielles. Dans le second cas, l'émetteur continue à écouter le support physique et détecte si une collision se produit, ce qui est impossible dans une émission hertzienne, un émetteur ne pouvant à la fois émettre et écouter.

Le CSMA/CA *(Carrier Sense Multiple Access/ Collision Avoidance)*

Dans le protocole terrestre CSMA/CD, on détecte les collisions en écoutant la porteuse, mais lorsque deux stations veulent émettre pendant qu'une troisième est en train de transmettre sa trame, cela mène automatiquement à une collision *(voir le cours 14, « Les réseaux Ethernet »)*. Dans le cas hertzien, le protocole d'accès permet d'éviter la collision en obligeant les deux stations à attendre un temps différent avant d'avoir le droit de transmettre. Comme la différence entre les deux temps d'attente est supérieure au temps de propagation sur le support de transmission, la station qui a le temps d'attente le plus long trouve le support physique déjà occupé et évite ainsi la collision, d'où son suffixe CA *(Collision Avoidance)*.

Pour éviter les collisions, chaque station possède un temporisateur avec une valeur spécifique. Lorsqu'une station écoute la porteuse et que le canal est vide, elle transmet.

Suite p. 398

réseau ad-hoc.– Réseau spontané qui n'utilise aucun point d'accès fixe, dans lequel l'infrastructure n'est composée que des stations elles-mêmes, ces dernières jouant à la fois le rôle de terminal et de routeur pour permettre le passage de l'information d'un terminal vers un autre sans que ces terminaux soient reliés directement. La caractéristique essentielle d'un réseau ad-hoc est l'existence de tables de routage dynamiques dans chaque nœud.

MAC *(Medium Access Control).–* Technique d'accès à un support physique partagé par plusieurs machines terminales, permettant de sérialiser les demandes de transmission pour qu'elles se succèdent sur le support physique sans entrer en collision.

CSMA/CD *(Carrier Sense Multiple Access/ Collision Detection).–* Technique d'accès employée dans les réseaux Ethernet, dite d'écoute de la porteuse et de détection des collisions, consistant à écouter le canal avant et pendant l'émission. Si le coupleur détecte un signal sur la ligne, il diffère son émission à une date ultérieure ou l'interrompt.

Suite de la page 397

Le risque qu'une collision se produise est extrêmement faible, puisque la probabilité que deux stations démarrent leur émission dans une même microseconde est quasiment nul. En revanche, lorsqu'une transmission a lieu et que deux stations ou plus se mettent à l'écoute et persistent à écouter, la collision devient inévitable. Pour empêcher la collision, il faut que les stations attendent avant de transmettre un temps suffisant pour permettre de séparer leurs instants d'émission respectifs. On ajoute également un petit temporisateur à la fin de la transmission afin d'empêcher les autres stations de transmettre et de permettre au récepteur d'envoyer immédiatement un acquittement.

L'architecture d'un réseau Wi-Fi est cellulaire. Un groupe de terminaux munis d'une carte d'interface réseau 802.11, s'associent pour établir des communications directes et forment un BSS *(Basic Set Service)*.

Comme illustré à la figure 17-1, le standard 802.11 offre deux modes de fonctionnement, le mode infrastructure et le mode *ad hoc*. Le mode infrastructure est défini pour fournir aux différentes stations des services spécifiques sur une zone de couverture déterminée par la taille du réseau. Les réseaux d'infrastructure sont établis en utilisant des points d'accès, ou AP *(Access Point)*, qui jouent le rôle de station de base pour une BSS.

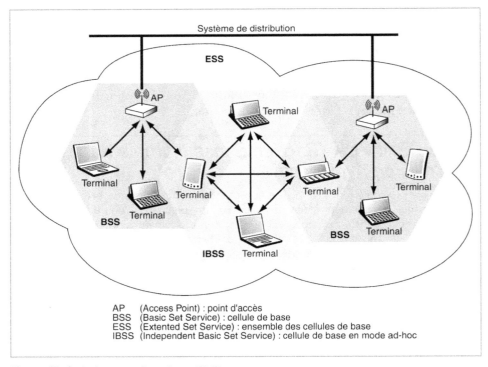

Figure 17-1. *Architecture d'un réseau Wi-Fi.*

Lorsque le réseau est composé de plusieurs BSS, chacun d'eux est relié à un système de distribution, ou DS *(Distribution System)*, par l'intermédiaire de leur point d'accès (AP) respectif. Un système de distribution correspond en règle générale à un réseau Ethernet utilisant du câble métallique. Un groupe de BSS interconnectés par un système de distribution (DS) forment un ESS *(Extented Set Service)*, qui n'est pas très différent d'un sous-système radio de réseau de mobiles.

Le système de distribution (DS) est responsable du transfert des paquets entre les différentes stations de base. Dans les spécifications du standard, le DS est implémenté de manière indépendante de la structure hertzienne et utilise un réseau Ethernet métallique. Il pourrait tout aussi bien utiliser des connexions hertziennes entre les points d'accès.

Sur le système de distribution qui interconnecte les points d'accès auxquels sont connectées les stations mobiles, il est possible de placer une passerelle d'accès vers un réseau fixe, tel qu'Internet. Cette passerelle permet de connecter le réseau 802.11 à un autre réseau. Si ce réseau est de type IEEE 802.*x*, la passerelle incorpore des fonctions similaires à celles d'un pont.

Un réseau en mode *ad hoc* est un groupe de terminaux formant un IBSS *(Independent Basic Set Service)*, dont le rôle consiste à permettre aux stations de communiquer sans l'aide d'une quelconque infrastructure, telle qu'un point d'accès ou une connexion au système de distribution. Chaque station peut établir une communication avec n'importe quelle autre station dans l'IBSS, sans être obligée de passer par un point d'accès. Comme il n'y a pas de point d'accès, les stations n'intègrent qu'un certain nombre de fonctionnalités, telles les trames utilisées pour la synchronisation.

Ce mode de fonctionnement se révèle très utile pour mettre en place facilement un réseau sans fil lorsqu'une infrastructure sans fil ou fixe fait défaut.

Questions-réponses

Question 1.– *Pourquoi peut-il y avoir des collisions sur un réseau sans fil ?*

Réponse.– Dans un réseau sans fil, le point d'accès est partagé entre tous les utilisateurs qui souhaitent y accéder. Si deux utilisateurs accèdent exactement au même instant, les messages entrent en collision. Dans la réalité, cette probabilité est extrêmement faible.

Question 2.– *Le fait d'attendre la valeur d'un temporisateur avant de transmettre ne porte-t-il pas atteinte au débit effectif du système ?*

Réponse.– Effectivement, le fait d'attendre un temporisateur fait diminuer le débit effectif du réseau. Un réseau Wi-Fi a donc un débit plutôt moins bon qu'un Ethernet métallique.

■ Les réseaux Wi-Fi

Pour qu'un signal soit reçu correctement, sa portée ne peut dépasser 50 m dans un environnement de bureau, 500 m sans obstacle et plusieurs kilomètres avec une antenne directive. En règle générale, les stations ont une portée maximale d'une vingtaine de mètres en environnement de bureau. Lorsqu'il y a traversée de murs porteurs, cette distance est plus faible.

La couche liaison de données

La couche liaison de données du protocole 802.11 est composée essentiellement de deux sous-couches, LLC *(Logical Link Control)* et MAC. La couche LLC utilise les mêmes propriétés que la couche LLC 802.2. Il est de ce fait possible de relier un WLAN à tout autre réseau local appartenant à un standard de l'IEEE. La couche MAC, quant à elle, est spécifique de l'IEEE 802.11.

Le rôle de la couche MAC 802.11 est assez similaire à celui de la couche MAC 802.3 du réseau Ethernet terrestre, puisque les terminaux écoutent la porteuse avant d'émettre. Si la porteuse est libre, le terminal émet, sinon il se met en attente. Cependant, la couche MAC 802.11 intègre un grand nombre de fonctionnalités que l'on ne trouve pas dans la version terrestre.

La méthode d'accès utilisée dans Wi-Fi est appelé DCF *(Distributed Coordination Function)*. Elle est assez similaire à celle des réseaux traditionnels supportant le best effort. Le DCF a été conçu pour prendre en charge le transport de données asynchrones, transport dans lequel tous les utilisateurs qui veulent transmettre des données ont une chance égale d'accéder au support.

La sécurité

Dans les réseaux sans fil, le support est partagé. Tout ce qui est transmis et envoyé sur le support peut donc être intercepté. Pour permettre aux réseaux sans fil d'avoir un trafic aussi sécurisé que dans les réseaux fixes, le groupe de travail IEEE 802.11 a mis en place le protocole WEP *(Wired Equivalent Privacy)*, dont les mécanismes s'appuient sur le chiffrage des données et l'authentification des stations. D'après le standard, le protocole WEP est défini de manière optionnelle, et les terminaux ainsi que les points d'accès ne sont pas obligés de l'implémenter.

Pour empêcher l'écoute clandestine sur le support, le standard fournit un algorithme de chiffrement des données. Chaque terminal possède une clé secrète partagée sur 40 ou 104 bits. Cette clé est concaténée avec un code de 24 bits, l'IV *(Initialization Vector)*, qui est réinitialisé à chaque transmission. La nouvelle clé de 64 ou 128 bits est placée dans un générateur de nombre aléatoire, appelé PRNG (RS4), venant de l'algorithme de chiffrement RSA *(Rivest Shamir Adelman)*. Ce générateur détermine une séquence de clés pseudo-aléatoires, qui permet de chiffrer les données. Une fois chiffrée, la trame peut être envoyée avec son IV. Pour le déchiffrement, l'IV sert à retrouver la séquence de clés qui permet de déchiffrer les données.

Le chiffrement des données ne protège que les données de la trame MAC et non l'en-tête de la trame de la couche physique. Les autres stations ont donc toujours la possibilité d'écouter les trames qui ont été chiffrées.

Associés au WEP, deux systèmes d'authentification peuvent être utilisés :

- Open System Authentication ;
- Shared Key Authentication.

Le premier définit un système d'authentification par défaut. Il n'y a aucune authentification explicite, et un terminal peut s'associer avec n'importe quel point d'accès et écouter toutes les données qui transitent au sein du BSS. Le second fournit un meilleur système d'authentification puisqu'il utilise un mécanisme de clé secrète partagée.

Le mécanisme standard d'authentification de Wi-Fi

Ce mécanisme fonctionne en quatre étapes :

1. Une station voulant s'associer avec un point d'accès lui envoie une trame d'authentification.
2. Lorsque le point d'accès reçoit cette trame, il envoie à la station une trame contenant 128 bits d'un texte aléatoire généré par l'algorithme WEP.
3. Après avoir reçu la trame contenant le texte, la station la copie dans une trame d'authentification et la chiffre avec la clé secrète partagée avant d'envoyer le tout au point d'accès.
4. Le point d'accès déchiffre le texte chiffré à l'aide de la même clé secrète partagée et le compare à celui qui a été envoyé plus tôt. Si le texte est identique, le point d'accès lui confirme son authentification, sinon il envoie une trame d'authentification négative.

La figure 17-2 décrit le processus d'authentification d'une station, reprenant les quatre étapes que nous venons de détailler.

Pour restreindre encore plus la possibilité d'accéder à un point d'accès, ce dernier possède une liste d'adresses MAC, appelée ACL *(Access Control List)*, qui ne permet de fournir l'accès qu'aux stations dont l'adresse MAC est spécifiée dans la liste.

Suite p. 402

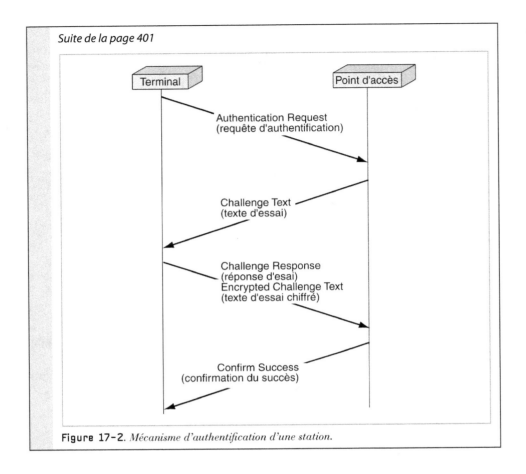

Suite de la page 401

Terminal

Point d'accès

Authentication Request
(requête d'authentification)

Challenge Text
(texte d'essai)

Challenge Response
(réponse d'esai)
Encrypted Challenge Text
(texte d'essai chiffré)

Confirm Success
(confirmation du succès)

Figure 17-2. *Mécanisme d'authentification d'une station.*

Économie d'énergie

Les réseaux sans fil peuvent posséder des terminaux fixes ou mobiles. Le problème principal des terminaux mobiles concerne leur batterie, qui n'a généralement que peu d'autonomie. Pour augmenter le temps d'activité de ces terminaux mobiles, le standard prévoit un mode d'économie d'énergie.

Il existe deux modes de travail pour le terminal :

• Continuous Aware Mode ;

• Power Save Polling Mode.

Le premier correspond au fonctionnement par défaut : la station est tout le temps allumée et écoute constamment le support. Le second permet une économie d'énergie. Dans ce cas, le point d'accès tient à jour un enregistrement de toutes les stations qui sont en mode d'économie d'énergie et stocke les données qui leur sont adressées. Les stations qui sont en veille s'activent à des périodes de temps régulières pour recevoir une trame particulière, la trame TIM *(Traffic Information Map)*, envoyée par le point d'accès.

Entre les trames TIM, les terminaux retournent en mode veille. Toutes les stations partagent le même intervalle de temps pour recevoir les trames TIM, de sorte à toutes s'activer au même moment pour les recevoir. Les trames TIM font savoir aux terminaux mobiles si elles ont ou non des données stockées dans le point d'accès. Lorsqu'un terminal s'active pour recevoir une trame TIM et s'aperçoit que le point d'accès contient des données qui lui sont destinées, il envoie au point d'accès une requête, appelée *Polling Request Frame*, pour mettre en place le transfert des données. Une fois le transfert terminé, il retourne en mode veille jusqu'à réception de la prochaine trame TIM.

Pour des trafics de type broadcast ou multicast, le point d'accès envoie aux terminaux une trame DTIM *(Delivery Traffic Information Map)*, qui réveille l'ensemble des points concernés.

Questions-réponses

Question 3.– *Un réseau IEEE 802.11 s'appuie sur la technologie Ethernet. Montrer que l'interconnexion des points d'accès n'est généralement pas un problème en utilisant le réseau Ethernet de l'entreprise ?*

Réponse.– Comme IEEE 802.11 est compatible avec Ethernet, il est facile de faire circuler des trames Ethernet sur un réseau Ethernet entre deux point d'accès. C'est d'ailleurs le moyen le plus simple pour installer un réseau Wi-Fi : mettre régulièrement des points d'accès le long du réseau Ethernet de l'entreprise.

Question 4.– *Pourquoi l'attaque par dictionnaire consistant à tester tous les mots du dictionnaire est-elle l'une des plus utilisées ?*

Réponse.– Les utilisateurs choisissant pour la plupart un mot de passe provenant du dictionnaire, il est facile de tester tous les mots du dictionnaire pour trouver le mot de passe.

Question 5.– *Pourquoi les économies d'énergie constituent-elles un point faible des réseaux Wi-Fi ?*

Réponse.– La solution *Power Save Polling Mode* n'est pas obligatoire et n'est généralement pas mise en œuvre par les cartes Wi-Fi. De ce fait, le temps de vie d'une batterie d'un terminal Wi-Fi est assez faible. Le processeur Centrino d'Intel, qui intègre la norme 802.11, constitue une avancée importante dans ce domaine, car sa consommation d'énergie est extrêmement faible et permet aux batteries des PC qui en sont dotés de tenir un temps comparable à celui d'un même PC sans Wi-Fi.

■ IEEE 802.11b

Le réseau IEEE 802.11b provient de la normalisation effectuée sur la bande des 2,4 GHz. Cette norme a pour origine des études effectuées dans le cadre général du groupe IEEE 802.11.

En ce début des années 2000, la norme IEEE 802.11b s'est imposée comme standard, et plusieurs millions de cartes d'accès réseau Wi-Fi ont été vendues. Wi-Fi a d'abord été déployé dans les campus universitaires, les aéroports, les gares et les grandes administrations publiques et privées, avant de s'imposer dans les réseaux des entreprises pour permettre la connexion des PC portables et des équipements de type PDA.

Wi-Fi travaille avec des stations de base dont la vitesse de transmission est de 11 Mbit/s et la portée de quelques dizaines de mètres. Pour obtenir cette valeur maximale de la porteuse, il faut que le terminal soit assez près de la station de base, à moins d'une vingtaine de mètres. Il faut donc bien calculer, au moment de l'ingénierie du réseau, le positionnement des différents points d'accès. Si la station est trop loin, elle peut certes se connecter mais à une vitesse inférieure.

Aux États-Unis, treize fréquences sont disponibles sur la bande des 83,5 MHz. En Europe, lorsque la bande sera entièrement libérée, quatorze fréquences seront disponibles. Un point d'accès ne peut utiliser que trois fréquences au maximum, car l'émission demande une bande passante qui recouvre quatre fréquences.

Les fréquences peuvent être réutilisées régulièrement. De la sorte, dans une entreprise, le nombre de machines que l'on peut raccorder est très important et permet à chaque station terminale de se raccorder à haut débit à son serveur ou à un client distant.

Questions-réponses

Question 6.– *Montrer qu'avec trois fréquences disponibles, il est possible de faire un plan de fréquences.*

Réponse.– En effet, trois fréquences sont suffisantes pour réaliser un plan de fréquences dans lequel deux antennes qui utilisent la même fréquence n'ont que peu ou pas d'interférences.

Question 7.– *Pourquoi le débit effectif d'un réseau Wi-Fi est-il loin du débit théorique ?*

Réponse.– Tout d'abord, la station s'adapte à son environnement et émet à la vitesse maximale compte tenu des contraintes environnementales. Si la station est trop loin ou travaille avec des interférences, sa vitesse de transmission chute de 11 à 5,5, voire 2 ou même 1 Mbit/s. De plus, les temporisateurs destinés à éviter les collisions font perdre beaucoup de temps. Le débit moyen du point d'accès est alors bien plus faible que le débit théorique.

■ IEEE 802.11a et g

Les produits Wi-Fi provenant des normes IEEE 802.11a et g utilisent la bande des 5 GHz. Cette norme a pour origine des études effectuées dans le cadre de la normalisation *HiperLAN* de l'ETSI au niveau européen en ce qui concerne la couche physique. La couche MAC de l'IEEE 802.11b est en revanche conservée.

Les produits Wi-Fi provenant de la norme 802.11a ne sont pas compatibles avec ceux de la norme Wi-Fi 802.11b, les fréquences utilisées étant totalement différentes. Les fréquences peuvent toutefois se superposer si l'équipement qui souhaite accéder aux deux réseaux comporte deux cartes d'accès. En revanche, les produits Wi-Fi 802.11g travaillant dans la bande des 2,4 GHz sont compatibles et se dégradent en 802.11b si un point d'accès 802.11b peut être accroché. Il y a donc compatibilité avec la norme 802.11b.

La distance maximale entre la carte d'accès et la station de base peut dépasser les 100 m, mais la chute du débit de la communication est fortement liée à la distance. Pour le débit de 54 Mbit/s, la station mobile contenant la carte d'accès ne peut s'éloigner que de quelques mètres du point d'accès. Au-delà, le débit chute très vite pour être approximativement équivalent à celui qui serait obtenu avec la norme 802.11b à 100 m de distance.

En réalisant de petites cellules, permettant une forte réutilisation des fréquences, et compte tenu du nombre important de fréquences disponibles en parallèle (jusqu'à 8), le réseau 802.11a permet à plusieurs dizaines de clients sur 100 m² de se partager plusieurs dizaines de mégabits par seconde. De ce fait, le réseau 802.11a est capable de prendre en charge des flux vidéo de bonne qualité.

La norme IEEE 802.11g a une tout autre ambition, puisqu'elle vise à remplacer la norme IEEE 802.11b sur la fréquence des 2,4 GHz, mais avec un débit supérieur à celui du 802.11b, atteignant théoriquement 54 Mbit/s mais pratiquement nettement moins, plutôt de l'ordre d'une vingtaine de mégabits par seconde.

HiperLAN *(High Performance Radio LAN).*– Normalisation européenne des réseaux locaux sans fil, dont les bandes de fréquences se situent entre 5 150 et 5 300 MHz.

Questions-réponses

Question 8.– *Montrer que la norme IEEE 802.11a a un potentiel plus important que 802.11b mais qu'elle a du mal à s'imposer.*

Réponse.– La norme IEEE 802.11a un potentiel plus important que 802.11b parce qu'elle évolue sur une bande passante beaucoup plus large : 200 MHz contre 83 MHz. Dans le partitionnement en fréquence, 802.11a possède 8 bandes passantes contre seulement 3 pour les 2,4 GHz. La norme 802.11a a du mal à s'imposer car son installation est plus complexe et que la norme 802.11g lui fait une concurrence importante du fait de sa compatibilité avec 802.11b.

■ Qualité de service et sécurité

La qualité de service est toujours un élément essentiel dans un réseau. Les réseaux 802.11 posent de nombreux problèmes pour obtenir de la qualité de service. Tout d'abord, le débit réel du réseau n'est pas stable et peut varier dans le temps. Ensuite, le réseau étant partagé, les ressources sont partagées entre tous les utilisateurs se trouvant dans la même cellule.

En ce qui concerne la première difficulté, les points d'accès Wi-Fi ont la particularité assez astucieuse de s'adapter à la vitesse des terminaux. Lorsqu'une station n'a plus la qualité suffisante pour émettre à 11 Mbit/s, elle dégrade sa vitesse à 5,5 puis 2 puis 1 Mbit/s. Cette dégradation provient soit d'un éloignement, soit d'interférences. Cette solution permet de conserver des cellules assez grandes, puisque le point d'accès s'adapte. L'inconvénient est bien sûr qu'il est impossible de prédire le débit d'un point d'accès. On voit bien que si une station travaille à 1 Mbit/s et une autre à 11 Mbit/s, le débit réel du point d'accès est plus proche de 1 Mbit/s que de 11 Mbit/s. De plus, comme l'accès est partagé, il faut diviser le débit disponible entre les différents utilisateurs.

Le groupe de travail IEEE 802.11 a défini deux normes, 802.11e et 802.11i, dans l'objectif d'améliorer les diverses normes 802.11 en introduisant de la qualité de service et des fonctionnalités de sécurité et d'authentification.

Ces ajouts ont pour fonction de faire transiter des applications possédant des contraintes temporelles, comme la parole téléphonique ou les applications multimédias. Pour cela, il a fallu définir des classes de service et permettre aux terminaux de choisir la bonne priorité en fonction de la nature de l'application transportée.

La gestion des priorités s'effectue au niveau du terminal par l'intermédiaire d'une technique d'accès au support physique modifiée par rapport à celle utilisée dans la norme de base IEEE 802.11. Les stations prioritaires ont des temporisateurs d'émission beaucoup plus courts que ceux des stations non prioritaires, ce qui leur permet de toujours prendre l'avantage lorsque deux stations de niveaux différents essayent d'accéder au support.

Le protocole IEEE 802.11i devrait apporter une sécurité bien meilleure que celle proposée par le WEP. Il devrait être mis en œuvre à partir du début de 2005. Il utilise un algorithme de chiffrement plus performant, avec l'adoption de l'AES *(Advanced Encryption Standard)*. Déjà utilisé par la Défense américaine, ce standard a toutefois le défaut d'être incompatible avec la génération actuelle, de même qu'avec les extensions de sécurité en cours *(voir l'encadré sur la sécurité WPA)*. Le protocole IEEE 802.11i devrait être mis en œuvre avec la génération IEEE 802.11n à un débit de 320 Mbit/s.

La sécurité WPA *(Wi-Fi Protected Access)*

Les mécanismes de sécurité ont fortement progressé depuis le début des années 2000. Le WPA a été introduit en 2003. Il propose deux processus de sécurité : un WEP amélioré, appelé TKIP *(Temporal Key Integrity Protocol)*, et une procédure d'authentification des utilisateurs avec la norme IEEE 802.1x.

TKIP apporte une modification régulière des clés secrètes, de telle sorte que même un attaquant n'a pas le temps d'acquérir un nombre suffisant de trames pour avoir un espoir de casser les clés secrètes. La norme IEEE 802.1x apporte une authentification, qui déborde du strict cadre de l'environnement Wi-Fi. Cette authentification s'effectue comme expliqué au cours 7.

Questions-réponses

Question 9.– *Les terminaux Wi-Fi téléphoniques sont déjà présents en tant que produits sur le marché du Wi-Fi. Montrer que cette solution n'est généralement pas viable.*

Réponse.– Dans les réseaux Wi-Fi actuels, il n'y a pas de qualité de service. Les clients se succèdent dans un ordre relativement aléatoire pour accéder au point d'accès. Si un client connecté est en train d'émettre un gros fichier, ses paquets entrent en compétition avec les paquets de paroles et possèdent la même chance d'accès. Les paquets téléphoniques sont alors fortement retardés, et la probabilité qu'ils arrivent dans les temps au récepteur est faible. Pour que les terminaux Wi-Fi téléphoniques puissent fonctionner d'une façon raisonnable, ils doivent être seuls sur les points d'accès. La norme IEEE 802.11e devrait apporter une solution acceptable à ce problème, en attribuant une priorité forte aux paquets portant de la parole téléphonique.

Question 10.– *Pourquoi le protocole TKIP est-il une solution acceptable pour garantir la confidentialité ? Cette solution vous paraît-elle entraver les performances du réseau Wi-Fi ?*

Réponse.– TKIP permet de changer la clé secrète de chiffrement. Cet algorithme est donc une bonne réponse aux attaques par écoute en ne permettant pas à un attaquant de copier suffisamment de trames pour espérer en découvrir la clé secrète de chiffrement. Si le changement de clé est effectué trop souvent, il est évident que les performances en souffrent, car la distribution de clés est un algorithme complexe et consommateur de temps. Il ne faut donc pas changer la clé trop souvent pour rester dans les performances connues des réseaux IEEE 802.11.

■ WPAN et IEEE 802.15

Le groupe IEEE 802.15, intitulé WPAN *(Wireless Personal Area Networks)*, a été mis en place en mars 1999 dans le but de réfléchir aux réseaux d'une portée d'une dizaine de mètres, avec pour objectif de réaliser des connexions entre les différents portables d'un même utilisateur ou de plusieurs utilisateurs. Ce réseau peut interconnecter un PC portable (laptop), un téléphone portable, un PDA ou toute autre terminal de ce type. Trois groupes de services ont été définis, A, B et C.

Le groupe A utilise la bande du spectre sans licence d'utilisation (2,4 GHz) en visant un faible coût de mise en place et d'utilisation. La taille de la cellule autour du point d'émission est de l'ordre du mètre. La consommation électrique doit être particulièrement faible pour permettre au terminal de tenir plusieurs mois sans recharge électrique. Le mode de transmission choisi est sans connexion. Le réseau doit pouvoir travailler en parallèle d'un réseau 802.11, c'est-à-dire que sur un même emplacement physique il peut y avoir en même temps un réseau de chaque type, les deux pouvant éventuellement fonctionner de façon dégradée.

Le groupe B affiche des performances en augmentation avec un niveau MAC pouvant atteindre un débit de 100 Kbit/s. Le réseau de base doit pouvoir interconnecter au moins seize machines et proposer un algorithme de QoS, ou qualité de service, pour autoriser le fonctionnement de certaines applications, comme la parole téléphonique, qui demande une qualité de service assez stricte. La portée entre l'émetteur et le récepteur atteint une dizaine de mètres, et le temps maximal pour se raccorder au réseau ne doit pas dépasser la seconde. Enfin, cette catégorie de réseau doit posséder des passerelles avec les autres catégories de réseaux 802.15.

Le groupe C introduit de nouvelles fonctionnalités importantes pour particuliers ou entreprises, comme la sécurité de la communication, la transmission de la vidéo et la possibilité de roaming, ou itinérance, entre réseaux hertziens.

Pour répondre à ces objectifs, des groupements industriels se sont mis en place, comme Bluetooth. Bluetooth regroupe plus de 2 500 sociétés qui ont réalisé une spécification ouverte de connexion sans fil entre équipements personnels. Bluetooth est fondé sur une liaison radio entre deux équipements.

Le groupe de travail IEEE 802.15 s'est scindé en quatre sous-groupes :

- IEEE 802.15.1, pour satisfaire les contraintes des réseaux de catégorie C. Le choix de ce premier groupe s'est tourné vers le réseau Bluetooth, présenté en détail à la section suivante.

- IEEE 802.15.3, pour les contraintes posées par le groupe B, mais qui a finalement débouché sur une proposition très performante avec l'UWB *(Ultra-Wide Band)*, qui sera sur le marché en 2005.

- IEEE 802.15.4, pour les réseaux WPAN de catégorie A, qui a abouti à la proposition ZigBee, d'un réseau à bas débit mais à un coût extrêmement bas.

- IEEE 802.15.2, pour les interférences avec les autres réseaux utilisant la bande des 2,4 GHz.

Bluetooth

Le Bluetooth Special Interest Group, constitué au départ par Ericsson, IBM, Intel, Nokia et Toshiba et rejoint par plus de 2 500 sociétés, définit les spécifications de Bluetooth. Le nom de la norme est celui d'un chef Viking, Harald Bluetooth, qui aurait réussi à unifier les différents royaumes nordiques à la fin du Moyen Âge.

C'est une technologie peu onéreuse, grâce à la forte intégration sur une puce unique de 9 mm sur 9 mm. Les fréquences utilisées sont comprises entre 2 400 et 2 483,5 MHz. On retrouve la même gamme de fréquences dans la plupart des réseaux sans fil utilisés dans un environnement privé, que ce dernier soit personnel ou d'entreprise. Cette bande ne demande pas de licence d'exploitation.

Plusieurs schémas de connexion ont été définis par les normalisateurs. Le premier d'entre eux correspond à un réseau unique, appelé piconet, qui peut prendre en charge jusqu'à huit terminaux, avec un maître et huit esclaves. Le terminal maître gère les communications avec les différents esclaves. La communication entre deux terminaux esclaves transite obligatoirement par le terminal maître. Dans un même piconet, tous les terminaux utilisent la même séquence de saut de fréquence.

Un autre schéma de communication consiste à interconnecter des piconets pour former un scatternet, d'après le mot anglais *scatter*, dispersion. Comme les communications se font toujours sous la forme maître-esclave, le maître d'un piconet peut devenir l'esclave du maître d'un autre piconet. De son côté, un esclave peut être l'esclave de plusieurs maîtres. Un esclave peut se détacher provisoirement d'un maître pour se raccrocher à un autre piconet puis revenir vers le premier maître, une fois sa communication terminée avec le second.

La figure 17-3 illustre des connexions de terminaux Bluetooth dans lesquelles un maître d'un piconet est esclave du maître d'un autre piconet et un esclave est esclave de deux maîtres. Globalement, trois piconets sont interconnectés par un maître pour former un scatternet.

La communication à l'intérieur d'un piconet peut atteindre près de 1 Mbit/s. Comme il peut y avoir jusqu'à huit terminaux, la vitesse effective diminue rapidement en fonction du nombre de terminaux connectés dans une même picocellule. Un maître peut cependant accélérer sa communication en travaillant avec deux esclaves en utilisant des fréquences différentes.

Le temps est découpé en tranches, ou slots, à raison de 1 600 slots par seconde. Un slot fait donc 625 µs de long, comme illustré à la figure 17-4. Un terminal utilise une fréquence sur un slot puis, par un saut de fréquence (Frequency Hop), il change de fréquence sur la tranche de temps suivante, et ainsi de suite.

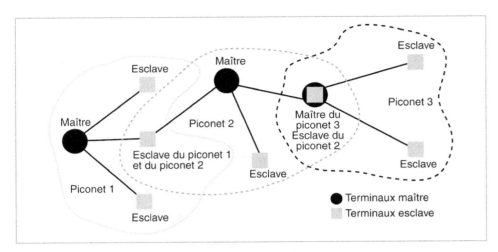

Figure 17-3. *Schéma de connexion de terminaux Bluetooth.*

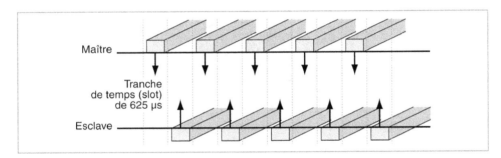

Figure 17-4. *Le découpage en slots.*

Un client Bluetooth utilise de façon cyclique toutes les bandes de fréquences. Les clients d'un même piconet possèdent la même suite de sauts de fréquence, et, lorsqu'un nouveau terminal veut se connecter, il doit commencer par reconnaître l'ensemble des sauts de fréquence pour pouvoir les respecter.

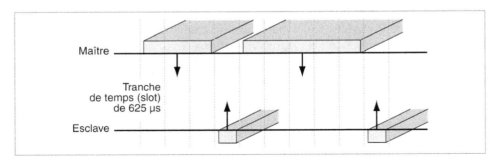

Figure 17-5. *Transmission sur plusieurs slots.*

Une communication s'exerce par paquet. En règle générale, un paquet tient sur un slot, mais il peut s'étendre sur trois ou cinq slots *(voir la figure 17-5)*. Le saut de fréquence a lieu à la fin de la communication d'un paquet.

Questions-réponses

Question 11.– *Pourquoi la portée de Bluetooth n'est-elle que de quelques mètres ?*

Réponse.– La portée n'est que de quelques mètres parce que la puissance d'émission est très faible, beaucoup plus faible que dans Wi-Fi

Question 12.– *La technique d'accès étant de type polling (la station maître interroge à tour de rôle les stations esclaves), montrer qu'une station a un débit minimal garanti.*

Réponse.– Comme le nombre maximal de terminaux esclaves est de sept, le temps nécessaire pour que chaque terminal ait un temps de parole est borné. Un terminal reçoit le droit d'émettre au moins à chaque tour de boucle. Si l'on suppose que toutes les stations sont actives et émettent la trame la plus longue qu'elles peuvent, le temps de réaliser le tour de boucle pour desservir l'ensemble des stations esclaves est le plus long possible et égal à T_{max}. Le débit minimal d'une station est obtenu dans ce cas. Ce débit minimal est garanti puisque la station est certaine de récupérer le droit d'émettre au moins tous les T_{max}.

■ WiMAX

Les réseaux métropolitains forment une catégorie de réseaux que l'on considère souvent comme la boucle locale radio (BLR). Ils sont aujourd'hui normalisés par la norme IEEE 802.16. Les produits associés sont appelés WiMAX. En réalité, il existe deux technologies WiMAX, l'une fixe et l'autre mobile. La phase 1 de WiMAX offre un débit de l'ordre de 80 Mbit/s et devrait monter à des valeurs de 500 Mbit/s en phase 2. Une phase 3 est déjà dans les cartons pour fournir des débits de l'ordre du Gbit/s.

La norme fixe a pour objectif de proposer des modems xDSL utilisant la voie hertzienne que l'on nomme WDSL (*Wireless DSL*). La norme IEEE 802.16 de base correspond aux liaisons radio xDSL fixes. La norme IEEE 802.16e apporte des liaisons xDSL hertziennes mobiles. Cette norme a été finalisée en 2005, et son déploiement a commencé en 2007. Acceptée comme réseau d'opérateur après validation par l'UIT, elle est totalement différente des solutions Wi-Fi par la possibilité d'obtenir une *qualité de service dure* et une disponibilité bien meilleure.

qualité de service dure.– Qualité de service totalement garantie, et non pas seulement avec une certaine probabilité, répondant à la demande des réseaux d'opérateurs.

Du point de vue des performances, les réseaux WiMAX atteignent un débit total de 80 Mbit/s. Les utilisateurs distribués dans la cellule correspondant à la portée de l'antenne WiMAX sont multiplexés. Le débit devrait être multiplié par un ordre de 10 vers 2010. Pour des portées d'une dizaine de kilomètres, cette valeur de 80 Mbit/s correspond à des utilisations en zone rurale. Dans les zones urbaines, la puissance doit être réduite afin de ne pas dépasser un ou deux kilomètres de portée.

Le réseau WiMAX mobile est considéré comme le premier réseau de quatrième génération, la 4G, qui succédera à la 3G à partir de 2010. On devrait plutôt parler de pré-4G puisque son débit est relativement faible par rapport aux produits 4G. Ses caractéristiques principales sont l'*OFDMA* et la compatibilité IP.

Les réseaux WiMAX auraient pu connaître un développement plus soutenu, mais les opérateurs ont trop peu investi entre 2005 et 2008. La compétition pour la suprématie 4G sera donc certainement forte, le WiMAX risquant ne pas avoir le temps de s'implanter durablement avant l'arrivée de la nouvelle génération de réseaux de mobiles.

OFDMA (*Orthogonal Frequency Division Multiple Access*).– Technique d'accès permettant d'allouer une tranche de temps et plusieurs sous-bandes de fréquences simultanément après avoir découpé le spectre alloué.

Les classes de WiMAX

WiMAX possède quatre classes de priorités :

UGS (*Unsolicited Grant Service*), la priorité la plus haute, a pour objectif de faire transiter des applications à débit constant en générant des paquets de longueur fixe à des intervalles réguliers. Cette classe reçoit une allocation de tranches à intervalles réguliers de telle sorte que chaque paquet puisse être émis sans attente. Cette classe correspond aux applications de téléphonie classique, qui produisent un débit constant. C'est une classe provenant de l'ATM mais un peu plus sophistiquée : le CBR (*Constant Bit Rate*). Les paramètres de qualité de service sont le *Maximum Sustained Traffic Rate* (trafic moyen en période d'émission), le *Minimum Reserved Traffic Rate* (taux minimal à réserver pour que les paquets puissent passer) et le *Request/Transmission Policy* (indique la politique de retransmission). Dans cette classe, si une tranche de temps est réservée, elle ne peut être préemptée par une autre classe. Il y a donc possibilité de perte de la tranche si le client ne l'utilise pas. Comme nous le verrons avec le WiMAX mobile, une autre classe a été ajoutée pour la téléphonie compressée.

rtPS (*real-time Packet Service*) correspond à la transmission d'applications vidéo. Cette classe prend en charge les applications qui produisent des trames de longueur variable à intervalles réguliers. Les tranches de temps qui ne seraient pas utilisées peuvent être réutilisées. Les paramètres de qualité de service sont *Maximum Sustained Traffic Rate, Minimum Reserved Traffic Rate, Request/Transmission Policy*, comme dans l'UGS, et *Maximum Latency Traffic Priority* (indique le temps maximal entre deux trames prioritaires).

nrtPS (*non real-time Packet Service*) correspond à des applications élastiques qui acceptent une variabilité du délai et dont les paquets sont de tailles variables, mais qui demandent un débit minimal. Cette classe de trafic est bien adaptée au transfert de fichiers et aux applications sans contraintes temporelles mais qui exigent malgré tout un débit minimal pour être transmis après un temps correspondant à ce débit minimal. Les paramètres définissant la qualité de service sont *Maximum Sustained Traffic Rate, Request/Transmission Policy, Minimum Reserved Traffic Rate* (trafic minimal souhaité par l'utilisateur) et *Priority Traffic* (trafic des trames indispensables à l'application).

> BE (*Best Effort*) ne demande aucune qualité de service particulière et aucun débit minimal. Les paramètres de cette classe de service sont *Maximum Sustained Traffic Rate*, *Traffic Priority* et *Request/Transmission Policy*. Les services associés sont bien entendu ceux qui n'exigent aucune garantie sur le trafic, comme le trafic des applications Web.

Questions-réponses

Question 13.– *La fréquence fixée en France pour les réseaux WiMAX est de 3,5 GHz. Est-ce une bonne fréquence ?*

Réponse.– Non. Cette fréquence est trop élevée et la propagation est fortement perturbée par les obstacles. Si la bande de fréquences été située en dessous de 1 GHz, la portée serait plus importante et la qualité de réception bien meilleure.

Question 14.– *Pourquoi les classes de services ne correspondent pas à celles de DiffServ ?*

Réponse.– Les classes de services de WiMAX correspondent davantage à la technique ATM qu'à l'environnement IP (et donc DiffServ). La raison à cela est que les études préparatoires ont été effectuées dans le monde des télécommunications, qui ont adopté ATM, plus que dans le monde IP soutenant DiffServ.

Question 15.– *Pourquoi la technique WiMAX mobile est-elle interdite en France en 2008 ?*

Réponse.– La technique WiMAX mobile est concurrente de l'UMTS et de ses dérivées de type HSDPA ou HSUPA. Ces dernières ont nécessité l'achat d'une licence 3G très chère par les opérateurs, tandis que les licences WiMAX ont été obtenues à relativement bas prix.

■ Les réseaux ad-hoc

Les réseaux ad-hoc sont des réseaux spontanés, qui peuvent se mettre en place sans le secours de stations fixes ni de points d'accès et dans lesquels tout est mobile. À peine initialisés, leurs nœuds sont capables, en l'espace de quelques instants, d'échanger de l'information en fonction de leur localisation

L'introduction des réseaux ad-hoc est récente, bien que cette technique soit depuis longtemps testée par les fabricants d'équipements militaires. Du fait de l'absence de structure fixe, le coût de mise en œuvre de ces réseaux est relativement faible, même si le logiciel de contrôle des machines participantes est complexe. Ils ne nécessitent aucune infrastructure, si ce n'est un terminal par utilisateur.

En règle générale, les systèmes de télécommunications demandent beaucoup de temps pour être mis en place. Il n'en va pas de même des réseaux ad-hoc, qui s'appuient sur une infrastructure minimale et ne requièrent pas d'intervention d'administrateur, que ce soit pour leur mise en place ou pour leur gestion. Ils peuvent donc être installés très rapidement, par exemple pour couvrir des événements comme les spectacles sportifs, les conférences ou les festivals.

Un autre type d'application pourrait utiliser ce type de réseau là où les moyens de communication sont inexistants ou détruits, par exemple par une catastrophe naturelle, comme un tremblement de terre.

La particularité d'un réseau ad-hoc provient de la présence dans chaque nœud du réseau d'un logiciel assurant le routage des paquets IP. La solution la plus simple est évidemment d'avoir un routage direct, dans lequel chaque station du réseau peut atteindre directement une autre station sans passer par un nœud intermédiaire. Ce cas ne peut convenir qu'à de petites cellules, d'un diamètre inférieur à 100 m.

Le routage le plus classique des réseaux ad-hoc consiste à faire transiter les paquets par des nœuds intermédiaires dotés de tables de routage. Toute la problématique de tels réseaux est d'optimiser ces tables de routage par des mises à jour plus ou moins régulières. Si les mises à jour sont très régulières, le routage des paquets est rapide, mais au risque de surcharger le réseau. Si les mises à jour ne sont effectuées que lors de l'arrivée de nouveaux flots, cela restreint la charge d'information de supervision circulant dans le réseau mais rend plus délicate la recherche d'une route.

De nombreux écueils peuvent compliquer la constitution de la table de routage. La liaison peut être asymétrique, par exemple, un sens de la communication étant acceptable et l'autre pas. De plus, les signaux peuvent être soumis à des interférences, comme c'est souvent le cas dans les espaces hertziens.

Pour toutes ces raisons, les routes du réseau doivent être sans cesse modifiées, d'où l'éternelle question débattue : faut-il maintenir ou non les tables de routage dans les nœuds mobiles d'un réseau ad-hoc ? En d'autres termes, vaut-il la peine de maintenir à jour des tables de routage qui changent sans arrêt et n'est-il pas plus judicieux de déterminer la table de routage au denier moment ?

Deux grandes familles de protocoles ont été constituées à partir de la normalisation des réseaux ad-hoc, les protocoles réactifs et les protocoles proactifs :

- **Protocoles réactifs.** Ces protocoles travaillent par inondation pour déterminer la meilleure route à suivre lorsqu'un flot de paquets est prêt à être émis. Il n'y a donc pas d'échange de paquets de contrôle, à l'exception des paquets de supervision, qui permettent de déterminer par inondation le chemin pour émettre le flot. Le paquet de supervision qui est diffusé vers tous les nœuds voisins est de nouveau diffusé par ces derniers jusqu'au récepteur. Il est de la sorte possible d'emprunter soit la route déterminée par le premier paquet de supervision arrivé au récepteur, soit d'autres routes en cas de problème sur la route principale.

- **Protocoles proactifs.** Ces protocoles émettent sans arrêt des paquets de supervision afin de maintenir la table de routage en ajoutant de nouvelles lignes et en en supprimant certaines. Les tables de routage sont donc dynamiques et sont modifiées chaque fois qu'une information de supervision influe de façon substantielle sur le comportement du réseau. Une difficulté de cette catégorie de protocoles provient du calcul des tables de routage pour qu'elles soient cohérentes.

Nous décrivons dans les sections qui suivent les deux protocoles issus du groupe de travail MANET *(Mobile Ad Hoc Network)* de l'IETF qui ont été normalisés. Ces protocoles sont représentatifs des deux grandes techniques que nous venons d'introduire.

AODV *(Ad-hoc On Demand Distance Vector)*

AODV est un protocole réactif fondé sur le principe des vecteurs de distance, c'est-à-dire, dans le cas le plus simple, du nombre de sauts entre l'émetteur et le récepteur.

Quand une application a besoin d'envoyer un flot de paquets dans le réseau et qu'une route est disponible dans la table de routage, AODV ne joue aucun rôle. S'il n'y a pas de route disponible, le protocole AODV a pour tâche de trouver la meilleure route.

Cette recherche commence par une inondation de paquets RREQ *(Route REQuest)*. Chaque nœud traversé par un RREQ en garde une trace dans sa mémoire cache et le retransmet. Quand les paquets de recherche de route arrivent à destination ou à un nœud intermédiaire qui connaît lui-même une route valide jusqu'a la destination, un paquet de réponse est généré (RREP) et est envoyé par le chemin inverse, grâce aux informations gardées dans les caches des nœuds traversés par les RREQ.

AODV dispose d'un certain nombre de mécanismes optimisant son fonctionnement. L'inondation se fait, par exemple, au premier essai dans un rayon limité autour de la source. Si aucun chemin n'est trouvé, l'inondation est étendue à une plus grande partie du réseau. En cas de rupture de certains liens, AODV essaie de reconstruire localement les routes rejetées en trouvant des nœuds suppléants. Cette détection de rupture peut d'ailleurs se faire grâce à un mécanisme optionnel de paquets Hello diffusés aux voisins directs.

Si une reconstruction locale n'est pas possible, les nœuds concernés par la rupture des routes utilisant ce lien sont prévenus de sorte qu'ils puissent relancer une nouvelle phase de reconstruction complète.

OLSR *(Optimized Link State Routing)*

OLSR est un protocole proactif à état de lien. Afin de maintenir à jour les tables de routage, chaque nœud implémentant OLSR diffuse régulièrement des informations sur son propre voisinage. Ces informations sont suffisantes pour permettre à chaque nœud de reconstruire une image du réseau et de trouver une route vers n'importe quelle destination.

Contrairement à ce qui se passe dans des protocoles tels qu'OSPF, cette diffusion ne se fait pas par une simple inondation, dans laquelle chaque nœud retransmet simplement chaque nouveau paquet qu'il reçoit. OLSR optimise la diffusion grâce à un système de relais multipoint, appelé MPR *(Multi-Point Relay)*.

Chaque nœud choisit dans ses voisins directs un sous-ensemble minimal de nœuds qui lui permettent d'atteindre tous ses voisins à deux sauts. La diffusion des informations sur les liens utilisées pour le routage se fait ensuite uniquement par les relais multipoint. La couverture totale du réseau est assurée tout en limitant sensiblement le nombre de réémissions. Afin de choisir ses relais multipoint, un nœud a besoin de connaître la topologie complète de son voisinage à deux sauts. Il envoie pour cela périodiquement des paquets Hello contenant la liste des voisins à un saut connus.

L'utilisation des réseaux ad-hoc est intéressante dès que l'on ne peut plus avoir une surface totalement recouverte par les cellules de base. On peut alors étendre l'accès à une cellule du réseau en utilisant des sauts ad-hoc jusqu'à arriver à la cellule. De façon plus précise, le terminal qui ne peut se connecter du fait qu'il se trouve hors de portée d'une cellule Wi-Fi peut se connecter à des stations faisant office de routeurs intermédiaires, autrement dit de nœuds capables de prendre des décisions de routage pour acheminer les paquets vers d'autres nœuds ou des points d'accès

Contrairement à ce qui se passe dans un réseau en mode ad-hoc, la taille du réseau ne dépend pas de la zone de couverture de la station connectée mais du nombre de stations mobiles composant le réseau. La distance entre les stations est limitée par la technique utilisée et l'environnement dans lequel le réseau est installé.

Questions-réponses

Question 16.– *L'option* ad-hoc *des réseaux Wi-Fi correspond-elle vraiment à un réseau ad-hoc ?*

Réponse.– Non. L'option *ad-hoc* des réseaux Wi-Fi ne correspond qu'à une transmission d'un terminal vers un autre, sans possibilité de routage vers un destinataire distant.

Question 17.– *Deux options ont été normalisées pour le routage dans les réseaux ad-hoc. La première solution utilise l'inondation (solution active) et la seconde la mise à jour constante des tables de routage (solution proactive). Dans quel cas, la première solution vous paraît-elle meilleure que la seconde ?*

Réponse.– La solution active cherche à mettre à jour les tables de routage au moment où un terminal souhaite transmettre. La solution proactive essaie de maintenir les tables de routage à jour indépendamment des instants de transmission. La première solution est meilleure lorsque les stations terminales bougent beaucoup et rapidement et que le réseau n'est pas trop important. La solution proactive est meilleure lorsque les terminaux se déplacent peu et que le réseau est important.

1 *Soit un réseau Wi-Fi travaillant à la vitesse de 11 Mbit/s.*

a Pourquoi le débit effectif est-il très inférieur à la valeur théorique ?

b Si 11 clients se partagent les ressources d'une cellule, pourquoi chaque utilisateur ne reçoit-il pas plus de 1 Mbit/s en moyenne ?

c Quel peut être le débit théorique maximal dans une cellule ?

d Un client captant les signaux de deux points d'accès doit choisir le point d'accès sur lequel il va se connecter. À votre avis, comment s'effectue ce choix ?

e Si un point d'accès 802.11b se trouve au même endroit qu'un point d'accès 802.11a, quel est l'impact sur le débit ?

f Si deux clients accèdent à un même point d'accès avec des vitesses différentes (par exemple, l'un à 11 Mbit/s et l'autre à 1 Mbit/s), à quelle vitesse le point d'accès doit-il émettre ses trames de supervision ?

g Si deux client se partagent un point d'accès, l'un travaillant à 11 Mbit/s et l'autre à 1 Mbit/s, quel est le débit effectif moyen du point d'accès, en supposant que la partie supervision occupe la moitié du temps de la station d'accès ?

h Quelle solution préconisez-vous pour maintenir un haut débit dans la cellule ?

i Si une carte Wi-Fi pouvait émettre automatiquement à une puissance suffisante pour atteindre le point d'accès, cela allongerait-il le temps de vie des batteries ?

2 *Soit un réseau Wi-Fi travaillant à la vitesse de 11 Mbit/s. Les cartes d'accès ainsi que le point d'accès peuvent moduler leur puissance d'émission.*

a Si l'on diminue la puissance d'un point d'accès de 100 mW à 10 mW, par exemple, quelles sont les conséquences sur la taille de la cellule ?

b Montrer qu'il faut beaucoup plus de points d'accès pour recouvrir un même territoire.

c Augmente-t-on ainsi la capacité globale du réseau ?

d La mobilité est-elle réduite ?

3 *Soit un réseau Bluetooth.*

a Pourquoi un réseau Bluetooth peut-il coexister sur la bande des 2,4 GHz avec un réseau Wi-Fi ?

b Montrer que le saut de fréquence est une solution qu'il est plus difficile d'écouter.

c La vitesse du réseau Bluetooth vous paraît-elle suffisante pour transporter de la vidéo ?

4 *On aimerait développer un réseau Wi-Fi de future génération ayant des propriétés meilleures que celles des réseaux Wi-Fi actuels.*

a Montrer qu'un premier inconvénient des réseaux actuels est de ne pas avoir la possibilité de choisir la fréquence entre la bande des 2,4 et des 5 GHz. Qu'en déduisez-vous comme amélioration ?

b Montrer qu'un contrôle de puissance permettrait d'améliorer le débit global d'un réseau Wi-Fi.

c Une bonne partie de la bande passante est perdue par le point d'accès à cause de la supervision et des temporisateurs de démarrage des accès des terminaux vers le point d'accès. Pouvez-vous proposer des améliorations ?

d La détérioration de la capacité d'un point d'accès provient en grande partie de l'éloignement de certains utilisateurs. Pourquoi ? Quel pourrait être le remède ? Indiquer les conséquences du remède proposé.

Les réseaux d'accès

Cette partie d'un réseau que l'on appelle le réseau d'accès, ou la boucle locale, ne s'étend que sur quelques kilomètres. Elle n'en constitue pas moins la partie du réseau qui demande le plus d'investissements. Il s'agit en effet de relier chaque utilisateur, individuellement ou par le biais de son entreprise, au réseau d'un opérateur. Il faut pour cela trouver la meilleure liaison entre cet utilisateur ou la passerelle de son entreprise et la porte d'entrée du réseau de l'opérateur. Plusieurs technologies s'affrontent pour s'installer sur le marché des réseaux d'accès, à commencer par le câblage en fibre optique. Les réseaux câblés des opérateurs vidéo offrent aussi des débits très importants. Mais les deux solutions les plus en vogue aujourd'hui semblent être la liaison hertzienne et la réutilisation des câbles métalliques existants par le biais de modems dits DSL *(Data Subscriber Line)*.

- ■ La boucle locale

- ■ La fibre optique

- ■ Les réseaux câblés

- ■ Les paires métalliques

- ■ Les accès hertziens

- ■ Les accès satellite

- ■ Les systèmes satellite large bande

■ La boucle locale

La boucle locale, appelée également réseau de distribution, ou réseau d'accès, est l'une des parties les plus importantes pour un opérateur qui distribue de l'information à des utilisateurs. Elle constitue le capital de base de l'opérateur, en même temps que son lien direct avec le client.

Le coût global de mise en place et de maintenance d'un tel réseau est considérable. Il faut en général compter entre 500 et 3 000 euros par utilisateur pour installer le support physique entre le nœud de l'opérateur et la prise de l'utilisateur. Ce coût comprend l'infrastructure, le câble et les éléments extrémité de traitement du signal, mais il ne tient pas compte du terminal. Pour déterminer l'investissement de base d'un opérateur, il suffit de multiplier le coût d'installation d'une prise par la quantité d'utilisateurs raccordés. Le nombre de possibilités pour mettre à niveau un tel réseau à partir de l'existant est très important et continue à augmenter avec l'arrivée des techniques hertziennes sur la partie terminale, la plus proche de l'utilisateur.

La boucle locale correspond à la desserte de l'utilisateur : ce sont les derniers mètres ou kilomètres qui séparent le réseau du poste client. D'où le nom qu'on lui donne parfois de « dernier kilomètre », ou *last mile*. Les méthodes pour parcourir ce « dernier kilomètre » sont nombreuses et de type extrêmement varié. Pour les opérateurs historiques, c'est-à-dire ceux installés depuis longtemps et qui ont profité en général d'un monopole, la meilleure solution semble être l'utilisation d'un modem spécifique, permettant le passage de plusieurs mégabits par seconde sur les paires métalliques de la boucle locale existante. La capacité dépend essentiellement de la distance entre l'équipement terminal et l'autocommutateur.

Comme on vient de le voir, la boucle locale correspond à la partie du réseau qui relie l'utilisateur au premier commutateur de l'opérateur. La valeur cible pour accéder au multimédia semble se situer aux alentours d'une dizaine de Mbit/s. Les progrès du codage et des techniques de compression sont à l'origine de cette nouvelle valeur. D'ici aux années 2010, une vidéo de qualité télévision devrait pouvoir être prise en charge avec un débit de l'ordre de 1 à 2 Mbit/s. La parole sous forme numérique ne demande plus que quelques kilobits par seconde. Les compressions vont permettre, avec un débit de 1 à 2 Mbit/s, de rendre très acceptables les temps d'accès aux bases de données et de récupération des gros fichiers. Globalement, un débit d'une dizaine de Mbit/s devrait être suffisant pour assurer à un utilisateur un accès confortable aux informations multi-médias.

Question 1.– *Pourquoi la boucle locale revient-elle aussi cher à mettre en place en comparaison du cœur du réseau d'un opérateur ?*

Réponse.– Si le coût du réseau d'accès reste aussi élevé malgré les évolutions récentes, c'est en raison du grand nombre d'utilisateurs à raccorder.

Question 2.– *Le réseau d'accès peut-il être constitué d'un réseau métropolitain, ou MAN ?*

Réponse.– Le rôle d'un réseau métropolitain est d'interconnecter, sur une surface géographique d'une centaine de kilomètres, les différents équipements d'une entreprise privée (réseau métropolitain fermé) ou tous les clients qui le désirent (réseau métropolitain ouvert). Un tel réseau peut donc avoir deux fonctionnements très différents : soit jouer le rôle d'une boucle locale, et, dans ce cas, le réseau métropolitain doit être connecté au nœud d'entrée d'un opérateur, soit se comporter comme un réseau privé de desserte d'utilisateurs qui ont des intérêts communs sur une métropole.

■ La fibre optique

Une solution pour réaliser un réseau d'accès performant consiste à recâbler complètement le réseau de distribution. Le moyen le plus souvent évoqué pour cela est la fibre optique. Cette technique, qui donne de hauts débits jusqu'au terminal, est particulièrement bien adaptée au réseau numérique à intégration de services (RNIS) large bande. La boucle locale se présente sous la forme illustrée à la figure 18-1. Sa topologie est celle d'un *arbre optique passif*, ou PON *(Passive Optical Network)*.

arbre optique passif (PON, pour *Passive Optical Network)*.– Topologie de réseau permettant de recopier de façon passive, c'est-à-dire sans intervention d'un courant électrique, les données provenant de la racine vers les feuilles de l'arbre.

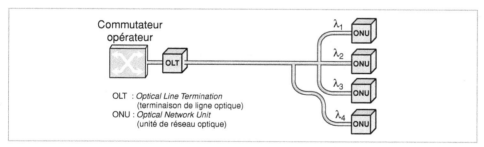

Figure 18-1. *La boucle locale optique.*

Cette solution est cependant assez onéreuse. Il est possible de réduire les coûts en ne câblant pas la portion allant jusqu'à la prise terminale de l'utilisateur. Il faut pour cela déterminer le point jusqu'où le câblage doit être posé. Les solutions offertes à l'opérateur sont les suivantes :

• Jusqu'à un point pas trop éloigné de l'immeuble ou de la maison qui doit être desservi, le reste du câblage étant effectué par l'utilisateur final (FTTC, *Fiber To The Curb)*.

- Jusqu'à un répartiteur dans l'immeuble lui-même (FTTN, *Fiber To The Node*).

- Jusqu'à la porte de l'utilisateur (FTTH, *Fiber To The Home*).

- Jusqu'à la prise de l'utilisateur, à côté de son terminal (FTTT, *Fiber To The Terminal*).

Le prix augmentant fortement en fonction de la proximité avec l'utilisateur, la tendance actuelle consiste plutôt à câbler en fibre optique jusqu'à des points de desserte répartis dans le quartier et à choisir d'autres solutions moins oné-reuses pour atteindre l'utilisateur. Avec l'aide de modems *x*DSL, le câblage métallique est capable de prendre en charge des débits de plusieurs mégabits par seconde sur les derniers kilomètres. La solution consiste donc à câbler en fibre optique jusqu'à un point situé à moins de 5 km de l'utilisateur. En ville, cette distance est très facile à respecter, mais hors des agglomérations, d'autres solutions doivent être recherchées.

Les réseaux optiques passifs

Sur un réseau optique passif (PON), il est possible de faire transiter des cellules ATM suivant la technique dite FSAN *(Full Service Access Network)*. Les deux extrémités de l'arbre optique s'appellent OLT *(Optical Line Termination)* et ONU *(Optical Network Unit)*. En raison de la déperdition d'énergie, il n'est pas possible de dépasser une cinquantaine de branches sur le tronc. La figure 18-2 illustre l'architecture d'un réseau optique passif.

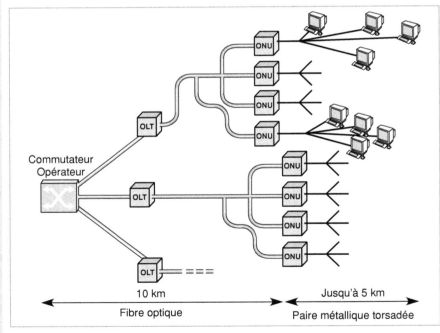

Figure 18-2. *Architecture d'un PON.*

Un superPON a également été défini, connectant jusqu'à 2 048 ONU sur un même OLT. Dans ce cas, le débit montant est de 2,5 Gbit/s.

Sur ces réseaux d'accès en fibre optique mis en place par les opérateurs, c'est le protocole ATM qui est en général retenu. Le système prend alors le nom de APON *(ATM Over PON)*. La difficulté, avec les boucles passives optiques, comme celle de l'accès CATV, que nous examinerons ultérieurement, vient du partage de la bande passante montante, c'est-à-dire depuis l'utilisateur vers le réseau. En effet, si plusieurs centaines de clients se connectent simultanément, voire plusieurs milliers dans le cas des superPON (jusqu'à 20 000), la bande passante peut ne pas être suffisante. Sur la partie descendante, les canaux de vidéo sont diffusés. Ils utilisent chacun un canal sur le tronc de l'arbre. En revanche, les canaux montants des utilisateurs sont tous différents et utilisent chacun un canal distinct. S'il y a 1 000 utilisateurs à la périphérie, 1 000 canaux séparés doivent atteindre la racine du câblage. Une technique d'accès MAC *(Medium Access Control)* est nécessaire pour prendre en charge cette superposition. Le multiplexage en longueur d'onde offre une solution simple, dans laquelle chaque utilisateur possède une longueur d'onde différente des autres utilisateurs. Cette solution ne peut cependant convenir que si le nombre de branches est limité. C'est pourquoi il est en général nécessaire de recourir à une technique de partage. De très nombreuses solutions permettent à l'ONU de faire une requête vers l'OLT, cette dernière réservant une bande passante aux clients demandeurs.

Dans le sens descendant, les cellules ATM sont émises de façon classique sur le support physique. Dans le sens montant, une réservation est nécessaire. Elle s'effectue à l'intérieur de trames, divisées en tranches de 56 octets comportant une cellule et 3 octets de supervision. Au centre de la trame, une tranche particulière de 56 octets est destinée à la réservation d'une tranche de temps. La figure 18-3 illustre ces différentes zones de données.

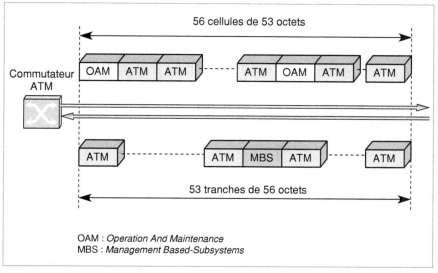

OAM : *Operation And Maintenance*
MBS : *Management Based-Subsystems*

Figure 18-3. *Structure de la trame FSAN.*

Question 3.– *Pourquoi certains pays, comme le Japon, considèrent-ils qu'une solution acceptable au problème de la distribution d'un fort débit jusqu'à l'utilisateur final passe par l'installation de la fibre optique jusqu'à la prise utilisateur ?*

Réponse.– Le choix d'un câblage tout fibre optique sur le réseau d'accès n'a de sens que si l'on considère que le débit offert aux utilisateurs dans la prochaine génération sera d'au moins une dizaine de mégabits par seconde. Les paires métalliques ne permettront peut-être pas d'atteindre un tel débit. En revanche, la fibre optique autorise de dépasser très largement cette valeur, ce qui pourrait se révéler nécessaire pour la mise en place de nouvelles applications, comme celles de réalité virtuelle.

■ Les réseaux câblés

Une autre solution pour obtenir un réseau d'accès à haut débit consiste à utiliser l'infrastructure des câblo-opérateurs, lorsqu'elle existe. Ce câblage a pendant longtemps été constitué de CATV (câble TV), dont la bande passante dépasse facilement les 800 MHz. Aujourd'hui, cette infrastructure est légèrement modifiée par la mise en place de systèmes HFC *(Hybrid Fiber/Coax)*, qui associent la fibre optique jusqu'à la tête de retransmission et le CATV pour la desserte terminale, cette dernière pouvant représenter plusieurs kilomètres.

La technologie utilisée sur le CATV est de type multiplexage en fréquence : sur la bande passante globale, une division en sous-canaux indépendants les uns des autres est réalisée, comme illustré à la figure 18-4.

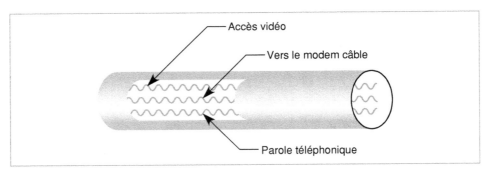

Accès vidéo

Vers le modem câble

Parole téléphonique

Figure 18-4. *Multiplexage en fréquence dans un CATV.*

Cette solution présente de nombreux avantages, mais aussi quelques gros défauts. Son avantage principal réside dans la possibilité d'optimiser ce qui est transmis dans les canaux, puisque le contenu de chaque canal est indépendant de celui des autres. Dans ces conditions, le multimédia est facile à transporter. Il suffit d'affecter un média par *sous-bande*, chaque sous-bande ayant la possibilité d'être optimisée et de transporter les informations soit en analogique, soit en numérique.

Les canaux de télévision transitant dans des sous-bandes distinctes, rien n'empêche d'en avoir certains en numérique et d'autres en analogique. Une connexion de parole téléphonique peut être mise en place par une autre sous-bande. L'accès à un réseau Internet peut aussi être pris en charge par ce système, à condition d'utiliser un *modem câble*.

La faiblesse de cette solution provient du multiplexage en fréquence, qui n'utilise pas au mieux la bande passante et ne permet pas réellement une intégration des différents services qui transitent dans le CATV. Un multiplexage temporel apporte une meilleure utilisation de la bande passante disponible et intègre dans un même composant l'accès à l'ensemble des informations au point d'accès. Un transfert de paquets pourrait représenter une solution mieux adaptée, à condition de modifier complètement les composants extrémité. Cette dernière solution pourrait être utilisée sur les accès informatiques ou télécoms.

En résumé, il est possible d'acheminer une application multimédia sur le câble coaxial des câblo-opérateurs, mais avec le défaut de transporter les médias sur des sous-bandes en parallèle et non sur une bande unique.

La technologie HFC *(Hybrid Fiber/Coax)* se propose d'utiliser la fibre optique pour transporter des communications à haut débit jusqu'à une distance peu éloignée de l'utilisateur et de la relayer par du câble coaxial jusqu'à la prise utilisateur. De par son énorme capacité, la fibre optique peut véhiculer autant de canaux que d'utilisateurs à atteindre, ce dont est incapable le câble CATV dès que le nombre d'utilisateurs devient important. Pour la partie câble coaxial, il faut trouver une solution de multiplexage des voies montantes vers la *tête de réseau*, de façon à faire transiter l'ensemble des demandes des utilisateurs vers le réseau. Cette solution est illustrée à la figure 18-5.

sous-bande.– Bande passante multiplexée sur un support de communication.

modem câble.– Modem transportant les données par le biais d'un câble de télévision coaxial (CATV). Grâce à une bande passante importante, son débit peut atteindre plusieurs mégabits par seconde.

tête de réseau.– Racine de l'arbre formé par la distribution en CATV.

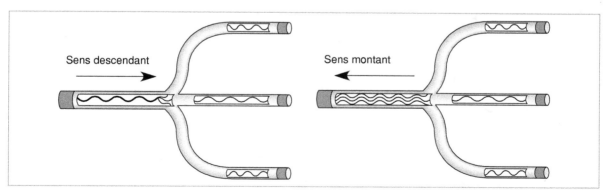

Figure 18-5. *Le problème du multiplexage dans la boucle locale en CATV.*

voie descendante.– Voie de communication dans le CATV allant de la racine aux utilisateurs.

voie montante.– Voie de communication dans le CATV allant de l'utilisateur à la racine.

Prenons un exemple : si 10 000 prises doivent se connecter sur un arbre CATV, il est possible d'obtenir environ 4 Mbit/s sur la *voie descendante* et 80 Kbit/s sur la *voie montante* en respectant la division actuelle de la bande passante. Les vitesses sur la voie montante peuvent être considérées comme insuffisantes, mais il est possible, dans ce cas, d'utiliser plus efficacement la bande passante par un multiplexage permettant de récupérer les canaux inactifs.

La norme MCNS-DOCSIS *(Multimedia Cable Network System-Data over Cable Service Interoperability Specification)* est aujourd'hui le standard. Elle correspond à une simplification de la technique d'accès Ethernet CSMA/CD *(voir le cours 14, « Les réseaux Ethernet »)*, surtout utilisée en Amérique du Nord.

Questions-réponses

Question 4.– *Le CATV utilise un multiplexage en fréquence. Les terminaux connectés aux extrémités doivent avoir des récepteurs capables de recevoir les fréquences correspondant aux bandes qui les intéressent. Montrer que cette solution ne permet pas une bonne intégration des différentes applications qui transitent par le CATV.*

Réponse.– Chaque application possédant sa propre fréquence, on peut considérer que les applications se trouvent les unes à côté des autres, sans relation, comme si elles passaient par des supports de communication différents.

Question 5.– *Pourquoi ne transforme-t-on pas le multiplexage en fréquence par un multiplexage temporel, ce qui permettrait à un récepteur de capter simultanément l'ensemble des sous-bandes ?*

Réponse.– Un multiplexage temporel permettrait certes à un récepteur de capter toutes les sous-bandes et donc d'intégrer les applications, mais la modification de la technologie employée serait beaucoup trop onéreuse à mettre en œuvre. De ce fait, la solution actuelle ne peut que perdurer.

Question 6.– *Peut-on effectuer sur de la fibre optique un multiplexage du même type que sur le CATV ?*

Réponse.– Oui, cela s'appelle le multiplexage en longueur d'onde. Aujourd'hui, on atteint plus d'une centaine de longueurs d'ondes sur fibre optique. Sur un CATV, on peut multiplexer plusieurs centaines de canaux.

paire métallique.– Support de communication constitué de paires de fils métalliques capables de véhiculer des données à un débit dépendant principalement de la longueur du support et du diamètre des fils.

liaison T1.– Liaison disponible chez les opérateurs américains correspondant à un débit de 1,5 Mbit/s. L'équivalent en Europe, le E1, est de 2 Mbit/s.

■ Les paires métalliques

Les *paires métalliques* forment l'ossature la plus classique de la boucle locale, principalement pour l'accès au réseau téléphonique. Lorsque l'accès se fait en analogique, ce qui est encore le plus souvent le cas, on peut utiliser une paire en full-duplex. Il est évidemment possible d'émettre des données binaires en utilisant un modem ; la vitesse peut alors atteindre quelques dizaines de kilobits par seconde.

La paire métallique peut devenir une liaison spécialisée si des répéteurs *ad hoc* sont placés à distance régulière. On atteint en général 2 Mbit/s ou 1,5 Mbit/s *(liaison T1)*.

La paire métallique a été mise en place — il y a souvent fort longtemps — dans le but de faire transiter de la parole téléphonique à 3 200 Hz et non plusieurs mégabits par seconde. C'est la raison pour laquelle la paire métallique est de qualité assez médiocre, avec un diamètre de 0,4 mm. Assez mal protégés, les câbles de 50 paires sont la source de nombreux problèmes de *distorsion de phase*, de diaphonie, etc.

distorsion de phase.– Problème d'interférences modifiant les phases d'un signal.

La révolution est venue de nouveaux modems extrêmement puissants, les modems *x*DSL *(Digital Subscriber Line)*, capables de véhiculer plusieurs mégabits par seconde. Ces modems permettent d'utiliser les paires métalliques du réseau d'accès pour réaliser une boucle locale à haut débit. Le débit visé est du même ordre de grandeur que celui des liaisons spécialisées à 2 Mbit/s.

Les modems ADSL *(Asymmetric Digital Subscriber Line)* sont les plus répandus. Leur vitesse est dissymétrique, c'est-à-dire plus lente entre le terminal et le réseau que dans l'autre sens. Les vitesses annoncées culminent, dans le sens équipement terminal vers réseau, à 250, 500 ou 750 Kbit/s. Dans l'autre sens, elles peuvent atteindre approximativement :

- 1,5 Mbit/s pour 6 km ;
- 2 Mbit/s pour 5 km ;
- 6 Mbit/s pour 4 km ;
- 9 Mbit/s pour 3 km ;
- 13 Mbit/s pour 1,5 km ;
- 26 Mbit/s pour 1 km ;
- 52 Mbit/s pour 300 m.

La technologie classique actuelle permet, sur la plupart des installations d'abonnés, d'émettre à la vitesse de 0,64 Mbit/s vers le réseau et de recevoir à 6 Mbit/s.

Un modem ADSL utilise une modulation d'amplitude quadratique, c'est-à-dire que 16 bits sont transportés à chaque signal. Avec une rapidité de modulation de 340 KB (kilobauds) et une atténuation de l'ordre d'une trentaine de décibels, on atteint plus de 5 Mbit/s.

Le succès de cette solution a entraîné l'apparition de nombreux dérivés. En particulier, la possibilité de faire varier le débit sur le câble a donné naissance à la variante RADSL *(Rate Adaptive DSL)*. Pour les hauts débits, les variantes HDSL *(High bit rate DSL)* et VDSL *(Very high bit rate DSL)* peuvent être exploitées avec succès si le câblage, souvent en fibre optique, le permet.

Le téléphone et la télévision sur ADSL

Le téléphone sur les accès *x*DSL s'appelle VoDSL *(Voice over DSL)*. Deux solutions peuvent être mises en œuvre :

- Dans le cas d'un opérateur historique, ou ILEC *(Incumbent Local Exchange Carrier)*, on utilise la bande classique de la parole analogique pour y faire passer plusieurs canaux numériques compressés.
- Dans le cas d'un opérateur entrant, ou CLERC *(Competitive Local Exchange Carrier)*, la parole téléphonique est mise en paquets, lesquels transitent sur la bande passante du modem *x*DSL.

La télévision transite quant à elle uniquement sur la bande transportant des paquets IP en utilisant le protocole IP Multicast pour permettre un acheminement optimisé. La compression est effectuée par des protocoles de type MPEG-2 ou MPEG-4.

Questions-réponses

Question 7.– *Pour transporter l'information des paquets IP à haut débit sur une voie ADSL, il faut mettre l'information sous forme de trame. Que penser des solutions PPP, LAP-B ou ATM ?*

Réponse.– Ces différentes solutions sont parfaitement envisageables, mais la solution qui a été retenue est l'ATM.

Question 8.– *Du côté de l'opérateur, un pool de modems doit desservir les accès utilisateur et décapsuler les trames ATM pour récupérer les paquets de type IP. Pour cela, les opérateurs utilisent des DSLAM (DSL ATM Multiplexer). Si le but de l'utilisateur est d'accéder au réseau d'un ISP, cette solution paraît-elle satisfaisante ?*

Réponse.– Cette solution est satisfaisante car, dans le réseau Internet, les paquets IP sont encapsulés puis décapsulés. La boucle d'accès joue le rôle d'un sous-réseau Internet puisque le paquet IP est encapsulé dans des cellules ATM, qui, elles-mêmes, sont décapsulées dans le DSLAM pour retrouver le paquet IP qui sera remis à l'ISP.

Question 9.– *Sachant qu'en France la distance moyenne entre un client et un commutateur d'accès est d'approximativement 2 km, avec une variance très importante — la plupart sont beaucoup plus près et d'autres à plus de 5 km —, quelle est la solution pour que l'ensemble des utilisateurs potentiels puisse s'abonner à un contrat ADSL ?*

Réponse.– La solution est de diminuer la vitesse de la connexion sous ADSL lorsque la distance est trop longue. Des débits de 125 et 250 Kbit/s sont alors permis dans un sens et de 500 et 1 000 Kbit/s dans l'autre sens.

■ Les accès hertziens

L'utilisation de la voie hertzienne représente une autre solution prometteuse à long terme pour la boucle locale. Dès maintenant, cette solution est envisageable pour les communications téléphoniques, surtout si le câblage terrestre n'existe pas. Lors de la construction d'une ville nouvelle, par exemple, la desserte téléphonique peut s'effectuer par ce biais. L'inconvénient réside dans l'étroitesse de la bande passante disponible dans le spectre des fréquences.

Cette solution, appelée WLL *(Wireless Local Loop)* ou WITL *(Wireless In The Loop)*, est en plein essor. Deux grandes orientations peuvent être adoptées, suivant que l'on souhaite une mobilité du client ou non. Dans le premier cas, la communication doit continuer sans interruption tandis que le mobile se déplace. On parle alors de réseau de mobiles. Dans le second cas, la communication est fixe ou possède une mobilité réduite. Plus les fréquences utilisées sont hautes, et plus la directivité est importante, limitant la mobilité. Cette dernière solution, appelée BLR *(boucle locale radio)* est en plein essor. La présente section se concentre sur les solutions à mobilité restreinte, comme LMDS *(Local Multipoint Distribution System)* et les *constellations de satellites.*

constellation de satellites.– Ensemble coordonné de satellites dans le but de couvrir la surface terrestre.

Les accès hertziens peuvent aussi être utilisés pour des terminaux demandant des débits plus importants que les mobiles classiques. Le DECT *(Digital Enhanced Cordless Terminal)* se présente comme une solution potentielle, mais au prix d'une limitation de la mobilité du terminal, qui doit rester dans la même cellule. Cette norme ETSI de 1992 utilise une technique de division temporelle TDMA *(Time Division Multiple Access)*, permettant de mettre en place des interfaces de plusieurs centaines de Kbit/s.

La solution LMDS *(Local Multipoint Distribution System)* utilise des fréquences très élevées dans la *bande Ka*, c'est-à-dire au-dessus de 27 GHz. À de telles fréquences, les communications sont très directives. Comme il est difficile d'obtenir un axe direct entre l'antenne et le terminal, il faut placer les antennes dans des lieux élevés. Par ailleurs, de très fortes pluies peuvent légèrement perturber la propagation des ondes. L'avantage du LMDS est évidemment d'offrir d'importantes largeurs de bande, permettant des débits de 20 Mbit/s par utilisateur. En 1997, la *FCC* a alloué 1 300 MHz au service LMDS dans les bandes de fréquence 28 GHz et 31 GHz. Sa portée s'étend jusqu'à une dizaine de kilomètres.

bande Ka.– Bande de fréquences située entre 27 et 40 GHz.

FCC *(Federal Communications Commision)*.– Agence américaine créée en 1934 pour réguler les transmissions par câble, radio et autre.

Questions-réponses

Question 10.– *Pourquoi la solution LMDS ne permet-elle qu'une mobilité restreinte à la cellule ?*

Réponse.– Parce qu'il n'existe qu'une seule cellule pour recouvrir un village ou une région déterminée. Si plusieurs cellules permettent de recouvrir un territoire plus important, le changement de cellule n'est pas prévu. Il aurait été possible de concevoir un réseau de mobiles de ce type. D'ailleurs la solution satellite ressemble, d'une certaine façon, à cette solution.

Question 11.– *Pourquoi le LMDS doit-il permettre une meilleure intégration à Internet que la solution proposée par les réseaux de mobiles ?*

Réponse.– L'avantage du LMDS vis-à-vis de l'intégration à Internet réside dans la très large bande disponible. Cela devrait offrir à chaque utilisateur connecté par ce biais un débit de plus d'un mégabit par seconde, comparé à la dizaine de kilobits par seconde du GSM ou aux quelques dizaines de kilobits par seconde du GPRS. Seul l'UMTS devrait arriver à des débits comparables, mais à un prix bien plus élevé.

■ Les accès satellite

Le réseau d'accès peut aussi utiliser les techniques de distribution directe par satellite. Les très grands projets qui ont été finalisés dans un premier temps ne visent que la téléphonie, par suite d'un manque flagrant de bande passante. Ce défaut est cependant partiellement compensé par le grand nombre de satellites défilant à basse altitude, qui permet une réutilisation partielle des fréquences. Plusieurs grands projets ont abouti techniquement, mais certains se sont effondrés financièrement. Deux possibilités bien différentes se font jour : soit le réseau satellite ne couvre que le réseau d'accès, soit il propose également le transport, effectué dans le premier cas par un opérateur terrestre. La constellation Global Star est un pur réseau d'accès, puisqu'il ne fait que diriger les communications vers des portes d'accès d'opérateurs terrestres. En revanche, Iridium (qui a fait faillite) permettait le routage de satellite en satellite pour arriver jusqu'au destinataire ou pour accéder, sur la dernière partie de la communication, au réseau d'un opérateur.

La première génération de constellations de satellites ne concerne, comme on vient de le voir, que la téléphonie, en raison d'un manque important de bande passante. La deuxième génération vise le multimédia, avec des débits allant jusqu'à 2 Mbit/s et des qualités de service associées. Ces constellations sont des LEOS, des MEOS et des GEOS *(Low, Medium* et *Geostationary Earth Orbital Satellite).* Les plus connues sont Teledesic, qui regroupe derrière Bill Gates, Motorola, Boeing, etc., et SkyBridge, d'Alcatel.

LEOS, MEOS et GEOS *(Low, Medium* et *Geostationary Earth Orbital Satellite)* sont des satellites situés approximativement à 1 000, 13 000 et 36 000 km de la Terre. Les deux premières catégories concernent les satellites défilants, et la dernière les satellites qui semblent fixes par rapport à la Terre.

La figure 18-6 illustre une constellation basse orbite.

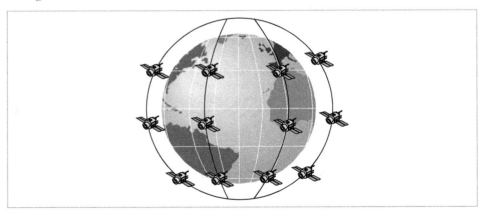

Figure 18-6. *Une constellation de satellites.*

Les satellites de télécommunications de la première génération sont géostationnaires, c'est-à-dire qu'ils décrivent une orbite circulaire autour de la Terre dans un plan voisin de l'équateur, avec une vitesse angulaire égale à celle de la rotation de la Terre sur elle-même *(voir figure 18-7)*. Ils apparaissent ainsi comme sensiblement immobiles pour un observateur terrien, ce qui permet une exploitation permanente du satellite.

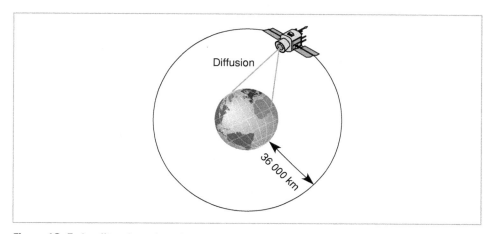

Figure 18-7. *Satellite géostationnaire.*

L'orbite d'un satellite géostationnaire se situe à 36 000 km de la Terre, ce qui confère à un signal un trajet aller-retour d'approximativement 0,27 s. Ce délai de propagation très grand a un impact important sur les techniques d'accès au canal satellite. À cette altitude, parmi trois satellites placés à 120° les uns des autres sur l'orbite géostationnaire, au moins l'un d'entre eux est visible d'un point quelconque de la Terre.

Le signal reçu par le satellite à une fréquence *f1* est retransmis à une fréquence *f2* vers l'ensemble des stations terrestres. Il se produit ainsi une diffusion des signaux. Ces deux propriétés — toutes les stations écoutent toutes les transmissions, et toutes les stations peuvent émettre — permettent d'implanter des schémas de contrôle spécifiques. Il faut noter une certaine ressemblance de ce système avec les réseaux partagés, qui possèdent généralement l'accès multiple et la diffusion. La véritable différence provient du délai de propagation, qui n'est pas du tout du même ordre de grandeur. Nous allons cependant trouver des variantes de la technique Ethernet, mais avec des caractéristiques différentes.

Les limites à l'utilisation des satellites géostationnaires sont bien connues. Citons, notamment, les suivantes :

• La puissance d'émission des terminaux et du satellite doit être importante, à moins que l'antenne ne soit d'un diamètre important. Un terminal ayant une antenne de 3 dBW (affaiblissement de 3 décibels par watt) exige du satellite une antenne de 10 m de diamètre.

- La puissance demandée au satellite étant importante, ce dernier doit disposer de batteries puissantes et donc de capteurs de grande surface.

- La couverture totale de la Terre est impossible, les zones situées au-dessus de 81° de latitude n'étant pas couvertes et celles situées au-dessus de 75° de latitude devant faire face à une capacité de communication fortement réduite.

- Comme il est difficile de réutiliser des fréquences, la capacité globale est très faible en comparaison des réseaux terrestres.

- Plus l'angle d'inclinaison est grand, et plus la trajectoire des ondes est perturbée par les obstacles, ce qui rend les communications très difficiles à partir de 50° de latitude.

- La communication de mobile à mobile entre deux stations qui ne sont pas situées dans la même zone de couverture requiert le passage par un réseau terrestre, les communications entre satellites stationnaires étant particulièrement complexes.

La conséquence de toutes ces limites est simple : le satellite lui-même est extrêmement lourd et demande une puissante fusée pour être mis sur orbite. En revanche, les satellites à basse orbite, plus légers, peuvent être lancés par de petites fusées ou par grappes de 6 à 10.

Les nouvelles générations de satellites ne sont d'ailleurs plus géostationnaires. Elles peuvent de la sorte profiter de la réutilisation potentielle des fréquences par une altitude beaucoup plus basse, ce qui permet d'obtenir de petites cellules. Parmi les nombreux avantages de cette évolution, citons la réutilisation d'environ 20 000 fois la même fréquence lorsque les satellites se situent à 1 000 km de la Terre et un coût de lancement et une puissance d'émission des signaux bien moindres étant donné la proximité de la Terre. Son inconvénient principal vient bien sûr du déplacement du satellite, puisque celui-ci n'est plus stationnaire. Les communications d'un utilisateur terrestre doivent donc régulièrement changer de satellite, ce que l'on nomme un handover, comme dans les réseaux de mobiles. Ces constellations sont décrites plus en détail à la prochaine section.

Deux catégories de constellations de satellites à basse orbite se font jour, qui autorisent une bonne réutilisation des fréquences et permettent de mettre en place des réseaux universels : celles qui jouent le rôle de réseau d'accès et celles qui font office de réseau complet, gérant des communications de bout en bout en utilisant éventuellement des liaisons intersatellite.

Suivant la trajectoire des satellites, l'inclinaison de l'orbite et l'orbite elle-même, on peut réaliser des réseaux spécifiques pour privilégier des régions particulières. La trajectoire correspond à la forme de l'orbite, qui peut être circulaire ou en ellipse. Dans le cas d'une ellipse, la vitesse relative par rapport à la Terre varie, et le satellite peut se positionner pour rester plus longtemps au-dessus de certaines zones. L'inclinaison définit l'orbite par rapport au plan équatorial. Des zones particulières peuvent être privilégiées suivant l'inclinaison. Les orbites polaires imposent aux satellites de passer au-dessus des pôles, les régions les plus proches du pôle étant mieux desservies que les régions équatoriales. Les orbites en rosette sont assez fortement inclinées par rapport au plan équatorial. Dans ce cas, les régions intermédiaires entre le pôle et l'équateur sont les mieux couvertes. Enfin, les orbites équatoriales favorisent bien sûr les pays situés autour de l'équateur.

Les fréquences radio sont divisées en bandes déterminées par l'IEEE *(Standard Radar Definitions)* sous forme de lettres. Les numéros de bandes et les noms sont donnés par l'organisme international de régulation des bandes de fréquences. La figure 18-8 illustre ces bandes.

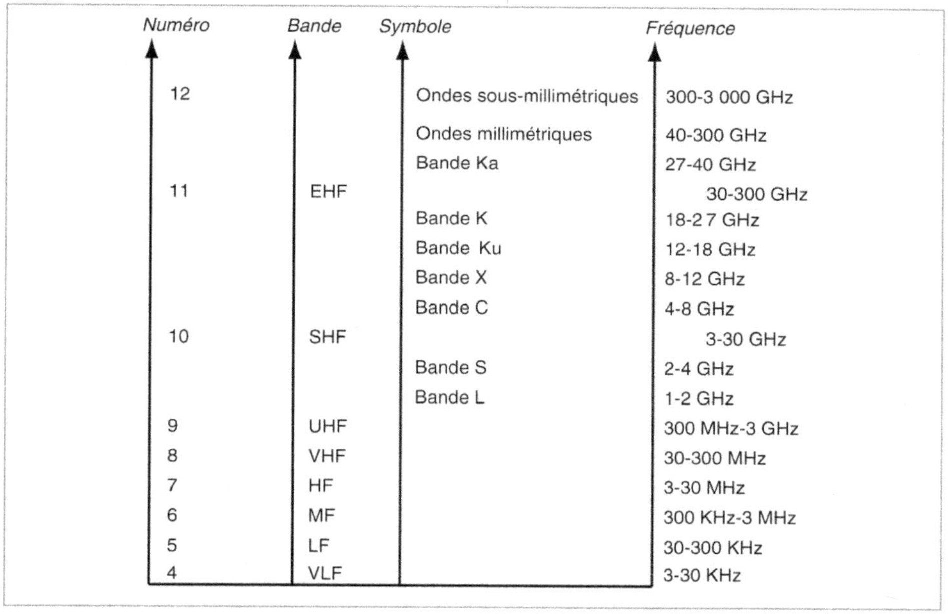

Numéro	Bande	Symbole	Fréquence
12		Ondes sous-millimétriques	300-3 000 GHz
		Ondes millimétriques	40-300 GHz
		Bande Ka	27-40 GHz
11	EHF		30-300 GHz
		Bande K	18-2 7 GHz
		Bande Ku	12-18 GHz
		Bande X	8-12 GHz
		Bande C	4-8 GHz
10	SHF		3-30 GHz
		Bande S	2-4 GHz
		Bande L	1-2 GHz
9	UHF		300 MHz-3 GHz
8	VHF		30-300 MHz
7	HF		3-30 MHz
6	MF		300 KHz-3 MHz
5	LF		30-300 KHz
4	VLF		3-30 KHz

Figure 18-8. *Les fréquences radio.*

La bande C est la première à avoir été utilisée pour les applications commerciales. La bande Ku accepte des antennes beaucoup plus petites (VSAT), de 45 cm de diamètre seulement. La bande Ka autorise des antennes encore plus petites, et c'est pourquoi la plupart des constellations de satellites l'utilisent. De ce fait, les terminaux peuvent devenir mobiles, grâce à une antenne presque aussi petite que celle des terminaux de type GSM. On qualifie ces terminaux de USAT *(Ultra Small Aperture Terminal)*. En revanche, l'utilisation de la bande S permet d'entrer dans le cadre de l'UMTS et des réseaux de mobiles terrestres.

Les fréquences classiquement utilisées pour la transmission par satellite concernent les bandes 4-6 GHz, 11-14 GHz et 20-30 GHz. Les bandes passantes vont jusqu'à 500 MHz et parfois 3 500 MHz. Elles permettent des débits très élevés : jusqu'à plusieurs dizaines de mégabits par seconde. Un satellite comprend des répéteurs, de 5 à 50 actuellement. Chaque répéteur est accordé sur une fréquence différente. Par exemple, pour la bande des 4-6 GHz, il reçoit des signaux modulés dans la bande des 6 GHz, les amplifie et les transpose dans la bande des 4 GHz. S'il existe n stations terrestres à raccorder par le canal satellite, le nombre de liaisons bipoints est égal à $n \times (n - 1)$. Ce nombre est toujours supérieur à celui des répéteurs. Il faut donc, là aussi, avoir des politiques d'allocation des bandes de fréquences et des répéteurs.

Un exemple fera comprendre le problème posé par l'accès à un canal satellite. Supposons que les stations terrestres n'aient à leur disposition qu'une seule fréquence $f1$, transposée en la fréquence $f2$ de retour. Comme les stations terrestres n'ont de relation entre elles que *via* le satellite, si une station veut émettre un signal, elle ne peut le faire qu'indépendamment des autres stations, s'il n'existe pas de politique commune. Si une autre station émet dans le même temps, les signaux entrent en collision et deviennent incompréhensibles, puisque impossibles à décoder. Les deux messages sont alors perdus, et il faut les retransmettre ultérieurement.

Les communications par l'intermédiaire d'un satellite montrent des propriétés légèrement différentes de celles d'un réseau terrestre. Les erreurs, en particulier, se produisent de façon fortement groupée, en raison de phénomènes physiques sur les antennes d'émission ou de réception. Au contraire des réseaux locaux, aucun protocole de niveau liaison n'est normalisé pour les réseaux satellite. Plusieurs procédures ont été proposées, mais aucune ne fait l'unanimité. Le délai d'accès au satellite constitue le problème principal, puisque, pour recevoir un acquittement, un temps égal à deux fois l'aller-retour est nécessaire. À ce délai aller-retour, il faut encore ajouter le passage dans les éléments extrémité, qui est loin d'être négligeable. Ce délai dépend bien sûr de la position de l'orbite sur laquelle se trouve le satellite. Lorsque les capacités des liaisons sont importantes, les techniques de retransmissions automatiques ARQ *(Automatic Repeat reQuest)* classiques ne sont pas efficaces, la quantité d'information à retransmettre devenant très grande. Les techniques sélectives posent aussi des questions de dimensionnement des mémoires permettant d'attendre l'information qui n'est pas parvenue au récepteur. Il faut trouver de nouvelles solutions pour optimiser le débit de la liaison.

Contrairement aux réseaux locaux, les réseaux satellite n'ont pas donné lieu à une normalisation spécifique. Plusieurs protocoles ont été proposés, mais aucun ne s'est vraiment imposé.

Les politiques d'accès aux canaux satellite

Les politiques d'accès aux canaux satellite doivent favoriser une utilisation maximale du canal, celui-ci étant la ressource fondamentale du système. Dans les réseaux locaux, le délai de propagation très court permet d'arrêter les transmissions après un temps négligeable. Dans le cas de satellites géostationnaires, les stations terrestres ne découvrent qu'il y a eu chevauchement des signaux que 0,27 s après leur émission — elles peuvent s'écouter grâce à la propriété de diffusion —, ce qui représente une perte importante sur un canal d'une capacité de plusieurs mégabits par seconde.

Les disciplines d'accès sont généralement classées en quatre catégories, mais d'autres possibilités existent, notamment les suivantes :
- les méthodes de réservation fixe, ou FAMA *(Fixed-Assignment Multiple Access)* ;
- les méthodes d'accès aléatoires, ou RA *(Random Access)* ;
- les méthodes de réservation par paquet, ou PR *(Packet Reservation)* ;
- les méthodes de réservation dynamique, ou DAMA *(Demand Assignment Multiple Access)*.

Les protocoles de réservation fixe réalisent des accès non dynamiques aux ressources et ne dépendent donc pas de l'activité des stations. Les procédures FDMA, TDMA et CDMA forment les principales techniques de cette catégorie. Ces solutions offrent une qualité de service garantie puisque les ressources sont affectées une fois pour toutes. En revanche, l'utilisation des ressources est mauvaise, comme dans le cas d'un circuit affecté au transport de paquets. Lorsque le flux est variable, les ressources doivent permettre le passage du débit crête.

Les techniques d'accès aléatoires donnent aux utilisateurs la possibilité de transmettre leurs données dans un ordre sans corrélation. En revanche, ces techniques ne se prêtent à aucune qualité de service. Leur point fort réside dans une implémentation simple et un coût de mise en œuvre assez bas.

Les méthodes de réservation par paquet évitent les collisions par l'utilisation d'un schéma de réservation de niveau paquet. Comme les utilisateurs sont distribués dans l'espace, il doit exister un sous-canal de signalisation à même de mettre les utilisateurs en communication pour gérer la réservation.

Les méthodes dynamiques de réservation ont pour but d'optimiser l'utilisation du canal. Ces techniques essaient de multiplexer un maximum d'utilisateurs sur le même canal en demandant aux utilisateurs d'effectuer une réservation pour un temps relativement court. Une fois la réservation acceptée, l'utilisateur vide ses mémoires tampons jusqu'à la fin de la réservation puis relâche le canal.

Un réseau utilisant un satellite géostationnaire ou un satellite situé sur une orbite moyenne se caractérise par un très long temps de propagation, comparativement au temps d'émission d'une trame. C'est pour cette raison qu'il existe un mode étendu dans les procédures classiques, qui permet l'émission de 127 trames sans interruption. Il est aisé de comprendre que si le débit est très élevé et qu'une méthode SREJ soit adoptée, l'anticipation doit être énorme ou bien la longueur des trames très grande. Par exemple, si le débit de la liaison satellite est de 10 Mbit/s, sachant qu'il faut au moins prévoir d'émettre sans interruption pendant un temps égal à deux aller-retour *(voir figure 18-9)*, la valeur minimale de la trame est de 20 Ko. Cette quantité est très importante, et la qualité de la ligne doit être excellente pour qu'un tel bloc de données (160 000 bits) arrive avec un taux d'erreur bit inférieur à 10^{-10}.

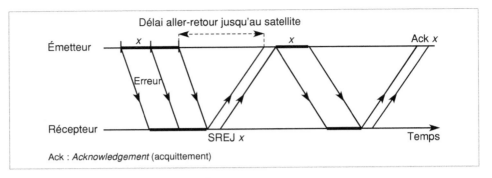

Figure 18-9. *Reprise sur une liaison satellite.*

Question 12.– *Pourquoi les techniques statiques ne sont-elles pas bien adaptées aux solutions satellite ?*

Réponse.– Comme le temps aller-retour est important, les techniques statiques font perdre un temps important au début et à la fin de chaque communication. De plus, pour des flots de données irréguliers, les méthodes statiques donnent de très mauvais résultats du point de vue de l'utilisation des canaux.

Question 13.– *Quel temps s'écoule-t-il entre l'émission d'un paquet sur un satellite géostationnaire et l'arrivée de l'acquittement ? Montrer que c'est un avantage dans beaucoup d'applications pour les satellites à orbite basse.*

Réponse.– Il faut approximativement 250 ms pour un aller-retour au satellite et donc 500 ms pour avoir le retour d'un acquittement. Les satellites à orbite basse étant situés à seulement un millier de kilomètres, il faut 36 fois moins de temps pour obtenir un acquittement. Pour des applications comme la parole téléphonique, les satellites basse orbite présentent un avantage évident.

Question 14.– *Les satellites géostationnaires peuvent-ils redevenir compétitifs par la réutilisation des fréquences, en comparaison des constellations basse orbite qui verront le jour dans quelques années ?*

Réponse.– Oui, parce que les faisceaux qui donnent naissance aux cellules sont de plus en plus étroits et que la taille des cellules devrait être suffisamment petite pour entrer en compétition avec les cellules de constellations basse orbite. L'avantage du satellite géostationnaire réside dans la possibilité de gérer simplement l'ensemble des cellules qui sont fixes.

■ Les systèmes satellite large bande

Les services que nous venons de décrire concernent les services à bande étroite et principalement la téléphonie. L'évolution actuelle pousse à se diriger vers des environnements permettant de transporter des applications multimédias.

Le développement des *VSAT (Very Small Aperture Terminal)* et maintenant des *USAT (Ultra Small Aperture Terminal)* est à l'origine de cette profusion d'antennes que l'on voit fleurir sur les toits et les balcons. L'utilisation du satellite s'étend pour aller des communications bande étroite au transport de canaux vidéo de très bonne qualité, en passant par les systèmes de communication *monovoies*, utilisant une seule direction pour les transmissions et les communications bidirectionnelles.

Le nombre de satellites en orbite pour la diffusion de canaux de télévision ne cesse de croître. De nombreux standards ont été créés, comme DSS *(Direct Satellite System)*. La compétition avec les réseaux câblés est de plus en plus forte, ces derniers bénéficiant d'une plus grande bande passante, ce qui leur autorise des services à haut débit, tels que la télévision à la demande.

Les constellations s'attaquent au problème réseau des deux façons différentes suivantes :
- Le système n'est qu'un réseau d'accès.
- Le système est un réseau complet en lui-même.

Dans le premier cas, l'utilisateur se connecte au satellite pour entrer sur le réseau d'un opérateur fixe. Il n'est pas possible de passer d'un satellite à un autre, et, à chaque satellite, doit correspondre une station au sol connectée à un opérateur local. Dans la seconde solution, il peut être possible de passer directement de l'émetteur au récepteur, en allant de satellite en satellite. Quelques stations d'accès à des opérateurs fixes sont également possibles, mais surtout pour atteindre les clients fixes.

La configuration de la constellation est importante pour réaliser l'un ou l'autre type de réseaux. En particulier, il faut essayer de passer au-dessus des zones les plus demandées, et plusieurs choix d'orbites sont en compétition. Les liaisons intersatellite sont nécessaires lorsque le système n'est pas seulement un réseau d'accès. Le nombre de possibilités de liaisons intersatellites à partir d'un même satellite varie de deux à huit.

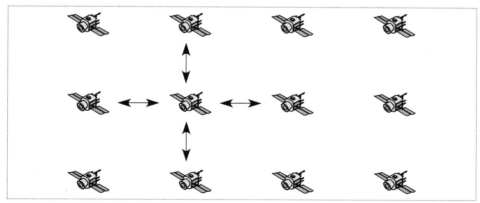

Figure 18-10. *Exemple de liaison intersatellite.*

La figure 18-10 illustre une liaison intersatellite et la figure 18-11 le délai de retour du satellite dans le processus d'acquittement. Le fait de posséder des liaisons intersatellite réduit la dépendance de la constellation envers les opérateurs de réseaux fixes. En contrepartie, ils ajoutent au coût et à la complexité du système global. Plusieurs technologies sont disponibles pour la réalisation des liaisons intersatellite, comme la radio, l'infrarouge et le laser.

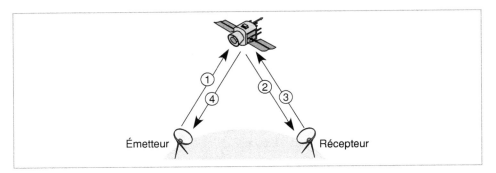

Figure 18-11. *Délai de retour du satellite dans le processus d'acquittement.*

Le handover dans les constellations basse orbite

Le handover correspond à une modification de la cellule qui prend en charge le client, que ce soit à la suite d'un déplacement du client qui change de cellule ou de celui du satellite qui, en tournant, finit par perdre de vue son client. Dans ce dernier cas, un autre satellite de la constellation prend le relais pour que la communication ne soit pas interrompue. Dans les systèmes qui nous intéressent ici, les constellations basse orbite, le satellite se déplace à la vitesse de 4 à 5 km/s, une vitesse bien supérieure à celle du client.

Le nombre de handovers dus à un client qui se déplace peut être considéré comme négligeable et constitue en cela un avantage important. Comme la vitesse de défilement d'un satellite est constante et que le client est assimilé à un point fixe, les handovers sont prévisibles pour autant que le client ne termine pas brutalement sa communication.

En général, on distingue deux catégories de handovers :
• Le handover dur (hard-handover), dans lequel il ne doit y avoir aucune coupure et où le relais sur la nouvelle cellule commence juste au moment où se termine la communication avec la cellule précédente.
• Le handover mou (soft-handover), dans lequel des éléments de communication commencent à transiter par la nouvelle cellule tandis que la cellule précédente est toujours en cours de communication.

Un satellite peut gérer plusieurs cellules — jusqu'à une centaine — grâce à de nombreuses antennes d'émission. Un handover intrasatellite correspond à un handover qui s'effectue entre deux cellules gérées par le même satellite. En revanche, un handover intersatellite correspond à un client qui est pris en charge par une cellule dépendant d'un autre satellite. Le premier type de handover est assez simple, en ce sens qu'un seul et même satellite gère les deux cellules.

Un handover intersatellite est nettement plus complexe, car il faut gérer la communication entre les deux satellites sans interruption.

On distingue deux grands types de handovers, en fonction du défilement du satellite :
- Les antennes sont fixes, et les cellules se déplacent à la vitesse du satellite.
- Les cellules sont fixes, et le satellite pointe pendant un laps de temps assez long sur la même cellule géographique ; les antennes doivent donc être orientables dans ce cas.

En d'autres termes, dans le premier cas, l'antenne pointe vers la Terre suivant une position fixe. En revanche, dans le second cas, l'antenne pointe vers une zone terrestre fixe qui est suivie par le satellite. Lorsque le satellite disparaît (en général, en dessous d'un angle de 30°), la cellule fixe est prise en charge par le nouveau satellite qui arrive.

Questions-réponses

Question 15.– *Le fait que les liaisons intersatellite se passent dans le vide vous paraît-il rendre ces liaisons simples à réaliser ?*

Réponse.– Du point de vue de la transmission, le fait que la communication se passe dans le vide implique une excellente qualité. La difficulté majeure réside dans le système de pointage, qui consiste, pour un émetteur, à viser l'équivalent d'un terrain de football à 3 000 km de distance.

Question 16.– *Pourquoi la solution d'une constellation de satellites jouant le rôle d'un réseau complet pose-t-elle des problèmes de tarification dans les pays qui ont une réglementation spécifique sur l'utilisation des réseaux de télécommunications ?*

Réponse.– Dans le cadre d'une constellation, que l'on peut assimiler à un réseau privé, les pays à forte régulation des télécommunications interdisent l'utilisation de terminaux pour atteindre ces constellations. Éventuellement, il peut y avoir un accord entre l'opérateur de la constellation et le pays autorisant les communications si une taxe est payée. La difficulté réside dans la vérification des communications.

1

On veut étudier les possibilités de multiplexage des accès d'un câblo-opérateur. On suppose que le câble CATV employé possède une largeur de bande utilisable de 500 MHz.

a En considérant que l'ensemble des bandes de télévision utilisent 300 MHz et en supposant que le rapport signal sur bruit atteigne 30 dB, quel débit peut-on atteindre pour les applications autres que la télévision ?

b Si 1 000 clients sont connectés à Internet, quel est leur débit maximal, en supposant que chaque client doive avoir sa bande en aller et sa bande en retour ?

c On suppose que, pour permettre aux clients d'avoir plus de débit, on introduise un multiplexage statistique. Qu'est-ce que cela signifie ?

d Pour cela, on réserve une bande passante commune dans le sens montant et une bande commune dans le sens descendant. Ces deux bandes sont supposées équivalentes (en général le sens montant est plus faible que le sens descendant). On découpe le temps en trames, qui sont à leur tour découpées en tranches de 2 000 bits, correspondant à la taille unique des paquets émis — le mot exact pour paquet aurait dû être trame, mais nous utilisons paquet pour qu'il n'y ait pas de confusion avec la structuration en trames du canal de communication. En supposant qu'il n'y ait jamais plus de 500 clients en cours de transmission pendant l'émission d'une trame, on découpe cette trame en 500 tranches. Pour qu'il n'y ait pas de perte de bande passante inutile, un utilisateur peut éventuellement transmettre dans plusieurs tranches de la même trame. Montrer qu'il existe un problème d'affectation des tranches de temps, semblable à ce qu'effectue le protocole MAC dans un réseau partagé.

e Peut-on utiliser le protocole CSMA/CD comme couche MAC ?

f Peut-on utiliser un protocole à jeton comme couche MAC ?

g Montrer qu'il peut être important que la voie de retour (la voie descendante) transporte de la signalisation vers l'utilisateur.

h En supposant qu'un client soit capable de faire savoir (par un canal de signalisation) au cœur de chaîne qu'il est devenu actif, proposer une solution à ce problème d'accès aux tranches de temps.

i Peut-on garantir la qualité d'une communication téléphonique avec ce système ?

j Si l'on remplace l'ensemble câblé par un câblo-opérateur par un réseau de distribution d'un opérateur de télécommunications et que l'on utilise des modems ADSL sur les paires métalliques correspondant à ce câblage, rencontre-t-on les mêmes problèmes de multiplexage ?

2

On considère un satellite géostationnaire.

a En supposant que la propagation des ondes hertziennes atteigne 300 000 km/s, calculer le délai aller-retour.

b Montrer que si le canal a une capacité de 10 Mbit/s et que la longueur des trames soit de 10 Kbit, l'utilisation d'un niveau trame de type HDLC (LAP-B) est inacceptable.

c Une solution à ce problème consiste à utiliser une méthode de sous-canaux virtuels, c'est-à-dire à supposer que plusieurs canaux travaillent en parallèle, en utilisant le même satellite, chacun possédant son propre protocole de niveau trame. En supposant que tous les canaux utilisent le même protocole HDLC avec une fenêtre de taille maximale de 127, quel devrait être le nombre de sous-canaux virtuels ?

d Si l'on suppose qu'il se produise une erreur sur un seul canal virtuel, que se passe-t-il ?

e Proposer une solution à ce problème.

3 On s'intéresse maintenant à une constellation de satellites située à 700 km de la Terre. Chaque satellite possède 100 antennes directives qui arrosent chacune une cellule de 50 km sur 50 km. On suppose que ces antennes arrivent globalement à couvrir un carré.

a Le satellite se déplaçant à 5 km/s, combien de temps s'écoule-t-il entre deux handovers, en supposant que le déplacement du satellite se fasse parallèlement aux bords ?

b En supposant que, pour un soft-handover, il faille 5 secondes de recouvrement, calculer la perte de capacité du satellite par rapport à un hard-handover.

c Expliquer pourquoi et comment un client peut voir sa communication coupée au moment d'un handover.

d On suppose que les clients de cette constellation reçoivent la garantie que les deux premières minutes de communication sont sans coupure. Trouver un algorithme qui le permette dans le cas où la communication n'utilise qu'un seul satellite.

e La solution à la question précédente réduit-elle la capacité globale du système du fait que des ressources risquent d'être inutilisées ?

f Si tel est le cas, proposer une solution de surallocation qui ne garantisse plus complètement les deux premières minutes de communication mais qui permette d'augmenter l'utilisation des ressources de la constellation.

g On suppose maintenant que la communication garantie pour deux minutes passe par deux satellites en empruntant une liaison intersatellite. Trouver un nouvel algorithme ou une extension du précédent qui procure une garantie complète.

h Les algorithmes trouvés précédemment sont-ils indépendants du fait que les cellules soient fixes ou variables (c'est-à-dire si les antennes du satellite sont fixes ou s'orientent pour recouvrir toujours la même cellule pendant sa période de visibilité) ?

QCM
(questionnaire à choix multiple)

Une seule réponse est permise. Les valeurs suivantes sont attribuées aux réponses : 1 pour une réponse correcte, 0,5 pour une réponse acceptable, 0 pour une réponse fausse et − 0,5 pour une réponse inacceptable.

1   Quelle est la différence entre un paquet et une trame ?

- [ ] **a** Un paquet est toujours encapsulé dans une trame.
- [ ] **b** Une trame est toujours encapsulée dans un paquet.
- [ ] **c** Le récepteur doit pouvoir reconnaître le début et la fin d'une trame et non d'un paquet.
- [ ] **d** En règle générale, un paquet est routé et une trame est commutée.
- [ ] **e** Les mots « paquet » et « trame » sont utilisés en fonction du type de réseau.

2   Que sous-entend le sigle IP ?

- [ ] **a** Une architecture de niveau 3.
- [ ] **b** Une architecture de niveau 2.
- [ ] **c** Un protocole de niveau paquet.
- [ ] **d** Un format de paquet.
- [ ] **e** Un format de trame.

3   L'architecture TCP/IP est-elle :

- [ ] **a** Une architecture de niveau 2 ?
- [ ] **b** Une architecture de niveaux 3 et 4 ?
- [ ] **c** Un ensemble de protocoles ?
- [ ] **d** Un réseau routé ?
- [ ] **e** Un réseau commuté ?

4   Une référence permet-elle de :

- [ ] **a** Déterminer une adresse ?
- [ ] **b** Router un paquet ?
- [ ] **c** Commuter un paquet ?
- [ ] **d** Commuter une trame ?
- [ ] **e** Commuter un paquet ou une trame ?

5   ATM représente-t-il :

- [ ] **a** Une technologie de routage ?
- [ ] **b** Une technologie de commutation ?
- [ ] **c** Un réseau asynchrone ?
- [ ] **d** Une architecture de niveau 3 ?
- [ ] **e** Une architecture de niveau physique ?

6   MPLS représente-t-il :

- [ ] **a** Une technologie de routage ?
- [ ] **b** Une technologie de commutation ?
- [ ] **c** Une technologie associant le routage et la commutation ?
- [ ] **d** Une architecture entre les niveaux 2 et 3 ?
- [ ] **e** Une architecture de niveau 4 ?

7   Quel est le problème principal du routage ?

- [ ] **a** C'est une technique qui revient trop cher.
- [ ] **b** Les tables de routage deviennent rapidement trop grandes.
- [ ] **c** Certains paquets peuvent arriver hors séquence.
- [ ] **d** C'est une technique très lente.
- [ ] **e** La probabilité de perdre un paquet est trop forte.

8   Un chemin (ou circuit virtuel) est-il :

- [ ] **a** Une route suivie par un paquet dans le réseau Internet ?
- [ ] **b** Une route que les paquets peuvent emprunter pour traverser un réseau ?
- [ ] **c** Une route décrite par des références ?
- [ ] **d** Une route qui peut changer en fonction du réseau ?
- [ ] **e** Une route décrite par une table de routage ?

9   Un label-switching (commutation par référence) est-il :

- [ ] **a** Une solution pour router les paquets ?
- [ ] **b** Une solution pour commuter les paquets ?
- [ ] **c** Une solution pour gérer un réseau ?
- [ ] **d** Une solution pour contrôler un réseau ?
- [ ] **e** Une solution pour commuter les paquets et/ou les trames ?

10   Un réseau en mode sans connexion est-il :

- [ ] **a** Un réseau IP ?
- [ ] **b** Un réseau utilisant une technique de routage ?
- [ ] **c** Un réseau commuté ?
- [ ] **d** Un réseau ATM ?
- [ ] **e** Un réseau sans système de signalisation ?
- [ ] **f** Un réseau dans lequel la station d'émission doit prendre contact avec la station de réception avant de transmettre des paquets ?

11 Un réseau ATM est-il caractérisé par :

☐ **a** Des tables de routage ?

☐ **b** Des tables de commutation ?

☐ **c** Un système de signalisation ?

☐ **d** Aucun système de signalisation ?

☐ **e** Une longueur de paquet variable ?

☐ **f** Des tables de commutation et un réseau de signalisation ?

12 Pour permettre la parole téléphonique sur IP (VoIP), le réseau doit-il :

☐ **a** Avoir un débit très important ?

☐ **b** Avoir très peu de nœuds ?

☐ **c** Avoir un temps de réponse court et borné ?

☐ **d** Utiliser une technologie MPLS ?

☐ **e** Utiliser un réseau routé ?

☐ **f** Utiliser un réseau commuté ?

13 La technique DiffServ permet-elle de :

☐ **a** Prendre en charge la parole téléphonique sur IP ?

☐ **b** Introduire des priorités dans un réseau IP ?

☐ **c** Introduire une forte sécurité dans le réseau ?

☐ **d** Introduire une fiabilité des communications ?

☐ **e** Garantir le temps de réponse ?

14 Un VLAN *(Virtual Local Area Network)* est-il capable d'introduire de la sécurité parce que :

☐ **a** Les trames sont chiffrées ?

☐ **b** Les paquets sont chiffrés ?

☐ **c** Il évite la diffusion des trames ?

☐ **d** Il apporte des restrictions sur les accès aux stations terminales ?

☐ **e** Il utilise IPsec ?

15 IPsec est-il un protocole qui :

☐ **a** Chiffre les paquets ?

☐ **b** Chiffre les trames ?

☐ **c** Chiffre et authentifie les paquets ?

☐ **d** Chiffre et authentifie les trames ?

☐ **e** Diffuse les paquets sur le réseau après avoir vérifié leur correction ?

☐ **f** Sécurise un terminal ?

16 Un VPN *(Virtual Private Network)* est-il un moyen pour :

☐ **a** Réaliser une distribution des paquets vers un nœud spécifique ?

☐ **b** Diffuser des paquets sur un réseau local ?

☐ **c** Réaliser un réseau d'entreprise en interconnectant les différents accès de l'entreprise par un réseau d'opérateur sécurisé ?

☐ **d** Interconnecter plusieurs entreprises ?

☐ **e** Avoir des applications virtuelles ?

17 Wi-Fi permet-il d'obtenir un débit par utilisateur :

☐ **a** Constant ?

☐ **b** Variable mais dépendant des interférences ?

☐ **c** Variable mais dépendant du nombre d'utilisateurs ?

☐ **d** Variable et dépendant des interférences et du nombre d'utilisateurs ?

☐ **e** Constant mais dépendant du nombre d'utilisateurs ?

18 Un réseau ad-hoc est-il caractérisé par :

☐ **a** Une transmission en diffusion ?

☐ **b** L'utilisation de tables de commutation ?

☐ **c** L'utilisation de tables de routage ?

☐ **d** L'utilisation de tables de routage et de commutation ?

☐ **e** Des applications *ad-hoc* ?

19 Un réseau commuté, comme ATM, MPLS ou le relais de trames, comporte-t-il des nœuds qui :

☐ **a** Sont des LSR *(Label Switched Router)* ?

☐ **b** Travaillent avec une table de commutation ?

☐ **c** Travaillent avec une table de routage et une table de commutation ?

☐ **d** Utilisent une technique de contrôle de flux ?

☐ **e** Permettent de router les paquets vers leur destination ?

20 Une qualité de service peut être apportée par le protocole RTP/RTCP. Celui-ci est-il :

☐ **a** Un protocole de niveau paquet ?

☐ **b** Un protocole de niveau trame ?

☐ **c** Un protocole permettant d'adapter le débit d'un flot applicatif ?

☐ **d** Une compression de niveau application ?

☐ **e** Un protocole permettant de mesurer les performances ?

☐ **f** Un protocole permettant de réagir après une erreur ?

Résultats du QCM

Une seule réponse est permise. Les valeurs suivantes sont attribuées aux réponses : 1 pour une réponse correcte, 0,5 pour une réponse acceptable, 0 pour une réponse fausse et − 0,5 pour une réponse inacceptable.

1   Quelle est la différence entre un paquet et une trame ?

☐ **a** Un paquet est toujours encapsulé dans une trame. **0,5**

☐ **b** Une trame est toujours encapsulée dans un paquet. .... **− 0,5**

☒ **c** Le récepteur doit pouvoir reconnaître le début et la fin d'une trame et non d'un paquet. **1**

☐ **d** En règle générale, un paquet est routé et une trame est commutée. **0,5**

☐ **e** Les mots « paquet » et « trame » sont utilisés en fonction du type de réseau............. **− 0,5**

2   Que sous-entend le sigle IP ?

☐ **a** Une architecture de niveau 3.. **0,5**

☐ **b** Une architecture de niveau 2.. **− 0,5**

☒ **c** Un protocole de niveau paquet.. **1**

☐ **d** Un format de paquet. **0,5**

☐ **e** Un format de trame. .... **− 0,5**

3   L'architecture TCP/IP est :

☐ **a** Une architecture de niveau 2.. **− 0,5**

☒ **b** Une architecture de niveaux 3 et 4. .... **1**

☐ **c** Un ensemble de protocoles. **0,5**

☐ **d** Un réseau routé. **0,5**

☐ **e** Un réseau commuté. .... **− 0,5**

4   Une référence permet de :

☐ **a** Déterminer une adresse. **0**

☐ **b** Router un paquet.. **− 0,5**

☐ **c** Commuter un paquet. **0,5**

☐ **d** Commuter une trame... **0,5**

☒ **e** Commuter un paquet ou une trame. **1**

5 ATM représente :

☐ **a** Une technologie de routage. .... − 0,5

☒ **b** Une technologie de commutation. 1

☐ **c** Un réseau asynchrone. 0,5

☐ **d** Une architecture de niveau 3. .... − 0,5

☐ **e** Une architecture de niveau physique. .... − 0,5

6 MPLS représente :

☐ **a** Une technologie de routage. 0

☐ **b** Une technologie de commutation. 0,5

☒ **c** Une technologie associant le routage et la commutation. 1

☐ **d** Une architecture entre les niveaux 2 et 3. 0,5

☐ **e** Une architecture de niveau 4. .... − 0,5

7 Quel est le problème principal du routage ?

☐ **a** C'est une technique qui revient trop cher. 0

☒ **b** Les tables de routage deviennent rapidement trop grandes. 1

☐ **c** Certains paquets peuvent arriver hors séquence. 0,5

☐ **d** C'est une technique très lente. 0

☐ **e** La probabilité de perdre un paquet est trop forte. .... − 0,5

8 Un chemin (ou circuit virtuel) est :

☐ **a** Une route suivie par un paquet dans le réseau Internet. .... − 0,5

☐ **b** Une route que les paquets peuvent emprunter pour traverser un réseau. 0,5

☒ **c** Une route décrite par des références. 1

☐ **d** Une route qui peut changer en fonction du réseau. 0

☐ **e** Une route décrite par une table de routage. .... − 0,5

9 Un label-switching (commutation par référence) est :

☐ **a** Une solution pour router les paquets. .... − 0,5

☐ **b** Une solution pour commuter les paquets. 0,5

☐ **c** Une solution pour gérer un réseau. .... − 0,5

☐ **d** Une solution pour contrôler un réseau. 0

☒ **e** Une solution pour commuter les paquets et/ou les trames. 1

10 Un réseau en mode sans connexion est :

☐ **a** Un réseau IP. 0,5

☐ **b** Un réseau utilisant une technique de routage. 0,5

☐ **c** Un réseau commuté. 0

☐ **d** Un réseau ATM. .... − 0,5

☐ **e** Un réseau sans système de signalisation. 0,5

☒ **f** Un réseau dans lequel la station d'émission doit prendre contact avec la station de réception avant de transmettre des paquets. 1

11 Un réseau ATM est caractérisé par :

☐	**a** Des tables de routage.	0
☐	**b** Des tables de commutation.	0,5
☐	**c** Un système de signalisation.	0,5
☐	**d** Aucun système de signalisation.	– 0,5
☐	**e** Une longueur de paquet variable.	– 0,5
☒	**f** Des tables de commutation et un réseau de signalisation.	1

12 Pour permettre la parole téléphonique sur IP (VoIP), le réseau doit :

☐	**a** Avoir un débit très important.	0
☐	**b** Avoir très peu de nœuds.	0
☒	**c** Avoir un temps de réponse court et borné.	1
☐	**d** Utiliser une technologie MPLS.	0,5
☐	**e** Utiliser un réseau routé.	0
☐	**f** Utiliser un réseau commuté.	0,5

13 La technique DiffServ permet de :

☐	**a** Prendre en charge la parole téléphonique sur IP.	0,5
☒	**b** Introduire des priorités dans un réseau IP.	1
☐	**c** Introduire une forte sécurité dans le réseau.	– 0,5
☐	**d** Introduire une fiabilité des communications.	– 0,5
☐	**e** Garantir le temps de réponse.	0,5

14 Un VLAN *(Virtual Local Area Network)* est capable d'introduire de la sécurité parce que :

☐	**a** Les trames sont chiffrées.	0
☐	**b** Les paquets sont chiffrés.	– 0,5
☐	**c** Il évite la diffusion des trames.	0,5
☒	**d** Il apporte des restrictions sur les accès aux stations terminales.	1
☐	**e** Il utilise IPsec.	0

15 IPsec est un protocole qui :

☐	**a** Chiffre les paquets.	0,5
☐	**b** Chiffre les trames.	– 0,5
☒	**c** Chiffre et authentifie les paquets.	1
☐	**d** Chiffre et authentifie les trames.	0
☐	**e** Diffuse les paquets sur le réseau après avoir vérifié leur correction.	– 0,5
☐	**f** Sécurise un terminal.	0

16 Un VPN *(Virtual Private Network)* est un moyen pour :

☐	**a** Réaliser une distribution des paquets vers un nœud spécifique.	– 0,5
☐	**b** Diffuser des paquets sur un réseau local.	0
☒	**c** Réaliser un réseau d'entreprise en interconnectant les différents accès de l'entreprise par un réseau d'opérateur sécurisé.	1
☐	**d** Interconnecter plusieurs entreprises.	0
☐	**e** Avoir des applications virtuelles.	– 0,5

17 Wi-Fi permet d'obtenir un débit par utilisateur :

- ☐ **a** Constant. .... – 0,5
- ☐ **b** Variable mais dépendant des interférences. 0,5
- ☐ **c** Variable mais dépendant du nombre d'utilisateurs. 0,5
- ☒ **d** Variable et dépendant des interférences et du nombre d'utilisateurs. 1
- ☐ **e** Constant mais dépendant du nombre d'utilisateurs. 0

18 Un réseau ad-hoc est caractérisé par :

- ☐ **a** Une transmission en diffusion. 0
- ☐ **b** L'utilisation de tables de commutation. .... – 0,5
- ☒ **c** L'utilisation de tables de routage. 1
- ☐ **d** L'utilisation de tables de routage et de commutation. 0
- ☐ **e** Des applications *ad-hoc*. 0

19 Un réseau commuté, comme ATM, MPLS ou le relais de trames, comporte des nœuds qui :

- ☐ **a** Sont des LSR *(Label Switched Router)*. 0
- ☐ **b** Travaillent avec une table de commutation. 0,5
- ☒ **c** Travaillent avec une table de routage et une table de commutation. 1
- ☐ **d** Utilisent une technique de contrôle de flux. 0
- ☐ **e** Permettent de router les paquets vers leur destination. .... – 0,5

20 Une qualité de service peut être apportée par le protocole RTP/RTCP. Celui-ci est :

- ☐ **a** Un protocole de niveau paquet. 0
- ☐ **b** Un protocole de niveau trame. .... – 0,5
- ☒ **c** Un protocole permettant d'adapter le débit d'un flot applicatif. 1
- ☐ **d** Une compression de niveau application. 0,5
- ☐ **e** Un protocole permettant de mesurer les performances. 0,5
- ☐ **f** Un protocole permettant de réagir après une erreur. .... – 0,5

Corrigés des exercices

Cours 1

Cours 1 – Exercice 1
(voir énoncé p. 20)

[a] Effectivement, les deux méthodes de transfert sont très différentes. Dans le premier cas, le nœud attend que le paquet soit complètement reçu avant de l'émettre sur une ligne de sortie. Cette solution permet de détecter des erreurs de transmission ou une fin de paquet manquante et permet de demander des retransmissions. Dans le second cas, il n'est pas possible de détecter des erreurs sur le paquet.

[b] L'avantage de la technique store-and-forward est d'apporter une meilleure sécurité à la transmission.

[c] L'avantage de la technique cut-through est d'accélérer le transfert des paquets et éventuellement d'offrir un délai de transit beaucoup plus court. Cette solution n'est intéressante que si le réseau est relativement vide.

Cours 1 – Exercice 2
(voir énoncé p. 20)

[a] Non un paquet envoyé sur un circuit n'a pas le choix de sa destination. Il doit suivre le circuit jusqu'à son extrémité.

[b] Un paquet envoyé en transfert de paquets est soit routé vers son adresse de destination, soit commuté par un chemin unique.

[c] Un nœud en commutation de circuits ne peut pas être saturé puisque le circuit, au moment de son ouverture, réserve les ressources correspondant à la capacité de transmission du circuit. En revanche, un nœud de transfert en commutation de paquets peut devenir saturé par un afflux trop important de paquets.

[d] La parole téléphonique étant une application très contraignante du point de vue du délai de transit dans le réseau, il est beaucoup plus facile de la faire transiter dans un réseau à commutation de circuits. En revanche, l'utilisation des ressources est bien moins bonne puisqu'il n'y a pas de multiplexage des ressources du réseau.

Cours 1 – Exercice 3
(voir énoncé p. 20)

[a] Le temps d'attente pour aller de l'entrée à la sortie est composé uniquement des temps de traversée des nœuds et du délai de propagation sur les lignes de communication. Ce temps d'attente est donc égal à la somme des délais de propagation entre les nœuds et des temps d'attente dans les nœuds, ces derniers se réduisant d'après l'hypothèse aux temps d'attente dans les lignes de sortie.

[b] Le temps de transit d'un paquet est variable puisque les temps d'attente dans les lignes de sortie des nœuds sont variables. Ces derniers dépendent du nombre de paquets en attente provenant de l'ensemble des flux transitant par cette ligne de sortie. Le temps de réponse d'une commutation de circuits est meilleur que le temps de transit dans un réseau à transfert de paquets. En effet, il n'y a aucune attente dans les nœuds intermédiaires puisque les ressources sont réservées.

[c] Si le nœud C est congestionné, les paquets y arrivant risquent d'être perdus puisqu'il n'y a plus de place en mémoire.

[d] Si la table de routage est fixe, à une adresse de destination correspond toujours la même ligne de sortie. On en déduit que tous les paquets d'un même flot empruntent toujours le même chemin. Si la table est dynamique, cela signifie que pour aller à une même destination plusieurs routes peuvent être utilisées.

L'algorithme de choix des routes, qui n'est autre que l'algorithme de routage, est donc bien plus complexe.

Cours 2

Cours 2 – Exercice 1

(voir énoncé p. 40)

a Les atouts de la technique ATM proviennent d'une technique permettant d'obtenir une qualité de service et pouvant supporter de très hauts débits.

b Les atouts de la technique IP pour transporter des applications multimédias sont plus faibles, surtout dans la première génération que nous connaissons, puisqu'une seule classe de service est disponible, la classe best effort. La deuxième génération, qui introduit des classes de service, aura des atouts beaucoup plus importants pour le transport des applications multimédias.

c La technique Ethernet permet de très hauts débits à bas coût. Son atout principal consiste en un surdimensionnement des réseaux pour satisfaire au passage du multimédia. La nouvelle génération Ethernet introduit des priorités, ce qui permet de superposer plusieurs classes de service et de prendre en charge des applications avec une priorité plus grande.

d La figure A donne le schéma des différentes encapsulations.

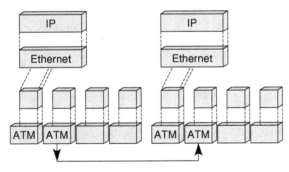

Figure A

e Cette solution transporte tous les champs de supervision du paquet IP dans la trame Ethernet puis tous les champs de la trame Ethernet dans les cellules ATM. De plus, comme la trame Ethernet a été découpée en plusieurs morceaux de 48 octets pour entrer dans les cel-

lules ATM, il faut, pour chaque morceau, ajouter 5 octets de supervision supplémentaires, qui n'apportent rien au transport de l'information utilisateur.

f Dans le paquet IP, il y a l'adresse du destinataire. Lorsqu'on encapsule le paquet IP dans Ethernet, il doit y avoir l'adresse du destinataire de la trame Ethernet, donc l'adresse qui va permettre d'atteindre le PC destinataire. Cette adresse doit être déduite de l'adresse IP par le PC émetteur. Dans les paquets ATM, il n'y a pas d'adresse ; il y a une référence. Ces références ont été posées par une cellule de supervision qui devait contenir l'adresse de sortie du réseau ATM. Donc à l'entrée du réseau ATM, il a fallu trouver l'adresse ATM qui permettait d'atteindre le réseau Ethernet de sortie.

g La translation consiste à trouver l'adresse du destinataire dans chaque unité de protocole transportée sur le réseau. En d'autres termes, le paquet IP doit transporter l'adresse IP du destinataire. Puis, cette adresse IP doit être transformée en une adresse Ethernet du destinataire qui doit être transformée en une adresse ATM du destinataire, et ainsi de suite. On voit que pour pratiquer une translation il faut que le destinataire ait des adresses dans les mondes IP, Ethernet et ATM, même si le destinataire n'est pas branché directement sur les réseaux concernés. Le schéma de la translation est illustré à la figure B.

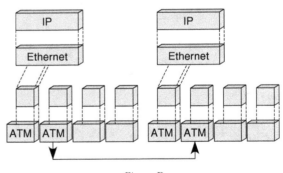

Figure B

Cours 2 – Exercice 2

(voir énoncé p. 40)

a Dans un réseau de télévision classique par câble ou télédiffusé, chaque récepteur reçoit l'ensemble des chaînes et choisit le programme à visualiser. Dans le réseau Internet, les canaux de télévision ne sont pas diffusés. L'utilisateur doit donc effectuer une demande de transmission particulière. L'application de transmission d'un canal de télévision est spécifique : il faut que l'information arrive régulièrement pour être rejouée mais il peut y avoir un décalage important entre l'instant d'émission et l'instant où l'on rejoue la vidéo sur l'écran de télévision. En effet, il n'y a pas d'interactivité entre les deux extrémités de la communication.

b Sur Internet, il est possible de mettre en place des applications multipoint dans lesquelles les flots sont regroupés jusqu'à un point proche de l'utilisateur final où plusieurs copies sont effectuées et émises vers les utilisateurs.

c Lorsqu'un client veut changer de chaîne, il doit envoyer une demande d'interruption du premier programme puis demander la transmission vers son poste de la nouvelle chaîne. Il faut donc un système de supervision, que l'on appelle une signalisation.

d Si le débit des différentes liaisons par lesquelles transite le flux vidéo est d'au moins 2 Mbit/s, il est relativement facile de resynchroniser le flux puisque l'application n'est pas interactive. Il peut y avoir une latence importante entre le moment d'émission par le cœur de transmission et le moment où l'on rejoue la séquence. Un problème important provient de la capacité nécessaire pour stocker dans la mémoire du récepteur l'information en attente d'être rejouée, surtout si le temps de latence est important.

e La difficulté aujourd'hui pour réaliser une telle application provient du manque de débit des différents liens entre le serveur vidéo et le terminal de l'utilisateur et en particulier sur le réseau d'accès (la boucle locale).

f L'application est la même mais elle demande un débit beaucoup plus faible. Si le débit moyen est de 64 Kbit/s, cela indique qu'il existe un débit crête bien supérieur au débit moyen. Ce débit crête peut introduire des problèmes de capacité et de respect du temps de traversée du réseau, celui-ci devant rester acceptable par rapport au retard choisi pour rejouer la vidéo.

g On utilise une technique circuit : il faut compresser la vidéo de telle sorte que le débit soit constant. L'ensemble des programmes arrive sur le terminal.

h Il n'y a pas d'adresse de réception parce que l'ensemble des vidéos est diffusé et que chaque terminal reçoit toutes les chaînes, même lorsque le téléviseur est éteint.

i Chez les câblo-opérateurs, le mode de diffusion est similaire à celui des télévisions hertziennes.

j La place de la télévision dans l'Internet du futur sera très importante, mais elle ne concernera que des chaînes à diffusion limitée. En effet, s'il y a énormément de spectateurs, il y a intérêt à diffuser fortement et donc à utiliser les réseaux de télédiffusion. En revanche, si la

chaîne n'intéresse qu'un petit nombre de personnes, il serait dommage de gâcher de la bande passante par une diffusion globale. La télévision sur Internet sera thématique et spécialisée ainsi que fortement localisée.

Cours 2 – Exercice 3
(voir énoncé p. 41)

a Le réseau téléphonique utilise la commutation de circuits. Il n'est donc, *a priori*, pas prêt à se transformer en un réseau Internet. Sur un circuit, on peut toujours envoyer un paquet IP. Il est donc possible de considérer qu'un réseau téléphonique peut donner naissance à un réseau Internet, mais l'efficacité d'un tel réseau serait particulièrement faible.

b Si le réseau téléphonique est transformé en un réseau Internet, tous les paquets IP d'un même flot suivent toujours le même chemin, celui du circuit téléphonique ouvert pour transporter ce flot.

c Les circuits téléphoniques transportent des flots dont la vitesse maximale est égale à 64 Kbit/s, ils ne peuvent dépasser cette valeur. Cependant, si l'utilisateur peut ouvrir plusieurs circuits simultanément, des multiples de 64 Kbit/s peuvent être atteints. En revanche, si l'utilisateur est relié par modem au réseau téléphonique, la vitesse maximale du circuit risque d'être celle de transmission du modem, c'est-à-dire généralement inférieure à 64 Kbit/s.

d Oui. C'est même un réseau qui ressemble beaucoup plus à l'Internet classique.

e Oui, il peut y avoir plusieurs routes puisque le rôle des routeurs est de router les paquets IP par la meilleure route possible.

f Oui, puisqu'il pourra y avoir un meilleur multiplexage des paquets sur un regroupement de liaisons à 64 Kbit/s.

Cours 3

Cours 3 – Exercice 1
(voir énoncé p. 63)

a Si le rapport des puissances aux deux extrémités est de 50 p. 100, l'affaiblissement est de :
$10 \log_{10} \times 2 = 3$ dB.
Les deux autres cas donnent :
$10 \log_{10} \times 10 = 10$ dB et $10 \log_{10} \times 100 = 20$ dB.

b Comme entre 4 000 et 24 000 Hz l'affaiblissement est inférieur à 3 dB, la bande passante du support physique est de 20 000 Hz.

c On obtient par la formule de Shannon :

$C = 20\,000\,\log_2 \times (1 + 30) = 100\,000$ bit/s.

d Pour obtenir la capacité maximale C, il faut transporter C/20 000, soit 5 combinaisons.

Cours 3 – Exercice 2

(voir énoncé p. 63)

a Le signal étant émis en diffusion, cela signifie qu'il se propage sur l'ensemble du bus et que chaque coupleur connecté sur le bus peut écouter les signaux qui passent.

b La machine terminale reconnaît que le paquet lui est destiné en comparant l'adresse de sa carte coupleur avec l'adresse du destinataire portée dans le paquet. S'il y a identité, la trame est recopiée dans la mémoire centrale de la machine terminale.

c Si deux machines terminales émettent au même moment, il y a collision. Si l'on calcule le temps mis par le signal pour se propager sur le support physique, on obtient quelques dizaines de microsecondes au maximum. Plus précisément, pour une distance de 2 000 mètres entre deux coupleurs, il faudrait un temps de 10 µs à la vitesse classique de 200 000 km/s sur un support électrique. Il suffit donc que les coupleurs écoutent le câble avant de transmettre ; si le câble est vide, la probabilité de collision est extrêmement faible puisqu'il faudrait que deux coupleurs situés à 2 km émettent dans les mêmes 10 µs.

d 1 µs.

e Il faudrait que deux stations situées à 200 mètres émettent dans la même microseconde pour qu'il puisse y avoir collision. Cette probabilité est quasiment nulle.

Cours 3 – Exercice 3

(voir énoncé p. 64)

a 5 µs.

b La vitesse de transmission étant de 10 Mbit/s, deux bits sont séparés de 0,1 µs.

c Il y a donc 50 bits en cours de propagation sur le support physique (5 µs/0,1 µs).

d Non, puisque la taille d'une trame Ethernet est d'au moins 64 octets et qu'il n'y a jamais plus de 6 octets et 2 bits (50 bits) sur le support physique.

e Le débit total est le même puisque le répéteur ne fait que répéter les éléments binaires sans les arrêter.

f Le débit des deux réseaux devient :

2 × 10 Mbit/s = 20 Mbit/s.

g Non, il n'y a aucun intérêt à remplacer le répéteur par un pont. En effet, un paquet utilise 10 Mbit/s sur chacun des deux réseaux.

h Non, il n'y a pas beaucoup d'intérêt à remplacer le répéteur par un pont puisque le débit réel total pourrait atteindre 20 Mbit/s.

i Si l'on met un répéteur, cela ne change rien au réseau précédent en ce qui concerne la capacité globale du réseau. En revanche, si l'on installe des ponts, cela démultiplie la capacité totale, qui devient égale à 4 × 10 Mbit/s = 40 Mbit/s. Pour que cette capacité soit utilisée au maximum, il faudrait que chaque communication reste locale.

j Il y a généralement tout intérêt à remplacer des répéteurs par des ponts, sauf si les paquets transitent par l'ensemble des sous-réseaux.

Cours 3 – Exercice 4

(voir énoncé p. 64)

a Dans ce réseau, chaque machine finit par recevoir une copie des paquets qui sont émis. Il y a donc diffusion, comme dans le cas d'un bus bidirectionnel.

b Le temps de traversée des hubs est à ajouter au délai de propagation. Ces temps de traversée ne sont pas du tout négligeables en regard des délais de propagation et peuvent même devenir assez importants.

c Si un hub tombe en panne, le réseau est coupé en deux, et il n'y a plus de communication entre les deux parties du réseau. Cela vient du fait que le hub est une structure active qui possède des registres à décalage pour réémettre les signaux sur les différentes sorties du hub. Ce problème ne peut arriver dans les réseaux en bus puisque ce sont des structures passives.

d Cette solution est plus complexe puisqu'il n'y a plus diffusion du paquet mais routage pour aller vers un point de sortie précis. Il faut donc ajouter une table de routage, laquelle, même fixe, ajoute de la complexité au hub.

e On peut avoir des communications en parallèle si les hubs sont capables d'acheminer des flux de paquets passant par le même nœud mais pas par les mêmes entrées ni les mêmes sorties.

Cours 3 – Exercice 5

(voir énoncé p. 65)

a La boucle est une structure active puisqu'il faut être capable de reconnaître les signaux pour savoir si la machine terminale doit prendre une copie du paquet ou non. De même, pour accéder à une boucle, on utilise généralement un jeton. Un jeton est une structure parfaitement déterminée, qu'il faut reconnaître sur le support et donc arrêter dans un registre pour être à même de la reconnaître et éventuellement de la modifier.

b Pour ajouter une nouvelle station, il faut couper la boucle pour ajouter un registre à décalage actif permettant de lire ce qui passe sur la boucle.

c Un bit effectue un tour de boucle dans un temps incluant les délais de propagation et les temps de latence dus à la traversée des registres à décalage qui se trouvent dans les coupleurs.

d Il s'écoule un temps qui est égale à n fois le tour de boucle s'il y a n stations terminales actives.

e Pour transporter des paquets de façon synchrone, il faut que le jeton revienne à la station qui émet le flux synchrone avant l'instant de synchronisation. Comme la question précédente montre qu'il y a une valeur maximale avant que le jeton revienne à la station émettrice, il suffit que les intervalles entre les temps de synchronisation soient plus grands que les n délais de rotation, si n est le nombre de stations actives.

f Oui. On augmente le débit du réseau puisque, au lieu d'attendre le tour de boucle du jeton puis de passer le jeton à la station active suivante, on passe tout de suite le jeton à la station suivante. L'augmentation du débit correspond au temps supplémentaire pendant lequel les stations du réseau peuvent transmettre. Ce temps supplémentaire est égal à n fois le temps pour effectuer le tour de boucle, si n est toujours le nombre de stations actives. L'augmentation du débit est égale au temps précédent divisé par le temps total de retour du jeton à une station donnée. Cette augmentation est d'autant plus importante que la vitesse du réseau est élevée. En effet, le temps de propagation du jeton sur la boucle est indépendant de la vitesse du réseau alors que le temps de retour du jeton en est au contraire fortement dépendant. Si le réseau a une vitesse multipliée par quatre, le gain de débit est quatre fois plus important. Dans le Token-Ring d'IBM à 4 Mbit/s, on attendait le tour du jeton avant de le transmettre à la station suivante. Si l'on avait adopté la solution proposée dans cette question, on aurait gagné approximativement 2 p. 100 en débit. Un changement de la technique d'accès a évidemment été effectué pour les versions à 16 Mbit/s puis à 100 Mbit/s, avec des gains de débit respectifs d'environ 8 p. 100 et 50 p. 100.

Cours 3 – Exercice 6

(voir énoncé p. 65)

a Si une station tombe en panne, le réseau est arrêté. En effet, comme le coupleur est actif, s'il n'est plus alimenté électriquement, il ne peut plus faire passer les signaux.

b Pour éviter cette panne, il est possible de poser un by-pass permettant au signal de transiter sans être stoppé par la carte. En cas de panne ou de coupure électrique, le by-pass se met automatiquement en place.

c Si l'un des bits qui représente le jeton est erroné à la réception, le jeton est perdu. Dès lors, plus aucune station ne dispose d'un jeton, ce qui entraîne l'arrêt du réseau.

d Le mécanisme le plus courant pour éviter cette panne consiste à avoir une station de contrôle sur la boucle qui met un bit particulier, dit bit de nettoyage, à la valeur 1. La valeur de ce bit est remise à 0 par la station qui capte le jeton. Si personne n'a capté le jeton pendant un tour de boucle, le bit de nettoyage revient à 1 dans la station de supervision, ce qui implique que personne n'a capté le jeton pendant un tour de boucle et donc que la station de supervision peut remettre un nouveau jeton correct sur la boucle.

e Si une coupure de la boucle se produit, le réseau est arrêté et ne peut plus fonctionner sans un mécanisme spécifique.

f Le seul moyen pour desservir l'ensemble des stations est la continuité de la boucle. Si la boucle est coupée, il faut avoir la possibilité de reconfigurer le réseau pour que l'ensemble des stations soit toujours connecté. Pour cela, on utilise une double boucle contrarotative, c'est-à-dire deux supports physiques en boucle mais allant en sens inverse. Lorsqu'une cassure se produit en un point sur les deux boucles, les paquets repartent sur l'autre boucle aux deux stations encadrant la coupure de sorte à reformer une nouvelle boucle unique, comme illustré à la figure 3.22.

Cours 3 – Exercice 7

(voir énoncé p. 65)

a Le fait de savoir à qui l'on passe le jeton et de qui on le reçoit permet de déterminer une boucle logique.

b Comme dans une boucle réelle, le temps maximal pour que le jeton revienne à la station initiale est borné. Si l'intervalle de synchronisation est plus grand que l'intervalle maximal entre deux retours du jeton à la station, le système permet de transporter des applications synchrones.

c Si une station se déconnecte ou tombe en panne, il suffit d'ajouter un algorithme pour permettre à la station qui possède le jeton, après une ou plusieurs tentatives de passage, de demander à la station déterminée par « la station suivante de la station en panne » de bien vouloir capter le jeton.

d Si deux stations terminales successives tombent en panne, le système global s'arrête de fonctionner. Pour arriver à pallier ce problème, il faut mettre en place un algorithme permettant de redéfinir la boucle logique. Par exemple, chaque coupleur réémet un jeton après un temporisateur. Si tous les temporisateurs sont distincts, une station émet le jeton en premier et envoie un message de constitution de l'anneau logique.

Cours 4

Cours 4 - Exercice 1

(voir énoncé p. 81)

a Dans la commutation, il faut mettre en place les tables de commutation, qui indiquent les ports de sortie et la référence de sortie par rapport à un port et à une référence d'entrée. Il faut donc une signalisation pour mettre en place de nouvelles entrées dans les tables de référence des nœuds dans lesquels transite le circuit virtuel.

b *A priori*, il faut ouvrir autant de circuits virtuels qu'il y a de points à atteindre. Cependant, la signalisation étant transportée par des paquets de contrôle contenant les adresses complètes des destinataires, il est possible d'effectuer une ouverture de liaison multipoint. On utilise en ce cas des adresses multipoint du réseau, et les acheminements des paquets de signalisation ne sont pas dupliqués. En d'autres termes, un seul paquet de signalisation ouvre le circuit virtuel jusqu'au nœud de séparation des circuits virtuels. Dans le nœud de séparation, une ligne de la table de commutation fait correspondre une référence d'entrée et un port d'entrée à plusieurs références sur plusieurs ports de sortie distincts.

c Dans un réseau à commutation, tous les paquets d'un même flot circulent sur un même chemin. Il est donc possible de contrôler ce flot par différents moyens puisque l'on connaît les nœuds qui sont traversés. En particulier, il est possible de faire de la réservation de ressources.

d La solution commutée n'est pas une bonne solution pour la navigation. En effet, pour aller chercher une information, il faudrait ouvrir un circuit virtuel puis le fermer après. Une technique routée est bien meilleure dans ce cas.

e Dans une technique routée, chaque paquet est muni de l'adresse complète du récepteur. Les paquets peuvent donc trouver leur route par eux-mêmes, et il n'est pas nécessaire d'ouvrir une route pour émettre le flot. L'inconvénient du routage réside dans l'impossibilité de réserver des ressources sur une route et de signaler aux nœuds traversés le passage d'un flot. La mise en place d'une route par une signalisation peut cependant être intéressante pour réserver des ressources et obtenir une qualité de service. Par exemple, la route peut être déterminée par le routage du premier paquet d'un flot, ce qui permet de réserver des ressources et d'obtenir une qualité de service pour la suite du flot.

f Oui, il est parfaitement envisageable d'avoir un réseau qui possède des nœuds capables de router ou de commuter. Ces nœuds s'appellent des LSR (*Label Switched Router*). Les trames qui arrivent de la liaison physique essaient d'être commutées en premier. Si la commutation est impossible, les trames sont décapsulées, et le paquet récupéré est routé.

g Le réseau peut transporter les paquets IP de deux façons. Soit les paquets sont encapsulés dans une trame, elle-même commutée dans le réseau ; dans ce cas, le réseau est commuté. Soit, les paquets sont décapsulés dans chaque nœud ; dans ce cas, le réseau de transport est de type routé. Un réseau de transport de paquets IP peut donc être soit routé soit commuté.

h Oui, l'ouverture d'une route par le premier paquet d'un flot correspond exactement à une signalisation.

Cours 4 - Exercice 2

(voir énoncé p. 81)

a Dans une table de routage, il y a autant de lignes que de destinations à atteindre. Pour un réseau qui possède beaucoup de destinations, la table de routage peut devenir très grande. Il est possible de diminuer la taille de la table de routage par agrégation des destinations. Par exemple, en agrégeant sur une même ligne de la table de routage, toutes les destinations qui sont situées sur un même sous-réseau. Les adresses IPv4 permettent de faire une telle agrégation grâce à leur structuration hiérarchique à deux niveaux (adresse du sous-réseau et adresse de la station terminale). Cependant, certains sous-réseaux comportent plusieurs centaines de milliers d'adresses terminales, qui ne peuvent donc être agrégées et qui donnent naissance à des tables de routage énormes. Dans un réseau IPv6, la hiérarchisation de l'adresse sur huit niveaux permet de faire descendre la taille de la table de routage à des valeurs acceptables.

b Les tables de commutation ne prennent en compte que les communications actives. Leur nombre est donc plus limité.

c Les réseaux avec routage sont plus souples que les réseaux avec commutation. Les paquets contenant l'adresse complète des destinataires, leur destination est toujours connue, même en cas de changement de route.

d Dans un réseau commuté, tous les paquets d'un même flot suivant le même chemin, il est possible d'effectuer des réservations de ressources. Il est donc plus facile d'obtenir une qualité de service dans un réseau commuté que dans un réseau routé.

Cours 4 – Exercice 3

(voir énoncé p. 81)

a Un réseau de signalisation a pour tâche première d'ouvrir un chemin dans un réseau pour y faire transiter les paquets. Pour ouvrir un chemin ou circuit virtuel, il faut un paquet de signalisation qui possède l'adresse complète du destinataire. Cela implique qu'un réseau de signalisation est un réseau de routage.

b Les paquets de signalisation contiennent l'adresse complète du destinataire. Les utilisateurs récepteurs doivent communiquer leur adresse aux émetteurs. Plus l'adresse est largement utilisée et simple à retenir et plus le réseau de signalisation est facile à utiliser. Par exemple, le réseau ATM possède un réseau de signalisation puisque ATM est une technique commutée. C'est un réseau qui ne peut pas être utilisé par le grand public car les adresses ATM complètes ne sont pas connues. À l'inverse, les adresses IP sont de plus en plus connues puisqu'elles sont même imprimées aujourd'hui sur les cartes de visite.

c Un réseau IP est un réseau de routage. Comme les adresses IP sont fortement utilisées et assez simples à retenir, le réseau IP satisfait aux critères des deux premières questions.

d Les réseaux de signalisation de l'avenir seront des réseaux de routage IP.

Cours 4 – Exercice 4

(voir énoncé p. 82)

a Dans un réseau de commutation, il faut une signalisation pour ouvrir les chemins. Les réseaux de signalisation doivent donc posséder un réseau de routage pour la signalisation. Les nœuds du réseau doivent être capables à la fois de router la signalisation et de commuter les données. Il est possible que le réseau de signalisation soit différent du réseau de transport de données, par exemple dans les réseaux optiques ; dans ce cas, les nœuds ne sont que des commutateurs, mais ceci est un cas particulier. On dit, dans ce dernier cas, que le réseau de signalisation est hors bande. Les réseaux de signalisation les plus classiques sont dans la bande.

b La taille de la table de commutation est égale au nombre de circuits virtuels, ou chemins, passant par un nœud.

c La rupture d'un liaison entraîne la rupture de tous les circuits virtuels qui passent par la liaison. Il faut donc demander au système de signalisation d'ouvrir de nouveaux circuits virtuels.

d Oui, bien sûr. Rien n'empêche d'ouvrir plusieurs chemins entre un nœud d'entrée et un nœud de sortie.

e Oui, il est possible d'ouvrir des chemins avec des qualités de service différentes.

f Si les références étaient les mêmes tout le long du chemin, il y aurait des difficultés à ouvrir les chemins sans que ceux-ci se croisent. Il faudrait au début de l'ouverture que le choix de la référence soit unique, ce qui est très difficile à assurer sur un grand réseau.

g Oui, il est possible d'utiliser plusieurs fois la même référence dans un nœud mais sur des lignes de sortie différentes.

h Il serait possible de garder la même référence tout le long du chemin à condition de s'assurer que cette référence soit unique et qu'elle ne puisse être utilisée par personne d'autre. Cela se réalise dans les réseaux Ethernet commutés, qui utilisent l'adresse MAC du destinataire comme référence. Cette référence est unique puisque toutes les cartes coupleur ont une adresse MAC différente.

Cours 4 – Exercice 5

(voir énoncé p. 82)

a Si le nœud est un commutateur, il faut que des paquets de signalisation y soient routés et que le nœud se comporte comme un routeur.

b Si la partie routage est de type IP, cela indique que le réseau de signalisation est de type IP. De plus, les paquets de données peuvent être routés par l'environnement IP.

c Puisque le nœud est à la fois un routeur et un commutateur, il doit y avoir à la fois une table de routage et une table de commutation.

d L'ouverture des chemins s'effectue grâce à l'environnement IP et donc prend en compte les adresses IP comme adresses de récepteur. Une fois le chemin ouvert, les trames encapsulant les paquets IP sont commutées et l'on peut utiliser au niveau trame des réseaux de commutation classiques, comme ATM, qui forment l'ossature des réseaux des opérateurs de télécommunications. Cette solution est séduisante pour ces derniers puisque la technique de base reste la commutation, secondée par de la signalisation IP et le transport de paquets IP.

e Pour la traversée des sous-réseaux entre les LSR, il faut encapsuler les paquets IP dans des trames. Ces trames sont commutées dans les LSR.

Cours 4 – Exercice 6

(voir énoncé p. 82)

a Non, les paquets d'un utilisateur n'arrivent pas toujours dans l'ordre puisqu'ils peuvent être routés sur des routes différentes au niveau des routeurs reliant les sous-réseaux.

b Le chemin entre deux routeurs est déterminé par le système de signalisation des sous-réseaux ATM. Cela veut dire que dans chaque routeur de départ, il faut déterminer l'adresse ATM du routeur de sortie du sous-réseau. Ensuite, un circuit virtuel ATM est ouvert vers l'adresse ATM de destination. L'ouverture du chemin dans le sous-réseau ATM s'effectue grâce au système de signalisation ATM et à l'adresse ATM de destination, transportée dans la trame de signalisation.

c Oui, il faut nécessairement encapsuler les paquets IP dans des trames ATM pour traverser les sous-réseaux ATM, que ce soit le paquet IP de signalisation globale ou les données à transporter.

d Si la table de routage est fixe, il n'y a aucun intérêt à remonter jusqu'au niveau IP puisque le chemin est déjà tracé. Il vaut mieux commuter directement la trame ATM au niveau ATM.

e Si une cellule ATM est perdue dans un sous-réseau, cela indique qu'il y a eu une erreur de transmission, par exemple sur le champ de référence. Dans ce cas, il faut

détruire la cellule car il n'y a plus de repère permettant de connaître la destination de la cellule.

Cours 4 – Exercice 7

(voir énoncé p. 83)

a Oui, il y a des chemins puisque le réseau est commuté.

b Les références utilisées classiquement sont fournies par les adresses MAC des destinataires. Dans les réseaux MPLS, on utilise un champ de référence supplémentaire qui porte le shim label.

c Si l'adresse MAC est utilisée, elle ne varie pas le long du chemin et correspond toujours à l'adresse du destinataire. Cela est possible parce que l'adresse MAC est unique. Il est impossible de rencontrer un autre chemin qui l'utilise, si ce n'est un chemin allant au même destinataire.

d Le fait de décapsuler une trame Ethernet permet de récupérer le paquet IP et donc son adresse. Il peut être intéressant de remonter à l'adresse IP si deux sous-réseaux sont indépendants et s'il n'est pas possible de faire transiter une signalisation commune entre eux. Ces nœuds sont des routeurs.

e Non, il n'est plus possible de conserver la même référence tout le long du chemin puisque l'on ne peut plus assurer l'unicité des références sur l'ensemble du chemin.

f L'intérêt de faire des réseaux Ethernet commutés est de ne plus être tenu à des limitations de distance, lesquelles s'exercent dès que le support physique est partagé.

Cours 4 – Exercice 8

(voir énoncé p. 83)

a Il est possible de réaliser une commutation au niveau 2 et au niveau 3. La commutation est de niveau 2 lorsque la référence se trouve dans la trame et de niveau 3 lorsque la référence se trouve dans le paquet. Par exemple, le relais de trames et l'ATM sont de niveau 2 tandis que le protocole X.25 détermine une commutation de niveau 3.

b Même chose que précédemment : selon que l'adresse complète du récepteur est dans la trame ou dans le paquet IP, on a un routage de niveau 2 ou de niveau 3. Il n'y a pas de routage de niveau 2 classique.

c X.25 est une commutation de niveau 3.

d Comme nous l'avons indiqué, le routage de niveau 2 n'est pas classique. On peut dire que la technique de commutation Ethernet est un routage de niveau 2. En effet, les nœuds utilisent l'adresse complète du récepteur (l'adresse MAC). La table de routage est dans ce cas fixe.

[e] On peut en déduire que les commutations sont généralement de niveau 2 et les routages de niveau 3.

[f] Non. On pourrait imaginer une technique de transfert dans laquelle la trame ou le paquet contiendrait à la fois une zone de référence et une zone contenant l'adresse complète du récepteur. Le nœud pourrait alors choisir entre les deux zones pour router ou commuter.

[g] Oui. Dans MPLS, par exemple, il y a un routage de niveau 3 et une commutation de niveau 2.

Cours 4 – Exercice 9

(voir énoncé p. 83)

[a] La taille de la table de commutation peut atteindre 2 à la puissance n.

[b] Non, ce n'est pas raisonnable puisque la taille de la table de commutation pourrait atteindre 2 à la puissance 28, c'est-à-dire 268 millions de chemins.

[c] Cette solution permet d'agréger les références à l'intérieur du réseau puisque tous les chemins qui ont la même valeur dans le champ de longueur b vont au même point de sortie. Dans le réseau, il suffit d'examiner la zone de longueur b pour commuter les trames vers la sortie. La taille des tables de commutation est donc restreinte à la valeur b. Cette taille est au maximum de 2 à la puissance b.

[d] Effectivement, si l'on fait passer tous les chemins entre une entrée et une sortie du réseau, il est pratiquement impossible d'équilibrer les charges dans le réseau. La solution est d'ouvrir plusieurs chemins entre une entrée et une sortie et d'équilibrer les charges des différents chemins.

Cours 5

Cours 5 – Exercice 1

(voir énoncé p. 101)

[a] Puisqu'il y a 32 bits spécifiques dans la séquence, la probabilité qu'une suite aléatoire suive la même com-

binaison est de une chance sur $2^{32} = 0,233 \ 10^{-9}$. Un niveau est transparent lorsqu'il utilise un protocole apte à transporter n'importe quelle suite d'éléments binaires sans avoir à les transformer. Les protocoles qui ont des suites binaires réservées ne sont pas transparents puisqu'ils ne peuvent pas transporter ces suites réservées. Dans le protocole de l'énoncé, la probabilité de retrouver la suite réservée des 32 bits de l'en-tête est tellement négligeable que l'on considère que le protocole est transparent.

[b] La numérotation étant effectuée sur 1 octet, il est possible de numéroter les trames de 0 à $2^8 - 1$. Les trames sont donc numérotées de 0 à 255. L'anticipation maximale est donc de 256 puisque si l'on n'a pas reçu l'acquittement de la trame 0, il est interdit d'envoyer une nouvelle trame 0. En effet, si l'émetteur recevait un acquittement de valeur 0, il ne pourrait savoir si cet acquittement s'adresse à la première trame ou à la deuxième.

[c] Le paquet possède 14 octets de supervision. Lorsqu'on ajoute la trame, il faut ajouter 4 octets. Au niveau trame, il y a donc 18 octets de supervision pour une longueur totale de la trame de 104 octets. Le drapeau d'en-tête ajoute 8 octets de supervision (le drapeau de fin de trame sert également de drapeau d'en-tête de la trame suivante et ne doit pas être comptabilisé). On a donc un total de 26 octets de supervision (14 octets pour le paquet + 4 octets pour la trame + 8 octets pour le drapeau) sur 112 octets transportés (104 pour la trame + 8 pour le drapeau). Le nombre d'octets servant à transporter les données de l'utilisateur est de 112 – 26 = 86 octets pour un total de 112 octets transportés sur la ligne physique. Le pourcentage de débit utile est de 77 p. 100.

[d] La lourdeur est le défaut principal de l'architecture OSI puisqu'il faut ajouter des zones de supervision assez longues à chaque étage de l'architecture.

[e] Il faut généralement ajouter une information d'appartenance et d'emplacement du segment dans le message. Lorsque le message est segmenté, il faut en effet ajouter un élément d'information pour désigner le propriétaire du paquet et indiquer où se place le segment dans le corps du message. Dans certain cas, il est possible de se passer de ces éléments d'information. Par exemple, si l'on ajoute au paquet une référence et que les paquets se suivent sur un circuit virtuel, il est relativement facile de reformer les messages à l'arrivée. Un problème à résoudre consiste toutefois à déterminer les débuts et fins des messages si la connexion permet d'envoyer des messages successifs.

[f] Si l'information de supervision de niveau message est de 4 octets, cela indique qu'il faut ajouter ces 4 octets

dans chaque segment. Les paquets ayant une longueur de 100 octets avec une zone de 14 octets de supervision, il y a 86 octets disponibles. Sur ces 86 octets, il faut prendre 4 octets pour mettre l'information de niveau message. Il ne reste donc, sur les 100 octets du paquet, que 82 octets disponibles pour les données utilisateur. Il faut découper le message de 1 000 octets en segments de 82 octets, ce qui donne 12 paquets. Comme il reste 16 octets à transporter, il faut transporter 13 paquets.

Pour les 12 premières trames, 82 octets utilisateur sont transportés et 112 octets sont émis sur le support physique. Le dernier paquet, contenant les 16 derniers octets, a une longueur de $16 + 4 + 14 + 4 + 4 = 42$ octets. On en déduit une charge de 1 386 octets pour transporter les 1 000 octets de données du message d'information, soit un débit utile de 72 p. 100. Dans une architecture de transport de paquet IP sur Ethernet ou ATM, plus d'un quart du débit concerne la supervision.

Cours 5 – Exercice 2

(voir énoncé p. 101)

a Au moins deux applications génériques peuvent prendre en charge l'application de téléphonie non-temps réel : la messagerie électronique et le transfert de fichiers. Si l'application devient temps réel, c'est-à-dire si la parole doit être rejouée rapidement, l'application est dite en « streaming ». Dans une telle application, les données à rejouer doivent être disponibles au récepteur à un moment précisé à l'avance. Dans cet exercice, l'application n'est pas une application de parole téléphonique puisqu'il n'y a pas d'interactivité. On peut donc se permettre un retard entre le moment où la personne clique sur la demande de commentaire (la parole) et le moment où la parole est effectivement entendue. Cette durée ne doit pas dépasser une à deux secondes.

b Cette application est réalisable sans problème sur Internet à condition que le laps de temps correspondant au décalage soit au moins de l'ordre de 1 s.

c Ces informations doivent être écrites en ASN-1, le langage syntaxique normalisé.

d C'est le niveau 7, ou application, la gestion de réseau étant une application parmi beaucoup d'autres.

e En règle générale, les informations de gestion ont une priorité faible par rapport aux données utilisateur puisque l'acheminement de certains comptes-rendus, par exemple de facturation, n'a rien d'urgent. En revanche, certaines primitives peuvent présenter un caractère d'urgence, comme celles s'occupant des pannes. Les données de gestion sont généralement traitées avec une priorité basse.

f Comme les données de gestion n'ont le plus souvent aucun caractère d'urgence et que l'on n'a pas besoin d'une qualité de service déterminée, il est plus simple de les émettre dans un mode sans connexion. Cela devient cependant de moins en moins évident du fait de l'intégration de plus en plus fréquente de données de contrôle dans les données de gestion. Le mode avec connexion apporterait une meilleure fiabilité au transport.

g Sur un réseau, on peut avoir des applications en mode avec connexion et d'autres en mode sans connexion. La gestion peut donc être en mode sans connexion et la parole téléphonique non-temps réel utiliser une application en mode avec connexion.

h Les informations de contrôle décident du fonctionnement du réseau. Elles doivent être prises en compte le plus rapidement possible. Les paquets transportant ces informations doivent donc avoir une priorité forte par rapport aux autres types de paquet.

Cours 5 – Exercice 3

(voir énoncé p. 102)

a Ce réseau peut n'avoir qu'un niveau trame et pas de niveau paquet. En effet, la violation de code peut être utilisée pour détecter un début ou une fin de trame. On peut donc mettre l'ensemble de la supervision dans le niveau supérieur, c'est-à-dire le niveau trame.

b Effectivement, on peut parler de trame IP si le coupleur de ligne indique le début et la fin du paquet IP par une violation de code. On voit sur cet exemple la difficulté de discerner un paquet d'une trame. Comme la violation de code est située au niveau physique, on peut dire que l'on n'a pas besoin de niveau trame et que le paquet IP est bien situé au niveau 3. On peut également dire que le paquet IP est une trame IP puisqu'on n'a pas besoin de l'encapsuler dans une trame. Actuellement, on a tendance à se placer au niveau le plus bas possible. C'est pourquoi l'on parle de trame IP.

c Oui, il doit y avoir une information permettant de situer les segments les uns par rapport aux autres. En effet, les segments vont se transformer en paquets (ou en trames) IP, susceptibles de prendre des chemins divers. À la réception, il est nécessaire de rassembler les segments. Il faut pour cela pouvoir les situer les uns par rapport aux autres puisque certains paquets (trames) auraient pu dépasser d'autres paquets, le routage modifiant l'acheminement des paquets.

d Il faut que le niveau application soit en mode avec connexion pour prendre en compte avec certitude la grande quantité d'information qui va lui arriver. La connexion permet à l'émetteur de négocier la quantité d'information qu'il doit émettre vers le récepteur.

e Pour le Web, il est beaucoup plus simple de ne pas avoir de connexion. L'utilisateur se déplace de serveur en serveur à la recherche d'informations. Si, à chaque communication, il doit mettre en place une connexion, cela implique des paquets de supervision pour ouvrir puis fermer les connexions, ne serait-ce que le transport d'un seul paquet à chaque fois.

f Oui, bien sûr. Il peut y avoir sur un même réseau coexistence d'applications en mode avec et sans connexion.

g Le mode avec connexion demande une supervision, c'est-à-dire un plan de signalisation pour gérer l'ouverture et la fermeture de la connexion. Le mode sans connexion utilise un routage pour transporter les paquets. Un réseau comme MPLS dispose de ces deux possibilités, c'est-à-dire d'une commutation et d'un routage dans le même nœud. Dans ce réseau, les LSR (*Label Switched Router*), ou commutateurs-routeurs, sont des nœuds relativement complexes. En revanche, il est simple de mélanger les deux modes aux niveaux supérieurs. Par exemple, dans l'environnement IP, le niveau message comporte le protocole TCP, en mode avec connexion, et le protocole UDP, en mode sans connexion.

h À la suite d'un problème, l'entité de session commence par essayer de redémarrer sur un point de synchronisation mineur (si le dernier point de reprise posé est de synchronisation majeure, la solution consiste évidemment à redémarrer directement sur ce point). L'entité qui effectue la reprise propose ses points de synchronisation mineurs. Si l'autre extrémité de la session accepte un de ces points de synchronisation, la session redémarre. Sinon, le dernier point de synchronisation majeur est utilisé.

Cours 6

Cours 6 – Exercice 1

(voir énoncé p. 118)

a Voir figure C.

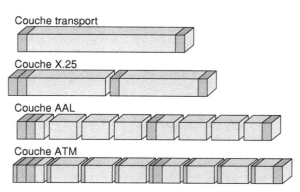

Figure C

b Oui, il existe un certain nombre de duplications entre ATM et X.25. Le circuit virtuel ouvert pour faire passer les paquets X.25 a des propriétés similaires au circuit virtuel ouvert pour transporter les cellules ATM. Ici, le circuit virtuel est très simple : il fait correspondre un nœud d'entrée à un nœud de sortie. Les paquets X.25 pour aller de ce nœud d'entrée au nœud de sortie empruntent un tuyau qui n'est pas autre chose que le circuit virtuel ATM sur lequel sont transportées les cellules ATM qui contiennent les paquets X.25.

De même, entre X.25 et la classe 4 de la couche transport, on peut trouver des redondances. Il y a dans les deux cas une détection des paquets perdus et une demande de reprise, même si cette dernière ne se fait pas de la même façon.

c Cette redondance de fonctions peut apporter une meilleure qualité de certains services mais pas de tous les services. Par exemple, une duplication de la détection et de la reprise sur erreur peut mener à un taux d'erreur extrêmement bas. Ainsi, la couche AAL peut effectuer une retransmission, de même que la classe 4 du niveau message.

d Un circuit de 2 000 km de long demande un temps de propagation de 10 ms. Avec une capacité de 2,5 Gbit/s, ce délai représente 25 Mbit/s de données en cours de propagation. Comme une cellule ATM a une longueur de 424 bits, il y a 58 962 cellules en cours de propagation.

e Il faut pouvoir numéroter les cellules pour qu'il n'y en ait pas deux de même valeur. Il faut en outre pouvoir associer des numéros à chaque trame émise jusqu'à réception de l'acquittement. Il faut donc avoir assez de numéros disponibles pour en donner un différent à chaque trame émise pendant l'intervalle de temps correspondant au temps aller-retour. Pour cela, il faut une fenêtre dont la taille soit au moins égale à $2 \times 58\,962 = 117\,924$.

f Lorsque des trames erronées se présentent, il faut pouvoir continuer à transmettre de nouvelles trames, même après avoir retransmis la trame en erreur. En effet, la trame en erreur ne pouvant être acquittée positivement qu'une fois bien reçue, il faut, pendant sa retransmission, pouvoir continuer à transmettre de nouvelles trames sans que l'émetteur ait à s'arrêter, bloqué par la taille de la fenêtre. Il faut donc pouvoir émettre de nouvelles trames pendant le temps de deux allers-retours. Ce cas n'est exact que s'il n'y a qu'une trame en erreur ou que la procédure de niveau trame permette de demander des retransmissions en parallèle. Si deux trames successives sont erronées et que la seconde doive attendre l'acquittement de la première, la fenêtre doit encore être augmentée d'un aller-retour.

g La taille totale de la fenêtre étant de 235 848, il faut trouver la puissance de 2 qui permette d'atteindre cette valeur. Nous avons :

$2^{17} = 131\,072 < 235\,848 < 2^{18} = 262\,144$

Il faut donc 18 bits pour coder la valeur minimale de la fenêtre. Cette valeur n'est pas compatible avec la structure de la trame ATM puisqu'il faudrait un champ d'au moins 18 bits pour la numérotation des cellules.

h Si l'on détecte les erreurs et que l'on effectue des retransmissions, le temps de traversée du réseau ne peut plus être limité. Il suffit qu'une trame soit erronée plusieurs fois de suite pour que le temps de transfert dépasse la limite admissible.

Cours 6 – Exercice 2

(voir énoncé p. 118)

a La passerelle est un routeur : voir figure D.

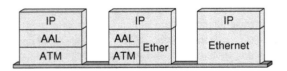

Figure D

La passerelle est un LSR *(Label Switched Router)* : voir figure E.

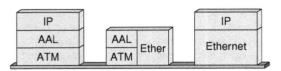

Figure E

b Dans le cas de la figure D, il n'est pas possible d'ouvrir un circuit virtuel de bout en bout puisqu'il faut repasser par la couche IP dans la passerelle intermédiaire.

Pour la figure E, représentant une architecture MPLS, la réponse est oui : on peut ouvrir un circuit virtuel de bout en bout, même si les termes « circuit virtuel » ne sont pas appropriés, le mot utilisé étant « route ».

c Ce sont les deux cas que nous venons de décrire. La passerelle est un routeur dans le premier et un commutateur de type MPLS dans le second.

d Entre A et le réseau ATM, il faut ajouter un réseau Ethernet. Il faut donc encapsuler le paquet IP dans une trame Ethernet.

Trois possibilités peuvent être identifiées :
1. Décapsuler la trame Ethernet dans le premier nœud du réseau ATM, qui réencapsule à son tour le paquet IP dans des cellules ATM.
2. Encapsuler directement la trame Ethernet dans des cellules ATM.
3. Utiliser le protocole MPLS et donc commuter la trame Ethernet vers des cellules ATM. Dans ce cas, il y a également décapsulation du paquet IP de la trame Ethernet. Le paquet IP n'est toutefois pas examiné mais est immédiatement remis dans des cellules ATM.

e Le schéma en couches de la passerelle dépend de la solution choisie à l'entrée du réseau. Le premier cas de figure donne naissance à l'architecture de la passerelle illustrée à la figure D. Le troisième donne naissance à l'architecture illustrée à la figure E. Le deuxième cas correspond à l'architecture illustrée à la figure F.

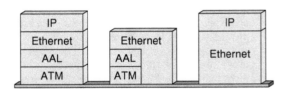

Figure F

Cours 6 – Exercice 3

(voir énoncé p. 119)

a Passerelle A : voir figure G.

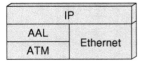

Figure G

Passerelle B : voir figure H.

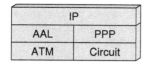

Figure H

Passerelle C : voir figure I.

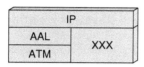

Figure I

b La communication se fait effectivement par la passerelle A. Le paquet IP est mis dans une trame Ethernet dans le PC a et cette trame est transportée dans le réseau Ethernet jusqu'à la passerelle A. Dans la passerelle A, la trame Ethernet est décapsulée puis réencapsulée dans des cellules ATM.

La réponse aurait pu être négative si le schéma de la passerelle A montrait une encapsulation de la trame Ethernet dans des cellules ATM. Dans ce cas, il aurait fallu dans le PC g qu'une décapsulation de la trame Ethernet ait eu lieu (celui-ci possède une carte ATM). On dit que le PC effectue une émulation Ethernet. Il a besoin pour cela d'un logiciel qui donne l'impression à l'utilisateur qu'il est connecté sur Ethernet et non sur un réseau ATM.

c La passerelle I possède l'architecture illustrée à la figure J.

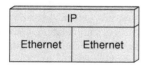

Figure J

La distance entre b et c est limitée puisque les deux réseaux Ethernet sont partagés. La distance dépend de la vitesse des réseaux Ethernet (*voir cours 14*).

d La passerelle H est exactement la même que celle de la question précédente. La différence provient de la non-diffusion des trames à l'intérieur du réseau et à une distance non limitée entre les équipements d'un réseau commuté.

e Oui, si le réseau global est de type Internet. La communication s'effectue alors par des routeurs IP intermédiaires. La communication n'est pas possible si une encapsulation est effectuée sur le chemin et ne donne pas lieu à une décapsulation. Dans ce cas, le PC terminal doit posséder le logiciel ou le matériel pour effectuer cette décapsulation.

f Même réponse qu'à la question précédente.

g 1. Oui, le réseau Ethernet peut faire partie d'un réseau MPLS. Il faut pour cela que les équipements Ethernet puissent traiter un champ spécifique dans lequel se trouve la référence. Ce champ porte le shim label.

2. Le réseau à commutation de circuits est considéré comme un réseau commuté s'il peut transporter des trames dans lesquelles se trouve une référence. Le protocole MPLS permet d'ajouter à tous les types de trame un champ dans lequel se trouve une référence.

3. Oui. Le réseau TCP/IP peut être considéré comme un réseau commuté puisque les paquets IP doivent être encapsulés dans des trames pour être acheminés sur un support physique. Comme pour la question précédente, soit la trame possède en elle-même une référence, soit le protocole MPLS ajoute un champ spécifique contenant une référence.

h On revient au cas où les passerelles sont des routeurs IP. Dans MPLS, il faudrait enlever la couche IP dans toutes les passerelles intermédiaires, comme illustré à la figure K.

i Voir figure L.

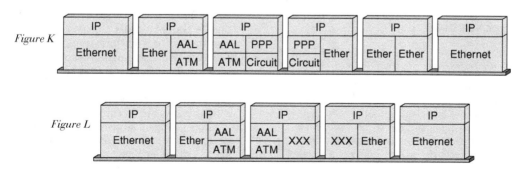

Figure K

Figure L

j Oui, si toutes les passerelles sont des routeurs IP. Il est possible que le routage fasse transiter des paquets IP entre les PC a et h.

k On revient au cas MPLS puisque la passerelle A est un commutateur. L'architecture est celle décrite à la figure E. Dans MPLS, il faut ouvrir des circuits virtuels qui transportent des paquets IP. Étant donné l'adresse IP du destinataire, le premier nœud du réseau doit être capable de faire la correspondance entre cette adresse IP du destinataire et une référence d'entrée dans le réseau. Une fois cette référence acquise, le paquet IP est encapsulé dans des trames, qui sont commutées sur le circuit virtuel jusqu'à la sortie. Il n'y a donc pas de correspondance d'adresse directe avec l'adresse ATM de sortie. Les correspondances d'adresse ont été résolues par le niveau de signalisation de MPLS, pris en charge par le protocole LDP (*Label Distribution Protocol*). Dans ce protocole, les paquets de contrôle IP sont routés comme dans l'Internet classique par la couche IP qui se trouve dans les nœuds, ou LSR. À chaque passage dans un sous-réseau, il doit effectivement y avoir une résolution de correspondance entre l'adresse IP du prochain routeur et l'adresse de ce dernier dans le protocole utilisé dans le sous-réseau. Par exemple, si le réseau est un réseau ATM, il faut trouver l'adresse ATM du nœud de sortie ou éventuellement du PC destinataire qui y est raccordé.

l Si le réseau utilise des routeurs IP de bout en bout, il est aujourd'hui très difficile d'obtenir une qualité de service puisque l'on ne connaît pas *a priori* les routeurs et les sous-réseaux par lesquels vont transiter les paquets. Il faudrait implanter dans tous les routeurs des algorithmes de contrôle de la qualité de service. Si le protocole MPLS est utilisé avec des réseaux commutés permettant d'y associer des algorithmes de qualité de service, il est possible d'obtenir une qualité de service de bout en bout.

Cours 7

Cours 7 – Exercice 1

(voir énoncé p. 142)

a Le réseau ATM est en commutation pour l'acheminement des cellules puisque le protocole ATM se fonde sur la commutation. Cependant, il pourrait très bien fonctionner dans un mode sans connexion. Cette solution n'a que peu d'intérêt puisque l'existence d'une signalisation pour ouvrir le circuit virtuel entraîne le mode avec connexion.

Pour avoir un routeur ATM, il faudrait doter la cellule ATM d'un champ portant l'adresse complète du récepteur et de l'émetteur, ce qui n'est pas pensable pour une structure de trame aussi petite que celle utilisée dans l'architecture ATM.

b Le protocole ATM utilise un mode avec connexion pour qu'il y ait une négociation de qualité de service entre l'émetteur et le récepteur. On pourrait éventuellement réaliser un réseau ATM dans un mode sans connexion. Dans ce dernier cas, on perdrait en partie tout le travail effectué par la signalisation d'ouverture du circuit virtuel.

c Dans le réseau examiné, si les nœuds sont des routeurs, cela indique que l'on remonte au niveau IP dans chaque nœud. La table de commutation est généralement plus petite que la table de routage puisqu'il n'y a que les circuits virtuels ouverts qui sont répertoriés, c'est-à-dire les communications actives. En cas d'utilisation de routeurs, il doit y avoir moyen de router les paquets contenant l'ensemble des destinations possibles du réseau. Il peut y avoir des cas particuliers dans lesquels la table de routage peut être plus petite que la table de communication. Il suffit d'envisager un réseau dans lequel il n'y a que deux clients. La table de routage n'a donc que deux lignes. La table de commutation est plus grande si les deux utilisateurs ont ouvert plus de deux circuits virtuels entre eux.

d L'hypothèse de petits paquets implique que le temps d'émission sur la ligne est négligeable par rapport au temps de transit. Si la fenêtre est de 5, on envoie 5 paquets puis on attend 2 s dans un cas et 3 s dans l'autre pour transmettre les 5 paquets suivants. Les 10 paquets en commuté arrivent donc après 3 s lorsque le circuit virtuel est ouvert. Pour ouvrir le circuit virtuel, il faut un aller-retour, c'est-à-dire 2 s. Au total, il faut donc 5 s en commutation. Comme il n'y a pas besoin de signalisation dans une technique de routage, les paquets arrivent en 4,5 s (un aller-retour et l'envoi des cinq derniers paquets). On voit ainsi que le routage donne un meilleur résultat en comparaison de la commutation.

e Il faut 2 s pour obtenir les acquittements dans le cas commuté. Comme la fenêtre est de 3, pour envoyer les 10 paquets il faut trois groupes de trois plus l'envoi du dernier paquet. Il faut donc 7 s au total pour que les 10 paquets arrivent au récepteur (2 s pour recevoir l'acquittement des trois premiers paquets, plus 2 s pour les trois suivants, plus 2 s encore pour les trois suivants et 1 s pour permettre au dernier paquet d'atteindre le récepteur). La signalisation prenant 2 s, on obtient un total de 9 s. Pour le routage, il faut 3 s pour obtenir les acquittements depuis l'émission du paquet, c'est-à-dire 10,5 s au total pour acheminer les 10 paquets. La technique routée est dans ce cas moins bonne que la solution commutée.

On en déduit que plus le flot est long et la fenêtre petite, plus la technique commutée donne de bons résultats. À l'inverse, plus le flot est court et la fenêtre grande, plus la technique de routage s'impose.

f Si la fenêtre est de 2, comme il y a quatre liaisons à franchir, il faut $4 \times 0,5 + 0,25$ s pour que les dix paquets franchissent la première liaison en commutation, c'est-à-dire 2,25 s. Les deux derniers paquets du flot transitent sur les 3 dernières liaisons sans attendre. Le temps total de transit des dix paquets est donc de 3 s. Si l'on ajoute 2 s pour la signalisation (un aller-retour), on obtient un total de 5 s pour le transport des 10 paquets.

En routage, il faut au total :

$4 \times 0,75 + 0,375 + 3 \times 0,375 = 4,5$ s

g Le résultat est identique à celui de la question d.

Cours 7 – Exercice 2

(voir énoncé p. 143)

a Si le flot d'arrivée est constant, les paquets arrivent à des instants bien précis, avec un intervalle de temps entre les arrivées égal à I. Si $I = T$, le paquet attend l'arrivée du jeton et est émis à ce moment-là. Si le temps entre deux arrivées de paquets est $I = T$, lorsque le jeton arrive, il y a toujours un paquet en attente, et le processus de sortie des paquets est le même que celui en entrée, décalé de l'intervalle de temps séparant l'arrivée du paquet et l'arrivée du jeton.

b Si l'utilisateur veut être sûr que tous ses paquets de données sont pris en compte, il doit opter pour un leaky-bucket, qui traite le débit crête. Il faut donc que $T = 1/n$.

c Non, le flux n'est pas constant. Pour qu'il soit constant, il faudrait qu'un paquet soit présent chaque fois qu'un jeton arrive à la cadence de $1/n$. Ce n'est pas possible puisque $1/n$ est le débit crête et non le débit moyen.

d Pour la question a, il n'y a pas de différence. Pour la question b, il suffit que le taux d'arrivée des jetons soit de $1/m$ et non de $1/n$. Pour la question c, non. Le flux n'est pas constant puisque les jetons peuvent être utilisés à des instants quelconques.

Cours 7 – Exercice 3

(voir énoncé p. 143)

a Si la taille de la fenêtre est de 1, cela indique qu'à la fin de la transmission, l'émetteur doit attendre l'acquittement avant d'émettre une nouvelle trame. Une fenêtre de 1 n'est acceptable que si le temps d'attente de l'acquittement est négligeable, c'est-à-dire si le temps de transmission est très grand par rapport au temps de propagation sur le support physique.

b Si l'on suppose que la fenêtre est multipliée par 2 chaque fois que les acquittements sont reçus correctement, il est évident qu'à partir d'une certaine fenêtre, les acquittements reviennent à l'émetteur avant même que l'émetteur ait pu envoyer toutes ses trames. Dans ce cas, il suffit de rester à la valeur de la fenêtre qui permet de saturer la liaison.

c Si un paquet est perdu, cela engendre une absence d'acquittement de ce paquet à l'émetteur.

d Une solution consiste à redémarrer sur une fenêtre de 1 ou sur une fenêtre comprise entre 1 et la valeur de la fenêtre qui avait été atteinte.

Cours 7 – Exercice 4

(voir énoncé p. 143)

a La priorité ne peut être préemptive car une fois la transmission entamée, il faudrait pouvoir arrêter la transmission pour passer à la trame prioritaire. Le temps nécessaire pour interrompre la transmission étant plus grand que le temps de transmission de la fin de la trame non prioritaire, cette solution ne présente aucun intérêt. De plus, il faudrait pouvoir indiquer au récepteur qu'un morceau de trame seulement a été transmis, ce qui complique également énormément la procédure.

b Si les paquets de plus haute priorité traversent le réseau comme s'ils étaient vides, le temps de transit est approximativement égal au délai de propagation plus les temps d'émission, ce qui permet d'obtenir une borne supérieure du délai de transit. Si cette borne est suffisamment petite, la qualité de service est garantie.

c Pour que les paquets de priorité 1 voient le réseau toujours vide, il faut que le nombre de ces paquets soit limité à l'intérieur du réseau. Une solution parmi d'autres pour les opérateurs est d'appliquer une tarification telle que le nombre de clients de la plus haute priorité soit limité à une valeur déterminée.

d On ne peut garantir le temps de transit des clients de classe 2. Les clients de classe 1 étant prioritaires, il est impossible de savoir combien de temps les clients de classe 2 doivent attendre. En revanche, si le nombre de mémoires est suffisant dans le réseau, en effectuant un contrôle à l'entrée sur le nombre de clients de classe 2 pouvant entrer, il est possible de garantir un taux de perte dans le réseau.

e Les paquets de classe 3 ne peuvent avoir aucune garantie puisqu'il est impossible de garantir un temps de transit et un taux de perte. Il est clair que si les clients de classe 2 ne peuvent avoir un temps de transit garanti, les clients de classe 3 non plus. En ce qui concerne le taux de perte, les clients de classe 2 ont une garantie. Les clients de classe 3, en revanche, étant en nombre indéfini, puisqu'il n'est pas possible de les limiter (il n'y a pas de quatrième classe), leur taux de perte ne peut être contrôlé.

Cours 7 – Exercice 5

(voir énoncé p. 144)

a Un réseau de signalisation émet des paquets qui portent l'adresse complète de leur destinataire de sorte que ces paquets puissent ouvrir des chemins dans le réseau. Un réseau avec des paquets portant l'adresse complète du destinataire est un réseau de routage.

b Deux solutions sont possibles : suivre la même route ou ouvrir un nouveau chemin. Le plus classique, comme dans ATM ou MPLS, est de suivre le même chemin. Même en suivant le même chemin, il est nécessaire d'ouvrir un nouveau circuit virtuel pour que les paquets soient discernés à la sortie.

c Oui, le nouveau circuit virtuel peut utiliser la même route que le précédent. C'est même le cas le plus classique, comme indiqué à la question précédente.

d L'avantage de faire passer le nouveau circuit virtuel par la même route est de permettre un multiplexage des deux circuits virtuels et de les rassembler sur un même conduit virtuel, ce qui permet de diminuer la taille des tables de commutation. L'avantage de prendre des routes différentes est de mieux gérer le partage de charge dans le réseau, c'est-à-dire d'étaler le trafic sur l'ensemble du réseau.

e Les réseaux IP utilisent la technique de routage et sont donc bien adaptés à la signalisation. De plus, les adresses IP sont devenues le moyen le plus classique d'attribuer une adresse électronique.

Cours 7 – Exercice 6

(voir énoncé p. 144)

a La valeur de la référence VPI/VCI étant sur 28 bits entre deux nœuds du réseau ATM, le nombre de circuits virtuels est de 2^{28}.

b Pour effectuer du multipoint au niveau ATM, il faut qu'à une référence d'entrée correspondent plusieurs références de sortie.

c Oui, l'ouverture du circuit virtuel ATM peut être effectuée par le plan de signalisation de l'ATM qui gère les adresses ATM.

d Les adresses IP n'étant pas hiérarchiques, il faut utiliser une autre solution que l'ouverture des routes par une correspondance géographique. La route est déterminée par des algorithmes de routage de type RIP ou OSPF qui permettent de déterminer les sous-réseaux à traverser pour aller à l'adresse du destinataire.

e Une solution est d'utiliser l'environnement IP comme réseau de signalisation. En d'autres termes, l'environnement IP, grâce à l'utilisation des algorithmes de routage classiques dans l'Internet, peut permettre de trouver la correspondance d'adresse entre l'adresse IP du destinataire et son adresse ATM. Connaissant l'adresse ATM du destinataire, il suffit d'ouvrir un circuit virtuel avec cette adresse, passant de sous-réseau en sous-réseau en utilisant des commutateurs ATM. L'intégration d'un plan de signalisation IP avec des sous-réseaux ATM interconnectés par des commutateurs mène à la solution MPLS. La solution globale MPLS peut être étendue par d'autres techniques de commutation.

Cours 8

Cours 8 – Exercice 1

(voir énoncé p. 167)

a La bande passante minimale de la station est de :

$1\,200 = H \log_2(1 + S/B)$

On obtient les valeurs suivantes de H pour un rapport signal sur bruit égal à S/B = 20, 30, 40 dB : H = 280 Hz, H = 245 Hz, H = 230 Hz.

Si la ligne est en full duplex, il faut que la bande passante soit au moins égale à deux fois les valeurs précédentes.

b Les quatre phases peuvent être égales respectivement à 0 pour représenter 00, $\pi/2$ pour représenter 01, π

pour représenter 10 et $3\pi/2$ pour représenter 11.

La suite 00 10 01 représente donc trois signaux sinusoïdaux correspondant aux phases 0, $3\pi/2$ et $\pi/2$.

c $1 - \theta$ est la probabilité qu'il n'y ait pas d'erreur sur un bit. Donc la probabilité qu'il n'y ait pas d'erreur sur 1 000 bits est de $(1 - \theta)^{1\,000} = \chi$ et donc la probabilité qu'il y ait au moins un paquet erroné de 1 000 bits s'obtient simplement :

pour $\theta = 10^{-3}$ on obtient $1 - \chi = 0{,}633$; pour $\theta = 10^{-4}$ on obtient $0{,}095$; pour $\theta = 10^{-5}$ on obtient $0{,}009$.

Cours 8 - Exercice 2

(voir énoncé p. 167)

a La ligne haute vitesse possède un débit utilisable de 95 p. 100 de 9 600 bit/s, soit 9 120 bit/s. Les lignes basse vitesse étant de 110 bit/s, elles correspondent à un transport de 10 caractères par seconde. Comme le multiplexeur enlève les bits start et stop, cela fait un débit de 10 octets par seconde, c'est-à-dire 80 bit/s. Sur une ligne à 9 120 bits utiles par seconde, cela fait au maximum 114 terminaux.

b S'il y a 100 terminaux branchés sur le multiplexeur, cela fait un débit maximal de $100 \times 80 = 8\,000$ bit/s et donc une utilisation de $8\,000/9\,600 = 0{,}83$.

c Pour numériser la voie hi-fi, il faut échantillonner à au moins deux fois la largeur de la bande passante, c'est-à-dire à 50 kHz. Si chaque échantillon est codé sur un octet cela fait un débit de $50\,000 \times 8 = 400$ Kbit/s.

d Pour faire transiter 400 Kbit/s sur une voie dont le rapport signal sur bruit est de 10, il faut une bande passante de H déterminée par :

400 Kbit/s $= H \log_2(1 + S/B)$

On en déduit H = 115 kHz.

e La question précédente montre que pour transporter une voie analogique de 50 kHz, il faut une largeur de bande égale à 115 kHz. La numérisation ne semble pas avantageuse. Cependant, plusieurs fonctionnalités démontrent l'intérêt de cette solution :

1. Une compression peut être exercée, réduisant le débit numérique.

2. La qualité de la parole hi-fi est excellente.

3. Lors du multiplexage, plusieurs paroles peuvent passer sur une voie haute vitesse par un multiplexage temporel. Sinon, dans ce dernier cas, il aurait fallu effectuer un multiplexage en fréquence, qui aurait fortement diminué la bande passante disponible.

f Il y a 30 échantillons plus 2 octets supplémentaires, soit

32 octets par trame. Pour 10 octets, on avait un débit de 400 Kbit/s. On en déduit le débit de la voie haute vitesse :

$400 \times 32/10 = 1\,280$ Kbit/s

g Pour 100 km, il faut $100/200\,000 = 0{,}5$ ms.

h Un octet attend au maximum la transmission de 22 octets sur la voie haute vitesse, soit une durée de :

$22 \times 8/1\,280 = 0{,}137\,5$ ms $= 137{,}5$ µs

Ce temps n'est pas négligeable par rapport au temps de propagation et doit donc être pris en compte pour le délai de bout en bout.

i On peut remplacer le multiplexeur temporel par un multiplexeur statistique si le débit des voies basse vitesse devient variable. *A priori*, ce n'est pas le cas de notre exemple.

j Une trame est composée de $32 \times 8 = 256$ bits. Si $(1 - \theta)$ est la probabilité qu'il n'y ait pas d'erreur sur un bit, la probabilité qu'il n'y ait pas d'erreur sur 256 bits est de $(1 - \theta)^{256} = \chi = 0{,}999\,744$. La probabilité qu'il y ait au moins une erreur sur une trame de 256 bits est de $1 - \chi = 0{,}356 \times 10^{-3}$.

k Pour des voies de musique ou de parole, il n'est pas nécessaire d'ajouter une technique de détection et de retransmission sur erreur. Il est même conseillé de ne pas en ajouter car le temps mis pour récupérer les erreurs compliquerait la communication.

Cours 8 - Exercice 3

(voir énoncé p. 168)

a Cette trame doit comprendre deux champs d'un octet correspondant aux deux circuits à 64 Kbit/s et un champ de 2 bits correspondant au canal paquet à 16 Kbit/s.

b L'interface RNIS de base comprend donc $8 + 8 + 2 + 6 = 24$ bits toutes les 125 µs. La vitesse est donc de $24 \times 8\,000 = 192$ Kbit/s.

c L'interface transporte 31 octets toutes les 125 µs, ce qui correspond à une voie de 1,984 Mbit/s.

d Si l'on ajoute l'octet de supervision supplémentaire, l'interface correspond à 32 octets toutes les 125 µs. Sa vitesse est donc de 2 Mbit/s. Cette valeur a été choisie pour correspondre à l'infrastructure de communication développée pour les groupes primaires en Europe.

e Les Américains ont un total de 24 octets toutes les 125 µs, soit une vitesse de 1,526 Mbit/s. Cette valeur correspond aux liaisons T1 développées par les Américains.

f On peut envisager d'effectuer un multiplexage statistique s'il n'y a pas que des flots constants. En particulier, il est souvent possible de faire passer 2 voies de parole sur une seule voie à 64 Kbit/s.

g Le premier intérêt est d'avoir une liaison numérique et la possibilité de véhiculer jusqu'à 128 Kbit/s. Le second est d'avoir un canal de signalisation permettant de prendre en charge des données utilisateur sous forme paquet à des débits peu élevés.

h Non, les techniques de multiplexage ne sont pas comparables puisque les flots des modems ADSL ne sont pas multiplexés mais empruntent les fils métalliques du téléphone, qui permettent à chaque utilisateur d'avoir sa propre voie de communication avec l'opérateur. Avec un modem câble, les voies utilisateur sont multiplexées sur un câble commun qui remonte jusqu'à la source. Aucune des deux technologies ne ressemble à la technologie du RNIS bande étroite, qui travaille avec un multiplexage temporel. Le modem câble introduit un multiplexage en fréquence. Le modem ADSL effectue aussi un multiplexage en fréquence avec la parole téléphonique classique.

i Le modem câble permet de connecter un PC à un ISP. Pour cela le PC utilise une bande dans le câble qui le relie directement à l'ISP.

j Le modem qui transporte la parole téléphonique chez les câblo-opérateurs est du même type que pour les données. Il utilise toutefois une voie de capacité bien inférieure, dont la largeur de bande permet de transporter la parole numérisée par un codec (souvent 32 ou 16 Kbit/s).

k Lorsque les canaux de télévision sont émis en analogique ou en numérique par diffusion sur le câble, le téléviseur utilise un décodeur associé au modem câble. La télévision sur ADSL suit un processus complètement différent : un canal spécifique achemine la chaîne demandée par l'utilisateur. Le canal utilise généralement une capacité de 800 Kbit/s, qui est prise sur la vitesse du modem ADSL.

l La technologie des câblo-opérateurs est excellente pour la diffusion d'information. En revanche, elle peut poser des problèmes pour les canaux individuels si le nombre de canaux devient très grand. La technologie des modems ADSL est au contraire très bonne pour les canaux individuels, mais très coûteuse pour les applications ayant une diffusion massive.

Cours 8 – Exercice 4

(voir énoncé p. 169)

a Pour atteindre de très hautes vitesses, il faut que l'émetteur et le récepteur soient bien synchronisés. C'est la raison pour laquelle SONET, qui maintient sans

arrêt cette synchronisation, est une bonne solution pour les hauts débits.

b La capacité de transmission est d'une trame de 810 octets toutes les 125 µs, ce qui donne :

$810 \times 8 \times 8\,000 = 51,84$ Mbit/s

c L'utilisateur a 783 octets disponibles toutes les 125 µs. La capacité est donc de :

$783 \times 8 \times 8\,000 = 50,112$ Mbit/s

d Cela fait 1 octet toutes les 125 µs par utilisateur, ce qui correspond à une voie téléphonique sans compression. Il peut donc y avoir 783 voies téléphoniques en parallèle.

e Il y a la possibilité de mettre 783/53 = 14 cellules, soit $14 \times 48 = 672$ octets utiles sur les 810 octets. Cela donne un débit utile de :

$672 \times 8 \times 8\,000 = 43$ Mbit/s

f Oui il y a un multiplexage statistique car les clients peuvent utiliser les cellules ATM quand ils en ont besoin.

g L'OC-192 et l'OC-768 correspondent à des multiples de 51,84 Mbit/s, c'est-à-dire $192 \times 51,84 = 9,953$ Gbit/s et $768 \times 51,84 = 39,813$ Gbit/s, que l'on appelle 10 et 40 Gbit/s.

Nous avons vu à la question d que l'OC-1 possédait 783 octets permettant de réaliser 783 voies de téléphonie en parallèle. Le nombre d'octets disponibles dans une trame OC-192 est donc 192 fois plus grand, c'est-à-dire $783 \times 192 = 150\,336$ lignes téléphoniques. De la même façon, nous avons $783 \times 768 = 601\,344$ lignes téléphoniques sans compression dans un OC-768.

h Dans une trame OC-768, il y a 601 344 octets. On a donc 3 006 paquets IP toutes les 125 µs, soit 2,405 millions de paquets par seconde. S'il y a 4 liaisons à gérer, cela fait un total de près de 10 millions de paquets IP par seconde.

Cours 9

Cours 9 – Exercice 1

(voir énoncé p. 191)

a Les paquets ne pouvant pas être émis directement sur un support physique puisqu'il n'y a pas d'indication de début ou de fin, il faut les encapsuler dans des trames. Le rôle d'un protocole de niveau trame est de transporter des paquets d'un nœud à un autre.

b Dans un protocole de type send-and-wait, l'émetteur est obligé se s'arrêter de transmettre après chaque trame transmise. Cela ne fait perdre que peu de temps si l'acquittement arrive peu après la fin de la transmission. Lorsque les temps de propagation s'allongent en comparaison des temps d'émission, ce qui est le cas lorsque le débit d'une liaison est très élevé, le temps d'attente de l'acquittement s'allonge également, et la proportion de temps perdu sans transmettre devient importante.

[c] En effet, si l'émetteur n'est pas obligé de stopper de transmettre pour attendre les acquittements, il n'y a pas de temps de perdu.

[d] Si le temps de propagation est négligeable, il n'y a pas besoin d'anticipation puisque l'acquittement revient tout de suite. Le temps d'émission d'une trame est égal à la longueur de la trame multipliée par la vitesse de transmission. Si le temps de propagation n'est pas négligeable et est égal à T, il faut calculer la valeur obtenue par T divisée par le temps d'émission pour avoir le nombre de trame M que représente le délai de propagation. L'anticipation N doit être au moins égale à $2(M + 1)$.

[e] Si une technique de reprise sur erreur est incorporée dans le protocole, il faut que l'émetteur puisse continuer à émettre pendant le temps de la reprise. Comme il faut un temps aller-retour supplémentaire pour effectuer la reprise, la valeur de la fenêtre d'anticipation doit être doublée.

Cours 9 – Exercice 2

(voir énoncé p. 191)

[a] Le nœud d'émission met le paquet IP dans la trame Ethernet qui est émise sur le support de communication. Le récepteur reçoit la trame Ethernet et la décapsule pour retrouver le paquet IP.

[b] Le nœud d'émission fragmente le paquet IP et met les fragments dans les cellules ATM qui sont envoyées sur le support physique. Le récepteur récupère les cellules ATM, qui sont décapsulées puis réassemblées pour reformer le paquet IP.

[c] Dans le cas d'Ethernet, la reprise sur erreur ne peut se faire que par les couches supérieures à IP, c'est-à-dire au niveau TCP. Dans le cas d'ATM, la couche de fragmentation-réassemblage peut comporter une technique de détection d'erreur et de reprise sur erreur.

Cours 9 – Exercice 3

(voir énoncé p. 191)

[a] Le paquet IP ne peut pas être émis directement sur le support physique. Pour l'émettre, il faut l'encapsuler dans une trame.

[b] Comme pour toute autre transmission, il faut encapsuler le paquet IP dans une trame, ici la trame PPP.

[c] Plusieurs circuits virtuels peuvent emprunter la même liaison. Le protocole PPP ne fait aucune différence entre les paquets des différents circuits virtuels. Ce protocole englobe donc des paquets provenant de différents utilisateurs.

Cours 9 – Exercice 4

(voir énoncé p. 191)

[a] Pour déterminer la taille minimale de la fenêtre pour que l'émetteur ne soit jamais bloqué, il faut connaître le temps mis pour obtenir l'accusé de réception. Cette valeur n'étant pas précisée dans l'exercice, prenons une valeur de référence $T = 100$ ms, correspondant au temps maximal pour aller de l'émetteur au récepteur. Le temps maximal pour avoir un acquittement étant de $2T$, il faut pouvoir envoyer un nombre de paquets suffisant pour remplir cette durée. Comme pour envoyer un paquet de 2 000 bits il faut 1 ms, le nombre de paquets doit être d'au moins $2T/1 = 200$.

[b] Dans le cas d'une procédure LAP-B avec une reprise REJ, il suffit d'avoir la même fenêtre qu'à la question précédente. En effet, les trames étant toutes retransmises à partir de la trame erronée, il n'y a pas besoin d'une anticipation plus grande.

[c] S'il n'y a qu'une seule trame en erreur, il faut pouvoir envoyer autant de trames que 2 fois l'aller-retour. En effet, pendant que la trame est retransmise, ce qui représente un aller-retour de plus, il faut pouvoir continuer à émettre de nouvelles trames, 400 dans notre exemple. Pour retransmettre n fois la même trame, si celle-ci est erronée les n fois, il faut une fenêtre de $n + 1$ fois 200 trames. De plus, si n trames sont erronées de suite, il faut approximativement $n + 1$ fois 200 trames. En réalité, il faudrait décompter les temps de retransmission des trames erronées.

[d] Comme indiqué aux deux questions précédentes, si l'on utilise la procédure REJ, il suffit de travailler avec la fenêtre de base. À partir du moment où il y a une erreur, il y a retransmission de toutes les trames. Avec la procédure SREJ et 3 trames en erreur, il faut une fenêtre de 800.

[e] La trame RNR peut servir de contrôle de flux car elle permet d'arrêter le flot des paquets.

[f] Une trame est composée de 2 000 bits. Si $(1 - \theta)$ est la probabilité qu'il n'y ait pas d'erreur sur un bit, la probabilité qu'il n'y ait pas d'erreur sur 2 000 bits est de $(1 - \theta)^{2\,000} = \chi = 0,980\,2$. La probabilité qu'il y ait au

moins une erreur dans un paquet de 2 000 bits est donc de $1 - \chi = 0,019\,8$.

[g] Si la trame passe par 5 liaisons successivement, la probabilité qu'il n'y ait pas d'erreur est $\chi^5 = \delta = 0,905$. La probabilité qu'il y ait au moins une erreur vaut donc $1 - \delta = 0,095$.

[h] Comme dans le relais de trames il n'y a pas de reprise intermédiaire, la probabilité qu'il y ait une erreur de bout en bout est d'approximativement 10 p. 100, soit d'un paquet sur 10. Dans cet exemple, il serait beaucoup plus prudent de choisir une procédure de reprise par liaison que de bout en bout. Le relais de trames est donc à déconseiller dans notre exemple où le taux d'erreur est fort.

[i] Il n'y a pas de différence fondamentale de fonctionnement entre une procédure LAP-B et PPP. Ici, on utilise la procédure PPP parce que le paquet à transporter est de type IP.

[j] La trame Ethernet peut effectivement remplacer la trame LAP-B. Suivant la nature du protocole de niveau liaison situé au-dessus du protocole Ethernet, il y a ou non détection d'erreur et reprise sur erreur. De façon plus précise, le protocole LLC1 ne comporte pas de reprise sur erreur, à la différence du protocole LLC2. Dans le cas le plus classique, il n'y a pas de reprise sur erreur (cas des réseaux Ethernet). Si le taux d'erreur est fort, il est concevable d'encapsuler les données à transporter dans une trame spécifique avant de les intégrer dans la trame Ethernet. Cela permet de détecter une erreur éventuelle et d'effectuer une reprise sur erreur.

[k] Non, il n'y a aucune reprise sur erreur sur les liaisons ATM.

[l] Les trois bits permettent de numéroter les cellules d'une façon cyclique. Si une cellule $n + 2$ est reçue après une cellule n, cela indique que la cellule $n + 1$ est perdue. Bien évidemment, cette solution ne permet pas d'effectuer des retransmissions puisque le nombre de cellules numérotées $n + 1$ peut-être très grand.

[m] On n'a choisi que 3 bits car une numérotation modulo 8 est suffisante. En effet, la numérotation s'exerce par circuit virtuel et non sur l'ensemble des circuits virtuels.

[n] L'application de téléphonie donne un bon exemple d'utilisation de cette solution. Lorsqu'une cellule ATM est perdue, cela signifie que 6 ms de parole sont manquantes. On peut dans ce cas remplacer ces 6 ms par un signal recomposé à partir du dernier octet reçu avant la cellule perdue et du premier octet de la cellule suivante.

Cours 9 – Exercice 5

(voir énoncé p. 192)

[a] Une trame HDLC est composée de $128 \times 8 = 1\,024$ bits. Si $(1 - \theta)$ est la probabilité qu'il n'y ait pas d'erreur sur un bit, la probabilité qu'il n'y ait pas d'erreur sur 1 024 bits est de $(1 - \theta)^{1\,024} = \chi = 0,903$. La probabilité qu'il y ait au moins une erreur dans un paquet de 1 024 bits est donc de $1 - \chi = 0,097$.

La probabilité qu'il y ait deux trames en erreur se calcule par $0,097^2 = 0,009$.

[b] La probabilité qu'il y ait deux erreurs de suite étant faible (une trame sur cent), il peut être intéressant d'utiliser la procédure SREJ. Pour le savoir vraiment, il faudrait connaître l'anticipation de la procédure. Si l'anticipation est petite, la procédure SREJ est bonne. En revanche, si l'anticipation est importante, la probabilité qu'il y ait plus d'une trame en erreur pendant un temps aller-retour devient grande, et la procédure SREJ peut devenir moins intéressante.

[c] Pour que la procédure soit transparente, il faut qu'il n'y ait pas la possibilité de retrouver une structure ressemblant au drapeau, et ce quelle que soit la suite entre les deux drapeaux. Il suffit, par exemple, d'insérer un zéro après le 6e bit d'une séquence qui ressemble au drapeau. Après une séquence 010101, si le récepteur trouve un zéro derrière, il doit l'enlever, sinon c'est un drapeau.

[d] 1. À la figure 9-19, la première trame est une trame de demande d'ouverture SABM qui réclame une réponse du récepteur de type UA en mettant le bit P/F à F pour indiquer la réponse.
Ensuite l'émetteur envoie une trame de numéro 0. La seconde trame à découvrir est de type RR, indiquant que la prochaine trame attendue possède le numéro 1 avec le bit F positionné pour indiquer que c'est une réponse.
2. À la figure 9-20, la trame qui part de A possède le numéro 7 et attend la trame numérotée 2. La trame qui part de B possède donc le numéro 2 et acquitte la trame 7 en portant la valeur 0 pour indiquer que la prochaine trame attendue doit posséder le numéro 0.
3. À la figure 9-21, la trame REJ est envoyée de B vers A pour indiquer que la trame 2 est erronée et qu'il faut la retransmettre ainsi que toutes les trames suivantes. Le bit F est positionné puisque l'émetteur réclame une réponse avec son bit P. Les trames partant de A avec un point d'interrogation sont donc les trames numérotées 2 et 3 attendant toujours la trame 0.

[e] Effectivement, le contrôle de flux se place à la fois à la couche 3 et à la couche 2 mais pas exactement sur les

même entités. Les flots de paquets sur les circuits virtuels sont contrôlés par le niveau paquet de X.25. Le niveau HDLC contrôle quant à lui les trames entre deux nœuds, c'est-à-dire toutes les trames de tous les circuits virtuels qui passent entre deux nœuds. Ces deux contrôles ne sont donc pas identiques.

f Dans le modèle ISO, les paquets sont encapsulés dans les trames.

Cours 9 – Exercice 6
(voir énoncé p. 193)

a Le débit maximal de ce réseau est de 10 Mbit/s.

b Le débit maximal théorique est de 4×10 Mbit/s, soit 40 Mbit/s si les émetteurs ne transmettent que sur leur propre brin. Comme 20 p. 100 des stations émettent en diffusion et en notant λ le débit de chaque émetteur, il y a 8λ qui diffusent. Comme il y a également 8λ en local, sur chaque Ethernet il y a la moitié en trafic local et la moitié en trafic général. 5 Mbit/s restent donc en local, et 5 Mbit/s sont diffusés sur le réseau. Le trafic total est donc de $5 \times 4 + 5 = 25$ Mbit/s.

c Le débit total des clients vers leur commutateur est de 10×10 Mbit/s, c'est-à-dire 100 Mbit/s. Le réseau peut théoriquement accepter de transporter 400 Mbit/s si les commutateurs sont suffisamment puissants et si les liaisons sont également capables de prendre en charge l'ensemble du débit qui va d'un commutateur à un autre.

Cours 10

Cours 10 – Exercice 1
(voir énoncé p. 217)

a Voir la figure M.

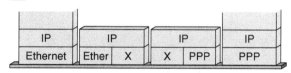

Figure M

b Non, le client n'est pas sur le même réseau que le serveur car il n'y a pas d'adresse de sous-réseau commun.

c Pour transporter une trame Ethernet sur un réseau, il faut nécessairement mettre une adresse dans la trame pour l'acheminer jusqu'au routeur. Cette adresse est celle du routeur de sortie du réseau Ethernet.

d Si l'émetteur ne connaît pas l'adresse Ethernet du routeur de sortie, il peut la trouver par une diffusion, en demandant si l'un des récepteurs connaît la correspondance d'adresse entre l'adresse IP de sortie et l'adresse Ethernet correspondante.

e Au début de la communication, l'émetteur ne connaît que l'adresse IP du destinataire ; il n'a aucune raison de connaître l'adresse IP des passerelles intermédiaires. Il faut pourtant trouver l'adresse de la sortie du réseau WAN dans la technologie utilisée. Si le réseau WAN est un réseau X.25, il faut trouver l'adresse X.25 du routeur de sortie. Une solution est d'utiliser des serveurs d'adresses capables de trouver sur un domaine donné les correspondances d'adresse. Avant d'effectuer l'ouverture du circuit virtuel, il faut trouver l'adresse X.25, une adresse conforme à la normalisation internationale et ressemblant à l'adresse téléphonique. Un message IP part de l'émetteur et se dirige de serveur d'adresses en serveur d'adresses grâce à son adresse IP. En arrivant au serveur d'adresses du réseau WAN, la correspondance d'adresse peut s'effectuer, ce qui permet d'obtenir l'adresse X.25 du routeur de sortie.

f Exactement du même type puisque les réseaux X.25 et ATM se ressemblent fortement. Les serveurs d'adresses effectuent la correspondance entre adresses IP et adresses ATM dans ce cas.

g Oui, il faut fragmenter les paquets IP car la trame ATM ne fait que 48 octets de long pour les données utilisateur.

h Oui, les paquets du flot IP peuvent passer par des itinéraires différents puisque les routeurs effectuent un routage pouvant modifier l'acheminement des flots. Cependant, si le réseau WAN est de type X.25 ou ATM, le fait de changer de route à chaque paquet, autrement dit de changer de circuit virtuel pour chaque paquet, peut s'avérer catastrophique.

i Le nombre de paquets IP que l'on peut envoyer sans acquittement dépend de la procédure TCP, lorsque TCP est utilisé. Il n'y a pas de contrainte sur la norme UDP.

j Oui, ces garanties sont possibles puisque le temps de propagation est inférieur aux valeurs citées. Cependant, il faut un contrôle de flux pour éviter les éventuelles pertes de temps dues aux congestions dans le réseau.

k Le temps de réponse garanti entre Los Angeles et Paris est de 290 ms sur le réseau WAN. Pour réaliser de la téléphonie IP, il faut un temps maximal de 300 ms. Pour une bonne qualité, mieux vaut rester en dessous de 200 ms. En comptabilisant les temps dans les réseaux extrémité, la parole téléphonique n'est pas possible dans ce contexte.

Cours 10– Exercice 2

(voir énoncé p. 217)

a Dans un intranet les nœuds sont des routeurs qui gèrent les adresses IP. Le routeur d'accès décide d'envoyer le paquet vers les routeurs 3 ou 4 suivant l'indication de la table de routage, laquelle peut varier dynamiquement. Il n'y a donc pas de stratégie particulière dans ce cadre.

b Lorsque le nœud 1 reçoit un paquet d'appel, il est routé par une table de routage contenue dans le nœud 1. Dans ce cas, le paquet d'appel ouvre un circuit virtuel et les paquets de données du flot suivent ce circuit virtuel sans aucun choix de routage, contrairement à la situation de la première question, où chaque paquet était routé individuellement. La demande d'ouverture du circuit virtuel par le paquet d'appel peut donc influencer le routage suivant les caractéristiques du flot suivant. Le routeur peut adopter une stratégie consistant à modifier sa table de routage pour satisfaire aux caractéristiques du flot suivant.

c La différence fondamentale entre les deux types de réseaux réside dans la technique de transfert : routage pour IP et circuit virtuel pour X.25. Si A navigue sur le Web, il est plus intéressant pour lui de choisir un réseau IP puisque la technique de routage ne demande pas de signalisation, et donc pas d'ouverture ni de fermeture d'un circuit virtuel, pour envoyer des flots très courts.

d Voir la figure N. Si le paquet IP est trop grand pour la structure de trame dans laquelle il doit être encapsulé, il faut le fragmenter. C'est le cas pour franchir le réseau ATM, dont les trames ne font que 48 octets de longueur.

e L'utilisateur ne peut pas demander de qualité de service car le flot doit traverser des réseaux qui ne peuvent la garantir.

f L'avantage d'IPv6 est de trouver la meilleure longueur du fragment pour qu'il n'y ait pas de fragmentation-réassemblage intermédiaire dans le réseau. *A priori*, IPv6 permet cette recherche de l'optimum du segment. Dans notre cas, le passage par ATM demande une opération de fragmentation-réassemblage, qui est effectuée par la couche AAL et qui peut être considérée comme indépendante d'IPv6.

g Oui, il est possible d'introduire dans les routeurs des gestions de la qualité de service, notamment en implémentant les protocoles de gestions IntServ et DiffServ.

h Oui, un circuit virtuel va s'établir entre les deux extrémités du réseau X.25. Pour introduire les paquets IP dans ce réseau à l'intérieur des paquets X.25, il y a un bond Ethernet : on encapsule le paquet IP dans une trame Ethernet entre le client A et le nœud d'accès X.25. De même à la sortie du réseau, il y a de nouveau passage par l'environnement Ethernet.

i Voir la figure O.

L'architecture de ce réseau est semblable à celle illustrée à la figure N. La différence essentielle réside dans le nœud central, qui n'est pas un routeur mais un commutateur.

j Cette solution très classique est utilisée dans la plupart des réseaux X.25 qui transportent des paquets IP.

k Les paquets IP doivent être acheminés jusque dans les nœuds X.25 pour qu'ils soient mis dans la zone de données des paquets X.25. Comme IP est un paquet, il faut encapsuler les paquets X.25 dans des trames entre les terminaux et le nœud X.25. Plusieurs solutions existent pour cela, notamment celle de la question précédente ou l'encapsulation dans une trame PPP sur une ligne téléphonique ou dans une cellule ATM sur un modem ADSL.

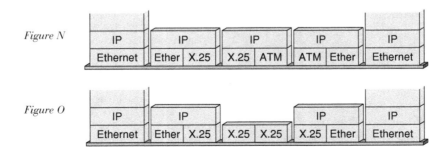

Figure N

Figure O

Cours 11

Cours 11 – Exercice 1

(voir énoncé p. 234)

[a] Voir la figure P.

[b] La figure Q représente les émissions et les réceptions des acquittements à l'émetteur.

1. L'algorithme slow-start indique que le paquet 0 est émis et que l'acquittement est attendu avant d'envoyer deux segments puis que, de nouveau, il y a attente avant d'émettre quatre fragments.

Le fragment 1 prend un temps de 0,008 s. Les segments 3, 4 et 5 demandent également 0,008 s. On en déduit que le temps de transmission d'un paquet est de 0,008 s. Pour avoir la vitesse de la liaison d'accès, il faut connaître la longueur du paquet, et plus exactement de la trame PPP qui transmet le paquet IP. Si L est la longueur de la trame PPP, la vitesse de la liaison est de $L/0,008$.

2. Le segment 3 est retardé puisqu'il n'est pas acquitté par les acquittements qui partent avec la réception des segments 4 et 5. L'acquittement du segment 3 s'effectue au temps 56,043. Le segment 3 n'est donc pas retransmis puisqu'il est reçu correctement, mais dans un ordre non séquentiel du fait du routage dans le réseau.

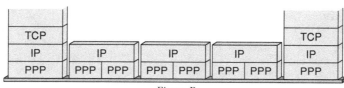

Figure P

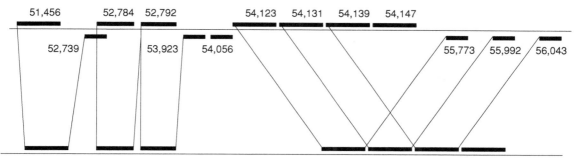

Figure Q

3. Le segment 7 est reçu juste après le segment 6 puisqu'il n'y a pas de redémarrage en slow-start.

4. Le segment 7 est un nouveau segment.

5. Le segment 8 est émis à la suite du segment 7 puisque la fenêtre est de 8.

6. Un opérateur qui perdrait des paquets IP impliquerait un redémarrage en slow-start puisque l'acquittement correspondant n'arriverait jamais. C'est un moyen pour limiter le flot de l'utilisateur en même temps qu'une méthode de contrôle de flux : la perte d'un paquet équivaut à une réduction forte du flot de l'utilisateur.

Cours 11 – Exercice 2

(voir énoncé p. 234)

[a] Non, les routeurs n'ont pas à posséder le logiciel TCP puisqu'ils ne remontent qu'à la couche IP pour router les paquets IP.

[b] Le numéro de port est 25. Le client peut ouvrir une autre connexion TCP lui permettant d'effectuer une recherche sur le Web.

[c] Le deuxième fragment porte le numéro 2.

[d] La valeur portée dans l'acquittement est 5, indiquant que le fragment 5 est attendu et donc que les fragments précédents sont bien acquittés.

[e] Les acquittements revenant après un délai aller-retour, il faut que l'émetteur puisse émettre de nouvelles tra-

mes au minimum durant le temps de l'aller-retour, c'est-à-dire durant 100 ms. Il faut donc émettre 65 535 octets dans ce temps, c'est-à-dire 524 280 bits, et ce en 0,1 s. Le débit de la ligne ne doit donc pas dépasser 5,242 8 Mbit/s. Si la capacité de la ligne dépasse cette valeur, le récepteur est obligé de s'arrêter et d'attendre des acquittements. On voit également que s'il y a des erreurs ou bien s'il faut attendre un temporisateur de reprise lors de la perte d'un paquet, la liaison n'est pas bien utilisée.

f Si la liaison est de 622 Mbit/s, un utilisateur unique ne peut pas utiliser la ligne à sa capacité maximale sans utiliser une extension du protocole. Le taux maximal d'utilisation dans le cas standard serait de :
5,242 8/622 = 0,84 p. 100.

g Étant donné une utilisation de 0,84 p. 100, il faut multiplier le débit par 100/0,84 = 119 et donc prendre $n = 60$.

h Cette option permet de calculer le temps aller-retour. Cette valeur peut avoir plusieurs utilisations, dont la plus classique est de modifier le temporisateur de reprise. La valeur à l'aller permet d'effectuer une resynchronisation des paquets par rapport à leur date d'entrée dans le réseau.

Cours 11 —Exercice 3
(voir énoncé p. 235)

a Le PC doit émettre en utilisant le protocole de transport de classe 4 parce qu'il existe sur le chemin un réseau de catégorie C.

b Une communication avec un terminal situé sur le réseau C demande l'utilisation d'une classe 4, laquelle est complexe et demande une puissance de calcul importante. Le PAD connecte des clients qui ne sont pas capables de gérer la couche 3 du protocole X.25 et qui n'ont aucune raison de savoir gérer la complexité d'un protocole de transport de classe 4.

Pour que la communication soit acceptable, deux solutions se présentent :

1. On ajoute dans le PAD un équipement capable de gérer la classe 4 pour l'utilisateur. Cette solution n'est toutefois pas implantée dans les réseaux X.25.

2. Le réseau X.25 travaille avec une classe 0 sans fonctionnalité particulière et communique avec la passerelle qui mène vers le réseau C sous une classe 0. Dans la passerelle, la classe 0 est transformée en une classe 4 pour traverser le réseau C. Cette solution n'est pas acceptable pour l'environnement normalisé OSI, qui demande un contrôle de bout en bout de la part de la couche transport. Dans la deuxième solution, le bout-en-bout est rompu au niveau de la passerelle puisqu'il y a changement de protocole.

c Comme indiqué à la question précédente, on passe de la classe 0 à la classe 4 dans la passerelle en interrompant la continuité de bout en bout de la couche transport.

d 1. Permettre à chaque terminal du réseau de travailler dans la classe optimale correspondant aux niveaux des réseaux à traverser. Si le réseau de catégorie C doit être traversé, on utilise une classe 4. Si le réseau de catégorie B doit être traversé mais pas celui de catégorie A, le terminal utilise la classe 1 ou 3. Enfin, si seul le réseau de catégorie A doit être traversé alors une classe 0 ou 2 est employée. C'est une solution assez onéreuse puisque les terminaux doivent être capables de travailler dans la solution optimale. On pourrait opter pour l'utilisation de la seule classe 4 dans l'ensemble des machines terminales ; c'est une possibilité assez classiquement utilisée pour ne pas compliquer la négociation de la meilleure classe, bien qu'elle puisse s'avérer assez lourde dans certain cas, puisque presque tous les réseaux sont de catégorie A.

2. Abolir le bout-en-bout dans la couche transport et prendre sur chaque réseau le protocole le mieux adapté.

e Le redémarrage s'effectue au niveau des points de reprise de la couche session.

f L'utilisateur émetteur demande au récepteur le dernier point de reprise qu'il a reçu et à l'utilisateur de redémarrer par rapport à ce point. Ces points de reprise peuvent être de type mineur ou majeur. Pour les points de reprise mineurs, il n'est pas demandé au récepteur d'envoyer d'acquittement, de telle sorte que ce point n'est pas un point de reprise garanti. À l'inverse, les points de reprise majeurs sont acquittés par le récepteur. Si une reprise sur un point de reprise mineur s'avère impossible, le redémarrage s'effectue sur un point de reprise majeur.

g Dans le cas d'une application de téléphonie, il n'y a pas besoin de point de reprise puisque les deux utilisateurs sont en interaction et que le récepteur peut indiquer à quel moment la coupure s'est produite.

Cours 12

Cours 12 — Exercice 1
(voir énoncé p. 255)

a Une messagerie électronique a pour objectif de transporter des messages de différents types, dont le type fichier.

b La messagerie électronique est en mode sans connexion.

c C'est une messagerie électronique puisqu'un transfert de fichiers est en mode avec connexion.

d Si un fichier à transporter est trop grand, l'application ne correspond plus à une messagerie électronique. En effet, la messagerie électronique étant en mode sans connexion, elle ne vérifie pas si le destinataire ou sa boîte électronique est connecté et s'il a de la place mémoire pour accueillir le message. Les opérateurs préfèrent ne pas transporter de messages trop importants, qui pourraient être refusés par leur destinataire. Le problème provient essentiellement de la taille de la boîte aux lettres, qui est limitée et peut refuser un gros message.

Cours 12 – Exercice 2

(voir énoncé p. 255)

a Voir la figure R.

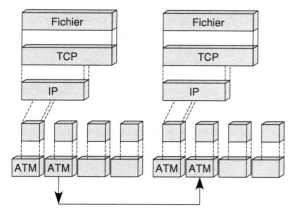

Figure R

b Le transfert de fichiers nécessite un mode avec connexion du fait que la signalisation doit s'assurer qu'il y a une place suffisante au récepteur pour recevoir le fichier. Le mode avec connexion garantit en outre une meilleure négociation entre l'émetteur et le récepteur pour s'accorder sur les paramètres du transfert.

c Non, pas du tout. Le temps de transfert peut être très long et l'intervalle de temps entre le départ des informations de l'émetteur et leur arrivée au récepteur très important.

d La première classe est réservée aux applications temps réel. La troisième classe est réservée aux applications qui ne demandent aucune qualité de service. Le trans-fert de fichiers se classe dans la deuxième catégorie. Il n'y a pas à assurer de temps réel mais il faut pouvoir garantir que le message transféré a bien été reçu sans erreur.

Cours 12 – Exercice 3

(voir énoncé p. 255)

a Le protocole HTTP est un mode sans connexion pour permettre une navigation simple sur Internet.

b Le protocole HTTP utilise de façon sous-jacente le protocole TCP pour garantir qu'il y a bien un serveur actif à l'autre bout du réseau et permettre une bonne qualité du transport des informations.

c L'avantage pour une société d'utiliser un intranet est la compatibilité avec l'architecture et les bases d'informations d'Internet.

d Oui, la sécurité serait bien meilleure en authentifiant le client et le serveur et en chiffrant les informations. Cela a donné naissance au protocole HTTPS. Pour sécuriser totalement une communication HTTP, il faut ajouter d'autres fonctionnalités, comme le non-rejeu ou la non-répudiation.

Cours 12 – Exercice 4

(voir énoncé p. 255)

a Une URL est déterminée par la combinaison d'un nom de domaine, d'un protocole et d'un nom de fichier. Cette combinaison définit d'une manière unique un fichier situé sur un serveur.

b Le navigateur est un logiciel client puisqu'il travaille d'un poste utilisateur vers un poste serveur, lequel lui donne accès à de l'information mémorisée dans des bases de données.

c Les liens hypertextes permettent de rediriger l'utilisateur vers un nouveau site. Il faut dans ce cas ouvrir une nouvelle connexion TCP. Si l'utilisation de liens hypertextes est importante, le nombre d'ouvertures de connexions TCP croît de façon proportionnelle et leur mise en place peut apporter une surcharge très importante dans les équipements réseau.

d À 50 Kbit/s, il faut un temps de $10 \times 8/50 = 1,6$ ms.

e On obtient rarement ce temps d'affichage d'une page HTML pour différentes raisons. La première provient de la difficulté de rester à la valeur de trafic maximal d'un modem sous TCP à cause des redémarrages en slow-start.

Cours 12 – Exercice 5

(voir énoncé p. 256)

a 1. À 8 Kbit/s, 1 octet sort en moyenne du CODEC toutes les millisecondes. Pour un temps de remplissage de 48 ms, la longueur de la zone de données est de 48 octets.

2. Si la trame qui transporte ces 48 octets fait 512 octets, l'utilisation réelle du support physique pour le transport d'une parole téléphonique est de 48/512 = 9,4 %.

3. Pour arriver à une utilisation satisfaisante de la bande passante, il faut multiplexer un grand nombre de paroles téléphoniques simultanément, soit au moins 10 paroles pour monter à 480 octets utiles sur 512.

b Pour une bande passante de 20 000 Hz, il faut un échantillonnage de 40 000 fois par seconde, et donc un débit de 640 Kbit/s. Pour remplir une trame de 512 octets, c'est-à-dire un champ d'information de 472 octets, soit 3 776 bits, il faut un temps de 3,776/640 = 5,9 ms. Le débit utile est donc de près de 100 p. 100.

c S'il faut ajouter une voie de 2 Mbit/s, le débit applicatif total est de 2,640 Mbit/s. Pour remplir une trame Ethernet, il faut 3,772/2 640 = 1,43 ms. Il faut donc émettre une trame Ethernet toutes les 1,43 ms.

d La voix et les images arrivent au récepteur par des flux différents. La difficulté qui se pose est de resynchroniser les deux flux de façon que les paroles coïncident avec les mouvements des lèvres.

e Si une trame Ethernet est perdue, il ne se passe rien de particulier puisqu'il n'y a pas retransmission. Un intervalle de temps de 1,43 ms est perdu. Cette perte doit être détectée pour permettre au décodeur de sauter cet intervalle ou, mieux, de remplir cet intervalle par du bruit ou par une synthèse de parole déterminée par les derniers et les premiers échantillons des trames précédente et suivante.

Cours 12 – Exercice 6

(voir énoncé p. 256)

a Lorsque l'adresse du récepteur est de type IP, il est difficile de situer où se trouve ce récepteur. Le fait d'y accéder par le biais d'un opérateur téléphonique demande donc une passerelle spécialisée, capable d'établir des correspondances d'adresse entre adresses IP et adresses téléphoniques.

b La signalisation est nécessaire pour mettre en place la communication téléphonique. Cette signalisation sert

à la fois à s'assurer qu'il y a un destinataire, à ouvrir un chemin si nécessaire et à négocier les différents paramètres à utiliser pour le contrôle du flot.

c C'est une possibilité étudiée par les organismes de normalisation, en particulier l'IETF sous le nom de SIGTRAN (*Signalling Transport*). Cette solution intéresse les communications téléphoniques partant d'un réseau classique et allant vers un réseau classique en traversant un réseau IP.

d Le protocole H.323 a pour fonction d'ouvrir une connexion entre deux utilisateurs et de définir les protocoles utilisés tout au long du chemin entre les deux utilisateurs en communication. Ce protocole doit donc intervenir dans tous les équipements intermédiaires, en particulier si la conversion s'effectue en multipoint dans le cadre d'une téléconférence audio.

e Le pare-feu fait une discrimination entre les ports et ne laisse passer que les flux possédant des numéros de port déterminés à l'avance et correspondant à des applications ne permettant pas d'attaques sur l'utilisateur. Si le numéro de port est attribué lors de la demande, cela exige de la part de la passerelle de ne pas filtrer ce flot, ce qui devient complexe s'il y a de nombreux flots dynamiques.

f Le protocole SIP traite, entre autres, les adresses téléphoniques pour déterminer l'adresse IP de la passerelle susceptible d'accéder à un opérateur téléphonique donnant accès au meilleur tarif pour l'utilisateur téléphonique destinataire. En règle générale, il s'agit de déterminer un opérateur téléphonique ayant un accès local au destinataire et donc de situer une passerelle pour accéder localement au client.

Cours 13

Cours 13 – Exercice 1

(voir énoncé p. 296)

a Les PC A et B doivent avoir une carte ATM pour accéder au réseau ATM. Comme les PC travaillent sous le protocole IP, les paquets IP doivent être transportés à l'intérieur des cellules ATM. Il faut donc utiliser une couche AAL pour fragmenter les paquets IP pour les transporter dans des cellules ATM puis pour les réassembler à l'autre extrémité du réseau.

b Pour effectuer le transport des paquets IP dans le réseau ATM, il faut ouvrir un circuit virtuel. Pour ouvrir un circuit virtuel, il faut utiliser une signalisation dans laquelle il y a l'adresse ATM du destinataire, c'est-à-dire une correspondance entre l'adresse IP et l'adresse ATM de la carte ATM (adresse de l'interface physique arrivant à la carte). On ne peut utiliser le protocole ARP (*Address Resolution Protocol*), qui a été conçu pour une correspondance d'adresse IP et Ethernet. Il faut donc une solution similaire mais associée au réseau ATM, qui possède la particularité de ne pas être un réseau avec diffusion. Il faut donc un protocole ATMARP (*ATM's Address Resolution Protocol*) ou bien choisir une autre solution, consistant, par exemple, à changer le plan de signalisation ATM par un plan de signalisation IP comme dans la solution MPLS.

[c] Les deux stations sont sur un réseau de catégorie B puisque 127.76 est l'adresse commune.

[d] La solution est effectivement plus complexe car le protocole ATMARP doit utiliser une diffusion pour réclamer la correspondance d'adresse lorsqu'elle n'est pas en possession de l'émetteur. S'il y a plus d'un seul sous-réseau, la solution utilisant une diffusion devient quasiment impossible à implémenter. De nouveau, plusieurs solutions peuvent être envisagées. La première consiste à mettre des serveurs d'adresses capables de résoudre les correspondances dans leur sous-réseau. Ces serveurs peuvent s'échanger des demandes et ces dernières être routées suivant les algorithmes classiques d'Internet, de serveur d'adresses en serveur d'adresses, jusqu'à arriver à un serveur d'adresses local connaissant la correspondance. La deuxième solution consiste à utiliser un plan de signalisation IP. Dans ce cas, la demande de correspondance est acheminée dans le plan IP jusqu'à la station de destination qui connaît son adresse ATM et qui peut renvoyer cette correspondance vers l'émetteur.

[e] Comme indiqué à la réponse précédente, le serveur d'adresses peut localiser un serveur d'adresses suivant, qui peut à son tour déterminer le routeur d'adresses suivant et ainsi de suite jusqu'au destinataire.

[f] C'est ce que démontre la première solution de la question d.

Cours 13 – Exercice 2

(voir énoncé p. 296)

[a] La commande Ping permet de mesurer le temps aller-retour entre un émetteur et un récepteur.

[b] On peut en déduire que le récepteur n'est pas présent.

[c] On peut en déduire que le destinataire est pour le moment non connecté.

[d] La réponse correspond à quatre échantillons différents, ce qui permet d'avoir une idée de la variance du temps de transit. Par exemple, si les 4 réponses sont de 10, on en déduit que le temps de transit est à peu près constant. Si les 4 réponses sont 1, 5, 12 et 22, la moyenne est toujours de 10, mais on en déduit que la variance est très grande.

Cours 13 – Exercice 3

(voir énoncé p. 297)

[a] Le protocole RSVP a pour objectif d'ouvrir un chemin. Il utilise pour cela l'adresse IP du destinataire. C'est donc un protocole de signalisation.

[b] RSVP effectue une réservation dans le sens retour, du récepteur vers l'émetteur, pour connaître les caractéristiques du ou des récepteurs avant de réserver des ressources sur le chemin.

[c] Comme RSVP réserve du récepteur vers l'émetteur, les signalisations de retour connaissent les caractéristiques des récepteurs et ne réservent que les ressources nécessaires. Lorsque l'ouverture d'un chemin croise un chemin déjà ouvert, il suit ce nouveau chemin ouvert vers l'émetteur, et la signalisation ne réserve de nouvelles ressources que si la demande du récepteur est supérieure à ce qui a été déjà réservé. On a donc un ensemble de chemins en arbre, les feuilles étant les récepteurs et la racine l'émetteur.

[d] RSVP peut faire des réservations implicites, le nœud traversé prenant note des demandes de réservation des flots qui le traversent. Étant donné la somme des réservations déjà effectuées, le nœud peut décider à tout moment, de refuser toute nouvelle demande apportée par la signalisation RSVP.

Cours 13 – Exercice 4

(voir énoncé p. 297)

[a] L'émetteur et le récepteur peuvent posséder un ou plusieurs codec. En règle générale, il n'y en a qu'un. Ce dernier s'adapte et effectue une compression plus ou moins forte.

[b] Oui, c'est un protocole quasi indispensable puisqu'il indique le degré de compression de l'émetteur en fonction de l'état du réseau.

[c] Oui, cette solution est conforme à la philosophie d'Internet, qui demande à la station terminale de prendre en charge le contrôle de son flux pour permettre au

réseau lui-même de rester le plus simple possible. En revanche, le fait d'essayer d'imposer au réseau des qualités de service est plutôt contradictoire avec la philosophie d'Internet puisque la qualité de service de niveau réseau doit être offerte par les équipements réseau, ce qui augmente le coût de l'infrastructure réseau.

d *A priori* non, puisque c'est le réseau qui s'adapte à la demande de l'utilisateur. Cependant, l'utilisateur ne connaît pas forcément la qualité de service exacte dont il a besoin ni la valeur des paramètres. Il peut donc éventuellement compléter la qualité de service offerte pour sa connexion par le protocole RTP/RTCP. Ce protocole RTP/RTCP permet à la station terminale de s'adapter à la qualité de service fournie par le réseau.

Cours 13 – Exercice 5

(voir énoncé p. 297)

a Les clients EF sont servis avec la priorité la plus haute pour les données de l'utilisateur. Les paquets EF ne voient donc pas les autres paquets de priorité inférieure. Pour obtenir une qualité de service sur les clients EF, il faut que le réseau soit surdimensionné par rapport au volume représenté par les paquets des clients EF. Dans ce dernier cas, les clients EF voient le réseau pratiquement vide et obtiennent une qualité de service garantie.

b Cette garantie peut être remise en cause si le réseau n'est plus surdimensionné pour les clients EF. Dans ce cas, des files d'attente de clients EF peuvent se former dans les routeurs, et les temps de réponse du réseau ne peuvent plus être garantis.

c Les clients de la classe AF ne peuvent obtenir de garantie sur le temps de transit dans le réseau. En effet, comme ces paquets ne sont pas prioritaires, ils doivent laisser passer les paquets EF. Comme il est de ce fait impossible de déterminer à l'avance les temps d'attente que devront subir les paquets AF, il est impossible de leur garantir un temps de transit.

d Les clients AF doivent laisser passer les clients EF. Pour cela, on doit les mémoriser dans les mémoires tampons des nœuds du réseau. Si l'on veut garantir un taux de perte, ce qui est le service proposé pour la classe AF, il faut contrôler les flux pour qu'il n'y ait pas de débordement des mémoires des nœuds puisque les temps d'attente imposés pour laisser passer les clients EF sont imprévisibles.

e Les normalisateurs ont choisi quatre classes de précédence pour donner des priorités différentes aux clients AF, que ces derniers soient or, argent ou bronze. Ces ordres de priorité sont les suivants : Or1, Argent1,

Bronze1 ; Or2, Argent2, Bronze2 ; Or3, Argent3, Bronze3 ; Or4, Argent4, Bronze4. Un client Bronze1 est donc plus prioritaire qu'un client Or2. Cette classification s'explique par les applications : un client peut souhaiter être en classe Or pour avoir une garantie forte sur le taux d'erreur mais n'être pas pressé du tout. Au contraire, un client peut choisir Bronze parce que l'application accepte un taux d'erreur déterminé mais posséder des contraintes temporelles assez fortes, par exemple pour le transport de canaux de télévision.

f Non, les clients best effort de DiffServ n'ont pas du tout le même service que le best effort d'Internet. Dans DiffServ, les clients best effort sont servis après tous les autres, et ils ne peuvent guère espérer un temps de transit acceptable pour de nombreuses applications. Dans Internet, tous les clients étant best effort, chacun dispose d'un minimum de bande passante, et même les applications temps réel sans trop de contrainte peuvent espérer un service correct.

Cours 13 – Exercice 6

(voir énoncé p. 298)

a Son adresse IP n'est pas suffisante parce qu'elle indique un sous-réseau dans lequel le client est connecté. Si ce dernier se déplace et qu'il sorte de son sous-réseau, son adresse IP ne permet plus de le situer et donc de lui envoyer des messages.

b Il faut un agent, appelé local ou home agent, pour faire la corrélation entre l'adresse locale et la nouvelle adresse IP du client, appelée adresse visiteur ou care-of-address. Lorsqu'un message est destiné à notre client, il arrive dans son sous-réseau local, et l'agent local (home agent) modifie l'adresse de destination en indiquant dans la zone d'adresse destination la nouvelle adresse IP du client.

c Lorsque le client émet un paquet, il doit indiquer son adresse locale parce que s'il se déplace de nouveau son adresse visiteur ne permet plus de faire suivre le message.

d Plutôt que de passer toujours par l'agent local, il peut être intéressant de donner à l'émetteur l'adresse visiteur du destinataire. Cette solution est acceptable si le destinataire n'est pas en mouvement et qu'il reste suffisamment longtemps dans le réseau visité.

Cours 14

Cours 14 – Exercice 1

(voir énoncé p. 328)

a Deux cas se présentent selon que la passerelle est un routeur ou un LSR (*Label Switched Router*). La figure V illustre le premier cas et la figure W le second.

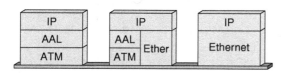

Figure V

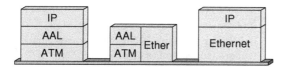

Figure W

b Dans le cas de la figure V, il n'est pas possible d'ouvrir un circuit virtuel de bout en bout puisqu'il faut repasser par la couche IP dans la passerelle intermédiaire. En revanche, si le schéma choisi correspond à la figure W, qui représente une architecture MPLS, on peut ouvrir un circuit virtuel de bout en bout, même si le nom de circuit virtuel n'est pas celui employé sur Ethernet, où l'on parle plutôt de route.

c Les deux cas décrits précédemment répondent à la question. Dans le premier, la passerelle est un routeur. Dans le second, il s'agit d'un commutateur de type MPLS.

d La référence se place dans la zone VPI/VCI pour la cellule MPLS et dans la zone shim address située entre l'adresse MAC et l'adresse IEEE pour la trame Ethernet.

Cours 14 – Exercice 2

(voir énoncé p. 328)

a Entre A et le réseau ATM, il faut ajouter un réseau Ethernet. Il faut donc encapsuler le paquet IP dans une trame Ethernet.

Trois possibilités peuvent être proposées :

1. Décapsuler la trame Ethernet dans le premier nœud du réseau ATM et réencapsuler le paquet IP dans des cellules ATM.

2. Encapsuler directement la trame Ethernet dans des cellules ATM.

3. Utiliser le protocole MPLS pour commuter la trame Ethernet vers des cellules ATM. S'il y a alors également décapsulation du paquet IP de la trame Ethernet, ce dernier n'est pas examiné mais est immédiatement inséré dans des cellules ATM.

b Le schéma en couches de la passerelle dépend de la solution décrite ci-dessus pour l'entrée du réseau. Le premier cas correspond à l'architecture de passerelle illustrée à la figure V et le troisième à celle de la figure W. L'architecture de la deuxième solution est illustrée à la figure X.

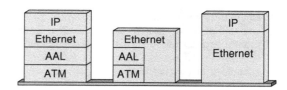

Figure X

Cours 14 – Exercice 3

(voir énoncé p. 328)

a La distance entre A et B est limitée puisque les deux réseaux Ethernet sont partagés. La distance maximale pour un réseau Gigabit Ethernet est de 409,6 m. Cette valeur est obtenue en calculant le délai nécessaire pour émettre une trame de 512 octets, délai qui doit représenter un temps aller-retour. Comme 512 octets = 4 096 bits, à 1 Gbit/s cela représente, à la vitesse de 200 000 km/s, un temps de 8,192 µs. La plus longue distance d'un Gigabit Ethernet est donc de 409,6 m (819,2 m/2 pour tenir compte de l'aller-retour).

b La passerelle est un routeur si l'on remonte à une couche 3, qui ici serait la couche IP.

La passerelle est un b-routeur si elle est capable de se comporter d'abord comme un pont, en examinant l'adresse MAC, puis, si l'adresse MAC est inconnue, comme un routeur. Dans ce dernier cas, le b-routeur décapsule la trame pour retrouver le paquet IP et se comporte comme un routeur.

La passerelle est un pont si seule l'adresse MAC est utilisée.

Cours 14 – Exercice 4

(voir énoncé p. 329)

a Il n'y a pas de distance maximale puisqu'on utilise une technique de transfert commutée.

b L'adresse MAC peut être suffisante si tous les ponts sont capables de connaître l'ensemble des adresses des cartes coupleurs du réseau.

c Oui, il faut un contrôle de flux puisque le réseau est commuté et qu'une trame peut traverser plusieurs nœuds de transfert. Un contrôle de type CAC *(Connection Admission Control)* effectue une demande de réservation de ressources ou au moins signale l'arrivée d'un flot déterminé. Dans un réseau Ethernet, il n'y a pas de signalisation et par voie de conséquence pas de possibilité de contrôle CAC.

d Oui, ce système peut fonctionner valablement car il y a compatibilité entre les différents réseaux Ethernet. Des problèmes de congestion peuvent se poser puisque les vitesses sont différentes. Il faut donc qu'un système de contrôle de flux soit employé.

Cours 14 – Exercice 5

(voir énoncé p. 329)

a Si la longueur minimale de la trame est de 512 octets, cela induit un délai maximal pour effectuer l'aller-retour correspondant à l'envoi de 512 octets, soit 4 096 bits. Comme il faut 1 ns pour émettre 1 bit, le temps maximal d'aller-retour correspondant est de 4 096 ns. En comptant toujours une vitesse de propagation de 200 000 km/s, on obtient 8 192 m pour l'aller-retour, soit 409,6 m de longueur maximale.

b Si le hub prend 100 ns pour faire passer le signal à l'aller et autant au retour, il y a 200 ns à prendre en compte pour le hub dans le budget temps. Le temps de propagation aller-retour descend donc à 4 096 – 200 = 3 896 ns, soit une distance maximale de 389,6 m.

c Un répéteur inséré dans le réseau réduirait la distance maximale puisque le répéteur prend du temps, temps qui serait déduit du temps de propagation maximal (le temps de base). Par exemple, si le temps de traversée du répéteur est de 1 µs et donc de 2 µs pour un aller-retour, le temps restant pour la propagation n'est plus que de 2,096 µs. La distance maximale est donc réduite.

d Un pont permet de découper le réseau en deux réseaux distincts. Il double donc automatiquement la distance maximale du réseau.

e Sur de la fibre optique on peut presque atteindre la vitesse de 300 000 km/s. La longueur maximale est obtenue par 4,096 × 300 = 1 228,8 m pour l'aller-retour, soit 614,4 m de longueur maximale. Il n'y a donc pas contradiction.

Cours 14 – Exercice 6

(voir énoncé p. 329)

a Il faut que le temps maximal aller-retour soit de 51,2 µs, ce qui, à la vitesse de 300 000 km/s, représente 15,36 km. La valeur de D est donc de 15,36/2 = 7,68 km.

b Il y a 4 km de propagation par les ondes hertziennes et x kilomètres par la paire métallique. Le temps maximal étant toujours de 51,2 µs pour le temps aller-retour, nous avons $51,2 = 8/0,3 + 2x/0,2$ ce qui donne $x = 2,46$ km. Les deux cercles se coupent bien.

c Bien sûr, puisque le temps aller-retour maximal est de 5,12 µs.

d Oui, il peut y avoir un problème de congestion dans l'accès au support métallique.

e La distance x peut devenir infinie.

f La valeur maximale de x peut être une distance quelconque seulement limitée par le nombre de terminaux. L'avantage de cette méthode est sa mise en place instantanée. Elle est d'ailleurs utilisée par les sauveteurs lors de tremblements de terre. Son inconvénient est que chaque terminal doit prendre en charge du trafic provenant d'autres terminaux.

g Comme pour la première question, le temps aller-retour ne doit pas dépasser 51,2 µs. Comme la capacité de transmission est toujours de 300 000 km/s, la distance maximale est de 7,68 km.

h Pour transporter les 64 octets de taille minimale de l'environnement Ethernet, il faut 512/20 = 25,6 µs de délai aller-retour. La portée maximale est donc de 3,84 km.

i Si chaque terminal joue le rôle de pont, la distance n'est limitée que par la couverture effectuée par les terminaux. Il n'y a donc pas de limitation intrinsèque.

Cours 14 – Exercice 7

(voir énoncé p. 330)

a Oui, bien sûr.

b Oui, bien sûr.

c Lorsque la porteuse n'est pas occupée, pour qu'il y ait collision il faut que deux stations émettent dans un temps inférieur au délai de propagation aller-retour entre ces deux stations. Comme ce temps correspond au maximum à 51,2 µs, pour qu'une collision se produise il faut que les deux stations émettent dans ce temps de 51,2 µs. La probabilité d'occurrence d'un tel événement est négligeable.

Il faut choisir des temporisateurs d'émission séparés d'au moins 51,2 µs pour être sûr que, lorsqu'une station transmet, toutes les autres stations ont le temps de s'apercevoir que la porteuse est occupée avant d'avoir le droit de transmettre.

d Cette solution donne toujours la priorité à la station qui a le plus court temporisateur, station qui est donc fortement privilégiée. La station possédant le plus long temporisateur est de ce fait fortement pénalisée. On peut éventuellement modifier les temporisateurs dynamiquement, mais ce mécanisme est assez complexe.

Cours 14 – Exercice 8

(voir énoncé p. 331)

a À la vitesse de 8 Kbit/s, cela représente un octet toutes les 1 ms. Pour remplir et vider la trame Ethernet, il faut donc 46 ms. Ces temps de remplissage et de vidage s'effectuant en parallèle, le temps de paquétisation-dépaquétisation est de 46 ms. Il reste donc 104 ms pour le transport de la trame.

b Si l'on attend toujours le temps maximal avant répétition de la trame, le temps jusqu'à l'émission gagnante, la dixième, est de :

$51{,}2 \times (1 + 3 + 7 + 15 + 31 + 63 + 127 + 255 + 511 + 1\,023) = 104$ ms.

c En effet, le temps de transfert de l'information correspond à la somme des temps de paquétisation-dépaquétisation, d'attente dans la station terminale et le coupleur, d'accès au support physique et de transport sur ce dernier. Les temps de propagation et de traversée de la station étant négligeables, le temps total de transport est au maximum de $46 + 104 = 150$ ms. On se situe bien dans un temps acceptable.

d Le temps de paquétisation-dépaquétisation reste le même : 46 ms. Le délai de transit dépend de la distance. Enfin, le temps de traversée des nœuds dépend de l'occupation et éventuellement de la congestion. Si l'on suppose qu'il y a en moyenne 10 paquets Ethernet dans une ligne de sortie d'une longueur moyenne de 512 octets, cela représente un temps moyen d'attente de $512 \times 8/10 = 409$ µs par trame. Pour 10 trames, on

arrive à un temps de traversée d'un nœud de 4 ms. Pour traverser les 3 nœuds, il faut donc 12 ms. La possibilité de faire de la parole dépend essentiellement de la distance à parcourir. La valeur maximale peut être déterminée par l'équation :

$150 = 46 + 12 +$ temps de propagation (en ms)

À la vitesse de 200 000 km/s, cela représente une distance de 18 400 km. On voit ainsi que l'on peut réaliser assez facilement de la parole sur de l'Ethernet commuté, surtout si les trames de parole sont prioritaires dans les nœuds de transfert.

Cours 15

Cours 15 – Exercice 1

(voir énoncé p. 361)

a La technique de transfert ATM est conçue pour réaliser des transferts de parole téléphonique en minimisant le temps de paquétisation et en permettant l'obtention d'un délai de transit borné par l'adoption d'une qualité de service appropriée, la classe CBR.

b Dans le circuit virtuel considéré, les références sont (i,m), (j,n) et (k,o). Dans un commutateur ATM, il y a une table de routage pour la signalisation et une table de commutation pour les données utilisateur. Dans la question, il s'agit de la table de routage. Cette table se présente comme une table de routage d'un réseau avec une technique de transfert de type Internet : à une adresse de destination correspond une adresse de sortie du nœud. Si la question avait porté sur la table de commutation, elle se serait présentée sous la forme x, (i,m) : y, (j,n), ce qui indique un accès par l'entrée x avec la référence (i,m) et une commutation vers la sortie y avec la référence (j,n). Au niveau du routage, il doit y avoir une décision qui permette aux nouveaux circuits virtuels qui s'ouvrent de suivre un conduit déjà ouvert pour effectuer un multiplexage de plusieurs circuits virtuels sur un conduit virtuel.

c Un utilisateur peut multiplexer ses données dans une même cellule en utilisant les protocoles AAL3 ou AAL4, mais c'est totalement inusité aujourd'hui. Il peut y avoir un multiplexage sur un même circuit virtuel, en utilisant soit le GFC, soit un protocole AAL2. Il est aussi possible pour un utilisateur de multiplexer plusieurs circuits virtuels sur un même conduit virtuel.

d Le temps de paquétisation est de 0,5 ms par octet. Pour remplir une cellule, il faut donc $48 \times 0,5$ ms = 24 ms. Comme un temps maximal de 28 ms peut être accepté, il reste 4 ms pour le transport. À la vitesse de 200 000 km/s, cela fait une distance de 800 km. Une solution pour augmenter la distance est de ne pas remplir complètement la cellule ou de ne pas compresser autant la parole téléphonique.

e Les commutateurs Banyan en série permettent d'augmenter le nombre de chemins entre un port d'entrée et un port de sortie. Cela permet d'acheminer les cellules en parallèle entre les ports d'entrée et les ports de sortie. En contrepartie, cela allonge le temps de traversée du commutateur.

Cours 15 – Exercice 2

(voir énoncé p. 361)

a La mise en place d'un circuit virtuel s'effectue par une signalisation. Soit cette signalisation est explicite et ouvre à la fois un circuit virtuel et un conduit virtuel, soit elle permet de détecter le meilleur conduit. Dans ce dernier cas, la signalisation s'effectue par un conduit déjà ouvert.

b Puisqu'on parle de table de routage, il faut s'intéresser à la signalisation. La table de routage permet à la signalisation d'être routée par la meilleure route possible et d'ouvrir un circuit virtuel. Dans le cas de notre réseau, la ligne de la table de routage précisant la route à suivre pour atteindre B indiquait la sortie en direction de D lorsque le paquet de signalisation s'est présenté. Cette ligne, comme l'ensemble de la table de routage, peut varier dans le temps.

c Le commutateur D ne travaille que sur le numéro de circuit virtuel.

d Les en-têtes sont conformes à ce qui a été énoncé dans ce cours. Les différences concernent la longueur de la zone de référence. Sur l'interface UNI, entre A et C, l'en-tête ne comporte que 24 bits de référence. Sur les interfaces NNI, les références sont sur 28 bits.

e Dans l'environnement ATM, le contrôle de flux s'effectue par classe. Les classes CBR et VBR sont mises en priorité dans les nœuds, et leurs trafics sont maîtrisés par une allocation de ressources. Le vrai contrôle de flux s'effectue essentiellement sur le trafic ABR, grâce aux cellules RM (*Ressources Management*), qui remontent le long des circuits virtuels pour indiquer aux nœuds d'accès la quantité de trafic ABR qui peut être absorbée sur le circuit virtuel. C'est un contrôle de flux de type rate-based, c'est-à-dire basé sur un contrôle du taux d'accès.

f Si le taux d'erreur est mauvais, les corrections d'erreur peuvent s'effectuer sur les paquets de niveau AAL. Si la couche AAL5 est utilisée, une zone de détection d'erreur est ajoutée au paquet AAL. Une erreur déclenche de ce fait un mécanisme de reprise consistant à renvoyer tout le paquet AAL en erreur. Si la couche est de type AAL3 ou AAL4, la zone de données comporte un champ de contrôle d'erreur sur 10 bits. Lorsqu'une erreur est détectée sur les données transportées, la cellule est détruite, et cela enclenche une retransmission du paquet AAL.

g Oui, il y a une certaine contradiction entre l'utilisation d'un réseau ATM et une interface du RNIS bande étroite. Cette dernière est essentiellement à base de circuits tandis que l'interface d'un réseau ATM s'effectue par un trafic de cellules ATM. Le passage du RNIS bande étroite vers le RNIS large bande doit s'effectuer par une modification de l'interface utilisateur. Pour le RNIS large bande, il faudrait une interface permettant d'y faire entrer des cellules haut débit.

h Si la parole est compressée à 32 Kbit/s, cela indique un flot moyen d'un octet toutes les 250 µs. Pour remplir une cellule ATM, il faut donc un temps de 12 ms. Si le réseau possède des échos, le temps aller-retour doit être de 56 ms, soit 28 ms pour un aller simple. Comme la paquétisation demande 12 ms, il reste 16 ms pour la traversée du réseau. À la vitesse de 200 000 km/s, cela donne une portée de 3 200 km. Plusieurs solutions permettent d'aller plus loin : ne pas remplir complètement la cellule, multiplexer plusieurs utilisateurs dans une même cellule comme dans l'AAL2 ou augmenter le débit en compressant moins le flot téléphonique.

i Même réponse qu'à la question c de l'exercice précédent.

Cours 15 – Exercice 3

(voir énoncé p. 362)

a Si les flux sont isochrones, le mieux est d'avoir deux leaky-buckets puisque chaque leaky-bucket s'adapte parfaitement à chaque flux isochrone.

b Si les flux sont asynchrones, la meilleure solution consiste à prendre un seul leaky-bucket. Si un flot n'a plus de cellule pendant un moment, toute la puissance du leaky-bucket est transférée à l'autre flot.

c Les deux leaky-buckets fonctionnent bien lorsque les flux à prendre en charge sont synchrones. Si les flux sont asynchrones, il peut y avoir une perte de puissance puisqu'un des deux leaky-buckets peut devenir inactif s'il n'a plus de cellule à émettre. Dans l'autre cas, si les flux sont synchrones, il peut y avoir attente à chaque paquet.

Cours 15 – Exercice 4

(voir énoncé p. 362)

---

a Pour que le parallélisme atteigne 8, il faut que les 8 cellules puissent passer en parallèle. La solution s'obtient pour une cellule en allant droit devant elle. La cellule arrivant par l'entrée 0 doit sortir par la sortie 0 ; si l'entrée est 1, il faut que la sortie soit 1, et ainsi de suite. On trouve donc la matrice identité suivante : à l'entrée i correspond la sortie i.

b Ce commutateur est semblable au commutateur Banyan.

c Le nombre de chemins possibles est 8. Depuis une entrée, on peut aller vers les 8 sorties distinctes, et depuis l'une de ces sorties il n'y a qu'un seul chemin pour aller à la sortie prédéterminée du commutateur.

Cours 15 – Exercice 5

(voir énoncé p. 363)

---

a Pour aller du port 1 au port 5, il y a plusieurs chemins, mais le plus simple est de prendre le canal 1 qui va directement de 1 à 5. Pour aller du port 2 au port 7, il suffit de prendre le canal 3. Il y a donc bien parallélisme.

b Pour déterminer le taux de parallélisme moyen, il faut examiner les différents chemins pour aller d'une porte d'entrée à une porte de sortie. La figure Y détermine le graphe des chemins de ce commutateur.

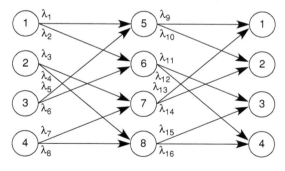

Figure Y

En supposant que 8 cellules se présentent en parallèle sur les ports d'entrée numérotés de 1 à 8 et que chacune de ces cellules a une probabilité égale d'aller vers l'une des 8 portes de sortie, le taux de parallélisme moyen se détermine par le nombre moyen de cellules qui arrivent à leur port de sortie en parallèle. Dans le graphe, on voit tout d'abord que les paquets entrant par les portes 1, 2, 3 et 4 n'entrent pas en collision avec les cellules entrant par les portes 5, 6, 7 et 8. En examinant le cas des cellules 1, 2, 3 et 4, on voit qu'il y a une chance sur 2 qu'il y ait une collision sur les ports 5, 6, 7 et 8. En moyenne, une cellule sur 2 franchit donc cet obstacle. De plus, il y a 2 chances sur 8 que la cellule arrive à bon port. Il y a donc 1 chance sur 8 qu'une cellule arrive bien. À l'étape suivante, il y a 1 chance sur 2 supplémentaire que la cellule arrive à son port de sortie. Comme il y a une chance sur 4 qu'elle entre en collision avec une autre cellule, cela fait 1 chance sur 8 qu'une cellule arrive à bon port. Enfin, lors d'une troisième étape, il y a 1 chance sur 4 que la cellule arrive à sa destination et 1 chance sur 16 qu'il y ait une collision. Cela donne 1 chance sur 64 que la cellule arrive à destination. On obtient au total $2 \times (1/8 + 1/8 + 1/64) = 0,53$. En moyenne, il y a donc approximativement un parallélisme de 4 sur 8.

Cours 15 – Exercice 6

(voir énoncé p. 364)

---

a Puisque le nœud central est de type brasseur, il ne travaille que sur le numéro de VP. Il est donc possible de garder le numéro de voie logique sur le brasseur central. Donc j peut être égal à k.

b Pour remplir la cellule à la vitesse de 32 Mbit/s, il faut un temps négligeable. Les 28 ms sont uniquement affectées au délai de transfert. Avec 28 ms et une vitesse de 250 000 km/s, la distance maximale est de 7 000 km.

c S'il y a 3 réseaux Oméga en série, il y a 64 chemins possibles. L'intérêt de mettre plusieurs chemins est évidemment de permettre un parallélisme maximal.

d Il est possible de faire transiter les deux cellules jusqu'à la porte de sortie, mais il faut que les deux cellules arrivent par des voies différentes sur le dernier commutateur élémentaire.

e On suppose dans cet exercice que sous le vocabulaire CBR se cachent les clients CBR et VBR. Les garanties en temps et en perte sont obtenues puisque chaque client peut recevoir son débit crête.

f Effectivement, tous les clients peuvent être satisfaits si l'on adopte l'algorithme suivant : les clients CBR/VBR sont servis en priorité et les clients ABR ne peuvent être servis que s'il n'y a pas de client CBR/VBR. Avec cet algorithme, les clients CBR/VBR peuvent utiliser les

100 Mbit/s quand ils en ont besoin. Les clients ABR sont quand même servis puisqu'en moyenne les clients CBR/VBR ne prennent que 50 Mbit/s.

g Les clients CBR/VBR peuvent toujours être garantis puisqu'ils sont en priorité. Ils prennent en moyenne 50 Mbit/s. Il n'est pas possible de faire transiter 70 Mbit/s supplémentaires, en moyenne, sur la partie du réseau située entre C et D. Le seul algorithme à mettre en place est un contrôle qui interdise un flux moyen total de 20 Mbit/s supplémentaire, autrement dit qui interdise de dépasser le flux moyen total de 100 Mbit/s.

h Si un client supplémentaire CBR demande 10 Mbit/s de débit crête et 5 Mbit/s de débit moyen, il n'est plus possible de garantir la qualité de service CBR si on le laisse entrer dans le réseau puisqu'il y a une probabilité non nulle que le flux total des clients CBR dépasse 100 Mbit/s. Il n'y a, bien sûr, aucune garantie pour les trafics ABR dans ce contexte.

i Si le réseau est IP, cela indique que les machines extrémité traitent des paquets IP. Si l'on veut rester dans le domaine Internet classique, il faut transformer les commutateurs en routeurs. Ces routeurs auront des cartes de communication ATM permettant de faire transiter les paquets IP, encapsulés dans des cellules ATM, de routeur en routeur. Il y a aussi la possibilité de garder le réseau de commutateurs ATM et, dans les machines terminales uniquement, d'encapsuler le paquet IP dans des cellules ATM.

j Oui, il suffit que le routeur ne travaille qu'en fonction du réseau à atteindre et non de l'utilisateur à atteindre. Il y a une hiérarchie à deux niveaux dans l'adresse IP, qui, en un sens, ressemble à la hiérarchisation à deux niveaux de la référence ATM (niveaux VCI et VPI).

k C'est le cas de MPLS, où les paquets IP sont non pas récupérés au niveau du commutateur MPLS mais commutés à l'intérieur des cellules ATM. La table de routage ne concerne que la signalisation MPLS. Elle se présente sous la forme classique, que l'on trouve dans le réseau Internet, et est utilisée pour mettre en place les circuits virtuels ATM.

l Oui, tout aussi bien. Les clients CBR/VBR sont affectés à des circuits virtuels MPLS de type CBR/VBR, et les clients ABR à des circuits virtuels MPLS de type ABR.

Cours 15 – Exercice 7

(voir énoncé p. 365)

a La première possibilité consiste à mettre un leaky-bucket pour chaque type d'application. Dans la seconde possibilité, les 3 flots sont multiplexés sur un même cir-

cuit virtuel. La zone GFC ne peut pas être utilisée puisqu'elle disparaît sur les interfaces NNI. La seule possibilité est de remonter à un niveau plus haut, après décapsulation de la couche ATM.

b S'il y a 3 circuits virtuels, chacun peut disposer de sa propre technique de contrôle par leaky-bucket. Dans le cas d'un débit isochrone, il suffit de prendre une solution dans laquelle les jetons arrivent régulièrement. Pour une application asynchrone, il faut choisir un leaky-bucket qui travaille au débit crête ou garde ses jetons lorsque le trafic descend en dessous de la moyenne.

c 1. La synchronisation des trois voies au récepteur est évidemment beaucoup plus facile si les trois voies sont multiplexées sur le même circuit virtuel.

2. Pour le contrôle des erreurs, il est beaucoup plus efficace de contrôler chaque voie indépendamment des autres ; en effet, la vidéo, la parole et les données n'ont pas du tout les mêmes besoins en matière de taux d'erreur.

d 1. À la première étape, il y a 1 chance sur 2 qu'il y ait collision ; 4 cellules franchissent donc la première étape. À la deuxième étape, il reste 4 cellules, et la probabilité de collision est maintenant de $1/2 \times 1/2 = 1/4$. Il y a donc encore $4 \times 1/4 = 1$ cellule en collision. Il en reste donc 3. À la troisième étape, il reste 3 cellules, et la probabilité de collision est de $1/2 \times 1/2 \times 1/2 = 1/8$. Le nombre de collision est donc de $3 \times 1/8 = 3/8$, soit 0,38. Le parallélisme moyen est donc de $3 - 3/8 = 2,62$. Il y a moins de 3 cellules qui passent en parallèle.

2. En reprenant le même raisonnement, on a 8 cellules qui passent la première étape. À la seconde, 2 cellules sont en collision. Il en reste 6. À la troisième, il y a 6/8, soit 0,75 cellule en collision. Il en reste donc 5,25. À la dernière étape, il y a $5,25 \times 1/16 = 0,33$ cellules en collision. Il en reste à la sortie $5,25 - 0,33 = 4,92$. Il y a donc un parallélisme de presque 5.

Cours 15 – Exercice 8

(voir énoncé p. 366)

a Le service étant de type CBR, cela indique que les cellules entrent suivant un processus déterministe. Le nombre de cellules par seconde du processus est égal à 512 000/424 (en supposant que l'on transporte 48 octets par cellule), ce qui donne 1 207,54 cellules par seconde. La valeur de *T* est donc de 1/1 207,54 = 828 µs.

b Pour un service VBR, puisqu'il doit y avoir une garantie sur le délai, il est nécessaire d'avoir un leaky-bucket qui travaille au débit crête du processus, c'est-à-dire permettant un débit instantané de 256 Kbit/s Cette valeur correspondant à la moitié de celle de la question précédente, on trouve $T = 1,656$ ms. Pour le service ABR, il suffit d'avoir un leaky-bucket qui travaille au débit moyen, c'est-à-dire à la vitesse de 64 Kbit/s. On trouve donc $T = 6,624$ ms.

c S'il y a des échos, le temps maximal aller-retour ne doit pas excéder 56 ms, c'est-à-dire 28 ms en supposant qu'il y ait une symétrie dans le réseau. Le temps de paquétisation est de 16 ms. Comme il y a un parallélisme entre la paquétisation et la dépaquétisation, le temps de transport restant est au maximum égal à 12 ms. En comptant 200 000 km/s comme vitesse de propagation du signal, on trouve une valeur de 2 400 km.

d 1. Si les flux sont isochrones, le mieux est d'opter pour deux leaky-buckets distincts correspondant exactement aux deux flots isochrones.

2. Si les flots sont asynchrones, il faut opter pour un seul leaky-bucket prenant en charge les deux flux. En effet, il est possible pour un circuit virtuel de disposer de toute la puissance du leaky-bucket quand l'autre canal est arrêté.

3. L'avantage de deux leaky-buckets est, au départ, de correspondre parfaitement à deux flots isochrones. Si les flots ne sont plus synchrones, un leaky-bucket peut ne rien avoir à faire tandis que l'autre peut devenir surchargé.

e Le mot commutateur n'est pas toujours correct. Lorsqu'on utilise l'adresse MAC, on parle plutôt d'un pont, mais il est vrai qu'un commutateur est très similaire à un pont. Pour MPLS, on peut aussi parler de commutateur, mais le mot correct est LSR (*Label Switched Router*). Enfin, le cas le plus complexe concerne l'IEEE. L'adresse IEEE, ou adresse VLAN, est plutôt liée à la technologie associée. Il s'agit le plus souvent plutôt d'un routeur que d'un commutateur.

f Les ponts sont des sortes de commutateurs qui ne prennent généralement en charge que l'interconnexion de deux sous-réseaux.

g Si l'on suppose que les trois nœuds A, B et C forment une boucle, A peut demander à B une pause de temps *T*. Si B demande à C une pause de *T*, et que C demande à son tour une pause de *T* à A, A ne reçoit plus de paquet de B et A ne peut pas écouler ses paquets vers C. En conséquence, l'état de A reste le même et la primitive Pause n'a aucun effet sur l'état du système.

h Le calcul de l'intervalle de temps *T* pendant lequel une station demande une pause s'effectue en fonction de la taille du nombre d'octets à envoyer et de la vitesse

de la ligne de communication. Par exemple, si un commutateur Ethernet possède une mémoire de sortie de 1,25 Mo et une vitesse de 10 Mbit/s, on voit que pour vider sa mémoire il lui faudrait exactement 1 s. Au maximum, le temps de pause qui pourrait être demandé est donc de 1 s. Dans les faits, dès que la mémoire commence à se vider, on recommence la transmission pour ne pas pénaliser les autres nœuds. Dans notre exemple, on aurait un temporisateur de 200 à 300 ms pour vider 20 à 30 p. 100 de la mémoire.

Cours 15 – Exercice 9

(voir énoncé p. 367)

a Ce réseau est bien un réseau MPLS puisque pour entrer dans le réseau il faut passer par un LSR ou plus exactement un LER (*Label Edge Router*), qui est un LSR de bordure.

b Une fois le LSR suivant choisi par une technique de routage IP dans le nœud, il faut traverser le réseau ATM qui relie les deux LSR. Pour réaliser cette traversée, il faut ouvrir un circuit virtuel dans le réseau ATM. Celui-ci ne peut être ouvert que par une signalisation ATM.

c Effectivement, on peut réutiliser les sous-réseaux ATM existants et les relier par des LSR. Il faut également mettre des LSR, ou plus exactement des LER, à toutes les entrées du réseau. L'intérêt de cette réutilisation est de pouvoir migrer doucement vers une technologie MPLS pure, dans laquelle tous les nœuds deviennent des LSR.

d Offrir un service MPLS DiffServ indique que les qualités de service offertes par l'opérateur sont celles qui correspondent aux classes DiffServ. Dans ce cas, l'opérateur doit dédier ses LSP (*Label Switched Path*) à des classes de service DiffServ.

Cours 15 – Exercice 10

(voir énoncé p. 367)

a Puisque nous avons un réseau MPLS, il faut que les trames Ethernet portant des paquets IP utilisateur soient commutées. Comme l'adresse MAC ne peut pas servir de référence, la norme MPLS prévoit d'ajouter un champ, le shim label, portant la référence.

b Le shim label portant la référence doit se situer à la fin de la zone de supervision de la partie de niveau 2 de la trame. Comme le champ VLAN est interprété comme un champ de niveau 3, il faut mettre le shim label après l'adresse MAC et avant le VLAN.

c Oui, les paquets IP de signalisation sont également portés par les trames Ethernet entre les LSP. Il faut toujours transporter des paquets dans des trames, et ici le niveau trame est pris en charge par Ethernet.

d Oui, il est possible d'introduire de la qualité de service dans ce réseau MPLS. Il suffit, par exemple, de choisir la technologie DiffServ et de mettre les priorités s'y rapportant dans les LSR du réseau.

e Oui, il est possible d'avoir un réseau MPLS DiffServ puisque le réseau n'est composé que de LSR DiffServ capables de mettre en place les priorités nécessaires pour réaliser un réseau DiffServ.

Cours 15 – Exercice 11

(voir énoncé p. 367)

a Oui, un réseau MPLS est bien adapté pour réaliser un VPN. Les paquets d'un client peuvent être mis dans un LSP (*Label Switched Path*), ou circuit virtuel MPLS, spécifique, de telle sorte que la référence d'entrée n'appartienne qu'à ce client. Dans ce cas, seuls les paquets de l'entreprise ayant souscrit un abonnement VPN peuvent utiliser le LSP dédié.

b Pour finaliser la sécurité, il faut d'abord réaliser une authentification mutuelle des deux équipements situés aux extrémités du LSP puis chiffrer les paquets qui transitent sur le chemin (LSP).

c Oui, et c'est l'avantage des VPN MPLS. Il suffit d'affecter une classe de priorité au LSP de l'entreprise pour introduire des qualités de service. On peut, par exemple, avoir un VPN MPLS DiffServ pour implanter de la qualité de service DiffServ dans le VPN MPLS.

Cours 16

Cours 16 – Exercice 1

(voir énoncé p. 392)

a Une tranche de temps correspond au passage d'une voie GSM. Il y a donc 8 voies de parole par porteuse et donc $8 \times 16 = 128$ voies de parole.

b Il faut 6 tranches de temps. Sur chaque tranche, un débit de 9,6 Kbit/s peut être pris en charge.

c Si un utilisateur peut acquérir l'ensemble des 8 tranches de temps d'une porteuse, cela lui donne un débit de $8 \times 9,6 = 76,8$ Kbit/s. Si un seul utilisateur pouvait occuper toutes les tranches et toutes les porteuses, il prendrait

toutes les ressources de la cellule et aurait un débit total de 1 228,8 Kbit/s, c'est-à-dire un peu plus de 1 Mbit/s.

d Non, un mobile ne peut capter la même fréquence sur les deux cellules si un TDMA est utilisé car il y aurait des interférences. En revanche, si la technique employée est du CDMA, il peut capter la même fréquence.

e Dans le GSM, le terminal choisit la cellule d'où provient l'émission la plus forte.

Cours 16 – Exercice 2

(voir énoncé p. 392)

a Dans un réseau GSM, la même fréquence ne peut être allouée à deux cellules qui se touchent sous peine de produire des interférences.

b Comme il y a 5 porteuses et 8 canaux par porteuse, nous avons bien un équivalent de 40 intervalles de temps. Pour chaque canal de signalisation, il est possible de gérer 50 terminaux mobiles. Puisqu'il y a 2 canaux de signalisation, il est possible de gérer 100 utilisateurs mobiles actifs. Sur les 100 utilisateurs, 37 seulement peuvent avoir une communication téléphonique, mais les 100 pourraient avoir des communications GPRS simultanément.

c Un utilisateur téléphone en moyenne 18 min sur les 360 min des heures de pointe. Si l'on suppose qu'il y a 100 utilisateurs actifs dans la cellule et que les communications téléphoniques se déroulent d'une façon équiréparties sur les 360 min, cela représente un total de 1 800 min, qui se répartissent sur 360 min, c'est-à-dire 5 utilisateurs en moyenne.

d Non. Cette cellule paraît mal dimensionnée car nous avons en moyenne 5 clients en train de téléphoner pour 37 canaux disponibles. Dans les faits, le trafic n'est pas équiréparti, et la probabilité d'atteindre plus de 37 clients souhaitant téléphoner en même temps est réelle tout en restant extrêmement faible.

e Si, sur un intervalle de temps, on fait passer deux paroles téléphoniques à la place d'une, cela n'apporte rien s'il n'y a que 5 clients en moyenne. En revanche, les 74 canaux de parole disponibles permettent d'écouler correctement le trafic moyen de 40 utilisateurs. On peut calculer par la formule d'Erlang la probabilité de rejet d'un client à environ 2 p. 100, ce qui est la valeur maximale classiquement utilisée dans les réseaux de mobiles.

f Pour améliorer la qualité de la parole, une première solution consiste à donner à chaque utilisateur 2 canaux de parole pour y transporter une bande plus large que la parole téléphonique. Ce n'est pas cette solution qui a été choisie parce qu'elle réduit le nombre d'utilisateur.

Une seconde solution consiste à changer de codec (codeur-décodeur). Le demi-débit sur 5,6 Kbit/s permet d'avoir une qualité comparable à celle du plein débit. En utilisant un codeur de même type mais sur l'ensemble de l'intervalle de temps, c'est-à-dire sur 13 Kbit/s, on arrive à faire passer une parole de meilleure qualité. Cela s'appelle un plein débit amélioré. Pour garder une compatibilité avec le GSM plein débit, le terminal doit toutefois être muni du codeur de base.

Dans le cas de l'énoncé, il n'y a pas de problème pour passer à cette évolution.

g La fenêtre de contrôle valant 1, on peut émettre une trame LAP-Dm avant d'être obligé de s'arrêter pour attendre l'acquittement. Cette solution s'explique par le fait que la distance à parcourir entre la station de base et le terminal est très faible, de quelques kilomètres au maximum, et que le canal propose un faible débit. Il n'y a donc pas besoin d'une procédure avec anticipation.

Cours 16 - Exercice 3
(voir énoncé p. 393)

a Non, il n'y a, *a priori*, aucun moyen d'être sûr qu'une fréquence est disponible dans la cellule dans laquelle entre le mobile. Cependant, si un utilisateur est capable de connaître son temps de communication et son déplacement en fonction du temps, on pourrait éventuellement lui réserver une fréquence dans toutes les cellules traversées. Cette possibilité est mise en œuvre dans certaines communications par satellite.

b Cette solution de soft-handhover demande des ressources dans les deux cellules en même temps, il y a donc une certaine contrainte sur les ressources. Cependant, cela n'est pas vraiment contraignant puisque ce ne sont pas les ressources d'une même cellule et que le recouvrement est très court (moins de 1 s en général).

c Dans le hard-handover, le problème est de permettre la continuité sans perte d'information, que ce soit de parole ou de données, et de resynchroniser la communication, surtout s'il s'agit de parole.

d Il est presque impossible de connaître avec certitude le lieu et la date du prochain changement de cellule, mais de très bonnes prédictions peuvent en être faites. Il est donc possible d'effectuer des réservations de ressources dans de nombreux cas.

Cours 16 - Exercice 4
(voir énoncé p. 393)

a Non, le GSM et l'UMTS ne travaillent pas sur les mêmes fréquences.

b Oui, un client garde le même code en passant d'une cellule à une autre. C'est un avantage car il n'y a pas de handover au sens du GSM.

c Lorsque les codecs numérisant la parole téléphonique permettent une forte compression (8 Kbit/s), le temps de paquétisation devient important (en moyenne un octet toutes les 1 ms). Pour que ce temps reste à des valeurs raisonnables, le nombre d'octet de parole à transporter reste à une vingtaine d'octets. Le rôle des minitrames est de transporter ces quelques octets. Comme la cellule ATM est trop grande, l'AAL2 permet de multiplexer ces minitrames sur un circuit virtuel ATM.

d Si le terminal génère des paquets IP, ce sont ces paquets IP qui sont transportés sur l'interface air. Les paquets IP forment une suite d'octets transportée comme n'importe quelle autre suite d'octets. Dans le réseau central (core network), les octets des paquets IP sont encapsulés dans les cellules ATM.

e Si le réseau ATM est remplacé par un réseau IP, cela demande une adaptation des minitrames pour qu'elles soient intégrées dans les paquets IP. Les minitrames sont alors non plus de type AAL2 mais IP.

Cours 17

Cours 17 - Exercice 1
(voir énoncé p. 418)

a Le débit réel est effectivement très inférieur à la valeur théorique du fait que la partie supervision pour empêcher les collisions prend beaucoup de temps. Le CSMA/CA occupe beaucoup plus de bande passante que le CSMA/CD. En revanche, il peut éviter les effondrements que les réseaux Ethernet peuvent connaître en cas de forte surcharge.

b Wi-Fi utilise la technique d'accès au réseau CSMA/CA, qui partage le support physique de manière équitable entre tous les utilisateurs. Comme la capacité globale est de 11 Mbit/s, s'il y a 11 clients présents, chaque client dispose en moyenne de 1 Mbit/s. Comme nous avons vu à la question a qu'une partie importante de la capacité était utilisée pour gérer la technique d'accès, chaque client a en moyenne moins de 1 Mbit/s.

c Le débit théorique est de 11 Mbit/s.

d Ce choix s'effectue normalement en fonction de la liste des réseaux que le client a déjà introduits dans son système d'exploitation et qui est classée par ordre de priorité. Le réseau essaie le premier. Si celui-ci n'est pas accessible, il essaie le deuxième, et ainsi de suite. Si aucun des deux réseaux n'est présent dans la liste du client, une fenêtre apparaît avec les noms (SSID) des deux réseaux. Le client n'a plus qu'à choisir le réseau sur lequel il souhaite se connecter.

e L'impact sur le débit est nul puisque les deux réseaux opèrent sur des fréquences complètement différentes.

f Le point d'accès doit émettre ses trames de supervision à la vitesse la plus lente de façon que l'ensemble des stations dans la cellule puisse les capter et les comprendre.

g Si deux clients se partagent le point d'accès de façon équitable, chacun émet à son tour. Le débit global du point d'accès est déterminé par les débits de chacun des deux clients et les temps pendant lesquels ils transmettent. En supposant que l'un émette à 11 Mbit/s et l'autre à 1 Mbit/s, celui qui émet à 1 Mbit/s demande 11 fois plus de temps que celui qui émet à 11 Mbit/s. L'émission est donc de 1 Mbit/s sur 12 intervalles de temps et de 11 Mbit/s sur 1 intervalle de temps. En conséquence, le débit sur 1 s est de $([1 \times 11] + [11 \times 1])/12 = 1,8$ Mbit/s. Si la partie supervision occupe la moitié du temps, le débit n'est plus que de 0,9 Mbit/s en moyenne. En fait, si la partie supervision occupe approximativement la moitié de la bande passante à 11 Mbit/s, elle occupe proportionnellement nettement moins à 1 Mbit/s. Le débit réel dans notre exemple serait d'un peu plus de 1 Mbit/s.

h Deux solutions peuvent être envisagées :

1. Déconnecter les clients qui ne travaillent pas à 11 Mbit/s. Cette solution obligerait les opérateurs de hotspots à augmenter énormément le nombre de points d'accès.

2. Limiter l'émission des clients les plus lents et privilégier les clients les plus rapides. Dans notre exemple, si on limite le client le plus lent à ne pas prendre plus de la moitié du temps en émission, ce qui veut dire que le client à 11 Mbit/s pourrait émettre plusieurs fois de suite, le débit moyen serait de $(11 + 1)/2 = 6$ Mbit/s. Si la moitié de la capacité est occupée par la supervision, le débit serait de 3 Mbit/s, c'est-à-dire une multiplication par 3 du débit moyen.

i Oui, puisque les clients ne seraient pas obligés d'émettre à pleine puissance pour accéder au point d'accès. Il faut cependant que la puissance soit suffisante pour atteindre la plus haute vitesse possible de façon à ne pas enclencher les effondrements indiqués à la question précédente.

Cours 17 - Exercice 2

(voir énoncé p. 418)

a La taille de la cellule est beaucoup plus petite.

b Puisque la cellule est plus petite, il faut évidemment plus de points d'accès pour couvrir la même superficie.

c Oui, la capacité globale du réseau est augmentée puisqu'une même fréquence peut être utilisée beaucoup plus souvent.

d La définition d'un réseau sans fil implique que les changements intercellulaires (handovers) n'existent pas. Si des handovers peuvent être réalisés, ce qui est de plus en plus courant dans les réseaux Wi-Fi, le réseau devient un réseau de mobiles. Si les cellules sont petites, le nombre de handovers est beaucoup plus important que si les cellules sont grandes. Il faut aussi un système de signalisation beaucoup plus sophistiqué pour effectuer les nombreux handovers dus à la petite taille des cellules. On peut donc dire que la mobilité est plus restreinte avec de petites cellules qu'avec de grandes cellules.

Cours 17 - Exercice 3

(voir énoncé p. 418)

a Les réseaux Bluetooth utilisent une technique avec saut de fréquence. Ils émettent pendant des tranches de 625 µs puis sautent de fréquence. De ce fait, si un réseau Wi-Fi se trouve recouvrir une cellule Bluetooth, le réseau Bluetooth essaie d'utiliser les fréquences laissées disponibles par le réseau Wi-Fi. En règle générale, un réseau Wi-Fi utilise un tiers des fréquences de la bande des 2,4 GHz.

b Il est plus difficile d'écouter les techniques à saut de fréquence car il faut rechercher sur l'ensemble du spectre les fréquences qui vont être utilisées. Les sauts de fréquence suivent un processus prédéfini entre les stations communicantes mais qui est vu de l'extérieur comme aléatoire.

c La vitesse de Bluetooth est inférieure à 500 Kbit/s en mode symétrique et à peine supérieure à 700 Kbit/s dans le meilleur des sens en mode asymétrique. C'est insuffisant pour de la vidéo, surtout pour de la vidéo de bonne qualité.

Cours 17 – Exercice 4

(voir énoncé p. 419)

a Actuellement, les réseaux Wi-Fi travaillent sur l'une des deux parties du spectre mais jamais sur les deux à la fois. Une amélioration pourrait consister à offrir la fréquence la plus disponible entre le point d'accès et les terminaux alentour.

b Un contrôle de puissance consisterait à adapter la puissance entre le terminal Wi-Fi et le point d'accès. De ce fait, la couverture du point d'accès et du terminal serait minimisée et éviterait les interférences au maximum. Globalement, le débit des réseaux Wi-Fi devrait être amélioré puisqu'il y a moins de chance que les stations se connectent à bas débit.

c La technique CSMA/CA est de moins en moins efficace pour la vitesse car elle oblige à avoir des temporisateurs de plus en long en comparaison de la vitesse de transmission. Il faudrait donc changer de technique d'accès.

d Comme expliqué à la question g de l'exercice 1, les clients les plus lents perturbent fortement les clients rapides parce que leur temps d'émission s'allonge en proportion de la décroissance de leur vitesse. Pour pallier ce problème, il faut soit empêcher les clients de descendre en dessous de la valeur nominale de 11 Mbit/s, ce qui réduit la taille des cellules, soit empêcher les clients les plus lents d'émettre trop souvent.

Cours 18

Cours 18 – Exercice 1

(voir énoncé p. 442)

a Il reste 200 MHz de bande passante. Le débit que l'on peut atteindre est de :

$C = 300 \log_2 \times (1 + 30) = 300 \log_2(31) = 1\,500$ Mbit/s

b Si l'on compte les bandes à l'aller et au retour, cela représente 2 000 bandes. Il y a donc $1\,500/2\,000 = 0{,}75$ Mbit/s $= 750$ Kbit/s par bande. Si l'on a une version asymétrique, cette valeur moyenne peut s'interpréter comme 1 Mbit/s dans le sens réseau vers client et 500 Kbit/s dans le sens client vers réseau. Dans la réalité, les bandes de fréquences doivent être séparées pour éviter les interférences, ce qui rend inutilisable une bonne partie de la bande passante (jusqu'à 50 p. 100). De plus, il peut y avoir beaucoup plus que 1 000 clients connectés sur un cœur de chaîne. Enfin,

un rapport signal sur bruit de 30 dB est très rarement atteint sur ce type d'infrastructure avec les longueurs classiques.

c Un multiplexage statistique indique que les communications sont portées par un canal commun et que celui-ci est utilisé, par exemple, en premier arrivé premier servi. L'avantage est bien sûr de pouvoir réutiliser les ressources de bande passante non utilisées par les autres clients.

d Il ne faut pas que deux clients transmettent dans la même tranche de temps sinon il y aurait collision des signaux et ceux ci seraient perdus.

e Oui, il est possible d'utiliser le protocole CSMA/CD puisque nous avons une sorte de réseau local partagé par 1 000 utilisateurs. Cependant, le protocole CSMA/CD n'est pas une très bonne solution car la longueur du câble peut être grande (plusieurs kilomètres).

f Difficilement, car il faudrait faire transiter le jeton d'une station à une autre comme sur une boucle. Cela demanderait un mécanisme complexe, qui prendrait beaucoup de temps.

g Dans les techniques de câble CATV, le signal n'est pas diffusé mais transmis dans un seul sens. Lorsqu'une station émet un paquet, elle ne peut écouter directement ce qui se passe sur le canal. Il est donc très utile que la voie de retour provenant du réseau donne aux stations qui ne peuvent s'écouter des informations sur leur état (collision, par exemple).

h Lorsqu'un client devient ou redevient actif, c'est-à-dire lorsqu'il entre de nouveau dans le système actif, il est possible de lui affecter un canal de communication pour lui seul en lui attribuant une tranche de temps.

i On peut garantir la qualité d'une communication téléphonique tant que l'on est sûr d'avoir le débit approprié. Si la solution consiste à réserver une bande suffisante pour faire passer de la parole téléphonique et que cette bande n'est relâchée que lorsque le client se déconnecte, alors la parole téléphonique est garantie. Cependant, dans ces systèmes, la bande passante de chaque terminal diminue avec l'arrivée de nouveaux clients. En d'autres termes, la bande passante est divisée entre tous les clients en train de transmettre. Si la bande attribuée à chaque client devient trop petite pour pouvoir y faire passer une voie téléphonique, il est impossible de proposer une garantie.

j Non, on ne rencontre pas les mêmes problèmes. En effet, chaque utilisateur possède ses propres paires téléphoniques jusqu'au central de l'opérateur. Cela veut dire que chaque utilisateur possède un circuit de capacité déterminée jusqu'au central. Les goulets d'étranglement de l'environnement ADSL se situent généralement après la récupération des données sur le modem de réception.

Cours 18 – Exercice 2

(voir énoncé p. 442)

a Un satellite géostationnaire est situé à 36 000 km de la Terre. Pour effectuer un aller-retour, il faut donc 36 000/300 000 = 0,12 s, soit 120 ms.

b Si le canal possède une capacité de 10 Mbit/s, la quantité d'information entre la Terre et le satellite sur l'aller-retour est de $10 \times 0,12 = 1,2$ Mbit. Les acquittements demandant encore un temps aller-retour de 0,12 s, cela indique qu'il faut que l'émetteur soit capable d'émettre 2,4 Mbit de données en continu avant de recevoir un acquittement. Si chaque paquet a une longueur de 10 Kbit, cela représente 240 paquets. Comme la fenêtre maximale que l'on peut utiliser est de 128 (cas HDLC étendu), cette procédure est inacceptable ou du moins ne permet pas d'obtenir une utilisation satisfaisante de la bande passante, très chère dans les systèmes satellite.

c Si l'on considère qu'il n'y a pas d'erreur dans le système ou qu'il ne soit pas nécessaire de les corriger, alors 2 sous-canaux virtuels sont suffisants. Si l'on considère qu'il y a des erreurs et qu'il faut continuer à transmettre de nouvelles trames sans être interrompu par la fenêtre, il faut doubler la fenêtre, c'est-à-dire avoir une fenêtre d'au moins 480. Il faut donc prendre 4 sous-canaux virtuels.

d S'il se produit une erreur sur un sous-canal, ce sous-canal est obligé de redémarrer après un temps aller-retour et prend donc un retard d'un temps égal à un aller-retour.

e Plusieurs solutions peuvent être considérées :

1. Le plus simple est de servir ce sous-canal une fois de plus que les autres sous-canaux, deux fois de suite par exemple.

2. Laisser ce sous-canal en retard jusqu'à ce que les autres sous-canaux aient également une erreur. L'inconvénient provient de l'environnement aléatoire qui peut produire une nouvelle erreur sur le même canal. Il faut donc décider que, à un moment donné, il faudra donner une priorité au sous-canal en retard pour qu'il puisse rattraper son retard.

Cours 18 – Exercice 3

(voir énoncé p. 443)

a Le satellite recouvre une zone de 500 km sur 500 km. Un handover intrasatellite se produit chaque fois que le client change d'antenne sur le même satellite. Il y a donc un handover intrasatellite toutes les 10 s. Il y a un handover intersatellite (on passe de l'antenne d'un satellite à celle d'un autre satellite) toutes les 100 s.

b Si un soft-handover demande 5 s (2,5 s avant le franchissement de la frontière de la cellule et 2,5 s après le franchissement), cela indique que sur le temps de traversée d'une cellule, il y a 5 s de handover (2,5 à l'entrée et 2,5 à la sortie). Sur les 10 s de traversée d'une cellule, il y a donc la moitié du temps pendant lequel la transmission est dupliquée. Puisque pendant la moitié du temps il y a duplication, il y a une perte de 33 p. 100 de la capacité du satellite.

c On suppose que les satellites possèdent des antennes fixes. Pour que la communication soit coupée, il faut que le satellite qui arrive et qui remplace le précédent soit saturé. Le vrai problème est de comprendre comment un satellite qui arrive peut être saturé puisque le précédent ne l'était pas au moment de son passage. La seule explication possible est la connexion d'un nouveau client juste avant la demande de handover, entre le moment où le premier satellite ne recouvre plus ce client et celui du handover.

d Si l'on veut garantir les deux premières minutes de communication, il suffit de réserver sur la suite de satellites qui va se succéder au-dessus du client une fréquence qui lui est destinée. Il suffit d'effectuer cette réservation sur l'ensemble des satellites qui vont se succéder. Comme le défilement des satellites est parfaitement déterminé à l'avance, les satellites concernés par cette réservation sont connus.

e Oui, la solution peut réduire la capacité du système puisque le système peut refuser un client parce que la garantie risquerait de ne plus être effective. Cette probabilité est cependant très faible.

f La solution est de ne pas faire de réservation. En effet, la connexion d'un nouveau client implique l'existence d'une fréquence disponible dans la cellule. Lorsqu'un nouveau satellite se présente, il y a très peu de raison pour qu'une fréquence ne soit pas disponible puisqu'il y en avait de disponible avec le précédent. De nouveau, la seule raison expliquant qu'il n'y ait pas de fréquence disponible est qu'un client situé juste en aval du nouveau satellite qui arrive prendrait la fréquence disponible.

g Si la communication utilise les ressources de deux satellites connectés par une liaison intersatellite, il faut réserver des ressources sur l'ensemble des couples de satellites qui vont se succéder.

h Non, nous avons regardé le cas des antennes fixes. Le cas des antennes mobiles est légèrement différent et plus simple. Lorsqu'un utilisateur a réservé une fréquence dans une cellule pour sa communication, il n'y a aucune raison pour que le nouveau satellite qui remplace exactement ce que faisait le précédent n'ait pas une fréquence disponible. En d'autres termes, lorsque les antennes s'orientent pour recouvrir une même cellule pendant le temps de passage, la communication est garantie jusqu'à la fin une fois qu'elle a pu s'établir.

Exercices complémentaires

Le corrigé est donné à la suite de chaque question et propose la meilleure réponse. D'autres réponses peuvent évidemment être acceptables à condition qu'elles soient étayées.

Problème 1

1 Pourquoi est-il plus facile de faire de la qualité de service sur un réseau de commutation que sur un réseau de routage ?

Corrigé.– Dans un réseau de commutation, les trames ou paquets suivent le même chemin. Il est donc plus facile de gérer les ressources et en général de faire de l'ingénierie de trafic.

2 Pour un réseau de commutation, il faut utiliser une signalisation. Montrer que la signalisation passe par un réseau de routage. En déduire que la commutation nécessite un routage. Quelle adresse utilise-t-on dans les commutations X.25, ATM, MPLS ?

Corrigé.– La signalisation est effectuée grâce à l'adresse complète du destinataire, ce qui implique un routage. Les adresses sont les adresses X.25, les adresses ATM et les adresses IP. (Attention : une référence n'est pas une adresse.)

3 Montrer que même si la taille de la table de routage est très grande dans le routage associé à la commutation, cela ne pose pas de problème de performance.

Corrigé.– La table de routage n'est utilisée que pour la signalisation, dont le temps de transit peut atteindre plusieurs secondes.

4 Montrer sur un exemple que la taille de la table de commutation peut devenir trop grande pour permettre un traitement rapide de la fonction de commutation.

Corrigé.– Pour aller très vite dans la recherche de la bonne ligne de référence, il ne faut pas dépasser 10 000 lignes. Il suffit que, par une ligne de sortie, il y ait plus de 10 000 chemins pour que la table de commutation soit trop grande.

5 En prenant une référence avec deux niveaux de hiérarchie, montrer que l'on peut abaisser la taille de la table de commutation. En prenant un exemple sur une hiérarchie du type « la référence a est réalisée par la concaténation de deux valeur $a1$ et $a2$ », montrer comment il est possible de passer de la référence d'entrée de type $a1a2$ à la seule utilisation d'une référence $b2$ puis d'une référence $d2$ sur une référence de sortie de type $e1e2$.

Corrigé.– On peut agréger le niveau 1 dans la hiérarchie de niveau 2, ce qui permet d'abaisser la taille de la table de commutation. Pour passer de $a1a2$ à $b2$, il faut en déduire que la valeur $a1$ (la voie logique) reste la même, mais qu'elle n'est pas prise en compte dans la table de commutation. De même, sur le nœud suivant, la valeur de la voie logique reste la même. Il faut donc que $e1 = a1$. Les valeurs $a2$, $b2$ puis $d2$, $e2$ forment les extrémités du conduit.

6 Montrer que deux réseaux de commutation peuvent être interconnectés par un routeur de niveau 3. Qu'est-ce que cela implique sur la qualité de service ?

Corrigé.– Deux réseaux de commutation peuvent généralement être interconnectés par un routeur. Par exemple, si la commutation est de niveau 2 et que le niveau 3 soit IP, on décapsule le niveau 2 pour retrouver le paquet IP et le router dans le routeur. Si la commutation est de niveau 3, X.25 par exemple, et que le paquet X.25 n'encapsule pas un paquet IP, l'interconnexion n'est pas possible sur un routeur IP. Comme nous avons à faire à un routeur, les paquets d'un même client peuvent être routés vers un sous-réseau différent de celui de sortie (sinon l'on ne mettrait pas un routeur). Il n'est donc simplement pas possible de faire de la qualité de service.

7 Pourquoi, dans la partie commutation de MPLS, ne remonte-t-on jamais au niveau IP ?

Corrigé.– Dans MPLS, la commutation se fait au niveau 2, et l'on ne remonte donc jamais au niveau 3.

8 Montrer que les chemins d'un réseau commuté ne sont pas toujours les chemins les plus courts. Pourquoi un tel choix ?

Corrigé.– Lors du choix du chemin par le routage, le meilleur chemin a été choisi (dans le réseau à l'instant du choix). Comme il n'y a pas de modification du chemin (sauf réacheminement dû à une cause grave), il est tout à fait possible que le chemin qui était le plus court au moment de sa mise en place ne soit plus le plus court au bout d'un certain temps. La raison de ce choix vient de la préférence accordée au fait de garder le même chemin plutôt que de réacheminer sur une route plus courte : le coût du réacheminement est très élevé par rapport à un transport non optimal mais suffisant pour obtenir le service voulu.

9 Aujourd'hui, beaucoup de réseaux d'opérateurs utilisent MPLS pour faire de l'ingénierie de trafic. Pourquoi est-il très difficile de faire de l'ingénierie de trafic sur le réseau Internet ?

Corrigé.– Internet est en très grande partie un réseau routé, de très grande taille.

10 Un avantage du chemin est de pouvoir réserver des ressources. Pour garantir le service d'une application ayant un trafic de débit maximal de 2 Mbit/s et d'un débit moyen de 1Mbit/s, est-il possible de ne réserver que 1 Mbit/s sur le chemin ? Est-ce équivalent à une technique circuit ?

Corrigé.– Il est impératif de réserver 2 Mbit/s. Ce n'est pas un circuit parce que la capacité non utilisée (1 Mbit/s en moyenne) peut être utilisée par d'autres flux.

11 Montrer qu'un réseau Ethernet partagé possède une distance maximale entre les deux points les plus éloignés.

Corrigé.– Comme il s'agit de l'Ethernet partagé, il faut éviter qu'un terminal puisse se déconnecter sans qu'il s'aperçoive que sa trame est entrée en collision. Il faut donc nécessairement limiter la taille du support physique.

12 En supposant un réseau de 100 Mbit/s et un répéteur permettant de relier deux brins, montrer que la distance totale est plus petite que s'il n'y avait pas de répéteur. Quel est alors l'intérêt d'un répéteur ?

Corrigé.– Puisqu'un répéteur demande un temps de traversée, ce temps aller-retour doit être décompté, ce qui implique un support physique de plus petite taille.

Un répéteur n'a pas pour fonction d'augmenter la taille du réseau physique, mais de régénérer le signal de telle sorte qu'il ait une qualité suffisante pour parcourir un brin.

13 Pour un réseau à 100 Mbit/s et un répéteur prenant un temps de 3 ms, donner la longueur maximale du réseau Ethernet.

Corrigé.– Le temps maximal aller-retour étant de 5,12 µs, il est impossible de retrancher 6 ms, donc impossible d'utiliser un tel répéteur. Si, par hypothèse, il faut 3 µs pour traverser le répéteur, le temps aller-retour est de 6 µs et l'impossibilité demeure. Si, par hypothèse, il faut 3 µs pour traverser en aller-retour le répéteur, cela fait 5,12 – 3 = 2,12 µs. À une vitesse de 200 000 km/s, cela fait 424 m aller-retour, soit 212 m de taille maximale.

14 Si l'on remplace le répéteur par un pont, quelle est la nouvelle longueur maximale du réseau Ethernet ?

Corrigé.– Le pont sépare les domaines de collision. Il y a donc (quel que soit le temps passé dans le pont, qui peut être très long puisqu'il y a une mémoire) deux réseaux de 512 m, ce qui fait 1 024 m de taille maximale.

15 Si l'on remplace le pont par un routeur, quelle est la nouvelle longueur maximale du réseau Ethernet ?

Corrigé.– Le routeur sépare également les domaines de collision. Il y a donc (quel que soit le temps passé dans le routeur, qui peut être très long puisqu'il y a une mémoire et qu'il faut traiter le niveau routage) deux réseaux de 512 m, ce qui fait 1 024 m de taille maximale.

16 On considère une InternetBox de type Triple Play, c'est-à-dire permettant de recevoir de la télévision, des données et de la parole. Combien de chaînes de télévision peut-on recevoir simultanément ? Est-ce identique à la technique du CATV ?

Corrigé.– Le nombre maximal de chaînes que l'on pourrait recevoir simultanément correspond au débit utilisable de l'InternetBox divisé par le débit d'une chaîne. Si les chaînes de TV sont compressées à 500 Kbit/s et qu'il y a 10 Mbit/s de disponible, on pourrait théoriquement faire passer 20 chaînes de télévision simultanément. Ce résultat est toutefois théorique, car la qualité de service nécessaire pourrait ne pas être atteinte si la bande passante est saturée. Une réponse presque correcte est une chaîne simultanément. C'est totalement différent du CATV, qui permet potentiellement de recevoir toutes les chaînes simultanément.

17 Pourquoi la qualité de service est-elle assurée pour la parole téléphonique et la TV ?

Corrigé.– La qualité de service est assurée parce que, dans la génération actuelle, les prises pour connecter le téléphone et la télévision sont différentes de la prise de données. Cela permet de faire transiter les paquets de téléphonie puis les paquets de TV en priorité. Dans la deuxième génération, où les flux seront multiplexés, il faudra ajouter un filtre dans l'InternetBox permettant de déterminer les différents flux et leur donner la priorité requise pour l'obtention d'une qualité de service suffisante par rapport au service à fournir.

Problème 2

Remarque générale : les techniques de commutation et de routage ne sont pas attachées à un niveau protocolaire et peuvent être utilisées à tous les niveaux de protocole.

1 Y a-t-il une différence entre une table de commutation et une table de routage ?

Corrigé.– Oui. Les tables de routage travaillent sur des adresses tandis que les tables de commutation utilisent des références.

2 Laquelle est la plus grande ?

Corrigé.– Il n'y a pas de relation entre les deux tables. En règle générale, la table de routage est plus grande puisqu'il y a généralement plus d'adresses de destination que de chemins ouverts. La table de commutation peut toutefois être plus grande que la table de routage. Il suffit qu'il y ait assez peu de clients sur le réseau et beaucoup de chemins ouverts entre ces clients.

3 Si un réseau commuté n'a pas de table de routage dans les commutateurs, le réseau peut-il quand même fonctionner ?

Corrigé.– Il faudrait pour cela que les tables de commutation soient entrées manuellement, mais cette solution n'est pas vraiment concevable puisque, en cas de panne, il faut effectuer les modifications manuellement.

4 Montrer qu'il est possible de commuter des paquets IP. Quelle référence pourrait-on utiliser pour cette commutation ? Quelle signalisation pourrait-on utiliser ?

Corrigé.– Il est possible de commuter des paquets IP. Il faut utiliser pour cela une référence, comme l'adresse de destination ou le couple adresse émetteur/adresse destination. La signalisation est IP, et l'on se sert, par exemple, du premier paquet pour tracer le chemin.

Cette solution n'est toutefois pas excellente, car on se sert d'une référence très longue et difficile à manipuler.

5 Si la table de commutation d'un nœud a une taille de 10 000 lignes, comment en déduire la taille minimale de la longueur du champ portant la référence ?

Corrigé.– Il faut que le champ de référence permette de coder au moins 10 000 lignes. Comme $2^{14} > 10\,000 > 2^{13}$, on en déduit que la taille minimale est de 14 bits.

6 Si la table de routage d'un nœud a une taille de 10 000 lignes, comment en déduire la taille minimale de la longueur du champ portant l'adresse du destinataire ?

Corrigé.– C'est la même chose : 14 bits.

7 Si la longueur du champ de référence est de $2n$, est-il plus avantageux de diviser ce champ en deux champs de longueur n et de traiter la référence comme une hiérarchie de deux références ?

Corrigé.– Il n'y a aucune différence sur le traitement de $2n$ bits ou de $n + n$ bits si l'on se sert de toute la longueur de la référence. L'avantage ne vient que si l'on utilise la hiérarchisation des références, qui permet éventuellement de ne traiter que n bits sans avoir à traiter les n bits supplémentaires. Le meilleur exemple est la solution adoptée par l'ATM.

8 Montrer qu'il est possible de faire des chemins multipoints dans un réseau de commutation (un multipoint est réalisé par une communication ayant un point de départ et plusieurs points d'arrivée).

Corrigé.– Pour faire du multipoint dans un réseau de commutation, il suffit de faire correspondre à une référence d'entrée plusieurs références de sortie.

9 Montrer que les chemins d'un réseau commuté sont toujours plus courts que la route dans le même réseau où les commutateurs sont remplacés par des routeurs.

Corrigé.– Faux. La longueur d'un chemin est déterminée par la table de routage lors de l'ouverture. Le chemin peut donc être très long et en tout cas bien plus long que la route la plus directe.

10 Lorsqu'une panne survient sur un chemin d'un réseau commuté, que peut-on faire ?

Corrigé.– On peut réacheminer (rerouter) les entités de transport (trame, paquet, etc.). Il est également possible d'avoir prévu à l'avance des chemins de secours qui seront utilisés à ce moment-là.

11 Donner un exemple où le chemin d'un réseau commuté possède une boucle, c'est-à-dire repasse deux fois par un même nœud.

Corrigé.– Il faut que la table de routage du paquet qui trace le chemin ouvre une boucle. Pour cela, il faut, premièrement, qu'existe une boucle dans le routage et, deuxièmement, que l'algorithme de routage soit modifié une fois la boucle faite pour que le chemin arrive bien à son destinataire. La probabilité d'une boucle a beau rester extrêmement faible, il est très difficile de s'en apercevoir parce que les références n'ont rien à voir entre un premier passage et un second.

12 Montrer qu'il peut être intéressant de provoquer une panne sur un chemin pour obliger un reroutage (un réacheminement) du chemin.

Corrigé.– Lorsqu'on s'aperçoit d'un problème dans le réseau (déséquilibre de charge, boucle, problèmes divers), il peut être intéressant de réacheminer (rerouter) un chemin. Dans ce cas, une commande de l'opérateur demande un reroutage, qui est équivalent à ce qui se passerait s'il y avait une panne. On ne provoque pas de panne à proprement parler.

13 Un avantage du chemin est de pouvoir réserver des ressources. Pour garantir complètement le service d'une application ayant un trafic pointe de 1 Mbit/s, est-il nécessaire de réserver 1 Mbit/s sur le chemin ? Est-ce équivalent à une technique circuit ?

Corrigé.– Il faut certes réserver 1 Mbit/s, mais cela n'a rien à voir avec une technique circuit puisque le débit qui n'est pas utilisé sur le 1 Mbit/s peut être réutilisé par une application moins prioritaire (ABR dans ATM en comparaison de CBR). Un circuit ne permet pas de réutiliser les ressources qui ne sont pas utilisées.

14 On veut réaliser un réseau commuté sans table de commutation, uniquement avec des tables de routage. Montrer que c'est possible avec des tables de routage fixe.

Corrigé.– Non ce n'est pas possible, car le réseau s'arrête en cas de panne.

15 On considère un réseau ATM. Pourquoi avoir choisi une valeur de 28 bits pour la longueur de la référence à l'intérieur du réseau ? Cette valeur est-elle suffisante pour passer à l'échelle, c'est-à-dire pour fonctionner lorsque les réseaux deviennent immenses ?

Corrigé.– La valeur de 28 bits permet d'avoir un très grand nombre de chemins passant par un nœud de commutation tout en restant assez petit pour ne pas prendre trop de place dans la trame ATM, qui est courte. La réponse sur le passage à l'échelle peut être oui ou non avec les bons arguments. La réponse la plus classique est non et l'utilisation de réseaux overlay.

16 On veut encapsuler une trame ATM dans une trame Ethernet pour relier deux entreprises qui possèdent des réseaux ATM, le réseau d'interconnexion étant Ethernet. Quel est le taux d'utilisation de cette technique (c'est-à-

dire la part de la bande passante qui peut être utilisée efficacement par des données utilisateur) ?

Corrigé.– Cette solution a été développée (en particulier par 3Com) pour réaliser des interconnexions de réseaux ATM avec un réseau Ethernet. Le taux d'utilisation est de 48/79.

17 On encapsule une trame ATM dans un paquet IP. Quel peut être l'intérêt de cette solution ?

Corrigé.– Cette solution est intéressante en cas d'interconnexion de réseaux ATM entre eux et avec un réseau Internet. La trame ATM est considérée comme une donnée qui va se mettre dans la zone de données du paquet IP (il n'y a aucun niveau de hiérarchie de protocole puisque tout paquet, trame, message, etc., peut toujours être considéré comme des données). En particulier, un tunnel (par exemple IPsec) peut être ouvert pour interconnecter deux réseaux ATM.

18 On veut hiérarchiser deux réseaux ATM, le réseau ATM de boucle locale (par exemple, provenant de modems ADSL) et le réseau cœur. Pour cela, on encapsule les trames ATM externes dans les trames ATM du réseau cœur. Quel est l'avantage de cette solution ?

Corrigé.– Cette technique d'encapsulation n'a aucun intérêt. Encapsuler une trame ATM dans une autre trame demande deux trames ATM pour en encapsuler une, et cela complique la gestion des références.

19 Montrer que découper un réseau Ethernet en deux parties, avec un pont Ethernet-Ethernet entre les deux, permet de doubler le débit du réseau.

Corrigé.– Couper le réseau Ethernet en deux parties reliées par une passerelle de type pont permet de séparer le réseau en deux zones de collisions. Si les équipements situés sur l'un des Ethernet ne fait qu'émettre vers des équipements situés vers le même Ethernet, le débit total sera de deux fois le débit de base. En revanche, si la moindre communication va d'un équipement vers un équipement situé sur l'autre réseau Ethernet, le débit ne pourra pas être doublé. La réponse est donc que le débit global ne peut être doublé que dans un cas très particulier, où le débit de l'ensemble est situé entre le débit de base et le double du débit de base.

20 Montrer que si l'on découpe le même réseau Ethernet en trois VLAN (Virtual LAN), on peut plus que doubler le débit du réseau.

Corrigé.– Les VLAN représentent une organisation virtuelle et n'influent pas sur le débit réel. Le débit ne change donc pas.

Problème 3

Dans cet exercice, on veut comparer les techniques de routage et de commutation.

1 La couche physique a pour objectif de transporter correctement les éléments binaires d'un émetteur à un récepteur. Il existe cependant, dans certain cas, des trames de niveau 1, c'est-à-dire un ensemble de bits ou d'octets regroupés pour former une trame. Par exemple, la trame SONET de base rassemble 810 octets toutes les 125 µs. À quelle utilisation peuvent servir ces trames ? Quelle est la vitesse de l'interface SONET de base ?

Corrigé.– À la synchronisation des horloges entre émetteur et récepteur pour atteindre de très hauts débits et le multiplexage de différents types de trames de niveau 2. La vitesse est de $810 \times 8\,000 \times 8 = 51,84$ Mbit/s.

2 S'il fallait router une trame de niveau physique, cela indiquerait le traitement d'une adresse à l'intérieur de la trame de niveau physique. Est-ce envisageable ?

Corrigé.– Il faudrait que le niveau physique puisse contenir une adresse, ce qui n'est pas possible *a priori* puisque la couche physique s'occupe de transporter des éléments binaires. Cependant, si l'on considère la trame SONET comme une trame de niveau physique, il est possible de mettre une adresse dans une des zones de supervision et donc de router la trame SONET (l'ensemble des trames de niveau 2 seraient alors routées dans la même direction). Cette solution n'est pas envisagée.

3 La couche 2 permet principalement de déterminer l'élément binaire qui commence la trame de niveau 2. ATM décrit une trame de 53 octets de long. Pourquoi n'y a-t-il aucun bit de drapeau entre deux trames ATM ?

Corrigé.– Il n'y a pas de drapeau entre deux trames parce que, en comptant le nombre de bits à partir du premier bit de la trame, on en déduit le dernier et donc le premier de la trame suivante. Pour vérifier que le début de la trame détectée est bien un début de trame, on se sert du HEC de l'en-tête.

4 La trame ATM possède une référence de 28 bits à l'intérieur du réseau. Cette valeur étant trop grande, car pouvant donner naissance à des tables de commutation de trop grande taille, expliquez comment il est possible de diminuer la taille de la table de commutation.

Corrigé.– En effectuant une agrégation des références et en divisant la référence en deux parties VPI/VCI.

5 Pourquoi ne peut-on pas commuter une trame HDLC ? Que faudrait-il faire ?

Corrigé.– Il n'y a pas de référence dans la trame HDLC. Il faudrait ajouter une référence dans le champ de la trame. Il est prévu dans MPLS d'ajouter si nécessaire un MPLS Label (connu aussi sous le nom de *shim label*).

6 La trame Ethernet est utilisée par un mécanisme de diffusion lorsque le support est partagé. Dans ce cas, seule la destination qui reconnaît sa valeur à l'intérieur du champ Destination peut recopier la trame. Est-ce un routage ou une commutation ?

Corrigé.– Ce n'est ni un routage, ni une commutation. Ces deux techniques sont les deux possibilités du transfert de trame, lequel demande un transfert d'une voie d'entrée dans un nœud vers une voie de sortie.

7 L'Ethernet commuté est né du besoin de s'affranchir de la distance en évitant les collisions (en enlevant les techniques d'accès de type CSMA/CD ou CSMA/CA). Dans ce cas, l'adresse Ethernet est considérée comme une référence. Montrer que l'on n'a pas besoin de changer de référence le long d'un chemin.

Corrigé.– Puisqu'on considère que l'adresse Ethernet est une référence, cette référence est unique (adresse MAC), et il n'y a donc pas de risque de collision de chemin lorsqu'on utilise cette adresse comme référence.

8 Le problème principal de cette architecture est de mettre en place le chemin sur lequel les trames seront commutées. Pour cela, on utilise l'apprentissage des tables de commutation : lorsqu'un commutateur reçoit une trame avec l'adresse « source » X, il en déduit une ligne de sa table de commutation (si la ligne existe pour aller vers X, il vérifie qu'elle est correcte, sinon il la change). Montrer qu'une solution pour compléter la table de commutation serait la suivante : lorsqu'une trame arrive dans un commutateur mais ne trouve pas de ligne de sortie (il n'existe pas de ligne associée à la référence dans le commutateur), le nœud diffuse un message à ses voisins en demandant lequel connaît un chemin pour aller à cette destination. Chaque voisin qui ne peut pas répondre effectue le même mécanisme jusqu'à ce qu'un chemin vers l'adresse du destinataire soit trouvé.

Corrigé.– Cette solution ressemble tout à fait à ARP (*Address Resolution Protocol*). Lorsqu'on ne connaît pas une adresse, on diffuse sur les branches du commutateur pour atteindre si nécessaire tous les ports du réseau. La station qui se reconnaîtra pourra alors se faire connaître par la diffusion d'un message qui permettra à l'ensemble des commutateurs de mettre leur table de commutation à jour.

9 Si l'on suppose qu'on ajoute un champ supplémentaire pour porter une référence après les adresses « source » et « destination », montrer que cette nouvelle solution est identique à une solution ATM du point de vue de la commutation. Quelles sont les différences ?

Corrigé.– Cette solution est identique à une solution ATM, puisqu'il s'agit d'une commutation sur une référence. Une première différence peut provenir de la façon de mettre en place les chemins : si un protocole de signalisation IP est utilisé, c'est très différent de la signalisation ATM. Les trames sont d'une longueur variable, et non constante.

10 La trame de niveau 2 de l'environnement ATM permet-elle une reprise sur erreur ? Pour quelle raison ? Comment fait-on pour retransmettre une trame ATM ?

Corrigé.– La trame ATM ne permet pas de reprise sur erreur puisqu'il n'y a pas de numérotation dans l'en-tête de la trame. Il n'est pas possible de ne retransmettre que la trame ATM. Il faut utiliser une couche AAL avec reprise sur erreur : l'ensemble d'un paquet qui a pu être découpé en plusieurs trames est donc retransmis. De même, le protocole TCP peut demander la retransmission d'un segment, qui correspond généralement à plusieurs trames ATM.

11 Pour transporter un paquet IP, il est nécessaire d'utiliser une trame. Quels sont les avantages d'avoir une trame de longueur constante comme ATM ou de longueur variable comme Ethernet ?

Corrigé.– La trame de longueur constante est plus facile à manipuler puisqu'on connaît exactement l'emplacement des champs. De plus, la commutation d'une trame de longueur constante est simple. En revanche, il faut diviser les paquets en morceaux de 48 octets en général et parfois ajouter des bits de bourrage.

12 La commutation d'une trame de longueur variable a également des avantages, à commencer par l'adéquation de la longueur de la trame avec l'application. De plus en plus, le réseau IP est considéré comme une excellente signalisation. Pourquoi ?

Corrigé.– Le réseau IP est une excellente signalisation puisqu'il faut un routage, ce qui est le cas du monde IP, et que les adresses soient très répandues et faciles à retenir, ce qui est le cas d'IP avec le DNS.

13 Supposons que l'adresse du destinataire soit connue par son adresse IP. Si l'on a un réseau ATM, comment peut-on trouver l'adresse ATM correspondant à l'adresse IP du destinataire ? (Traiter deux cas : les nœuds sont des commutateurs ATM ; chaque commutateur ATM possède un routeur IP.)

Corrigé.– Dans le premier cas, il n'est pas possible de faire une demande au destinataire puisque, pour envoyer un paquet IP, il faut ouvrir un circuit virtuel ATM et que l'on n'a pas l'adresse ATM du destinataire. Une solution est que les nœuds du réseau connaissent l'adresse ATM d'un serveur d'adresses et que le nœud émetteur s'adresse à ce serveur d'adresses pour obtenir la résolution de l'adresse IP en adresse ATM. Une seconde possibilité est de mettre en place une solution ARP : l'émetteur diffuse sur le réseau (c'est-à-dire sur les circuits virtuels menant à l'ensemble des destinataires) un message demandant qui connaît la correspondance d'adresse entre l'adresse IP et l'adresse ATM.

Dans le second cas, le nœud émetteur peut envoyer un paquet IP au destinataire pour lui demander son adresse ATM, mais cela n'a pas d'intérêt puisque le chemin a déjà été mis en place par le paquet de demande de résolution d'adresse.

14 Si chaque commutateur possède un routeur IP, comment le paquet IP de signalisation, permettant l'ouverture du chemin, va-t-il d'un commutateur à un autre, sachant que les liaisons sont ATM ?

Corrigé.– L'adresse IP du prochain nœud IP est obtenue dans le routeur. Le routeur n'a plus qu'à s'adresser au nœud suivant en lui demandant son adresse ATM de telle sorte qu'un circuit virtuel ATM puisse être ouvert.

15 Pourquoi les opérateurs de télécommunications préfèrent-ils en général les solutions de commutation avec référence plutôt que les solutions de routage ?

Corrigé.– Parce que les techniques de commutation permettent de mettre en place des chemins qui garantissent plus facilement d'obtenir de la qualité de service grâce à des solutions d'ingénierie de trafic ; tous les paquets d'un même flot (un flot est un ensemble de paquets IP provenant d'une application et allant d'un même émetteur à un même récepteur) passent par le même chemin, ce qui permet de prédire les flots dans le réseau et de les contrôler.

16 On considère un réseau dont le niveau 3 est de type IP et le niveau 2 de type ATM. Si l'émetteur envoie deux flots de paquets, l'un démarrant au temps t et l'autre au temps $t + 1$ minute, ces deux flots vont-ils suivre le même chemin ? On suppose que les deux flots vont du même émetteur au même récepteur.

Corrigé.– Non, puisque chaque flot est précédé d'une signalisation et que la signalisation ouvre un chemin en fonction de la table de routage disponible au moment de l'ouverture.

17 Si le paquet IP est encapsulé dans une trame ATM, faut-il découper le paquet IP en plusieurs morceaux ?

L'adresse IP est généralement dans le premier morceau qui est encapsulé dans une trame ATM. Cette première trame est-elle plus importante que les autres ?

Corrigé.– Oui, puisque le paquet IP ne va généralement pas tenir dans la trame ATM. La première trame n'a pas plus d'importance que les autres puisqu'on ne remonte jamais au niveau IP dans une commutation ATM.

18 Le long d'un chemin de commutation est-il possible de changer de type de trames ?

Corrigé.– Non, dans la très grande majorité des cas. Il peut exister des cas, en particulier dans MPLS, où il serait possible de changer de type de trames, mais ce sont des cas très spécifiques ; de même, en cas de panne on ouvre potentiellement un nouveau chemin, lequel pourrait être différent du premier, mais c'est là un cas également très particulier.

19 Un paquet d'un flot peut-il ne pas suivre le même chemin que celui qui a été mis en place par la signalisation ?

Corrigé.– Non, pour la même raison que précédemment. En cas de panne, on ouvre un nouveau chemin, lequel pourrait être différent du premier, mais c'est là un cas particulier.

20 En conclusion, quelle est la meilleure technologie : le routage ou la commutation ?

Corrigé.– Il n'y a pas de meilleure technologie : tout dépend du contexte.

Problème 4

On veut déterminer les avantages et les inconvénients de différentes options pour un opérateur de télécommunications. On s'intéresse aux différentes couches de protocoles, entre les couches 1 et 4 de l'architecture OSI (*Open System Interconnection*).

21 La couche physique a pour objectif de transporter correctement les éléments binaires d'un émetteur à un récepteur. Montrer que, dans le monde des réseaux de télécommunications, le problème de la synchronisation des horloges entre l'émetteur et le récepteur est important. Est-ce aussi important dans un réseau de routage ?

Corrigé.– Sur une liaison, dès que le débit devient très important ou la distance très longue, il est indispensable que l'émetteur et le récepteur aient des horloges synchronisées pour permettre la récupération des signaux à des instants particuliers. Cette synchronisation est totalement indépendante d'un routage ou d'une commutation.

2 Est-il nécessaire de définir et d'émettre des trames de niveau 1, c'est-à-dire un nombre parfaitement défini de signaux formant une trame de niveau 1, même si l'émetteur et le récepteur n'ont rien à transmettre ?

Corrigé.– Pour permettre aux horloges de rester synchronisées (par exemple, la trame SONET est de 810 octets de long).

3 La couche 2 permet principalement de déterminer l'élément binaire qui commence la trame de niveau 2. Donner trois exemples de détermination d'un début de trame.

Corrigé.– HDLC 01111110 ; Ethernet 10101010 …11 sur 8 octets ; ATM Comptabilisation de 424 bits.

4 Lorsqu'on a défini l'architecture OSI, il y avait beaucoup d'erreurs en ligne, c'est-à-dire d'éléments binaires dont la valeur au récepteur était 1 à la place de 0 et 0 à la place de 1. Des techniques de détection d'erreur et de reprise sur erreur ont donc été développées au niveau 2. Montrer pourquoi cette demande de correction d'erreur n'est plus une nécessité dans les réseaux multimédias.

Corrigé.– Dans les réseaux multimédias, certaines applications ont des contraintes fortes, comme les contraintes temporelles de la téléphonie sur IP. S'il y avait des reprises sur erreur, ces contraintes ne pourraient pas être tenues. De plus, le taux d'erreur ayant beaucoup baissé, les reprises sur erreur potentielles sont repoussées à des niveaux supérieurs.

5 La trame de niveau 2 de l'environnement ATM permet-elle une reprise sur erreur ? Pour quelle raison ? Comment fait-on pour retransmettre une trame ATM ?

Corrigé.– Non, il n'y a pas de numérotation dans les trames ATM. Pour retransmettre une trame ATM, on utilise un protocole de niveau supérieur, AAL spécifique ou TCP.

6 La trame HDLC est de moins en moins utilisée. Sur les différents points suivants, indiquer si c'est une des raisons ou non pour ne plus utiliser HDLC et classer ces différents points par ordre d'importance pour ne plus utiliser la trame HDLC :

a. Il n'y a presque plus d'erreur en ligne dans les réseaux.

b. Le préambule est très pénalisant.

c. La fenêtre de contrôle est trop limitée.

d. La trame HDLC n'est pas assez longue.

e. La trame HDLC permet d'indiquer que la zone de données est une zone de signalisation.

f. Le taux d'utilisation d'une liaison contrôlée par HDLC est très mauvais.

Corrigé.– a. Oui, c'est une raison de ne plus utiliser HDLC ; **b.** Oui, le préambule est très pénalisant pour les hautes vitesses ; **c.** Oui, la fenêtre de contrôle est très limitée pour les très hauts débits et les très longs temps de propagation ; **d.** Non, la longueur est bonne ; **e.** Non, de toute façon la trame HDLC ne permet pas d'indiquer que la zone de données est une zone de signalisation ; **f.** Oui, le taux d'utilisation n'est pas très bon, surtout si le délai aller-retour est très long. Le classement peut-être du type : *ex æquo* a., b., c. et f.

7 Pour transporter un paquet IP, il est nécessaire d'utiliser une trame. Est-il plus efficace d'utiliser une référence dans la trame ou l'adresse complète de niveau 2 du récepteur ?

Corrigé.– La réponse la plus simple à étayer est qu'il est plus efficace d'utiliser une référence.

8 Pourquoi les opérateurs de télécommunications préfèrent-ils en général la solution avec référence ?

Corrigé.– Les opérateurs préfèrent les références parce que cela implique une commutation, et donc un chemin sur lequel il est possible de gérer la qualité de service grâce à de l'ingénierie de trafic.

9 L'utilisation de référence au niveau 2 oblige-t-elle à avoir un réseau de signalisation de niveau 2 ?

Corrigé.– Non, puisqu'une signalisation de niveau 3 passe par le niveau 2 et que la mise en place d'une table de commutation peut être faite lors de ce passage.

10 Si la référence de niveau 2 est de 10 bits de long, combien y a-t-il de chemin passant par un nœud de commutation possédant quatre liaisons avec quatre voisins ? Combien peut-il y avoir de chemins dans le réseau ?

Corrigé.– $4 \times 2^{10} = 2^{12}$. On ne peut calculer le nombre de chemin dans le réseau puisque cela dépend de trop d'éléments non indiqués dans le texte, comme d'où à où vont les chemins.

11 Si le réseau possède un routage de niveau 2, cela peut-il avoir un intérêt par rapport à un routage de niveau 3 ?

Corrigé.– Oui, puisque cela n'oblige pas à remonter jusqu'au niveau 3. Il est à noter que les routages de niveau 2 sont très rares parce qu'on n'a pas défini d'adresses de niveau 2 « sympathiques ». L'adresse MAC de niveau 2 d'Ethernet est très difficile à manipuler et n'a pas à être utilisée comme adresse de routage (pas de hiérarchie).

12 On suppose maintenant que le réseau possède un routage ou une commutation de niveau 3. Montrer qu'un des avantages de cette solution est de pouvoir passer dans un nœud d'une liaison d'entrée de type Ethernet à une liaison de sortie de type ATM et *vice versa*.

Corrigé.– Oui, puisque le niveau 2 peut être quelconque.

13 Donner un exemple de commutation de niveau 3. Dans l'exemple proposé, décrivez comment marche le système de signalisation, en particulier quelle adresse de destination il utilise.

Corrigé.– X.25. La signalisation dans la bande réalisée par un paquet X.25 est marquée comme étant de la signalisation. On utilise des adresses X.25.

14 A-t-on toujours besoin d'ouvrir un chemin pour toutes les communications qui se mettent en place ?

Corrigé.– La question n'étant pas très précise, il faut étayer la réponse. Par exemple : non, dans un réseau de routage, il n'y a pas nécessité à ouvrir un chemin ; ou oui, dans X.25 ou ATM, il faut toujours ouvrir un chemin, même lorsqu'on passe par un conduit (qui ne fait qu'indiquer le chemin à suivre).

15 Si la référence est très longue, par exemple 20 bits, est-ce un problème ? Si oui, comment peut-on le résoudre ?

Corrigé.– Oui. Avec 20 bits, la taille de la table de commutation peut atteindre 2^{20}, voire beaucoup plus s'il y a de nombreuses sorties. Il faut donc hiérarchiser les références.

16 Le chemin peut-il être alternativement de type Ethernet et de type ATM ?

Corrigé.– Oui, comme dans MPLS, mais c'est un cas particulier très peu utilisé.

17 Peut-on alterner un routeur et un commutateur le long du chemin ?

Corrigé.– Non, puisqu'un routeur ne marque pas de chemin.

18 Peut-on imaginer une commutation de niveau 4 (transport), c'est-à-dire une référence dans le message (le message de niveau 4 est ensuite fragmenté en paquets) ? Dans le cas positif, faut-il reporter la référence dans le paquet de niveau 3 ?

Corrigé.– Oui, il faut remonter dans chaque nœud jusqu'au message de niveau 4. Cela ne sert à rien de mettre une référence dans le niveau 3 puisqu'il faut revenir au niveau 4 dans tous les nœuds.

19 On considère un réseau dont le niveau 3 est de type IP : il transporte des paquets IP avec une adresse IP. Est-il possible de considérer que l'adresse IP de destination est une référence ? Quels en seraient les avantages et les inconvénients ?

Corrigé.– Oui, c'est une référence unique. L'avantage est de pouvoir utiliser l'adresse IP du destinataire pour faire des routages dans des routeurs IP et de la commutation sur les liaisons commutées. Autre avantage : la référence unique. Les inconvénients sont nombreux, comme de devoir remonter au niveau 3 pour commuter, ce qui est très pénalisant. De plus, la référence étant très longue, il est difficile de gérer les tables de commutation. Il est enfin également difficile de faire de l'agrégation. On ne se sert donc jamais de cette solution.

20 Si le paquet IP est encapsulé dans une trame ATM, faut-il découper le paquet IP en plusieurs morceaux ? L'adresse IP est généralement dans le premier morceau qui est encapsulé dans une trame. Quel serait l'intérêt de marquer cette trame pour pouvoir récupérer plus rapidement l'adresse IP ?

Corrigé.– Oui, il faut découper le paquet IP en morceaux. Il n'y a pas beaucoup d'intérêt à marquer la trame qui porte l'adresse IP, si ce n'est, lors d'un passage dans un routeur, de pouvoir traiter l'adresse IP dès qu'elle a été décapsulée. Mais on peut le faire également sans que la trame soit marquée.

21 On considère qu'on utilise un marquage du paquet IP indiquant une classe de priorité (par exemple un marquage DiffServ). Faut-il nécessairement indiquer la priorité dans la zone de supervision de la trame qui transporte le paquet ?

Corrigé.– Si le réseau est un réseau de routage IP, il n'y a aucun intérêt à marquer les trames. Si le réseau possède à la fois des routeurs et des commutateurs de niveau 2, il est indispensable de marquer les trames (par exemple, les réseaux d'entreprise qui ont des routeurs IP et des commutateurs Ethernet).

22 Si l'on utilise une signalisation IP pour ouvrir un chemin, les nœuds sont-ils forcément des routeurs de niveau 3 ? Y a-t-il contradiction avec le fait que, dans une commutation, on utilise des commutateurs et non des routeurs ?

Corrigé.– Oui, les nœuds possèdent forcément un routeur de niveau 3. Non, il n'y a pas de contradiction puisque les commutateurs possèdent toujours un routeur interne pour router la signalisation.

Problème 5

On s'intéresse à l'architecture d'un réseau maillé, c'est-à-dire dans lequel, pour aller d'un point à un autre, plusieurs chemins sont possibles. Les terminaux utilisent l'architecture IP et sont connectés au réseau par un réseau Ethernet. Le réseau lui-même utilise une technique de commutation de niveau 2. Les nœuds du réseau sont des machines reliées entre elles par des liaisons ATM.

1 Les machines terminales sont connectées à un nœud du réseau par un réseau Ethernet partagé. Ce réseau Ethernet possède deux répéteurs, c'est-à-dire des éléments qui récupèrent le signal et qui le réémette en régénérant la qualité du signal. Si l'on suppose que le temps de traversée du répéteur est de 12 μs, quelle serait la distance maximale entre la machine terminale et le nœud du réseau, en supposant que le réseau est à 100 Mbit/s et qu'il faut traverser les deux répéteurs pour aller de la machine terminale au nœud du réseau ?

Corrigé.– Le cas est impossible : le temps de traversée des paquets est de $12+12$ μs en comptant l'aller-retour de 48 μs. Ce temps étant supérieur au maximum admissible (5,12 μs), le cas proposé n'est pas possible.

2 Si l'on remplace le réseau Ethernet partagé par un réseau Ethernet commuté, et si ce réseau d'accès au réseau cœur contient plusieurs commutateurs qui forment un réseau maillé d'accès, montrez comment il est possible de mettre à jour les tables de commutation. Faut-il une signalisation ?

Corrigé.– Les tables de commutation se mettent à jour par apprentissage : chaque fois qu'un commutateur voit passer une trame, il vérifie que sa table de commutation est à jour ; sinon, il ajoute une nouvelle ligne dans la table de commutation. Lorsqu'il n'y a pas de ligne disponible, il utilise un processus de diffusion pour retrouver la direction du destinataire. Il ne faut pas de signalisation. Il s'agit là d'un cas particulier puisqu'une commutation nécessite presque toujours une signalisation. Cette solution n'est acceptable que dans les tout petits réseaux.

3 Comment s'effectue le routage dans ce réseau d'accès ? Si vous n'en avez pas d'idée, pouvez-vous au moins en donner les caractéristiques probables ?

Corrigé.– Il n'y a pas de routage de niveau 3 puisqu'il n'y a pas de niveau 3. S'il y a routage, il est de niveau 2. La question est donc : existe-t-il dans chaque nœud une table avec les adresses complètes de niveau 2 et une ligne de sortie associée ? La réponse étant non, il ne peut y avoir de routage dans ce réseau.

4 Pour accéder au réseau cœur de l'opérateur (passage du réseau d'accès au réseau cœur), faut-il mettre un commutateur, un routeur, un pont, une passerelle ou tout autre équipement de réseau ? Expliciter la réponse en une dizaine de lignes.

Corrigé.– Le plus classique est de mettre un routeur avec une carte Ethernet d'un côté et une carte ATM de l'autre. Un commutateur obligerait un passage de la trame Ethernet à la trame ATM. Cette solution est possible, mais il faudrait que le réseau soit MPLS.

5 On suppose que les nœuds du réseau sont des commutateurs ATM. Décrivez à l'aide d'un schéma les couches de protocole traversées entre un terminal émetteur jusqu'à un terminal récepteur.

Corrigé.– Voir figure a.

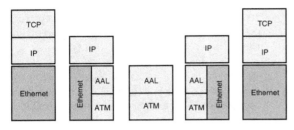

Figure a

6 Pour transporter le paquet IP jusqu'au au nœud de sortie, est-il nécessaire d'avoir l'adresse ATM du nœud de sortie du réseau cœur ? Comment la trouver ? À quoi sert-elle ?

Corrigé.– Oui, il est nécessaire d'avoir l'adresse ATM du nœud de sortie puisque le réseau à traverser est ATM. Il faut utiliser un protocole comme ATMARP ou un serveur d'adresse. Dans ATMARP, à partir de l'adresse IP, on recherche la correspondance dans le nœud d'entrée. Si la correspondance n'existe pas, on lance une requête en diffusion pour trouver le nœud ATM qui a l'adresse IP recherchée. Le nœud qui se reconnaît envoie l'adresse ATM correspondante à son adresse IP. L'adresse ATM sert à ouvrir le circuit virtuel ATM dans le réseau cœur.

7 Comment le conduit VPI (*Virtual Path Identifier*) est-il ouvert ? Combien de VPI peuvent passer sur une liaison à l'intérieur du réseau ?

Corrigé.– Le VPI est ouvert par la signalisation ATM, et le nombre de VPI sur une liaison à l'intérieur du réseau est 2^{12}.

8 Si l'on remplace les commutateurs ATM par des commutateurs Ethernet, que faut-il aussi modifier dans le réseau ?

Corrigé.– Il faut évidemment modifier les cartes coupleurs et remplacer les carte ATM par des cartes Ether-

net. Il faut alors gérer les tables de commutation Ethernet. Il faut donc que le réseau ne soit pas trop grand puisque la commutation sur l'adresse MAC par apprentissage des routes est une technique lourde. Sinon, il faut prendre des solutions MPLS, mais qui demandent beaucoup de changements.

9 Si les commutateurs ATM sont remplacés par des LSP (*Label Switched Router*) utilisant une technologie ATM, quelles sont les différences avec le réseau de commutateurs ATM ?

Corrigé.– La différence essentielle est que la signalisation devient IP au lieu d'ATM. Les circuits virtuels ATM sont remplacés par des LSP.

10 Sur ce réseau MPLS, on souhaite réaliser une sécurisation plus importante, en utilisant des VPN (*Virtual Private Network*). Les paquets d'un même flot (ensemble des paquets d'une même application) suivent-ils toujours le même chemin dans le réseau MPLS considéré ?

Corrigé.– Oui, puisque nous sommes en MPLS. (La réponse consistant à dire oui parce que nous sommes en VPN est fausse).

11 Pourquoi une entreprise comprenant trois sites géographiquement distincts et utilisant un VPN a-t-elle une sécurisation plus importance que sans VPN ?

Corrigé.– Parce qu'il est impossible d'accéder à une sortie d'un VPN sans partir d'une entrée de ce VPN. De plus, il y a authentification des nœuds du VPN entre eux. La sécurisation est encore plus forte lorsque le VPN utilise un chiffrement.

12 Sur la boucle locale (le réseau d'accès), les clients sont connectés par un modem xDSL. Cette solution est-elle compatible avec le réseau Ethernet commuté pour accéder au réseau cœur ?

Corrigé.– Il n'y a pas d'incompatibilité. Si le modem est Ethernet, aucun problème. Si le modem est ATM, il faut mettre un équipement de transition (une passerelle de niveau 2) pour passer de la partie ATM à la partie Ethernet.

13 Si l'on remplace l'accès par modem par des points d'accès Wi-Fi, est-il possible d'obtenir de la qualité de service sur ce réseau d'accès ?

Corrigé.– La réponse classique est non. Avec IEEE 802.11e ou des contrôles par un contrôleur la réponse peut être plus nuancée.

14 Si l'interface radio du Wi-Fi ne possède pas de protection (Wi-Fi ouvert), est-il possible d'assurer malgré tout une sécurité de bonne qualité sur l'accès Wi-Fi ?

Corrigé.– Oui, par l'utilisation d'un VPN.

15 Si l'on remplace l'ensemble des équipements LSR par des routeurs IP avec des cartes Ethernet, les flots suivent-ils toujours le même chemin ? Dans le cas positif, quelle est la signalisation qui permet de mettre en place le chemin ? Dans le cas négatif, pourquoi le terme tunnel est-il alors utilisé entre l'émetteur et le récepteur ?

Corrigé.– Non, puisqu'on passe en réseau routé et non plus commuté. Le tunnel indique que tous les paquets qui entrent par un point sortent par un même point. En général, un tunnel n'implique pas que les paquets prennent les mêmes routes à l'intérieur du réseau. Un tunnel VPN n'implique pas un chemin à l'intérieur du réseau. (On a vu que si le réseau est MPLS, le tunnel implique effectivement une route, mais c'est dû à la technique MPLS.)

16 Si l'on enlève dans le réseau cœur la couche IP, comment le système peut-il fonctionner ? Comment un paquet fait-il pour arriver au destinataire ? Y a-t-il une signalisation ? Y a-t-il des chemins ? des routes ? Est-il possible d'avoir des VPN ?

Corrigé.– Le réseau peut fonctionner avec une commutation Ethernet de niveau 2. Il n'y a pas de signalisation puisque nous ne sommes pas en MPLS, mais comme nous revenons à une commutation Ethernet avec apprentissage, il y a des chemins. Oui, il est possible d'avoir des VPN de niveau 2.

Problème 6 (sans corrigé)

1 Un réseau commuté a généralement besoin de tables de commutation et de routage. Laquelle est la plus importante en taille ?

2 On considère un réseau MPLS dont les nœuds cœur ne sont pas des LSR mais des commutateurs ATM. Tous les nœuds de bordure sont des LSR. Décrire sur un schéma l'architecture de ce réseau et expliquer comment est mise en place la communication.

3 Si le message d'un utilisateur est très court, au point de tenir dans un seul paquet IP, le réseau précédent est-il acceptable par rapport à une solution complètement routée (comme les deux réponses oui et non sont acceptables, bien préciser les arguments de la réponse).

4 Si l'émetteur ne connaît que l'adresse IP du destinataire, cela suffit-il pour mettre en place la communication ? En cas de réponse positive, que faut-il mettre en place dans le réseau ? Si la réponse est négative, indiquer pourquoi l'adresse IP n'est pas suffisante et ce qu'il manque comme information à l'émetteur ?

5 Y a-t-il des conduits virtuels dans MPLS ? De nouveau, suivant la réponse, donner les arguments nécessaires.

6 Est-il possible d'avoir plusieurs classes de service différentes de type EF (*Expedited Forwarding*) dans un réseau MPLS ?

7 Indiquer si les techniques ci-dessous sont routées ou commutées (si les deux cas de figure sont possibles l'indiquer en en explicitant les raisons) :

a. IPv4

b. IPv6

c. HDLC

d. ATM

e. Ethernet

f. Relais de trames

g. PPP

8 Les références mises en place dans un réseau de commutation MPLS pourraient-elles être utilisées pour la signalisation ?

9 L'adresse Ethernet du récepteur, en supposant que les récepteurs sont connectés par Ethernet sur les LSR de bordure, est-elle suffisante pour ouvrir un chemin dans le réseau MPLS ?

10 Montrer comment on pourrait introduire une commutation sur une liaison composée de la façon suivante :

a. Un réseau satellite de type TDM (*Time Division Multiplexing*).

b. Une fibre optique composée de 64 longueurs d'ondes.

c. Un conduit de 100 fibres optiques.

11 Une entreprise se dote de commutateurs Wi-Fi pour réaliser son réseau d'entreprise. Décrire ce que fait cet équipement. (Il est possible de déduire son fonctionnement à partir des éléments de cours.)

QCM

Attention : certaines questions peuvent avoir aucune ou plusieurs réponses.

	Question	Réponse A	Réponse B	Réponse C	Réponse D	CHOIX
1	Un chemin dans un réseau de commutation est-il défini par :	Une suite de références mise en place par une signalisation ?	Une suite de références unique dans le réseau ?	Une suite de références qui n'est pas forcément unique ?	Une suite de références déduite des tables de routage ?	ACD
2	Les chemins d'un réseau ATM permettent-ils de :	Réaliser de la QoS avec DiffServ ?	Réaliser une forte sécurité ?	Réaliser automatiquement du temps réel ?	Réaliser des tunnels IPsec ?	BD
3	Soit un réseau ATM utilisant une couche physique SONET. Ce réseau permet-il de :	Prendre en charge des applications non temps réel ?	Synchroniser les paquets de bout en bout ?	Gérer les références ATM ?	Transporter la signalisation ?	AD
4	Pourquoi la trame SONET de base a-t-elle 810 octets de long ?	Pour réaliser une communication à environ 50 Mbit/s ?	Pour copier le mode ATM mais au niveau physique ?	Pour permettre une communication sécurisée entre l'émetteur et le récepteur ?	Pour être capable de synchroniser l'émetteur et le récepteur toutes les 100 ms ?	A
5	La couche AAL permet-elle de :	Synchroniser l'émetteur et le récepteur ?	Découper les paquets IP en segments de 24 octets de long ?	Obtenir de la qualité de service de bout en bout ?	Sécuriser les communications ATM ?	
6	Le protocole MPLS permet-il de :	Prendre en charge des flots IP et non-IP ?	Faire de la commutation de conduits ?	Faire de la qualité de service par réservation de ressources ?	Faire de la qualité de service par ingénierie de trafic ?	ACD
7	Le protocole MPLS utilise-t-il une signalisation :	Identique à ATM puisque MPLS utilise l'ATM ?	Identique à Ethernet puisque MPLS peut utiliser Ethernet ?	Qui permette de mettre en place un chemin sur lequel les paquets seront routés ?	Pour éviter d'avoir à router chaque paquet indépendamment les uns des autres ?	D
8	Un réseau MPLS utilise-t-il avec la couche Ethernet un champ *shim label* :	Pour commuter les trames Ethernet ?	Pour se conformer à la définition de MPLS ?	Pour être compatible avec les autres technologies de niveau 2 utilisées dans MPLS ?	Pour transférer les trames Ethernet dans les LSR d'une ligne d'entrée à une ligne de sortie ?	ABCD
9	Les réseaux Ethernet partagés utilisent-ils une technique CSMA/CD pour :	Partager de façon parfaitement égale le support physique entre toutes les stations connectées ?	Écouter le support physique et indiquer quelle station a le droit de transmettre ?	Départager les stations pour déterminer la station qui aura le droit de transmettre ?	Réaliser un partage du support qui soit simple et pas cher ?	CD
10	Lorsque deux trames entrent en collision pour la première fois, la probabilité pour qu'elles soient en collision au moins 3 fois est-elle de :	1 chance sur 4 ?	1 chance sur 8 ?	1 chance sur 16 ?	1 chance sur 32 ?	B
11	Un répéteur Ethernet est-il :	Capable de répéter les collisions ?	Capable de résoudre les collisions ?	Capable d'atteindre la longueur maximale d'un réseau Ethernet ?	Incapable d'atteindre la longueur maximale d'un réseau Ethernet ?	AD

12	Un pont Ethernet peut-il :	Filtrer les adresses IP pour ne laisser passer que les bonnes trames ?	Récupérer les paquets IP, ce qui permet de les router vers un autre réseau Ethernet ?	Interconnecter un réseau Ethernet à un réseau IP ?	Réaliser la sécurisation de l'interconnexion de deux réseaux Ethernet par filtrage des adresses MAC ?	
13	Un réseau Ethernet commuté utilise-t-il :	Les adresses MAC comme références ?	La même adresse MAC tout le long d'un chemin ?	Une signalisation IP dans le cadre de MPLS ?	Une signalisation explicite de niveau MAC pour mettre en place les chemins ?	ABC
14	Un réseau Wi-Fi permet-il :	De garantir une qualité de service ?	De garantir qu'aucune trame ne sera perdue ?	D'éviter complètement les collisions ?	Aux utilisateurs de se connecter à un pont ?	D
15	Un point d'accès Wi-Fi :	Se connecte-t-il à un réseau Ethernet ?	Possède-t-il une puissance d'émission qui peut être variable ?	Permet-il de router les paquets IP situés dans les trames ?	Utilise-t-il des références pour commuter les trames Ethernet ?	AB
16	La sécurité dans un réseau Wi-Fi est-elle :	Parfaitement garantie par l'utilisation du WEP ?	Garantie par un filtrage IP dans le point d'accès ?	Garantie si l'utilisateur utilise un VPN IPsec ?	Parfois complétée par un serveur Radius dans le point d'accès ?	C
17	Une InternetBox permet-elle aux opérateurs Internet :	De garantir le taux d'erreur entre l'utilisateur et le réseau ?	D'effectuer des reprises sur erreur dans les trames ?	De gérer les références de commutation ?	De connecter des lignes téléphoniques analogiques ?	D
18	Un opérateur alternatif en France utilisant les câbles téléphoniques peut-il :	Posséder son propre DSLAM ?	Être connecté par un circuit virtuel (chemin) de France Télécom ?	Garantir un débit minimal de 4 Mbit/s partout en France ?	Utiliser le Quadruple Play ?	ABD
19	Une voie de téléphonie :	Est-elle forcément synchrone à l'intérieur du réseau ?	Doit-elle posséder une QoS suffisante pour garantir qu'aucun paquet ne dépasse un temps de transit acceptable ?	Utilise-t-elle une signalisation différente de la signalisation interne au réseau ?	Peut-elle être acceptable avec un délai de transit garanti de moins d'une seconde ?	BC
20	Si beaucoup de passerelles utilisent le niveau IP, est-ce pour ?	Permettre de passer d'une trame X à une trame Y ?	Gérer l'adresse IP, qui est quasi universelle ?	Assurer la qualité de service ?	Assurer la fiabilité du système ?	AB

Glossaire

4G.– Quatrième génération des réseaux de mobiles qui se différentie essentiellement par une nouvelle technique d'accès fondée sur l'OFDM (*Orthogonal Frequency Division Modulation*) et l'utilisation native du protocole IP.

ACK.– Voir acquittement.

ACL (*Access Control List*).– Liste des adresses des clients qu'un point d'accès Wi-Fi accepte de laisser passer.

acquittement.– Signal logique indiquant qu'une opération demandée a été ou non prise en compte. Peut être positif (ACK) ou négatif (NACK), indiquant une bonne ou une mauvaise réception.

adaptateur (*transceiver*, ou transmetteur).– Composant responsable de la connexion électrique et de la mise en série des octets. Se trouve sur la carte qui gère l'interface entre l'équipement et le support physique.

Adaptive Error Free.– Technique de commutation dans laquelle les trames sont commutées en cut-through, bien que la zone de contrôle d'erreur soit vérifiée au vol. Si plusieurs trames successives sont détectées en erreur, le commutateur repasse en mode store-and-forward.

adressage absolu.– Ensemble des moyens permettant d'accéder à une entité déterminée par un numéro absolu. Il n'existe donc aucune relation entre les adresses.

adressage hiérarchique.– Ensemble des moyens permettant d'accéder à une entité déterminée par une hiérarchie dans les numéros de l'adresse. Par exemple, le numéro de téléphone 33 1 *xxx yyyyy* indique, par sa première hiérarchie, que le numéro est en France, puis que le numéro est situé en région parisienne, et ainsi de suite.

adressage logique.– Ensemble des moyens permettant d'accéder à une entité susceptible de se déplacer géographiquement.

adressage physique.– Ensemble des moyens permettant d'accéder à une entité physique, c'est-à-dire à une jonction physique à laquelle est connecté un équipement terminal, comme un téléphone.

adressage plat.– Ensemble dans lequel les adresses n'ont aucune relation les unes avec les autres.

adresse IP.– Adresse logique du destinataire d'un paquet IP permettant le routage du paquet dans le réseau Internet par l'intermédiaire de nœuds de transfert, appelés routeurs.

adresse IP privée.– Adresse IP qui n'est pas comprise par les routeurs d'Internet. C'est une adresse qui n'est comprise que dans un environnement privé.

adresse logique.– Adresse qui n'est pas physique, c'est-à-dire qui n'est pas attachée à une connexion déterminée par son emplacement géographique. Les adresses logiques Internet sont les adresses IP.

adresse MAC (*Medium Access Control*).– Adresse physique du coupleur Ethernet.

adresse physique.– Correspond à une jonction physique à laquelle est connecté un équipement terminal, comme un téléphone ou une carte coupleur.

adresse unique (*unicast*).– Adresse qui n'est pas partagée avec un autre équipement.

ADSL (*Asymmetric Digital Subscriber Line*).– Technique d'accès par modem haute vitesse dont la capacité est dissymétrique, c'est-à-dire plus lente entre le terminal et le réseau que dans l'autre sens.

affaiblissement.– Diminution de la puissance d'un signal au cours de sa propagation au sein d'une ligne de communication. Lorsque l'affaiblissement est trop important, la probabilité que le récepteur interprète mal la valeur du signal devient importante, et le taux d'erreur augmente.

agent.– Programme qui effectue la liaison entre deux entités.

algorithme de contrôle.– Méthode permettant d'effectuer un contrôle.

algorithme de Dijkstra.– L'algorithme proposé par Dijkstra permet de résoudre le problème du plus court chemin entre deux nœuds dont le poids lié aux liaisons est positif ou nul.

algorithme de routage.– Méthode de résolution permettant d'obtenir les tables de routage. Elle consiste à déterminer les routes à suivre à partir de critères de choix.

allocation de ressources.– Répartition des ressources d'un système entre différents utilisateurs. Dans l'allocation *dynamique*, les bénéficiaires sont choisis en fonction de critères déterminés en temps réel. L'allocation *statique* utilise des critères de décision définis *a priori*.

allocation dynamique.– Voir allocation de ressources.

allocation statique.– Voir allocation de ressources.

alternat.– Voir semi-duplex.

AMC.– Fonction qui consiste à déterminer la modulation et le code à utiliser en fonction de la qualité du canal.

analogique.– Qui représente, traite ou transmet des données sous la forme de variations continues d'une grandeur physique.

anneau.– Topologie dans laquelle le support relie toutes les stations de manière à former un circuit en boucle. L'information circule dans une seule direction, le long du support de transmission.

application dissymétrique.– Application qui ne génère pas le même trafic dans un sens et dans l'autre.

application multipoint.– Application qui part d'un émetteur mais dont les paquets doivent parvenir à plusieurs destinataires.

application par bloc.– Application qui transmet ses données par bloc important. À chaque bloc correspond un grand nombre de paquets.

apprentissage (d'un commutateur).– Indique que le commutateur apprend où sont situés les autres coupleurs du réseau en examinant les trames qui passent. Lorsqu'une trame arrive dans le commutateur, celui-ci examine l'adresse source pour « apprendre » dans quelle direction se trouve le coupleur possédant cette adresse.

arbre.– Extension de la topologie en bus dans laquelle les équipements terminaux sont connectés sur des hubs reliés les uns aux autres jusqu'au hub racine. S'adapte très bien au câblage en étoile.

arbre optique passif (PON, pour *Passive Optical Network*).– Topologie de réseau permettant de recopier de façon passive, c'est-à-dire sans intervention d'un courant électrique, les données provenant de la racine vers les feuilles de l'arbre.

armer.– Action de déclencher un temporisateur.

ARP (*Address Resolution Protocol*).– Protocole effectuant la traduction de l'adresse IP en une adresse physique.

Arpanet.– Premier réseau à transfert de paquets développé aux États-Unis par la DARPA.

ASE (*Association Service Element*).– Service d'application du niveau application (couche 7 du modèle de référence) correspondant à des applications de base. Ce sont les plus petites entités de la couche application. Un service est en général rendu par l'association de plusieurs ASE.

ASN 1 (*Abstract Syntax Notation One*, ou syntaxe abstraite n° 1).– Langage formel normalisé par l'ISO et l'UIT-T pour présenter les informations transportées sur un réseau ouvert. ASN 1 est le langage de base de la couche présentation.

asynchrone.– Mode de transmission des données dans lequel l'instant d'émission de chaque caractère ou bloc de caractères est arbitraire.

ATM (*Asynchronous Transfer Mode*).– Technique de transfert de petits paquets de taille fixe (53 octets), appelés cellules, utilisant une commutation et un mode avec connexion.

autocommutateur.– Équipement réalisant les commutations de circuits nécessaires à la communication entre deux personnes.

avalanche.– Grande quantité de messages ou de paquets qui sont émis quasiment simultanément.

back-off.– Algorithme de redémarrage après collision destiné à éviter une nouvelle collision.

back-pressure.– Contrôle imposant une pression qui se propage vers la périphérie. Cette pression est exercée dans le cadre du contrôle de flux Ethernet par une commande Pause, qui demande aux nœuds amont de stopper leurs transmissions pendant un laps de temps déterminé.

bande de base.– Codage sous forme de créneaux indiquant des valeurs de 0 et de 1.

bande Ka.– Bande de fréquences située entre 27 et 40 GHz.

bande passante.– Plage des fréquences qui peuvent être transmises correctement sur un support. S'exprime en Hertz (Hz). Par exemple, la parole utilise les fréquences de 300 à 3 400 Hz, et sa bande passante est de 3 100 Hz.

baud.– Nombre de temps élémentaire, ou top d'horloge, par seconde..

BER (*Bit Error Rate*).– Voir taux d'erreur bit.

best effort.– Service dans lequel le réseau fait au mieux de ses capacités pour l'ensemble de ses utilisateurs, sans aucune distinction entre eux. Ce service a été développé sur l'Internet de première génération.

BGP (*Border Gateway Protocol*).– Protocole de routage Internet élaboré pour répondre aux faiblesses d'EGP et permettre de gérer beaucoup plus efficacement les tables de routage de grande dimension.

bit (contraction de *binary digit*).– Quantité d'information valant 0 ou 1. Également unité binaire de quantité d'information.

bit CLP (*Cell Loss Priority*).– Dans un réseau ATM, bit indiquant une priorité. Si CLP = 0, la cellule est prioritaire, et si CLP = 1, la cellule peut être détruite par l'opérateur du réseau en cas de saturation.

bit DE (*Discard Eligibility*).– Bit de contrôle des réseaux en relais de trames indiquant si la trame est envoyée en surplus.

bit de parité.– Bit supplémentaire ajouté au caractère positionné de façon que la somme des éléments binaires modulo 2 soit égale à 0 (ou à 1).

bit GFC (*Generic Flow Control*).– Bit servant au contrôle d'accès et au contrôle de flux sur la partie terminale d'un réseau ATM, entre l'utilisateur et le réseau.

bit P/F.– Bit permettant, dans le protocole HDLC, d'effectuer une reprise en se fondant sur un cycle de point de reprise. Pour l'émetteur, un cycle de point de reprise commence au moment de la transmission d'une trame de commande, avec l'élément binaire P positionné à 1.

bit PT *(Payload Type).*– Bit définissant le type de l'information transportée dans une cellule ATM.

bit Start.– Bit indiquant le début d'un caractère.

bit Stop.– Bit indiquant la fin d'un caractère.

Bluetooth.– Regroupement industriel de plus de huit cents sociétés dans le but de réaliser une spécification ouverte de connexion sans fil entre équipements personnels.

boucle.– Une boucle se produit lorsqu'un routage oblige un paquet à passer deux fois par la même liaison, ce qui implique l'impossibilité pour ce paquet d'arriver à destination.

boucle locale.– Partie terminale d'un réseau desservant l'utilisateur. Ce sont les derniers mètres ou kilomètres à parcourir sur le réseau, par exemple la ligne téléphonique qui va du combiné de l'abonné jusqu'au routeur ou commutateur de rattachement de l'opérateur.

brasseur de conduits *(Cross-Connect).*– Commutateur ATM ne travaillant que sur la référence VPI, c'est-à-dire commutant des conduits virtuels.

brin.– Dans un réseau Ethernet, partie du support physique d'un seul tenant. Un brin Ethernet ne dépasse que rare-

ment 500 m. Pour prolonger un brin il faut utiliser un répéteur, qui répète le signal d'un brin vers un autre brin.

broadcast.– Correspond à une application en diffusion, dans laquelle tous les récepteurs doivent recevoir le message. Une application broadcast est un cas particulier d'application multicast.

b-routeur (pour *bridge-router*, ou pont-routeur).– Passerelle qui peut jouer aussi bien le rôle de routeur que de pont.

bruit.– Perturbation d'une transmission susceptible de dégrader le signal.

BSC *(Base Station Controller*, ou contrôleur de station de base).– Dans un réseau de mobiles GSM, station qui contrôle les communications dans un groupe de cellules.

BTS *(Base Transceiver Station).*– Dans un réseau de mobiles GSM, station de base faisant office d'émetteur-récepteur et gérant une cellule.

bus.– **1.** Topologie d'un réseau dans lequel les stations sont raccordées à une liaison physique commune. **2.** Ensemble de conducteurs électriques montés en parallèle permettant la transmission d'informations.

câble coaxial.– Câble à deux conducteurs composé d'un fil central à l'intérieur d'une gaine cylindrique reliée à la terre.

canal de paging.– Dans un réseau de mobiles GSM, canal servant à gérer les signaux pour les messages individuels.

canal pilote.– Canal de signalisation pilotant les autres canaux.

canal radio.– Canal de transmission dans les bandes de fréquences radioélectriques.

CAO.– Sigle de conception assistée par ordinateur.

capacité.– Quantité d'information qu'un ordinateur ou un périphérique peut stocker ou traiter. Consommation de bande passante.

capsule.– Entité de transport, cellule, trame ou paquet, permettant d'encapsuler une autre entité de transport.

caractère.– Tout chiffre (en numérotation décimale ou autre), lettre, signe de ponctuation, etc., entrant dans la constitution d'un message.

Carrier Grade.– Catégorie des réseaux Ethernet destinée aux réseaux d'opérateur devant satisfaire les caractéristiques suivantes : disponibilité de 5 « 9 », c'est-à-dire 99,999 p. 100 du temps, posséder une qualité de service garantie, avoir un système de gestion complet et permettre des reprises sur panne en moins de 50 ms.

carte réseau.– Voir coupleur.

carte SIM *(Subscriber Identification Module).*– Carte à puce permettant l'identification de l'utilisateur.

CATV *(Community Antenna Television*, ou câble d'antenne de télévision).– Câble coaxial de 75 W, dont la largeur de bande dépasse le gigahertz.

CCITT n° 7 (en anglais *SS7*, pour *Signalling System n° 7*).–

Recommandation promulguée par le CCITT (Comité consultatif international des télégraphes et des téléphones) précisant l'architecture et le mode de transfert d'un réseau de signalisation de type sémaphore.

CDMA *(Code Division Multiple Access).*– L'une des trois principales politiques de réservation utilisées dans le cadre des systèmes mobiles. Correspond à la génération future de l'UMTS.

cellule.– **1.** Nom donné au paquet ATM en raison de sa taille, toujours égale à 53 octets, soit 424 bits, dont 48 octets de données utilisateur. **2.** Dans un réseau de mobiles, zone géographique déterminée où l'on peut capter les signaux d'une antenne et émettre des signaux vers cette antenne.

centrale de contrôle.– Voir checksum.

CERN (Conseil européen pour la recherche nucléaire).– Laboratoire européen consacré à la physique des particules, créé en 1952 et installé à la frontière franco-suisse, à Meyrin.

chaînage.– Suite d'éléments bien déterminés. Un circuit ou une liaison virtuels sont définis à partir d'un chaînage de référence.

champ d'extension.– Voir zone d'extension d'adresse.

champ HEC *(Header Error Control).*– Dans une cellule ATM, champ sur 8 bits servant à détecter et à corriger une erreur sur l'en-tête de la cellule. S'il y a plus d'une erreur détectée, la cellule est détruite. Le HEC sert aussi de signature pour déterminer le début de la cellule ATM.

Cheapernet.– Réseau Ethernet utilisant un câble plus fin, dit *thin cable,* mais en conservant les mêmes capacités de transmission.

checksum.– Zone de contrôle d'erreur dans une terminologie indiquant la façon de vérifier si le bloc a été transmis correctement ou non (en vérifiant des sommes).

CIR *(Committed Information Rate).–* Dans le relais de trames, débit maximal d'une liaison virtuelle offrant aux trames une garantie de service.

circuit.– Ensemble de ressources mettant en relation un émetteur et un récepteur. Ces ressources n'appartiennent qu'au couple émetteur-récepteur.

circuit virtuel.– Succession de références que tous les paquets d'un même flot doivent suivre, comme s'ils étaient sur un circuit. Le circuit est dit virtuel parce que, à la différence d'un circuit véritable, il n'appartient pas de façon exclusive au couple émetteur-récepteur.

classe de service.– Différenciation des utilisateurs par le biais de quelques grandes classes de services.

client-serveur.– Système de communication liant un client (en général un PC connecté sur un réseau) et son serveur (en général un PC serveur qui possède des ressources en commun avec les clients).

codage.– Technique de numérisation consistant à affecter une valeur numérique aux échantillons obtenus lors de la phase d'échantillonnage. Ces valeurs sont ensuite transportées dans le signal numérique.

codage différentiel.– Technique de codage dans laquelle, au lieu de coder la valeur complète de l'échantillon, on ne transmet que la différence avec l'échantillon précédent.

codage Manchester.– Type de codage en bande de base adopté dans les réseaux Ethernet et permettant de déterminer facilement les collisions.

code.– Système conventionnel de signaux permettant la transformation d'un message en vue de sa transmission.

code ASCII *(American Standard Code for Information Interchange).–* Code normalisé à 7 moments et 128 caractères utilisé pour l'échange d'informations.

code bipolaire.– Code « tout ou rien » dans lequel le bit 1 est déterminé par un courant positif ou négatif, à tour de rôle, de façon à éviter les courants continus. Ce code laisse le bit 0 défini par un courant nul.

code EBCDIC *(Extended Binary Coded Decimal Interchange Code).–* Code normalisé à 8 moments et 256 caractères utilisé sur la plupart des ordinateurs modernes.

code NRZ *(Non Return to Zero).–* Codage dans lequel le signal ne revient jamais à 0.

codec (acronyme de codeur-décodeur).– Appareil qui effectue le codage numérique d'un signal analogique lors de son émission ou qui restitue (décodage) un signal analogique lors de la réception d'un signal numérique.

collision.– Événement qui se produit dans un réseau local lorsque deux participants émettent simultanément sur le support unique.

commande Ping.– Commande réalisée à l'aide d'un message ICMP permettant de tester si une machine sur le réseau Internet est active.

communication à centre mobile.– Communication multipoint dans laquelle, à un instant donné, il n'existe qu'un seul système central, ce site primaire pouvant varier dans le temps.

communication multicentre.– Communication multipoint dans laquelle, si *n* sites participent à la réalisation de la communication multipoint, seulement *m* sites au maximum peuvent se comporter comme un système central, *m* étant en général très inférieur à *n*.

commutateur.– Nom donné au nœud d'un réseau de transfert à commutation de paquets.

commutateur Banyan.– Commutateur de cellules ATM construit à base de commutateurs élémentaires 2X2 reliés entre eux pour permettre un maximum de parallélisme.

commutateur Oméga.– Commutateur de cellules ATM construit à base de commutateurs élémentaires 2X2 reliés entre eux d'une manière différente du commutateur Banyan.

commutateur Shuffle-Net.– Commutateur de cellules ATM construit à base de commutateurs élémentaires 2X2 reliés entre eux par deux fibres optiques et donnant un grand nombre de possibilités pour aller d'une source à une destination.

commutation.– Opération permettant à une information de progresser vers son destinataire par établissement d'une liaison de bout en bout dans un réseau maillé. Dans un réseau à commutation, les paquets empruntent toujours la même route et se suivent les uns les autres.

commutation de cellules *(Cell Switching).–* Commutation de trames propre aux réseaux ATM, dans lesquels toutes les trames possèdent une longueur fixe de 53 octets.

commutation de circuits *(Circuit Switching).–* Type de commutation dans lequel un circuit joignant deux interlocuteurs est établi à leur demande par la mise bout à bout des circuits partiels. Le circuit est désassemblé à la fin de la transmission.

commutation de paquets *(Packet Switching).–* Technique de transfert de paquets utilisée lorsque la méthode pour déterminer la route est une commutation. Elle consiste à découper le message à transmettre en petits blocs de taille fixe (500 à 2 000 bits) auxquels sont associés des informations sur l'émetteur et le destinataire.

commutation de trames *(Frame Switching).–* Méthode de transfert consistant à commuter des trames dans le nœud, ce qui a pour effet de les transmettre directement sur la ligne, juste après les avoir aiguillées vers la bonne porte de sortie. Le relais de trames et la commutation Ethernet en sont des exemples.

compression de Huffmann.– Méthode de compression qui consiste à remplacer les suites de mots par de nouvelles suites, dans lesquelles les mots qui reviennent souvent sont recodés sur peu de bits et les mots très rares sur des suites de bits plus longues que l'original.

compression différentielle.– Méthode de compression utilisant la différence entre deux échantillons. Plutôt que de transporter la valeur complète de tous les points, on préfère ne transporter que le premier échantillon et coder les points suivants par différence.

commutation Ethernet *(Ethernet Switching).–* Technique de routage qui consiste à commuter les trames Ethernet par le biais de commutateurs. Les références nécessaires pour effectuer la commutation proviennent soit des adresses absolues utilisées, soit de références spécifiques nouvellement créées (voir shim address).

compression.– Réduction par codage de la taille d'un ensemble de données, en vue de limiter les besoins en capacité.

concentrateur.– Organe permettant de concentrer le trafic et pouvant posséder une intelligence capable de gérer diverses commutations et divers protocoles.

conduit virtuel *(Virtual Path).–* Équivalent d'un circuit virtuel dans les réseaux ATM

dont les références utilisées sont les VPI. Les conduits virtuels multiplexent les voies virtuelles des réseaux ATM.

connecteur.– Équipement qui réalise la connexion mécanique en permettant le branchement sur le support. Le type de connecteur utilisé dépend du support physique, par exemple le connecteur en T pour le câble coaxial.

connexion logique.– Connexion qui s'établit entre deux adresses logiques.

connexion multipoint.– Connexion définie par un émetteur qui souhaite envoyer simultanément la même information à plusieurs machines terminales.

constellation de satellites.– Ensemble coordonné de satellites dans le but de couvrir la surface terrestre.

contrainte d'interactivité.– Pour la parole téléphonique, retard maximal, évalué à 300 ms, que peut prendre un signal pour que deux utilisateurs aient l'impression de se parler dans une même pièce.

contrôle CAC *(Connection Admission Control).–* Contrôle de flux dans lequel le contrôle est effectué lors de l'ouverture de la connexion.

contrôle d'erreur.– Action permettant de détecter les éléments binaires dont la valeur a été modifiée durant la transmission.

contrôle de flux.– Fonctionnalité majeure des réseaux de transfert, qui permet de gérer les trames, les paquets ou les messages de façon qu'ils arrivent au récepteur dans des temps acceptables pour

l'application tout en évitant les pertes. Le contrôle de flux s'effectue sur les trames si le transfert est de niveau 2 et sur les paquets s'il est de niveau 3.

contrôle de flux de bout en bout.– Actions à entreprendre, en jouant sur la valeur des paramètres de bout en bout, pour éviter une congestion.

contrôle isarythmique.– Contrôle de flux gérant les crédits de façon totalement banalisée et permettant à un nœud d'accès d'utiliser n'importe quel crédit pour laisser entrer un paquet.

contrôle par coût.– Méthode de contrôle de flux par priorité, dans laquelle la priorité est déterminée en fonction de la classe de coût choisie par l'utilisateur. Cette solution se révèle efficace mais non dénuée de danger, puisque l'opérateur peut mettre son réseau en sous-capacité pour augmenter les coûts de transport.

contrôle par crédit.– Contrôle de flux dans lequel un crédit donne l'autorisation à un paquet (ou une trame) d'entrer dans le réseau. Pour qu'un paquet puisse entrer, il doit acquérir un crédit.

contrôle par fenêtre.– Contrôle de flux dans lequel une fenêtre indique le nombre de blocs que l'émetteur est autorisé à émettre.

contrôle par priorité.– Méthode de plus en plus courante de contrôle de flux, qui consiste à donner des priorités aux différents flots qui traversent le réseau.

contrôle par réservation de ressources.– Politique de contrôle de flux adaptée au mode commuté avec connexion dans lequel un paquet d'appel, ou d'ouverture, réserve des ressources intermédiaires dans les différents nœuds traversés par le circuit virtuel. (Voir aussi contrôle CAC.)

contrôle par seuil.– Contrôle de flux dans lequel on utilise des seuils d'entrée dans le réseau : un interrupteur à l'entrée s'ouvre pour laisser passer plus ou moins de trames ou de paquets, suivant les indications qui lui sont fournies par le gestionnaire du réseau.

contrôleur de station de base *(Base Station Controller).–* Voir BSC.

core router.– Voir routeur central.

couche 1 (ISO).– Voir niveau physique.

couche 2 (ISO).– Voir niveau trame (ou liaison).

couche 3 (ISO).– Voir niveau paquet.

couche 4 (ISO).– Voir niveau message.

couche 5 (ISO).– Voir niveau session.

couche 6 (ISO).– Voir niveau présentation.

couche 7 (ISO).– Voir niveau application.

couche AAL *(ATM Adaptation Layer).–* Troisième niveau du modèle de référence de l'architecture UIT-T, dont le but est de transformer ce qui provient des couches supérieures en segments de 48 octets, encapsulables dans des cellules.

couche liaison.– Désigne le niveau trame (couche 2) de l'ancienne génération du modèle de référence, qui se réfère à la détection et à la reprise sur erreur. Le but de cette couche est de corriger les erreurs qui ont pu se produire au niveau physique, de façon que le taux d'erreur résiduelle soit négligeable.

couche LLC (*Logical Link Control*).– Dans un réseau partagé, Ethernet, par exemple, couche de niveau trame indépendante de la méthode d'accès et chargée du contrôle de la liaison de données.

couche MAC (*Medium Access Control*).– Dans un réseau partagé, Ethernet, par exemple, couche de niveau trame relative au contrôle d'accès au support physique.

couche réseau.– Désigne, dans le vocabulaire de la première génération du modèle de référence, le niveau paquet (couche 3).

couche transport.– Désigne, dans le vocabulaire de la première génération du modèle de référence, le niveau message (couche 4).

coupleur (ou carte réseau).– Équipement que l'on ajoute à une station de travail pour accéder à un réseau.

courant faible.– Courant utilisé pour la transmission de données, au contraire des courants forts utilisés en électricité.

CRC (*Cyclic Redundancy Checksum*).– Voir séquence de contrôle.

cross-talk.– Voir diaphonie.

CSMA/CA (*Carrier Sense Multiple Access/Collision Avoidance*).– Technique d'accès employée dans les réseaux sans fil, dite d'écoute de la porteuse et de prévenance des collisions, consistant à écouter le canal avant l'émission et à éviter les collisions en demandant aux stations qui veulent émettre de différer leur émission de temps de durée différente.

CSMA/CD (*Carrier Sense Multiple Access/Collision Detection*).– Technique d'accès employée dans les réseaux Ethernet, dite d'écoute de la porteuse et de détection des collisions, consistant à écouter le canal avant et pendant l'émission. Si le coupleur détecte un signal sur la ligne, il diffère son émission à une date ultérieure ou l'interrompt.

CSMA/CR (*Carrier Sense Multiple Access/Contention Resolution*).– Technique d'accès des réseaux partagés reprenant la partie CSMA des réseaux Ethernet mais évitant les collisions par une gestion de priorité.

cut-through (ou fast-forward).– Technique de commutation dans laquelle le paquet Ethernet peut commencer à être retransmis vers le nœud suivant dès que la zone de supervision est traitée, sans se soucier si la fin du paquet est arrivée ou non dans le nœud.

DARPA (*Defense Advanced Research Projects Agency*).– Agence du ministère de la Défense américain chargée des projets de recherche militaire.

datagramme.– Type de paquet qui peut se suffire à lui-même pour arriver à destination, comme une lettre que l'on met à la poste avec l'adresse complète du destinataire. Désigne le paquet IP.

délimiteur (ou drapeau ou fanion).– Suite particulière, en général d'un octet, que l'on ne peut trouver qu'en début ou en fin de trame. La suite la plus classique est 01111110.

démultiplexeur.– Voir multiplexeur.

dépaquétisation.– Action de retirer la zone de données d'un paquet pour la transformer en un flot de données.

détection d'erreur.– Technique permettant de détecter si des modifications parasites ont été apportées aux données lors de leur saisie, de leur mémorisation ou de leur transmission.

DHCP (*Dynamic Host Configuration Protocol*).– Application de configuration automatique permettant notamment à une station de se voir assigner une adresse IP.

diaphonie (en anglais *cross-talk*).– Perturbation d'un signal par le signal d'un circuit voisin.

diffusion (en anglais *broadcast*).– Mode de transmission dans lequel une information transmise par un émetteur peut être captée par tout récepteur capable de le faire.

diode électroluminescente (DEL).– Composant électronique qui émet des radiations lumineuses lorsqu'il est parcouru par un courant électrique.

dispersion.– Déformation du signal provenant d'une vitesse de propagation légèrement différente suivant les fréquences.

distorsion de phase.– Problème dû à des interférences modifiant les phases d'un signal.

distribué.– Réparti dans plusieurs lieux, qui peuvent être éloignés géographiquement.

distribution.– Ensemble des méthodes permettant un accès au réseau au plus proche de l'utilisateur.

division de polynômes.– Division d'un polynôme par un autre polynôme de degré inférieur. On utilise les divisions polynomiales dans les techniques de détection et de correction des erreurs en ligne dans les réseaux de télécommunications.

DLCI (*Data Link Connection Identifier*).– Référence de commutation utilisée dans la trame du protocole LAP-D en remplacement de la zone d'adresse, ainsi que dans le relais de trames.

DNS (*Domain Name Service*).– Application permettant la mise en correspondance des adresses physiques dans le réseau et des adresses logiques.

domaine.– Sous-ensemble d'adresses résultant du découpage d'une adresse hiérarchique en plusieurs sous-adresses. Dans IP, un domaine est souvent un ensemble d'équipements appartenant à un même sous-réseau. Un domaine de diffusion est un ensemble d'équipements tel que, lorsqu'un des équipements du domaine émet, l'ensemble des autres reçoit le message.

domaine de routage.– Ensemble de routeurs créant de façon concertée un environnement de routage.

domotique.– Désigne le processus d'informatisation de la maison, depuis les commandes automatiques et à distance jusqu'aux réseaux domestiques.

donnée informatique.– Élément d'information simple composé de texte, par opposition aux données multimédias complexes.

drapeau.– Voir délimiteur.

DS *(Directory Service).–* Services d'annuaire répertoriant les divers équipements et éléments adressables et permettant d'obtenir les adresses des destinataires.

DTD *(Document Type Definition).–* Structure logique d'un document XML définissant les éléments qui composent le document.

DTP *(Distributed Transaction Processing).–* Applications de transactionnel réparti, qui permettent d'interroger les bases de données réparties dans le système.

duplex (ou full-duplex).– Nom donné aux liaisons bidirectionnelles simultanées, qui permettent une transmission simultanée dans les deux sens.

DVB *(Digital Video Broadcasting).–* Consortium de normalisation de la télévision numérique.

échantillonnage.– Technique consistant à ne prélever sur un signal donné que des échantillons d'information à des intervalles de temps réguliers et suffisamment proches pour conserver une image fidèle du signal d'origine.

écho.– Phénomène susceptible d'affecter un circuit de transmission, qui consiste en une répercussion du signal vers son émetteur avec une puissance suffisante pour qu'il soit décelable.

ECMA *(European Computer Manufacturers Association).–* Organisme de normalisation européen ayant contribué, avec l'IEEE, à la définition des réseaux Ethernet.

efficacité spectrale.– Nombre de bit par hertz transmis avec un taux d'erreur défini.

edge router.– Voir routeur d'extrémité.

EGP *(Exterior Gateway Protocol).–* Protocole de routage Internet développé au début des années 80 pour permettre de router un paquet d'un système autonome vers un autre.

encapsulation.– Procédé permettant, par exemple, de placer une trame dans la zone de données d'une autre trame.

encapsulation-décapsulation.– Dans les communications réseau, technique consistant à placer un bloc (paquet, trame, etc.) constitué de données et de procédures (supervision, …) dans une autre entité, ou capsule (paquet, trame, etc.), puis à les extraire séparément.

en-tête de paquet.– Partie d'un paquet contenant les données de supervision.

espaceur.– Organe permettant d'espacer les paquets à l'entrée d'un réseau pour que le processus des entrées dans le réseau soit le plus régulier possible.

estampille.– Marque indiquant des valeurs de paramètres temporels.

état dur.– Voir hard-state.

état mou.– Voir soft-state.

Ethernet commuté.– Réseau local utilisant un routage quasiment fixe, qui ressemble à une commutation, d'où le nom de commutation Ethernet.

Ethernet jaune.– Réseau Ethernet de base, qui doit son nom à la couleur du câble coaxial utilisé.

Ethernet partagé.– Réseau comportant un support physique commun à l'ensemble des terminaux. Le support commun peut être aussi bien un câble métallique qu'une fibre optique ou une fréquence hertzienne.

étoile.– Topologie d'un réseau dans lequel chaque station est reliée à un nœud central.

ETSI *(European Telecommunication Standards Institute).–* Organisme de normalisation européen pour les télécommunications créé en 1988.

extrémité.– Partie terminant la connexion et indiquant que la communication est de bout en bout.

fanion.– Voir délimiteur.

FAI (fournisseur d'accès Internet).– En anglais ISP (*Internet Service Provider*) : opérateur qui commercialise des accès à Internet.

Fast Ethernet.– Réseau Ethernet à 100 Mbit/s dont la distance maximale entre les extrémités est de 512 m.

fast-forward.– Voir cut-through.

FCC *(Federal Communications Commision).–* Agence américaine créée en 1934 pour réguler les transmissions par câble, radio et autre.

FDMA *(Frequency Division Multiple Access).–* L'une des trois principales politiques de réservation utilisées dans le cadre des systèmes mobiles. Correspond à la génération de radiotéléphonie analogique.

fenêtre.– Élément permettant de mettre en œuvre le principe d'anticipation. Une fenêtre contient la suite des étapes dont la mise en route est autorisée, bien que le résultat de l'étape précédente ne soit pas encore connu.

fenêtre de bout en bout.– Nombre de blocs pouvant être émis sans acquittement, entre deux machines terminales.

fenêtre de contrôle.– Algorithme qui limite le nombre de blocs émis. La taille maximale de la fenêtre indique le nombre maximal de blocs qui peuvent être émis avant que l'émetteur s'arrête et se mette en attente des acquittements.

flot.– Ensemble des paquets provenant d'une même source et allant vers un même destinataire.

flow-label (référence de flot).– Référence associée à un flot IPv6. Tous les paquets du flot portent la même référence.

formatage.– Action de mettre les informations à transporter dans un format prédéterminé.

FPS.– Algorithme d'ordonnancement tenant compte de l'état du canal et de facteurs qui peuvent avantager la transmission vers tel utilisateur plutôt que vers tel autre. Les terminaux qui ont une bonne qualité de réception sur le canal descendant peuvent se voir affecter un débit nettement supérieur à celui des clients qui n'ont pas un bon canal descendant.

fragment.– Bloc de données résultant du découpage effectué par le protocole TCP de la suite d'octets en provenance d'une application. Les fragments donnent en général naissance à un paquet IP.

fragmentation-réassemblage.– Fonction de base du niveau transport consistant à fragmenter le message en paquets puis à réassembler ces paquets à la sortie pour retrouver le message de départ.

front descendant.– Signal passant instantanément d'une valeur à une autre dans le sens descendant.

front montant.– Signal passant instantanément d'une valeur à une autre dans le sens montant.

FSAN (Full Service Access Network).– Technique permettant de faire transiter des cellules ATM dans un réseau optique passif (PON).

FTAM (File Transfer, Access and Management).– Application de transfert de fichiers et de manipulation à distance dans l'environnement OSI.

FTP (File Transfer Protocol).– Protocole de transfert de fichiers dans l'environnement IP.

full-duplex.– Voir duplex.

gatekeeper.– Passerelle spécialisée dans la localisation du récepteur dans le cadre de la parole sur IP.

GEOS (Geostationary Earth Orbital Satellite).– Satellite en position géostationnaire, situé à 36 000 kilomètres au-dessus de l'équateur.

Gigabit Ethernet.– Réseau Ethernet à 1 000 Mbit/s.

gigue.– Paramètre indiquant la variance d'une distribution. La gigue d'un réseau, ou plutôt du temps de réponse d'un réseau, permet de savoir si les paquets arrivent à peu près régulièrement ou au contraire très irrégulièrement.

Global Star.– Réseau d'accès par constellation de satellites dirigeant les communications vers des portes d'accès d'opérateurs terrestres.

GOP (Group Of Pictures, ou groupe d'images).– Lors de la transmission d'une vidéo MPEG-2, les images sont regroupées en GOP, la première étant entièrement codée, tandis que les suivantes ne le sont qu'en fonction de la première. En général, un GOP fait douze images, c'est-à-dire approximativement une demi-seconde de visualisation.

GPRS (General Packet Radio Service).– Standard GSM de nouvelle génération prenant en charge les applications multimédias dans le cadre de la mobilité.

groupe multipoint.– Ensemble d'entités pouvant potentiellement être émetteur ou récepteur dans une transmission de données multipoint.

GSM (Global System for Mobile communications).– Norme de communication numérique avec les mobiles dans la gamme des 1 800 MHz finalisée en 1987 par treize pays européens.

H.323.– Ensemble de protocoles normalisés par l'UIT-T pour permettre le passage d'applications de type parole téléphonique, vidéo ou données sur divers réseaux.

half-duplex.– Voir semi-duplex.

handoff.– Voir handover.

handover (ou handoff).– Passage d'un mobile d'une cellule dans une autre sans coupure de la communication.

handover dur (hard-handover).– Handover dans lequel il ne doit y avoir aucune coupure et où le relais sur la nouvelle cellule commence juste au moment où se termine la communication avec la cellule précédente.

handover mou (soft-handover).– Handover dans lequel des éléments de communication commencent à transiter par la nouvelle cellule tandis que la cellule précédente est toujours en cours de communication.

HARQ.– Procédé doté d'une redondance incrémentale qui améliore nettement le débit. Lorsqu'un paquet arrive avec une erreur, le paquet erroné est conservé. Il est possible que, même si la retransmission du paquet débouche encore sur un paquet erroné, la combinaison des deux paquets erronés permette de corriger l'erreur.

hard-state (état dur).– État qui ne peut être modifié que par une commande explicite.

HDLC (High-level Data Link Control).– Protocole de niveau trame né en 1976 du besoin de faire communiquer un terminal avec une machine distante, tout en évitant un trop grand nombre d'erreurs lors de la transmission.

HEC (Header Error Control).– Dernière partie de la zone de contrôle d'une cellule ATM, concernant la protection de l'en-tête.

HFC (Hybrid Fiber/Coax).– Système associant la fibre optique jusqu'à la tête de retransmission d'un réseau de câblo-opérateur et le CATV pour la desserte terminale.

HiperLAN (High Performance Radio LAN).– Normalisation européenne des réseaux locaux sans fil, dont les bandes de fréquences se situent entre 5 150 et 5 300 MHz.

HLR (Home Location Register, ou enregistreur de localisation nominal).– Dans un réseau de mobiles, base de données gérant les abonnés rattachés à un commutateur MSC.

horloge.– Dispositif permettant d'obtenir des signaux

périodiques et servant de base aux techniques de synchronisation et d'échantillonnage.

HTML *(HyperText Markup Language)*.– Langage de description de page par balisage hypertexte utilisé entre serveurs Web.

HTTP *(HyperText Transfer Protocol)*.– Protocole de gestion du transfert de fichier hypertexte entre serveur et client Web.

hub.– 1. Nom donné au concentrateur dans un réseau Ethernet à la topologie en arbre. Un tel hub Ethernet est capable de récupérer le signal arrivant par une entrée et de le dupliquer vers l'ensemble des portes de sortie. 2. Nœud central permettant l'interconnexion avec des réseaux externes.

IANA *(Internet Assigned Numbers Authority)*.– Autorité centrale attribuant les adresses Internet au moyen de valeurs telles que les adresses physiques IP ou les numéros de ports TCP et UDP.

ICMP *(Internet Control Message Protocol)*.– Protocole d'envoi de messages de contrôle destinés à permettre aux machines de rendre compte d'anomalies de fonctionnement.

IDRP *(InterDomain Routing Protocol)*.– Protocole de routage Internet entre systèmes autonomes visant à établir une concertation entre routeurs de façon à ne fournir que les indications correspondant à la politique de routage définie.

IEEE *(Institute of Electrical and Electronics Engineers)*.– Orga-

nisme américain à l'origine de nombreuses publications et normes concernant notamment les réseaux locaux.

IEEE 802.11.– Normalisation américaine des réseaux locaux sans fil dont les fréquences se situent dans la gamme des 2,4 GHz.

IETF *(Internet Engineering Task Force)*.– Organisme de normalisation membre de l'IAB *(Internet Architecture Board)*, chargé de résoudre les problèmes à court terme du monde Internet. Les documents qu'il publie se nomment des RFC *(Request For Comments)*.

IGRP.– Version améliorée du protocole de routage RIP, mise au point par la compagnie Cisco pour ses routeurs.

IMAP *(Internet Message Access Protocol)*.– Protocole permettant de travailler à distance sur le serveur de messagerie avant de récupérer les messages SMTP.

Infonet.– Nom des réseaux IP interconnectant les équipements domotiques (capteurs, équipements domestiques, etc.).

Infra-SIR.– Norme de communication infrarouge définie en 1994.

inondation.– Technique de routage distribuée consistant, pour un nœud, à émettre dans toutes les directions possibles.

interface air.– Dans un réseau de mobiles, autre nom de l'interface radio, mais sans référence au type d'onde utilisé, alors que l'interface radio limite son utilisation à des ondes radioélectriques.

interface d'accès au réseau.– Partie du coupleur correspondant à la logique avec laquelle les éléments binaires transitent de la mémoire de la machine terminale vers la mémoire de la carte coupleur.

interface NNI *(Network-Node Interface)*.– Interface située entre deux nœuds d'un réseau ATM.

interface parallèle.– Interface permettant un parallélisme sur un ou plusieurs octets. Le parallélisme se déduit du nombre de fils dédiés à la transmission de données.

interface radio.– Interface sur la partie hertzienne du réseau reliant un mobile et une station de base.

interface S.– Interface d'accès universelle entre l'utilisateur et le commutateur de l'opérateur d'un réseau RNIS.

interface série.– Interface impliquant le passage des bits les uns derrière les autres.

interface UNI *(User Network Interface)*.– Interface utilisée pour entrer dans un réseau ATM ou pour en sortir.

intermodulation.– Interférence provenant de la superposition de signaux.

Internet (abréviation d'*Inter-Network*).– Réseau de réseau mondial utilisant la même technique de routage de paquets et le même protocole IP *(Internet Protocol)*.

Internet NG *(Internet Next Generation)*.– Future génération d'Internet,

internic *(Internet Network Information Center)*.– Service d'information enregistrant

l'ensemble des noms de domaines d'Internet.

interopérabilité.– Se dit de deux entités qui peuvent se comprendre et travailler ensemble.

intranet.– Réseau conçu pour traiter l'information à l'intérieur d'une entreprise ou d'une organisation et utilisant le protocole IP de façon privée.

IP *(Internet Protocol)*.– Protocole Internet correspondant au niveau 3 de l'architecture du modèle de référence, mais ne prenant que partiellement en compte les fonctions de ce niveau paquet. Le protocole IP a été inventé comme protocole d'interconnexion, c'est-à-dire déterminant un bloc de données, d'un format bien défini, contenant une adresse, mais sans autre fonctionnalité.

IP large bande.– Réseau IP utilisant une infrastructure à très haut débit.

IP Mobile.– Protocole utilisé dans les réseaux Internet permettant de gérer les communications vers les utilisateurs mobiles.

IPng (ou IP *next generation*).– Voir IPv6.

IPsec (IP sécurisé).– Protocole introduisant des mécanismes de sécurité au sein d'IP, de telle sorte qu'il y ait indépendance des réseaux sous-jacents vis-à-vis du protocole de transport.

IPv4 (ou IP version 4).– Première génération du protocole Internet IP, codant les adresses sur 4 octets.

IPv6 (ou IP version 6).– Deuxième génération du protocole Internet IP, codant les adresses sur 16 octets.

IS-95.– Principale version américaine normalisée pour la seconde génération de réseaux de mobiles.

ISDN (*Integrated Service Data Network*).– Traduction en langue anglaise de RNIS (*Réseau numérique à intégration de services*).

IS-IS.– Protocole Internet décrivant un routage hiérarchique fondé sur la décomposition des réseaux de communication en domaines.

ISO (*International Standardization Organization*).– Organisation non gouvernementale de standardisation créée en 1946 et installée à Genève. Elle regroupe les principaux organismes de normalisation d'une centaine de pays, comme l'Afnor pour la France, Din pour l'Allemagne ou ANSI pour les États-Unis. Elle est à l'origine du modèle OSI à sept couches, dit modèle de référence, pour l'interconnexion des systèmes ouverts.

isochrone (application).– Se dit d'une application caractérisée par de fortes contraintes temporelles en réception. Par exemple, la parole téléphonique classique demande que le récepteur reçoive un octet toutes les 125 microsecondes (μs).

isochrone (transmission).– Mode de transmission de données dans lequel les instants d'émission et de réception de chaque bit, caractère ou bloc d'information sont fixés à des instants précis.

ISP (*Internet Service Provider*).– Opérateur proposant la connexion au réseau Internet.

jam sequence.– Bits que l'on ajoute pour que la longueur de la trame Ethernet atteigne au moins 64 octets.

jeton (en anglais *token*).– Objet unique de données structurées formé d'une suite de bits ou parfois d'un seul bit, circulant de façon continue entre les nœuds d'un réseau en anneau et décrivant l'état en cours du réseau.

jonction.– Interface physique de communication entre un équipement terminal et un réseau.

JPEG (*Joint Photographic Experts Group*).– Groupe chargé de la standardisation des images et norme de compression d'images photographiques promulguée par ce groupe.

JTM (*Job Transfer and Manipulation*).– Application de manipulation et de transfert de travaux correspondant à l'envoi d'un programme complet devant s'exécuter à distance et dont on puisse manipuler les données, dans un environnement OSI.

label-switching.– Commutation dans laquelle le transfert d'un paquet d'une porte d'entrée à une porte de sortie d'un nœud est effectué à l'aide de références et d'une table de commutation. À un numéro de ligne d'entrée et à une référence correspondent une ligne de sortie et une nouvelle référence.

LAN (*Local Area Network*).– Type de réseau adapté à la taille d'un site d'entreprise et dont les deux points les plus

éloignés ne dépassent pas quelques kilomètres de distance. Parfois appelé réseau local d'entreprise.

LAP-B (*Link Access Protocol Balanced*).– Sous-ensemble de la norme HDLC conçu pour répondre aux besoins de transmission sur les liaisons entre nœuds de transfert des réseaux des opérateurs.

LAP-D.– Protocole développé pour véhiculer des trames sur un canal partagé.

LAP-F (avec F pour *frame*, ou trame).– Protocole proposant une extension du LAP-D pour le relais de trames dans le but d'améliorer les performances des protocoles de niveau paquet.

largeur de bande.– Différence entre la plus basse et la plus haute fréquence utilisées au transport d'une application. Plus la largeur de bande est importante, plus le débit nécessaire sur une liaison doit être grand.

laser.– Appareil pouvant engendrer un faisceau de rayonnement cohérent dans l'espace et dans le temps.

LDAP (*Lightweight Directory Access Protocol*).– Protocole permettant d'identifier les répertoires des serveurs de messagerie SMTP.

leaky-bucket.– Technique de régulation de flux évitant de perdre du temps dans les nœuds de commutation. La traduction littérale, « seau percé », indique une technique fluidifiant le processus d'entrée dans le réseau en le restreignant à un débit déterminé par la taille du trou au fond du seau.

LEOS (*Low Earth Orbital Systems*).– Système satellitaire dans lequel les satellites participants tournent sur des orbites basses, entre 700 et 1 300 km.

liaison bipoint.– Liaison ne possédant que deux extrémités.

liaison virtuelle.– Nom donné au circuit virtuel dans le relais de trames, pour indiquer que l'ouverture et la fermeture de la liaison virtuelle se font au niveau trame et non au niveau paquet.

liaison T1.– Liaison disponible chez les opérateurs américains correspondant à un débit de 1,5 Mbit/s. L'équivalent en Europe, le E1, est de 2 Mbit/s.

LLC (*Logical Link Control*).– Dans l'environnement des réseaux partagés, par exemple Ethernet, couche équivalente à la couche liaison du modèle de référence original.

LMDS (*Local Multipoint Distribution System*).– Méthode d'accès hertzienne sur la boucle locale utilisant des fréquences très élevées dans la bande Ka, c'est-à-dire au-dessus de 25 GHz, et permettant de desservir des cellules fixes. Les terminaux ne peuvent sortir de la cellule sans couper la communication.

LU (*Logical Unit*).– Dans le monde IBM, entité de session permettant à un programme et à un terminal de communiquer en utilisant le service de présentation spécifique d'IBM.

LU 6.2.– Solution de transactionnel réparti proposée par IBM dans son architecture de réseau SNA permettant la communication de programme à programme dans un système distribué.

MAC *(Medium Access Control).*– Technique d'accès à un support physique partagé par plusieurs machines terminales, permettant de sérialiser les demandes de transmission pour qu'elles se succèdent sur le support physique sans entrer en collision.

MAN *(Metropolitan Area Network).*– Réseau atteignant la taille d'une métropole.

MANET *(Mobile Ad hoc NETwork).*– Groupe de travail de l'IETF s'occupant de la normalisation des protocoles utilisés dans les réseaux ad-hoc.

mémoire tampon.– Mémoire vive intégrée dans les nœuds pour le stockage temporaire des trames et des paquets. Cette mémoire tampon peut éventuellement compenser les différences de débit, de vitesse de traitement ou de synchronisation entre les lignes d'entrée et de sortie.

MEOS *(Medium Earth Orbital Systems).*– Système satellitaire dans lequel les satellites participants tournent sur des orbites moyennes, entre 10 000 et 13 000 km.

message BU *(Binding Update).*– Message de contrôle de l'agent visité (Foreign) à l'agent mère (Home) lui demandant d'avertir un émetteur de la nouvelle adresse de son correspondant (l'adresse Care-of-Address).

métasignalisation.– Signalisation destinée à ouvrir un nouveau canal de signalisation.

MHS *(Message Handling System).*– Application de messagerie électronique en mode sans connexion de l'environnement OSI.

MIC (modulation par impulsion et codage).– Technique utilisée par les opérateurs de télécommunications consistant à transformer la parole téléphonique analogique en signal numérique par le biais d'un codec.

MIME *(Multipurpose Internet Mail Extensions).*– Protocole de contenu permettant d'introduire dans les messages SMTP différents types de fichiers multimédias.

MIMO.– Technique utilisant plusieurs antennes permettant, tout en utilisant la même fréquence sur toutes les antennes, de multiplier le débit par le nombre d'antennes d'émission et d'améliorer le taux d'erreur.

mixeur *(mixer).*– Élément du protocole RTCP permettant de regrouper plusieurs applications correspondant à plusieurs flots distincts en un seul flot conservant le même format.

MMS *(Manufacturing Message Service).*– Service de messagerie faisant référence à une messagerie électronique en mode avec connexion pour un environnement industriel, ce qui implique une sécurité et un temps réel du transport.

mode autonome.– Travaillant sans être connecté au réseau.

mode avec connexion (en anglais *connection-oriented).*– Type de fonctionnement obligeant un émetteur à demander à un récepteur la permission de lui transmettre des blocs d'informations. Les protocoles TCP, ATM, HDLC et X.25 utilisent un mode avec connexion.

mode avec contention.– Mode dans lequel plusieurs stations doivent se partager une ressource commune.

mode commuté.– Mode utilisant un transfert de paquets de type commutation.

mode maître-esclave.– Indique qu'une extrémité de la liaison dirige l'autre et lui demande explicitement de transmettre de temps en temps. Dans une procédure équilibrée, les deux extrémités de la liaison peuvent émettre à un moment quelconque.

mode sans connexion (en anglais *connectionless).*– Type de fonctionnement dans lequel un émetteur peut envoyer de l'information vers un récepteur sans lui demander d'autorisation préalable. Les protocoles IP et Ethernet sont en mode sans connexion.

modèle de référence.– Modèle décrivant un service de télécommunication par un ensemble de sept couches fonctionnelles.

modèle UIT-T.– Modèle mis en œuvre par l'organisme de normalisation du monde des télécoms comportant trois plans : un plan utilisateur, un plan de contrôle et un plan de gestion.

modem (acronyme de modulateur-démodulateur).– Appareil qui transforme les signaux binaires produits par les ordinateurs ou les équipements terminaux en des signaux également binaires, mais dotés d'une forme sinusoïdale, qui leur offre une propagation de meilleure qualité.

modem câble.– Modem transportant les données par le biais d'un câble de télévision coaxial (CATV). Grâce à une bande passante importante, son débit peut atteindre plusieurs mégabits par seconde.

modulateur.– Composant servant à moduler les signaux à émettre.

modulation.– Modification ou régulation des caractéristiques d'une porteuse d'ondes (courant électrique ou faisceau lumineux, par exemple) vibrant à une certaine amplitude (hauteur) et fréquence (temps) de façon que les variations représentent une information significative.

modulation d'amplitude quadratique.– Technique de modulation utilisée par un modem ADSL permettant de transporter 4 bits à chaque signal.

modulo de congruence.– Voir modulo *n*.

modulo *n* (ou modulo de congruence).– Relation d'équivalence entre deux entiers dont la différence est un multiple de *n*.

moment.– Nombre de bits utilisés pour réaliser un code.

monovoie.– Caractéristique d'une liaison qui n'émet que dans une seule direction.

MP3.– Norme de compression audio provenant du standard MPEG-2, *layer* 3, c'est-à-dire couche 3 du protocole MPEG-2. Le canal son après compression est réduit à 128 Kbit/s, ce qui occasionne une réduction de l'ordre de 12 par rapport à la formule sans compression.

MPEG *(Moving Pictures Expert Group).*– Groupe de normalisation chargé de la définition des normes de codage et de compression d'images animées et sonorisées. La première norme, MPEG-1, est remplacée par MPEG-2, qui sera elle-même remplacée par MPEG-4, puis MPEG-7.

MPLS *(MultiProtocol Label Switching).*– Protocole promu par l'IETF pour normaliser les solutions multiprotocoles de routage-commutation. Cette norme s'applique essentiellement au transport de paquets IP au-dessus d'ATM ou d'Ethernet.

MSC *(Mobile service Switching Center).*– Dans un réseau de mobiles, commutateur interconnectant les stations de contrôle et permettant le cheminement de l'information dans la partie fixe du réseau.

MTU *(Maximum Transmission Unit).*– Taille maximale des données pouvant être contenues dans une trame physique.

multibande.– Qui peut accéder à plusieurs bandes. Les téléphones portables GSM tribandes accèdent aux bandes 900, 1 800 et 1 900 MHz.

multicast.– Mode de diffusion correspondant à une application multipoint. Une adresse multicast indique une adresse de groupe et non pas d'une seule entité.

multiplexage.– Subdivision d'un même canal de transmission physique en deux ou plusieurs sous-canaux logiques.

multiplexage en fréquence.– Multiplexage dans lequel chaque voie basse vitesse possède sa propre bande passante sur la voie haute vitesse.

multiplexage en longueur d'onde.– Procédé consistant à émettre simultanément plusieurs longueurs d'onde, c'est-à-dire plusieurs lumières, sur un même cœur de verre.

multiplexage temporel.– Multiplexage dans lequel le temps est découpé en tranches, ces dernières étant affectées régulièrement à chaque voie basse vitesse.

multiplexeur (ou mux).– Appareil concentrant plusieurs voies de communication distinctes, provenant de machines différentes, sur une ligne unique, pour aller à un même point distant. Un démultiplexeur est nécessaire à l'autre extrémité pour que les différentes voies de communication superposées puissent être récupérées.

multipoint.– Mode de connexion dans lequel on envoie de l'information simultanément vers plusieurs points d'un réseau. Une application multipoint est une application qui envoie son flot de paquets vers plusieurs récepteurs.

multiprotocole.– Désigne un réseau dans lequel plusieurs protocoles de même niveau peuvent être utilisés simultanément.

mux.– Voir multiplexeur.

NACK.– Voir acquittement.

National Science Foundation.– Fondation de l'État américain subventionnant les projets de recherche importants.

ND *(Neighbor Discovery).*– Protocole de « découverte des voisins », utilisé dans IPv6 à la place des protocoles ARP et RARP pour résoudre les adresses Internet.

NDP *(Neighbor Discovery Protocol).*– Protocole utilisé dans IPv4 permettant, avec l'aide des protocoles ARP et ICMP, l'autoconfiguration des adresses IP.

niveau application (couche 7).– **1.** Dernière couche du modèle de référence, s'occupant essentiellement de la sémantique et contenant toutes les fonctions impliquant des communications entre systèmes, en particulier si elles ne sont pas réalisées par les couches inférieures. **2.** Troisième couche (après IP et TCP) du modèle Internet, regroupant les différents protocoles sur lesquels se construisent les services Internet : messagerie électronique, transfert de fichier, transfert de pages hypermédias, etc.

niveau message (couche 4).– Assure le transfert des messages d'un client émetteur vers un client destination (voir transport de bout en bout) en utilisant au mieux les ressources du réseau de communication.

niveau n.– Communication faisant référence au protocole implanté au *n*-ième niveau de l'architecture.

niveau paquet (couche 3).– Transporte les paquets d'un utilisateur, ce que l'on appelle un flot, depuis l'émetteur jusqu'au destinataire. Le paquet, à la différence de la trame, ne comporte aucun moyen de reconnaissance permettant de détecter son début ou sa fin. Ses fonctions principales sont le contrôle de flux, le routage et l'adressage.

niveau physique (couche 1).– Premier niveau de l'architecture du modèle de référence de l'OSI, dont l'objectif est de conduire les éléments binaires à leur destination sur le support physique, en minimisant le cas échéant le coût de communication. Fournit les moyens mécaniques, électriques, fonctionnels et procéduraux nécessaires à l'activation, au maintien et à la désactivation des connexions physiques.

niveau présentation (couche 6).– Se charge de la syntaxe des informations que les entités d'application se communiquent, de façon à rendre les données compréhensibles par le destinataire.

niveau session (couche 5).– Ouvre et ferme les sessions entre les utilisateurs en fournissant les moyens nécessaires à l'organisation et à la synchronisation du dialogue entre les clients en communication, notamment pour l'établissement, le maintien et la libération de la connexion.

niveau trame (couche 2).– Fournit les fonctions nécessaires pour transporter un bloc d'information, appelé trame, d'un nœud de transfert vers un autre nœud de transfert. La fonction de base concerne la reconnaissance du début et de la fin du bloc d'information. (Voir aussi couche liaison.)

nœud (ou nœud de transfert).– Tout élément d'un

réseau (commutateur, routeur, etc.) affecté d'une adresse permettant de transférer des blocs d'information (paquet, trame, cellule) d'une entrée vers une sortie. Le rôle d'un nœud de transfert peut se résumer à trois fonctions : l'analyse de l'en-tête du paquet et sa traduction ; la commutation ou routage vers la bonne ligne de sortie ; la transmission des paquets sur la liaison de sortie choisie.

nom de domaine.– Appellation donnée à un ensemble d'équipements ayant des intérêts ou des propriétés en commun.

NSF (*National Science Foundation*).– Fondation de l'État américain qui subventionne les projets de recherche importants.

numérisation.– Opération consistant à transformer un signal analogique, comme la parole, en une suite d'éléments binaires (0 et 1). Ce processus consiste à prendre des points dans le temps, appelés échantillons, et à envoyer leur valeur numérique vers le récepteur.

OAM (*Operation And Maintenance*).– Nom donné à la gestion des réseaux ATM. Les flots de gestion se décomposent en cinq niveaux, F1 à F5. F5, le plus élevé, concerne les flots de gestion associés au circuit virtuel.

ODA (*Office Document Architecture*).– Architecture d'un document bureautique permettant un retraitement sur n'importe quelle machine normalisée dans l'environnement OSI.

ODIF (*Office Document Interchange Format*).– Application de transfert, d'accès et de gestion de documents normalisés dans l'environnement OSI.

OFDMA (*Orthogonal Frequency Division Multiple Access*).– Technique d'accès permettant d'allouer une tranche de temps et plusieurs sous-bandes de fréquences simultanément après avoir découpé le spectre alloué.

OSI (*Open Systems Interconnection*).– Modèle d'architecture provenant directement du modèle de référence et développé dans le cadre des réseaux d'ordinateurs. Ce modèle est mal adapté aux réseaux multimédias.

OSPF (*Open Shortest Path First*).– Protocole de routage Internet de deuxième génération utilisant une base de données distribuée qui garde en mémoire l'état des liaisons.

overhead.– Partie des informations transportées ne provenant pas de l'utilisateur mais de la gestion et du contrôle du réseau.

PAD.– Zone permettant de « rembourrer » (*pad* en anglais) un champ de façon que la trame atteigne une taille minimale. On désigne aussi sous le nom de padding les informations qui ont servi au rembourrage.

paire métallique.– Support de communication constitué de une ou plusieurs paire de fils métalliques capables de véhiculer des données à un débit dépendant principalement de la longueur du support et du diamètre des fils.

PAN (*Personal Area Network*).– Petit réseau de quelques mètres d'étendue permet- tant d'interconnecter des machines personnelles : PC portable, mobile téléphonique, agenda électronique, etc.

paquet.– Entité de base acheminée par les réseaux. Un paquet contient un nombre variable ou fixe d'éléments binaires. Longtemps assez courts, de façon à éviter les erreurs, les paquets se sont allongés à mesure que les taux d'erreur diminuaient, et ils peuvent atteindre aujourd'hui plusieurs milliers d'octets.

paquet de supervision.– Paquet transportant des informations de supervision pour contrôler le réseau.

paquétisation.– Action de regrouper en paquets le flot de bits à transporter. Une information de contrôle est ajoutée pour indiquer à qui appartient le paquet et à qui il est destiné.

parallèle.– Mode de transmission des données dans lequel les bits d'un même caractère sont envoyés sur des fils distincts de façon à arriver ensemble à destination. (Voir aussi série.)

parallélisme.– Passage simultané de plusieurs bits par l'intermédiaire de plusieurs fils en parallèle.

pare-feu (*firewall*).– Passerelle que les entreprises placent en entrée de réseau pour sécuriser les communications venant de l'extérieur.

passerelle.– Équipement permettant de passer d'un réseau à un autre réseau.

piconet.– Réseau de très petite taille. Dans Bluetooth, réseau composé au maximum de huit machines communiquant sur une portée de quelques mètres.

Ping.– Programme très simple générant une commande ICMP de demande d'écho qui oblige le destinataire à renvoyer une réponse d'écho.

plan.– Réseau logique, bâti sans référence physique, transportant des informations spécifiques (utilisateur, contrôle, gestion).

plan de contrôle.– Réseau logique transportant les données de contrôle, ou de signalisation.

PMD (*Physical Medium Dependent*).– Couche physique du modèle ATM.

poids.– Valeur donnée à un élément de réseau pour indiquer son importance.

point-à-multipoint.– Transmission d'un point vers plusieurs points. Une application point-à-multipoint est dite multipoint.

point-à-point.– Mode de connexion ne mettant en jeu que deux interlocuteurs, à la différence du multipoint et de la diffusion.

point de reprise (ou de synchronisation).– Point spécifique dans la suite des données transmises sur lequel l'émetteur et le récepteur se mettent d'accord pour effectuer un redémarrage de la transmission en cas de problème dans la communication.

pointeur.– Variable contenant l'adresse d'une donnée.

polynôme générateur.– Polynôme utilisé par l'émetteur et le récepteur d'une trame pour déterminer le CRC, ou séquence de contrôle.

PON *(Passive Optical Network).–* Voir arbre optique passif.

pont.– Organe intelligent capable de reconnaître les adresses des blocs d'information qui transitent sur le support physique. Un pont filtre les trames et ne laisse passer que les blocs destinés au réseau raccordé.

pont-routeur *(bridge-routeur).–* Voir b-routeur.

POP *(Post Office Protocol).–* Protocole permettant de récupérer les messages stockés sur le serveur qui héberge la messagerie SMTP.

port.– Adresse de niveau transport permettant de distinguer les applications qui utilisent une même adresse Internet. On parle de port source et de port de destination.

porteuse.– Fréquence spécifique d'un canal (courant électrique ou faisceau lumineux, par exemple) pouvant être modulée pour acheminer une information.

PPP *(Point-to-Point Protocol).–* Protocole inspiré du HDLC utilisé dans les liaisons d'accès au réseau Internet ou entre deux routeurs. Son but est d'indiquer le type d'information transportée dans le champ de données de la trame.

préallocation.– Allocation de ressources effectuée avant le commencement du transfert des paquets.

préambule.– Zone située en tête de la trame Ethernet permettant au récepteur de se synchroniser sur le signal et d'en reconnaître le début.

primitive.– Requête effectuée par une entité d'une couche *(N)* à la couche sous-jacente *(N – 1)*. Par exemple, la couche session demande à la couche transport d'ouvrir une connexion grâce à la primitive « Demande de connexion de transport ».

procédure transparente.– Possibilité de faire transiter sur une liaison une suite quelconque de bits, même si l'on retrouve dans cette suite des délimiteurs de début et de fin de trame. Une procédure transparente demande une transformation de la suite binaire transportée lorsqu'une suite indésirable est identifiée.

profil fonctionnel.– Choix de normes et d'options à adopter dans l'architecture, complété par une spécification, permettant d'assurer que deux constructeurs décidant de réaliser un produit à partir du même profil fonctionnel s'interconnectent sans problème.

propriétaire.– Protocole ou architecture de réseau développé par un constructeur particulier et ne servant pas de norme de fait.

protocole.– Ensemble de règles à respecter aux deux extrémités communicantes d'un réseau pour qu'un transport d'information soit possible. La méthode de transfert de données définie par un protocole constitue le moyen d'acheminer les informations sur le réseau.

protocole MNP *(Microcom Networking Protocol).–* Protocole de compression et de correction d'erreur mis au point par le constructeur américain Microcom et normalisé par l'UIT-T.

pseudo-header.– En-tête modifié par le retrait ou l'ajout de certains champs, pris en compte par la zone de détection d'erreur dans son calcul. En-tête partiel d'un paquet ICMP ne reprenant que les zones les plus importantes.

qualité de service (QoS, pour *Quality of Service*).– 1. Critère indiquant de façon plus ou moins subjective la qualité avec laquelle un service est rendu. 2. Possibilité pour un utilisateur de demander au réseau le transport de ses paquets avec une garantie de qualité déterminée.

qualité de service dure.– Qualité de service totalement garantie, et non pas seulement avec une certaine probabilité, répondant à la demande des réseaux d'opérateurs.

quantification.– Technique de numérisation consistant à représenter un échantillon par une valeur numérique au moyen d'une loi de correspondance.

radiologiciel *(Software Radio).–* Émetteur-récepteur de fréquences radio, comme un téléphone portable ou un pager, reconfigurable ou personnalisable.

rapport signal sur bruit.– Rapport R d'affaiblissement d'un signal exprimé sous la forme $R = S/B$, où S correspond à l'énergie du signal et B à l'énergie du bruit.

RARP *(Reverse ARP).–* Protocole permettant à une machine d'utiliser son adresse physique pour déterminer son adresse logique sur Internet.

redondance.– Augmentation du nombre d'éléments binaires à transmettre dans le but de garder, ou tout au moins d'essayer de garder, la qualité du signal d'origine en présence d'erreur de transmission.

référence.– Suite de chiffres exprimée en binaire accompagnant un bloc (trame, paquet, etc.) et permettant à celui-ci de choisir une porte de sortie suivant la table de commutation. Par exemple, 23 est une référence, et tous les paquets qui portent la valeur 23 sont toujours dirigés vers la même ligne de sortie.

registre à décalage.– Registre dans lequel les informations se décalent toutes d'une place à l'arrivée d'un nouveau bit.

relais de trames (en anglais *Frame Relay*).– Technologie réseau utilisant une commutation de trames, qui permet de minimiser les fonctionnalités à prendre en compte dans les nœuds intermédiaires.

répéteur.– Organe non intelligent, qui répète automatiquement et régénère tous les signaux qui lui arrivent en transitant d'un support vers un autre support.

reprise sur erreur.– Action consistant à demander la retransmission d'un bloc erroné à la suite de la détection d'une erreur de transmission.

réseau à jeton.– Réseau dans lequel seule la station qui possède le jeton peut transmettre.

réseau ad-hoc.– Réseau spontané qui n'utilise aucun point d'accès fixe, dans lequel l'infrastructure n'est composée que des stations elles-mêmes, ces dernières jouant à la fois le rôle de terminal et de routeur pour permettre le passage de l'information d'un terminal vers un autre sans que ces terminaux soient reliés directement. La caractéristique essentielle d'un réseau ad-hoc est l'existence de tables de routage dynamiques dans chaque nœud.

réseau AppleTalk.– Réseau local d'Apple Computer.

réseau cellulaire.– Réseau constitué de cellules, ou zones géographiques, dont tous les points peuvent être atteints à partir d'une même antenne. (Voir réseau de mobiles.)

réseau d'accès (ou boucle locale, ou encore réseau de distribution).– Partie d'un réseau reliant chaque utilisateur, individuellement ou par le biais de son entreprise, au réseau d'un opérateur.

réseau datagramme.– Réseau utilisant des datagrammes, autrement dit réseau en mode sans connexion, comme les réseaux IP.

réseau de distribution.– Voir réseau d'accès.

réseau de mobiles.– Ensemble des équipements terminaux mobiles qui utilisent la voie hertzienne pour communiquer.

réseau domestique.– Voir PAN.

réseau étendu.– Voir WAN.

réseau Ethernet.– Réseau local très répandu autorisant des débits élevés à moindre coût sur câble coaxial, paire torsadée, fibre optique ou par voie hertzienne.

réseau FDDI *(Fiber Distributed Data Interface)*.– Réseau à jeton utilisant un support de capacité 100 Mbit/s sur lequel un jeton synchronisé se déplace.

réseau local sans fil.– Type de réseau en plein développement du fait de la flexibilité de leur interface, qui permet à un utilisateur de changer de place dans une entreprise tout en restant connecté.

réseau maillé.– Ensemble de nœuds reliés par des lignes de communication permettant le choix entre plusieurs routes d'une entrée du réseau vers une sortie.

réseau métropolitain.– Voir MAN.

réseau partagé.– Réseau dans lequel plusieurs utilisateurs se partagent un même support physique. Toutes les machines terminales émettant sur ce support, la principale conséquence concerne un risque de collision entre les signaux.

réseau sémaphore.– Réseau spécialisé dans le transport des commandes de signalisation.

réseau téléphonique commuté (RTC).– Correspond à l'environnement téléphonique que nous connaissons, constitué de lignes de communication travaillant en mode circuit.

réseau Token-Ring (littéralement « anneau à jeton »).– Réseau local utilisant une technique d'accès de type jeton non adressé sur une boucle.

reséquencer.– Remettre en séquence. Les messages UDP, par exemple, ne sont pas forcément remis dans l'ordre dans lequel ils sont émis.

résolution d'adresse.– Détermination de l'adresse d'un équipement à partir de l'adresse de ce même équipement à un autre niveau protocolaire. On résout, par exemple, une adresse IP en une adresse physique ou en une adresse ATM.

ressource radioélectrique.– Bande passante disponible dans le domaine des ondes radioélectriques utilisées pour les réseaux de mobiles.

resynchronisation.– Obligation de transmettre au récepteur différents flots à des instants synchronisés.

RFC *(Request For Comments)*.– Documents publiés par l'IETF concernant les problèmes à court terme du monde Internet.

RIP *(Routing Information Protocol)*.– Ce protocole IGP *(Interior Gateway Protocol)* est le plus utilisé dans l'environnement TCP/IP pour router les paquets entre les passerelles du réseau Internet. Il utilise un algorithme permettant de trouver le chemin le plus court.

RJ-45.– Prise à huit contacts que l'on rencontre de plus en plus souvent dans les installations téléphoniques et les réseaux de données.

RNIS (Réseau numérique à intégration de services).– Réseau développé au début des années 80 pour permettre le transport d'applications intégrant au moins la voix et les données en utilisant une interface unique avec tous les réseaux disponibles chez les opérateurs de télécommunications.

routage.– Détermination du chemin emprunté dans un réseau maillé par un message ou un paquet de données. Dans un réseau à routage, les paquets ne suivent pas forcément la même route et, de ce fait, n'arrivent pas automatiquement dans l'ordre.

routage de paquets.– Technique de transfert de paquets utilisée lorsque la méthode pour déterminer le chemin à suivre est un routage.

routage fixe.– Technique de routage particulièrement simple dans laquelle la table de routage ne varie pas dans le temps. Chaque fois qu'un paquet entre dans un nœud, il est envoyé dans la même direction, qui correspond, dans presque tous les cas, à la route la plus courte.

routage hot-potatoe (patate chaude).– Technique de routage distribuée dans laquelle le paquet est transmis sur la première ligne de sortie vide.

routage multichemin.– Technique de routage déterminant plusieurs chemins simultanément pour aller d'un émetteur à un récepteur.

routeur.– Équipement permettant d'effectuer un transfert de paquets, qui utilise l'adresse se trouvant dans l'en-tête du paquet pour déterminer la meilleure route à suivre pour acheminer le paquet vers son destinataire.

routeur central *(core router).*– Routeur se trouvant au centre du réseau, sans connexion avec les utilisateurs.

routeur-commutateur (ou LSR, *Label Switch Router).*– Technique d'acheminement des paquets utilisant une architecture double, avec une partie routeur et une partie commutateur, l'application choisissant si son flot doit transiter *via* une commutation ou un routage.

RSVP *(Resource reSerVation Protocol).*– Protocole de signalisation dont le but est d'avertir les nœuds intermédiaires de l'arrivée d'un flot correspondant à des qualités de service déterminées.

RTCP *(Real-time Transport Control Protocol).*– Protocole transportant les informations nécessaires à la gestion d'une session RTP.

RTP *(Real-time Transport Protocol).*– Protocole développé par l'IETF dans le but de faciliter le transport temps réel des données audio et vidéo sur les réseaux à commutation de paquets, comme IP.

scalability.– Voir passage à l'échelle.

scatternet.– Réseau provenant de l'interconnexion de plusieurs réseaux de petite taille. Dans les réseaux Bluetooth, réseau provenant de l'interconnexion de plusieurs piconets.

semi-duplex (ou à l'alternat, ou encore half-duplex).– Nom donné aux liaisons bidirectionnelles qui transforment

l'émetteur en récepteur et *vice versa*, la communication changeant de sens à tour de rôle.

sens descendant.– Sens de transmission qui va de la station de base au terminal utilisateur.

sens montant.– Sens de transmission qui va du terminal utilisateur vers la station de base.

séquence de contrôle (CRC, pour *Cyclic Redundency Checksum).*– Séquence, encore appelée centrale de contrôle, permettant de détecter si une ou plusieurs erreurs se sont glissées dans la trame pendant la transmission sur la voie de communication.

sérialiser.– Action de mettre en série. Les machines informatiques travaillant généralement par un ou plusieurs octets à la fois, il faut, pour transporter ces octets sur un réseau, les sérialiser, c'est-à-dire mettre les bits les uns derrière les autres.

série.– Mode de transport des données dans lequel les bits sont envoyés les uns derrière les autres (voir aussi parallélisme).

serveur d'adresses.– Serveur capable d'effectuer la correspondance entre l'adresse IP et l'adresse physique d'un équipement terminal.

serveur de noms.– Serveur pouvant répondre à des requêtes de résolution de nom, c'est-à-dire capable d'effectuer la traduction d'un nom en une adresse. Les serveurs de noms d'Internet sont les serveurs DNS.

serveur DNS.– Voir serveur de noms.

service élastique.– Service donnant naissance à un flot sans contrainte forte d'acheminement.

service rigide.– Service donnant naissance à un flot avec des contraintes d'acheminement.

session.– Mise en communication de deux ou plusieurs extrémités de façon à gérer leur dialogue.

SGML *(Standard Generalized Markup Language).*– Norme de gestion de l'information indépendante de la plate-forme définissant l'échange de documents structurés.

shim address.– Référence permettant de faire transiter une trame Ethernet d'un sous-réseau Ethernet à un autre sous-réseau Ethernet ou vers une autre architecture, ATM ou relais de trames, par exemple.

signal.– Grandeur physique mesurable servant à représenter des informations de manière analogique ou numérique. Un signal ne peut être transmis que sur un canal de communication adapté.

signalisation.– Ensemble des éléments à mettre en œuvre dans un réseau de façon à assurer l'ouverture, la fermeture et le maintien des circuits.

signalisation dans la bande.– Commandes circulant sur les mêmes voies de communication que les informations.

signalisation hors bande.– Passage d'une commande de

signalisation dans un réseau différent du réseau utilisateur.

signature.– Signe de reconnaissance. Dans la cellule ATM un calcul est effectué sur les quatre octets de l'en-tête. Le résultat est introduit dans le cinquième octet de l'en-tête permettant de déterminer le début de la cellule.

simplex.– Nom donné aux liaisons unidirectionnelles, c'est-à-dire qui ont toujours lieu dans le même sens, de l'émetteur vers le récepteur.

SIP *(Session Initiation Protocol).*– Protocole servant à initialiser une session VoIP *(Voice over Internet Protocol).*

slow-start.– Algorithme de contrôle dans lequel la taille de la fenêtre démarre à 1 puis augmente de façon exponentielle tant que les acquittements sont reçus dans le temps imparti. L'algorithme slow-start d'Internet est complété par une procédure *collision avoidance*, évitant à la fenêtre de croître exponentiellement lorsqu'on s'approche de la zone de saturation.

SMTP *(Simple Mail Transfer Protocol).*– Protocole de messagerie électronique utilisé sur Internet.

socket.– Identificateur formé à partir de la concaténation de l'adresse IP et du numéro de port. L'identificateur permet de déterminer une application s'exécutant sur une machine terminale.

soft-state (état mou).– État qui est modifiable sans commande explicite, par exemple, à l'échéance d'un temporisateur.

SONET *(Synchronous Optical NETwork).*– Norme de niveau physique dont l'objectif est de transporter des octets à très haut débit grâce à une synchronisation forte entre l'émetteur et le récepteur.

sous-bande.– Bande passante multiplexée sur un support de communication.

sous-réseau (en anglais LIS, pour *Logical IP Subnetwork*).– Nom donné à chaque réseau participant à Internet.

Spanning Tree (arbre recouvrant).– Algorithme permettant de disposer les nœuds d'un réseau sous la forme d'un arbre avec un nœud racine. Les connexions à utiliser pour aller d'un point à un autre du réseau sont celles désignées par l'arbre. Cette solution garantit l'unicité du chemin et évite les duplications.

Starlan.– Réseau Ethernet permettant des vitesses de 1 Mbit/s pour la première génération, 10 Mbit/s pour la deuxième, 100 Mbit/s pour la troisième et 1 000 Mbit/s pour la quatrième génération.

station de base *(Base Transceiver Station).*– Voir BTS.

store-and-forward.– Technique de transfert dans laquelle un paquet est stocké en entier dans les mémoires du nœud de transfert, puis examiné avant d'être retransmis sur une ligne de sortie.

STP *(Shielded Twisted Pairs).*– Nom de la paire de fils torsadée blindée.

subnetting.– Principe d'adressage capable de prendre en compte la gestion de plusieurs réseaux physiques à partir d'une même adresse IP en divisant la partie numéro d'hôte de l'adresse IP en numéro de sous-réseau et numéro d'hôte.

supervision.– Ensemble des opérations de contrôle de la communication.

support physique.– Désigne le support de transmission de l'information : câble métallique, fibre optique ou onde hertzienne.

surallocation.– Technique d'allocation partielle de ressources par rapport à une demande effectuée consistant, lors du passage du paquet d'appel dans un nœud de commutation, à ne réserver qu'une partie de la demande, en espérant que, statistiquement, tout se passe bien.

synchrone.– Mode de transmission des données dans lequel l'émetteur et le récepteur se mettent d'accord sur un intervalle constant entre la transmission des données, intervalle qui se répète sans arrêt dans le temps.

synchronisation.– Action consistant à déterminer des instants où des événements doivent se produire.

syntaxe abstraite n° 1.– Voir ASN 1 *(Abstract Syntax Notation One).*

système autonome *(AS, pour Autonomous System).*– Équivalent Internet d'un domaine de routage. Ensemble de routeurs et de réseaux géré par un administrateur unique.

table de commutation.– Table de références qui sert à diriger les paquet vers la bonne porte de sortie dans les commutateurs.

table de routage.– Table contenant des informations relatives à la connexion d'un élément d'un réseau à d'autres nœuds et contrôlant les décisions de routage. Toutes les adresses susceptibles d'être atteintes sur le réseau y sont répertoriées.

table statique.– Table de correspondance n'étant pas modifiée automatiquement par le réseau lorsque interviennent des changements dans la configuration.

taux d'erreur bit (BER, ou *Bit Error Rate*).– Facteur de performance indiquant la proportion d'erreurs effectuées sur une suite de bits transmis sur un support physique. Le taux d'erreur bit acceptable s'inscrit entre 10^{-3} et 10^{-6} pour la parole téléphonique, entre 10^{-5} et 10^{-8} pour la vidéo et entre 10^{-9} et 10^{-15} pour les données.

taux d'erreur résiduelle.– Pourcentage d'erreurs qui ne sont pas découvertes et qui restent une fois que les algorithmes de détection et de correction d'erreur ont effectué leur travail.

TCP *(Transmission Control Protocol).*– Protocole de transport en mode avec connexion élaboré en complément du protocole IP pour définir l'interface avec l'utilisateur. Correspond au niveau 4 du modèle de référence et détermine la façon de transformer un flux d'octets en paquets IP tout en assurant la qualité de la transmission.

TCP/IP.– Architecture en couches assemblant les protocoles Internet IP et TCP, correspondant respectivement au niveau paquet et au niveau message du modèle de référence.

TDMA *(Time Division Multiple Access).*– L'une des trois principales politiques de réservation utilisées dans le cadre des systèmes mobiles. Correspond à la génération du GSM.

télévision haute définition.– Système de télévision exigeant des transmissions à plus de 500 Mbit/s si aucune compression n'est effectuée. Après compression, la valeur peut tomber à 35 Mbit/s, voire à 4 Mbit/s.

télévision numérique.– Système de télévision dont la qualité correspond à un canal de 4 ou 5 MHz de bande passante en analogique. Après compression, le débit peut redescendre à 2 Mbit/s, pratiquement sans perte de qualité. Le principal standard pour la transmission d'un canal de télévision numérique est MPEG-2.

Telnet.– Telnet est une application permettant à un équipement terminal de se connecter à un serveur distant. C'est ce que l'on nomme une émulation de terminal (le logiciel Telnet rend le terminal compatible avec le serveur).

temporisateur (de reprise ou de retransmission).– Dispositif indiquant l'instant où une reprise ou retransmission doit être effectuée.

temps réel (en anglais *real time*).– Mode dans lequel le temps qui s'écoule entre l'émission et la réception est limité à une valeur faible dépendant de l'application.

terminal multi-homé.– Équipement terminal enregistré dans plusieurs réseaux et pouvant donc recevoir plusieurs adresses IP.

terminal virtuel.– Application dont le but est de permettre à un utilisateur de travailler à distance, à partir d'un terminal quelconque, sur un ordinateur dont il ne connaît pas les caractéristiques.

tête de ligne.– Extrémité d'une ligne de communication par laquelle s'effectuent les communications avec l'extérieur et pouvant jouer le rôle de retransmetteur, c'est-à-dire recopier les signaux montants sur la partie descendante de façon à assurer une diffusion de l'information.

tête de réseau.– Racine de l'arbre formé par la distribution en CATV.

théorème d'échantillonnage.– Détermine le nombre minimal d'échantillons nécessaires à une reproduction correcte d'un signal analogique sur un support donné. Ce nombre doit être au moins égal au double de la bande passante.

théorème de Shannon.– Théorème donnant la capacité maximale d'un canal soumis à un bruit, selon la formule : $C = W\log_2(1 + S/B)$, où C est la capacité maximale en bit par seconde et W la bande passante en hertz.

timestamp.– Horodatage effectué dans un paquet permettant de synchroniser sa sortie ou de déterminer sa destruction.

token-bucket.– Technique de contrôle de flux dans laquelle les paquets sont contraints d'obtenir un jeton avant d'entrer ; les jetons arrivent régulièrement et sont conservés si aucun paquet en attente n'est présent au moment de l'arrivée du jeton.

top d'horloge.– Voir baud.

topologie (d'un réseau).– Façon dont sont interconnectés les nœuds et les terminaux des utilisateurs. On distingue trois topologies, l'étoile, le bus et l'anneau, qui peuvent être combinées pour obtenir des topologies hybrides.

tramage.– Façon de construire des structures (ou trames) dans lesquelles sont entreposées les informations à transporter.

trame.– **1.** Bloc d'éléments binaires dans un protocole de liaison dont on sait reconnaître le début et la fin. **2.** Ensemble d'intervalles de temps consécutifs alloués à des sous-voies dans un multiplexage temporel.

trame de commande.– Trame permettant la gestion et la signalisation du protocole HDLC.

trame Ethernet.– Trame utilisée dans les réseaux Ethernet, dont la taille est comprise entre 64 et 1 516 octets.

trame I.– Trame Information du protocole HDLC portant les données en provenance de la couche supérieure.

trame REJ (*Reject*, ou rejet).– Trame du protocole HDLC correspondant à la reprise sur erreur en cas de détection d'anomalies.

trame RNR (*Receive Not Ready*, ou non prêt à recevoir).– Trame du protocole HDLC donnant un contrôle de flux de niveau trame en demandant à l'émetteur de stopper les envois jusqu'à réception d'une nouvelle trame RR spécifiant le même numéro.

trame RR (*Receive Ready*, ou prêt à recevoir).– Trame du protocole HDLC portant les acquittements qui ne sont pas émis dans une trame I.

trame S.– Trame de supervision du protocole HDLC permettant le transport des commandes. Il en existe trois : la trame RR (*Receive Ready*), la trame RNR (*Receive Not Ready*) et la trame REJ (*Reject*).

trame SREJ (ou trame de rejet sélectif).– Trame du protocole HDLC demandant la retransmission de la seule trame en erreur.

trame U (*Unnumbered*, ou non numérotée, ou encore trame de gestion).– Trame du protocole HDLC mettant en place les mécanismes nécessaires au bon fonctionnement du protocole.

transactionnel.– Désigne toutes les opérations de type question-réponse permettant la recherche, l'introduction ou la modification d'informations dans un fichier.

transactionnel réparti.– Application utilisant des transactions dans un environnement réseau. En général, l'interrogation de bases de données distribuées utilise le transactionnel réparti.

transceiver.– Voir adaptateur.

transcodage.– Transformation d'un codage en un autre codage.

transfert de paquets.– Technique générique qui consiste à transporter des blocs d'information de nœud en nœud pour les acheminer vers un récepteur.

translateur (*translator*).–– Élément du protocole RTCP traduisant une application codée dans un certain format en un autre format, mieux adapté au passage par un sous-réseau.

translation.– Technique consistant à transformer l'en-tête d'un paquet en un nouvel en-tête lors du passage d'un réseau à un autre réseau.

transparence.– Propriété permettant de transmettre n'importe quelle suite d'éléments binaires entre deux drapeaux. En général, le protocole de liaison modifie la suite des éléments binaires à transporter dans la trame, de façon à faire disparaître toute suite binaire qui ressemblerait au drapeau.

transport de bout en bout.– Transport entre les deux machines terminales qui communiquent.

TTL (*Time To Live*).– Temps pendant lequel un paquet peut rester dans un réseau avant d'être détruit. Ce temps sert à déterminer si un paquet est perdu ou s'il franchit trop de routeurs avant d'atteindre son destinataire.

tunnelling.– Action de mettre un tunnel entre deux entités. Dans un réseau, un tunnel correspond à un transport de paquets entre les deux extrémités.

UDP *(User Datagram Protocol)*.– Protocole utilisé au-dessus du protocole IP et fonctionnant dans un mode sans connexion. UDP prend en charge toutes les applications n'ayant pas besoin de contrôle et demandant un temps de réaction faible, comme la parole téléphonique.

UHF *(Ultra High Frequency)*.– Bande de fréquences située entre 30 MHz et 300 MHz.

UIT-T (Union internationale des télécommunications–standardisation du secteur télécommunications).– Organisme de normalisation des opérateurs de télécommunications.

UMTS *(Universal Mobile Telecommunications System)*.– Version européenne de la future génération, appelée 3G, des réseaux de mobiles.

URL *(Uniform Resource Locators)*.– Combinaison d'un nom de domaine, d'un protocole et d'un nom de fichier, qui identifie de façon unique un document situé sur un serveur.

USAT *(Ultra Small Aperture Terminal)*.– Terminal recevant des signaux provenant d'un satellite grâce à une antenne de moins de 1 m de diamètre.

UTP *(Unshielded Twisted Pairs)*.– Nom de la paire de fils torsadée non blindée.

UWB *(Ultra-Wide Band)*.– Technologie consistant à émettre à une puissance très faible, en dessous du bruit ambiant, mais sur une bande extrêmement large, de sorte à avoir un débit élevé sur une distance de quelques mètres.

valence.– Nombre de bit transmis par temps élémentaire (baud).

variable d'état à l'émission, ou V(S).– Dans le protocole HDLC désigne le numéro d'ordre des trames I (Information) à transmettre en séquence.

variable d'état à la réception, ou V(R).– Dans le protocole HDLC, désigne le numéro d'ordre des trames I (Information) à recevoir en séquence.

VC *(Virtual Channel)*.– Voir voie virtuelle.

VCI *(Virtual Channel Identifier*, ou identificateur de voie virtuelle).– Référence utilisée pour commuter les cellules ATM sur un circuit virtuel.

vecteur de distance *(Path Vector)*.– Algorithme déterminant les chemins en tenant compte des caractéristiques des liens qui permettent d'aller de l'émetteur au récepteur.

VHF *(Very High Frequency)*.– Bande de fréquences située entre 300 MHz et 3 GHz.

vidéoconférence.– Application vidéo approchant la qualité du cinéma et demandant des débits considérables. À ne pas confondre avec la visioconférence.

visioconférence.– Application vidéo de définition assez faible se limitant à montrer le visage des correspondants et dans laquelle on diminue le nombre d'images par seconde pour gagner en débit. Elle est généralement transportée sur un canal numérique à 128 Kbit/s.

VLAN *(Virtual LAN)*.– Réseau logique dans lequel sont regroupés des clients ayant des intérêts communs. La définition d'un VLAN a pendant longtemps été un domaine de diffusion : la trame émise par l'un des membres est automatiquement diffusée vers l'ensemble des autres membres du VLAN.

VLR *(Visitor Location Register*, ou enregistreur de localisation nominal).– Dans un réseau de mobiles, base de données dont le but est de localiser les mobiles qui traversent la zone prise en charge par un MSC.

VoD *(Video on Demand)*.– Application de vidéo démarrant à la demande de l'utilisateur.

voie basse vitesse.– Voie de communication reliant le terminal de l'utilisateur au multiplexeur et ne prenant en charge que le trafic de l'utilisateur.

voie descendante.– Dans le CATV, voie de communication allant de la racine aux utilisateurs.

voie haute vitesse.– Voie de communication entre le multiplexeur et le démultiplexeur prenant en charge l'ensemble des trafics provenant des voies basse vitesse.

voie montante.– Dans le CATV, voie de communication allant de l'utilisateur à la racine.

voie virtuelle *(Virtual Channel)*.– Extrémité d'un circuit virtuel construit sur les références VCI et VPI.

VoIP *(Voice over Internet Protocol)*.– Protocole permettant de faire passer de la parole téléphonique sur les réseaux IP.

VP *(Virtual Path)*.– Voir conduit virtuel.

VPI *(Virtual Path Identifier*, ou identificateur de chemin virtuel).– Référence utilisée pour commuter les cellules ATM sur un conduit virtuel.

VRML *(Virtual Reality Modeling Language)*.– Norme définissant un format de fichier extensible, destiné à décrire un monde interactif en trois dimensions ainsi que des objets spécifiques, comme des scènes complexes ou des présentations de réalité virtuelle, en conjonction avec le Web.

VSAT *(Very Small Aperture Terminal)*.– Terminal recevant des signaux provenant d'un satellite grâce à une antenne de moins de 2,3 m de diamètre.

VT *(Virtual Terminal)*.– Terminal virtuel permettant de travailler sur une machine distante comme si cette machine était locale.

W3C *(Worl-Wide Web Consortium)*.– Consortium international créé en 1995 à l'initiative de l'INRIA et du MIT dans le but de piloter le développement technique du Web.

WAN *(Wide Area Network)*.– Désigne des réseaux étendus sur plusieurs centaines voire milliers de kilomètres.

WAP *(Wireless Application Protocol)*.– Simplification de l'interface HTML autorisant un accès à Internet depuis un mobile avec un débit relativement limité.

WEP *(Wired Equivalent Privacy).–* Protocole utilisé dans les réseaux Wi-Fi pour obtenir une intimité de la communication équivalente à celle des réseaux câblés.

Wi-Fi *(Wireless-Fidelity).–* Nom commercial des réseaux provenant de la norme IEEE 802.11.

WITL *(Wireless In The Loop).–* Voir WLL.

WLL *(Wireless Local Loop)* ou WITL.– Technique utilisant la voie hertzienne pour la desserte téléphonique sur la boucle locale.

WPAN *(Wireless Personal Area Networks).–* Réseaux sans fil de très petite taille correspondant aux communications entre les divers équipements communicants d'une même personne.

WWW *(World-Wide Web,* ou Web).– Système de documents hypermédias distribués créé par le CERN en 1989 et travaillant en mode client-serveur.

X.21.– Norme explicitant le passage de paquets en mode circuit.

X.25.– Protocole définissant l'interface locale entre un équipement informatique connecté au réseau et le réseau lui-même pour la transmission de paquets.

xDSL *(Data Subscriber Line).–* Modem à grande vitesse adapté aux paires de fils métalliques. La lettre initiale prenant la place du *x* différencie différents types, comme ADSL ou VDSL.

XML *(eXtensible Markup Language).–* Extension du langage HTML permettant davantage de flexibilité.

zone d'extension d'adresse (ou champ d'extension).– Zone supplémentaire dans l'en-tête d'un paquet permettant d'agrandir l'adresse.

zone de délimitation.– Zone située juste derrière le préambule d'une trame Ethernet et indiquant la fin de la zone de début de trame.

zone de détection d'erreur.– Parfois appelée CRC *(Cyclic Redundancy Checks)* et parfois FCS *(Frame Check Sequence),* séquence d'éléments binaires (le plus souvent de 8, 16 ou 32 bits), engendrée à partir du contenu de la trame et permettant de vérifier au récepteur que le contenu de la trame n'a pas été modifié suite à une erreur en ligne.

zone PT *(Payload Type).–* Dans un réseau ATM, zone sur 3 bits indiquant si le champ d'information d'une cellule contient des données utilisateur ou de gestion.

Index

533

www.ingramcontent.com/pod-product-compliance
Lightning Source LLC
La Vergne TN
LVHW062259060326
832902LV00013B/1965